장서각 소장 한글필사본 자료총서 4

# 역주 어제경세문답(언해)

연구책임자 : 황문환

공동연구원 : 김주필

조항범

박용만



장서각 소장 한글필사본 자료총서 4

**역주 어제경세문답(언해)**

초판 제1쇄 인쇄 2006년 11월 20일
초판 제1쇄 발행 2006년 11월 30일

지은이 김주필 · 조항범 · 황문환 · 박용만

펴낸이 이대현
펴낸곳 도서출판 역락
등 록 1999년 4월 19일 제303-2002-000014호
주 소 서울 성동구 성수2가3동 301-80
전 화 02-3409-2058, 2060
팩 스 02-3409-2059
홈페이지 http://www.youkrack.com
이메일 youkrack@hanmail.net

값 62,000원



ⓒ 한국학중앙연구원, 2006



ISBN 89-5556-517-8-93710
잘못된 책은 바꿔드립니다.

이 책은 2004년도 한국학중앙연구원의 공동연구과제로 수행된 연구 결과물임.

장서각 소장 한글필사본 자료총서 4

# 역주 어제경세문답(언해)


김주필

조항범

황문환

박용만

## • 역주자 약력

### 김주필(金周弼)

성균관대학교, 서울대학교 대학원 졸업
영남대학교 교수, Pennsylvania 대학교 언어학과 방문교수 역임
(현재) 국민대학교 국어국문학과 교수
(논저) 17·8세기 국어의 구개음화와 관련 음운현상에 대한 통시론적 연구(1994) 외
e-mail : jpkim@kookmin.ac.kr

### 조항범(趙恒範)

동국대학교, 서울대학교 대학원 졸업
(현재) 충북대학교 국어국문학과 교수
(논저) 국어 친족어휘의 통시적 연구(태학사, 1996)
주해 순천김씨묘출토간찰(태학사, 1998) 외
e-mail : bum2099@chungbuk.ac.kr

### 황문환(黃文煥)

성균관대학교, 한국정신문화연구원 한국학대학원 졸업
서울대학교 한국문화연구소 선임연구원 역임
(현재) 한국학중앙연구원(구 한국정신문화연구원) 한국학대학원 교수
(논저) 16, 17세기 언간의 상대경어법(태학사, 2002)
역주 오륜행실도(서울대출판부, 2006) 외
e-mail : hmhmoon@aks.ac.kr

### 박용만(朴用萬)

충북대학교, 한국정신문화연구원 한국학대학원 졸업
한국학중앙연구원(구 한국정신문화연구원) 장서각 전문위원 역임
(현재) 충북대학교 국어국문학과 강사
(논저) 李用休의 詩文學 硏究(한국학대학원, 2000)
역주 원중랑집1~10(3인 공역, 소명출판, 2004) 외
e-mail : pym1204@hanmail.net

# 간 행 사

한국학중앙연구원의 장서각(藏書閣)에는 우리의 소중한 역사가 살아 숨쉬는 한글 필사본이 상당히 많이 소장되어 있습니다. 이미 학계에 널리 알려진 '낙선재본(樂善齋本)' 소설류(小說類)를 비롯하여 경(經)·사(史)·자(子)·집(集) 등 여러 부류(部類)에 실로 다양한 한글 필사본이 전하고 있습니다. 이 한글 필사본들 중에는 왕실(王室)과 직간접으로 관련되면서 장서각에만 소장된 유일본도 적지 않습니다. 우리 연구원에서는 이러한 자료들의 학술적·문화적 가치를 인식하여 소장 자료를 마이크로필름으로 찍어 자료 열람을 용이하게 하는 한편《장서각고소설해제》(1999),《장서각한글자료해제》(2000)와 같은 해제집을 발간하여 이용자의 편의를 적극 도모하여 왔습니다.

그런데 한글 필사본은 옛 고어(古語)를 붓으로 흘려 쓴 자료인 까닭에 글자를 판독(判讀)하기도 어렵고 판독한다 하더라도 그 의미를 파악하는 것이 쉽지 않았습니다. 이러한 문제점을 해결하기 위해 우리 연구원에서는 장서각에 소장된 한글 필사본을 대상으로 한글 원문을 판독하고 현대어역과 어휘 주석을 가하여 역주(譯註) 사업을 추진하게 되었습니다. 앞으로 역주 사업의 결과가 '장서각 소장 한글필사본 자료총서'로 속속 간행된다면, 이를 토대로 국어사를 비롯한 여러 분야에서 더욱 다양하고 활발한 연구가 이루어질 것으로 기대합니다. 결코 쉽다고 할 수 없는 역주 작업을 진행해 오신 연구책임자와 공동연구원 여러분의 노고를 치하하며 아울러 격려의 말씀을 드리는 바입니다.

2006년 11월 15일

한국학중앙연구원장 윤 덕 홍

# 머 리 말

본서는 한국학중앙연구원(구 한국정신문화연구원)에서 2004년도 공동연구과제로 수행한 '장서각 소장 御製類 한글 필사본의 역주 및 연구 2'의 결과물 중 하나이다. 이 연구과제는 황문환(黃文煥)이 연구책임자로, 김주필(金周弼), 조항범(趙恒範), 박용만(朴用萬)이 공동연구원으로 참여하여 수행하였다. 장서각(藏書閣)에 소장된 영조 대 어제류 한글 필사본을 대상으로 진행된 이 과제는 한편으로는 역주(譯註)를 가하여 학계와 일반에 일차 자료로 제공하고, 다른 한편으로는 자료의 서지적 성격과 국어학적 특징을 밝혀 관련 학계에서 보다 쉽게 자료를 활용하도록 하였다.

2004년도 연구 과제에서는 《어제경세문답(언해)》, 《어제경세문답속록(언해)》, 《어제조훈(언해)》의 3책을 역주 대상으로 삼았다. 각 책의 판독문 작성을 김주필, 황문환, 조항범이 분담하여 진행한 뒤 현대어역과 주석은 연구자가 공동으로 진행하고 이후 역주 내용을 교차 검토하여 최종 원고를 완성하였다. 대상 자료에 대한 연구는 서지적 성격(박용만·황문환), 음운론적 특징(김주필), 어휘론적 특징(조항범), 문법론적 특징(황문환)으로 나뉘어 진행되었다. 본서는 이러한 연구 결과를 해제 내용에 반영하고 역주 방식에 통일을 기한 뒤 자료의 영인본을 권말(卷末)에 덧붙여 간행한 것이다.

본서의 역주 대상인 《어제경세문답(언해)》를 비롯하여 이른바 '어제류'로 통칭되는 한글 필사본은 왕실 자료의 장황(粧纊)을 갖추고 장서각(藏書閣)에 유일본으로 전하는 것이 특징이다. 또한 이 한글 필사본들은 원문이라 할 수 있는 한문본이 남아 있어 한문본의 언해본(諺解本) 성격을 갖는 자료이기도 하다. 이 자료들은 국어사 자료로서 상당히 좋은 요건을 구비하고 있지만 장서각에 귀중본으로 소장되어 있어 원본을 접하기 어려웠을 뿐만 아니라 원문을 접하더라도 붓으로 흘려 쓴 글씨체로 인하여 판독 자체가 쉽지 않아 국어사 자료로 이용하는 데에 여러가지 제약이 있었다. 이에 본서에서는 한문본과 언해본의 영인본을 첨부하여 상호 대조가 가능하게 하는 한편 언해본(한글 필사본)의 원문을 판독하고 여기에 현대어역과 주석을 덧붙여 자료 활용이 극대화할 수 있도록 하였다. 본서의 출간을 계기로 국어사 자료로서는 물론 영조 대의 왕실 문화나 한글 서체를 연구하는 자료로 폭넓게 활용되기를 기대해 본다.

본서가 나오기까지 실로 많은 분들의 도움을 받았다. 이래호(李來壕) 선생은 연구보조원으로서 판독문 작성의 기초 작업을 담당하였고, 김연순(金蓮順) 선생은 고유명사 주석의 기초 작업 및 한문본과 언해본의 대조 작업을 수행하였다. 두 분의 노력이 없었다면 과제의 수행은 물론 본서의 출판이 계획대로 진행될 수 있었을지 의문스럽다. 역락(亦樂) 출판사의 이대현(李大鉉) 사장님은 독자의 범위가 제한될 수밖에 없는 기초학문 서적의 출판을 흔쾌히 맡아 주셨다. 더욱이 한글 필사본의 원본을 컬러로 영인(影印)하여 본서의 자료적 가치를 높이는 데에 아낌없는 지원을 해 주셨다. 과제의 수행과 출판이 원활하게 진행될 수 있도록 도와주신 한국학중앙연구원의 연구행정팀, 그중에서도 특히 출판 과정에서 일어난 크고 작은 어려움을 해결해 주신 정유순(鄭裕淳) 선생께 깊은 감사의 말씀을 드리고 싶다. 마지막으로 본서의 출판을 승인해 주신 출판위원회와 본서의 출판을 위해 심혈을 기울여 주신 역락 출판사 관계자 여러분께 심심한 사의를 표한다. 이태곤(李泰坤) 편집팀장, 권분옥(權粉玉) 편집과장, 박소정(朴炤貞) 님 등 어설픈 원고 뭉치를 어엿한 책자로 만들어주신 출판사 직원 여러분께 진심으로 감사의 말씀을 드린다.

2006년 11월 15일

연구책임자 황 문 환

# 목 차



자료편의 영인본(影印本)은 이 책의 맨 뒷 페이지부터 보시기 바랍니다.

# 《어제경세문답(언해)》 해제

김 주 필

## 1. 머리말

《어제경세문답(언해)》는 1762년(영조 38년)에 간행된 한문본 《御製警世問答》을 언해한 1권 1책의 한글 필사본이다. 옛 성인들의 가르침과 자신의 경험을 문답의 형식으로 설명한 이 책은 현재 한국학중앙연구원의 장서각에 귀중본으로 소장되어 전하는 유일본이다(도서번호 K3-697).

한문본 《御製警世問答》은 세상 교화에 교훈이 될 만한 내용을 문답의 형식으로 서술하여 제목도 '警世問答'이라 한 것이다. 1762년 무신자본으로 간행되어 한국학중앙연구원의 장서각에 소장되어 전하는 《御製警世問答》(도서번호 K3-59)은 특별한 목차나 서(序)나 발(跋) 등 간행 경위에 대한 설명 없이 문답식의 본문만으로 되어 있다. 본문은 총 50개의 단락으로 되어 있는데, 질문과 대답으로 된 49개의 단락에 이 책의 서술 동기를 설명한 서문 한 단락을 더하여 총 50개의 단락으로 구성되어 있다.

장서각 소장의 한문본 《御製警世問答》은 총 35장으로서, 책의 크기가 31.8cm×20.4cm이고, 반엽 광곽은 21.9cm×15cm로서, 사주 쌍변에 유계로 되어 있으며, 1면에 8행, 1행에 15자로 되어 있다. 판심은 백구(白口)로, 상하 내향 이엽 화문어미이며, 상하 어미 사이에 판심 서명과 장차가 각각 '御製警世問答'과 '一, 二, 三, …' 등으로 적혀 있다. 이 한문본은 순조 연간(1801~1834년)에 목판으로 간행된 이본도 장서각에 소장되어 전하고 있는데(도서번호 K3-694), 이들 두 이본은 총 55장, 매 장 8행, 매 행 15자로 된 점은 일치하지만, 판식이 활자본과 목판본이라는 차이가 있다. 《御製警世問答》이 순조 연간에 다시 간행되었다는 것은 어떤 목적에서였든 순조 연간에 《御製警世問答》에 대한 필요성이 있었음을 의미하는 바, 이 책이 영조 당대에 일회적으로 활용된 것이 아니었음을 말해준다.

한문본과 마찬가지로 1책으로 된 《어제경세문답(언해)》의 크기는 28.3cm×18.4cm로, 비단으로 된 표지 왼쪽 상단의 제첨(題簽)에는 '御製警世問答'이란 서명이 있으며, 표지의 우측 상단에는 '英祖'라는 글자가 서명보다 작은 글씨로 씌어 있다. 고급 저지(楮紙)로 된 속지는 공격지 1장, 본문 46장으로 되어 있다. 반엽 광곽은 세로 21.1cm×14.5cm이다. 붓으로 붉은 먹을 사용하여 그린 판식은 사주단변으로서 무계이다. 매 면 10행, 각 행 24자~28자 정도로서 글자수는 글자의 길이에 따라 다소 차이가 있으며, 본문은 '어졔경셰문답'이라는 권두 서명 다음 행부터 한 자 낮추어 시작된다. 판심은 백구로 되어 있고 어미는 상하 내향 삼엽 화문어미이며, 판심 서명과 장차는 없다. 모두 46장으로 된 이 책의 표지 서명은 '御製警世問答', 권두 서명은 '어졔경셰문답'으로 되어 있으나, 한문본 《御製警世問答》과 구별하기 위해 여기에서는 《어제경세문답(언해)》라 하기로 한다.

## 2. 편찬 동기와 언해의 시기

한문본 《御製警世問答》의 체재는 《御製自省篇》이나 그 속편과 달리 서, 발, 소지, 검교의 과정 등이 모두 나타나지 않는다. 그리하여 이 책의 편찬 과정이나 목적, 동기 등을 제시한 내용은 별도로 찾을 수 없다. 다만 질문과 대답의 형식으로 된 본문을 전개하기 전, 다시 말해 서문에 해당하는 글의 첫 부분에 다음과 같은 내용이 제시되어 있어 이 글을 쓰게 된 경위를 알 수 있다.

(1) 自省翁吁嗟七旬只隔一年而 暮年自强之中 自顧六十八歲前事 爲且顧末世風俗 自忸自慨 設爲問答仍以四字命名(ᄌᆞ셩옹이 슬프다 칠슌이 다만 일년이 격ᄒᆞ엿ᄂᆞᆫ디라 모년 ᄌᆞ강ᄒᆞᄂᆞᆫ 듕에 스ᄉᆞ로 뉵십 팔셰 젼 일을 도라보며 ᄯᅩ 말셰 풍쇽을 도라보고 스ᄉᆞ로 븟그리며 스ᄉᆞ로 개연ᄒᆞ야 가셜ᄒᆞ야 문답을 ᄆᆡᆫᄃᆞ라 인ᄒᆞ야 네 ᄌᆞ로 일홈ᄒᆞ노라)

한 해 건너뛰어 칠순이 된다 하고 68년 전의 일을 돌아본다고 한 것으로 보아 이 글의 원문인 한문본 《御製警世問答》이 69세인 1762년에 작성된 것임을 알 수 있다. 이 글의 3장에 나오는 "예슌 아홉이 임의 혬 밧기라"도 원문이 69세에 쓴 것임을 말해준다. 그리하여 지난 68년 동안의 일을 돌아보고 말세의 풍속이 부끄럽고 개탄스러워 문답의 형식을 빌어 세상을 교화할 만한 교훈적인 내용의 책을 저술하여 '警, 世, 問, 答'이라는 네 자로 책의 이름을 삼는다는 것이다. 조선왕조실록의 영조 37년 6월 17일자 기사에 "御製警世問答 蓋取自警而警世之意也"(대개 스스로를 경계하면서 세상을 경계하는 뜻을 취한 것이다)라고 한 기록에서도 이러한 책의 저술 목적을 확인할 수 있다.

그런데 영조 실록의 이 기사는《御製警世問答》의 서문에서 언급한 이 책의 간행 연도와 일치하지 않는다는 문제가 제기된다. 영조 37년은 영조가 68세 되던 1761년인데, 앞에 든《御製警世問答》 서문에서는 "칠순이 다만 일 년이 격ᄒᆞ엿ᄂᆞᆫ디라(〔隔一年〕)…〔중략〕…문답을 ᄆᆡᆫᄃᆞ라 인ᄒᆞ야 네 ᄌᆞ로 일홈ᄒᆞ노라"라고 하였으므로 영조의 나이가 69세 되던 1762년에 이 책을 쓴 것으로 설명하고 있기 때문이다. 그러므로《御製警世問答》을 영조가 68세 되던 해에 쓴 것인지 69세 되던 해에 쓴 것인지에 대한 검토가 필요하다. 그런데 영조 실록에는 영조 37년 10월 24일자 기사에《警世問答》과 관련되는 또 다른 다음과 같은 기록이 있어 주목을 끈다.

(2) 上命取《五禮儀》朝見禮卷 使承旨李彝章 書儀註曰 禮儀詳悉 可謂 置水不漏 仍口呼《警世問答》命彝章書之〔임금이《오례의(五禮儀)》에서 조현례(朝見禮) 권(卷)을 가져다 승지 이이장(李彝章)으로 하여금 의주(儀註)에 쓰도록 명하고, 말하기를, "예의(禮儀)가 상세하게 갖추어져 물을 부어도 새지 않겠다."하고, 이어서《경세문답(警世問答)》을 입으로 부르면서 이이장에게 쓰라고 명하였다.〕

이 기사의 내용은 영조 37년 10월에 이이장(李彝章)에게 영조가 부르는《御製警世問答》을 쓰라고 했다는 기사로서, 분명히 영조가 68세 되던 1761년에 경세문답을 이미 작성하고 있었음을 보여준다. 그러므로 영조 실록의 기록을 바탕으로 하면 적어도 영조 37년 1761년에《御製警世問答》이 이미 작성 중이었던 것으로 추론하지 않을 수 없게 된다.

이러한 상황은《御製警世問答續錄》에서도 동일하게 나타난다.《御製警世問答續錄》은 권말의 기록에 따라 영조가 70세 되던 1763년(癸未, 영조 39년)에 간행되었음이 분명하다. 이러한 사정은 실록 기사에서도 확인된다. 영조 39년 5월 4일자 기사에 "命芸館 印進 御製續警世問答 初上製下 警世問答原編 至是又製續編〔운관(雲館)에 명하여《어제경세문답(御製警世問答)》을 인쇄해 올리라 명하였다. 처음에 임금이《경세문답》원편(原編)을 지어 내렸는데, 이때에 와서 또 속편(續編)을 지었던 것이다.〕라고 되어 있는 것이다. 그러나《御製警世問答續錄》의 앞에 제시된 서문에는 "슬프다 이제 내 나히 임의 칠슌이니"라고 되어 있어 영조가 70세가 되던 1763년에 된 것이 분명하지만 본문의 27장 앞면에는 "인ᄉᆡᆼ 칠십이 녜로 오ᄆᆡ 드무다 ᄒᆞ니 칠슌이 니년이라"로 되어 있어 서문의 연도와 일치하지 않는 것이다.《御製警世問答》과《御製警世

問答續錄》에 나타나는 이러한 불일치는 이 책을 편찬한 것으로 기록되어 있는 시점에 모든 내용을 써서 바로 편찬한 것이 아니라 편찬하기 전에 부분 부분을 조금씩 작성하여 두었다가 그것을 모아 책으로 편찬하였기 때문에 생긴 것으로 결론지을 수밖에 없다. 다시 말하면 《御製警世問答》은 영조가 68세이던 1761년부터 작성한 내용을 1762년에 모아서 한 책으로 편찬하였으며, 《御製警世問答續錄》은 영조가 69세이던 1762년부터 작성한 것을 1763년에 모아 책으로 편찬하였다고 할 수 있다.

필사된 언해본의 편찬 경위에 대해서는 정확한 기록이 없어 알 수가 없다. 권수(卷首) 첫 머리에 'ᄌᆞ셩옹이 슬프다 칠슌이 다만 일년이 격ᄒᆞ엿ᄂᆞᆫ디라 모년 ᄌᆞ강ᄒᆞᄂᆞᆫ 듕에 ᄉᆞᄉᆞ로 뉵십팔 셰 젼 일을 도라보며'라 하여 시기를 언급한 대목이 보이나 이는 한문본의 내용(自省翁吁嗟七旬只隔一年 而暮年自强之中自顧六十八歲前事)을 그대로 옮긴 것에 지나지 않기 때문에 (한문본의 저술 시기를 말해 줄지언정) 언해가 이루어진 시기와는 원칙적으로 무관하다. 한문본을 언급하고 있는 실록(實錄)이나 일기(日記)에서도 한문본의 언해 사실과 관련한 직접적 단서는 아직 찾을 수 없다. 따라서 현재로서는 언해 시기가 한문본이 저술된(1761~2년) 이후임을 말할 수 있을 뿐 정확한 시기는 미상(未詳)이라 할 수밖에 없다. 그러나 《어제경세문답(언해)》가 봉모당(奉謨堂)에 봉안(奉安)된 왕실 문헌의 하나라는 사실로부터 언해 시기를 추정할 간접적인 단서는 확보할 수 있다.

먼저 주목할 만한 사항은 《어제경세문답(언해)》의 형태 서지적 특징이다. 이 책은 비단으로 표지를 만들고 최상품 저지(楮紙)를 썼을 뿐 아니라 사주(四周)와 어미(魚尾) 등 판식(版式)을 붉은 먹으로 일일이 그려 넣어 어람용(御覽用)에 해당하는 형태적 특징을 보이고 있다(박용만 2004). 여기에 더하여 이 책은 외표지(外表紙)의 안쪽에 일반 서책(書冊)과 달리 한 장(張)씩의 공격지(空隔紙)를 더 두고 있다. 이른바 공격지(空隔紙)는 격지(隔紙, 곧 冊衣를 배접한 부분이 보이지 않도록 冊衣의 뒷면에 붙인 面紙)와 서책의 본문 사이에 있는 종이를 이르는 것으로, 공격지는 진상건(進上件)·진헌건(進獻件)·봉안건(奉安件)에 쓰일 책에 한하여 넣고 반사건(頒賜件)이나 일반 서적에는 (공격지 없이) 격지 그대로 두는 것이 원칙이다(조계영 2006: 40). 형태 및 장책상(粧冊上)의 특징으로 볼 때 이 책은 왕실 문헌이 분명하다고 하겠는데 이것은 책의 서명(書名)이 봉모당(奉謨堂)[1]의 봉안서목(奉安書目)에 등장하는 데서도 확인된다.

장서각에 소장된 《봉모당봉장서목(奉謨堂奉安御書總目)》[2] 권1에 따르면 《어제경세문답

1) 1776년(정조 1년) 규장각(奎章閣)에 설치한 서고(書庫) 시설의 하나로서, 모훈(謨訓, 뒤의 임금에게 경계가 될 만한 내용을 가르침)의 자료를 봉장(奉藏)하던 으뜸가는 존각(尊閣)이다.

2) 융희(隆熙) 4년(1910) 7월까지 궁내부(宮內府) 규장각(奎章閣) 전모과(典謨課)에서 봉모당(奉謨

(언해)》는 《어제경세문답속록(언해)》, 《어제조훈(언해)》, 《어제(언해)》 등 다른 3책과 함께 이장(二欌) 제 3층(第三層)의 홍단갑(紅緞匣, 붉은 비단으로 된 갑) 속에 봉장(奉藏)되었던 것으로 드러난다.[3] 그동안 이들 4책은 서체(書體)에서만 약간의 차이가 있을 뿐 형태나 장책(粧冊)이 동일하고 권수(卷首)에 찍인 장서인까지[4] 일치하여 비슷한 시기의 필사 자료로 추정되어 왔다(안병희 1999: 17). 그런데 이들 4책이 같은 갑 속에 봉장되어 왔다는 사실은 이러한 추정을 구체적으로 뒷받침해준다고 할 수 있다. 더욱이 4책 가운데 《어제조훈(언해)》에는 권수(卷首)의 수제(首題) 머리에 '奉謨堂印'이라는 주인(朱印)이 선명하게 찍혀 있어 이들 4책이 봉모당(奉謨堂)의 봉안서(奉安書)였다는 사실을 더욱 분명하게 보여준다. 여기에서 나아가 《어제경세문답(언해)》의 존재가 일찍이 정조(正祖) 대에 편찬된 《봉모당봉안어서총목(奉謨堂奉安御書總目)》[5]에서 확인된다는 점도 주목된다. 곧 목록에는 《御製警世問答》의 봉안 사실을 기록하면서 '警世問答 寫本諺解又一件 壬午'라 하여 《御製警世問答》이 간행된 임오년(壬午年, 1762년)에 이미 필사된 언해본이 함께 존재하였음을 알려 주기 때문이다. 현재 장서각에 전하는 필사본이 봉모당의 봉안서(奉安書)가 분명한 이상 목록상의 '寫本'과 일치하는 것이라고 본다면 《어제경세문답(언해)》의 언해 시기는 1761년(한문본 저술)과 1762년(한문본 간행) 사이로 추정하여도 무리가 없을 것으로 생각된다.

---

堂) 봉장자료(奉藏資料)를 조사·정리한 목록이다(천혜봉·윤병태 1996: 16~24). 2권 2책의 필사본으로, 권1은 열성(列聖)의 어제(御製), 어필(御筆), 어화(御畵) 등을 합내(閤內)의 보존 서가의 순서에 따라 혼합하여 저록(底錄)하였다. 권2는 영조(英祖)의 어제(御製)만을 수록하고 있는 서목으로서, 사본(寫本)과 간본(刊本)을 구분하여 저록한 것이 특징이다(옥영정 2004:419).

3) 원문에는 '英祖御製'라는 글자 옆에 "仝 仝警世問答 一冊 仝 仝警世問答續錄 一冊 仝 仝祖訓 一冊 仝 仝國文 一冊 入于紅緞匣中"으로 적혀 있다('仝 仝'은 '英祖御製'의 되풀이를 피하기 위한 것이다). 이 가운데 마지막의 '仝國文'은 함께 봉장된 4책을 감안할 때 《어제(언해)》의 표제(表題)인 '御製 諺文 셕년을튜모ᄒᆞ야'를 가리킬 수밖에 없다. 그러나 목록 작성 당시(1910년)에는 '諺文'을 '國文'으로 칭하는 것이 일반적이었으므로 이에 따라 서명(書名)을 '仝國文'으로 바꾸어 기록하였을 것으로 추정된다.

4) 수제(首題) 아래의 여백에 찍혀 있는데 위의 것은 '謹敬(?)閣' 정도로 읽히나 판독이 확실하지 않고 아래의 것은 '日三省吾身'으로 판독된다. 누구의 장서인(藏書印)인지는 현재 확인되지 않는다.

5) 규장각 소장본으로 3권 3책이다. 권1에 寶帖, 誌狀, 寶鑑, 遺敎, 大寶, 御製, 권2에 御製, 권3에 御製, 憾進帖, 御筆, 御筆刻版, 御畵, 御押 등으로 편성되어 있다. 御製의 경우 먼저 서명을 적고 권책수와 편찬 연대의 간지를 표시하였으며, 御筆, 御畵 등은 그 제목만을 기술하였다. 간혹 제목의 끝에 봉안 시기를 적고 있다(옥영정 2004:419).

## 3. 책의 형식과 내용

언해본의 형식과 체재는 한문본을 거의 그대로 따랐다. 한문본 《어제경세문답》은 '어졔경셰문답'이라는 권두서명 다음에 '어졔경셰문답'의 '어'자보다 한 자 내려 곧바로 본문을 시작하여 총 50개 단락의 본문으로 전체 내용이 끝난다. 50개의 단락은 칠순을 1년 남겨두고 자성(自省)의 의미로 68년을 돌아보고 과거를 회상하며 세상을 교화시키기 위해 스스로 부끄럽고 개탄스러워 이 책을 저술하게 되었다는 머리말 부분이 하나의 단락을 형성하고 나머지 49개의 질문과 대답을 49개의 단락으로 하여 총 50개의 단락이 된 것이다.

이 책은 《중용》과 《대학》의 내용을 중심으로 하여 '수신제가치국(修身齊家治國)'의 도를 인용하면서 영조 자신의 생활관과 치세관을 질문하고 그 질문에 대해 대답하는 형식으로 서술하였는데, 실제로 행한 질문과 대답은 51개이다. 그러나 43번째 단락에 질문과 대답이 3개로 되어 있어 하나의 질문에 하나의 대답으로 구성된 다른 단락과는 차이가 있다. 한 단락 내에 질문과 대답이 세 개가 된 이유는 그 내용이 유사하고 서로 밀접한 관련이 있어서 별도의 질문으로 간주하지 않고 동일한 질문으로 간주한 것으로 보인다. 한문본은 본문의 끝에 《御製警世問答》이라는 권말 서명이 있으나 언해본에는 권말 서명이 없다.

총 49개, 세부적으로는 51개의 질문과 대답을 이어가는 장면에 있어서 묻는 사람은 구체적으로 제시되어 있지만 신하가 임금에게 질문하는 형식을 취하였다. 질문은 대체로 '묻ᄌᆞ와 ᄀᆞᆯ오ᄃᆡ[問曰]로 시작되고 대답은 답 왈[答曰]로 시작된다. 첫째 질문은 [人有問於予曰 사ᄅᆞᆷ이 내게 뭇ᄂᆞ니 이셔 ᄀᆞᆯ오ᄃᆡ]라 하여 질문자를 '사ᄅᆞᆷ[人]'으로 표현하였지만, 두 번째 질문부터 마지막 질문까지 '묻ᄌᆞ와 ᄀᆞᆯ오ᄃᆡ'로 질문을 하고 '답 왈'이라 한 다음 대답의 내용을 제시하였다. 그러므로 이야기의 장면에 등장하는 사람은 질문하는 사람과 대답하는 사람 둘이다. 질문자와 응답자의 사회적 등급은 명시적으로 드러내지 않았으나 언해문에서는 질문자와 응답자의 상대적인 지위가 문장의 끝에 사용되는 상대높임법의 어미를 통하여 드러내었다. 질문하는 내용의 문장은 'ᄒᆞ쇼셔'체를 사용하고 대답하는 내용의 문장은 'ᄒᆞ라'체를 사용하여 질문하는 사람은 하위자로서 신하이고 답을 하는 사람은 최상위자로서 영조 자신임이 드러나 있다([문], [답], 띄어쓰기의 여백은 필자 삽입, 필자 주).

(3) [문] 묻ᄌᆞ와 ᄀᆞᆯ오ᄃᆡ ᄃᆡ답ᄒᆞ시는 배 아니 과히 겸손ᄒᆞ시ᄂᆞ니잇가
[답] 답 왈 슬프다 ᄃᆡ답에 그 만일 것ᄎᆞ로 ᄡᅮ며 과겸ᄒᆞ면 이는 ᄒᆞᆫ갓 ᄆᆞᄋᆞᆷ을 속일 분이 아니라 실로 피창을 속이미오 ᄯᅩᄒᆞᆫ 척강을 속이미라 내 비록 ᄒᆞᆨ을 못ᄒᆞ

나 결단ᄒᆞ야 이는 ᄒᆞ디 아니ᄒᆞ리니 진실로 스ᄉᆞ로 붓그리며 진실로 스ᄉᆞ로 송ᄒᆞ노라

〔문〕에서와 같이 질문하는 사람은 'ᄒᆞ쇼셔'체를 사용하여 상대방에 대하여 정중하게 질문하는 표현을 사용하고 있다. 15세기에 '-이-'로 나타나던 상대존대의 선어말어미가 여기에서는 '-이-'로 나타나기는 하지만, 15세기와 거의 흡사한 상대존대의 의문문을 사용하고 있는 것이다. 이에 반해 〔답〕에서와 같이 질문에 대한 대답은 'ᄒᆞ라'체를 사용하여 상위자가 하위자에게 답하는 형식을 취하고 있다. 대답은 51개에 대한 답이 모두 '답 왈'이란 말로 나타나지만, 문맥에 맞추어 "눈믈을 먹음어〔飮〕 답 왈, 개연ᄒᆞ야 답 왈, 웃고 답 왈, 위연(喟然)히 탄식ᄒᆞ고 답 왈, 기리 탄식ᄒᆞ야 뻐 답 왈" 등과 같이 질문에 대한 대답의 내용에 대한 영조 자신의 감정을 나타내는 표현이 함께 제시되기도 하였다.

질문과 대답의 내용은 68년 동안 영조 스스로 경험하고 터득한 일상 생활이나 삶의 자세, 현재의 생활과 세태, 일국의 왕으로서 갖추어야 할 덕목과 자세, 치세관 등에 대하여 자신의 생각을 정리하여 제시한 것이다. 주로 《중용》과 《대학》을 중심으로 수신, 제가, 치국의 요체를 서술하고 다른 경서나 성인들의 교훈적인 언행이나 명저들의 내용이나 의미를 통념에 의거하지 않고 자신의 관점에 따라 설명하고자 하였다. 총 49개의 문답(실제의 질문과 대답은 51문 51답)으로 된 질문과 대답의 형식으로 성인들의 가르침, 고전의 가치와 의미, 일상 생활에서 갖추어야 할 자세와 태도, 군왕으로서 갖추어야 할 덕목이나 윤리관, 통치관 등에 대해 자신의 경험을 통해 얻은 삶의 교훈을 조목조목 일러주고자 한 것이다.

## 4. 국어학적 특성

《어제경세문답(언해)》의 국어 사용의 상태는 영조 대의 왕실 문헌이 대부분 그렇듯이 당시의 일반 문헌에 비해 매우 보수적이다. 그러나 표기 상태는 당시의 다른 문헌과 크게 다르지는 않다. 말하자면 표기는 그다지 보수적이지 않지만, 나타나는 언어 사용의 상태가 보수적이라 할 수 있다. 이 문헌의 이러한 특성을 중심으로 이 문헌에 나타나는 국어 사용의 양상을 간략하게 살펴보기로 한다.

이 문헌에는 구개음화 현상도 18세기 중・후기의 여타 자료에 비해 예들이 많이 나타나지 않는다. ㄷ구개음화는 다소 확산된 상태이지만, ㄱ구개음화와 ㅎ구개음화는 보이지 않고 어

두 'ㄴ'의 탈락 현상도 거의 보이지 않는다. ㄷ구개음화는 비어두 음절(ᄒᆞ과져〈2a〉, ᄢᅵ치니〈39a〉), 형태소 경계(다쳐시면〔闔〕〈4b〉, ᄒᆞᆫ골ᄀᆞ치〈37a〉), 어두 음절(져즈음긔〈45b〉) 등 모든 환경에서 나타난다. 그리고 ㄷ구개음화에 대한 과도교정의 예들도 나타난다(못ᄀᆞ디예〈11a〉, 긋티미〈11b〉). 이 문헌과 같은 시기의 영조 대 왕실 문헌인 《어제(언해)》와 함께 언해본 《어제경세문답(언해)》의 구개음화의 확산 상태를 검토해 보면 ㄷ구개음화의 환경에 있는 총 1,466회 가운데 127회가 구개음화되어 8.66%의 확산 비율을 보여준다. 이러한 정됴의 비율은 총 1,206회 가운데 623회가 구개음화되어 나타나는 중국어 학습서인 《박통사신석언해(朴通事新釋諺解)》(1764)의 51.65%에 비하면 현저하게 낮아 이들 왕실 문헌의 언어 사용 양상이 얼마나 보수적인지를 잘 보여준다(김주필 2005).

이 문헌에서는 원순모음화 현상에 있어서도 매우 보수적인 특성을 보여준다. 순자음 아래에서의 원순모음화 현상은 17세기 중·후기의 《노걸대언해(老乞大諺解)》(1670)나 《박통사언해(朴通事諺解)》(1677)에도 상당히 확산되어 나타나지만, 이 문헌에는 순자음 다음에서 'ㆍ'나 'ㅡ'의 원순모음화 현상이 겨의 보이지 않기 때문이다. 《어제(언해)》·《어제경셰문답(언해)》의 확산 정도를 보면 순자음 다음에 'ㆍ'나 'ㅡ'가 오는 원순모음화의 총 환경인 1,090회 중에서 13회가 원순모음화되어 원순모음화의 확산 비율은 1.19% 정도로 《박통사신석언해》의 23.77%보다 현저하게 낮은 상태로 나타난다.

이 문헌에서는 이와 동일한 환경의 원순모음이 비원순모음으로 바뀐 비원순모음화의 예들이 상당히 많이 나타난다는 점에서도 이 문헌이 음운변화에 대해 보수적임을 보여준다.

(4) 븟그리며〔忸〕〈1a〉, 븟그려 믁연〔憮然〕ᄒᆞ고〈3a〉, 븟그러오미〔愧〕〈6b〉, 븟그려 ᄒᆞᄂᆞᆫ〈8a〉, 븍〔桴〕을 더딜〔投〕〈21a〉, 븟그러오미〈38a〉, 븟그리며〈36a〉, 븍방(北方) 〈33a〉, 묵은〔陳〕 블회〈32b〉

(4)에서는 '붓그럽다, 붓그리다, 북, 불휘, 북방' 등에서 'ㅂ' 다음의 'ㅜ'가 'ㅡ'로 바뀌어 '븟그럽-, 븟그리-, 븍, 블휘, 븍방' 등으로 나타나 비원순모음화되었음을 보여준다.

형태와 통사의 측면에서도 이 문헌의 언어 사용 상태는 매우 보수적인 특성을 보여준다. 특히 질문과 대답으로 이어지는 이 문헌의 질문에서 사용되는 의문문의 경우 이 문헌의 언어 사용자가 매우 보수적인 특성이 잘 드러난다. 이 문헌에서 질문을 하는 화자는 청자보다 하위자로서 'ᄒᆞ쇼셔'체를 사용하여 상대방에 대하여 정중한 태도를 보이는 'ᄒᆞ야쎠'체의 의문문을 사용하고 있다. 'ᄒᆞ쇼셔'체의 의문문은 15세기에는 의문사의 유무에 따라 두 종류로 나뉘어 문말 어미가 달리 사용되었다. 즉 의문사가 없는 판정 의문문은 문말 어미가 '-가'로 끝나고, 의문사가 있는 의문문(설명의문)은 문말 어미가 '-고'로 끝나는 차이를 보였다. 이 문헌에서도 이러한 두 종류의 의문문은 의문사의 유무에 따라 문말 어미가 달리 사용되는 특성을 보여준다.

(5) 1) 듕용과 대ᄒᆞᆨ을 강ᄒᆞ시니 그 과연 엇ᄌᆞ오시미 겨시니잇가〈1a〉
그 글을 취ᄒᆞ시미니잇가 그 사ᄅᆞᆷ을 취ᄒᆞ시미니잇가〈10b〉
녜ᄅᆞᆯ 펼 즈음에 그 밋디 못ᄒᆞᆯ 념네 업ᄉᆞ시니잇가〈40b〉
2) 식과 ᄉᆡᆨ은 사ᄅᆞᆷ의 큰 욕심이라 그러나 두 가지에 뉘 심ᄒᆞ니잇고〈13b〉
도라보건대 이제 됴뎡에 녯 협찬ᄒᆞ더니 몃 사ᄅᆞᆷ이니잇고〈22a〉
진심편 듕에 ᄀᆞ장 가히 공경을 니ᄅᆞ혈 거시 어ᄃᆡ 잇ᄂᆞ니잇고〈32b〉

위의 예문에서 (5.1)은 의문사가 없는 판정의문문인데, 모든 문장이 '-가'로 끝나고 있음을 보여준다. (5.2)는 '엇더ᄒᆞ-, 뉘, 몃, 어ᄃᆡ, 므어시' 등의 의문사가 있는 설명의문문인데, 문장이 모두 '-고'로 끝나고 있음을 보여준다. 이와 같이 'ᄒᆞ쇼셔'체에서 판정의문과 설명의문을 구분하던 종결어미의 사용은 17세기의 《박통사언해》나 《노걸대언해》에서도 이미 설명의문을 나타내던 '-고'가 '-가'에 합류되지만, 이 문헌에서는 대체로 구별하여 사용되는 특성을 보여준다. 그러나 이 문헌에서도 이러한 구별이 예외가 없을 정도로 엄격한 것은 아니었다.

(6) 심감을 지어 겨시더니 이제ᄂᆞᆫ 엇더ᄒᆞ시니잇가〈8a〉
ᄒᆞᆨ의 노낭ᄉᆡᆼ이 엇디 과티 아니ᄒᆞ니잇가〈16a〉

(6)의 문장은 '엇더ᄒᆞ-, '엇디'가 나타나는 설명의문문인데, 문장이 '-가'로 끝남을 보여준다. 이러한 사실은 이 문헌이 보수적인 특성을 보여주기는 하지만, 역시 언어 변화의 흐름에서 완전히 격리된 상태는 아니었음을 말해준다. 근대국어 시기에 간행된 다른 문헌들과 같이 설명의문문을 나타내던 문말의 어미 '-고'가 판정의문을 나타내던 '-가'로 합류되어 가고 있음을 보여주기 때문이다.

# 5. 자료적 가치

《어제경세문답(언해)》는 한문본 《御製警世問答》을 언해한 1권 1책의 한글 필사본으로서 유일본의 왕실 문헌이라는 점에서 중요한 가치를 갖는다. 책의 체재, 형식 등 붓으로 써서 정성들여 만든 왕실 보관의 한글 필사본으로서 왕실 문헌의 형태서지학적인 특성을 잘 보여주기 때문이다.

이 문헌이 한문으로 된 원문을 언해한 글이라는 점에서 이 문헌의 언해 부분은 번역학적으로 매우 유용한 자료가 될 것으로 생각된다. 그러나 한문을 언해하는 과정이나 한글로 필사한 과정에 대한 설명이 전혀 없어 앞으로 이에 대한 보완적인 연구가 필요하다. 현재로서는 실록의 기록과 이 책의 본문 내용을 바탕으로 적어도 2년에 걸쳐 이루어진 작업이라는 정도가 밝혀진 상태이다.

이 문헌이 영조 대의 우리말로 언해하여 한글로 필사되었다는 점에서 이 문헌의 언어 사용 상태는 국어사적으로 중요한 의미를 갖는다. 이 문헌에 사용된 언어에 나타나는 음운현상이나 문법현상은 18세기 중·후기의 다른 어떤 문헌에서보다 보수적인 특성을 보여준다. 이 문헌에 나타나는 언어 사용의 보수적인 특성은 다른 문헌에 비해 언어 변화가 매우 느리게 확산되는 반면, 해당 언어 변화에 대한 과도교정의 예들이 많이 나타났던 것이다. 이와 같은 왕실 문헌의 특성은 문헌을 대상으로 하는 국어사 연구에서도 문헌에 관여한 사람의 사회적 특성을 중심으로 접근할 수 있다는 가능성을 시사한다.

이 문헌에서 보여주는 보수적인 특성이 상류층의 언어 태도와 관련된다는 점에서 이 문헌의 언어 사용 상태는 국어사 연구가 새로운 각도에서 접근될 필요가 있음을 말해준다. 이 문헌에서처럼 언어 변화를 반영한 예들의 출현 빈도가 낮은 특성을 기존의 논의에서는 언어 변화를 반영하지 않은 표기의 보수성으로 간주해 왔다. 그러나 이러한 특성은 근래의 사회언어학적 연구에서 밝혀진 상류층의 언어 사용 상태와 매우 흡사하다는 점에 주목할 필요가 있다. 곧 이 문헌에서 보여주는 보수적인 특성은 관습적이고 규범적인 표기의 특성에 기인하는 것이 아니라 언어 변화에 대하여 민감하지 않거나 언어 변화를 잘 수용하지 않으려는 상류층 언어 사용자의 사회적 태도가 반영된 결과로 해석되는 것이다.

# 참 고 논 저

강순애(1982), "조선 영조조의 도서편찬 및 간행에 관한 서지적 연구", 성균관대학교 대학원 석사학위 논문.

김주필(2004), 영조의 《어제》에 나타난 '·'와 'ㅡ'의 표기와 음성 실현 양상, 《어문학논총》 23, 어문학연구소(국민대학교), 87~107.

김주필(2004), 영조 어제류 한글 필사본의 표기와 음운현상, 《장서각》 11, 한국정신문화연구원, 27~60.

김주필(2005), 18세기 역서류 문헌과 왕실 문헌의 음운변화, 《어문연구》 126, 한국어문교육연구회.

박부자(2001), 한글 필사본 《녈셩지장통긔》에 나타난 주체존대 '-시-'의 통합관계, 《장서각》 5, 한국정신문화연구원, 101~34.

박용만(2004), 영조 어제책의 자료적 성격, 《장서각》 11, 한국정신문화연구원, 5~25.

안병희(2000), 왕실 자료의 한글 필사본에 대한 국어학적 검토, 《장서각》 창간호, 한국정신문화연구원, 1~20.

옥영정(2004), 장서각 소장 어제류 간본의 서지적 분석, 《서지학연구》 29, 서지학회, 7~33.

이래호(2002), 장서각 소장 유일본 《어졔》에 대한 국어학적 연구, 《장서각》 5, 한국정신문화연구원, 239~263.

이종묵(1999), 장서각 소장 《열성어제》와 국왕문집의 편찬과정, 《장서각》 창간호, 한국정신문화연구원, 21~52.

이현희(2001), 장서각 소장의 영조대 한글 문헌, 《장서각》 2, 한국정신문화연구원, 25~43.

조계영(2006), 조선왕실 봉안 서책의 장황과 보존 연구 : 《璿源系譜紀略》과 《國朝寶鑑》을 중심으로, 한국학중앙연구원 한국학대학원 고문헌관리학전공 박사학위 논문.

조항범(2004), 영조 어제류 한글 필사본의 어휘론적 고찰, 《장서각》 11, 한국정신문화연구원, 61~83.

천혜봉·윤병태(1996), 《장서각의 역사와 자료적 특성》, 한국정신문화연구원.

한국정신문화연구원(2000), 장서각 한글 자료 해제.

홍윤표(1993), 《국어사 문헌자료 연구》(근대편 I), 태학사.

황문환(2004), 영조 어제류 한글 필사본의 문법론적 특징, 《장서각》 11, 한국정신문화연구원, 85~99.

# 일러두기

1. 본서는 크게 '역주편'과 '자료편' 두 부분으로 나뉜다. '역주편'은 한국학중앙연구원(구 한국정신문화연구원) 장서각(藏書閣)에 소장된 한글 필사본 《어제경세문답(언해)》를 대상으로 원문을 판독(判讀)하고 여기에 주석(註釋)과 현대어역(現代語譯)을 가한 것이다. '자료편'은 한글 필사본 《어제경세문답(언해)》와 함께 그 언해 저본(底本)에 해당하는 한문본 《御製警世問答》(장서각 소장)을 영인(影印)하여 나란히 실은 것이다. 한글 필사본과 한문본의 내용이 쉽게 대비될 수 있도록 한글 필사본에는 한문본의 장차(張次)를, 한문본에는 한글 필사본의 장차(張次)를 함께 표시하여 두었다.

예 : 3b ←(한문본)→ 3a (한글 필사본에서) 이 표시가 보이는 행을 기준으로 오른쪽은 한문본의 '3a', 왼쪽은 한문본의 '3b'에 해당함을 표시.

예 : 3b ←(언해본)→ 3a (한문본에서) 이 표시가 보이는 행을 기준으로 오른쪽은 언해본(한글 필사본)의 '3a', 왼쪽은 언해본(한글 필사본)의 '3b'에 해당함을 표시.

2. 본서의 '역주편'은 한글 필사본의 각 엽(葉)을 단위로 '원문 판독 + 주석 + 현대어역'의 순서로 구성된다. 각 구성 요소를 순서에 따라 소개하면 아래와 같다.

### (가) 원문 판독

원본의 흘려 쓴 글씨체를 판독하여 원문대로 옮겨 싣되 (독서의 편의를 위하여) 가로쓰기로 바꾸고 현행 맞춤법에 따라 띄어쓰기를 하였다. 한문본과 대조한 결과 어원(語源)이 파악되는 한자어는 ( ) 안에 그 어원을 모두 밝혔다. 쌍행(雙行)의 소자(小字)로 등장하는 협주(夾註)는 【 】 안에 넣어 본문과 구별되도록 하였다.

(나) 주석

원문에 등장하는 인명(人名), 지명(地名), 서명(書名), 편명(篇名), 건물명(建物名) 등 각종 고유명사(固有名詞)에 대하여는 가능한 한 주석(註釋)을 베풀어 내용 이해에 도움이 되도록 하였다. 또한 고어(古語) 지식이 필요한 난해 어구(語句)에 대하여는 표기·음운·형태·어휘·통사 등 여러 측면에서 국어사적 설명을 베풀었다. 이를 위하여 국어사 분야에서 이루어진 학계의 성과를 수렴하되 논쟁의 여지가 있는 내용은 되도록 배제하였다.

(다) 현대어역

현대어역은 한글 필사본의 (언해된) 원문을 직역(直譯)하는 것으로 원칙을 삼았다. 다만 원문에 따를 경우 문장이 너무 길어져 자연스럽지 못하면 현대어의 질서에 비추어 적당한 곳에서 문장을 끊어 독서할 때 호흡을 가다듬을 수 있도록 하였다. 독자의 이해를 돕기 위하여 원문의 질서를 유지하는 범위 내에서 보충어를 ( ) 안에 넣기도 하였다. 한자어는 ( ) 안에 한자를 밝혀 적되 뜻풀이가 더 필요할 경우에는 《표준국어대사전》(국립국어원)을 참조하여 ( ) 안의 한자 다음에 반점( , )을 찍고 추가하였다.

예: 궐연(蹶然, 매우 기운참)히 일어나 강개(慷慨, 의기가 북받쳐 슬퍼함)하고 태식(太息, 크게 한숨을 쉼)하니

3. 본서에서는 편의상 여러 가지 기호와 약호가 사용되었다. 학계의 일반적 관례에 따른 것 외에 본서에서 유의할 몇 가지를 소개하면 아래와 같다.

^ : 원문의 행(行)이 단어 내부에서 나뉘어 그 위치를 표시할 때
[頭] : 대두법(擡頭法), 곧 원문에서 관련 인물에 대한 존대를 표시하기 위하여 일부러 행(行)을 바꾸고 다른 행보다 한두 자(字) 위로 올린 것을 표시할 때
[隔] : 격간법(隔間法), 곧 원문에서 관련 인물에 대한 존대를 표시하기 위하여 일부러 글자 사이에 간격을 둔 것을 표시할 때
/ / : 어떤 언어 형식의 음상(音相)을 특별히 보이고자 할 때
' ' : 어떤 언어 형식의 이형태(異形態) 중 기본형에 해당하는 형태를 제시할 때
# : 단어(單語) 경계를 표시할 때
\+ : 형태소(形態素) 경계를 표시할 때
〈 〉 : 인용 예문의 출전(出典)을 표시할 때
{ } : 원문의 오자(誤字)에 대하여 정자(正字)를 보이고자 할 때
… : 인용문 가운데 생략된 부분이 있음을 표시할 때

역주편

# 역주 어제경세문답(언해)

### ▸▸▸ 원문 판독

## 〈어제경세문답(언해) 1a〉

어졔경셰문답(御製警世問答)

ᄌᆞ셩옹(自省翁)[1]이 슬프다 칠슌이 다만 일년이 격(隔)ᄒᆞ엿ᄂᆞᆫ디라 모년(暮年) ᄌᆞ강^
ᄒᆞᄂᆞᆫ 듕(中)에 스ᄉᆞ로 뉵십 팔셰 젼(前) 일을 도라보며[2] ᄯᅩ 말셰(末世) 풍쇽을
도라보고 스ᄉᆞ로 븟그리며〔忸〕 스ᄉᆞ로 개연(慨然)ᄒᆞ야 가셜ᄒᆞ야〔設〕 문답을 ᄆᆡᆫᄃᆞ^
라[3] 인ᄒᆞ야 네 ᄌᆞ(字)[4]로 일홈ᄒᆞ노라[5]

사ᄅᆞᆷ이 내게 믓ᄂᆞ니[6] 이셔 ᄀᆞᆯ오ᄃᆡ 이제 듕용(中庸)과 대ᄒᆞᆨ(大學)을 강(講)ᄒᆞ시니
그 과연 엇ᄌᆞ오시미 겨시니잇가[7] 내 믁연(默然) 냥구(良久)에 츄연이 태식ᄒᆞ야 답
왈 듕용(中庸)은 ᄒᆞᆨ문의 지극ᄒᆞᆫ 공뷔(工夫ㅣ)오 대ᄒᆞᆨ(大學)은 몸을 닷그며 집을
ᄀᆞ족이〔齊〕 ᄒᆞ며 나라흘 다ᄉᆞ리며 텬하ᄅᆞᆯ 평히 ᄒᆞᄂᆞᆫ[8] ᄀᆞ음〔具〕[9]이라 그러나
대ᄒᆞᆨ은 ᄎᆞ셔(次序)와 됴리(條理) 졍졍(井井)ᄒᆞ며 방방(方方)ᄒᆞ야 ᄒᆞᆨ재 비록 능히 다

### ▸▸▸ 주 석

1 자셩옹(自省翁) : 자기 자신의 태도나 행동을 스스로 반성하는 나이 든 사람이라는 뜻으로, 영조 자신을 지칭하는 말.

2 뉵십 팔셰 젼(前) 일을 도라보며 : 한 해를 격하여 칠순이 된다 하고 68년을 돌아보며 …〔중략〕…문답을 만들어 인하여 네 자로 이름을 짓는다고 하였으므로 이 글의 원문인 한문본 《경세문답(警世問答)》이 69세인 1762년에 만들어진 것으로 추정할 수 있다. 그런데 영조 실록에는 영조 37년, 즉 1761년에 《경세문답》이 이미 작성되고 있었음을 보여주는 기사가 나타난다. 영조 37년 6월 17일자의 "御製警世問答 盖取自警而警世之意也〔대개 스스로를 경계하면서 세상을 경계하는 뜻을 취한 것이다〕"와 영조 37년 10월 24일자 기사의 "仍口呼《警世問答》命彛章書之〔이어서 《경세문답》을 입으로 부르면서 이이장에게 쓰라고 명하였다〕"가 그것이다. 영조 37년은 영조가 68세였던 해이므로 《경세문답》은 이미 68세 때에 작성되고 있었음을 말해준다. 그렇다면 서문에 해당하는 위의 내용은 49개

▸▸▸ 현대어역

## 〈어제경세문답(언해) 1a〉

자성옹(自省翁, 영조)이, 슬프다, 칠순(七旬)이 다만 일년이 격(隔)하였는지라, 모년(暮年, 늙어 가는 시기) 자강(自强, 스스로 몸과 마음을 가다듬음)하는 중(中)에 스스로 육십팔 세(歲) 전(前) 일을 돌아보며 또 말세(末世) 풍속(風俗)을 돌아보고 스스로 부끄러워하며 스스로 개연(慨然, 억울하고 원통하여 몹시 분함)하여 가설(加設, 추가하여 베풂)하여 문답을 만들어 인하여 네 자(字)로 이름 짓노라. 사람들 중에 내게 묻는 이 있어 가로되, "이제 중용(中庸)과 대학(大學)을 강(講)하시니 그 과연 얻으심이 있으십니까?" 내 묵연(默然, 말없이 잠잠함) 양구(良久, 시간이 꽤 오램)에 추연(愀然, 처량하고 슬픔)히 태식(太息, 한숨을 쉼)하여 답 왈, "중용(中庸)은 학문의 지극(至極)한 공부(工夫)요, 대학(大學)은 몸을 닦으며 집을 가지런히 하며 나라를 다스리며 천하를 평안하게 하는 도구라. 그러나 대학은 차서(次序, 순서 있게 벌여 나가는 관계)와 조리(條理, 앞뒤가 들어맞고 체계가 서는 갈피)가 정정(井井, 질서나 조리가 정연함)하며 방방(方方, 가지런함)하여 학자(學者)가 비록 능히 다

▸▸▸ 주 석

의 질문과 대답을 모두 완성하여 69세에 이 책을 펴내면서 추가한 것이라고 할 수 있다.

3 민ᄃᆞ라 : 만들어. 이 시기에 '밍ᄀᆞᆯ다'나 '밍글다'와 함께 '민ᄃᆞᆯ다', '민ᄀᆞᆯ다'도 사용된다. 민ᄃᆞᆯ- + -아.

4 네 ᄌᆞ(字) : 네〔四〕 글자. 이 책 제목의 '경(警), 셰(世), 문(問), 답(答)' 네 글자를 말한다.

5 일홈ᄒᆞ노라 : 명명(名命)하노라 또는 이름짓노라. '일홈ᄒᆞ-'는 15세기에 '일홈짛-'으로서, '일홈짓고, 일홈지ᅀᅥ, 일홈지ᅀᅳ니' 등과 같이 활용되었다.

6 뭇ᄂᆞ니 : 묻는 이(사람). '묻다'의 어간 '묻-'의 종성 'ㄷ'은 근대국어 문헌에서는 'ㅅ'으로 바뀌어 표기된다.

7 겨시니잇가 : 있으십니까. '겨시-(在) + -니-(객관적 진술) + -이-(상대 존대) + -ㅅ가(의문)'로 분석된다.

8 몸을 닷그며~텬하ᄅᆞᆯ 평히 ᄒᆞᄂᆞᆫ : 수신(修身) 제국(齊家) 치국(治國) 평천하(平天下).

9 ᄀᆞ음〔具〕 : 감. 재료나 도구를 의미하는 고유어. 현대국어에서는 '장난감, 혼수감, 물감, 옷감' 등과 같이 '감'으로 1음절로 축약되어 접미사로 사용되지만, 이 문헌에서는 관형절의 수식을 받는 명사로도 사용되고 있었음을 보여준다.

▸▸▸ **원문 판독**

## 〈어제경세문답(언해) 1b〉

힝티 못ᄒᆞ나 오히려 가히 계제(階梯) 등급을 삼으려니와 듕용(中庸)[1]에 니^
ᄅᆞ러ᄂᆞᆫ 존양 셩찰의 종요(宗要)와 셩인(聖人)의 공용(功用)과 조화(造化)의 지극ᄒᆞᆫ
거시 다 ᄒᆞᆫ 권 가온대 ᄀᆞ자[備] 지극ᄒᆞᆫ 도리 함포(含包)ᄒᆞ고 미묘ᄒᆞᆫ 의리 다
ᄡᅡ이엿ᄂᆞᆫ디라[括] 내 열아홉에 대ᄒᆞᆨ(大學)[2]을 강ᄒᆞ고 느즌[晩] 후에 ᄯᅩ 듕용^
을 강ᄒᆞ고 이제 ᄇᆡᆨ슈(白首) 칠십 ᄀᆞᆺ가온 나히 듕용 대ᄒᆞᆨ으로ᄡᅥ 뉸^
회(輪回)ᄒᆞ야 ᄡᅥ 강ᄒᆞ야 듕용은 임의 아홉 번이오 대ᄒᆞᆨ은 임의 다^
ᄉᆞᆺ 번이로ᄃᆡ 어려신 ᄣᅢ예 진실로 글이 스ᄉᆞ로[3] 글이오 내 스ᄉᆞ로 내[我ㅣ]러니[4]
듕년(中年)도 ᄯᅩᄒᆞᆫ 그러ᄒᆞ고 모년에도 ᄯᅩ 이 ᄀᆞᆺᄐᆞ니 ᄒᆞᆫ갓 스ᄉᆞ로 붓그릴[忸] 분
아니라 큰 덕은 반ᄃᆞ시 그 슈(壽)ᄅᆞᆯ 어드며 반ᄃᆞ시 그 위(位)ᄅᆞᆯ 엇ᄂᆞ니라[5] ᄒᆞᆫ
글에 니ᄅᆞ러[6] 더옥 ᄂᆞᆺ치 븕으믈 ᄡᅵᆺ디 못ᄒᆞ니 대개 덕이 업ᄉᆞ며

▸▸▸ **주 석**

1 듕용(中庸) : ≪중용≫. 공자의 손자인 자사(子思)의 저술이라 알려져 있다. 오늘날 전해지는 것은 《예기(禮記)》에 있던 중용편(中庸篇)이 송대(宋代)에 하나의 단행본으로 된 것이다. '中'은 어느 한 쪽으로 치우치지 않는다는 뜻이고 '庸'은 평상(平常)을 뜻한다. 이 책은 인간의 본성을 한마디로 성(誠)이라 하고, 어떻게 하여 이 성(誠)으로 돌아갈 수 있는지를 규명하였다.

2 대ᄒᆞᆨ(大學) : ≪대학≫. 유교 경전 중 공자의 가르침을 정통으로 나타내는 경서(經書). 본래 《예기(禮記)》의 제42편이던 것을 송대(宋代)에 사마광(司馬光)이 따로 떼어서 《대학광의(大學廣義)》를 만들었고, 뒤에 주자(朱子)가 경(經) 1장(章)과 전(傳) 10장(章)을 구별하여 주석을 가해 《대학장구(大學章句)》를 만들면서 세상에 널리 알려지게 되었다.

### ▸▸▸ 현대어역

## 〈어제경세문답(언해) 1b〉

행치 못하나 오히려 가히 계제(階梯, 일의 순서나 절차) 등급(等級, 여러 층으로 구분한 단계)을 삼으려니와 중용에 이르러서는 존양(存養, 본마음을 잃지 않도록 착한 성품을 기름) 성찰(省察, 자신의 마음을 반성하고 살핌)의 종요(宗要, 주장이 되는 근본 요지)와 성인(聖人)의 공용(功用, 공을 들인 보람이나 효과)과 조화(造化, 만물을 창조하고 기르는 대자연의 이치)의 지극한 것이 다 한 권 가운데 갖추어져 지극한 도리(道理)가 함포(含包, 사물이나 현상 가운데 함께 들어 있음)하고 미묘(微妙)한 의리(義理)가 다 담겨 있는지라. 내 열아홉에 대학을 강하고 늦은 후에 또 중용을 강하고 이제 백수(白首, 허옇게 센 머리) 칠십 가까운 나이에 중용과 대학으로써 윤회(輪回, 차례로 돌아감)하여 써 강하여 중용은 이미 아홉 번이요, 대학은 이미 다섯 번이로되 어렸을 때에 진실로 글이 스스로 글일 뿐이요, 내 스스로 나일 뿐이었으니 중년(中年)도 또한 그러하고 모년(暮年, =晩年)에도 또 이와 같으니 한갓 스스로 부끄러울 뿐 아니라 '큰 덕은 반드시 그 수(壽)를 얻으며 반드시 그 위(位)를 얻나니라.' 한 글에 이르러 더욱 낯이 붉음을(=붉어짐을) 깨닫지 못하니 대개 덕이 없으며

### ▸▸▸ 주 석

3 스ᄉᆞ로 : 스스로. 15세기에도 '스스로'였으나, 이 문헌에서는 'ㅅ' 다음의 'ㅡ'는 대부분 'ㆍ'로 바뀌어 나타난다.

4 글이 스ᄉᆞ로 글이오 내 스ᄉᆞ로 내[我ㅣ]러니 : 원문의 '書自書 我自我'를 그대로 직역한 것이다. 이 부분은 단지 글을 읽기만 하고 실천하는 바가 없으면 아무런 유익함도 없음을 강조한 것이다.

5 큰 덕은 반ᄃᆞ시 그 슈(壽)ᄅᆞᆯ 어드며 반ᄃᆞ시 그 위(位)ᄅᆞᆯ 엇ᄂᆞ니라 : 중용에서 한 '大德 必得其位 必得其祿 必得其名 必得其壽'를 일컫는 말로, '(공자 말씀이 순의 좋은 점을 말씀하시고) 큰 덕은 반드시 그 지위를 얻고, 반드시 그 녹(富를 말함)을 얻으며, 반드시 그 이름(명예)을 얻으며 반드시 그 수(오래 사는 것)를 얻는다.'는 뜻이다.

6 니ᄅᆞ러 : 이르러. '니ᄅᆞᆯ- + -어'로서, 어간의 제1음절 'ㄴ'이 탈락되고 제2음절의 'ㆍ'가 'ㅡ'로 바뀌어 현대어의 '이를-'이 된 것이다. 현대어에서 '이를-'은 '이르-'와 같은 의미로 뒤에 오는 어미에 따라 분포를 달리 하여 사용되는데, 부사형 어미 '-어' 앞에서는 '이를-'이 사용되어 '이르러'로 된다.

▸▸▸ 원문 판독

## 〈어제경세문답(언해) 2a〉

능(能)이 업시 ᄒᆞᆫ갓 슈(壽)ᄒᆞ며 ᄒᆞᆫ갓 위(位)ᄅᆞᆯ ᄒᆞᄂᆞᆫ 연괴(緣故ㅣ)라 엇디 특별이
이 ᄲᅮᆫ이리오 튜모ᄒᆞ야 삼강(三講)을 ᄒᆞ야 ᄠᅳᆺ이 ᄌᆞ강(自强)코져 ᄒᆞᄃᆡ 그 효^
험이 더옥 막연ᄒᆞᆫ디라 녯 셔졀회(徐節孝ㅣ) 뎨ᄌᆞ(弟子)ᄃᆞ려 닐러 ᄀᆞᆯ오ᄃᆡ 부뫼(父母ㅣ)
ᄒᆞ과져 ᄒᆞ시고 일향(一鄕) 사ᄅᆞᆷ이 영화로이 너기거ᄂᆞᆯ 졔군(諸君)이 엇디 군ᄌᆡ
되디 아니ᄒᆞᄂᆞ뇨[1] ᄒᆞ니 어려셔 이 글을 닑으매 스ᄉᆞ로 숑연(悚然)ᄒᆞ믈 ᄭᆡ^
ᄃᆞᆺ디 못ᄒᆞ니 슬프다 부모의 ᄌᆞ식의게 ᄇᆞ라시ᄂᆞᆫ 배〔所ㅣ〕[2] 엇더ᄒᆞ관ᄃᆡ ᄌᆞ^
식이 능히 부모의 은혜ᄅᆞᆯ 갑하 ᄃᆡ답디[3] 못ᄒᆞ고 ᄯᅩ 부모의 ᄆᆞᄋᆞᆷ을 톄^
ᄒᆡᆼ(體行)티 못ᄒᆞ야 심ᄒᆞ면 게으ᄅᆞ며 방ᄌᆞᄒᆞ야〔放肆〕 스ᄉᆞ로 쳐ᄌᆞᄅᆞᆯ ᄉᆞᄉᆞ로이[4]
ᄒᆞ고 그 어버이ᄅᆞᆯ 도라보디 아니ᄒᆞᄂᆞᆫ 재(者ㅣ) 이시매[5] 니ᄅᆞ니 슬프다 이ᄂᆞᆫ 오히려
어버이 잇ᄂᆞ니ᄅᆞᆯ ᄀᆞᄅᆞ쳐 니ᄅᆞ미어니와 어버이 업ᄂᆞᆫ ᄃᆡ 방홀(放忽)ᄒᆞᄂᆞ니^

▸▸▸ 주 석

1 셔졀회(徐節孝ㅣ) 뎨ᄌᆞ(弟子)ᄃᆞ려 ~ 엇디 군ᄌᆡ 되디 아니ᄒᆞᄂᆞ뇨 : 이 말은 《소학(小學)》 〈외편〉 가언 광입교 제 12장에 나오는 '父母欲之 鄕人榮之 諸君 何不爲君子(부모가 원하고 마을 사람들이 영광으로 여기는데도 제군은 어찌하여 군자가 되지 않는가?)'를 말한다.

2 부모의 ᄌᆞ식의게 ᄇᆞ라시ᄂᆞᆫ〔望〕 배〔所ㅣ〕 : 부모가 자식에게 바라시는 바가. '의'가 형태상으로는 속격 조사이지만 그 앞에 있는 '부모'가 '자식에게 바라시는'의 주어 역할을 하고 있다.

3 은혜ᄅᆞᆯ 갑하 ᄃᆡ답디 : 은혜에 보답하지. 원문의 '報答'을 직역하여 '갑하 대답지(=갚아 대답하지)'라고 하였다. 이 시기의 문헌에서는 '갚-'과 같이 어간 말 격음은 8종성의 제약으로 인하여 '평음 + ㅎ'으로 나누어 표기하는 경향이 있었다.

### ▸▸▸ 현대어역

## 〈어제경세문답(언해) 2a〉

능력(能力)이 없이 한갓 수(壽)하며 한갓 위(位)를 하는 연고(緣故)이라. 어찌 특별히 이뿐이리요? 추모(追慕, 죽은 사람을 그리며 생각함)하여 삼강(三講, 세 번을 강독함)을 하여 뜻이 자강(自强)코자 하되 그 효험이 더욱 막연(漠然)한지라. 옛 서절효(徐節孝)가 제자(弟子)에게 일러 가로되, “부모(父母)가 하게(=군자가 되게) 하고자 하시고 일향(一鄕, 한 고을) 사람이 영화(榮華)로이 여기거늘 제군(諸君)이 어찌 군자(君子)가 되지 아니하나뇨?” 하니 어려서 이 글을 읽으매 스스로 송연(悚然, 소름이 끼칠 정도로 두려움)함을 깨닫지 못하니 슬프다. 부모가 자식에게 바라시는 바가 어떠하건대 자식이 능히 부모의 은혜를 갚아 대답하지 못하고, 또 부모의 마음을 체행(體行, 몸소 체득하여 실행함)하지 못하여 심(甚)하면 게으르며 방자하여 스스로 처자(妻子)를 사사(私私)로이 하고 그 어버이를 돌아보지 아니하는 자(者)가 있음에 이르니 슬프다. 이는 오히려 어버이 있는 이를 가리켜 이름이거니와 어버이가 없는 데 방홀(放忽, 내버려 두어 소홀히 함)하는 이

### ▸▸▸ 주 석

4 ᄉᆞᄉᆞ로이 : 사사(私私)로이. 개인의 물건이나 소유물처럼 다룬다는 정도의 의미로 사용되었다.
5 이시매 : 있으매. 이시-(어간)+-매(이유를 나타내는 어미).

▸▸▸ **원문 판독**

## 〈어제경세문답(언해) 2b〉

ᄂᆞᆫ 더옥 블회 되리니 슬프다 셕년(昔年)의 ᄉᆞ뎌(私第)의 나아갈 ᄣᅢ예 〔隔〕주신 바 〔頭〕
어시(御詩)예 ᄀᆞᆯ오샤ᄃᆡ 혹문을 몸에 ᄀᆞᆷ초아 두면 ᄡᅳ미〔用〕 유여(有餘)ᄒᆞᄂᆞ니라 ᄒᆞ시고
ᄯᅩ ᄀᆞᆯ오샤ᄃᆡ ᄌᆞᄌᆞ(孜孜)ᄒᆞ야 날마다 더옥 ᄉᆞ부(師傅)ᄅᆞᆯ 친히 ᄒᆞ라 ᄒᆞ여 겨오^
시ᄃᆡ 그 후의 날마다 대궐의 나아가 〔隔〕승후(承候)ᄒᆞᄋᆞᆸ기의 한가ᄒᆞᆫ
날이 만티 못ᄒᆞ고 칠년을 〔隔〕시탕(侍湯)ᄒᆞ오와 기리〔長〕 금딕(禁直)에 잇다가 경^
ᄌᆞ(庚子)[1] 초동(初冬)에 ᄌᆞᆷ뎌(潛邸)로 믈러오고 신튝(辛丑)[2] 듕츄(中秋)에 뎌위(儲位)
ᄅᆞᆯ 니으니〔承〕 그 ᄉᆞ이 ᄯᅩ^
ᄒᆞᆫ 열ᄒᆞᆫ ᄃᆞᆯ이 디나디〔過〕 못ᄒᆞᆫ디라 비록 그러나 녯 동싱(董生)[3]이 아ᄎᆞᆷ〔朝〕[4]이^
면 밧 ᄀᆞᆯ고 밤이면 능히 글 닑어시니[5] 일로 ᄡᅧ〔以〕[6] 보면 ᄒᆞᆫ ᄃᆞᆯ도 ᄉᆞᄉᆞ로
ᄒᆞᆫ ᄃᆞᆯ이오 ᄒᆞᆫ 날도 ᄉᆞᄉᆞ로 ᄒᆞᆫ 날이라 엇디 글 닑을 ᄣᅢ 업ᄉᆞ리오마^
ᄂᆞᆫ 그 능히 못ᄒᆞᄂᆞᆫ 바ᄂᆞᆫ 곳 나의 게으ᄅᆞ미라 동위(銅闈)예 든 후의 비록 감^

▸▸▸ **주 석**

1 경ᄌᆞ(庚子) : 숙종(肅宗) 46년(1730).
2 신튝(辛丑) : 숙종(肅宗) 47년(1731).
3 동싱(董生) : 당(唐) 나라 안풍(安豊) 출신의 진사(進士)였던 동소남(董邵南)을 가리킨다.
4 아ᄎᆞᆷ〔朝〕 : 아침. '아ᄎᆞᆷ 〉 아츰 〉 아침'의 변화 과정을 거친 것이다.
5 아ᄎᆞᆷ〔朝〕이면 밧 ᄀᆞᆯ고 밤이면 능히 글 닑어시니 : 주경야독(晝耕夜讀). 《소학(小學)》 〈선행편〉의 한 문공이 지은 '동생행'에 나오는 구절로서, '嗟哉董生 朝出耕 夜歸讀古人書(아, 동생이여. 아침엔 나가 밭을 갈고 밤이면 돌아와 옛사람의 글을 읽는구나)'를 따온 것이다.

### ▸▸▸ 현대어역

## 〈어제경세문답(언해) 2b〉

는 더욱 불효가 되리니 슬프다, 석년(昔年, 여러 해 전)의 사제(私第, 개인 소유의 집)에 나아갈 때에 주신 바 어시(御詩, 임금이 지은 시)에 가라사대, '학문을 몸에 갈무리하여 두면 씀이 유여(有餘)하니라.' 하시고, 또 가로되, '자자(孜孜, 꾸준하게 부지런함)하여 날마다 더욱 사부(師傅, 스승)를 친히 하라.' 하시었으되 그 후에 날마다 대궐에 나아가 승후(承候 웃어른께 문안을 드림)하기에 한가한 날이 많지 못하고 칠년을 시탕(侍湯, 어버이의 병환에 약시중을 드는 일)하여 길이 금직(禁直, 의금부의 당직)에 있다가 경자(庚子) 초동(初冬)에 잠저(潛邸, 임금이 되기 전 살던 집)로 물러나오고 신축(辛丑) 중추(中秋)에 저위(儲位, 왕세자의 지위)를 이으니 그 사이 또한 열한 달이 지나지 못한지라. 비록 그러나 옛 동생(董生)이 아침이면 밭 갈고 밤이면 능히 글 읽었으니 이로써 보면 한 달도 스스로 한 달일 뿐이요, 한 날도 스스로 한 날일 뿐이라. 어찌 글 읽을 때가 없으리요마는 그 능히 못하는 바는 곧 나의 게으름이라. 동위(銅闈, =東宮)에 든 후에 비록 감

### ▸▸▸ 주 석

6 일로 뻐[以] : 이로써, 이것으로써. 원본은 '以此'이며, '로 뻐'는 노구나 자격을 나타내는 '(ᄋᆞ/으)로'에 '以'에 해당하는 '뻐'가 결합된 조사로서, 현대국어의 '(으)로써'로 이어진다. 도구나 자격을 나타내는 '(ᄋᆞ/으)로'는, 특이하게도 '이, 그, 뎌'와 같이 1음절로 된 대명사 뒤에서는 'ㄹ로'로 나타타, '일로, 글로, 뎔로, 절로'로 사용되었다.

▸▸▸ 원문 판독

## 〈어제경세문답(언해) 3a〉

히 만홀(慢忽)티 못ᄒᆞ나 엇디 능히 젼(前) 허믈을 기우리오〔補〕 ᄆᆞᄋᆞᆷ의 그윽이
숑연ᄒᆞᆫ디라 도라보건대 이제 고례(古例)예 업ᄉᆞᆫ[1] 삼강(三講)은 진실로 튜모^
ᄒᆞᄆᆞ로 말ᄆᆡ아ᄆᆞ미라 슬프다 튜모ᄒᆞ오믄 곳 ᄉᆞᆷ에 〔隔〕뵈ᄋᆞ오믈〔拜〕[2] 인^
ᄒᆞ야 그러ᄒᆞᆫ디라 엇디 감히 유범(悠泛)히 ᄒᆞ리오마ᄂᆞᆫ 일홈이 비록 삼^
강이나 듕용 일부ᄂᆞᆫ 곳 셩(誠) ᄶᆞ(字ㅣ)오 대혹 일부ᄂᆞᆫ 곳 경(敬) ᄶᆞ(字ㅣ)로ᄃᆡ 능히
셩티 못ᄒᆞ며 능히 경티 못ᄒᆞ야 다만[3] 삼강의 일홈만 잇고 그 삼^
강의 효험이 업ᄉᆞ니 진실로 나의 블효(不孝)ᄒᆞ미오 진실로 나의 블쵸(不肖)^
ᄒᆞ미라 고로 스ᄉᆞ로 븟그려 므연ᄒᆞ고 니어 태식(太息)ᄒᆞ노라
믓ᄌᆞ와 ᄀᆞᆯ오ᄃᆡ ᄃᆡ답ᄒᆞ시ᄂᆞᆫ 배〔所ㅣ〕 아니 과(過)히 겸손ᄒᆞ시ᄂᆞ니잇가 답 왈
슬프다 ᄃᆡ답에 그 만일 것ᄎᆞ로〔外〕[4] ᄭᆞ며〔飾〕 과겸(過謙)ᄒᆞ면 이ᄂᆞᆫ ᄒᆞᆫ갓 ᄆᆞᄋᆞᆷ을

▸▸▸ 주 석

1 고례(古例)예 업ᄉᆞᆫ : 이전의 예를 찾아볼 수 없는, 또는 전례(前例)가 없는.
2 뵈ᄋᆞ오믈〔拜〕 : 뵘을. '뵈-(어간) + -ᄋᆞ오-(겸양법 '-ᅀᆞᆸ-'의 계승형) + -ㅁ(명사형 어미) + 을(목적격 조사).

## ▸▸▸ 현대어역

### 〈어제경세문답(언해) 3a〉

히 만홀(慢忽, 한만하고 소홀함)하지 못하나 어찌 능히 전(前) 허물을 기우리요(=보완하리요)? 마음에 그윽히 송연(悚然, 소름이 끼칠 정도로 두려움)한지라, 돌아보건대 이제 고례(古例)에 없는 삼강(三講)은 진실로 추모(追慕, 죽은 사람을 그리며 생각함)함으로 말미암음이라. 슬프다, 추모함은 곧 꿈에 뵘으로 인(因)하여 그러한지라. 어찌 감히 유범(悠泛)히 하리요마는 이름이 비록 삼강(三講)이나 중용(中庸) 일부(一部)는 곧 성(誠) 자(字)요, 대학(大學) 일부(一部)는 곧 경(敬)이라는 글자로되 능히 성(誠)치 못하며 능히 경(敬)치 못하여 다만 삼강의 이름만 있고 그 삼강의 효험(效驗)이 없으니 진실로 나의 불효(不孝)함이요, 진실로 나의 불초(不肖, 부모의 유업을 이어받지 못함)함이라. 고로 스스로 부끄러워 무연(憮然, 크게 낙심하여 허탈해 함)하고 이어 태식(太息, 한숨을 쉼)하노라."

묻자와 가로되, "대답(對答)하시는 바가 아니 과(過, 지나침)히 겸손(謙遜)하십니까?" 답 왈, "슬프다, 대답에 그 만일 겉으로 꾸며 과겸(過謙, 지나치게 겸손함)하면 이는 한갓 마음을

## ▸▸▸ 주 석

3 다ᄆᆞᆫ : '다ᄆᆞᆫ 〉다만'. 제2음절에서 'ㆍ'가 'ㅏ'로 바뀌어 '다만'이 된 것이다. 'ㆍ〉ㅏ' 변화는 제1음절에서 일어난 변화이지만, 제1음절의 모음이 'ㅏ'인 경우에는 제2음절의 'ㆍ'도 'ㅏ'로 바뀐 예들이 있다.

4 것ᄎᆞ로[外] : 겉으로. '겇'의 마지막 자음 'ㅊ'이 'ㅌ'으로 바뀌어 현대국어의 '겉'이 된 것이다. 예 : 쩍 ᄀᆞᄐᆞᆫ 쌋거치 나니 〈월인석보 1 : 42〉. 'ᄑᆞᆾ 〉팥'도 이와 같은 변화를 거쳤다.

▸▸▸ **원문 판독**

## 〈어제경세문답(언해) 3b〉

속일 분이 아니라 실로 피창(彼蒼)을 속이미오 ᄯᅩᄒᆞᆫ 〔隔〕척강(陟降)[1]을 속이^
미라 내 비록 ᄒᆞᆨ을 못ᄒᆞ나 결단(決斷)ᄒᆞ야 이ᄂᆞᆫ ᄒᆞ디 아니ᄒᆞ리니 진실^
로 스ᄉᆞ로 븟그리며[2] 진실로〔誠〕 스ᄉᆞ로 ᄉᆞᆼ(訟)ᄒᆞ노라
뭇ᄌᆞ와 ᄀᆞᆯ오ᄃᆡ 과연 그러ᄒᆞ시면 엇디 스ᄉᆞ로 힘ᄡᅳ며 스ᄉᆞ로 ᄀᆞ다ᄃᆞᆷ디 아^
니ᄒᆞ시ᄂᆞ니잇고 눈믈을 먹음어[3] 답 왈 이제ᄂᆞᆫ ᄆᆞᄋᆞᆷ이 어ᄅᆞᆷ〔氷〕 ᄀᆞᆺ고 ᄯᅳᆺ^
이 ᄯᅩᄒᆞᆫ 닝(冷)ᄒᆞᆫ디라 예슌아홉이 임의 혬〔料〕 밧기라〔表〕[4] 그 비록 이제 올코
어제 그른 줄을 ᄭᅵᄃᆞᄅᆞ나 엇디 능히 밋ᄎᆞ리오[5] 비록 그러나 나의 경녁(經歷)^
ᄒᆞ므로 ᄡᅥ 셰념(世念)이 돈연(頓然)히 쇼멸(消滅)ᄒᆞ엿ᄂᆞᆫ 고로 믈욕에ᄂᆞᆫ 칠팔 분(分)^
이 감ᄒᆞ엿노라 슬프다 식(食)과 ᄉᆡᆨ(色)은 욕(慾)의 큰 거시어니와 ᄒᆞᆫ갓 식ᄉᆡᆨ(食色)^
분 아니라 ᄒᆞᆫ 힝실과 ᄒᆞᆫ 일과 일동(一動) 일졍(一靜)이 니(理)예 어긔며[6] 녜예 어^

▸▸▸ **주 석**

1 척강(陟降) : 하늘과 조상의 가호 또는 조상. 여기에서는 황천(皇天)에 있는 조종들의 음우를 말함.
2 븟그리며〔忸〕 : 부끄러워하며. 15세기의 형태는 ‘붓그리다’로서 ‘븟그리-’는 ‘붓’이 ‘븟’으로 비원순모음화된 형태이다.
3 먹음어 : ‘머금어’가 분철되어 ‘먹음어’로 표기된 것이다. 15세기의 《월인석보(月印釋譜)》에는 ‘머굼-’으로 나타난다.
4 혬 밧기라〔表〕 : 조리 있게 헤아리거나 생각할 수 없는 정도의 나이라. ‘밝(表)’은 현대국어에서 ‘밖’으로 바뀌어 사용된다. 이 부분의 내용은 69세에 작성한 글임을 일 수 있다. ‘혬’(料)은 ‘혜다’의 명사형으로서 15세기에는 명사형을 만들 때 필수적으로 사용되던 ‘오/우’가 사용되지 않았다.

## ▸▸▸ 현대어역

# 〈어제경세문답(언해) 3b〉

속일 뿐이 아니라 실로 피창(彼蒼, 저 하늘)을 속임이요, 또한 척강(陟降, 황천에 있는 조종들, =조상)을 속임이라. 내 비록 학(學)을 못하나 결단(決斷)하여 이는 하지 아니하리니 진실로 스스로 부끄러우며 진실로 스스로 송(訟, 호소함)하노라."
묻자와 가로되, "과연 그러하시면 어찌 스스로 힘쓰며 스스로 가다듬지 아니하십니까?" 눈물을 머금어 답 왈, "이제는 마음이 얼음 같고 뜻이 또한 냉(冷)한지라. 예순아홉이 이미 헤아림〔料〕 밖이라. 그 비록 이제 옳고 어제 그른 줄을 깨달으나 어찌 능히 미치리요? 비록 그러나 내가 경력(經歷, 여러 가지 일을 겪어 지내 옴)함으로써 세념(世念, 세상살이에 대한 온갖 생각)이 돈연(頓然, 소식이 끊어져 감감함)히 소멸(消滅)하는 고로 물욕(物慾)에는 칠팔 분(分)이 감(減)하였노라. 슬프다, 식(食)과 색(色)은 욕(慾)의 큰 것이거니와 한갓 식색(食色)뿐 아니라 하나의 행실과 하나의 일과 일동(一動) 일정(一靜)이 이치(理致)에 어그러지며 예(禮)에 어

## ▸▸▸ 주 석

5 밋ᄎᆞ리오 : 미치리요. '밋ᄎᆞ리오'는 '미ᄎᆞ리오'의 격음 'ㅊ' 앞에 'ㅅ'을 더 표기한 것으로서, '미ᄎᆞ-〉미츠-〉미치-'의 변화를 거쳤다.
6 어긔며 : 어그리지며. 일반적으로 '어긔다'는 타동사로 사용되어 목적어를 필요로 하지만 여기에서는 '어그러지다' 정도의 의미를 갖는 자동사로 사용되었다.

### ▸▸▸ 원문 판독

## 〈어제경세문답(언해) 4a〉

긔ᄂᆞᆫ 거시 다 욕(慾)이오 셩(誠)에 흠(欠)ᄒᆞ며 경(敬)에 흠(欠)ᄒᆞᄂᆞᆫ 거시 ᄯᅩᄒᆞᆫ 욕이라
모년(暮年)에 어려실 ᄣᅢ와 듕년 적 일을 ᄉᆡᆼ각ᄒᆞ고 스ᄉᆞ로 븟그리며 스ᄉᆞ로
숑(訟)ᄒᆞᄂᆞᆫ 거시 만ᄒᆞ니 이제 만일 ᄆᆡᆼ녈(猛烈)이 공부ᄅᆞᆯ ᄒᆞ면 거의 도ᄋᆞ^
미〔助〕 이실 ᄃᆞᆺᄒᆞᄃᆡ ᄆᆞᄋᆞᆷ과 긔운이 ᄒᆞᆫ가지로〔俱〕 모손(耗損)ᄒᆞ야시니 이 나의 ᄡᅧ 듕^
야(中夜)의 기리 탄식ᄒᆞᄂᆞᆫ 배〔所ㅣ〕로소니 하ᄂᆞᆯ이 만일 날〔予〕을[1] 나흘〔年〕 빌니시^
면[2] 거의 ᄆᆞᄋᆞᆷ을 져ᄇᆞ리디 아니홀가 ᄒᆞᄃᆡ 비록 그러나 셰샹 사ᄅᆞᆷ^
을 보미 닉엇ᄂᆞ니〔熟〕[3] ᄆᆞᄋᆞᆷ이 쇠ᄒᆞ고 긔운이 모손(耗損)ᄒᆞᆫ 후ᄂᆞᆫ 비록 강^
명(剛明)ᄒᆞᆫ 사ᄅᆞᆷ이나 판연히 두 사ᄅᆞᆷ ᄀᆞᆺᄐᆞᆫ 재(者ㅣ) 만ᄒᆞᆫ디라 나도 ᄯᅩᄒᆞᆫ 스ᄉᆞ^
로 밋디 못ᄒᆞᄂᆞᆫ 거시 이시니 이 나의 ᄡᅧ 샹해 늠연(凜然)ᄒᆞ야 쳑념(惕念)ᄒᆞ미
ᄀᆞᆫ졀히 ᄒᆞᄂᆞᆫ 배로라[4]

### ▸▸▸ 주 석

1 날〔予〕을 : 나를. 과잉으로 분철한 것이다. 이 문헌에서는 '나'와 '를'의 결합형은 '나를'이 아닌 '날을'로 나타난다.
2 하늘이 만일 날〔予〕을 나흘〔年〕 빌니시면 : 天若假予年. '하늘이 만일 나에게 나이를 빌려 주었으면' 정도의 뜻이다.
3 셰샹 사ᄅᆞᆷ을 보미 닉엇ᄂᆞ니〔熟〕 : 이 부분은 한문을 직역한 것으로서 '세상 사람을 익히 보아 와서 사람들의 특성을 어느 정도 아는데' 정도의 내용이다. 세상 사람들에 대해 알고 있는 특성은 그 다음에 제시되어 있다. 즉 'ᄆᆞᄋᆞᆷ이 쇠(衰)ᄒᆞ고 긔운이 모손(耗損)ᄒᆞᆫ 후ᄂᆞᆫ 비록 강명(剛明)ᄒᆞᆫ 사ᄅᆞᆷ이나 판연(判然)히 두 사ᄅᆞᆷ ᄀᆞᆺᄐᆞᆫ 재(者ㅣ) 만ᄒᆞᆫ디라〔마음이 쇠하고 기운이 모손한 후에는 비록 강명한 사람이라 할지라도 판연히 두 사람 같은(즉 강명하지 않게 행동하는) 자가 많은지라〕'가 '내가 세상을 익히 보아 온' 내용이 된다.

### ▸▸▸ 현대어역

## 〈어제경세문답(언해) 4a〉

그러지는 것이 다 욕(慾)이요, 성(誠)에 흠(欠, 부족한 점)하며 경(敬)에 흠(欠)하는 것이 또한 욕(慾)이라. 모년(暮年, =晩年)에 어렸을 때와 중년 적 일을 생각하고 스스로 부끄러워하며 스스로 송(訟)하는 것이 많으니 이제 만일 맹렬(猛烈)히 공부를 하면 거의 도움이 있을 듯하되 마음과 기운이 한가지로 모손(耗損, 닳아 없어짐)하였으니 이것이 내가 써 중야(中夜, 한밤중)에 길이 탄식(歎息)하는 바이니. 하늘이 만일 나에게 나이를 빌려 주었으면 거의 마음을 저버리지 아니할까 하되 비록 그러나 세상 사람을 봄이 익었으니, 마음이 쇠(衰)하고 기운이 모손(耗損)한 후는 비록 강명(剛明, 성질이 곧고 명석함)한 사람이나 판연(判然, 명백하게 드러나 있는 모양)히 두 사람 같은 자(者)가 많은지라. 나도 또한 스스로 믿지 못하는 것이 있으니 이것이 내가 써 항상 늠연(凜然)하여 척념(惕念, 경계하여 두려워하는 마음)함이 간절(懇切)히 하는 바이로다."

### ▸▸▸ 주 석

4 배로라 : 바이로다. '-로라'는 1인칭 주어문에서 계사 뒤에 나오는 것이 특징이다. 주어가 1인칭이 아닌 경우에 쓰인 '-로다'와 비교할 때 '-로라'의 '-로-'는 계사 뒤 '-오-'의 교체형으로 분석될 성격의 것이다.

## ▸▸▸ 원문 판독

## 〈어제경세문답(언해) 4b〉

뭇ᄌᆞ와 ᄀᆞᆯ오ᄃᆡ 샹해 만ᄒᆞᆨ이로라 일ᄏᆞᄅᆞ시니 어려 겨실 제로븟터
이제 니ᄅᆞ히〔至〕[1] ᄒᆞᆨ(學)ᄒᆞ시ᄂᆞᆫ 배 므ᄉᆞ〔何〕[2] 거시니잇고 답 왈 듕용에와 대ᄒᆞᆨ^
에[3] 임의 효험이 업노라 ᄒᆞ여시니 다시 엇디 다ᄅᆞᆫ 거ᄉᆞᆯ 니ᄅᆞ리오 비^
록 그러나 져기〔小〕 소득이 잇ᄂᆞᆫ 거ᄉᆞᆫ 곳 쇼ᄒᆞᆨ(小學) 여ᄉᆞᆺ 편인ᄃᆡ 명뉸(明倫)에와 경^
신(敬身)에[4] 더옥 챡의(着意)ᄒᆞᆫ 고로 ᄌᆞ셩편의 임의 닐오ᄃᆡ 비록 지게〔戶〕 열녀^
시면[5] ᄯᅩᄒᆞᆫ 열고 지게 다쳐시면〔闔〕[6] ᄯᅩᄒᆞᆫ 다ᄃᆞ라〔闔〕 ᄒᆞᄂᆞᆫ 뉴(類)에도 ᄯᅩᄒᆞᆫ 감히
방심ᄒᆞ야 홀(忽)티〔放忽〕 아니ᄒᆞ노라 ᄒᆞ고 표긔(表記)예 닐온밧 싁싁ᄒᆞ고〔莊〕 공^
경ᄒᆞ면 날마다 강ᄒᆞ고 평안ᄒᆞ고 방ᄌᆞᄒᆞ면 날마다 투박(偸朴)ᄒᆞᆫ다
ᄒᆞᆷ과 손ᄉᆞ막(孫思邈)[7]의 닐온밧 담은 크고져 ᄒᆞ고 ᄆᆞ옴은 젹고져 ᄒᆞ며 디혜(智慧)^
ᄂᆞᆫ 둥굴고져〔圓〕[8] ᄒᆞ고 ᄒᆡᆼ실은 모나고져〔方〕 ᄒᆞᆫ다 ᄒᆞ미 비록 능히 ᄇᆞᆰ디

## ▸▸▸ 주 석

1 어려 겨실 제로븟터 이제 니ᄅᆞ히〔至〕: 어렸을 제부터 이제에 이르도록, 또는 어렸을 제부터 이제까지.

2 므ᄉᆞ〔何〕: 무슨. '무슨'은 중세국어나 근대국어에서 '므슴'이나 '므스'로 나타나며 드물게 '므ᄉᆞᆫ'이나 '므슨'이 사용된다. '므슨'이 18세기의 《왕랑반혼전(王郎返魂傳)》부터 보이기 시작한다. 이 문헌에서 'ㅅ' 다음에는 흔히 'ㅡ'보다는 'ㆍ'가 사용되어 '므스'나 '므슨'보다는 '므ᄉᆞ'나 '므ᄉᆞᆫ'이 자주 나타난다.

3 듕용(中庸)에와 대ᄒᆞᆨ에 : 중용과 대학에. '에'는 처격조사이고 '와'는 공동격 조사인데, 원문 "於庸於學"에서 두 번 나오는 '於'를 각각 번역하여 '듕용에와 대ᄒᆞᆨ에'로 되었다.

### ▸▸▸ 현대어역

## 〈어제경세문답(언해) 4b〉

묻자와 가로되, "항상 만학(晩學)이로다 일컬으시니, 어렸을 때부터 이제에 이르기까지 학(學)하시는 바가 무엇입니까?" 답 왈, "중용과 대학에 이미 효험(效驗)이 없노라 하였으니 다시 어찌 다른 것을 이르리요? 비록 그러나 적이 소득(所得)이 있는 것은 곧 소학(小學) 여섯 편인데 명륜(明倫)과 경신(敬身)에 더욱 착의(着意, 어떤 일에 마음을 붙임)한 고로 자성편(自省編)에 이미 이르되, "비록 지게〔戶〕가(=문이) 열렸으면 또한 열고, 지게가(=문이) 닫혔으면 또한 닫으라." 하는 부류(部類)에도 또한 감히 방심(放心)하여 홀(忽, 소홀함)하지 아니하노라 하고 표기(表記)에 이른 바, "씩씩하고〔莊〕 공경하면 날마다 강(强)하고 평안해지고, 방자(放恣, 무례하고 건방짐)하면 날마다 투박(偸薄, 박정하고 불성실함)해진다." 함과 손사막(孫思邈)이 이른 바, "담(膽)은 커지고자 하고 마음〔心〕은 적어지고자 하며 지혜(智慧)는 둥글어지고자 하고 행실〔行〕은 모나지고자 한다." 함을 비록 능히 밟지(=실천하지)

### ▸▸▸ 주 석

4 명뉸(明倫)에와 경신(敬身)에 : '와'는 공동격 조사임. 원문의 "於明倫於敬身"을 직역한 것으로서 '於明倫'과 '於敬身'을 공동격 조사 '와'로 연결하였다. 현대국어에서는 이러한 '와'를 사용하지 않으므로 현대어로 고치면 이 구절은 '명륜과 경신에'가 된다.

5 지게〔戶〕 열녀시면 : '문(戶)이 열렸으면' 또는 '문이 열려 있으면' 정도의 뜻. 'ㄹㄹ'이 'ㄹㄴ'으로 표기되어 '열려시면'이 '열녀시면'으로 되었다. 'ㄹㄹ'을 'ㄹㄴ'으로 표기한 것은 유음화 현상을 활용한 표기라고 할 수 있다.

6 지게 다쳐시면〔闔〕 : 문이 닫혔으면. '닫- + -히-(피동접미사) + -어시- + -면'으로서 '닫혔으면' 또는 '닫혀 있으면' 정도의 뜻이다. '다텨시면'의 '텨'가 '쳐'로 구개음화되어 '다쳐시면'으로 나타난 것이다.

7 손ᄉᆞ막(孫思邈) : 중국 수(隋)·당(唐) 시대의 의술가(581? ~ 682). 지금의 산시성〔陝西省(섬서성)〕 야오현〔耀縣(요현)〕 출생. 음양·천문·의약에 정통했으며 수나라 문제(文帝)나 당나라 태종·고종이 벼슬을 주려고 했으나 사양하고 태백산에 은거했다.

8 둥굴고져〔圓〕 : 둥글어지고자. 현대어로는 '둥글둥글해지고자'로서 '원만해지고자' 정도의 의미이다. '둥굴-'은 형용사로서 의도를 나타내는 '-고져'가 결합될 수 없었지만, '둥굴-'에 '-고져'가 결합되어 나타났다.

▸▸▸ **원문 판독**

## 〈어제경세문답(언해) 5a〉

못ᄒᆞ나 ᄆᆞᄋᆞᆷ의 샹해 삼ᄌᆞ부(三字符)[1]ᄅᆞᆯ 삼ᄂᆞ니 나의 만ᄒᆞᆨ과 냥식(凉識)으로 ᄡᅥ 오^
히려 감히 방홀(放忽)티 못ᄒᆞ믄 진실로 이ᄅᆞᆯ 힘 닙으미라 쇄소응ᄃᆡ(灑掃應對)[2]^
ᄂᆞᆫ 곳 듕용 대ᄒᆞᆨ의 근본이로ᄃᆡ 요ᄉᆞ이 셰샹은 그 근본을 힘ᄡᅳ디[3] 아^
니ᄒᆞ고 ᄒᆞᆫ갓 렵등(躐等)ᄒᆞ믈 일삼으니 이 나의 ᄡᅥ 개탄ᄒᆞᄂᆞᆫ 배〔所ㅣ〕니라[4]
믓ᄌᆞ와 ᄀᆞᆯ오ᄃᆡ 비록 의식으로 ᄡᅥ 닐러도 주린 재(者ㅣ) 먹으며 갈(渴)ᄒᆞᆫ 재 마시^
믄 ᄌᆞ연지니(自然之理)오 녀ᄅᆞᆷ에 츩〔葛〕뵈 ᄒᆞ며 겨울에 갓옷〔裘〕[5] ᄒᆞ믄 그 ᄯᅩᄒᆞᆫ ᄣᅢᄅᆞᆯ
ᄯᆞ로ᄂᆞᆫ〔隨〕 거시나 그러나 절(節)에 맛〔中〕ᄂᆞ니ᄂᆞᆫ[6] 셩인이오 절에 맛디〔中〕 못ᄒᆞᄂᆞ니^
ᄂᆞᆫ 듕인(衆人)이라 과연 능히 셩인을 ᄇᆡ화〔學〕 절에 맛게 ᄒᆞ시ᄂᆞ니잇가
ᄯᅩᄒᆞᆫ 혹 듕인을 ᄯᆞ라 절에 맛디 못ᄒᆞ게 ᄒᆞ시ᄂᆞ니잇가 개연ᄒᆞ^
야 답 왈 의식(衣食)의 ᄌᆞ봉(自奉)을 박(薄)히 ᄒᆞ믄 내 곳 스ᄉᆞ로 닐오ᄃᆡ 사ᄅᆞᆷ이 내

▸▸▸ **주 석**

1 삼ᄌᆞ부(三字符) : 당서(唐書) 《은일전》(隱逸傳)에 나오는 손사막 말을 인용한 원문의 "膽欲大而心欲小 智欲圓而行欲方(담은 커지고 마음은 적어지고자 하며 지혜는 둥글어지고 행실은 모나지고자 한다)이 세 자씩 대구로 되어 있어서 이 각 구절의 세 자를 항상 마음에 새겨둔다는 것을 의미한다.

2 쇄소응ᄃᆡ(灑掃應對) : 《소학(小學)》 〈선행편(善行篇)〉에 나오는 구절로서, '물 뿌리고 마당 쓸며 사람들을 응대하는' 법을 어린아이들에게 먼저 가르친다는 내용이 담겨져 있다.

3 근본을 힘ᄡᅳ디 : 근본에 힘쓰지. '힘ᄡᅳ-'의 'ᄡᅳ-'는 타동사로서 목적어 '힘'이 결합된 합성동사이다. 위의 본문에서 '힘ᄡᅳ-'가 '근본을'이라는 목적어를 다시 취하였으나 이는 '힘을 쓰는' 분야나 대상을 나타내는 부사어 '근본에' 정도로 이해할 수 있다.

### ▸▸▸ 현대어역

## 〈어제경세문답(언해) 5a〉

못하나 마음에 항상 삼자부(三字符)로 삼나니 나의 만학(晩學)과 양식(凉識)으로써 오히려 감히 방홀(放忽, 내버려 두어 소홀히 함)치 못함은 진실로 이에 힘입음이라. 쇄소응대(灑掃應對, 집 안팎을 깨끗이 거두고 웃어른의 부름이나 물음에 응하여 상대함)는 곧 중용과 대학의 근본이로되 요사이 세상은 그 근본에 힘쓰지 아니하고 한갓 엽등(躐等, 등급을 건너뛰어 올라감)함을 일삼으니 이것이 내가 써 개탄(慨歎)하는 바이니라."

묻자와 가로되, "비록 의식(衣食)으로써 일러도 주린 자(者)가 먹으며 갈(渴, 목이 마름)한 자(者)가 마심은 자연의 이치요, 여름에 칡베옷 입으며 겨울에 가죽옷 입음은 그 또한 때를 따르는 것이나 그러나 절(節)에 맞게 하는 이는 성인(聖人)이요, 절에 맞게 하지 못하는 이는 중인(衆人)이라. 과연 능히 성인(聖人)을 배워 절(節)에 맞게 하십니까? 또한 혹 중인을 따라 절에 맞지 않게 하십니까?" 개연(慨然)하여 답 왈, "의식(衣食)의 자봉(自奉, 자신의 몸을 스스로 보양함)을 박(薄, 가벼움)히 함은 내가 곧 스스로 이르되, "사람이 나

### ▸▸▸ 주 석

4 이 나의 ᄡᅥ 개탄ᄒᆞᄂᆞᆫ 배[所ㅣ]니라 : 是予所以慨歎者也. "이것이 내가 개단(慨歎)하는 바이니라."로 이해할 수 있다.

5 갓옷[裘] : 가죽옷. 갗(가죽, 革) + 옷(衣). 실질형태소인 '갗'의 'ㅈ'이 실질형태소 '옷'과 결합되면서 바뀐 〔ㄷ〕 소리로 나는데, 이 때 'ㄷ' 소리를 'ㅅ'으로 표기한 것이다.

6 맛[中]ᄂᆞ니ᄂᆞᆫ : '맞-(어간)+ᄂᆞᆫ 이(사람을 뜻하는 의존명사)+ᄂᆞᆫ'이 관형어 '맛ᄂᆞᆫ'의 마지막 'ㄴ'이 모음으로 시작되는 의존명사 '이'에 연철된 것이다. '맞추는 사람은, 또는 적중하는 사람은' 정도의 의미이다.

▸▸▸ 원문 판독

## 〈어제경세문답(언해) 5b〉

게 넘으리〔踰〕 업ᄉᆞ리라 니ᄅᆞᄂᆞ니 내 샹해 션명(鮮明)ᄒᆞ며 빗나기롤 힘쓰며
구복(口腹)만 임(任)ᄒᆞᄂᆞ니로써 븟그리믈 삼ᄂᆞᆫ 고로 이제 임의 쇠ᄒᆞ야시되
오ᄉᆞᆫ 모구(毛裘)롤 닙디 아니ᄒᆞ며 밥은 두어 술에 디나디 아니ᄒᆞᄂᆞ니 슬프^
다 오시ᄂᆞᆫ 어려실〔幼〕 때예 ᄉᆞ랑ᄒᆞᄋᆞᆸ셔〔愛〕 보호ᄒᆞᄋᆞᆸ시ᄂᆞᆫ 지극ᄒᆞ신 뜻을
우러러 톄(體)ᄒᆞ야 주ᄋᆞᆸ시ᄂᆞᆫ 오술[1] 비록 감히 ᄉᆞ양(辭讓)티 못ᄒᆞ야시나 모년^
에 니ᄅᆞ러ᄂᆞᆫ ᄌᆞ봉(自奉)이 더옥 박(薄)ᄒᆞᆫ 고로 셕년에 〔隔〕ᄌᆞ셩(慈聖)이 일즉〔嘗〕 날ᄃᆞ^
려[2] 닐러 ᄀᆞᆯ오샤ᄃᆡ 어려실 때 기ᄅᆞ던〔養〕 배 엇더ᄒᆞ관ᄃᆡ ᄒᆞᆫᄀᆞᆯᄀᆞ티 엇디
이에 니ᄅᆞᄂᆞ뇨 ᄒᆞ시니 내 눈믈을 드리오고 ᄃᆡᄒᆞ야 ᄀᆞᆯ오ᄃᆡ 이제 신(臣)의 아^
ᄂᆞᆫ 바ᄂᆞᆫ 그 오직 빅셩과 나라히라[3] 엇디 감히 몸을 도라보리잇가 ᄒᆞᆫ^
대 〔隔〕ᄌᆞ셩(慈聖)이 이 ᄃᆡ답을 듣ᄌᆞ오시고[4] 쏘ᄒᆞᆫ 츄연(愀然)ᄒᆞ샤 다시 니ᄅᆞ디 아^

▸▸▸ 주 석

1 오술 : '옷'이 '오시ᄂᆞᆫ'과 '오술'로 이중으로 번역되어 문장이 어색하다.
2 날ᄃᆞ려 : 나에게 또는 나더러. 15세기부터 'ᄃᆞ려'가 목적격 조사 다음에 나타나는 특성으로 인해 '나 + ㄹ(목적격 조사) + ᄃᆞ려'로 나타난 것이다.
3 나라히라 : 나라이라. 이 시기에는 'ㅎ 종성체언'에서 'ㅎ'이 탈락된 형태가 주로 나타나는데, 이 문헌에서는 '나랗'처럼 'ㅎ 종성체언'이 나타나고 있어 보수적인 성격을 보여준다.

▸▸▸ **현대어역**

## 〈어제경세문답(언해) 5b〉

를 넘을 이가 없으리라." 이르나니 내 항상 선명(鮮明, 산뜻하고 분명함)하며 빛나기에 힘쓰며 구복(口腹, 음식물을 섭취하는 입과 배)만 임(任)하는 이로써 부끄러움을 삼는 고로 이제 이미 쇠(衰)하였으되 옷은 모구(毛裘, 털가죽으로 된 옷)를 입지 아니하며 밥은 두어 술에 지나지 아니하나니. 슬프다. 옷에는 어렸을 때에 사랑하오시어 보호하오시는 지극하신 뜻을 우러러 체(體)하여 주오시는 옷을 비록 감히 사양(辭讓)치 못하였으나 모년(暮年)에 이르러서는 자봉(自奉, 자신의 몸을 스스로 보양함)을 더욱 박(薄)히 한 고로 석년(昔年)에 자성(慈聖, 임금의 어머니)이 일찍 나에게 일러 가라사대, "어렸을 때 기르던 바가 어떠하기에 한결같이 어찌 이에 이르느뇨?" 하시니 내 눈물을 드리우고(=흘리고) 대(對)하여 가로되, "이제 신(臣)이 아는 바는 그 오직 백성과 나라라. 어찌 감히 몸을 돌아보겠습니까?" 한대 자성(慈聖)이 이 대답을 들으오시고 또한 추연(愀然)하시어 다시 이르지 아

▸▸▸ **주 석**

4 듣ᄌᆞ오시고 : 들으오시고. '듣-(聞) + -ᄌᆞ오시- + -고(어미)'. 이곳의 '-ᄌᆞ오시-'는 15세기의 '-ᄉᆞᆸ시-'와 관련될 형태로 '-시-'보다 주체를 한층 높여 대우하는 데 쓰인 것이다.

### ▸▸▸ 원문 판독

## 〈어제경세문답(언해) 6a〉

니ᄒᆞ옵시니 녯적의 알외온〔奏〕 배 이러ᄒᆞᆫ디라 이제 더옥 엇디 니ᄅᆞ리^
오 음식에ᄂᆞᆫ 셕년의 내 몸을 ᄉᆞ랑ᄒᆞ옵셔[1] 유이(腴膩)ᄒᆞᆫ 것과 과실과 외〔瓜〕
ᄀᆞᄐᆞᆫ 거술 만히 계틱(戒飭)ᄒᆞ옵시미 겨오신 고로 사ᄅᆞᆷ의 먹ᄂᆞᆫ 바ᄅᆞᆯ 먹^
디 아니ᄒᆞᄂᆞᆫ 배〔所ㅣ〕 만하[2] 잉도〔櫻〕 ᄉᆞᆯ고〔杏〕 복셩화 외얏[3] ᄇᆞᆺ치〔屬〕ᄅᆞᆯ[4] 나히 이제
칠십이 갓가오ᄃᆡ ᄯᅩᄒᆞᆫ 그 마ᄉᆞᆯ 아디 못ᄒᆞᄂᆞ니 이도 오히려 이러ᄒᆞ니
ᄒᆞ믈며 남(濫)히 ᄒᆞ랴 주리매 주리믈 그치게 ᄒᆞ미 족ᄒᆞ고 갈(渴)ᄒᆞ매
갈ᄒᆞ믈 그치게 ᄒᆞ미 족ᄒᆞᆫ디라 ᄯᅩᄒᆞᆫ 엇디 방ᄌᆞ〔放肆〕히 ᄒᆞ리오 고로
녀ᄅᆞᆷ인즉 어려실 ᄯᅢ 베프던〔設〕 상탑(牀榻)을 이제 베프디 아니ᄒᆞ며 겨^
올인즉 듕년의 닙던 모구(毛具)ᄅᆞᆯ 이제 닙디 아니ᄒᆞᄂᆞ니 그 비록 과(過)ᄒᆞ^
나 이제 셰샹의 ᄌᆞ봉(自奉)을 날로 샤치(奢侈)ᄒᆞᄂᆞᆫ 쟈의게 비ᄒᆞ야ᄂᆞᆫ ᄆᆞᄋᆞᆷ의

### ▸▸▸ 주 석

1 ᄉᆞ랑ᄒᆞ옵셔 : 사랑하오시어〔愛〕.
2 만하 : 많아. '만하'는 이전 시기에는 '만ᄒᆞ야, 만ᄒᆞ여'로 나타나던 형태인데, 여기서는 '만하'로 나타난 것이다. '만ᄒᆞ야, 만ᄒᆞ여'로 활용되던 형태가 '만하'로 나타났다는 사실은 어간이 '많-'을 기저형으로 하여 활용되고 있음을 보여준다.

## ▸▸▸ 현대어역

### 〈어제경세문답(언해) 6a〉

니하오시니 옛적에 아뢰온 바가 이러한지라 이제 더욱 어찌 이르리요? 음식에는 석년(昔年)에 내 몸을 사랑하오시어 유이(腴膩, 기름짐)한 것과 과실과 외 같은 것을 많이 계칙(戒飭, 경계하여 타이름)하오심이 있사오신 고로 사람이 먹는 바를 먹지 아니하는 바가 많아 앵두 살구 복숭아 자두 등속을 나이 이제 칠십이 가깝되 또한 그 맛을 알지 못하나니 이도 오히려 이러하니 하물며 남(濫, 분에 넘침)히 하랴. 주리매 주림을 그치게 함이 족(足)하고 갈(渴)하매 갈함을 그치게 함이 족한지라. 또한 어찌 방자히 하리요? 고로 여름인즉 어렸을 때 베풀던 상탑(牀榻, 깔고 앉기도 하고 눕기도 하는 도구)을 이제 베풀지 아니하며 겨울인즉 중년에 입던 모구(毛具, 털로 만든 방한구)를 이제 입지 아니하나니 그 비록 과(過)하나 이제 세상에 자봉(自奉)을 날로 사치(奢侈)하는 자에 비(比)해서는 마음에

## ▸▸▸ 주 석

3 외얏 : 자두. 두 음절의 경계에 있는 반모음 y가 어느 음절에 놓이느냐에 따라 '오얏'으로 나타나기도 하고 '외얏'으로 나타나기도 한다.

4 븟치[屬]롤 : 붙이를. 현대국어에서는 '어떤 불건에 딸린 같은 종류라는 뜻을 더하는 접미사'로 사용되는데, 이곳에서는 '등속(等屬)'을 의미하는 명사로 사용되었다.

## ▸▸▸ 원문 판독

## 〈어제경세문답(언해) 6b〉

붓그러오미 업노라
뭇ᄌᆞ와 ᄀᆞᆯ오ᄃᆡ 의식(衣食)에ᄂᆞᆫ 임의 그 ᄃᆡ답을 듯ᄌᆞ왓거니와 ᄆᆡᆼᄌᆡ(孟子ㅣ)[1] 닐^
오샤ᄃᆡ ᄉᆞᄅᆞᆷ이 ᄉᆡᆨ(色) 됴히〔好〕 너길 줄을 알면 졈고 고오니〔艾〕ᄅᆞᆯ ᄉᆞ모ᄒᆞ고
쳐ᄌᆞ(妻子)ᄅᆞᆯ 두면 쳐ᄌᆞᄅᆞᆯ ᄉᆞ모ᄒᆞᆫ다 ᄒᆞ시니 식ᄉᆡᆨ(食色)이 비록 ᄒᆞᆫ 가지나 ᄉᆡᆨ^
이 더옥 심ᄒᆞᆫ디라 ᄉᆡᆨ에ᄂᆞᆫ 엇더ᄒᆞ시니잇가 웃고 답 왈 고인이 ᄀᆞᆯ^
오ᄃᆡ 식ᄉᆡᆨ이 셩(性)이라 ᄒᆞ니 ᄉᆞᄅᆞᆷ이 엇디 이 ᄆᆞ음이 업ᄉᆞ리오마ᄂᆞᆫ 나ᄂᆞᆫ
본ᄃᆡ 스ᄉᆞ로 담연(澹然)ᄒᆞ니 비록 능히 셩인의 졀(節)이 이시믈 ᄇᆡ호디 못^
ᄒᆞ나 ᄯᅩᄒᆞᆫ 깁히 듕인(衆人)[2]의 졀티 못ᄒᆞ믈 붓그려 ᄒᆞᄂᆞ니 열다ᄉᆞ시
비로소 ᄉᆡᆨ이 잇ᄂᆞᆫ 줄을 아라 비록 공뷔(工夫ㅣ) 업ᄉᆞ나 ᄯᅳᆺ인즉 잡으미
이시니 ᄒᆞ믈며 스믈ᄒᆞ나흐로븟터 스믈닐곱에 니ᄅᆞ히〔至〕 년(連)ᄒᆞ야

## ▸▸▸ 주 석

1 ᄆᆡᆼᄌᆡ(孟子ㅣ) : 중국 전국 시대의 사상가(B.C.372 ~ B.C.289). 이름은 가(軻), 자(字)는 자여(子輿), 자거(子車). B.C.320부터 약 15년간 각국을 돌며 유세하였지만 자신의 주장이 채택되지 않자 고향에서 은거하였다. 공자의 인(仁) 사상을 발전시켜 '성선설(性善說)'을 주장하였으며, 인의의 정치를 권하였다. 유학의 정통으로 숭앙되며, '아성(亞聖)'이라 불린다. 원문에는 '추성(鄒聖)'으로 되어 있다.

▸▸▸ 현대어역

## 〈어제경세문답(언해) 6b〉

부끄러움이〔愧〕 없노라."

묻자와 가로되, "의식(衣食)에는 이미 그 대답을 들으셨거니와 맹자(孟子)께서 이르시되, "사람이 색(色) 좋게 여길 줄을 알면 젊고 고운 이를 사모(思慕)하고 처자(妻子)를 두면 처자를 사모한다." 하시니 식색(食色, 식욕과 색욕)이 비록 같으나 색이 더욱 심한지라, 색에는 어떠십니까?" 웃고 답 왈, "고인(古人)이 가로되, '식색이 성(性)이라.' 하니 사람이 어찌 이 마음이 없으리요마는 나는 본디 스스로 담연(澹然)하니 비록 능히 성인(聖人)의 절(節)이 있음을 배우지 못하나 또한 깊이 중인(衆人)의 절(節, 알맞게 절제함)하지 못함을 부끄러워하나니 열다섯에 비로소 색이 있는 줄을 알아 비록 공부(工夫)가 없으나 뜻인즉 잡음이 있으니 하물며 스물하나부터 스물일곱에 이르기까지 연(連)하여

▸▸▸ 주 석

2 듕인(衆人) : '중인(衆人)'의 원래 음이 '중인'이지만, 'ㄷ' 구개음화와는 반대로 'ㅈ'이 'ㄷ'으로 바뀌어 '듕인'으로 나타난 것이다. 이 문헌에는 ㄷ구개음화가 다른 문헌에 비해 매우 적게 나타나는 반면 과도교정의 형태가 많이 나타나는 특성을 보여준다.

### ▸▸▸ 원문 판독

## 〈어제경세문답(언해) 7a〉

금딕(禁直)에 이시니 졀(節)홈과 다ᄆᆞᆺ〔與〕 졀티 아니ᄒᆞ믄 가히 의논ᄒᆞᆯ 배 아^
니오 근년 이ᄅᆡ(以來)예 방촌(方寸)의 병을 품어 ᄇᆡᆨ셩과 나라ᄒᆞ로 ᄆᆞᄋᆞᆷ을
ᄐᆡ오니 이러ᄐᆞ시 뷔랄(㦂薾)[1]ᄒᆞᄃᆡ 사ᄅᆞᆷ이 쇼홰(韶華ㅣ) 감티 아니ᄒᆞᆫ다 니ᄅᆞ믄 그
이에 어드미 잇ᄂᆞᆫ디라 깁히 말셰의 사ᄅᆞᆷ이 쇼년(少年)에 오히려 보원(補元)ᄒᆞᆯ
약을 먹으ᄃᆡ ᄀᆡ운이 날로 쇠ᄒᆞᄂᆞᆫ 쟈ᄅᆞᆯ 웃노라
ᄆᆞᆺᄌᆞ와 ᄀᆞᆯ오ᄃᆡ 평일의 존졀(撙節)ᄒᆞ시며 검약(儉約)ᄒᆞ시미 이러ᄐᆞᆺ ᄒᆞ^
시ᄃᆡ 그 대포(大布)[2]【굴근 뵈】와 대ᄇᆡᆨ(大帛)【굴근 깁】의 효험이 업ᄉᆞ며【녯 위나라 문공[3]
이 검박ᄒᆞ야 대포ᄅᆞᆯ 닙으며 대ᄇᆡᆨ^
을 관ᄒᆞ야 나라ᄒᆞᆯ 가ᄋᆞᆷ열게[4] ᄒᆞ니라】 ᄯᅩᄒᆞᆫ ᄇᆞᆰ어〔紅〕 석ᄂᆞᆫ〔腐〕[5] 거시 서ᄅᆞ 인ᄒᆞᄂᆞᆫ 갑ᄒᆞ
미 업ᄉᆞ믄【한(漢) 문^
뎨(文帝)[6] 졀용(節用)ᄒᆞ신 고로 ᄡᆞᆯ이 ᄆᆞᆨ고 ᄆᆞᆨ어 서ᄅᆞ 인ᄒᆞ야 ᄇᆞᆰ고 석어 먹디 못ᄒᆞ니
라】 그 연괴 엇디니잇고 위연(喟然)히 탄식ᄒᆞ^
고 답 왈 젼(傳)에 엇디 니ᄅᆞ디 아니ᄒᆞ엿ᄂᆞ냐 ᄒᆞᆫᄀᆞᆯᄀᆞᆺ티 다 몸 닷그므로

### ▸▸▸ 주 석

1 뷔랄(㦂薾) : 비랄. '㦂'의 15세기 음은 '븨'이지만 'ㅂ' 다음의 'ㅡ'가 'ㅜ'로 원순모음화 되어 '뷔'로 나타난 것이다.

2 대포(大布)와 대빅(大帛) : 위(衛) 문공(文公)이 검소하여 대포(올이 굵은 베)로 만든 옷을 입고 대백(올이 굵은 비단)으로 만든 관을 썼다고 한다.

3 위나라 문공 : 중국 삼국시대 위(魏)나라 초대 황제(220 ~ 226). 자는 자환(子桓). 묘호는 세조(世祖). 조조(曹操)의 장자로, 220년 조조가 죽자 조조의 벼슬과 직위를 계승하여 승상(丞相) · 위왕(魏王)이 되었다. 후한(後漢)의 헌제(獻帝)로부터 양위받아 황제에 즉위하였다. 박문강식(博聞强識) · 재예겸비(才藝兼備)하여 조조·조식과 함께 시부(詩賦)에 능했고, 《전론(典論)》을 저술했으며 문학의 독자적 가치를 선언했다. 시호는 문제(文帝).

▸▸▸ 현대어역

## 〈어제경세문답(언해) 7a〉

금직(禁直, 의금부의 당직)에 있으니 절(節)함과 더불어 절(節)치 아니함은 가히 의논할 바가 아니요, 근년(近年) 이래(以來)에 방촌(方寸, 사람의 마음)에 병을 품어 백성과 나라로 마음을 태우니 이렇듯이 비랄(憊薾, 고달픔)하되 사람이 '소화(韶華, 젊은이처럼 윤택이 나는 늙은이의 얼굴빛)가 감(減)하지 아니한다.' 이름은 그것이 이에서 얻음이 있는지라. 깊이 말세(末世)의 사람이 소년(少年)에 오히려 보원(補元, 원기를 보강함)할 약을 먹되 기운이 날로 쇠(衰)하는 자를 웃노라." 묻자와 가로되, "평일(平日)에 존절(撙節, 알맞게 절제함)하시며 검약(儉約, 낭비하지 않고 아껴 씀)하심이 이렇듯 하시되 그 대포(大布)【굵은 베】와 대백(大帛)【굵은 깁】의 효험이 없으며【옛 위나라 문공(文公)이 검박(儉朴)하여 대포를 입으며 대백으로 관(冠)을 써 나라를 부유하게 하니라】 또한 붉어 썩는 것이 서로 인하는 갚음이 없음은【한(漢) 문제(文帝)가 절용(節用, 아껴 씀)하신 고로 쌀이 묵고 묵어 서로 인하여 붉고 썩어 먹지 못하니라】 그 연고(緣故)가 무엇입니까?" 위연(喟然, 한숨을 쉬는 모양)히 탄식하고 답 왈, "전(傳)에 어찌 이르지 아니하였느냐? '한결같이 다 몸 닦음으로

▸▸▸ 주 석

4 가옴열게 : 부유하게. 원문의 '富'를 옮긴 것이다. 이 '가옴열-'은 중세어 '가ᅀᆞ멸-'에 소급하는 어형으로, 'ㅿ'의 소실 이후 근대 문헌에서 '가옴열-~가음열-'과 같이 분철된 표기로 나타난다.

5 븕어〔紅〕 석는〔腐〕 : 붉게 썩는. 홍부(紅腐). 양곡에 창고에 쌓인 지 오래되어 붉은 빛깔로 변화한다는 뜻으로 국가 재정이 부유함을 말한다.

6 한 문뎨(文帝) : 중국 전한(前漢)의 제5대 황제(B.C.180 ~ B.C.157). 성명은 유항(劉恒). 고조(高祖) 유방(劉邦)의 아들. 대왕(代王)에 책봉되어 중도(中都)에 도읍했다가 조정을 전단(專斷)하던 여씨(呂氏)의 난이 평정된 뒤 황제의 자리에 올랐다. 시호는 효문황제(孝文皇帝).

▸▸▸ **원문 판독**

## 〈어제경세문답(언해) 7b〉

ᄡᅧ 근본을 삼ᄂᆞᆫ다 ᄒᆞ고 동지(董子ㅣ)[1] ᄯᅩᄒᆞᆫ 닐오ᄃᆡ ᄆᆞᄋᆞᆷ을 졍(正)ᄒᆞ야 만민을
졍ᄒᆞᆫ다 ᄒᆞ니 나의 냥덕(凉德)으로 ᄡᅧ 임의 졍심(正心) 슈신ᄒᆞᄂᆞᆫ 공뷔(工夫ㅣ) 업ᄉᆞ^
니 일시의 존졀(撙節) 검약ᄒᆞ미 그 엇디 효험이 이시리오
뭇ᄌᆞ와 ᄀᆞᆯ오ᄃᆡ 녯적의 ᄒᆞᆫ 자히〔尺〕 놉흐며 필(匹) 비단을 온젼히 ᄒᆞᄂᆞᆫ
긔롱(譏弄)이 이시니【한 적 동요에 ᄀᆞᆯ오ᄃᆡ 셩듕(城中)이 샹토 놉흔 거ᄉᆞᆯ 됴하ᄒᆞ니 ᄉᆞ방
이 ᄒᆞᆫ 자히 놉고 셩듕이 너븐[2] ᄉᆞ매ᄅᆞᆯ 됴하ᄒᆞ니 ᄉᆞ방이 필 비단을 온젼히 ᄒᆞᆫ다 ᄒᆞ^
니라】 ᄌᆞ봉ᄒᆞ시미 이러ᄒᆞ시ᄃᆡ 샤치ᄒᆞᄂᆞᆫ 풍쇽이 날로 티셩(熾盛)ᄒᆞ오믄 그 연^
괴 엇디니잇고 공지[3] 계강ᄌᆞ(季康子)[4]ᄃᆞ려 닐러 ᄀᆞᆯ오샤ᄃᆡ 지(子ㅣ) ᄒᆞ고져 아니ᄒᆞ면 비^
록 샹 주어도 도적질 아니ᄒᆞ리라[5] ᄒᆞ시니 님군의 ᄆᆞᄋᆞᆷ이 이러ᄒᆞ되 셰^
샹의 브효(浮囂)ᄒᆞ며 조경(躁競)ᄒᆞ믄 ᄯᅩᄒᆞᆫ 엇단 연괴니잇고 답 왈 진실로 나^
의 허믈이오 진실로 나의 허믈이라 그 만일 실ᄒᆞᆫ ᄆᆞᄋᆞᆷ으로 ᄡᅧ 실ᄒᆞᆫ

▸▸▸ **주 석**

1 동지(董子ㅣ) : 중국 한(漢) 무제(武帝) 때의 유학자 동중서(董仲舒, BC 172~BC 425)를 말함. "도의 큰 근원은 하늘에서 출(出)하였다."고 하는 천리(天理)에 순응해야 함을 주장하니, 후세 사람들이 도(道)를 깨우친 사람으로 그를 대접하여 '동자(董子)'라고 칭하고 존경하였다고 한다.

2 너븐 : 넓은. 이 시기에 '넓다'의 형태는 '넙다'로서, 어미 '은'과 결합되면 '너븐'이 되어야 하지만, '너븐'의 제2음절이 'ㅂ'으로 시작되어 그 'ㅂ'의 순음성에 영향을 받아 'ㅡ'가 원순모음 'ㅜ'로 바뀐 것이다.

3 공지 : 공자. 중국 춘추 시대의 사상가·학자(B.C.551 ~ B.C.479). 유교(儒敎)의 개조(開祖). 이름은 구(丘). 자는 중니(仲尼). 노나라 사람으로 여러 나라를 주유하면서 인(仁)을 정치와 윤리의 이상으로 하는 도덕주의를 설파하여 덕을 바탕으로 한 정치, 즉 덕치주의를 강조하였다.

▸▸▸ 현대어역

## 〈어제경세문답(언해) 7b〉

써 근본을 삼는다.' 하고 동자(董子)가 또한 이르되, '마음을 정(正, 바로잡음)하여 만민을 정(正)한다.' 하니 나의 양덕(凉德, 엷은 심덕)으로써 이미 정심(正心) 수신(修身)하는 공부(工夫)가 없으니 일시에 존절(撙節, 분수에 맞게 절제함) 검약(儉約)함이 그 어찌 효험(效驗)이 있으리요?" 문자와 가로되, "옛적에 한 자가 높으며 필(匹) 비단을 온전히 하는 기롱(譏弄, 실없는 말로 놀림)이 있으니【한(漢) 적 동요에 가로되, '성중(城中)이 상투 높은 것을 좋아하니 사방이 한 자가 높고 성중이 넓은 소매를 좋아하니 사방이 필 비단을 온전히 한다.' 하니라】 자봉(自奉, 자신의 몸을 스스로 보양함)하심이 이러하시되 사치(奢侈)하는 풍속이 날로 치성(熾盛, 불길같이 성하게 일어남)하옴은 그 연고가 무엇이십니까? 공자께서 계강자(季康子)에게 일러 가라사대, '그대가 하고자 아니하면 비록 상 주어도 도적질 아니하리라.' 하시니 임금의 마음이 이러하되 세상이 부효(浮囂, 왁자지껄하게 소리를 내며 떠듦)하며 조경(躁競, 마음을 조급히 굴면서 권세를 다툼)함은 또한 어찌된 연고입니까?" 답 왈, "진실로 나의 허물이요, 진실로 나의 허물이라. 그 만일 실(實, 든든하고 튼튼함)한 마음으로 써 실(實)한

▸▸▸ 주 석

4 계강ᄌ(季康子) : 계강자는 대부 계씨 가문의 7대 영주이다. 그의 아버지 6대 영주 계환자는 공자가 노나라의 내각에 있을 때, 공자의 동료였다. 이 내용은 공자가 노나라에 돌아온 후에 이루어진 말년 대화로써, 십여 년의 정치 수업을 쌓은 계강자에게 공자가 가르침을 내리고 있다.

5 ᄌᆡ(子ㅣ) ᄒᆞ고져 아니ᄒᆞ면 비록 샹 주어도 도적질 아니ᄒᆞ리라 : 《논어(論語)》〈안연편(顔淵篇)〉에 나온 구절로 공자가 일찍이 그의 밑에서 배운 바 있는 노나라의 실권자인 계강자(季康子)를 타이르는 말 가운데 나오는 말이다. "그대가 진심으로 욕심을 내지 않는다면 비록 상을 주어도 훔치는 일이 없을 것이다."

### ▸▸▸ 원문 판독

## 〈어제경세문답(언해) 8a〉

경ᄉᆞᄅᆞᆯ 힝ᄒᆞ면 엇디 이에 니ᄅᆞ리오 믈읫 일ᄒᆞᄂᆞᆫ 즈음에 능히
널녀〔擴〕[1] 치오디〔充〕 못ᄒᆞ고 방촌 가온대 ᄉᆞ의(私意) 오히려 ᄆᆞᆰ혀[2] 다ᄒᆞ디 못ᄒᆞ^
엿ᄂᆞᆫ디라 그 엇디 효험을 ᄇᆞ라며 그 엇디 효험을 ᄇᆞ라리오 이 나^
의 ᄲᅧ 경뎐(經典)을 ᄃᆡᄒᆞ야 븟그려 ᄒᆞᄂᆞᆫ 배로라 비록 그러나 스ᄉᆞ로 ᄶᅵᄃᆞ라
스ᄉᆞ로 힘ᄡᅳᄂᆞᆫ 거시 만흐니 날로〔予〕 ᄒᆞ여곰 만일 그 나흘〔年〕 어더 이 ᄆᆞᄋᆞᆷ^
을 프러 ᄇᆞ리디 아니ᄒᆞ야 ᄲᅧ 모년의 경ᄉᆞᄅᆞᆯ ᄀᆞ다ᄃᆞᆷ아 져기 쇠말(衰末)^
ᄒᆞᆫ 풍쇽을 구ᄒᆞ면 거의 〔隔〕척강(陟降)[3]을 져ᄇᆞ리디 아니ᄒᆞ고 거의 원^
원(元元)을 져ᄇᆞ리디 아니ᄒᆞ리라
뭇ᄌᆞ와 ᄀᆞᆯ오ᄃᆡ 경년(頃年)에 부잡(浮雜)ᄒᆞᆫ ᄉᆞ렴을 민망히 너기샤[4] 심감(心鑑)[5]을
지어 겨시더니 이제ᄂᆞᆫ 엇더ᄒᆞ시니잇가 답 왈 공셩(孔聖)[6]이 닐오샤ᄃᆡ 심^

### ▸▸▸ 주 석

1 널녀〔擴〕: 넓히어. '넓-'의 마지막 자음이 'ㅸ'이어서 그 다음에 사동접미사 '-히-'의 이형태인 '-이-'가 결합되던 후기 중세국어 시기의 '널이어'를 계승하여 '널리어(널니어, 널녀)로 된 형태이다.

2 ᄆᆞᆰ혀 : 맑게 하여. 15세기의 'ᄆᆞᆯ기어(ᄆᆞᆰ- + -이- + -어)'에서 사동접미사가 '-이-'가 '-히-'로 교체되어 'ᄆᆞᆰ히어'로 된 것이다.

3 척강(陟降) : 하늘과 조상의 가호 또는 조상. 여기에서는 황천(皇天)에 있는 조종들의 음우를 말함.

4 너기샤 : 여기시어. 15세기에는 '너기다'였으나 제1음절의 모음 앞에 반모음이 첨가된 '녀기다'로 변화하고 반모음 y 앞의 'ㄴ'이 탈락되어 현대국어의 '여기다'로 된 것이다.

▸▸▸ 현대어역

## 〈어제경세문답(언해) 8a〉

정사를 행하면 어찌 이에 이르리요? 무릇 일하는 즈음에 능히 넓히어 채우지 못하고 방촌(方寸, 사람의 마음은 가슴 속 한 치 사방의 넓이 속에 깃들어 있다는 뜻으로, '마음'을 달리 이르는 말) 가운데 사의(私意, 개인의 의견)가 오히려 맑게 하여 다하지 못하였는지라, 그 어찌 효험(效驗)을 바라며 그 어찌 효험을 바라리요? 이것이 내가 써 경전(經典)을 대하여 부끄러워하는 바이로다. 비록 그러나 스스로 깨달아 스스로 힘쓰는 것이 많으니 나로 하여금 만일 그 나이를 얻어 이 마음을 풀어 버리지 아니하여 써 모년(暮年)에 정사를 가다듬어 적이 쇠말(衰末)한 풍속(風俗)을 구(捄, 없앰)하게 하면 거의 척강(陟降, 황천에 있는 조종, =조상)을 저버리지 아니하고 거의 원원(元元, 백성)을 저버리지 아니하리라."

묻자와 가로되, "경년(頃年, 요 몇 해 사이)에 부잡(浮雜, 성실하지 못하고 경망스러우며 추잡함)한 사념(邪念, 그릇된 생각)을 민망(憫惘, 답답하고 안타까움)히 여기시어 심감(心鑑)을 지으셨는데 이제는 어떠하십니까?" 답 왈, "공성(孔聖, 공자)이 이르시되, "심(甚)

▸▸▸ 주 석

5 심감(心鑑) : 영조가 심학(心學)에 관한 글을 모아 엮은 《어제심감(御製心鑑)》을 말한다. 스스로 심(心)을 검찰하여 방심(放心)을 구한다는 뜻에서 '심감(心鑑)'이라 하였다.

6 공성(孔聖) : 성인(聖人)이라는 뜻으로, '공자(孔子)'를 높여 이르는 말.

▸▸▸ **원문 판독**

## 〈어제경세문답(언해) 8b〉

ᄒᆞ다 내 쇠ᄒᆞ미여 다시 ᄭᅮᆷ에 쥬공을 보디 못ᄒᆞ리로다[1] ᄒᆞ시니 공ᄌᆞ의
셩인으로ᄡᅥ도 오히려 그러ᄒᆞ시니 ᄒᆞ믈며 나아〔予乎〕[2] 녯 좀이 업던 거시 이제
도로혀 호호ᄒᆞ야〔昏睡〕[3] 자고 녯 부잡ᄒᆞᆫ ᄉᆞ렴이 이제 업ᄉᆞ니 그 능히 자는 배 엇^
디 ᄆᆞᄋᆞᆷ이 너ᄅᆞ며〔廣〕 몸이 펴이여〔胖〕 그러ᄒᆞ며 그 ᄉᆞ렴이 업ᄉᆞᆫ 배 엇디 되 일며 덕^
이 셔〔立〕 그러ᄒᆞ랴 이 ᄯᅩᄒᆞᆫ 쇠ᄒᆞ는 딩됴(徵兆)의 더옥 나타나미며 가히 이 ᄆᆞᄋᆞᆷ의
조각 어름〔片氷〕인 줄을 볼디라 이 쇠ᄒᆞ므로 ᄢᅵ〔以ㅣ〕며[4] 이 ᄆᆞᄋᆞᆷ으로ᄡᅥ 빅셩과 나^
라흘 위ᄒᆞ야 ᄌᆞ강코져 ᄒᆞ니 ᄆᆞᄋᆞᆷ이 비록 괴로오나 그 ᄯᅩᄒᆞᆫ 오활(迂闊)ᄒᆞᆫ디^
라 심감을 덥고〔掩〕 스ᄉᆞ로 슬허ᄒᆞ노라
묫ᄌᆞ와 ᄀᆞᆯ오ᄃᆡ ᄉᆞ긔(史記)[5]예 엇더ᄒᆞ시니잇고 답 왈 내 일즉 ᄉᆞ략(史略)[6]을 닑디
아니ᄒᆞ고 다만 볼 ᄯᆞᄅᆞᆷ이오 ᄌᆞ티통감(資治通鑑)[7]과 밋 통감절요(通鑑節要)[8]ᄅᆞᆯ 일즉 보^

▸▸▸ **주 석**

1 심하다, 내 쇠ᄒᆞ미여 다시 ᄭᅮᆷ에 쥬공을 보디 못ᄒᆞ리로다 : 《논어(論語)》의 〈술이편(述而篇)〉에 나오는 구절로서, '子曰 甚矣 吾衰也 久矣 吾不復夢見周公(공자께서 말씀하시기를 내가 약(弱)해져 오래도록 다시 꿈에 주공을 보지 못하게 되었노라)'을 따온 것이다.
2 나아〔予乎〕: 나아(말해 무엇하리요)? 문맥으로 보아 "성인이신 공자도 그러하신데 나같은 범인이야 어떠하겠는가(=말해 무엇하리요)?"정도의 의미를 갖는다. 나〔予〕 + 아(의문 첨사).
3 호호ᄒᆞ야〔昏睡〕: '호호'는 '혼수(昏睡)'에 해당한다. '혼수'와 유사한 당시의 어휘인지 잘못 필사한 것인지 판단하기 쉽지 않다.
4 이 쇠ᄒᆞ므로 ᄢᅵ〔以ㅣ〕며 : 이것은 쇠하였기 때문이며.

### ▸▸▸ 현대어역

## 〈어제경세문답(언해) 8b〉

하다. 내 쇠(衰)함이여 다시 꿈에 주공(周公)을 보지 못하리로다." 하시니 공자(孔子)께서 성인(聖人)으로써도 오히려 그러하시니, 하물며 나야(말해 무엇하리요)? 옛 잠이 없던 것이 이제 도리어 혼수(昏睡, 정신없이 잠이 듦)하여 자고 옛 부잡(浮雜)한 사념(邪念)이 이제 없으니 그 능(能)히 자는 바가 어찌 마음이 넓으며 몸이 펴져 그러하며 그 사념이 없는 바가 어찌 도(道)가 이루어지며 덕(德)이 세워져 그러하랴? 이는 또한 쇠(衰)하는 징조(徵兆, 어떤 일이 생길 기미)가 더욱 나타남이며 가히 이 마음이 조각 얼음인 것을 볼지라. 이것은 쇠하였기 때문이며 이 마음으로써 백성과 나라를 위하여 자강(自强, 스스로 힘써 몸과 마음을 가다듬음)코자 하니 마음이 비록 괴로우나 그 또한 오활(迂闊, 사리에 어둡고 세상 물정을 잘 모름)한지라. 심감(心鑑)을 덮고 스스로 슬퍼하노라."

묻자와 가로되, "사기(史記)에 어떠하십니까?" 답 왈, "내 일찍 사략(史略)을 읽지 아니하고 다만 볼 따름이요, 자치통감(資治通鑑)과 통감절요(通鑑節要)를 일찍 보

### ▸▸▸ 주 석

5 ᄉᆞ긔(史記) : 중국 한나라의 사마천이 상고(上古)의 황제로부터 전한(前漢) 무제까지의 역대 왕조의 사적을 엮은 역사책. 중국 '이십오사(二十五史)' 중의 하나로, 중국 정사(正史)와 기전체의 효시이며, 사서(史書)로서 높이 평가될 뿐만 아니라 문학적인 가치도 높다. 130권. 마사(馬史) 또는 부사(腐史)라고도 불린다.

6 ᄉᆞ략(史略) : 중국 원나라의 증선지(曾先之)가 '십팔사'를 요약하여 초학자용(初學者用)으로 편찬한 책. 중국 태고(太古)에서 송말(宋末)까지의 사실(史實)을 압축하여 기록하였다. 원간본(原刊本) 2권.

7 ᄌᆞ티통감(資治通鑑) : 중국 북송(北宋) 대의 사마광(司馬光)이 지은 통사적(通史的) 사서(史書). 영종(英宗)의 칙령을 받고 1065년 편집에 착수하여 19년 만에 완성하여 1084년 신종(神宗)에게 헌정했다. 역대의 사적(事績)들을 낱낱이 밝혀 황제가 통치하는 데 참고가 되게 한다는 뜻으로 이 이름이 붙여졌다. 주(周)나라의 위열왕(威烈王) 23년(BC 403)부터 오대(五代)의 후주(後周) 말(959)까지 1362년간의 사실(史實)을 편년체(編年體)로 기술하였으며, 정치·경제·군사·지리·학술 등 넓은 분야에 걸쳐 서술하고 있다.

8 통감절요(通鑑節要) : 중국 송(宋)나라 강지(江贄)의 역사서로서, 사마광(司馬光)의 《자치통감(資治通鑑)》을 간추린 것. 사마광의 호를 따서 《소미가숙통감절요(小微家塾通鑑節要)》 또는 《소미통감(小微通鑑)》이라고도 한다. 총 294권 되는 《자치통감》은 분량이 많아 학자들에 의해 취요(取要) 작업이 이루어졌으나 너무 생략되거나 복잡하였다. 이에 강지가 주기(周紀) 5권을 2권으로, 진기(秦紀) 40권을 5권으로, 당기(唐紀) 81권을 14권으로, 송기(宋紀)·제기(齋紀)·양기(梁紀)·진기(陳紀)·수기(隋紀)·후량기(後梁紀)·후주기(後周紀) 등을 각 1권으로 줄여 전체 50권 분량으로 추린 것이다.

▸▸▸ **원문 판독**

## 〈어제경세문답(언해) 9a〉

고져 ᄒᆞᄂᆞᆫ디라 요ᄉᆞ이 됴셥(調攝)ᄒᆞ믈 인ᄒᆞ야 명ᄒᆞ야 봉쥬강감(鳳洲綱鑑)을 닑^
히고 ᄯᅩ 강감대젼(綱鑑大全)으로 더브러 참호(參互)ᄒᆞ야 드ᄅᆞ니 증션지ᄉᆞ략(曾先之史
略)[1]의 비ᄒᆞ^
매 가히 희박다 니ᄅᆞ리로다 읏듬으로 ᄉᆞ략의 업ᄉᆞᆫ 바 반고시(盤古氏)[2] 이시니 대^
져 하ᄂᆞᆯ이 ᄌᆞ회(子會)[3]에 열니고 ᄯᅡ히 튝회(丑會)에 열니고 사ᄅᆞᆷ이 인회(寅會)에 나시^
니 삼황(三皇)[4]의 젼(前)은 하ᄂᆞᆯ과 ᄯᅡ히 오히려 혼돈이 되엿ᄂᆞᆫ디라 므ᄉᆞᆷ 님^
군이 이시리오 ᄌᆞ회 ᄢᅢ예 블과(不過) ᄒᆞᆫ〔一〕 하ᄂᆞᆯ분이라 ᄯᅡ히 오히려 열니디
못ᄒᆞ야시니 엇디 사ᄅᆞᆷ이 이시리오 그 말이 진실로 황당ᄒᆞ도다 ᄒᆞ^
ᄆᆞᆯ며 요(堯)ᄢᅢ예 열 날이 나다 ᄒᆞ믄 블경(不經)ᄒᆞ미 심ᄒᆞᆫ디라 ᄒᆞᆺ 션비 그
비록 의논ᄒᆞ야 결단ᄒᆞ야시나 나ᄂᆞᆫ ᄀᆞᆯ오ᄃᆡ 다ᄉᆞ(多事)타 ᄒᆞᄂᆞ니 그 일ᄏᆞᄅᆞᆫ
바 비록 쳔근(千斤)의 힘이라도 ᄡᅩ미〔射〕 이삼ᄇᆡᆨ 보에 디나디 못ᄒᆞᆫ다 ᄒᆞᆫ

▸▸▸ **주 석**

1 증션지ᄉᆞ략(曾先之史略) : 십팔사략(十八史略)의 다른 이름. 중국 원나라의 증선지(曾先之)가 '십팔사'를 요약하여 초학자용(初學者用)으로 편찬한 책. 중국 태고(太古)에서 송말(宋末)까지의 사실(史實)을 압축하여 기록하였다.

2 반고시(盤古氏) : 중국의 전해오는 이야기에서 천지개벽 후에 처음으로 세상에 나왔다는 전설상의 천자.

### ▸▸▸ 현대어역

## 〈어제경세문답(언해) 9a〉

고자 하는지라. 요사이 조섭(調攝, 몸을 보살피고 병을 다스림)함으로 인하여 명하여 봉주강감(鳳洲綱鑑)을 읽히고 또 강감대전(綱鑑大全)과 더불어 참호(叅互, 비교하여 헤아려 살핌)하여 들으니 증선지사략(曾先之史略)에 비(比)함에 가히 해박(該博, 학식이 넓음)하다 이르리로다. 으뜸으로 사략(史略)에 없는 바 반고씨(盤古氏)가 있으니 대저 하늘이 자회(子會)에 열리고 땅이 축회(丑會)에 열리고 사람이 인회(寅會)에 났으니 삼황(三皇, 중국 고대의 전설적인 세 임금) 이전(以前)은 하늘과 땅이 오히려 혼돈(混沌, 마구 뒤섞여 갈피를 잡을 수 없음)이 되었는지라, 무슨 임금이 있으리요? 자회(子會) 때에 불과(不過) 한 하늘뿐이라, 땅이 오히려 열리지 못하였으니 어찌 사람이 있으리요? 그 말이 진실로 황당(荒唐, 참되지 않고 터무니없음)하도다. 하물며 요(堯, 중국 고대 전설상의 임금) 때에 열 날이 나다 함은 불경(不經, 법도에서 벗어나 있음)함이 심한지라. 훗 선비가 그 비록 의논하여 결단(決斷)하였으나 나는 가로되, '다사(多事, 일이 많음)하다' 하나니 그 일컫는 바 비록 천근(千斤)의 힘이라도 쏨이 이삼백 보에 지나지 못한다 한

### ▸▸▸ 주 석

3 자회(子會) : '회(會)'는 시간의 단위. 중국 전설에서 우주가 탄생하는 과정을 '회'라는 시간의 단위로 설명하는데, 그 순서는 십이지(十二支)의 이름을 따랐다. 첫 번째 등장하는 시간이 '자회'이고, '축회'와 '인회'가 그 뒤를 뒤따른다.

4 삼황(三皇) : 중국 고대 전설에 나오는 세 명의 임금. 천황씨(天皇氏) · 지황씨(地皇氏) · 인황씨(人皇氏)로 보는 설과 수인씨 · 복희씨 · 신농씨로 보는 설이 있으며, 복희씨 · 신농씨 · 황제(黃帝)로 보는 설 따위의 여러 학설이 있다.

### ▸▸▸ 원문 판독

## 〈어제경세문답(언해) 9b〉

거시 곳 니ᄅᆞᆫ 바 다ᄉᆞ(多事)ᄒᆞ미라 엇디 이삼ᄇᆡᆨ 보롤 니ᄅᆞ리오 비록 몃 만
보롤 ᄲᅩ나〔射〕 엇디 능히 밋ᄎᆞ리오 이 말이 우믈 가온대셔 하ᄂᆞᆯ 보기와 다^
ᄅᆞ미 업도다 ᄆᆡᆼᄌᆡ(孟子ㅣ)[1] ᄀᆞᆯ오샤ᄃᆡ 글을 다 미드면 글이 업슴만 ᄀᆞᆺ디 못ᄒᆞ^
다 ᄒᆞ시고 곡녜(曲禮)[2]예 닐오ᄃᆡ 의심된 일을 질뎡(質定)티 말라 ᄒᆞ니 이런 글^
은 활냑(濶略)ᄒᆞ미 가ᄒᆞᆫ디라 ᄯᅩ 엇디 말ᄉᆞᆷ을 허비ᄒᆞ야 논변(論辨)ᄒᆞ리오 ᄯᅩ 돌〔石〕^
을 련(鍊)ᄒᆞ야 하ᄂᆞᆯ을 깁다〔補〕[3] ᄒᆞᆷ과 뎡호(鼎湖)에 뇽(龍)을 ᄐᆞ다[4] ᄒᆞᆫ 허탄ᄒᆞ^
미 극ᄒᆞᆫ디라 이 회남(淮南) 뎨ᄌᆞ(諸子)의 ᄌᆞᆺ븟친〔傅會〕 말이니 엇디 ᄒᆞᆫ갓 이ᄲᅮᆫ이리오
무왕(武王)[5]이 붕ᄒᆞ시매 쉬 구십이 넘어 겨시거ᄂᆞᆯ 셩왕(成王)[6]이 어려 위예 즉디
못ᄒᆞ다 ᄒᆞ미 진실로 임의 가히 의심되니 ᄒᆞᄆᆞᆯ며 ᄯᅩ 슉우(叔虞)【셩왕의 아이라】아[7]
그 말이 ᄯᅩᄒᆞᆫ 고이ᄒᆞ매[8] 셥(涉)ᄒᆞ도다 비록 그러나 강감(綱鑑)의 요(堯)의 덕을 형^

### ▸▸▸ 주 석

1 ᄆᆡᆼᄌᆡ(孟子ㅣ) : 중국 전국 시대의 사상가(B.C.372 ~ B.C.289). 이름은 '가'(軻), 자(字)는 자여(子輿), 자거(子車). B.C.320부터 약 15년간 각국을 돌며 유세하였지만 자신의 주장이 채택되지 않자 고향에 은거하였다. 공자의 인(仁) 사상을 발전시켜 '성선설(性善說)'을 주장하였으며, 인의의 정치를 권하였다. 유학의 정통으로 숭앙되며, '아성(亞聖)'이라 불린다.
2 곡녜(曲禮) : 《예기(禮記)》의 〈곡례편((曲禮篇)〉을 가리킨다.
3 돌〔石〕을 련(鍊)ᄒᆞ야 하ᄂᆞᆯ을 깁다〔補〕 : 중국의 천지 창조 신화에서, 옛적 공공씨(共工氏)와 축융씨(祝融氏)가 싸울 때 불주산(不周山)을 받아서 천주(天柱)가 부러지고 땅이 갈라졌으므로 여와씨(女媧氏)가 오색의 돌을 불려서 하늘을 수리하고 큰 거북의 다리를 잘라 하늘을 떠받쳤다는 이야기를 이른다.

▸▸▸ 현대어역

## 〈어제경세문답(언해) 9b〉

것이 곧 이른 바 다사(多事)함이라. 어찌 이삼백 보를 이르리요? 비록 몇 만 보를 쏘나 어찌 능히 미치리요? 이 말이 우물 가운데에서 하늘 보기와 다름이 없도다. 맹자(孟子)께서 가라사대, "글을 다 믿으면 글이 없음만 같지 못하다." 하시고 곡례(曲禮)에 이르되, "의심(疑心)된 일을 질정(質定, 갈피를 잡아서 분명하게 정함)치 말라." 하니 이런 글은 활략(濶略, 소홀히 함)함이 가한지라. 또 어찌 말씀을 허비(虛費)하여 논변(論辨, 사리의 옳고 그름을 밝히어 말함)하리요? 또 "돌을 연(鍊)하여 하늘을 깁다." 함과 "정호(鼎湖)에서 용(龍)을 타다." 함은 허탄함이 극(極)한지라. 이것이 회남(淮南, 중국 淮河江, 揚子江 이북 지역) 제자(諸子)가 주워 붙인〔傅會, 牽强附會. 이치에 맞지 않는 말을 억지로 끌어 붙여 만듦〕 말이니 어찌 한갓 이뿐이리요? 무왕(武王, 중국 주나라 제 1대 왕)이 붕(崩, 임금이 세상을 뜸)하심에 수(壽)가 구십이 넘으셨거늘 성왕(成王, 중국 주나라 제 2대 왕)이 어려 즉위(卽位)하지 못하다 함이 진실로 이미 가히 의심(疑心)되니 하물며 또 숙우(叔虞)【성왕의 아우라】야(말해 무엇하리요)? 그 말이 또한 괴이함에 섭(涉, 관련됨)하도다. 비록 그러나 강감(綱鑑)이 요(堯)의 덕(德)을 형

▸▸▸ 주 석

4 졍호(鼎湖)에 뇽(龍)을 ᄐᆞ다 : '황제(皇帝)가 정호(鼎湖)에서 용을 타고 승천하였고 노자가 함곡관(函谷關)에서 소를 타고서 세상을 떠나 은둔함'으로써 실마리가 열렸다고 하는 선도(仙道, 즉 도교)의 연원에 관한 이야기를 이른다.

5 무왕(武王) : 중국 주나라의 제1대 왕. 성은 희(姬). 이름은 발(發). 은 왕조를 무너뜨리고 주 왕조를 창건하여, 호경(鎬京)에 도읍하고 중국 봉건 제도를 창설하였다. 후대에 현군(賢君)으로 평가받았다.

6 셩왕(成王) : 중국 주나라의 제2대 왕. 이름은 송(誦). 어려서 즉위하였기 때문에 처음에는 숙부 주공단(周公旦)이 섭정하였으나, 후에 소공(召公)·필공(畢公) 등의 보좌를 받아 주나라의 기초를 쌓았다.

7 슉우(叔虞)아 : 숙우야(말해 무엇하리요)? 숙우(叔虞) + 아(의문 첨사). 의문 첨사는 원래 '가'로 나타나야 할 것이나 모음 아래 ㄱ 약화 현상을 반영하여 여기서는 '아'로 나타난 것이다.

8 고이ᄒᆞ매〔異〕 : 이상하매, 괴이(怪異)하매. 원문에는 '異'로 되어 있다.

## ▸▸▸ 원문 판독

## 〈어제경세문답(언해) 10a〉

용(形容)ᄒᆞ미 ᄀᆞ장 샹진(詳盡)ᄒᆞ니 내 흠탄(欽歎)ᄒᆞ믈 씨ᄃᆞᆺ디 못ᄒᆞ야 ᄀᆞᆯ오ᄃᆡ 오^
놀날의야 이에 듕용 ᄀᆞᆺ편〔末篇〕에 소ᄅᆡ도 업ᄉᆞ며 ᄂᆡ〔臭〕도 업ᄉᆞᆫ 큰 셩인을
보괘라 이 진실로 오직 하ᄂᆞᆯ이 크거ᄂᆞᆯ 오직 외(堯ㅣ) 법바드미로다[1] 안지(顏子ㅣ)[2]
ᄀᆞᆯ오ᄃᆡ 슌(舜)[3]은 엇던 사ᄅᆞᆷ이며 나ᄂᆞᆫ 엇던 사ᄅᆞᆷ고 ᄒᆡ옴이 잇ᄂᆞ니 ᄯᅩᄒᆞᆫ
이 ᄀᆞᆺ다 ᄒᆞ고 ᄆᆡᆼ지 탕(湯)[4]과 무왕(武王)[5]이 반(反)ᄒᆞ시믈 닐러 겨시ᄃᆡ 필경은 ᄒᆞᆫ^
가지로 셩인의 도라가시니 이 졍히 ᄉᆡᆼ이디지(生而知之)와 ᄒᆞᆨ이디지(學而知之) 그 셩공^
의 미처ᄂᆞᆫ ᄒᆞᆫ가지니라 오회라 쇠년에 감히 안ᄌᆞ(顏子)의 말ᄉᆞᆷ을 본바다
ᄀᆞᆯ오ᄃᆡ 그 만일 ᄇᆞᆰ으므로브터 셩실(誠實)ᄒᆞ며 ᄇᆞᆰ은 덕을 ᄇᆞᆰ히면 곳 ᄯᅩ^
ᄒᆞᆫ 외(堯ㅣ) 엇던 사ᄅᆞᆷ이며 내 엇던 사ᄅᆞᆷ고 애ᄃᆞᆲ다〔惜〕 만혹이 힘이 임의 능티
못ᄒᆞ고 긔운이 ᄯᅩ 쇠ᄒᆞ니 이 나의 뼈 기리 슬허ᄒᆞ야 태식(太息)ᄒᆞᄂᆞᆫ 배로다

## ▸▸▸ 주 석

1 법바드미로다 : 본받음이로다. '본'이 원문에 '法'으로 되어 있다. '법받다'와 '본받다'가 같은 의미로 사용되다가 현대 국어에서는 '본받다'가 사용된다.

2 안지(顏子ㅣ) : 중국 춘추 시대의 유학자(B.C.521 ~ B.C.490). 본명은 안회(顏回). 자는 자연(子淵). 공자의 수제자로 학덕이 뛰어났으나 31세로 요절하였다.

3 순(舜) : 고대 중국의 전설상의 임금. 성은 우(虞)˙유우(有虞). 이름은 중화(重華). 요의 뒤를 이어 천하를 잘 다스려 태평 시대를 이루었다. 성과 함께 우순(虞舜)이라 칭하기도 한다.

▸▸▸ 현대어역

## 〈어제경세문답(언해) 10a〉

용(形容)함이 가장 상진(詳盡, 극도로 상세함)하니 내 흠탄(欽歎, 아름다움을 감탄함)함을 깨닫지 못하여 가로되, '오늘날에야 이에 중용 끝편에 소리도 없으며 냄새도 없는 큰 성인(聖人)을 보았도다. 이것이 진실로 오직 하늘이 크거늘 오직 요(堯)가 본받음이로다.' 안자(顔子, 중국 춘추 시대의 유학자)가 가로되, '순(舜)은 어떤 사람이며 나는 어떤 사람인가? 함이(=업적이) 있는 이가(=사람이) 또한 이와 같다.' 하고 맹자(孟子)께서 탕(湯, 중국 은나라의 초대 왕)과 무왕(武王)이 반(反)하심을 이르셨으되 필경(畢竟, 끝에 가서)은 한가지로 성인(聖人)에 돌아가시니 이것이 정(正)히 생이지지(生而知之, 나면서부터 앎)와 학이지지(學而知之, 배워서 앎)가 그 성공에 미쳐서는 한가지니라. 오호라, 쇠년(衰年, 늙어서 점점 쇠약하여 가는 나이)에 감히 안자(顔子)의 말씀을 본받아 가로되, "그 만일 밝음으로부터 성실(誠實)하며 밝은 덕을 밝히면 곧 또한 요(堯)임금께서 어떤 사람이며 나는 어떤 사람인고?" (하니) 애닯다[惜], 만학(晩學, 나이가 들어 뒤늦게 공부함)의 힘이 이미 능(能)치 못하고 기운이 또 쇠(衰)하니 이것이 내가 써 길이 슬퍼하여 태식(太息, 한숨을 쉼)하는 바이로다."

▸▸▸ 주 석

4 탕(湯) : 은(商)나라의 초대 왕(? ~ ?). 하(夏)나라를 멸하고 은(殷)나라를 건국하였다. 이름은 이(履) 또는 대을(大乙). 박(亳)에 도읍을 정하고 국호를 상(商)이라 칭하였으며, 제도와 전례(典禮)를 정비하였다. 13년간 재위하였다.

5 무왕(武王) : 중국 주나라의 제1대 왕(? ~ ?). 성은 희(姬). 이름은 발(發). 은 왕조를 무너뜨리고 주 왕조를 창건하여, 호경(鎬京)에 도읍하고 중국 봉건 제도를 창설하였다. 후대에 현군(賢君)으로 평가받았다.

### ▸▸▸ 원문 판독

## 〈어제경세문답(언해) 10b〉

뭇ᄌᆞ와 ᄀᆞᆯ오ᄃᆡ 명ᄒᆞ야 ᄉᆞ한범수뎐(史漢范雎傳)[1]을 닑히시고 듯ᄌᆞ오신다 ᄒᆞ니 그
글을 취ᄒᆞ시미니잇가 그 사ᄅᆞᆷ을 취ᄒᆞ시미니잇가 답 왈 쇼시(少時)에
우연이 이 글을 보되 능히 닉이〔熟〕 못ᄒᆞ엿ᄂᆞᆫ디라 일즉 드ᄅᆞ니 이ᄅᆞᆯ
닑ᄂᆞᆫ 재 범쉬(范雎ㅣ) 절ᄒᆞ니〔拜〕 진왕(秦王)이 ᄯᅩᄒᆞᆫ 절ᄒᆞ더라 ᄒᆞᄂᆞᆫᄃᆡ 니ᄅᆞ러ᄂᆞᆫ
니러나 절ᄒᆞᄆᆞᆯ〔拜〕 ᄡᅵᄃᆞᆺ디 못ᄒᆞᆫ다 ᄒᆞᄂᆞᆫ 고로 시험(試驗)ᄒᆞ야 ᄒᆞ여곰 취(取)ᄒᆞ^
여 닑히니 그 문쟝이 비록 가히 됴흐나 슈(雎)ᄂᆞᆫ 젼국(戰國)[2] 죵횡(縱橫)[3] 듕에 ᄒᆞᆫ
음휼(陰譎)ᄒᆞᆫ 재라 몬져 진왕(秦王)을 보고 거즛[4] 아디 못ᄒᆞᄂᆞᆫ 톄ᄒᆞ야 이에
ᄀᆞᆯ오ᄃᆡ 진에 홀노〔獨〕 태후만 잇다 ᄒᆞ미 곳 ᄒᆞ나히오 왕이 세 번 무ᄅᆞᄃᆡ
ᄃᆡ답디 아니ᄒᆞ미 곳 둘히오 몬져 밧〔外〕 일을 닐러 ᄡᅥ 부앙(俯仰)ᄒᆞᄆᆞᆯ 보^
미 곳 세히라[5] 대져 젼국(戰國)의 션비 삼 촌의 혀ᄅᆞᆯ 흔드러〔掉〕 뉵국(六國)에 죵^

### ▸▸▸ 주 석

1 ᄉᆞ한범수뎐(史漢范雎傳) : 중국 한나라의 사마천이 지은 역사서인 《사기(史記)》에서 '누란지위(累卵之危)'라는 고사성어의 중심인물인 범수(范雎)의 이야기를 다룬 〈范雎列傳〉을 이른다.

2 젼국(戰國) : 중국 역사에서, 춘추 시대 다음의 기원전 403년부터 진나라가 중국을 통일한 기원전 221년까지 약 200년간의 과도기. 여러 제후국이 패권을 다투었던 동란기로 '전국 칠웅'이라는 일곱 개의 제후국이 세력을 다투었으며, 제자백가와 같이 학문의 중흥기를 이루었고, 토지의 사유제와 함께 농사 기술의 발달 따위로 화폐가 유통되기도 하였다.

▸▸▸ 현대어역

## 〈어제경세문답(언해) 10b〉

묻자와 가로되, "명하여 사한범수전(史漢范雎傳)을 읽히시고 들으오신다 하니 그 글을 취하심입니까, 그 사람을 취하심입니까?" 답 왈, "소시(少時)에 우연히 이 글을 보되 능숙(能熟)치 못하였는지라. 일찍이 들으니 이를 읽는 자가 범수(范雎)에게 절하니 진왕(秦王)이 또한 절하더라 하는 데에 이르러서는 일어나 절함을 깨닫지 못한다 하는 고로 시험(試驗)하여 하여금 취(取)하여 읽히니 그 문장이 비록 가히 좋으나 수(雎)는 전국(戰國, 중국 춘추 시대 다음의 기원전 403년부터 진나라가 중국을 통일한 기원전 221년까지의 시대) 종횡(縱橫, 이리저리 마구 다님) 중의 한 음휼(陰譎, 성질이 음흉하고 간사함)한 자라. 먼저 진왕(秦王)을 보고 거짓으로 알지 못하는 체하여 이에 가로되, "진(秦)에 홀로 태후(太后)만 있다." 함이 곧 하나요, 왕이 세 번 묻되 대답지 아니함이 곧 둘이요, 먼저 바깥 일을 일러 써 부앙(俯仰, 아래를 굽어보고 위를 우러러봄)함을 봄이 곧 셋이라. 대저(大抵, 대체로) 전국(戰國)의 선비가 삼(三) 촌(寸)의 혀를 흔들어 육국(六國, 중국 전국 시대의 제후국 가운데 진을 제외한 초, 연, 제, 한, 위, 조의 여섯 나라)에 종

▸▸▸ 주 석

3 종횡(縱橫) : 종횡은 중국 춘추전국시대의 정치적 책략으로써 특히 소진(蘇秦)이나 장의(張儀)로 대표되는 합종연횡(合縱連衡)에서 비롯되었다. 소진 등이 주장한 합종책은 당시 동쪽에 있던 연(燕)·초(楚)·한(韓)·위(魏)·조(趙)·제(齊)의 6국이 연합하여 서방의 진(秦)나라에 대항하려고 한 정책이며, 장의가 내세운 연횡책(連衡策)은 그 반대로 진나라와 6국이 각각 손을 잡게 함으로써 진나라의 발전을 꾀한 책략이다.

4 거즛 : 거짓. 당시의 형태로는 일반적으로 '거즛'이 사용되었지만, 이 문헌에는 오히려 '거줏'이 일반적인 형태로 나타난다. 'ㅈ, ㅅ, ㄴ, ㄹ, ㄷ' 등의 중자음 다음에 'ㅡ'는 흔히 'ㆍ'로 바뀌어 나타난다. 아마도 이러한 어제류 문헌이 보이는 특징이 아닌가 생각된다.

5 세히라 : 셋이라. 셓(三) + 이라. 15세기에 이른바 ㅎ 종성체언이었던 '셓'의 'ㅎ'이 'ㅅ'으로 바뀌어 '셋'이 되었다.

▸▸▸ 원문 판독

## 〈어제경세문답(언해) 11a〉

횡(縱橫)ᄒᆞ야 인뉸(人倫)을 멸ᄒᆞ고 의리에 거ᄉᆞ리ᄂᆞᆫ〔悖〕 고로 ᄆᆡᆼᄌᆡ 쳡부(妾婦)로 ᄡᅧ
믈리티시고 쥬ᄌᆡ(朱子ㅣ)[1] 이단으로 ᄡᅧ 비ᄒᆞ시니 져 범슈ᄂᆞᆫ 니〔齒〕ᄅᆞᆯ 브르디ᄅᆞ고
남은 목숨으로 ᄡᅧ 임의 인의(人義)의 졍도(正道)ᄅᆞᆯ 분변티 못ᄒᆞ고 ᄯᅩ 뎟뎟ᄒᆞᆫ 인^
뉸을 아디 못ᄒᆞᄂᆞᆫ디라 ᄒᆞᆫ갓 일신의 니(利)ᄅᆞᆯ 보고 그 틔(態)ᄅᆞᆯ 황홀(恍惚)히 ᄒᆞ^
며 그 말ᄉᆞᆷ을 합벽(闔闢)ᄒᆞ야 사ᄅᆞᆷ의 모ᄌᆞ(母子)의 ᄉᆞ이ᄅᆞᆯ ᄎᆞᆷ소ᄒᆞ니 그 비록 ᄠᅳᆺ^
을 어더 진왕(秦王)의 스싱〔師〕이 되여시나 엇디 ᄌᆞᆨ히 혜리오 녯 관즁(管仲)[2]이 비록
그ᄅᆞ시 젹어 힝ᄒᆞ미 왕되 아니나 규구(葵丘)의 못ᄀᆞ디〔會〕예 군신과 부ᄌᆞ의 의(義)
엄(嚴)ᄒᆞ거ᄂᆞᆯ 이제 슈(睢)ᄂᆞᆫ 인뉸이 막히엿ᄂᆞᆫ디라 오패(五伯)[3]의 션비도 오히려 ᄒᆞ^
디 아닛ᄂᆞᆫ 재니 ᄯᅩ 엇디 ᄌᆞᆨ히 니ᄅᆞ리오 애ᄃᆞᆲ다 진왕이 ᄠᅳᆺ이 나라ᄒᆞᆯ 가^
음열게[4] ᄒᆞ며 병을 강케 ᄒᆞ매 이셔 범슈(范睢)의 슐(術)에 ᄲᅡ져 블효의 과(科)^

▸▸▸ 주 석

1 쥬ᄌᆡ(朱子ㅣ) : 중국 송나라의 유학자(1130~1200). 주희(朱熹)를 말함. 자는 원회(元晦)·중회(仲晦). 호는 회암(晦庵)·회옹(晦翁) 운곡산인(雲谷山人)·둔옹(遯翁). 도학(道學)과 이학(理學)을 합친 이른바 송학(宋學)을 집대성하였다. '주자(朱子)'라고 높여 이르며, 학문을 주자학이라고 한다. 주요 저서에 《시전》, 《사서집주(四書集註)》, 《근사록》, 《자치통감강목》 따위가 있다.

2 관즁(管仲) : 중국 춘추 시대 제나라의 재상(? ~ B.C.645). 이름은 이오(夷吾). 환공(桓公)을 도와 부국강병을 꾀하였으며, 환공을 중원(中原)의 패자(霸者)로 만들었다. 포숙아와의 우정으로 유명하며, 이들의 우정을 '관포지교(管鮑之交)'라고 이른다.

▸▸▸ 현대어역

## 〈어제경세문답(언해) 11a〉

횡(縱橫)하여 인륜(人倫, 상하 존비의 인간관계나 질서)을 멸(滅)하고 의리(義理)에(=의리를) 거스르는 고로 맹자께서 첩부(妾婦, 첩실)로써 물리치시고 주자(朱子)께서 이단(異端)으로써 비(比)하시니 저 범수(范雎)는 이를 부러뜨리고 남은 목숨으로써 이미 인의(人義, 사람으로서 마땅히 지켜야 할 도의)의 정도(正道)를 분변치 못하고 또 떳떳한(=변함없이 늘 일정한) 인륜을 알지 못하는지라. 한갓 일신(一身)의 이(利)를 보고 그 태(態)를 황홀(恍惚, 마음이 혹하여 달뜸)히 하며 그 말씀으로 합벽(闔闢, 사람을 교묘하게 농락함)하여 사람의(=남의) 모자(母子) 사이를 참소(讒訴, 죄가 있는 것처럼 윗사람에게 고하여 바침)하니 그 비록 뜻을 얻어 진왕(秦王)의 스승이 되었으나 어찌 족히 헤아리리요? 옛 관중(管仲, 중국 춘추 시대 제나라의 재상)이 비록 그릇이 적어 행함이 왕도(王道)가 아니나 규구(葵丘)의 모꼬지에(=모임에) 군신(君臣)과 부자(父子)의 의(義)가 엄(嚴)하거늘 이제 수(雎)는 인륜(人倫)이 막혔는지라. 오패(五霸, 중국 춘추 시대의 제후 가운데서 패업을 이룬 다섯 사람)의 선비도 오히려 하지 않은 자이니 또 어찌 족(足)히 이르리요? 애닯다, 진왕(秦王)의 뜻이 나라를 부유하게 하며 병(兵)을 강(强)하게 함에 있어 범수(范雎)의 술(術)에 빠져 불효(不孝)의 과(科)

▸▸▸ 주 석

3 오패(五伯) : 오패(五霸/五伯). 중국 춘추 시대의 제후 가운데서 패업(霸業)을 이룬 다섯 사람. 제(齊)나라의 환공(桓公), 진(晉)나라의 문공(文公), 진(秦)나라의 목공(穆公), 송(宋)나라의 양공(襄公), 초(楚)나라의 장왕(莊王) 등을 이르는데, 목공과 양공 대신에 오(吳)나라의 부차(夫差)와 월(越)나라의 구천(句踐)을 이르기도 한다.

4 가음열게 : 부유하게. 원문의 '富'를 옮긴 것이다. 이 '가음열-'은 중세어 '가ᅀᆞ멸-'에 소급하는 어형으로, 'ᅀ'의 소실 이후 근대 문헌에서 '가ᄋᆞᆷ열- ~ 가음열-'과 같이 분철된 표기로 등장하는 경우가 많다.

### ▸▸▸ 원문 판독

## 〈어제경세문답(언해) 11b〉

에 ᄡᅡ디니 나ᄂᆞᆫ ᄀᆞᆯ오ᄃᆡ 진이 이셰(二世)에 긋티미 시황(始皇)[1]으로 말ᄆᆡ아모미 아니라
곳 쇼왕(昭王)으로 말ᄆᆡ아맛다 ᄒᆞ노라 슬프다 요슌(堯舜)[2]의 도(道)ᄂᆞᆫ 효뎨 ᄯᆞ롬이라
비록 진왕으로 ᄒᆞ여곰 즉일(卽日)에 뉵국을 아오로나[並] 엇디 ᄎᆞ마 이ᄅᆞᆯ ᄒᆞ^
리오 인ᄒᆞ야[仍] 명ᄒᆞ야 닑기ᄅᆞᆯ 긋치게 ᄒᆞ고 그 개연ᄒᆞ믈 이긔디 못ᄒᆞ노^
라 의뎨(義帝)ᄂᆞᆫ 블과 항냥(項梁)의 인을 비러 츄ᄃᆡᄒᆞ야 셰운 재로ᄃᆡ 그 항우(項羽)[3]^
의게 시(弑)ᄒᆞ믈 닙으매 미처 삼노(三老) 동공(董公)이 의로ᄡᅥ 한왕을 권ᄒᆞ야시^
니 오회라 쥬난왕(周赧王)이 문왕(文王)[4] 무왕(武王)[5]의 업을 니어 텬하의 ᄒᆞᆫ가지로
모ᄅᆞᆯ 사마 쥬(主)ᄒᆞᄂᆞᆫ 배(所ㅣ)여ᄂᆞᆯ 머리ᄅᆞᆯ 두ᄃᆞ려 고올을 드릴 ᄣᅢ예 ᄒᆞᆫ 사^
롬도 뉵국을 권ᄒᆞ야 ᄡᅥ 의병을 니ᄅᆞ혀게 ᄒᆞᆯ 재 업ᄉᆞ니 엇디 동^
공의게 븟그럽디 아니ᄒᆞ랴 한 고조(高祖)[6]의 션비ᄅᆞᆯ 거만히 ᄭᅮ지ᄌᆞ믈

### ▸▸▸ 주 석

1 시황(始皇) : 진시황(秦始皇). 중국 진(秦)나라의 제1대 황제(B.C.259 ~ B.C.210). 이름은 정(政). 기원전 221년에 중국을 통일하고 스스로 시황제라 칭하였다. 중앙 집권을 확립하고, 도량형·화폐의 통일, 만리장성의 증축, 아방궁의 축조, 분서갱유 따위로 위세를 떨쳤다.

2 요순(堯舜) : 고대 중국의 요임금과 순임금을 아울러 이르는 말로, 성군(聖君)을 지칭한다.

3 항우(項羽) : 중국 진(秦)나라 말기의 무장(B.C.232 ~ B.C.202). 이름은 적(籍). 우는 자(字)이다. 숙부 항량(項梁)과 함께 군사를 일으켜 유방(劉邦)과 협력하여 진나라를 멸망시키고 스스로 서초(西楚)의 패왕(霸王)이 되었다. 그 후 유방과 패권을 다투다가 해하(垓下)에서 포위되어 자살하였다.

▸▸▸ 현대어역

## 〈어제경세문답(언해) 11b〉

에 빠지니 나는 가로되, '진(秦)이 이세(二世)에 그침이 시황(始皇)으로 말미암음이 아니라 곧 소왕(昭王)으로 말미암았다.' 하노라. 슬프다, 요순(堯舜)의 도(道)는 효제(孝悌, 부모에 대한 효도와 형제에 대한 우애) 따름이라. 비록 진왕(秦王)으로 하여금 즉일(卽日)에 육국(六國)을 아우르게 하나 어찌 차마 이를 하리요? 인하여 명하여 읽기를 그치게 하고 그 개연(慨然, 억울하고 원통하여 몹시 분함)함을 이기지 못하노라. 의제(義帝)는 불과(不過) 항량(項梁)의 인(仁)을 빌어 추대(推戴, 윗사람으로 떠받듦)하여 세운 자이로되 그 항우(項羽, 중국 진나라 말기의 무장)에게 시(弑, 죽임)함을 입음에 미처 삼로(三老) 동공(董公)이 의(義)로써 한왕(漢王)을 권(勸)하였으니, 오호라, 주(周)나라 난왕(赧王)이 문왕(文王)과 무왕(武王)의 업(業)을 이어 천하에 한가지로 모를 삼아 주(主)하는〔宗主, 중국 봉건 시대에, 제후들 가운데 패권을 잡은 맹주〕 바(所)이거늘 머리를 두드려(=조아려) 고을을 드릴 때에 한 사람도 육국(六國, 중국 전국 시대의 제후국 가운데 진나라를 제외한 여섯 나라)을 권하여 써 의병(義兵)을 일으키게 할 자가 없으니 어찌 동공(董公)에게 부끄럽지 아니하랴. 한(漢) 고조(高祖)의 선비를 거만(倨慢)히 꾸짖음을

▸▸▸ 주 석

4 문왕(文王) : 중국 주나라 무왕의 아버지. 이름은 창(昌). 무왕(武王)의 아버지로 덕치(德治)를 행한 왕으로 유명. 무왕이 주나라를 세운 후 그를 추존하여 문왕이라 함. 고대의 이상적인 성인 군주의 전형.

5 무왕(武王) : 중국 주나라의 제1대 왕. 성은 희(姬). 이름은 발(發). 은 왕조를 무너뜨리고 주 왕조를 창건하였다. 후대에 현군(賢君)으로 평가받았다.

6 한(漢) 고조(高祖) : 중국 한나라의 제 1대 황제(B.C.247~B.C.195). 진시황이 죽은 다음해 진(秦)나라를 멸망시키고 제위에 올랐다.

▸▸▸ **원문 판독**

## 〈어제경세문답(언해) 12a〉

나ᄂᆞᆫ ᄀᆞᆯ오ᄃᆡ 그 ᄯᅳᆺ이 이시미 잇다 ᄒᆞᄂᆞ니 이제 비록 쇠모ᄒᆞ나 그 개연ᄒᆞ^
믈 견ᄃᆡ디 못ᄒᆞ야 문답으로 ᄡᅥ 부월(斧鉞)[1]을 ᄃᆡ(代)ᄒᆞ노라
뭇ᄌᆞ와 ᄀᆞᆯ오ᄃᆡ 한의 고뎨(高帝)와 다ᄆᆞᆺ 무뎨(武帝)와 광뮈(光武ㅣ)[2] 뉘 어딘 님군이
되시ᄂᆞ^
니잇고 답 왈 고뎨ᄂᆞᆫ 쥬ᄌᆡ(朱子ㅣ) 임의 한당(漢唐) ᄃᆞᆼ 뎨일이라 일ᄏᆞ라 겨시니 대^
개 뉴시(劉氏)ᄅᆞᆯ 평안히 ᄒᆞ리ᄂᆞᆫ[3] 반ᄃᆞ시 쥬ᄇᆞᆯ(周勃)[4]이라 ᄒᆞᆫ 말ᄉᆞᆷ[5]과 네 아니가 엇^
디 네 아니냐 ᄒᆞᆫ 말ᄉᆞᆷ이 그 아ᄅᆞᆷ이 귀신 ᄀᆞᆺ고 네의 알 배 아니라 ᄒᆞᄂᆞᆫ ᄃᆡ^
답이 그 ᄯᅩᄒᆞᆫ 신(神)ᄒᆞᆫ디라 후셰예 비록 닐오ᄃᆡ ᄒᆞᆨ(學)디 못ᄒᆞ엿다 ᄒᆞ나
대풍(大風)의 노래[6]ᄂᆞᆫ ᄒᆞᆫ갓 긔상(氣像)ᄲᅮᆫ 아니라 스ᄉᆞ로 문장이 이러시니 일즉 고^
문난편(古文爛編)을 보니 태ᄌᆞ 경계ᄒᆞᆫ 글이 ᄌᆞ변{연}이 도에 합ᄒᆞ엿ᄂᆞᆫ디라 네 님군^
이 마샹(馬上)으로 텬하ᄅᆞᆯ 어더시니[7] 엇디 시셔(詩書)ᄅᆞᆯ 일삼으리오 ᄒᆞᆫ 말ᄉᆞᆷ^

▸▸▸ **주 석**

1 부월(斧鉞) : 중국에서 천자(天子)가 특히 공로가 큰 제후와 대신에게 하사하던 아홉 가지 물품 중 하나. 거마(車馬), 의복, 악칙(樂則), 주호(朱戶), 납폐(納陛), 호분(虎賁), 궁시(弓矢), 부월(鈇鉞), 울창주(鬱鬯酒)이다. 부월은 생살권의 상징으로서 주던 작은 도끼와 큰 도끼를 가리킨다.
2 광뮈(光武ㅣ) : 광무제(光武帝). 중국 후한(後漢)의 제1대 황제(?B.C.6~A.D.57). 본명은 유수(劉秀). 자는 문숙(文叔). 왕망의 군대를 무찔러 한나라를 다시 일으키고 낙양에 도읍하였다. 재위 기간은 25 ~ 57년이었다.
3 ᄒᆞ리ᄂᆞᆫ : '하-(어간)+-(으)ㄹ 이(사람을 뜻하는 의존 명사)+ᄂᆞᆫ(주제의 보조사)'. 할 이는, 또는 할 사람은.
4 쥬ᄇᆞᆯ(周勃) : 중국 전한 초기의 공신(功臣). 여씨(呂氏)의 난을 진평(陳平)과 함께 평정하고 문제(文帝)를 옹립하여, 우승상(右丞相)에 올랐다.

## ▸▸▸ 현대어역

### 〈어제경세문답(언해) 12a〉

나는 가로되, '그 뜻이 있음이 있다.' 하나니 이제 비록 쇠모(衰耗, 쇠되하여 줄어듦)하나 그 개연(慨然)함을 견디지 못하여 문답(問答)으로써 부월(斧鉞, 작은 도끼와 큰 도끼)을 대신(代身)하노라." 묻자와 가로되, "한(漢)의 고제(高帝)와 함께 무제(武帝, 중국 전한의 제7대 황제)와 광무(光武, 중국 후한의 제1대 황제, =光武帝) 중에 누가 어진 임금입니까?" 답 왈, "고제(高帝)는 주자(朱子)께서 이미 "한당(漢唐) 중(中) 제일이라." 일컬으셨으니 대개 '유씨(劉氏)를 평안히 할 이는 반드시 주발(周勃, 중국 전한 초기의 공신(功臣))이라.' 한 말씀과 '네가 아닌가? 어찌 네가 아니냐?' 한 말씀이 그 앎이 귀신(鬼神) 같고 '네가 알 바 아니라.' 하는 대답이 그 또한 신기(神奇)한지라. 후세(後世)에 비록 이르되, '배우지 못하였다.' 하나 대풍(大風)의 노래는 한갓 기상(氣像, 사람이 타고난 기개나 마음씨)뿐 아니라 스스로 문장(文章)이 이루어졌으니 일찍이 고문난편(古文爛編)을 보니 태자(太子)를 경계(警戒)한 글이 자연(自然)히 도(道)에 합(合)하였는지라. '네 임금이 마상(馬上)에서 천하를 얻었으니 어찌 시서(詩書, 시와 글씨)를 일삼으리요?' 한 말씀

## ▸▸▸ 주 석

5 말ᄉᆞᆷ : 말씀. 중세국어에서는 '말ᄉᆞᆷ'과 '말ᄊᆞᆷ'이 함께 보이지만, 후자가 더 일반적이었다. 중세국어에서의 '말ᄉᆞᆷ'이나 '말ᄊᆞᆷ'은 존대의 의미를 포함하지 않은 '말'인데 여기에서의 'ᄆᆞᆯᄉᆞᆷ'은 존대의 자질을 갖는 것으로 보인다. 주로 성인이나 황제의 말과 관련되기 때문이 아닌가 여겨진다.

6 노래 : 15세기의 어형은 '놀애'였으나 'ㅇ'이 자음으로서의 기능을 상실하여 선행하는 음절의 'ㄹ'이 연음된 것을 그대로 표기하여 '노래'로 나타난 것으로 간주된다.

7 마샹(馬上)으로 텬하ᄅᆞᆯ 어더시니 : 무력을 앞세운 정복전쟁으로 천하를 통일했다는 말로 한(漢) 고조(高祖)는 항상 '마상득천하(馬上得天下)'라고 자부했다고 한다.

▸▸▸ **원문 판독**

## 〈어제경세문답(언해) 12b〉

이 엇디 뉵가(陸賈)[1]를 특별(特別)이 뉵국의 죵횡(縱橫)ᄒᆞᄂᆞᆫ 션비라 ᄒᆞ여 ᄡᅧ 그러^
ᄒᆞ미 아니냐 나ᄂᆞᆫ ᄀᆞᆯ오ᄃᆡ 이 영웅의 뎐도(顚倒) 슈단(手段)이라 ᄒᆞ노라 무뎨ᄂᆞᆫ 비^
록 셩왕(成王) 업은 그림으로ᄡᅧ 곽광(霍光)[2]을 주고 금일졔(金日磾)[3]를 ᄆᆞᆯ 기ᄅᆞᄂᆞᆫ 가^
온대 어더시나 샹관걸(上官桀)[4]을 참예ᄒᆞ야 ᄡᅧ시니〔用〕 이 엇디 나라ᄒᆞᆯ 열며 집^
을 니ᄅᆞ매〔承〕 쇼인을 ᄡᅳ디 마ᄂᆞᆫ 의리며 ᄯᅩ 병(兵)을 궁극히 ᄒᆞ고 무(武)를 번득〔黷〕^
히 ᄒᆞ며 ᄒᆡ샹(海上)에 슌ᄒᆡᆼ(巡行)ᄒᆞ야 노라〔遊〕 거의 진시황[5]으로 더브러 ᄒᆞᆫ가지^
로 도라갈 번ᄒᆞ니 비록 그러나 므ᄅᆞᆺ 사ᄅᆞᆷ이 욕심에 긔운이 쇠ᄒᆞ면
더옥 셩ᄒᆞ되 그 능히 츄풍에 회심(悔心)이 ᄆᆡᆼ동(萌動)ᄒᆞ야 뉸ᄃᆡ(輪臺)예 됴셔(詔書)[6]를
드리워시니 엇디 거륵디 아니ᄒᆞ리오 광무(光武)[7]에 니ᄅᆞ러ᄂᆞᆫ 마원(馬援)[8]이 니ᄅᆞᄃᆡ
활달ᄒᆞᆫ 큰 도량이 고조(高祖)와 ᄒᆞᆫ가지로 맛다〔符〕 ᄒᆞ고 젹심(赤心)을 뫼리여〔推〕[9] 사^

▸▸▸ **주 석**

1 뉵가(陸賈) : 중국 전한의 학자·정치가(BC247~170?)로서 《신어》(新語)의 저자. 여씨(呂氏)의 난에 유방을 도와 한나라 왕실을 지켰다.
2 곽광(霍光) : 중국 전한(前漢)의 장군(?~BC68)으로, 무제에게서 금일제(金日磾)와 함께 후사(後事)를 부탁받고, 즉위 한 8세의 어린 소제(昭帝)를 보필하였다.
3 금일졔(金日磾) : 금일제. 원래는 흉노 휴도왕(休屠王)의 태자(太子)였으나, 후에는 한나라의 이름난 신하가 되었다.
4 샹관걸(上官桀) : 중국 전한(前漢) 무제 때의 관료. 무제의 두터운 신임을 받아, 외척 곽광과 김일제, 상홍양 등과 어린 소제를 보좌하여 정치를 담당하였다.

### ▸▸▸ 현대어역

## 〈어제경세문답(언해) 12b〉

이 어찌 육가(陸賈, 중국 전한의 학자・정치가)를 특별히 육국(六國)의 종횡하는 선비라 하여 써 그러함이 아니냐? 나는 가로되, "이것이 영웅의 전도(顚倒, 엎어져 넘어지거나 넘어뜨림) 수단(手段)이라." 하노라. 무제(武帝)는 비록 성왕(成王) 업은 그림으로써 곽광(霍光, 중국 전한의 장군)을 주고 금일제(金日磾)를 말 기르는 가운데 얻었으나 상관걸(上官桀, 중국 전한 무제 때의 관료)을 참예(參詣, 어떤 일에 끼어들어 관계함)하여 썼으니, 이것이 어찌 나라를 열며 집을 이음〔承, =계승함〕에 소인(小人)을 쓰지 마는(=않는) 의리며 또 병(兵)을 궁극히 하고 무(武)를 번득〔黷〕히(=함부로) 하며 해상(海上)에 순행(巡行, 여러 곳으로 돌아다님)하여 놀아(=다녀) 거의 진시황(秦始皇)으로 더불어 한가지로 돌아갈 뻔하니 비록 그러나 무릇 사람이 욕심의 기운(氣運)이 쇠(衰)하면 더욱 성(盛)하되 그 능히 추풍(秋風)에 회심(悔心, 잘못을 뉘우치는 마음)이 맹동(萌動, 어떤 생각이나 일이 일어나기 시작함)하여 윤대(輪臺)에 조서(詔書, 임금의 명령을 일반에게 알릴 목적으로 적은 문서)를 드리웠으니 어찌 거룩하지 아니하리요? 광무(光武, =光武帝)에 이르러서는 마원(馬援, 중국 후한 때의 무장・정치가)이 이르되, "활달(豁達, 넓고 큼)한 큰 도량(度量, 넓은 마음과 깊은 생각)이 고조(高祖, 중국 한나라 제1대 황제)와 한가지로 맞다." 하고 적심(赤心, 거짓 없는 참된 마음)을 말고 나아가 사

### ▸▸▸ 주 석

5 진시황 : 시황제(始皇帝). 중국 진(秦)나라의 제1대 황제(B.C.259 ~ B.C.210). 이름은 정(政). 기원전 221년에 중국을 통일하고 스스로 시황제라 칭하였다.
6 됴셔(詔書) : 무제가 상홍양(桑弘羊)이 서역(西域) 윤대에 둔전(屯田)을 설치하여 흉노와의 장기전에 대비하자고 주장한 것에 대해 내려진 조칙으로, 지난 일을 후회하며 외정(外征)을 중지하고, 먼 거리에 있는 윤대의 둔전을 폐지하며, 가혹한 폭정과 함부로 세금 걷는 것을 금하고, 본업인 농사를 진작시키려 하였다.
7 광무(光武) : 광무제(光武帝). 중국 후한(後漢)의 제1대 황제(?B.C.6~A.D.57). 본명은 유수(劉秀). 자는 문숙(文叔). 왕망의 군대를 무찔러 한나라를 다시 일으키고 낙양에 도읍하였다. 재위 기간은 25 ~ 57년이다.
8 마원(馬援) : 중국 후한 때의 무장・정치가(B.C.14 ~ A.D.49). 자(字)는 문연(文淵).
9 뫼리여〔推〕: '미뢰여'의 오기가 아닌가 여겨진다.

## ▸▸▸ 원문 판독

## 〈어제경세문답(언해) 13a〉

ᄅᆞᆷ의 복듕(腹中)에 두고 졔쟝(諸將)을 명ᄒᆞ야 무(武)ᄅᆞᆯ 누이고〔偃〕 글을 닑히며 ᄀᆞᆯ오^
ᄃᆡ 내 스ᄉᆞ로 즐기니 ᄀᆞᆺ브미〔疲〕 되디 아니ᄒᆞ노라 ᄒᆞ니 엇디 어딘 님군이 아니^
리오 이ᄅᆞᆯ 미뢴즉〔推〕[1] 가히 알디니 엇디 무ᄅᆞᆯ 거시 이시리오
믓ᄌᆞ와 ᄀᆞᆯ오ᄃᆡ 소부(巢父)[2]와 허유(許由)[3]ᄂᆞᆫ 엇더ᄒᆞ니잇고 답 왈 소부 허유ᄂᆞᆫ 가^
히 셰샹을 니즌 션비라 니ᄅᆞᆯ 거시로ᄃᆡ 나ᄂᆞᆫ ᄀᆞᆯ오ᄃᆡ 과(過)타 ᄒᆞ노라 요^
의 텬하ᄅᆞᆯ ᄉᆞ양ᄒᆞ시ᄂᆞᆫ 말ᄉᆞᆷ이 무어시[4] 내게 더러이리오〔累〕[5] 보디 못ᄒᆞ며
듯디 못ᄒᆞᄃᆞ시 ᄒᆞ미 가ᄒᆞ니 귀ᄅᆞᆯ 엇디 ᄡᅳᄉᆞ며〔洗〕[6] 쇼야지〔犢〕ᄅᆞᆯ 엇디 잇그럿^
ᄂᆞ뇨〔牽〕 비록 그러나 셰샹에 조경(躁競)ᄒᆞᄂᆞᆫ 쟈ᄂᆞᆫ ᄯᅩᄒᆞᆫ 므슴 ᄆᆞ옴고 슬프다 뎌 소^
부 허유ᄂᆞᆫ 만승(萬乘)을 보기도 오히려 그리ᄒᆞ엿거ᄂᆞᆯ 이제 사ᄅᆞᆷ은 엇디
셰간 욕심에 구구(區區)히 ᄒᆞᄂᆞ뇨 슬프다 부귀 하ᄂᆞᆯ긔 이시니 비록 ᄒᆞ고져

## ▸▸▸ 주 석

1 미뢴즉〔推〕: 미루어 본즉. 원문의 '推'를 언해한 것으로, 이곳의 '미뢰-'는 '밀-'에 사동접미사 '-외-'가 결합된 어형이다. '밀-'의 사동사로는 사동접미사 '-오/우-'가 결합한 '미로/미루-'가 잇지만, 이것은 '委(미루다, 넘기다)'의 의미로 사용되어 의미상에 다소의 차이가 있다. 예 : 패군ᄒᆞᆫ 죄ᄅᆞᆯ 내게 미루고져 ᄒᆞᄂᆞᆫ다〈오륜행실도(1797) 1 : 21a〉. 이곳의 '미뢰-'는 다른 18세기 문헌에 '밀외/밀위/미뤼-' 등 여러 가지 표기로 등장하는데, 이들 어형은 '委'의 의미라기보다는 여기에서처럼 '推(밀고 나아가다)'의 의미로 사용된 예가 대부분이다.

2 소부(巢父) : 고대 중국의 전설상의 인물. 허유(許由)가 강물에 귀를 씻는 이유를 듣고 더러워진 귀 씻은 물을 소에게 먹일 수 없다고 하며 상류로 올라가 소에게 물을 먹였다고 한다.

### ▸▸▸ 현대어역

## 〈어제경세문답(언해) 13a〉

람의(=남의) 복중(腹中, 뱃속)에 두고 제장(諸將)을 명(命)하여 무(武)를 눕히고 글을 읽히며 가로되, "내 스스로 즐기니 가쁨(=피곤함)이 되지 아니하노라." 하니 어찌 어진 임금이 아니리요? 이를 미루어 본즉 가히 알지니 어찌 물을 것이 있으리요?"

묻자와 가로되, "소부(巢父, 중국 고대 전설상의 인물)와 허유(許由, 중국 고대 전설상의 인물)는 어떠하십니까?" 답 왈, "소부(巢父)와 허유(許由)는 가히 세상을 잊은 선비라 이를 것이로되 나는 가로되, '과(過)하다' 하노라. 요(堯)의 천하(天下)를 사양하시는 말씀이 무엇이 나를 더럽히리요? 보지 못하며 듣지 못한 듯이 함이 가(可)하니 귀를 어찌 씻으며 송아지를 어찌 이끌었느뇨? 비록 그러나 세상에 조경(躁競, 마음을 조급히 굴면서 권세를 다툼)하는 자는 또한 무슨 마음인고? 슬프다, 저 소부와 허유는 만승(萬乘, 천자 또는 천자의 자리) 보기를 오히려 그리하였거늘 이제 사람은 어찌 세간(世間) 욕심에 구구(區區, 각각 다름)히 하느뇨? 슬프다, 부귀(富貴)는 하늘에 있으니 비록 하고자

### ▸▸▸ 주 석

3 허유(許由) : 고대 중국의 전설상의 인물. 요임금이 사신에게 왕위를 물려주려 하였으나 받지 않고 도리어 자신의 귀가 더러워졌다고 하여 강물에 귀를 씻고 산에 들어가서 숨었다고 한다.

4 무어시 : 무엇이. 'ᄆᆞ섯'의 'ᄆᆞ'가 '무'로 원순모음화를 거친 형태이다. 이 문헌은 원순모음화 현상에 대하여 상당히 보수적인 특성을 보이기는 하지만, 이 예와 같이 원순모음화된 형태가 전혀 나타나지 않는 것은 아니다.

5 더러이리오〔累〕 : 더럽히리요. 어간은 'ㅸ'을 말음으로 갖던 15세기의 어형 '더러ᇦ-'에 사동접미사 '-이-'가 결합된 형태이다. 15세기에 'ㅸ'으로 끝나는 어간 다음에는 사동접미사의 여러 이형태 중에서 '-이-'가 결합되었기 때문이다. 사동접미사 '-이-' 앞에서 'ㅸ'이 탈락하여 '더러이-'로 된 것이지만, 현대국어의 '더럽히다'는 '더러ᇦ-'과 교체되던 '더럽-'에 사동접미사 '-히-'가 결합되어 만들어진 후대형이다.

6 ᄡᅳᄉᆞ며〔洗〕 : 씻으며. 중세국어에서 '洗'은 '싯다, ᄉᆞᆺ다, 슷다' 등으로 표현된다. '싯다'는 근대국어 이후 어두음이 된소리로 바뀌어 '씻다'로 나온다. 그러나 여기에서는 'ㅄ' 다음의 'ㅣ'가 'ㅡ'로 바뀌어 나타난다.

▸▸▸ **원문 판독**

## 〈어제경세문답(언해) 13b〉

ᄒᆞ나 엇디ᄒᆞ리오 일죽 야ᄉᆞ(野史)를 보니 ᄒᆞᆫ 닉관(內官)이 하늘이 주시므로 뼈
ᄃᆡ답ᄒᆞ엿더니 그 말이 과연 마ᄌᆞ니 인군(人君)의 놉흐므로 뼈 벼슬과 샹(賞)^
의 권(權)을 잡으시ᄃᆡ 오히려 능티 못ᄒᆞᄂᆞᆫ 배 이시니 ᄒᆞ믈며 인신(人臣)가 ᄒᆞᆫ^
갓 오활(迂闊)홀 ᄲᅮᆫ이 아니라 홀노 소부(巢父) 허유(許由)의게 븟그럽디 아니ᄒᆞ냐
믓ᄌᆞ와 ᄀᆞᆯ오ᄃᆡ 식(食)과 ᄉᆡᆨ(色)은 사ᄅᆞᆷ의 큰 욕심이라 그러나 두 가지에 뉘 심^
ᄒᆞ니잇고 답 왈 ᄉᆡᆨ이 더옥 심ᄒᆞ니 ᄉᆡᆨ에 미혹ᄒᆞ야 ᄆᆞᆺ춤내 ᄢᅵ돗디
못ᄒᆞ니는 걸듀(桀紂ㅣ)[1]니라 셰샹이 닐오ᄃᆡ ᄆᆡ희(妺喜)[2]와 달긔(妲己)[3] 하와 은을 망^
ᄒᆞ엿다 ᄒᆞ되 나는 ᄀᆞᆯ오ᄃᆡ 그러티 아니ᄒᆞ다 걸듀 스ᄉᆞ로 망ᄒᆞ엿다 ᄒᆞ^
ᄂᆞ니 엇디오 만일 걸듀 업ᄉᆞ면 비록 열 ᄆᆡ희와 열 달긔 이시나 엇디
뼈 망케 ᄒᆞ리오 초(楚) 장왕(莊王)[4]이 좌는 죵(鐘)이오 우는 고(鼓)를 ᄒᆞ야 월희(越姬)
와 채희(蔡姬)^

▸▸▸ **주 석**

1 걸듀(桀紂ㅣ) : 중국 하나라의 걸왕(桀王)과 은나라의 주왕(紂王)을 아울러 이르는 말로 천하의 폭군을 지칭한다.
2 ᄆᆡ희(妺喜) : 매희. '妺喜'는 걸왕(桀王)이 정복한 오랑캐 유시씨국(有施氏國)에서 진상한 여인인데, 걸왕의 마음을 빼앗아 향락을 일삼으니 결국 하(夏)나라가 멸망하는 원인이 되기도 하였다.

### ▸▸▸ 현대어역

## 〈어제경세문답(언해) 13b〉

하나 어찌하리요? 일찍이 야사(野史, 민간에서 사사로이 기록한 역사)를 보니 한 내관(內官, 내시)이 하늘이 주시는 것으로써 대답하였더니 그 말이 과연 맞으니 임금은 높음으로써 벼슬과 상(賞)의〔작상(爵賞), 벼슬을 주거나 높여 주어 표창하던 일〕 권(權)을 잡으시되 오히려 능치 못하는 바가 있으니 하물며 인신(人臣, 신하)이야(말해 무엇하리요)? 한갓 오활(迂闊, 사리에 어둡고 세상 물정을 잘 모름)할 뿐이 아니라 홀로 소부(巢父)와 허유(許由)에게 부끄럽지 아니하냐?"

묻자와 가로되, "식(食)과 색(色)은 사람의 큰 욕심이라. 그러나 두 가지 중에 어느 것이 심합니까?" 답 왈, "색이 더욱 심하니 색에 미혹하여 마침내 깨닫지 못한 이는 걸주(桀紂, 중국 하나라의 걸왕과 은나라의 주왕)이니라. 세상이 이르되, '매희(妹喜, 하나라 걸왕이 정복한 有施氏國에서 진상품으로 바친 미모의 여인)와 달기(妲己, 중국 은나라 주왕의 비)가 하(夏)와 은(殷)을 망하였다.' 하되 나는 가로되, '그렇지 아니하다. 걸주(桀紂)가 스스로 망하였다.' 하나니 어찌 그런가? 만일 걸주(桀紂)가 없으면 비록 열 명의 매희와 열 명의 달기가 있으나 어찌 써 망(亡)하게 하리요? 초(楚) 장왕(莊王, 중국 춘추 시대 초라의 왕)이 좌는 종(鐘)이오, 우는 고(鼓)를 하여 월희(越姬)와 채희(蔡姬)

### ▸▸▸ 주 석

3 달긔(妲己) : 달기. '妲己'는 상(商) 나라 유소(有蘇) 출신으로, 주왕(紂王)은 달기의 미모에 빠져 그녀의 웃음을 보기위해 잔인한 일을 서슴지 않았다고 한다.

4 초(楚) 장왕(莊王) : 중국 춘추 시대 초(楚)나라의 제22대 왕(? ~ B.C.591). 이름은 여(侶). 춘추 오패(五霸)의 한 사람으로, 진(晉)나라 경공(景公)의 군대를 격파하고 중원(中原)의 패자(霸者)가 되었다.

▸▸▸ 원문 판독

## 〈어제경세문답(언해) 14a〉

로 식에 황음(荒淫)ᄒᆞ야 처엄은 걸듀에 다ᄅᆞ미 업더니 ᄒᆞᆫ 번 큰 새〔鳥〕로 비우{유}^
ᄒᆞᄂᆞᆫ[1] 말을 드ᄅᆞ매 ᄆᆞᄎᆞᆷ내 패왕이 되여시니 졔 환공(桓公)의 안흐로 고이미〔嬖〕[2]
여ᄉᆞᆺ 사ᄅᆞᆷ으로 그 나라히 어즈러오매 비컨대 가히 날〔日〕을 ᄒᆞᆫ가지〔同〕로 ᄒᆞ야
니ᄅᆞ디 못ᄒᆞᆯ디라 나는 ᄀᆞᆯ오ᄃᆡ 초 장왕은 가히 오패(五覇)[3] 듕 영걸이라 니^
ᄅᆞ리라 ᄒᆞ노라 슬프다 뎌 당 현종(玄宗)은 텬보(天寶)[4]의 황난(荒亂)[5]ᄒᆞ미 진실로
족히 닐럼즉디 아니ᄒᆞ고 그 아희 씻ᄂᆞᆫ〔洗〕 돈을 주미 더옥 평상ᄒᆞᆫ 셩^
품의 가히 ᄒᆞᆯ 배 아니라 긔구(崎嶇)ᄒᆞᆫ 촉도(蜀道)[6]에 뉵경(六更)을 ᄡᅳ라 뉘웃처 ᄒᆞ던^
가 아니ᄒᆞ던가 몽유태진부(夢遊太眞賦)【양구비 싱각ᄒᆞᆫ 글이라】ᄅᆞᆯ 나는 ᄀᆞᆯ오ᄃᆡ 뉘웃ᄎᆞ
미 아니^
라 ᄒᆞᄂᆞ니 일로 ᄡᅧ 보건대 만일 초 장왕의 용단ᄒᆞᄂᆞᆫ ᄆᆞᄋᆞᆷ이 업ᄉᆞ면
뉘 능히 이긔티 ᄒᆞ리오 슬프다 뎌 당 현종[7]이 처엄에는 혼암(昏暗)ᄒᆞᆫ 님^

▸▸▸ 주 석

1 비우ᄒᆞᄂᆞᆫ : '비유(比喩)ᄒᆞᄂᆞᆫ'의 오기.
2 고이미〔嬖〕 : 사랑함이. '고이다'는 '사랑하다, 총애하다'의 의미.
3 오패(五覇) : 오패(五霸/五伯). 중국 춘추 시대의 제후 가운데서 패업(霸業)을 이룬 다섯 사람. 제(齊)나라의 환공(桓公), 진(晉)나라의 문공(文公), 진(秦)나라의 목공(穆公), 송(宋)나라의 양공(襄公), 초(楚)나라의 장왕(莊王) 등을 이르는데, 목공과 양공 대신에 오(吳)나라의 부차(夫差)와 월(越)나라의 구천(句踐)을 이르기도 한다.
4 텬보(天寶) : 천보(天寶). 현종(玄宗) 때의 연호로 742~755년간을 말한다. 현종이 노년에 들어서면서 도교에 빠져 국가 재정을 낭비하고, 양귀비에 빠져 정치를 등한시하였고 결국 755년에 안녹산(安祿山)의 난이 일어나 왕위를 아들에게 양위하였다.

▸▸▸ 현대어역

## 〈어제경세문답(언해) 14a〉

로 색에 황음(荒淫, 함부로 음탕한 짓을 함)하여 처음은 걸주(桀紂)와 다름이 없더니 한 번 큰 새로 비유(比喩)하는 말을 들음에 마침내 패왕(霸王, 제후를 거느리고 천하를 다스리던 사람)이 되었으니 제(齊) 환공(桓公, 중국 춘추 시대 제나라의 왕. 춘추 오패의 한 사람)이 안으로 총애하는 사람이 여섯이니 그 나라가 어지러워짐에 비컨대 가히 날을(=태양을) 한가지로 하여 이르지 못할지라. 나는 가로되, '초(楚) 장왕(莊王)은 가히 오패(五覇) 중 영걸(英傑, 영웅과 호걸)이라 말하리라' 하노라. 슬프다, 저 당(唐) 현종(玄宗, 중국 당나라의 제6대 황제)은 천보(天寶)의 황란(荒亂)함이 진실로 족히 이름직하지 아니하고, 그 아이의 씻는 돈을 줌이 더욱 평상(平常)한 성품에 가히 할 바가 아니라. 기구(崎嶇, 산길이 험함)한 촉도(蜀道, 촉(蜀)의 잔도〔棧道, 험한 벼랑 같은 곳에 낸 길〕)에 육경(六更)을 따라 뉘우쳤던가 (그러지) 아니하였던가? 몽유태진부(夢遊太眞賦)【양귀비 생각한 글이라】를 나는 가로되, '뉘우침이 아니라.' 하니, 이로써 보건대 만일 초(楚) 장왕(莊王)이 용단(勇斷, 용기 있게 결단을 내림)하는 마음이 없으면 뉘 능히 이같이 하리요? 슬프다, 저 당 현종이 처음에는 혼암(昏暗, 어둡고 몹시 캄캄함)한 임

▸▸▸ 주 석

5 텬보(天寶)의 황난(荒亂) : 안녹산(安祿山)의 난(亂)을 말한다.
6 긔구(崎嶇)훈 쵹도(蜀道) : 촉(蜀)나라는 자연(天然) 지형(地形)을 이용하여 튼튼한 성벽을 쌓았으므로 '천부(天府)'라 불릴 만큼 높고 험준하였다. 이백(李白)의 '촉도난(蜀道難)'이란 시도 있다.
7 당 현종(玄宗) : 당의 26대 황제(685~762)로서 본명은 이융기(李隆基). 28세에 황제에 즉위하여 요숭(姚崇)·송경(宋璟) 등의 명상의 도움을 얻어 안으로 민생 안정, 둔전 개발, 조운의 개척 등을 통하여 경제를 충실히 하여 개원(開元, 713~741), 천보(天寶, 742~755)의 시대라는 수십 년의 태평천하를 이루었으나, 노년에는 도교에 빠져 막대한 국비를 탕진하고 또한 양귀비를 궁으로 불러들인 이후에는 정치를 등한히 하였다. 755년 안록산(安祿山)의 난이 일어난 뒤 숙종(肅宗)에게 양위하였다.

▸▸▸ 원문 판독

## 〈어제경세문답(언해) 14b〉

군이 아니로ᄃᆡ 오히려 이 극ᄒᆞ매 니ᄅᆞ니〔至〕 가히 깁히 경계티 아니ᄒᆞ랴
믓ᄌᆞ와 ᄀᆞᆯ오ᄃᆡ ᄌᆞ셩편(自省編)[1]에 세 가지 가히 속이디 못ᄒᆞ리라 ᄒᆞᆫ 말ᄉᆞᆷ을
인증(引證)ᄒᆞ여 겨시니 ᄯᅩᄒᆞᆫ 과연 톄험(體驗)ᄒᆞ시ᄂᆞ니잇가 못ᄒᆞ시ᄂᆞ니잇가 웃^
고 답 왈 내 비록 ᄒᆞᆨ디 못ᄒᆞ나 져기 이 의리ᄅᆞᆯ 아ᄂᆞ니 모롬즉이〔須〕[2] 본편(本編)^
을 보라 엇디 닐오ᄃᆡ 두 번 세 번에 니ᄅᆞ러〔云〕 욕심을 억졔ᄒᆞᆫ다 ᄒᆞ디 아^
니ᄒᆞ엿ᄂᆞ냐 슬프다 긔운이 쇠ᄒᆞ고 ᄆᆞ음이 모손(耗損)ᄒᆞ야 초심(初心)을 져ᄇᆞ릴^
가 저허ᄒᆞᄂᆞ니〔恐〕 엇디 ᄒᆞᆫ갓 식(色)분이리오 녜브터 뎨왕의 ᄎᆞᆷ소(讒訴)ᄅᆞᆯ 드러
졍ᄉᆞᄅᆞᆯ 그ᄅᆞᆺ티며〔誤〕[3] 이제 셰샹 사ᄅᆞᆷ의 부효(浮囂)의 골몰ᄒᆞ미 ᄯᅩᄒᆞᆫ 식(色)에^
셔 다ᄅᆞ미 업ᄉᆞ니 엇디 가연〔慨然〕티 아니ᄒᆞ리오
믓ᄌᆞ와 ᄀᆞᆯ오ᄃᆡ 주리면〔飢〕 먹으며 갈(渴)ᄒᆞ면 마시미 사ᄅᆞᆷ의 샹졍(常情)이로ᄃᆡ 그 만^

▸▸▸ 주 석

1 ᄌᆞ셩편(自省編) : 《御製自省編》. 영조가 쓴 글을 모아 1746년에 〈내편(內篇)〉과 〈외편(外篇)〉으로 나누어 간행한 것이다. 영조가 옛 경전(經傳)에서 도움이 될 만한 대목을 추려 엮은 것으로, 〈내편〉은 경전(經傳)에 수록된 성왕(聖王)의 정치 이념을, 〈외편〉은 사기(史記) 가운데 본받을 만한 제왕(帝王)의 선행을 간추린 것이다.

### ▸▸▸ 현대어역

## 〈어제경세문답(언해) 14b〉

금이 아니로되 오히려 이 극(極)함에 이르니 가히 깊이 경계(警戒)하지 아니하랴."

묻자와 가로되, "자성편(自省編)에 '세 가지 가히 속이지 못하리라.' 한 말씀을 인증(引證, 인용하여 증거로 삼음)하셨으니 또한 과연 체험(體驗)하십니까, 못하십니까?" 웃고 답 왈, "내 비록 배우지 못하였으나 적이 이 의리(義理)를 아노니, 모름지기 본편(本編)을 보라. 어찌 이르되 두 번 세 번에 이르러 '욕심을 억제(抑制)한다' 하지 아니하였느냐? 슬프다, 기운이 쇠하고 마음이 모손(耗損, 닳아 없어짐)하여 초심(初心, 처음의 마음가짐)을 저버릴까 걱정하니 어찌 한갓 색(色)뿐이리요? 예로부터 제왕(帝王)이 참소(讒訴, 죄가 있는 것처럼 고하여 바침)를 들어 정사(政事)를 그르치며 이제 세상 사람이 부효(浮囂, 왁자지껄하게 소리를 내며 떠듦)에 골몰(汨沒, 한 가지 일에만 파묻힘)함이 또한 색(色)과 다름이 없으니 어찌 개연(慨然)하지 아니하리요?"

묻자와 가로되, "주리면 먹으며 갈(渴, 목이 타고 마름)하면 마심이 사람의 상정(常情, 사람이면 누구에게나 있는 인정)이로되 그 만

### ▸▸▸ 주 석

2 모롬ᄌᆞᆨ이〔須〕: 모름지기. '모ᄅᆞᆷᄌᆞᆨ이'에서 제2음절의 'ㆍ'는 'ㅡ'로 바뀌고, 제3음절의 'ᄌᆞᆨ'은 '즉'으로 되었다가 다시 '직'으로 바뀐다.

3 그릇티며〔誤〕: 그르치며. 이곳의 '그릇티-'는 15세기 문헌에 타동사 '그릇-'으로 나타난다.

▸▸▸ 원문 판독

## 〈어제경세문답(언해) 15a〉

일 경계(警戒)예 과(過)ᄒᆞ면 주려도 가히 먹디 못ᄒᆞ며 갈ᄒᆞ야도 가히 마시디 못ᄒᆞ^
리잇가 답 왈 이 엇디 그러ᄒᆞ리오 다만 맛당히 주리면 먹고 갈ᄒᆞ면 마^
실디니 과ᄒᆞ매 니ᄅᆞ면 욕(慾)이니라 슬프다 이ᄂᆞᆫ 그 오히려 주리며 갈ᄒᆞ야
그러ᄒᆞ거니와 셰샹에 조경(躁競)ᄒᆞᄂᆞ니ᄂᆞᆫ 주리매 니ᄅᆞ디 아니ᄒᆞ되 몬져 비부^
ᄅᆞᆷ을[1] 구ᄒᆞ며 갈ᄒᆞ매 니ᄅᆞ디 아니ᄒᆞ되 몬져 마시믈 구ᄒᆞ니 이 진실로
엇딘 ᄆᆞ옴인고 사ᄅᆞᆷ이 만일 안ᄌᆞ(顔子)[2]의 ᄒᆞᆫ 바고니〔簞〕 밥과 ᄒᆞᆫ 박〔瓢〕에 마시미며[3]
왕시(汪氏)의 ᄂᆞ믈〔菜〕 블회〔根〕[4]ᄅᆞᆯ 먹으므로 뻐 ᄆᆞ옴을 삼은즉 조경ᄒᆞᄂᆞᆫ 습(習)이
반ᄃᆞ시 ᄠᅳᆫ구름 ᄀᆞᆺᄒᆞ여 스ᄉᆞ로 쇼멸(消滅)ᄒᆞ리라
믓ᄌᆞ와 ᄀᆞᆯ오되 ᄌᆞ셩편에 지게〔戶〕 열녀시면〔開〕 ᄯᅩᄒᆞᆫ 열고 지게 다다시면 ᄯᅩᄒᆞᆫ
다ᄃᆞ라 ᄒᆞᄂᆞᆫ 글을 인ᄒᆞ야 겨시니 아니 셰쇄(細瑣)ᄒᆞ시니잇가 답 왈 이ᄂᆞᆫ 녜긔(禮記)

▸▸▸ 주 석

1 비부ᄅᆞᆷ : 15세기의 어형은 '브르다'로서 'ㅂ' 다음의 'ㅡ'가 원순모음 'ㅜ'로 바뀌어 원순모음화되었음을 보여준다.
2 안ᄌᆞ(顔子) : '안회(顔回)'를 높여 이르는 말. 중국 춘추 시대의 유학자(B.C.521~B.C.490). 자는 자연(子淵). 공자의 수제자로 학덕이 뛰어났다.

### ▸▸▸ 현대어역

## 〈어제경세문답(언해) 15a〉

일 경계(警戒)에 과(過)하면 주려도 가히 먹지 못하며 갈(渴)하여도 가히 마시지 못하는 것입니까?" 답 왈, "이것이 어찌 그러하리요? 다만 마땅히 주리면 먹고 갈하면 마실지니 과(過)함에 이르면 욕(慾)이니라. 슬프다, 이는 그 오히려 주리며 갈(渴)하여 그러하거니와 세상에 조경(躁競, 마음을 조급히 굴면서 권세를 다툼)하는 이는 주림에 이르지 아니하되 먼저 배부름을 구하며, 갈(渴)함에 이르지 아니하고 먼저 마심을 구하니, 이것이 진실로 어찌된 마음인고? 사람이 만일 안자(顏子, 중국 춘추 시대의 유학자)의 한 바구니 밥과 한 박에(=바가지로) 마심이며, 왕씨(汪氏)의 나물 뿌리를 먹음으로써 마음을 삼은즉 조경(躁競)하는 습관(習慣)이 반드시 뜬구름 같아 스스로 소멸(消滅)하리라."

묻자와 가로되, "자성편에 '지게〔戶〕가(=문이) 열렸으면 또한 열고 지게가(=문이) 닫았으면(=닫혔으면) 또한 닫으라.' 하는 글을 인(引)하셨으니 아니 세쇄(細瑣, 시시하고 자질구레함)하십니까?" 답 왈, "이는 예기(禮記, 예의 이론과 실제를 기술한 오경의 하나)의

### ▸▸▸ 주 석

3 안ᄌᆞ(顏子)의 ᄒᆞᆫ 바고니〔簞〕 밥과 ᄒᆞᆫ 박〔瓢〕에 마시미며 : 단사표음(簞食瓢飮). 《논어(論語)》에 나오는 구절로, '子曰 賢哉 回也 簞食 一瓢飮 在陋巷 人不堪其憂 回也 不改其樂 賢哉 回也(공자가 말씀하시되 "어질도다 안회여! 한 도시락 밥과 한 표주박의 물을 마심으로 좁고 더러운(=누추한) 집에 있음을 사람들이 그 근심을 견디지 못하거늘, 회는 그 속에서도 그 즐거움을 고치지 아니하니 어질도다, 회여!")에서 온 말이다.

4 블회〔根〕: 뿌리. 원래의 형태는 '불휘'로서 제1음절에서 비원순모음화가 일어나고, 제2음절의 '휘'가 '회'로 바뀌었다.

▸▸▸ **원문 판독**

## 〈어제경세문답(언해) 15b〉

곡녜(曲禮)의 글이라 듕용[1]의 니ᄅᆞᆫ 바 녜의(禮儀) 삼천과 위의(威儀) 삼ᄇᆡᆨ이 그 근본을 구ᄒᆞ면 ᄒᆞᆫ 말〔言〕로 덥히여시니〔蔽〕 ᄀᆞᆯ온〔曰〕 공경티 아니티 마로미라 고로 곡녜예 무블경(毋不敬) 삼 ᄌᆞ로 ᄡᅧ 머리에 웃듬ᄒᆞ고〔冠〕 졍ᄌᆡ(程子ㅣ)[2] ᄀᆞᆯ오샤ᄃᆡ 키〔箕〕ᄀᆞᆺ티 안고〔踞〕 ᄆᆞ옴이
거만티 아닐 재 잇디 아니타 ᄒᆞ시니 고로 쇼ᄒᆞᆨ[3]의 쇄소응ᄃᆡ(灑掃應對)[4]ᄂᆞᆫ 곳 대ᄒᆞᆨ의 슈졔(修齊) 티평(治平)의 근본이라 녯사ᄅᆞᆷ이 일로브터 공부ᄅᆞᆯ 일외여〔致〕[5] 집과 나^라의 ᄡᅳ니 ᄒᆞᆫ갓 지게 열며 지게 다ᄃᆞ미 아니라 후에 들니〔入者〕 잇거든 다ᄃᆞ되 아^조〔遂〕 말라 홈과 문 밧긔 두 신〔屨〕이 잇거든 소리 들리거든 들고〔入〕 소리 들니디 아니커든 드디 아니ᄒᆞ매 니ᄅᆞ러ᄂᆞᆫ 내 ᄀᆞᆯ오ᄃᆡ 일이 비록 져그나 지극ᄒᆞᆫ 니(理) 잇^ᄂᆞᆫ디라 고요히 ᄉᆡᆼ각ᄒᆞ매 이 ᄒᆞᆫ 일에 나아가 ᄆᆞ옴을 잡으며〔操〕 노흐미〔捨〕 판단^ᄒᆞ고 검쇽ᄒᆞ면 경(敬)이 존ᄒᆞ고 티타(怠惰)ᄒᆞ면 경이 망ᄒᆞᄂᆞ니 이· 거시 ᄯᅩ 경 ᄧᆞ(字)^

▸▸▸ **주 석**

1 듕용 : 《중용(中庸)》. 공자의 손자인 자사(子思)의 저술이라 알려졌다. 오늘날 전해지는 것은 《예기(禮記)》에 있던 〈중용편(中庸篇)〉이 송대(宋代)에 하나의 단행본이 된 것이다. '中'은 어느 한쪽으로 치우치지 않는다는 뜻이고 '庸'은 '평상(平常)'을 뜻한다. 이 책은 인간의 본성을 한마디로 '성(誠)'이라 하고, 어떻게 하여 이 '성(誠)'으로 돌아갈 수 있는 지를 규명하였다.

2 졍ᄌᆡ(程子ㅣ) : 중국 송나라의 유학자 정호(程顥)와 정이(程頤) 형제를 높여 이르는 말.

### ▸▸▸ 현대어역

## 〈어제경세문답(언해) 15b〉

곡례(曲禮) 편에 있는 글이라. 중용(中庸)에 이른 바, 예의(禮儀) 삼천(三千)과 위의(威儀) 삼백(三百)이 그 근본을 구하면 한 말로 덮였으니 이른바 '공경하지 아니하지 않음'〔毋不敬〕이라. 고로 곡례(曲禮)에 '무불경(毋不敬)' 삼 자(字)로써 머리에 으뜸하고 정자(程子)가 가라사대, "키같이 앉고〔箕踞, 두 다리를 뻗고 앉음〕 마음이 거만(倨慢, 잘난 체하며 남을 업신여김)치 아니할 자가 있지 아니하다." 하시니 고로 소학(小學)의 쇄소응대(灑掃應對, 집 안팎을 깨끗이 거두고 웃어른의 부름이나 물음에 응하여 상대함)는 곧 대학(大學)의 수제(修齊, =修身齊家) 치평(治平, =治國平天下)의 근본이라. 옛사람이 이로부터 공부를 이루어 집과 나라에 쓰니 한갓 문 열며 문 닫음이 아니라 '후에 들 이(=사람이) 있거든 닫되 아주 닫지 말라' 함과 '문 밖에 두 신이 있거든 소리가 들리거든 들고 소리가 들리지 아니하거든 들지 아니함'에 이르러는 내 가로되, "일이 비록 적으나 지극한 이치(理致)가 있는지라. 고요히 생각하매 이 한 일에 나아가 마음을 잡으며 놓음을 판단(判斷, 판연히 다르게 나눔)하고 검속(檢束, 살펴 단속함)하면 경(敬)이 존(存)하고 태타(怠惰, 몹시 게으름)하면 경이 망(亡)하니 이것이 또 경(敬) 자(字)

### ▸▸▸ 주 석

3 쇼흑 : 《소학(小學)》. 송(宋)나라 학자 주희(朱熹, =朱子)가 짓고 그의 제자인 유청지(劉淸之) 등이 편찬한 초학 교재. '소학'이란 '대학'에 대응시킨 말이며, 아동의 초보 교육을 위해서 아동에게 일상적 예의범절과 어른을 섬기고 벗과 사귀는 도리 등을 가르치는 것을 목적으로 했다. 총 6권으로 된 이 책은 경서를 인용한 개론에 해당하는 〈내편(立敎·明倫·敬身·稽古)〉과 실제 사람들의 언행을 기록한 〈외편(嘉言·善行)〉으로 나뉜다.

4 쇄소응디(灑掃應對) : 《소학(小學)》〈선행편(善行篇)〉에 나오는 구절로서 '물 뿌리고 마당 쓸며 사람들을 응대하는' 법을 어린아이들에게 먼저 가르친다는 내용이 담겨져 있다.

5 일외여〔致〕: 이르게 하여. 니르-(致) + -외-(사동접미사) + 어(부사형어미). 어간의 첫 자음 'ㄴ'이 'ㅣ' 앞에서 탈락되었음을 보여준다.

▸▸▸ **원문 판독**

## 〈어제경세문답(언해) 16a〉

의 존ᄒᆞ며 망ᄒᆞᄂᆞᆫ 츄긔(樞機ㅣ)라 허형(許衡)[1]이 ᄀᆞᆯ오ᄃᆡ 쇼ᄒᆞᆨ을 공경ᄒᆞ되 신명(神明)^
ᄀᆞᆺ티 ᄒᆞ며 놉흐믈 부모ᄀᆞᆺ티 ᄒᆞᆫ다 ᄒᆞ니 이제 사ᄅᆞᆷ이 집의 거ᄒᆞ매 방ᄉᆞ(放肆)^
ᄒᆞ며 관가 일에 ᄐᆡ타ᄒᆞ미 젼혀 검속디 아니므로 말미암ᄂᆞ니 엇디 셰^
쇄(細瑣)타 니ᄅᆞ리오 ᄒᆞᆫ갓 이ᄲᅮᆫ이 아니라 모로미 닙교(立教)[2]와 경신편(敬身篇)[3]을 가^
져 그 니(理)^
ᄅᆞᆯ ᄌᆞ셔히 궁구ᄒᆞᆯ디니 그 만일 ᄌᆞ구(字句)에 ᄌᆞᆷ심(潛心)ᄒᆞ면 스ᄉᆞ로 손이 춤추며
발이 구ᄅᆞ믈 ᄡᅵ듯디 못ᄒᆞ리니 오직 ᄂᆞᆰᄂᆞᆫ 쟈의 ᄌᆞ득(自得)ᄒᆞ매 잇ᄂᆞᆫ디라 나^
의 ᄒᆞᆨ이 업ᄉᆞ므로 ᄡᅥ ᄯᅩ 엇디 말을 만히 ᄒᆞ리오
묻ᄌᆞ와 ᄀᆞᆯ오ᄃᆡ 한의 노냥ᄉᆡᆼ(魯兩生)이 엇디 과(過)티 아니ᄒᆞ니잇가 답 왈 그 비록
과ᄒᆞ나 그 ᄃᆡ답ᄒᆞᆫ 거ᄉᆞ로 ᄡᅥ 그 사ᄅᆞᆷ을 혜아리면 결단ᄒᆞ야 용샹(庸常)ᄒᆞᆫ
션비 아니라 한 고죄(高祖ㅣ)[4] 활달ᄒᆞᆫ 큰 도량으로 ᄡᅥ 삼쳑 검을 잡아 포^

▸▸▸ **주 석**

1 허형(許衡) : 중국 원나라의 유학자(1209~1281). 정이(程頤)와 주희(朱熹)의 사상을 따랐으며, 특히 주희가 편찬한 《소학(小學)》을 무척이나 중시하였다고 한다.

2 닙교(立教) : 《소학(小學)》의 〈입교편〉을 이른다. 총 13장의 〈입교편〉은 옛날의 교육 제도와 방법에 대해 기술하고 있다.

▸▸▸ 현대어역

## 〈어제경세문답(언해) 16a〉

의 존(存)하며 망(亡)하는 추기(樞機, 몹시 중요한 사물의 부분)이라." 허형(許衡, 중국 원나라의 유학자)이 가로되, "소학을 공경하되 신명(神明)같이 하며 높음을 부모같이 한다." 하니 이제 사람이 집에 거하매 방사(放肆, 제멋대로 행동하며 어려워하는 데가 없음)하며 관가(官家) 일에 태타(怠惰, 몹시 게으름)함이 전혀(=오로지) 검속(檢束, 살펴 단속함)하지 아니함에 말미암으니 어찌 세쇄(細瑣, 시시하고 자질구레함)하다고 이르리요? 한갓 이뿐이 아니라 모름지기 입교(立敎)와 경신편(敬身篇)을 가지고 그 이치(理致)를 자세히 궁구(窮究, 속속들이 파고들어 깊이 연구함)할지니 그 만일 자구(字句, 문자와 어구)에 잠심(潛心, 마음을 두어 깊이 생각함)하면 스스로 손이 춤추며 발이 구름을(=굴러짐을) 깨닫지 못하리니 오직 읽는 자의 자득(自得, 스스로 깨달아 얻음)함에 있는지라. 내가 학(學)이 없음으로써 또 어찌 말을 많이 하리요?"

문자와 가로되, "한(漢)의 노양생(魯兩生)이 어찌 과(過)하지 아니하십니까?" 답 왈, "그 비록 과하나 그 대답한 것으로써 그 사람을 헤아리면 결단(決斷)하여 용상(庸常, 중요하지 않고 예사로움)한 선비가 아니라. 한(漢) 고조(高祖)가 활달(豁達)한 큰 도량(度量, 넓은 마음과 깊은 생각)으로 삼척(三尺) 검을 잡아 포

▸▸▸ 주 석

3 경신편(敬身篇) : 《소학》의 〈경신편〉을 이른다. 총 120장(章)으로 구성된 〈경신편〉은 마음과 몸가짐, 예의, 의식주에 관한 가르침을 기술하고 있다.

4 한(漢) 고죄(高祖ㅣ) : 한 고조가. 중국 한나라의 제1대 황제(B.C.247~B.C.195). 진시황이 죽은 다음해 진(秦)나라를 멸망시키고 제위에 올랐다.

### ▸▸▸ 원문 판독

## 〈어제경세문답(언해) 16b〉

의(布衣)예 니러나 진나라 가찰ᄒᆞᆫ〔苛〕 법을 졔(除)ᄒᆞ고 텬하에 업을 기창(開創)ᄒᆞ엿^
거ᄂᆞᆯ 냥싱(兩生)이 그 브ᄅᆞᄂᆞᆫ〔徵〕 거ᄉᆞᆯ ᄉᆞ양ᄒᆞ고 즐겨 힝(行)티 아니ᄒᆞ니 슬프다 뎌
뉵국 죵횡(縱橫)ᄒᆞᄂᆞᆫ 뉘(類ㅣ) 오직 부국강병ᄒᆞᄂᆞᆫ 슐(術)을 일삼아 녜악(禮樂)을 변^
모(弁髦)텨로 보거ᄂᆞᆯ 뎌 냥싱은 뉵국의 가미〔去〕 머디 아니ᄒᆞᄃᆡ 능히 이 도리ᄅᆞᆯ
아니 엇디 탁연(卓然)티 아니ᄒᆞ리오 대개 쥿나라히 후직(后稷)[1]으로브터 쳔여 년
후에 문왕의 니ᄅᆞ러 비로소 텬명을 바드시니 일로 ᄡᅥ[2] 보면 냥싱의
말이 엇디 오활타 ᄒᆞ리오 슉손통(叔孫通)[3]이 젼국의 남은 투(套)로 ᄡᅥ 인의(仁義)의
졍ᄉᆞᄅᆞᆯ 몬져 아니ᄒᆞ고 이에 즈러〔徑〕 녜악(禮樂)을 힝코져 ᄒᆞ니 본(本)과 말(末)을 아^
디 못ᄒᆞᄂᆞᆫ디라 엇디 족히 니ᄅᆞ리오
묻ᄌᆞ와 ᄀᆞᆯ오ᄃᆡ ᄉᆞ회(四皓ㅣ)[4] 녀후(呂后)의 브ᄅᆞᆷ을 응ᄒᆞ야시니 의(義)예 엇더ᄒᆞ니잇고

### ▸▸▸ 주 석

1 후직(后稷) : 중국 주나라의 전설적인 시조로 농경신(農耕神)으로 지칭. 성은 희(姬). 이름은 기(棄). 어머니가 거인의 발자국을 밟고 잉태하여 낳아서 불길하다 하여 세 차례나 버려졌으므로 기(棄)라는 이름이 붙여졌다고 한다. 순임금을 섬겨 사람들에게 농사를 가르쳐 그 공으로 후직(后稷)이라는 벼슬에 올랐다.

2 일로 ᄡᅥ : 이로써, 이것으로써. 원본은 '以此'이며, '로 ᄡᅥ'는 도구나 자격을 나타내는 '(ᄋᆞ/으)로'에 '以'에 해당하는 'ᄡᅥ'가 결합된 조사로서, 현대국어의 '(으)로써'로 이어진다. 도구나 자격을 나타내는 '(ᄋᆞ/으)로'는, 특이하게도 '이, 그, 뎌'와 같이 1음절로 된 대명사 뒤에서는 'ㄹ로'로 나타타, '일로, 글로, 뎔로, 절로'로 사용되었다.

3 슉손통(叔孫通) : 중국 한(漢) 나라 때의 유학자. 한(漢) 고조(高祖)의 명을 따라 예악을 정비하고, 《예기(禮記)》도 찬술하였다.

▸▸▸ 현대어역

## 〈어제경세문답(언해) 16b〉

의(布衣, 벼슬이 없는 선비)에서 일어나 진(秦)나라 가찰한[苛]·법을 제(除, 없앰)하고 천하에 업(業)을 개창(開創, 새로 시작하거나 세움)하였거늘, 양생(兩生)이 그 부르는 것을 사양(辭讓)하고 즐겨 가지 아니하니, 슬프다, 저 육국(六國, 전국 시대의 진을 제외한 여섯 나라. 초, 연, 제, 한, 위, 조)을 종횡(縱橫, 이리저리 마구 다님)하는 부류(部類)가 오직 부국강병(富國强兵)하는 술(術)을 일삼아 예악(禮樂, 예법과 음악)을 변모(弁髦, 쓸데없는 물건)처럼 보거늘, 저 양생(兩生)은 육국의 감이 멀지 아니하되 능히 이 도리(道理)를 아니 어찌 탁연(卓然, 여럿 가운데 빼어나게 뛰어나 의젓함)하지 아니하리요? 대개 주(周)나라가 후직(后稷, 중국 주나라의 시조)으로부터 천여 년 후에 문왕(文王)에 이르러 비로소 천명(天命)을 받으시니 이로써 보면 양생(兩生)의 말이 어찌 오활(迂闊, 세상 물정을 잘 모름)하다 하리요? 숙손통(叔孫通, 한 고조 때의 유학자)이 전국(戰國)에 남은 투(套, 일정하게 굳어진 본새나 방식)로써 인의(仁義)의 정사(政事)를 먼저 아니하고 이에 앞질러 예악(禮樂)을 행하고자 하니 본(本)과 말(末)을 알지 못하는지라, 어찌 족(足)히 이르리요?"

묻자와 가로되, "사호(四皓, 중국 진시황 때에 난리를 피하여 숨은 네 사람)가 여후(呂后, 한 고조의 황후)의 부름에 응(應)하였으니 의(義)에 어떠합니까?"

▸▸▸ 주 석

4 ᄉᆞ회(四皓ㅣ) : 중국 진시황 때에 난리를 피하여 산시 성(陝西省) 상산(商山)에 들어가서 숨은 네 사람. 동원공, 기리계, 하황공, 각리 선생을 이름. 호(皓)란 본래 희다는 뜻으로, 이들이 모두 눈썹과 수염이 흰 노인이었다는 데에서 유래한다.

### ▸▸▸ 원문 판독

## 〈어제경세문답(언해) 17a〉

ᄯᅩ 혹 닐오ᄃᆡ 참〔眞〕 ᄉᆞ회(四皓ㅣ) 아니라 ᄒᆞᄂᆞ니 그 과연 그러ᄒᆞ니잇가 아니니잇가

답 왈 비록 이 녀후(呂后)[1]의 브ᄅᆞᄂᆞᆫ 배나 ᄉᆞ호의 응ᄒᆞ믄 한실(漢室)을 위ᄒᆞ^

미라 그 엇디 뉘(累ㅣ) 되리오 ᄒᆞ믈며 의관(衣冠)이 심히 거륵ᄒᆞ고 슈염과 눈섭^

이 호ᄇᆡᆨ(皓白)ᄒᆞ니 결단코 가(假) ᄉᆞ호(四皓) 아니라 댱냥(張良)[2]은 왕좌(王佐)의 지조

〔才〕라 엇디 ᄎᆞ^

마 이ᄅᆞᆯ ᄒᆞ리오 이 덧덧ᄒᆞᆫ[3] 말이 아니라 셜혹(設或) 이 일이 이셔도 나ᄂᆞᆫ ᄀᆞᆯ오^

ᄃᆡ 인쟈(仁者)의 말이 아니라 ᄒᆞ노라

뭇ᄌᆞ와 ᄀᆞᆯ오ᄃᆡ 말이 힝실을 도라보며 힝실이 말을 도라보믈 그 능^

히 스ᄉᆞ로 ᄉᆞᆯ피시ᄂᆞ니잇가 못ᄒᆞ시ᄂᆞ니잇가 답 왈 이ᄂᆞᆫ 혹문 샹(上)의 요긴ᄒᆞᆫ

되(道ㅣ)라 나의 만혹으로 ᄡᅥ 엇디 능히 이ᄅᆞᆯ 과연히 ᄒᆞ리오마ᄂᆞᆫ 다만 속이디 아^

니ᄒᆞᄂᆞᆫ 두 ᄌᆞᄂᆞᆫ ᄆᆞ음에 샹히 스ᄉᆞ로 힘ᄡᅳᄂᆞ니 비록 사ᄅᆞᆷ을 속이고져 ᄒᆞ나

### ▸▸▸ 주 석

1 녀후(呂后) : 이름은 치(雉). 전한(前漢)을 건국한 고조 유방의 처로서 유방이 죽은 후 일족을 왕위에 올리는 등 황제(皇帝)와 같이 군림했다.

2 댱냥(張良) : 한(漢) 고조를 도와 항우(項羽)를 멸하고 한 나라를 세우게 한 모사(謀士).

▸▸▸ **현대어역**

## 〈어제경세문답(언해) 17a〉

또 혹 이르되 참 사호(四皓)가 아니라 하니 그것이 과연 그러합니까, 아니합니까?" 답 왈, "비록 이것은 여후(呂后)가 부르는 바이나 사호(四皓)의 응함은 한실(漢室, 한나라 왕조)을 위함이라. 그 어찌 누(累)가 되리요? 하물며 의관(衣冠)이 심히 거룩하고 수염과 눈썹이 호백(皓白, 매우 흼)하니 결단코 가짜 사호(四皓)가 아니라. 장량(張良, 한나라 고조 때의 모사)은 왕좌(王佐, 임금을 보좌함)의 재주라. 어찌 차마 이를 하리요? 이것이 떳떳한〔經常, 일정한 상태로 변동이 없음〕 말이 아니라 설혹(設或, 가정해서 말하여) 이 일이 있어도 나는 가로되, '인자(仁者)의 말이 아니라.' 하노라."

묻자와 가로되, "말이 행실(行實)을 돌아보며 행실이 말을 돌아봄을 그 능히 스스로 살피십니까, 못하십니까?" 답 왈, "이는 학문 상(上)의 요긴(要緊)한 도(道)이라. 나의 만학(晚學, 나이가 들어 공부함)으로써 어찌 능(能)히 이를 과연(果然, 실제로 행함)히 하리요마는 다만 '속이지 아니하는'〔不欺〕 두 자(字)는 마음에 항상 스스로 힘쓰나니 비록 사람을 속이고자 하나

▸▸▸ **주 석**

3 덧덧ᄒᆞᆫ : 떳떳한. '덧덧ᄒᆞ-'는 중세국어에서는 '덛덛ᄒᆞ-'로 나온다. 근대국어에서 'ㄷ'이 'ㅅ'으로 표기되는 경향에 따라 '덧덧ᄒᆞ-'로 된 것이다. 근대국어 문헌에 파생 부사 '쩟쩟이'〈捷解蒙語 1 : 3〉(1790)가 나타나는 것을 보면 같은 시기에 '쩟쩟ᄒᆞ-'도 존재했음이 분명하다. '덧덧ᄒᆞ-'가 18세기에 된소리로 변했음을 알 수 있다. 《어제(언해)》에는 부사 '덧더시'도 보인다.

▸▸▸ 원문 판독

## 〈어제경세문답(언해) 17b〉

ᄆᆞᄋᆞᆷ을 가히 속이랴 이 일(一) 절(節)을 일즉 고샹(故相)ᄃᆞ려 ᄃᆡ답ᄒᆞᆫ 일이 이시니 이^
제 오히려 닛디 못ᄒᆞᄂᆞ니 사ᄅᆞᆷ이 비록 아디 못ᄒᆞ나 ᄆᆞᄋᆞᆷ이 ᄉᆞᄉᆞ로 아는디라 뉵^
십 젼에 임의[1] 슐편(述編)을 긔록(紀錄)ᄒᆞ고 이제 칠십이 갓가온ᄃᆡ 그 만일 ᄇᆞᆰ디
못ᄒᆞ면 슬프다 뎌 창창(蒼蒼)이 나의 ᄆᆞᄋᆞᆷ을 비최시리라
뭇ᄌᆞ와 ᄀᆞᆯ오ᄃᆡ ᄌᆞ셩편(自省編)에 더러일〔浼〕[2] ᄃᆞᆺᄒᆞᄂᆞᆫ ᄆᆞᄋᆞᆷ이 ᄯᅩᄒᆞᆫ 능히 게연(遽然)이[3]
업^
디 못ᄒᆞᆫ다 ᄒᆞ신 거시 아니 본문 듕에 너모 심히 ᄒᆞ면 어ᄌᆞ럽는다 ᄒᆞᄂᆞᆫ 경^
계예 어긔미 업ᄉᆞ시니잇가 답 왈 처엄은 다만 닐오ᄃᆡ ᄯᅩᄒᆞᆫ 능히 게연(遽然)^
히 업디 못ᄒᆞ노라 ᄒᆞ엿더니 그ᄣᅢ 편즙(編輯)ᄒᆞᄂᆞᆫ 신하의 쳥ᄒᆞᄂᆞᆫ 바ᄅᆞᆯ 인^
ᄒᆞ야 더러일 ᄃᆞᆺᄒᆞᄂᆞᆫ ᄆᆞᄋᆞᆷ이란〔若浼之心〕 네 글ᄌᆞᄅᆞᆯ 더ᄒᆞ니 그 비록 면강ᄒᆞ야 조ᄎᆞ^
나 ᄠᅳᆺ이 오히려 플리디 못ᄒᆞ더니 그 후에 ᄉᆡᆼ각ᄒᆞ야 이에 그 쳥ᄒᆞ미 과연

▸▸▸ 주 석

1 임의 : 이미〔旣〕. 16세기에 '이믜'로 표기되며, 이후 시기에는 '임의, 이믜' 등이 함께 발견된다. 이 문헌에서는 '임의'로만 나타난다.

2 더러일〔浼〕: 더럽힐. '더럽-(어간) + -이-(사동접미사) + -을(관형형 어미)'로서, 'ᄫ'을 말음으로 갖던 15세기의 어간 '더러ᇦ-'에 사동접미사 '-이-'가 결합된 형태이다. 15세기에 'ᄫ'으로 끝나는 어간 다음에는 사동접미사의 이형태 중에서 '-이-'가 결합되었기 때문이다. 사동접미사 '-이-' 앞에서 'ᄫ'이 탈락하여 '더러이-'로 된 것이지만, 현대국어의 '더럽히다'는 '더러ᇦ-'과 교체되던 '더럽-'에 사동접미사 '-히-'가 결합되어 만들어진 후대형이다.

### ▸▸▸ 현대어역

## 〈어제경세문답(언해) 17b〉

마음을 가히 속이랴? 이 일(一) 절(節)을 일찍 고상(故相, 옛 재상)에게 대답한 일이 있어 이제 오히려 잊지 못하나니, 사람이 비록 알지 못하나 마음이 스스로 아는지라. 육십 전에 이미 술편(述編)을 기록(紀錄)하고 이제 칠십(七十)이 가까운데 그 만일 밟지〔踐, 실천함〕 못하면, 슬프다, 저 창창(蒼蒼, 푸르름)이 나의 마음을 비추시리라."

묻자와 가로되, "자성편(自省編)에 '더럽힐 듯하는 마음이 또한 능히 거연(遽然)히(=갑자기) 없지 못한다.' 하신 것이 본문(本文) 중에 '너무 심히 하면 어지럽힌다' 하는 경계(警戒)에 아니 어김이 없으십니까?" 답 왈, "처음에는 다만 이르되, '또한 능히 거연(遽然)히 없지 못한다' 하였는데 그때 편집(編輯)하는 신하가 청(請)하는 바로 인(因)하여 '더럽힐 듯한 마음'이란 네 글자를 더하니, 그 비록 면강(勉强, 억지로 하거나 시킴)하여 좇으나 뜻이 오히려 풀리지 못하더니 그 후에 생각하여 이에 그 청함이 과연

### ▸▸▸ 주 석

3 게연(遽然)이 : 거연이. 첫 번째 음절이 모음으로 끝나고 두 번째 음절이 'ㅕ〔yə〕'로 시작하여 두 번째 음절 반모음이 첫 번째 음절에 영향을 미쳐 '거'가 '게'로 나타났다.

### ▸▸▸ 원문 판독

## 〈어제경세문답(언해) 18a〉

올ᄒᆞᆫ 줄을 ᄡᅵᄃᆞᄅᆞ니 그러티 아니ᄒᆞ면 그 긋티 폐단(弊端)[1]이 곽공(郭公)으로 더브러
다ᄅᆞ미 업ᄉᆞ리라 비록 그러나 쥬ᄌᆡ(朱子ㅣ)[2] 양웅(揚雄)[3]을 강목(綱目)[4]에 망태위(莽大
夫ㅣ)라 일ᄏᆞᆺ고
쇼ᄒᆞᆨ에 양ᄌᆡ(揚子ㅣ)라 일ᄏᆞᄅᆞ니 비록 블션(不善)ᄒᆞᆫ 사ᄅᆞᆷ이나 만일 ᄒᆞᆫ 션(善)이 이시^
면 그 능히 닛디 못ᄒᆞ믄 곳 나의 본 ᄆᆞ음이라 이제 사ᄅᆞᆷ이 사ᄅᆞᆷ의 ᄒᆞᆫ 블^
션을 드ᄅᆞ면 알양(訐揚)ᄒᆞ고 모든 션을 ᄀᆞ리우ᄂᆞ니ᄅᆞᆯ〔掩〕 ᄆᆞ음에 그윽이 취티
아니ᄒᆞ노라 ᄯᅩ ᄒᆞᆫ 일을 드ᄅᆞ면 혹 부연(敷衍)ᄒᆞ며 혹 뒤집어 닐러 안ᄌᆞᆫ 듯^
기〔席〕[5] 혹 더울가 저허ᄒᆞ야 부효(浮囂)ᄒᆞ므로 일을 삼으믄 ᄯᅩᄒᆞᆫ 엇던 ᄆᆞ음^
이며 ᄯᅩᄒᆞᆫ 엇던 ᄆᆞ음인고 내 비록 쇠ᄒᆞ나 만일 이러ᄒᆞᆫ 사ᄅᆞᆷ을 보면 더^
러일 ᄃᆞᆺᄒᆞᆫ ᄆᆞ음이 그 가히 ᄎᆞᆷ으랴〔忍〕
뭇ᄌᆞ와 ᄀᆞᆯ오ᄃᆡ 대ᄒᆞᆨ 뎨팔(第八) 댱(章)에 ᄀᆞᆯ오ᄃᆡ 사ᄅᆞᆷ이 그 아ᄃᆞᆯ의 사오나오믈〔惡〕

### ▸▸▸ 주 석

1 긋티 폐단(弊端) : =말류지폐(末流之弊). 일의 마지막에 생기는 폐단.
2 쥬ᄌᆡ(朱子ㅣ) : 중국 송나라의 유학자(1130~1200). 주희(朱熹)를 말함. 자는 원회(元晦)·중회(仲晦). 호는 회암(晦庵)·회옹(晦翁)·운곡산인(雲谷山人)·둔옹(遯翁). 도학(道學)과 이학(理學)을 합친 이른바 송학(宋學)을 집대성하였다. '주자(朱子)'라고 높여 이르며, 그의 학문을 주자학이라고 한다. 주요 저서에 《시전(詩傳)》, 《사서집주(四書集註)》, 《근사록(近思錄)》, 《자치통감강목(自治通鑑綱目)》 따위가 있다.
3 양웅(揚雄) : 중국 전한의 학자·문인(B.C.53 ~ A.D.18). 자는 자운(子雲). 성제(成帝) 때에 궁정 문인이 되어 성제의 사치를 풍자한 문장을 남겼다. 후에 왕망(王莽) 정권을 찬미하는 글을 써 비난을 받기도 하였다. 작품에 〈감천부(甘泉賦)〉, 〈하동부(河東賦)〉, 저서에 《법언(法言)》, 《태현(太玄)》 따위가 있다.

### ▸▸▸ 현대어역

## 〈어제경세문답(언해) 18a〉

옳은 줄을 깨달으니 그렇지 아니하면 그 끝의 폐단(弊端, =末流之弊, 일의 마지막에 생기는 폐단)이 곽공(郭公, 뻐꾸기)과 다름이 없으리라. 비록 그러나 주자(朱子)가 양웅(揚雄, 중국 전한의 학자이자 문인)을 강목(綱目, =通鑑綱目)에 망대부(莽大夫)라 일컫고 소학(小學)에 양자(揚子)라 일컬으니 비록 불선(不善)한 사람이나 만일 한 선(善)이 있으면 그 능히 잊지 못함은 곧 나의 본 마음이라. 이제(=지금의) 사람이 사람의(=남의) 한 불선(不善)을 들으면 알양(訐揚, 비밀을 들추어 냄)하고 모든 선을 가리는 것을 마음에 그윽이 취(取)하지 아니하노라. 또 한 일을 들으면 혹 부연(敷衍, 설명을 덧붙여 자세히 말함)하며 혹 뒤집어 일러 앉은 자리가 혹 더울까 걱정하여 부효(浮囂, 왁자지껄하게 소리를 내며 떠듦)함으로써 일을 삼음은 또한 어찌된 마음이며 또한 어찌된 마음인고? 내 비록 쇠(衰)하나 만일 이러한 사람을 보면 더럽힐(=더럽혀질) 듯한 마음이 그 가히 참으랴."

묻자와 가로되, "대학(大學) 제팔(第八) 장(章)에 가로되, '사람이 그 아들의 사나움을

### ▸▸▸ 주 석

4 강목(綱目) : 주자가 사마광(司馬光)이 지은《자치통감(白治通鑑)》의 내용을 간추리고, 그 정통을 다시 세워 엮은 통감강목(通鑑綱目)》을 줄여서 부른 말.

5 돗기〔席〕: '돘(席)'에 주격조사가 결합된 형태(돘 + 이).

### ▸▸▸ 원문 판독

## 〈어제경세문답(언해) 18b〉

아디 못ᄒᆞ며 그 이삭〔苗〕의 큰 줄을 아디 못ᄒᆞᆫ다 ᄒᆞ야ᄂᆞᆯ 쥬부지(朱夫子ㅣ) 주(註)에
닐오ᄃᆡ ᄉᆞ랑의 빠디니ᄂᆞᆫ ᄇᆞᆰ디 못ᄒᆞ고 엇기ᄅᆞᆯ 탐ᄒᆞᄂᆞ니ᄂᆞᆫ 슬흐여〔厭〕
ᄒᆞ미 업다 ᄒᆞ니 몸을 닥디 아니ᄒᆞᄂᆞᆫ 해(害ㅣ) ᄒᆞᆫᄀᆞᆯᄀᆞᆺ티[1] 엇디 이에 니ᄅᆞᄂᆞ니〔至〕^
잇고 답 왈 셩인이 엇디 날을 속이시리오 비록 그러나 아뷔〔父ㅣ〕 ᄌᆞ식을
ᄇᆞ라ᄂᆞᆫ 거시 깁흔디라 므ᄅᆞᆺ 과약{악}(過惡)이 이시매 혹 알거니와 ᄉᆡᆨ(色)에 ᄉᆞ랑^
의 빠디매 니ᄅᆞ러ᄂᆞᆫ 이에 심ᄒᆞ미 이시니 위 장공(莊公)이 ᄉᆡᆨ을 고이여 장강(莊姜)^
의 어딘 줄을 아디 못ᄒᆞ야 이에 녹의시(綠衣詩) 잇고 졔 환공(桓公)[2]이 안흐로 여ᄉᆞᆺ
사ᄅᆞᆷ을 고이여 패업(伯業)이 쇠ᄒᆞ고 당(唐) 적 현종(玄宗)[3]이 뉵경(六更)을 더ᄒᆞ야 욕심^
을 방죵(放縱)이 ᄒᆞ다가 셔쵹(西蜀)에 ᄃᆞᄅᆞ매〔奔〕 비로소 뉘웃처 ᄒᆞ니 슬프다 현죵^
이 몸소 그 난을 디내여시되 ᄯᅩ 다시 이 ᄀᆞᄐᆞ니 나의 니ᄅᆞᆫ 바 심타 ᄒᆞ미 엇^

### ▸▸▸ 주 석

1 ᄒᆞᆫᄀᆞᆯᄀᆞᆺ티 : 한결같이. 다함께. 15세기에는 주로 'ᄒᆞᆫᄀᆞᆯᄋᆞ티'로 나타나던 어형으로서, 여기에서의 'ᄀᆞᆺ티'의 'ㅅ'은 격음 'ㅌ'이 폐쇄지속 시간이 길어서 표기된 것이다. 일반적으로 'ㅌ' 앞에서는 'ㄷ', 'ㅊ' 앞에서는 'ㅅ'이 나타나지만, 이 시기의 문헌에서는 종성 위치에서 'ㄷ'은 거의 대부분 'ㅅ'으로 표기되어 'ㅌ' 앞이지만 'ㅅ'으로 나타난다.

2 환공(桓公) : 중국 춘추 시대 제(齊)나라의 왕(? ~ B.C.643). 성은 강(姜). 이름은 소백(小白). 춘추 오패의 한 사람으로 관중(管仲)을 등용하여 부국강병에 힘썼으며, 제후를 규합하여 맹주가 되고 패업을 완성하였다.

## ▸▸▸ 현대어역

# 〈어제경세문답(언해) 18b〉

알지 못하며 그 이삭이 큰 줄을 알지 못한다.' 하거늘 주부자(朱夫子, 주자)가 주(註)에 이르되, '사랑에 빠진 이는 밝지 못하고 얻기를 탐하는 이는 싫어함이 없다.' 하니 몸을 닦지 아니하는 해(害)가 한결같이 어찌 이에 이르십니까?" 답 왈, "성인(聖人)이 어찌 나를 속이시리요? 비록 그러하나 아비가 자식을(=자식에게) 바라는 것이 깊은지라. 무릇 과악(過惡, 지나친 잘못)이 있음에 혹 알거니와 색(色)에 사랑이 빠짐에 이르러서는 이보다 심함이 있으니, 위(魏) 장공(莊公)이 색(色)을 좋아하여 장강(莊姜, 위나라 장공의 정부인)이 어진 것을 알지 못하여 이에 녹의시(綠衣詩)가 있고, 제(齊) 환공(桓公, 중국 춘추 시대 제나라의 왕. 춘추 오패의 한 사람)이 안으로 여섯 사람을 괴어(=총애하여) 패업(伯業, 제후의 으뜸이 되는 사업)이 쇠하고 당(唐) 적 현종(玄宗)이 육경(六更)을 더하여 욕심을 방종(放縱, 거리낌 없이 제멋대로 행동함)히 하다가 서촉(西蜀)으로 달아나매 비로소 뉘우치니, 슬프다, 현종이 몸소 그 난을 지내었으되(=겪었으되) 또 다시 이와 같으니 내가 말한 바 '심하다' 함이 어

## ▸▸▸ 주 석

3 현종(玄宗) : 당의 26내 황제(685~762)로서 본명은 이융기(李隆基). 28세에 황제에 즉위하여 요숭(姚崇)·송경(宋璟) 등의 명상의 도움을 얻어 안으로 민생 안정, 둔전 개발, 조운 개척 등을 통하여 경제를 충실히 하여 개원(開元, 713~741), 천보(天寶, 742~755)의 시대라는 수십 년의 태평천하를 이루었다. 그러나 노년에는 도교에 빠져 막대한 국비를 탕진하고 또한 양귀비를 궁으로 불러들인 이후에는 정치를 등한히 하였다. 755년 안록산(安祿山)의 난이 일어난 뒤 숙종(肅宗)에게 양위하였다.

### ▸▸▸ 원문 판독

## 〈어제경세문답(언해) 19a〉

디 그 과ᄒᆞ리오 슐편(述編)에 ᄯᅩᄒᆞᆫ 닐오ᄃᆡ 그 비록 ᄒᆞᆨ(學)디 못ᄒᆞ나 ᄆᆞᄋᆞᆷ에 그ᄋᆞᆨ^
이 웃노라 ᄒᆞ엿거니와 비록 그러나 셩인과 광쟈(狂者)의 판단ᄒᆞ미 ᄆᆞᄋᆞᆷ을
잡으며 노흐매 이시니 ᄉᆡᆼ각ᄒᆞ미 이에 밋ᄎᆞ매〔及〕 우으믈〔笑〕[1] 변ᄒᆞ야 숑연(悚然)ᄒᆞ^
믈 ᄭᅵᄃᆞᆺ디 못ᄒᆞ노라 공셩(孔聖)[2]이 시와 셔ᄅᆞᆯ 산(刪)ᄒᆞ시매 쥬남(周南)으로 ᄡᅥ 머리^
의 ᄡᅳ이여〔弁〕 겨시니 이ᄂᆞᆫ 곳 집을 뎡(正)ᄒᆞᄂᆞᆫ 근본이라 셩현의 ᄡᅥ 깁히 경^
계ᄒᆞ신 배니라
묻ᄌᆞ와 ᄀᆞᆯ오ᄃᆡ 슌(舜)이 셜(契)[3]을 명ᄒᆞ야 ᄀᆞᆯ오샤ᄃᆡ ᄇᆡᆨ셩이 친(親)티 아니ᄒᆞ^
며 오품(五品)이 슌(遜)티 아니ᄒᆞᆫ다 ᄒᆞ야 겨시니 슌의 셩ᄒᆞᆫ ᄣᅢ예 엇디 친티 못ᄒᆞ며
슌(遜)티 못ᄒᆞ미 잇ᄂᆞ니잇고 츄연ᄒᆞ야 답 왈 부ᄌᆡ(夫子ㅣ) 슌(舜)을 대효(大孝)로 ᄡᅥ 일^
ᄏᆞ라 겨시니 슌(舜)의 셩(聖)으로 ᄡᅥ 우희 겨샤 아래ᄅᆞᆯ 보시매 엇디 이 탄식이

### ▸▸▸ 주 석

1 우으믈〔笑〕: 웃음을. 15세기의 어형이 '우ᇫ-'에 '음'이 결합된 명사로서, 'ᅀ'이 탈락되어 '우음'이 된 것이다. 현대국어의 '웃음'은 모음 어미 앞에서의 이형태인 '우ᇫ-'은 사라지고 자음 어미 앞에서의 이형태인 '웃-'에 '음'이 결합되어 만들어진 형태이다.

2 공셩(孔聖): 성인(聖人)이라는 뜻으로, '공자(孔子)'를 높여 이르는 말.

### ▸▸▸ 현대어역

## 〈어제경세문답(언해) 19a〉

찌 그 과하리요? 술편(述編)에 또한 이르되, "그 비록 배우지 못하나 마음에 그윽이 웃노라." 하였거니와 비록 그러나 성인(聖人)과 광자(狂者)가 판단(判斷, 판연히 다르게 나뉨)함이 마음을 잡으며 놓음에 있으니 생각함이 이에 미치매 웃음이 변하여 송연(悚然, 소름이 오싹 끼침)함을 깨닫지 못하노라. 공성(孔聖, 공자)이 시(詩)와 서(書)를 산(刪, 쓸데없는 글자나 구절을 깎고 다듬어 정리함)하시매 주남(周南, 시경 첫 부분의 시편)으로써 머리에 쓰셨으니 이는 곧 집을 정(正, 바로잡음)하는 근본(根本)이라. 성현(聖賢)이 깊이 경계(警戒)하신 바이니라."

묻자와 가로되, "순(舜)이 설(契, 중국 은나라의 시조)을 명하여 가로되, "백성이 친(親)하지 아니하며 오품(五品, 五倫)이 손(遜, 순종함)하지 아니한다." 하셨으니 순(舜)의 성(盛)한 때에 어찌 친하지 못하며 손(遜, 순종함)하지 못함이 있으십니까?" 추연(愀然)하여 답 왈, "부자(夫子, 공자)가 순(舜)을 대효(大孝)로써 일컬으셨으니, 순(舜)의 성(聖)으로써 위에 계셔 아래를 보시매 어찌 이 탄식(歎息)이

### ▸▸▸ 주 석

3 셜(契) : 중국 은나라의 시조.. 순(舜)임금 때의 신하로써, 우(禹)의 치수(治水)를 도와 공을 세웠으며, 후에 상(商)에 봉해져 '자(子)'라고 하는 성(姓)을 받았다.

▸▸▸ **원문 판독**

## 〈어제경세문답(언해) 19b〉

업ᄉᆞ리오 오회라 대셩(大聖)의 ᄃᆡ〔世〕예도 오히려 이 ᄀᆞᆺᄐᆞ니 ᄒᆞ믈며 부덕(否德)이 그 님군이 되^

여 아래롤 어거(馭車)ᄒᆞ니 금셰(今世)에 친티 못ᄒᆞ며 슌(遜)티 못ᄒᆞ미 엇디 ᄌᆞᆨ히 고^

이ᄒᆞ리오 어ᄂᆞ[1] ᄢᅢ예 가히 ᄒᆞ여곰 군(君)이 군ᄒᆞ며 신이 신ᄒᆞ며 ᄇᆡ(父ㅣ) 부ᄒᆞ며 ᄌᆡ(子ㅣ)

ᄌᆞᄒᆞ며 형(兄)이 형ᄒᆞ며 뎨(第ㅣ) 뎨ᄒᆞ야 ᄒᆞᆫ가지로 요슌(堯舜)의 ᄃᆡ예 니ᄅᆞ게 ᄒᆞᆯ고 듕^

야(中夜)에 ᄉᆡᆼ각을 니ᄅᆞ혀[2] 태식(太息)ᄒᆞ믈 ᄡᅵ돗디 못ᄒᆞ노라

뭇ᄌᆞ와 ᄀᆞᆯ오ᄃᆡ 셜흔 ᄒᆡ 고심(苦心)을 이제 거의 져기 ᄇᆞ리워〔弛〕 겨ᄋᆞᆸ시니잇^

가 못ᄒᆞ야 겨ᄋᆞᆸ시니잇가 개연ᄒᆞ야 답 왈 이제 셰샹을 보건대 임의

다ᄉᆞ렷ᄂᆞ냐[3] 임의 평안ᄒᆞ엿ᄂᆞ냐 셜혹 과연 다슬고 과연 평안ᄒᆞ야^

셔도 셩인의 일로 뼈 니ᄅᆞ면 셩탕(成湯)[4]의 날로 새롭고 ᄯᅩ 새로이 ᄒᆞᆷ[5]과 문^

왕(文王)[6]의 도(道)롤 ᄇᆞ라고 보디 못ᄒᆞᆫ ᄃᆞ시 ᄒᆞ믄 곳 셩인이 스ᄉᆞ로 셩(聖)ᄒᆞ라 아니^

▸▸▸ **주 석**

1 어ᄂᆞ : 어느. 15세기부터 '어느'이지만, 이 문헌에서는 'ㄴ' 다음의 'ㅡ'가 'ㆍ'로 바뀌어 나타나는 것이 일반적임이다.

2 니ᄅᆞ혀 : 일으켜. 원문의 '興'을 옮긴 것으로, '니ᄅᆞ혀- + -어'로 분석될 어형이다. 이곳의 '니ᄅᆞ혀-'는 중세어의 ᄅᆞᅘᅧ-'에 소급하는데, '니ᄅᆞᅘᅧ-'는 '닐〔起〕-'의 사동사 '니ᄅᆞ-'에 강세 접사 '-ᅘᅧ-'가 결합한 어형이다. 제2음절 이의 'ㆍ>ㅡ' 변화로 15세기 문헌에는 '니르ᅘᅧ-'로도 등장하다가, '-ᅘᅧ- 〉 -혀-'의 변화가 일어난 뒤 16세기 후반 문헌부터는 '니르혀-'로 등장하기 시작한다. '니르혀-'는 근대어 들어 '-혀- 〉 -켜-'의 변화에 따라 '니르켜-'로 등장하다가 '니르켜- + -어'에 해당하는 '니르켜'가 '니르키- + -어'로 오분석된 결과 현대국어에서는 '일으키-'로 어간이 재구조화되었다. 예 : 블을 부러 니르켜〈박통사언해(1677) 중:35b〉, 張昭ㅣ 孫權의 군ᄉᆞ 니르켜믈 ᄃᆞᆺ고〈삼역총해(1774) 3:22b〉.

### ▸▸▸ 현대어역

## 〈어제경세문답(언해) 19b〉

없으리요? 오호(嗚呼)라, 대성(大聖, 큰 성인)의 대(代)에도 오히려 이와 같으니 하물며 부덕(否德)이 그 임금이 되어 아래를 어거(馭車, 거느리어 바른길로 나가게 함)하니 금세(今世)에 친하지 못하며 손(遜, 순종함)하지 못함이 어찌 족히 괴이하리요? 어느 때에 가히 하여금 군(君)이 군 하며 신(臣)이 신 하며 부(父)가 부 하며 자(子)가 자 하며 형(兄)이 형 하며 제(第)가 제 하여 한가지로 요순(堯舜)의 대에 이르게 할꼬? 중야(中夜, 한밤중)에 생각을 일으켜 태식(太息, 한숨)함을 깨닫지 못하노라."

묻자와 가로되, "서른 해에 고심(苦心)을 이제 거의 적이 부리셨습니까(=내려놓으셨습니까), 못하셨습니까?" 개연(慨然)하여 답 왈, "이제 세상을 보건대 이미 (잘) 다스려졌느냐, 이미 평안(平安)하였느냐? 설혹 과연 (잘) 다스려지고 과연 평안하였어도 성인(聖人)의 일로써 이르면 성탕(成湯, =湯王)이 날로 새롭고 또 새로이 함과 문왕(文王, 중국 주 무왕의 아버지)이 도(道)를 바라보고 보지 못한 듯이 함은 곧 성인이 스스로 '성(聖)하도다' 아니

### ▸▸▸ 주 석

3 다ᄉᆞ렷ᄂᆞ냐 : 다스려졌느냐. 여기에서의 '다ᄉᆞᆯ-'은 후기중세국어에서와 같이 '다스려지다'를 뜻하는 자동사로 쓰였으나(예 : 내 이 世界는 本來 제 ᄆᆞᆰ고 平슬ᄒᆞ야 다ᄉᆞᆯ며 어즈러우미 다 업거니〈금강경삼가해(1482) 2 : 6a〉), 현대국어에서는 사어화하여 더 이상 쓰이지 않는다. 현대국어에 남은 '다스리-'는 '다ᄉᆞ리-'의 후대형으로서, '다ᄉᆞᆯ-'에 사동 접미사 '-이-'가 결합되었을 가능성이 높다.
4 셩탕(成湯) : 중국 은나라의 초대 왕. 탕왕(湯王)을 달리 이르는 이름. 원래 이름은 이(履) 또는 대을(大乙). 박(亳)에 도읍을 정하고 국호를 상(商)이라 칭하였으며, 제도와 전례(典禮)를 정비하였다. 13년간 재위하였다.
5 날로 새롭고 ᄯᅩ 새로이 ᄒᆞᆷ : '날로 새롭고 ᄯᅩ 새롭게 ᄒᆞᆷ'은 '日新又日新'의 언해이다.
6 문왕(文王) : 중국 주나라 무왕의 아버지. 이름은 창(昌). 기원전 12세기경에 활동한 사람으로 은나라 말기에 태공망 등 어진 선비들을 모아 국정을 바로잡고 융적(戎狄)을 토벌하여 아들 무왕이 주나라를 세울 수 있도록 기반을 닦아 주었다. 고대의 이상적인 성인(聖人) 군주의 전형으로 꼽힌다.

▸▸▸ 원문 판독

## 〈어제경세문답(언해) 20a〉

ᄒᆞ야 그러ᄒᆞᆫ 거시라 이 졍(正)히 셩탕(成湯)이 셩탕 되시며 문왕이 문왕 되시^
미라 샹셔(尙書)[1]에 ᄀᆞᆯ오ᄃᆡ 능히 ᄉᆡᆼ각ᄒᆞ면 셩인이 되고 ᄉᆡᆼ각디[2] 아니ᄒᆞ면 광^
쟤(狂者ㅣ) 된다 ᄒᆞ니 슬프다 뎌 셩인과 광쟈의 판단ᄒᆞ미 ᄒᆞᆫ ᄉᆡᆼ각에 잡으며 노^
흐매 잇ᄂᆞᆫ디라 비록 요슌의 셩(聖)이라도 그 만일 ᄉᆡᆼ각디 아니ᄒᆞ면 걸듀(桀紂)[3] 되^
오미 머디 아니ᄒᆞ고 비록 걸듀의 사오나오미〔暴〕 그 만일 능히 ᄉᆡᆼ각ᄒᆞ면 ᄯᅩᄒᆞᆫ
쟝ᄎᆞᆺ 요(堯)도 되며 슌(舜)도 될 거시오 위(禹ㅣ) 슌(舜)을 경계ᄒᆞ야 ᄀᆞᆯ오샤ᄃᆡ 단쥬
(丹朱)[4]의 오^
만(傲慢)홈 ᄀᆞᆺ디 마ᄅᆞ쇼셔 ᄒᆞ니 녯 신하의 님군을 경계ᄒᆞ미 이러ᄐᆞ시 깁고
ᄀᆞᆫ졀ᄒᆞ도다 슬프다 오ᄂᆞᆯ날 쳥구(靑丘)에 비록 흔연(渾然)ᄒᆞ야 당(黨)이 업서 졍^
신(廷臣)들이 공경을 ᄒᆞᆫ가지로 ᄒᆞ며 화협(和協)ᄒᆞ야 공슌(恭順)ᄒᆞ야도 그 님군 되^
니 오히려 감히 스ᄉᆞ로 ᄀᆞ득ᄒᆞ며 스ᄉᆞ로 죡(足)디 못ᄒᆞ려든 ᄒᆞ믈며 밧그로[5]

▸▸▸ 주 석

1 샹셔(尙書) : 한대(漢代) 이전까지는 서(書)라고 불렸는데, 이후 유가사상(儒家思想)의 지위가 상승함에 따라 소중한 경전이란 뜻으로 한대(漢代)에는 《상서(尙書)》라 하였고, 송대(宋代)에는 《서경(書經)》이라 하여 지금은 두 개의 명칭이 함께 통용되고 있다. 공자가 요임금과 순임금 때부터 주나라에 이르기까지의 정사(政事)에 관한 문서를 수집하여 편찬한 책이다. 중국에서 가장 오래된 경전이다.

2 ᄉᆡᆼ각디 : 생각지. 흔히 'ㄱ, ㅂ' 등 무성 폐쇄음으로 끝나는 명사 뒤에서 명사를 동사로 만드는 파생접미사 '-ᄒᆞ-'는 '-고, -디' 등과 같이 무성폐쇄음으로 시작하는 어미 앞에서 흔히 생략되어 나타난다.

3 걸듀(桀紂) : 중국 하나라의 걸왕(桀王)과 은나라의 주왕(紂王)을 아울러 이르는 말로 천하의 폭군을 지칭한다.

## ▸▸▸ 현대어역

## 〈어제경세문답(언해) 20a〉

하여 그러한 것이라. 이것이 정(正)히 성탕(成湯, =탕왕)이 성탕(成湯) 되시며 문왕이 문왕(文王) 되심이라. 상서(尙書, =書經)에 가로되, "능히 생각하면 성인이 되고 생각지 아니하면 광자(狂者)가 된다." 하니 슬프다, 저 성인과 광자(狂者)의 판단(判斷, 판연히 다르게 나뉨)함이 한 생각에(=생각을) 잡으며 놓음에 있는지라. 비록 요순(堯舜)의 성(聖)이라도 그 만일 생각지 아니하면 걸주(桀紂)됨이 멀지 아니하고 비록 걸주(桀紂)의 사나움이 그 만일 능히 생각하면 또한 장차 요(堯)도 되며 순(舜)도 될 거시요, 우(禹, 순임금으로부터 왕위를 물려받아 하나라를 세운 임금)가 순(舜)을 경계하여 가라사대, "단주(丹朱)의 오만(傲慢, 태도나 행동이 건방지고 거만함)함 같지 않도록 하소서." 하니 옛 신하가 임금을 경계(警戒)함이 이렇듯이 깊고 간절(懇切)하도다. 슬프다, 오늘날 청구(靑丘, 우리나라)에 비록 혼연(渾然, 다른 것이 조금도 섞이지 아니한 모양)하여 당(黨)이 없어 정신(廷臣, 조정에서 벼슬하는 신하)들이 공경을 한가지로 하며 화협(和協, 마음을 터놓고 협의함)하여 공순(恭順, 공손하고 온순함)하여도 그 임금 된 사람이 오히려 감히 스스로 가득하며[滿] 스스로 족(足)지 못할 것이어늘 하물며 밖으로

## ▸▸▸ 주 석

4 단쥬(丹朱) : 요(堯)임금의 아들. 요임금이 아들 단주를 가르치기 위하여 바둑을 만들었다는 이야기가 있다.
5 밧그로 : 밖으로. '밝 + 으로'에서 '밝'의 'ㅅ'이 'ㄲ'으로 바뀌어 재구조화된 것이다.

▸▸▸ 원문 판독

## 〈어제경세문답(언해) 20b〉

당(黨)이 업ᄂᆞᆫ 듯ᄒᆞ야도 그 속은 ᄒᆞᆫ골ᄀᆞᆺᄐᆞᆯ[一] 가히 아디 못ᄒᆞᆯ디라 빅년
고폐(痼弊)ᄅᆞᆯ 비록 혹 일됴(一朝)에 미봉(彌縫)[1]ᄒᆞ여도 이ᄂᆞᆫ 뉵마(六馬)ᄅᆞᆯ 석은[朽] 노
흐로[索] 어거(馭車)ᄒᆞ^
매 심ᄒᆞ미 잇ᄂᆞᆫ디라 ᄒᆞᆫ 번 희이ᄒᆞ미 이시면 나라희 존망이 ᄆᆡ이엿ᄂᆞ^
니 내 건극(建極) 두 ᄌᆞ에 피창(彼蒼)이 ᄆᆞᄋᆞᆷ을 비최시니 내 겸손ᄒᆞᄂᆞᆫ 말ᄉᆞᆷ이 아니^
라 샹히 븟그러오미 ᄀᆞᆫ졀ᄒᆞ라 나라 사ᄅᆞᆷ이 다 ᄀᆞᆯ오ᄃᆡ 당이 업다 ᄒᆞᄃᆡ
내 ᄆᆞᄋᆞᆷ은 그러티 아니ᄒᆞᆫ디라 이제 비록 쇠ᄒᆞ나 이 ᄆᆞᄋᆞᆷ은 더옥 구더 슉쇼(夙宵)^
에 계구(戒懼)ᄒᆞ미 오직 이에 잇ᄂᆞ니 이제 져기 ᄇᆞ리오믈[弛] 무ᄅᆞ미 엇디 오활ᄒᆞ^
미 심ᄒᆞ뇨 이 나의 뼈 개연ᄒᆞᄂᆞᆫ 배로라[2]
뭇ᄌᆞ와 ᄀᆞᆯ오ᄃᆡ 더옥 굿다[固] 니ᄅᆞ디 마ᄅᆞ쇼셔 증ᄌᆞ(曾子)[3] 어마님의 어딜므로뼈도[4]
오히려 븍을[杼] 더져시니[5] 만일 빅계로 틈을 여어보며[伺][6] 빅계로 공동(恐動)ᄒᆞ^

▸▸▸ 주 석

1 미봉(彌縫) : 《춘추좌씨전(春秋左氏傳)》의 〈桓公五年條〉에 나온 말로서, 일의 빈 구석이나 잘못된 것을 임시변통으로 이리저리 주선하여 꾸며 댐을 뜻한다.

2 배로라 : 바이로다. '-로라'는 1인칭 주어문에서 계사 뒤에 나오는 것이 특징이다. 주어가 1인칭이 아닌 경우에 쓰인 '-로다'와 비교할 때 '-로라'의 '-로-'는 계사 뒤 '-오-'의 교체형으로 분석될 성격의 것이다.

3 증ᄌᆞ(曾子) : 중국 노나라의 유학자(B.C.505 ~ ?B.C.436). 자는 자여(子輿). 공자의 덕행과 사상을 조술(祖述)하여 공자의 손자인 자사(子思)에게 전하였다. 후세 사람이 높여 증자(曾子)라고 일컬었으며, 저서에 《증자(曾子)》, 《효경(孝經)》 따위가 있다.

### ▸▸▸ 현대어역

## 〈어제경세문답(언해) 20b〉

당(黨)이 없는 듯하여도 그 속은 한결같음을 가히 알지 못할지라. 백년 고폐(痼弊, 뿌리가 깊어 고치기 어려운 폐단)를 비록 혹 일조(一朝, 하루아침)에 미봉(彌縫, =임시변통)하여도 이는 육마(六馬, 임금의 수레)를 썩은 노끈으로 어거(馭車, 소나 말을 수레를 달아 부리어 몲)함보다 심함이 있는지라. 한 번 해이(解弛, 긴장이나 규율이 풀림)함이 있으면 나라의 존망(存亡)이 매이였나니 내 '건극(建極)' 두 자(字)에 피창(彼蒼, 저 하늘)이 마음을 비추시니 내가 겸손(謙遜)하게 하는 말이 아니라. 항상 부끄러움이 간절(懇切)하도다. 나라 사람이 다 가로되, 당이 없다고 하되 내 마음은 그러하지 아니한지라. 이제 비록 쇠하나 이 마음은 더욱 굳어 숙소(夙宵, 이른 아침과 깊은 밤)에 계구(戒懼, 조심하고 두려워함)함이 오직 이에 있나니, 이제 적이 부림을(=마음을 늦춤) 물음이 어찌 오활(迂闊, 사리에 어둡고 세상 물정을 잘 모름)함이 심하뇨? 이것이 내가 개연(慨然)해 하는 바이로다."

묻자와 가로되, "'더욱 굳다'고 이르지 마소서. 증자(曾子) 어머님의 어짊으로써도 오히려 북〔杼〕을 던졌으니 만일 백계(百計, 온갖 계교)로 틈을 엿보며 백계(百計)로 공동(恐動, 두려워하게 함)하

### ▸▸▸ 주 석

4 어딜므로뻐도 : 어짊으로써도. 15세기에는 명사형을 만들 때 '-오/우-'가 개재한 '-옴/움-'이 결합되어 '어디로므로뻐도'로 되었겠으나, 이 문헌에서는 '-오/우-'가 개재하지 않아 '어딞'이 만들어졌다.

5 더져시니 : 던졌으니. '더디다'의 제2음절 '디'가 구개음화되어 '더지다'가 된 것이다. 이 형태에 다시 제1음절에 'ㄴ'이 첨가되어 현대국어의 '던지다'가 만들어졌다.

6 여어보며〔伺〕: 엿보며. 15세기에 '여어'는 '엿- + -어'으로서 'ㅿ'이 탈락되어 '여어'라는 형태가 만들어졌다.

▸▸▸ 원문 판독

## 〈어제경세문답(언해) 21a〉

면 그 쟝ᄎᆞᆺ 엇디 ᄒᆞ시리잇고 웃고 답 왈 내 비록 ᄒᆞᆨ디 못ᄒᆞ고 덕이 냥^
박(凉薄)ᄒᆞ나 이 ᄒᆞᆫ 일에 나아가ᄂᆞᆫ 그 ᄆᆞᄋᆞᆷ이 쇠 ᄀᆞᆺᄐᆞ며 돌 ᄀᆞᆺᄐᆞ야 비록 몽듕(夢中)^
에도 사ᄅᆞᆷ이 혹 공동(恐動)ᄒᆞ면 내 쟝ᄎᆞᆺ 눈을 브릅ᄯᅳ고[1] ᄭᅴᄃᆞ라 소ᄅᆡᄅᆞᆯ 크^
게 ᄒᆞ야 비쳑(排斥)ᄒᆞ리니 임의 이 ᄆᆞᄋᆞᆷ이 이시니 비록 혹 ᄉᆞ긔(事機)ᄅᆞᆯ 인연ᄒᆞ^
야 ᄐᆞᆷ을 엿고져〔伺〕 ᄒᆞ나 엇디 감히 ᄭᅬᄅᆞᆯ 발뵈리오〔售〕 슬프다 녯 ᄌᆞ산(子産)[2]이 교^
인(校人)의게 속이믈 본 거ᄉᆞᆫ 오히려 가긔(可欺)니 방(方)이어니와 증ᄌᆞ 어마님이 증^
ᄌᆞ의 어딜므로 ᄲᅧ 아ᄃᆞ리 엇디 살인ᄒᆞᆯ 일이 이시며 어미 엇디 븍〔杼〕을 더^
딜〔投〕 일[3]이 이시리오 다 글을 미드면 글이 업ᄉᆞᆷ만 ᄀᆞᆺ디 못ᄒᆞ니 내 밋디 아니^
ᄒᆞ노라 셜혹 증ᄌᆞ 어마님이 진짓 븍을 더딘 일이 이셔도 나ᄂᆞᆫ 결단^
코 ᄆᆞᄋᆞᆷ을 동(動)티 아니ᄒᆞ리니 그 만일 ᄆᆞᄋᆞᆷ을 동ᄒᆞ면 셜흔 ᄒᆡᄅᆞᆯ 엇^

▸▸▸ 주 석

1 브릅ᄯᅳ고 : 부릅뜨고, 무섭고 사납게 눈을 크게 뜨고. '브르- + ᄠᅳ- → 브르ᄠᅳ다〉브릅ᄯᅳ다/브ᄅᆞᆸᄠᅳ다〉부릅뜨다'의 변화를 거친다. 이 예는 15세기의 형태 'ᄠᅳ-'의 'ᄠ'에서 'ㅂ'이 실제로 발음되었음을 알려준다.
2 ᄌᆞ산(子産) : 중국 춘추 시대 정나라의 정치가(? ~ B.C.522). 성은 공손(公孫). 이름은 교(僑). 정나라 목공(穆公)의 손자로, 진나라와 초나라의 역학 관계를 이용함으로써 정나라의 평화를 유지하였다. 또 농지를 정리하고 나라의 재정(財政)을 재건하였으며, 성문법을 만들었다.

### ▸▸▸ 현대어역

## 〈어제경세문답(언해) 21a〉

면 그 장차 어찌 하십니까?" 웃고 답 왈, "내 비록 배우지 못하고 덕이 양박(涼薄, 마음이 좁고 후덕하지 못함)하나 이 한 일에 나아가는 그 마음이 쇠 같고 돌 같아 비록 몽중(夢中)에도 사람이 혹 공동(恐動, 위협한 말을 하여 두려워하게 함)하면 내 장차 눈을 부릅뜨고 깨달아 소리를 크게 하여 배척(排斥, 따돌리거나 거부하여 밀어 내침)하리니, 이미 이 마음이 있으니 비록 혹 사기(事機, 일에서 가장 중요한 기틀)를 인연(因緣)하여 틈을 엿보고자 하나 어찌 감히 꾀를 발뵈리요(=드러내리요)? 슬프다, 옛 자산(子産, 중국 춘추 시대 정나라의 정치가)이 교인(校人, 연못의 관리를 맡은 아전)에게 속임을 당한 것은 오히려 가기(可欺, 속일 만함)이니 방(方)이거니와 증자(曾子) 어머님이 증자의 어짊으로써 아들이 어찌 살인(殺人)할 일이 있으며 어미가 어찌 북을 던질 일이 있으리요? 다 글을 믿으면 글이 없음만 같지 못하니 내 믿지 아니하노라. 설혹 증자 어머님이 진짜 북을 던진 일이 있어도 나는 결단코 마음을 동(動)하지 아니하리니 그 만일 마음을 동하면 서른 해를 어

### ▸▸▸ 주 석

3 븍[杼]을 더딜[投] 일 : 이른바 '투저의(投杼疑)'에 관한 고사를 인용한 것이다. 증자(曾子)의 어머니는 아들을 굳게 믿어 의심하지 않았다. 베를 짜고 있을 때 어떤 사람이 와서 증삼(曾參)이 사람을 죽였다고 했으나 곧이듣지 않다가, 세 번째 사람이 와서 같은 말을 하니 결국 북을 던지고 나갔다고 한다. 여러 번 말을 들으면 믿게 된다는 말이다.

### ▸▸▸ 원문 판독

## 〈어제경세문답(언해) 21b〉

디 능히 이 ᄆᆞᄋᆞᆷ을 딕희리오[1] ᄒᆞ나히나 혹 브리오미〔弛〕 이시면 이ᄂᆞᆫ ᄒᆞᆫ갓
ᄆᆞᄋᆞᆷ을 속일 분이 아니라 우러러 〔隔〕쳑강(陟降)을 져ᄇᆞ리미니〔負〕 이제 내 웃^
기ᄂᆞᆫ 그 묻ᄂᆞᆫ〔問〕 거시 오활(迂闊)ᄒᆞ믈 웃노라
묻ᄌᆞ와 ᄀᆞᆯ오ᄃᆡ 그 공동(恐動)ᄒᆞ매 비록 동티 아닛노라 니ᄅᆞ시나 ᄌᆞ고로 군ᄌᆞ^
의 쇼인을 아쳐ᄒᆞ믄〔惡〕[2] 그 동악(同惡)ᄒᆞ믈 아쳐ᄒᆞ고 쇼인의 군ᄌᆞᄅᆞᆯ ᄎᆞᆷ소(譖訴)ᄒᆞ^
믄 ᄯᅩᄒᆞᆫ ᄀᆞᆯ오ᄃᆡ 당(黨)을 심은다〔植〕[3] ᄒᆞᄂᆞ니 대개 인군의 아쳐ᄒᆞᄂᆞᆫ 배 당에셔
디나미 업ᄂᆞᆫ 고로 비록 현군(賢君) 텰벽(哲辟)이라도 ᄯᅩᄒᆞᆫ 능히 이에 동ᄒᆞ미 업^
디 못ᄒᆞᄂᆞ니 그 ᄯᅩᄒᆞᆫ 동티 아니ᄒᆞ시리잇가 답 왈 일〔方〕이 뉴(類)로 ᄡᅧ 모히고 믈
(物)^
이 무리로 ᄡᅧ ᄂᆞᆫ호이믄 그 취미의 ᄀᆞᆺᄐᆞ므로 ᄲᅦ라 그 님군 되니 그 감식(鑑識)이
만일 ᄇᆞᆰ으면 엇디 이ᄅᆞᆯ 분변티 못ᄒᆞ리오 녜브터 뎨왕(帝王)이 감식이

### ▸▸▸ 주 석

1 딕희리오 : 지키리요. 15세기에는 '딕킈리오'와 '디킈리오'로 나타났으나, 근대국어 시기로 오면서 'ㅋ'와 동일한 조음 위치의 평자음인 'ㄱ'을 그 앞에 쓴 '딕킈-'형이 나타난다. 'ㄷ'이 구개음화되고, 이중모음 'ㅢ'에서 'ㅡ'가 탈락되어 현대국어의 '지키-'가 되었다.

2 아쳐ᄒᆞ믄〔惡〕 : 싫어함은. 중세국어에서 '아쳐ᄒᆞ-'와 더불어 '아쳘-'이 함께 쓰였으나 근대국어에서는 주로 '아쳐ᄒᆞ-'가 쓰인다.

▸▸▸ 현대어역

## 〈어제경세문답(언해) 21b〉

찌 능히 이 마음을 지키리요? 하나라도 혹 부림(=늦춤)이 있으면 이는 한갓 마음을 속일 뿐이 아니라 우러러 척강(陟降, 황천에 있는 조종들)을 저버림이니, 이제 내가 웃는 것은 그 묻는 것이 오활(迂闊, 사리에 어둡고 세상 물정을 잘 모름)함을 웃노라."

묻자와 가로되, "그 공동(恐動, 위험한 말을 하여 두려워하게 함)하매 비록 '동(動)하지 아니하노라' 이르시나 자고(自古, 예로부터 지금까지)로 군자가 소인(小人)을 싫어함은 그 동악(同惡, 잘못을 함께함)함을 싫어하고, 소인이 군자를 참소(譖訴, 죄가 있는 것처럼 윗사람에게 고하여 바침)함은 또한 가로되, '당(黨)을 심었느냐'고 하나니 대개 임금의 싫어하는 바가 당에서 지남이 없는 고로 비록 현군(賢君, 어질고 현명한 임금)과 철벽(哲辟, 어질고 명철한 임금)이라도 또한 능히 이에 동함이 없지 못하나니, 그 또한 동하지 아니하시겠습니까?" 답 왈, "일이 부류(部類)로써 모이고 물(物)이 무리로써 나뉨은 그 취미(臭味)가 같기 때문이라. 그 임금 된 이가(=사람이) 그 감식(鑑識, 사물의 가치나 진위를 알아냄)이 만일 밝으면 어찌 이를 분변(分辨)하지 못하리요? 예부터 제왕(帝王)이 감식(鑑識)이

▸▸▸ 주 석

3 심은다[植] : 심었느냐?. 15세기에는 '심거, 심곤(심근), 심골(심글)' 등과 같이 모음 어미 앞에서는 'ㄱ'이 나타나고 '시므고, 시므디, 시므ᄂᆞ니, 시므다' 등과 같이 자음 어미 앞에서는 '시므-'로 나타나던 특수 어간 교체형이었다. 여기에서는 '시므-'에 모음어미라 할 수 있는 의문형 어미 '-(으)ㄴ다' 앞에서 '심-' 또는 '시므-'가 결합된 형태로서, 어간이 '심-'으로 인식되어 어간과 어미를 분철표기한 것으로 추정된다.

▸▸▸ 원문 판독

## 〈어제경세문답(언해) 22a〉

붉디 못ᄒᆞ야 어디니〔賢〕로 ᄡᅧ 어리니〔愚〕를 삼고[1] 어리니로 ᄡᅧ 어디니를 삼는 고^
로 이에 이러ᄐᆞᆺ ᄒᆞ니 이제 니른 바 현우(賢愚)ᄂᆞᆫ ᄒᆞᆫ가지 당심(黨心)이라 엇디 분변^
ᄒᆞ미 어려오리오 녜 우리 〔隔〕셩조 니이(李珥)와 셩혼(成渾)의 당의 들기를 원ᄒᆞ노^
라 ᄒᆞᄂᆞᆫ 〔隔〕하괴(下敎ㅣ) 겨시니 나는 이 〔隔〕하교로 ᄡᅧ 조차 법을 삼노라
믓ᄌᆞ와 ᄀᆞᆯ오ᄃᆡ 비록 그러나 신해 이신 연후에 가히 ᄡᅧ 맛뎌[2] ᄇᆞ리리니 군^
심(君心)이 비록 이 ᄀᆞᄐᆞ시나 도라보건대 이제 됴뎡에 녯 협찬(協贊)ᄒᆞ더니 몃 사^
룸이니잇고 츄연ᄒᆞ야 답 왈 직조〔才〕를 다른 ᄃᆡ예 비디〔借〕 아니ᄒᆞᄂᆞ니 녯 한
무뎨 신션(神仙)을 구ᄒᆞᆫ 즉 공손경(公孫卿)의 무리 잇고 ᄡᅡ홈을 번득히 ᄒᆞᆫ 즉 위^
청(衛靑)[3]의 무리 잇고 취렴(聚斂)ᄒᆞᆫ즉 상홍양(桑弘羊)[4]이 잇고 회심(悔心)이 밍동(萌
動)ᄒᆞᆫ즉 뎐^
쳔취(田千秋ㅣ) 이시니 하늘이 내 나흘〔年〕 빌니샤 이 ᄆᆞ옴이 프러디디 아니ᄒᆞ면 셰^

▸▸▸ 주 석

1 어디니〔賢〕로 ᄡᅧ 어리니〔愚〕를 삼고 : '어디니'는 '어딜-+-(으)ㄴ # 이(의존명사)', '어리니'는 '어리-+-(으)ㄴ # 이(의존명사)'로 관형어와 의존명사가 연철표기된 것이다.

2 맛뎌 : '맜-(어간) + -이-(사동접미사) + -어(부사형 어미)'로서, 어간 '맜-'은 현대국어에서는 '맡-'으로 되었으며, '맡-'의 사동사 '맛디다'는 '맡기다'가 되었다.

▸▸▸ 현대어역

## 〈어제경세문답(언해) 22a〉

밝지 못하여 어진 이로써 어리석은 이를 삼고 어리석은 이로써 어진 이를 삼는 고로 이에 이렇듯 하니 이제 이른 바 현우(賢愚, 현명함과 어리석음)는 한 가지 당심(黨心)이라. 어찌 분변(分辨)함이 어려우리요? 옛 우리 성조(聖祖, 거룩한 조상)가 '이이(李珥, 조선 중기의 문신·학자, 1536~1584))와 성혼(成渾, 조선 선조 때의 유학자, 1535~1598)이 당(黨)에 들기를 원하노라.' 하는 하교(下教, 임금이 내린 명령)가 있었으니 나는 이 하교로써 좇아 법을 삼노라."

묻자와 가로되, "비록 그러나 신하가 있는 연후(然後)에 가히 맡겨 부릴 것이니 군심(君心)이 비록 이와 같으시나 돌아보건대 이제 조정(朝廷)에 옛 협찬(協贊, 재정적으로 도움을 줌)하던 이 몇 사람입니까?" 추연(愀然)하여 답 왈, "재주를 다른 곳에서 빌리지 아니하나니 옛 한(漢) 무제(武帝, 중국 전한 제7대 황제)가 신선(神仙)을 구한즉 공손경(公孫卿, 중국 전한 무제 때의 방사)의 무리가 있고, 싸움을 함부로 한즉 위청(衛青, 중국 전한 무제 때의 무장)의 무리가 있고, 취렴(聚斂, 재물을 탐내어 마구 거두어들임)한즉 상홍양(桑弘羊, 중국 전한의 정치가)이 있고, 회심(悔心, 잘못을 뉘우치는 마음)이 맹동(萌動, 어떤 생각이나 일이 일어나기 시작함)한즉 전천추(田千秋, 중국 전한 무제 때의 재상)가 있으니 하늘이 내(=내게) 나이를 빌려 주시어 이 마음이 풀어지지 아니하면 세

▸▸▸ 주 석

3 위청(衛青) : 중국 전한(前漢) 무제(武帝) 때의 무장(? ~ B.C.106). 자는 중경(仲卿). 7차에 걸친 흉노 정벌에서 많은 공을 세워 대사마의 자리에 올랐다.

4 상홍양(桑弘羊) : 중국 전한의 정치가(?B.C.152 ~ B.C.80). 무제 때 치속(治粟) 도위(都尉)가 되어 소금과 철의 전매와 균수법, 평준법을 시행하였다. 소제 때 곽광과 반목하여 모반을 일으키려 하다가 처형당하였다.

## ▸▸▸ 원문 판독

### 〈어제경세문답(언해) 22b〉

샹에 엇디 사ᄅᆞᆷ이 업ᄉᆞ리오 그 젹다 니ᄅᆞ디 말라 내 능히 쇼로 ᄡᅥ 대ᄅᆞᆯ 어(禦)^
ᄒᆞ야 과(寡)로 ᄡᅥ 듕(衆)[1]을 거(拒)ᄒᆞ리라 ᄯᅩᄒᆞᆫ 부효(浮囂)ᄒᆞ며 조경(躁競)ᄒᆞᆫ다 니ᄅᆞ
디 말라 제
쟝ᄎᆞᆺ 스ᄉᆞ로 니러낫다가 스ᄉᆞ로 쇼멸(消滅)ᄒᆞ리라
뭇ᄌᆞ와 ᄀᆞᆯ오ᄃᆡ 군심(君心)이 비록 이 ᄀᆞᆮᄐᆞ시나 모ᄃᆞᆫ ᄆᆞᄋᆞᆷ에 엇디 ᄒᆞ시리잇고 답 왈
내 만일 동티 아니ᄒᆞ면 뎌 속에 ᄀᆞ독ᄒᆞᆫ 구습(舊習)인 쟈ᄂᆞᆫ 하ᄂᆞᆯ 그믈이 놉히 ᄃᆞᆯ^
리여시니〔懸〕 족히 근심티 아니ᄒᆞᆯ 거시오 그 연약ᄒᆞᆫ 쟈와 겁나(㤼懦)ᄒᆞᆫ 쟈와 속〔中〕에
쥬(主)ᄒᆞᆫ 배 업ᄉᆞᆫ 쟈ᄂᆞᆫ 비록 부효에 동ᄒᆞ야 ᄇᆡᆨ단(百端)으로 광양(劻勷)ᄒᆞ나 그 님군
되엿ᄂᆞ니 응연(凝然)히 동티 아니ᄒᆞ야 안졍ᄒᆞ야 ᄡᅥ 진압(鎭壓)ᄒᆞ면 ᄯᅩᄒᆞᆫ ᄆᆞᄉᆞᆷ[2]
근심이 이시며 부효ᄒᆞ며 조경ᄒᆞᄂᆞᆫ 재 ᄯᅩᄒᆞᆫ 엇디 감히 그 계교ᄅᆞᆯ 발뵈리오〔售〕
오회라 이 ᄆᆞᄋᆞᆷ은 피창(彼蒼)이 님(臨)ᄒᆞ야 비최여 겨시니 가히 〔隔〕쳑강(陟降)긔 질^

## ▸▸▸ 주 석

1 듕(衆) : '衆'의 원래 음이 '즁'이지만, 'ㄷ' 구개음화와는 반대로 'ㅈ'이 'ㄷ'으로 바뀌어 '듕'으로 나타난 것이다.

2 ᄆᆞᄉᆞᆷ : 무슨. 중세어의 '므슴'에 소급할 어형으로, 이곳의 'ᄆᆞᄉᆞᆷ'은 'ㆍ〉ㅡ'의 변화를 의식하여 원래의 'ㅡ'마저 'ㆍ'로 표기한 일종의 과도교정형이라 할 수 있다. 중세어에서 '므슴'은 '므슴 NP'의 구성에 참여하여 관형사적 용법을 보이는 경우가 대부분이지만, ('므슴 # ᄒᆞ-'를 비롯) '므슴 # VP'의 구성에 참여하여 명사 내지 부사적 용법을 보이기도 하였다. 예 : 셰간 ᄃᆞ틀을 므슴만 너기시리〈월인천강지곡 125〉, 네 뎌를 ᄎᆞ자 므슴 ᄒᆞᆯ다〈번역노걸대 하 : 1〉, 信을 因ᄒᆞ야 이ᄅᆞᆯ 잢간 ᄒᆞ노니 나ᄆᆞᆫ닐 므슴 펴리오 (因信ᄒᆞ야 略此ᄒᆞ노니 餘更何申이리오) <선종영가집언해 하 : 128>. 그러나 이 책에서 'ᄆᆞᄉᆞᆷ'은 'ᄆᆞᄉᆞᆷ NP'의 구성으로만 등장하고 명사적 용법으로는 '므엇'(내지 '므ᄉᆞ것')이 쓰여 'ᄆᆞᄉᆞᆷ'이 이미 관형사로 굳어진 양상을 보인다. 근대국어에는 이곳의 'ᄆᆞᄉᆞᆷ' 외에 'ᄆᆞᄉᆞᆫ', '무ᄉᆞᆫ'도 공존하는데, 현대국

### ▸▸▸ 현대어역

## 〈어제경세문답(언해) 22b〉

상에 어찌 사람이 없으리요? 그 적다 이르지 말라. 내 능히 소(少)로써 대(大)를 어(禦, 막음)하여 과(寡, 적음)로써 중(衆, 무리)을 거(拒, 막음)하리라. 또한 부효(浮囂, 왁자지껄하게 소리를 내며 떠듦)하며 조경(躁競, 마음을 조급히 굴면서 권세를 다툼)한다 이르지 말라. 제 장차 스스로 일어났다가 스스로 소멸(消滅)하리라."

묻자와 가로되, "군심(君心)이 비록 이 같으시나 모든 마음에 어찌하시겠습니까?" 답 왈, "내 만일 동(動)하지 아니하면 저 속에 가득한 구습(舊習)인 자는 하늘 그물〔=天網, 악한 사람을 잡기 위하여 하늘에 쳐 놓았다는 그물〕이 높이 달리었으니 족히 근심하지 아니할 것이요, 그 연약(軟弱)한 자와 겁나(怯懦, 겁이 많고 나약함)한 자와 속에 주(主)한 바가 없는 자는 비록 부효에 동(動)하여 백단(百端, 온갖 수단과 방도)으로 광양(劻勷, 조급하게 굶)하나 그 임금 된 이가 응연(凝然, 태도나 행동거지가 단정하고 듬직함)히 동(動)하지 아니하여 안정(安靜)하여 써 진압(鎭壓, 힘으로 억눌러 진정시킴)하면 또한 무슨 근심이 있으며 부효하며 조경하는 자가 또한 어찌 감히 그 계교(計巧)를 발뵈리요(=드러내리요)? 오호라, 이 마음은 피창(彼蒼, 저 푸른 하늘)이 임(臨)하여 비추셨으니 가히 척강(陟降, 조상)께 질

### ▸▸▸ 주 석

어에는 후자의 어형을 계승한 '무슨'이 정착한 셈이나 이를 '므슴〉무슴〉무슨'의 직접적 변화로 보기는 어렵다. 어말 'ㅁ〉ㄴ'의 변화 동기가 제대로 설명되지 않기 때문이다. '무슨' 이전에 '므슨'의 형태가 17세기 문헌부터 등장하는 것을 감안하면(예 : 므슨 조ᄉᆞ뢴 일오〈권념요록(1637) 1b〉), 현대국어의 '무슨'은 '므스'의 속격형 '므슷'으로부터 '므슷〉므슨〉무슨'의 변화를 거친 어형일 가능성이 높은 것으로 추정된다.

▸▸▸ 원문 판독

## 〈어제경세문답(언해) 23a〉

졍(質正)홀디라 삼십 년 고심을 구디 딕흴 ᄯᆞ롬이로니 다시 번거히 뭇^
디 말라【이 다ᄉᆞᆺ 가지는 곳 나의 고심이오 곳 나의 고심이라 이제 신신(申申)히 ᄒᆞ믄 ᄯᅳᆺ이 대개 깁흔디라 븨(憊)ᄒᆞ야 누어 명ᄒᆞ야 닑히매 그 ᄆᆞᄋᆞᆷ이 ᄀᆞᆫ졀호라】
뭇ᄌᆞ와 ᄀᆞᆯ오ᄃᆡ ᄌᆞ고로 뎨왕이 모년(暮年) 경식 초졍(初政)만 ᄀᆞᆺ디 못ᄒᆞ니 그 연괴 엇^
디니잇고 츄연ᄒᆞ야 답 왈 당 현종의 기원(開元)[1]과 텬뵈(天寶ㅣ) 탄{판}연히 다른 사^
롬 ᄀᆞᆺᄐᆞ니 비록 죡히 닐럼즉디 아니ᄒᆞ나 한 고조의 웅지(雄才) 대략으^
로ᄡᅥ도 환쟈(宦者)를 벤[枕] 일이 잇고 당 태종[2] 뎡관(貞觀)의 다ᄉᆞ림도 오히려 십^
졈(十漸)의 탄(歎)[3]이 이시니 이 엇디 다ᄅᆞ미리오 간난히 창업(創業)ᄒᆞᆫ 후에 몸이 편^
안ᄒᆞ고 ᄆᆞᄋᆞᆷ이 방일ᄒᆞᆫ 연괴라 슬프다 대슌(大舜)이 비록 구오(九五)[4]의 위(位)예 겨시되
오히려 밧 갈며 그릇 구으며 고기 잡던 ᄆᆞᄋᆞᆷ을 두시고 무왕(武王)이 은(殷)나라 난^
을 평ᄒᆞ시매 나히 임의 구십이로ᄃᆡ ᄯᅩᄒᆞᆫ 반(盤)과 발우(鉢盂)와 궤(几)와 막대의 명(銘)^

▸▸▸ 주 석

1 기원(開元) : 당나라 현종(현종) 때의 연호로서 713년에서 741년까지의 기간을 말한다. 이 시기는 나라가 잘 다스려진 당의 전성기에 해당한다.

2 태종(太宗) : 중국 당나라의 제2대 황제(598 ~ 649). 성은 이(李). 이름은 세민(世民). 삼성 육부와 조용조 따위의 제도를 정비하였고, 외정(外征)을 행하여 나라의 기초를 쌓았다.

▸▸▸ 현대어역

## 〈어제경세문답(언해) 23a〉

정(質正, 묻거나 따져서 바로잡음)할지라. 삼십 년 고심(苦心)을 굳게 지킬 따름이니, 다시 번거히 묻지 말라【이 다섯 가지는 곧 나의 고심(苦心)이요, 곧 나의 고심이라. 이제 신신(申申, 간곡하게 부탁이나 당부를 하는 모양)히 함은 뜻이 대개 깊은지라. 비(憊, 고달프거나 피곤함)하여 누워 명(命)하여 읽히매 그 마음이 간절하도다】"

묻자와 가로되, "자고(自古)로 제왕(帝王)이 모년(暮年) 정사(政事)가 초정(初政, 새 임금이 집무를 시작하던 일)만 같지 못하니 그 연고(緣故)가 어떠합니까?" 추연(愀然)하여 답 왈, "당 현종의 개원(開元, 당나라 현종 때의 연호)과 천보(天寶, 당나라 현종 때의 연호)가 판연(判然)히 다른 사람 같으니 비록 족(足)히 이름직하지 아니하나 한(漢) 고조(高祖)의 웅재(雄才, 뛰어난 재능)와 대략(大略, 큰 지략)으로써도 환자(宦者, 환관)를 벤(=총애한) 일이 있고 당(唐) 태종(太宗) 정관(貞觀, 중국 당나라 태종 때의 연호)의 다스림도 오히려 십점(十漸)의 탄(歎)이 있으니 이 어찌 다름이리요? 간난(艱難, 어렵고 힘듦)히 창업(創業)한 후에 몸이 편안하고 마음이 방일(放逸, 거리낌 없이 방탕하게 놂)한 연고이라. 슬프다, 대순(大舜)이 비록 구오(九五, 임금의 자리)의 위(位)에 계시되 오히려 밭 갈며 그릇 구우며 고기 잡던 마음을 두시고(=지니시고) 무왕(武王)이 은(殷)나라 난(亂)을 평하심에 나이가 이미 구십(九十)이로되 또한 반(盤)과 발우(鉢盂)와 궤(几)와 막대의 명(銘)

▸▸▸ 주 석

3 십점(十漸)의 탄(歎) : 당 태종(太宗) 때에 재상인 위징(魏徵)이 '열 가지의 징조'를 경계하라는 소(疏)를 올린 것을 말한다.

4 구오(九五) : 천자나 임금의 지위. 역괘(易卦)에서, 밑에서부터 다섯 번째 양효(陽爻)의 이름이며, 주역의 구오(九五)가 임금의 지위에 해당하는 상(象)이라는 데서 천자나 임금의 자리를 이른다.

▸▸▸ 원문 판독

## 〈어제경세문답(언해) 23b〉

을 이시니 대셩인의 일이라 가히 태상(太上)이라 니를 거시오 위 무공[1]은 녈국(列國)^
의 님군으로 뻐 나히 구질(九耋)에 디나되 그 ᄆᆞ음이 더옥 돈독ᄒᆞ야 억계(抑戒)의 시를
지어[2] 셩(聖)이라 ᄒᆞᄂᆞᆫ 칭호를 어드니 한당 졔군(諸君)의 처엄이 잇고 나죵이 업ᄉᆞ^
믄 ᄒᆞᆫ갓 혹문에 미진ᄒᆞᆯ 분이 아니라 일예(逸豫)ᄒᆞᄂᆞᆫ 욕심이 승(勝)ᄒᆞ야 그러ᄒᆞᆫ^
디라 일로 뻐 보면 단셔(丹書)[3]에 스므 ᄌᆞ로 훈계 드리온 거술 가히 흠탄티 아니ᄒᆞ^
랴 또 녁녁히 녯 ᄉᆞ긔(史記)를 보니 느존 후에 ᄆᆞ음이 조급ᄒᆞ니 만ᄒᆞ니 이 졍히 후^
셰 님군의 감계(鑑戒)ᄒᆞᆯ 곳이라 슬프다 내 본ᄃᆡ 만혹으로 겸ᄒᆞ야 뻐 덕이 업^
고 능(能)이 업ᄂᆞᆫ디라 그 임의 처엄이 업ᄉᆞ니 엇디 나죵이 이시믈 ᄇᆞ라리오 비^
록 그러나 〔隔〕셕년(昔年)에 〔隔〕시탕(侍湯)ᄒᆞ오매 〔隔〕졍신을 ᄀᆞ다ᄃᆞ마 게을니 아니ᄒᆞ^
샤 더옥 검덕(儉德)을 힘쓰시믈 우러러 보ᄋᆞ오미 닉엇ᄂᆞᆫ디라 엇디 감히 져^

▸▸▸ 주 석

1 위(衛) 무공(武公) : 위(衛)나라 11대 왕으로 형인 위환공을 죽이고 임금의 자리에 올랐다. 그러나 백성들은 그 덕을 받아들였고 공자도 그 일을 꾸짖지 않았다고 한다.

2 억계(抑戒)의 시롤 지어 : 위(衛)나라 11대 왕인 무공(武公)이 95세의 나이에 '억계(抑戒)'를 지었는데, 여왕(厲王)을 풍자하고 또한 스스로를 경계하기 위해 지은 것이다. 《시경(詩經)》〈대아(大雅) 억(抑)〉에 나오는 다음 구절이다. '흰 구슬의 흠집은 그래도 갈면 되지만 말의 흠은 어떻게 할 수도 없다네.'

▸▸▸ 현대어역

## 〈어제경세문답(언해) 23b〉

이 있으니 대성인(大聖人)의 일이라. 가히 태상(太上, 가장 훌륭함)이라 이를 것이요, 위(衛) 무공(武公)은 열국(列國, 여러 나라)의 임금으로써 나이가 구질(九耋, 아흔 살의 늙은이)에서 지나되(=더하되) 그 마음이 더욱 돈독(敦篤, 도탑고 성실함)하여 억계(抑戒)의 시(詩)를 지어 성(聖)이라 하는 칭호(稱號)를 얻으니, 한당(漢唐, 한나라와 당나라) 제군(諸君, 여러 임금)이 처음이 있고 나중이 없음은 한갓 학문에 미진(未盡)할 뿐이 아니라 일예(逸豫, 멋대로 편안히 즐기며 놂)하는 욕심이 승(勝)하여 그러한지라. 이로써 보면 단서(丹書)에 스무 자로 훈계 드리운 것을 가히 흠탄(欽歎, 아름다움을 감탄함)하지 아니하랴. 또 역력(歷歷, 자취나 기억 따위가 또렷함)히 옛 사기(史記)를 보니 늦은 후에 마음이 조급(躁急, 참을성이 없이 몹시 급함)한 이가 많으니 이 정히 후세 임금의 감계(鑑戒, 교훈이 될 만한 본보기)할 곳이라. 슬프다, 내 본디 만학(晩學)으로 겸(兼)하여 덕이 없고 능력(能力)이 없는지라. 그 이미 처음이 없으니 어찌 나중이 있음을 바라리요? 비록 그러나 석년(昔年, 여러 해 전)에 시탕(侍湯, 어버이의 병환에 약시중을 드는 일)하오매 정신을 가다듬어 게을리 아니하여 더욱 검덕(儉德, 검소하고 질박함)을 힘씀을 우러러봄이 익었는지라. 어찌 감히 적

▸▸▸ 주 석

3 단셔(丹書) : 임금의 명령을 일반에게 알릴 목적으로 적은 문서.

▸▸▸ 원문 판독

## 〈어제경세문답(언해) 24a〉

기 만홀이 ᄒᆞ리오 술편(述編)에 ᄯᅩᄒᆞᆫ 닐오ᄃᆡ 몸이 비록 하뎐(廈氈)[1]에 이시나 ᄆᆞ음^
은 곳 ᄉᆞ뎌(私邸)에 이심과 다ᄅᆞ미 업다 ᄒᆞ니 ᄒᆞ믈며 ᄀᆞ초 간난을 디내고 이제 ᄯᅩ 고^
로(孤露)ᄒᆞᆫ디라 슬프다 셰샹 일이 임의 부운(浮雲)이 되고 심두(心頭)에 믈욕이 황연이
어룸이 녹은 듯ᄒᆞᆫ디라 유유(悠悠)ᄒᆞᆫ 일심(一心)이 다만 〔隔〕종국(宗國)에 이셔 칠십이
갓가오ᄃᆡ 스ᄉᆞ로 강면(强勉)ᄒᆞ야 몸이 빅셩과 나라히 허(許)ᄒᆞᆫ 고로 긔운이 비록
날연(苶然)ᄒᆞ나 ᄆᆞ음이 쇠티 아니ᄒᆞ야 고요ᄒᆞᆫ 밤에 자디 못ᄒᆞ야 셕년을 싱각^
ᄒᆞ야 이제ᄂᆞᆫ 올코 어제ᄂᆞᆫ 그ᄅᆞᆯ믈 ᄢᆡᄃᆞᄅᆞ미 만흐니 슬프다 뎌 당 현종은
홀노 므슴 ᄆᆞ음으로 긔원(開元)을 가져 텬보(天寶)ᄅᆞᆯ 삼으며 산슈 병풍으로 무일(無逸)[2]
병풍을 ᄃᆡᄒᆞᆫ고 아〔隔〕됴(我朝ㅣ) 명황계감(明皇戒鑑)[3]을 지으샤 훈계ᄅᆞᆯ 후셰예 드리^
워 겨시니 이제 비록 ᄌᆞ강ᄒᆞ나 어제 싱각다가 오ᄂᆞᆯ 니ᄌᆞ며 ᄒᆞ나흘 긔록(記錄)^

▸▸▸ 주 석

1 하뎐(廈氈) : 양탄자를 깐 큰 집이라는 뜻으로, 임금이 거처하는 곳을 이르던 말.
2 무일(無逸) : 당의 6대 황제 현종(玄宗, 685~762)에게 신하였던 송경(宋璟)이 '무일도(無逸圖)'를 그려 바쳤는데, '무일'은 《서경(書經)》의 편명으로 주공(周公)이 지어 성왕(成王)에게 바친 것으로서, '부지런하여 안일하지 말라.'는 경계의 내용이 담겨 있다.

▸▸▸ 현대어역

## 〈어제경세문답(언해) 24a〉

이 만홀(慢忽, 한만하고 소홀함)이 하리요? 술편(述編)에 또한 이르되, '몸이 비록 하전(廈氈, 임금이 거처하는 곳)에 있으나 마음은 곧 사저(私邸, 개인의 저택)에 있음과 다름이 없다.' 하니 하물며 갖추(=가지가지) 간난(艱難, 몹시 힘들고 고생스러움)을 지내고 이제 또 고로(孤露, 부모를 여읨)한지라. 슬프다, 세상 일이 이미 부운(浮雲, 뜬구름)이 되고 심두(心頭, 생각하고 있는 마음)에 물욕(物慾)이 황연(恍然, 환하게 밝은 모양)히 얼음이 녹은 듯한지라. 유유(悠悠, 움직임이 한가하고 여유가 있고 느림)한 일심(一心)이 다만 종국(宗國, =宗社)에 있어 칠십이 가깝되 스스로 강면(强勉, 힘씀)하여 몸이 백성과 나라에 허(許)한 고로 기운이 비록 날연(苶然, 피곤하여 기운이 없음)하나 마음이 쇠하지 아니하여 고요한 밤에 자지 못하여 석년(昔年)을 생각하여 이제는 옳고 어제는 그름을 깨달음이 많으니, 슬프다, 저 당(唐) 현종(玄宗)은 홀로 무슨 마음으로 개원(開元)을 가기고 천보(天寶)를 삼으며 산수(山水) 병풍(屛風)으로 무일(無逸) 병풍(屛風)을 대(代, 대신함)하였던고? 아조(我朝, 우리 왕조)가 명황계감(明皇戒鑑)을 지어 훈계(訓戒)를 후세(後世)에 드리우셨으니 이제 비록 자강(自强, 스스로 힘써 몸과 마음을 가다듬음)하나 어제 생각하다가 오늘 잊으며 하나를 기록(記錄)

▸▸▸ 주 석

3 명황계감(明皇戒鑑) : 조선 세종이 당나라 현종의 이야기에 고금(古今)의 시를 덧붙여 엮은 책이다. 성종 때 한글로 풀이한 《명황계감언해(明皇戒鑑諺解)》도 있었다고 하나 전하지 않으며, 《동문선》에 그 서문만 전한다. 《명황계감언해(明皇戒鑑諺解)》는 현재 영조 대의 후사본이 전해지고 있다.

▸▸▸ 원문 판독

## 〈어제경세문답(언해) 24b〉

ᄒᆞ고 아홉을 일논 듕에 나라ᄒᆞᆯ 위ᄒᆞ야 ᄆᆞ옴을 ᄡᅥ〔用〕 심신(心神)이 돈연(頓然)히 모손(耗損)ᄒᆞ^

야시니 슬프다 ᄇᆡ야흐로[1] 듕용 대혹을[2] 강(講)ᄒᆞ되 일됴(一朝)에 활연(豁然)히 관^

통ᄒᆞ논 효험이 업ᄉᆞ니 만일 더옥 쇠(衰)ᄒᆞ야 모황(耄荒)ᄒᆞᆯ 지경에 니ᄅᆞ면 ᄆᆞ^

ᄉᆞᆷ 일을 가히 ᄒᆞ며 ᄯᅩᄒᆞᆫ 쟝ᄎᆞᆺ 엇더ᄒᆞᆫ 사ᄅᆞᆷ이 될고 ᄉᆞᆯ편(述編)에 ᄯᅩᄒᆞᆫ 닐오^

ᄃᆡ 나의 편벽된 곳이 곳 ᄒᆞᆫ 조급ᄒᆞᆯ 조(躁) ᄶᅵ라[3] ᄒᆞ야시되 도라보건대 이제 ᄆᆞ옴^

이 넝ᄒᆞ고 졍신이 모(耗)ᄒᆞ야 조(躁)홈도 ᄯᅩᄒᆞᆫ 업ᄉᆞ니 이 엇디 긔(己)ᄅᆞᆯ 극ᄒᆞ논 공뷔

이러〔成〕 그러ᄒᆞ랴 가히 내 쇠ᄒᆞᆷ믈 보리로다 가히 내 쇠ᄒᆞᆷ믈 보리로다 능히 ᄌᆞ^

강티 못ᄒᆞ야 도로혀 긔심(欺心)ᄒᆞ논 사ᄅᆞᆷ이 되면 므ᄉᆞᆫ ᄂᆞᆺᄎᆞ로 ᄡᅥ 절ᄒᆞ리오 므ᄉᆞᆫ

ᄂᆞᆺᄎᆞ로 ᄡᅥ 절ᄒᆞ리오 이 나의 ᄡᅥ ᄉᆞᆨ쇼(夙宵)의 늠쳑ᄒᆞ야 자기ᄅᆞᆯ 니ᄌᆞ며 먹기ᄅᆞᆯ 닛^

논 배로라 비록 그러나 하놀이 만일 내 나ᄒᆞᆯ 빌니시면 엇디 ᄒᆞᆫ갓 혼군(昏君)과

▸▸▸ 주 석

1 ᄇᆡ야흐로 : 15세기 문헌에는 '보야ᄒᆞ로'로 나타나는데, 'ᄇᆞ야ᄒᆞ로'는 '보'가 'ᄇᆞ'로 비원순모음화된 현상이 표기의 층위가 아니라 실제 음성의 층위에서 일어난 현상을 보여주는 증거로 볼 수 있다. '보야ᄒᆞ로'가 비원순모음화된 'ᄇᆞ야ᄒᆞ로'는 제1음절에서의 'ㆍ 〉 ㅏ' 변화를 거쳐 현대국어의 '바야흐로'가 되기 때문이다.

2 대혹 : 유교 경전 중 공자의 가르침을 정통으로 나타내는 경서(經書). 본래 《예기(禮記)》의 제 42편이던 것을 송대(宋代)에 사마광(司馬光)이 따로 떼어서 《대학광의(大學廣義)》를 만들었고, 뒤에 주자(朱子)가 〈경(經)〉 1장(章)과 전(傳) 10장(章)을 구별하여 주석을 가해 《대학장구(大學章句)》를 만들고 나서 세상에 널리 알려지게 되었다.

▸▸▸ 현대어역

## 〈어제경세문답(언해) 24b〉

하고 아홉을 잃는 중에 나라를 위하여 마음을 써 심신(心神, 마음과 정신)이 돈연(頓然, 갑작스러움)히 모손(耗損, 닳아 없어짐)하였으니, 슬프다, 바야흐로 중용(中庸) 대학(大學)을 강(講, 소리 내어 읽음)하되 일조(一朝)에 활연(豁然, 환하게 터져 시원한 모양)히 관통(貫通)하는 효험이 없으니 만일 더욱 쇠하여 모황(耄荒, 늙어 거칠어짐)할 지경(地境)에 이르면 무슨 일을 가히 하며 또한 장차 어떠한 사람이 될꼬? 술편(述編)에 또한 이르되, '내가 편벽(偏僻, 한쪽으로 치우쳐 공평하지 못함)된 곳이 곧 한 조급할 조(躁) 자(字)이라.' 하였으되 돌아보건대 이제 마음이 냉(冷)하고 정신이 모(耗)하여 조(躁)함도 또한 없으니 이 어찌 기(己)를 극(克)하는 공부가 되어(=이루어져) 그러하랴. 가(可)히 내 쇠(衰)함을 보리로다, 가히 내 쇠함을 보리로다. 능히 자강(自强)하지 못하여 도리어 기심(欺心, 자기의 양심을 속임)하는 사람이 되면 무슨 낯으로써 절하리요? 무슨 낯으로써 절하리요? 이것이 내가 숙소(夙宵, 이른 아침부터 밤 늦게까지)에 늠척(凜惕, 삼가고 두려워함)하여 자기를 잊으며 먹기를 잊는 바이로다. 비록 그러하나 하늘이 만일 내(=내게) 나이를 빌려 주었으면 어찌 한갓 혼군(昏君, 사리에 어둡고 어리석은 임금)과

▸▸▸ 주 석

3 ᄧᆞ라 : 자(字)이라. =글자이라. 원문의 '字'에 대한 한자음은 'ᄌᆞ'로 나타나는 것이 일반적이나 여기에서는 'ᄧᆞ'로 나타났다. 자료의 다른 곳에 등장하는 'ᄶᆞ'를 감안할 때 여기에 나타나는 'ᄧᆞ'의 'ㅶ'은 경음 'ㅉ'의 표기로 추정된다.

▸▸▸ **원문 판독**

## 〈어제경세문답(언해) 25a〉

다ᄆᆞᆺ[1] 암쥬(暗主)ᄅᆞᆯ 경계ᄒᆞᆯ 분이리오 결단코 이 ᄆᆞᄋᆞᆷ을 져ᄇᆞ리디 아니ᄒᆞ며 결단^
코 이 ᄆᆞᄋᆞᆷ을 져ᄇᆞ리디 아니ᄒᆞ리라 이제 편즙(編輯)ᄒᆞ야 문답ᄒᆞ미 엇디 특별이
셰상을 일ᄭᅵ올 ᄲᅮᆫ이리오 진실로 내의[2] 스ᄉᆞ로 일ᄭᅵ오ᄂᆞᆫ 거시니 일로 ᄡᅥ 나^
의 목탁을 삼노라 믓ᄂᆞᆫ 재 유유(唯唯)ᄒᆞ거ᄂᆞᆯ 기우려 누슈(漏水) 보(報)ᄒᆞ믈 드ᄅᆞ니 밤이
임의 쟝ᄎᆞᆺ 반(半)이러라
믓ᄌᆞ와 ᄀᆞᆯ오ᄃᆡ 이제 ᄇᆞ야흐로 쇠년(衰年)에 작일에 밤새도록 졔ᄉᆞ(諸事) 일을 밧드ᄅᆞ^
시고 금일에 몸소 님ᄒᆞ야 졔술(製述)을 시(試)ᄒᆞ시니 신심을 보식(保嗇)ᄒᆞᄋᆞᆸᄂᆞᆫ 도에
엇더ᄒᆞ시리잇고 답 왈 부ᄌᆡ[3] 내ᄒᆞᆯ[川] 보시매 엇디 니ᄅᆞ디 아니ᄒᆞ야 겨시냐 ᄉᆞ^
시(四時) ᄒᆡᄅᆞᆯ 일오고 십이 신(辰)이 듀야ᄅᆞᆯ 일오니 다 쉬디 아니ᄒᆞ야 그러ᄒᆞᆫ디라 그
만일 쉬면 엇디 ᄡᅥ ᄒᆡᄅᆞᆯ 일오며 ᄯᅩᄒᆞᆫ 엇디 ᄡᅥ 듀야ᄅᆞᆯ 일오리오 문왕(文王)의

▸▸▸ **주 석**

1 다ᄆᆞᆺ : 더불어. 함께(與). 15세기 형태는 '다못'이었으나 'ㅁ' 다음의 원순모음 'ㅗ'가 비원순모음화하여 '다ᄆᆞᆺ'으로 된 것이다.

2 내의 : 내가. '의'가 속격 조사이지만 주어의 역할을 하고 있다. 이 경우 '내'가 '나'의 속격형이라 하더라도 서술어의 주어임을 표시하는 '의'가 다시 한 번 나타나는 경향이 있다.

### ▸▸▸ 현대어역

## 〈어제경세문답(언해) 25a〉

함께 암주(暗主, =昏君)를 경계(警戒)할 뿐이리요? 결단코 이 마음을 저버리지 아니하며 결단코 이 마음을 저버리지 아니하리라. 이제 편집(編輯)하여 문답(問答)함이 어찌 특별히 세상을 일깨울 뿐이리요? 진실로 내가 스스로 일깨우는 것이니 이로써 나의 목탁(木鐸, 세상 사람을 깨우쳐 바르게 인도할 만한 사람이나 기관)을 삼노라. 묻는 자가 유유(唯唯, 시키는 대로 순종함)하거늘 기울여 누수(漏水, 물시계에서 떨어지는 물)의 보(報, 알림)함을 들으니 밤이 이미 장차 반(半)이러라." 묻자와 가로되, "이제 바야흐로 쇠년(衰年, 늙어서 쇠약해져 가는 나이)에 작일(昨日, 어제)에 밤새도록 제사(諸事) 일을 받드시고 금일(今日)에 몸소 임(臨)하여 제술(製述, 시나 글을 지음)을 시험(試驗)하시니 신심(身心)을 보색(保嗇)하는 도(道)에 어떠하시겠습니까?" 답 왈, "부자(夫子)가 내를 보시매 어찌 이르지 아니하셨느냐? 사시(四時, 사철)가 해를 이루고 십이 신(辰)이 주야(晝夜)를 이루니 다 쉬지 아니하여 그러한지라. 그 만일 쉬면 어찌 해를 이루며 또한 어찌 주야(晝夜)를 이루리요? 문왕(文王)이

### ▸▸▸ 주 석

3 부ᄌᆞ : 부ᄌᆞ(夫子) + ㅣ. '남편'이나 '스승' 또는 '공자(孔子)'를 높여 이르는 말. 여기서는 '공자'를 가리킨다.

### ▸▸▸ 원문 판독

## 〈어제경세문답(언해) 25b〉

날이 기우도록 결을티[1] 못ᄒᆞ시며 셩탕(成湯)[2]의 날로 새로오며 ᄯᅩ 새로오시미

ᄯᅩᄒᆞᆫ 하ᄂᆞᆯ을 톄(體)ᄒᆞᆫ ᄠᅳᆺ이라 슬프다 뎌 대셩(大聖)도 그 오히려 이러ᄐᆞᆺ ᄒᆞ시니 ᄒᆞ믈^

며 듕품(中品) 사ᄅᆞᆷ가[3] 나의 냥덕(凉德)과 만혹으로 ᄡᅧ 비록 그 공부ᄅᆞᆯ 빅빈나 ᄒᆞ야^

도 오히려 능티 못ᄒᆞᆯ가 저허ᄒᆞ거든 ᄒᆞ믈며 심긔 졈졈 쇠모(衰耗)ᄒᆞᆷ가 이 비^

록 ᄒᆞᆫ 일이나 ᄆᆞᄋᆞᆷ은 깁흐로라 슬프다 냥삭(兩朔) ᄉᆞ이예 져기 졍녜(情禮)ᄅᆞᆯ 펴니

더옥 이 ᄆᆞᄋᆞᆷ이 ᄀᆞᆫ졀ᄒᆞ고 ᄯᅩ 삼빅 년에 비로소 잇ᄂᆞᆫ 일을 만나니 이 엇디

혜아린 배리오 ᄆᆞᄋᆞᆷ이 경경(耿耿)ᄒᆞ야 능히 스ᄉᆞ로 이긔디 못ᄒᆞᄂᆞ니 명일이 ᄯᅩ

므ᄉᆞᆫ 날고 곳 우리 셰손빈(世孫嬪)을 지간텩ᄒᆞᄂᆞᆫ 날이라 나ᄂᆞᆫ ᄀᆞᆯ오ᄃᆡ 이ᄂᆞᆫ 이에 〔頭〕

종국(宗國)의 흥(興)ᄒᆞ며 폐〔替〕ᄒᆞᄂᆞᆫ 긔회(機會)라 ᄒᆞᄂᆞ니 그 만일 다만 ᄡᅧ 경ᄉᆡ(慶事ㅣ)

라 니ᄅᆞ고 쳑연(惕然)^

ᄒᆞᆯ 줄을 아디 못ᄒᆞ면 이ᄂᆞᆫ 우흐로 〔隔〕텩강(陟降)[4]을 져ᄇᆞ리미니라 슬프다

### ▸▸▸ 주 석

1 결을티 : 틈타지. '결을ᄒᆞ다'는 '틈타다'의 뜻으로 사용되었다. 15세기에는 '겨를티'로 나타나지만, 이 문헌에서는 '결을티'로 과도분철된 표기로 나타난다.

2 셩탕(成湯) : 즁국 은나라의 초대 왕인 탕왕을 달리 이르는 이름. 원래 이름은 이(履) 또는 대을(大乙). 박(亳)에 도읍을 정하고 국호를 상(商)이라 칭하였으며, 제도와 전례(典禮)를 정비하였다. 13년간 재위하였다.

3 ᄒᆞ믈며 듕품(中品) 사ᄅᆞᆷ가 : "저 대성도 그 이렇듯 하니 하물며 중품 사람이야(말해 무엇하리요)?" 정도의 의미. 명사 '사ᄅᆞᆷ' 다음에는 의문을 나타내는 말로 의문사가 있을 때에는 '-고'가 결합되었으나, 이 문장과 같이 의문사가 없는 경우에는 '-가'가 결합되었다.

▸▸▸ 현대어역

## 〈어제경세문답(언해) 25b〉

날이 기우도록 한가롭지 못하시고 성탕(成湯, =탕왕)이 날로 새로우며 또 새로우심이 또한 하늘을 체(體)한 뜻이라. 슬프다, 저 대성(大聖)도 그 오히려 이렇듯 하시니 하물며 중품(中品) 사람이야(말해 무엇하리요)? 나의 양덕(凉德, 얇은 심덕)과 만학(晩學)으로써 비록 그 공부를 백배(百倍)나 하여도 오히려 능(能)치 못할까 걱정하거든 하물며 심기(心氣)가 점점 쇠모(衰耗, 쇠퇴하여 줄어듦)해 감이야(말해 무엇하리요)? 이것이 비록 한 일이나 마음은 깊도다. 슬프다, 양삭(兩朔) 사이에 적이 정례(情禮)를 펴니 더욱 이 마음이 간절(懇切)하고 또 삼백 년에 비로소 있는 일을 만나니 이 어찌 헤아린 바이리요? 마음이 경경(耿耿, 마음에서 사라지지 않고 염려가 됨)하여 능(能)히 스스로 이기지 못하나니 명일(明日)이 또 무슨 날인고? 곧 우리 세손빈(世孫嬪, 왕세손의 아내)을 재간택(再揀擇, 임금이나 왕자, 왕녀 따위의 배우자를 두 번째 고르는 일)하는 날이라. 나는 가로되, "이는 이에 종국(宗國, =宗社)이 흥(興)하며 폐하는 기회(機會)라." 하니, 그 만일 다만 써 경사(慶事)라 이르고 척연(惕然, 근심스럽고 두려움)할 줄을 알지 못하면 이는 위로 척강(陟降, 황천(皇天)에 있는 조종들의 음우)을 저버림이니라. 슬프다,

▸▸▸ 주 식

4 텩강(陟降) : 하늘과 조상의 가호 또는 조상. 여기에서는 황천(皇天)에 있는 조종들의 음우를 말한다. 이 문헌에서도 대부분 '쳑강'으로 나타나지만 여기에서는 '텩강'으로 나타났다. 'ㅌ>ㅊ' 구개음화의 과도교정형이다.

### ▸▸▸ 원문 판독

## 〈어제경세문답(언해) 26a〉

범인의 졍이 셩셔(盛暑)에 너ᄅᆞᆫ 집의 ᄒᆞ며 늉동(隆冬)에 더온[1] 방에 ᄒᆞ야도 오히려
능히 더위ᄅᆞᆯ 이긔디 못ᄒᆞ며 치위ᄅᆞᆯ 이긔디 못ᄒᆞᄂᆞ니 내 심복(心腹)에 병이 잇^
고 ᄯᅩ ᄆᆞᄋᆞᆷ을 방촌(方寸)에 ᄐᆡ오니 이 엇디 즐겨 ᄒᆞ미며 이 엇디 즐겨 ᄒᆞ미리오 ᄒᆞ^
믈며 〔隔〕종국(宗國)을 위ᄒᆞ야 경ᄉᆞᄅᆞᆯ 경ᄉᆡ라 니ᄅᆞ디 아니ᄒᆞ니 므ᄉᆞᆫ ᄆᆞᄋᆞᆷ으로 그
즐겨 ᄒᆞ리오 나는 즐기다 ᄒᆞᄂᆞᆫ ᄒᆞᆫ ᄌᆞ(字)ᄂᆞᆫ 이제 홍노(洪爐)의 조각 어ᄅᆞᆷ[2] ᄀᆞᆺ고 ᄯᅩ 녜
긔(禮記)[3]^
예 닐오ᄃᆡ 욕심은 가히 방죵(放縱)이 못ᄒᆞᆯ 거시며 즐기믄 가히 궁극히 못ᄒᆞᆯ
거시라 ᄒᆞ니 이ᄂᆞᆫ 어려실 ᄣᅢ로브터 샹히 팔ᄌᆞ부(八字符)[4]ᄅᆞᆯ 삼ᄂᆞᆫ 거시라 ᄯᅩ ᄆᆞᄋᆞᆷ^
에 스ᄉᆞ로 쳑연(惕然)ᄒᆞ미 이시니 그 만일 일이 업시 고요이 쳐(處)ᄒᆞ면 튜모ᄒᆞᄂᆞᆫ 셜^
옴과 나라ᄒᆞᆯ 근심ᄒᆞᄂᆞᆫ ᄆᆞᄋᆞᆷ이 서ᄅᆞ 속에 ᄀᆞᆫ절ᄒᆞ니 이 ᄯᅩᄒᆞᆫ 인ᄒᆞ야 뼈 회^
포(懷抱)ᄅᆞᆯ 븟치ᄂᆞᆫ ᄠᅳᆺ이라 슬프다 냥삭(兩朔)에 녜(禮)ᄅᆞᆯ 펴되 뵈ᄋᆞᆸ디 못ᄒᆞ며 듯ᄌᆞᆸ^

### ▸▸▸ 주 석

1 더온 : '덥-(暑) + -은(관형사형 어미)'. 일반적으로 '더운'으로 나타나지만, '더은, 더온'으로도 나타난다.
2 어ᄅᆞᆷ : 얼음(氷). 이 문헌에는 'ㄹ' 다음에는 'ㅡ'로 나타나는 경우가 거의 없고 대부분 'ㆍ'로 바뀌어 나타난다.

## ▸▸▸ 현대어역

# 〈어제경세문답(언해) 26a〉

범인(凡人)의 정(情)이 성서(盛暑, 한여름의 더위)에 넓은 집과 융동(隆冬, 몹시 추운 겨울)에 더운 방도 오히려 능히 더위를 이기지 못하며 추위를 이기지 못하니, 내 심복(心腹, 마음속 깊은 곳)에 병이 있고 또 마음을 방촌(方寸, 한 치 사방의 넓이)에서 태우니 이것을 어찌 즐겨 함이며 이것을 어찌 즐겨 함이리요? 하물며 종국(宗國)을 위하여 경사(慶事)를 경사(慶事)라 이르지 아니하니 무슨 마음으로 그것을 즐겨 하리요? 나는 '즐기다' 하는 한 자(字)는 이제 홍로(洪爐)의 조각 얼음 같고 또 예기(禮記)에 이르되 '욕심은 가히 방종(放縱, 제멋대로 행동함)이 못할 것이며 즐김은 가히 궁극히 못할 것이라.' 하니 이는 어렸을 때로부터 항상 팔자부(八字符)를 삼는 것이라. 또 마음에 스스로 척연(惕然)함이 있으니 그 만일 일이 없이 고요히 처(處)하면 추모(追慕)하는 설움과 나라를 근심하는 마음이 서로 속에 간절하니 이 또한 인하여 회포(懷抱, 마음속에 품은 생각이나 정)를 부치는 뜻이라. 슬프다, 양삭(兩朔)에 예(禮)를 펴되 뵈옵지 못하며 듣잡

## ▸▸▸ 주 석

3 녜긔(禮記) : 예(禮)의 이론과 실제를 기술한 오경(五經)의 하나. 한나라 무제 때에 하간(河間)의 헌왕이 공자와 그 후학들이 지은 131편의 책을 모아 정리한 뒤에 선제 때 유향(劉向)이 214편으로 엮었다. 후에 대덕(戴德)이 85편으로 엮은 〈대대례(大戴禮)〉와 선조 때에 대성(戴聖)이 49편으로 줄인 〈소대례(小戴禮)〉가 있다. 의례의 해설 및 음악·정치·학문에 걸쳐 예의 근본 정신에 대하여 서술하였다.

4 팔ᄌᆞ부(八字符) : 이 단어의 바로 앞에 제시된 설명, 즉 "욕심은 가히 방죵(放縱)이 못홀 거시며 즐기믄 가히 궁극히 못홀 거시라"의 원문인 '慾不可縱樂不可極'이 8자(八字)로 되어 있어서 '팔자부'라 한 것이다.

▸▸▸ 원문 판독

## 〈어제경세문답(언해) 26b〉

디 못ᄒᆞ고 냥묘(兩廟)ᄅᆞᆯ 녁님(歷臨)ᄒᆞ되 다만 목쥬(木主)만 보니 금일에 만일 이ᄅᆞᆯ ᄒᆞ^
디 아니ᄒᆞ면 이 ᄆᆞᄋᆞᆷ을 엇디 견ᄃᆡ리오 이ᄅᆞᆯ 됴하ᄒᆞᆫ다 니ᄅᆞ디 말라 내 ᄆᆞᄋᆞᆷ^
은 슬퍼ᄒᆞ미라 엇디 ᄒᆞᆫ갓 이ᄲᅮᆫ이리오 므ᄅᆞᆺ 셰샹 사ᄅᆞᆷ이 비록 ᄇᆡᆨ셰ᄅᆞᆯ
사나 곳 ᄒᆞᆫ 큰 ᄭᅮᆷ이라 ᄉᆞ지ᄅᆞᆯ ᄐᆡ타(怠惰)ᄒᆞ야 그 ᄌᆞ편(自便)ᄒᆞᆷ을 임의로 ᄒᆞ야 날을
디내며 ᄒᆡᄅᆞᆯ 디내여 초목으로 더브러 ᄒᆞᆫ가지로 석으매〔腐〕 디나디 아니ᄒᆞ니
이 나의 ᄲᅧ 심샹(尋常)의 개탄ᄒᆞᄂᆞᆫ 배라 날 ᄀᆞᆺᄐᆞ니ᄂᆞᆫ[1] 임의 만혹이오 ᄯᅩ 지죄 업^
서 공연히 뉵십팔 년을 디내니 슬프다 칠십이 다만 ᄒᆞᆫ ᄒᆡ만 격(隔)ᄒᆞ^
엿ᄂᆞᆫ디라[2] 사ᄅᆞᆷ이 이 셰샹에 나〔生〕 엇디 븟그럽디[3] 아니ᄒᆞ리오 삼지(三才)예 참예^
ᄒᆞ여 셔시니〔立〕 그 ᄯᅩᄒᆞᆫ 므서슬 ᄒᆞ리오 모로미 금일에 명제(命題)ᄒᆞᆫ 거ᄉᆞᆯ 보라 ᄌᆞ강^
ᄒᆞ며 ᄌᆞ려(自勵)ᄒᆞ믄 곳 나의 모년에 건공탕(建功湯)으로 더브러 서ᄅᆞ 표리ᄒᆞᄂᆞᆫ 거시라

▸▸▸ 주 석

1 날 ᄀᆞᆺᄐᆞ니ᄂᆞᆫ : 나(와) 같은 사람은.. 'ᄀᆞᆮ다'는 비교의 조사인 '와'를 취하여 '…와 ᄀᆞᆮ-'으로 나타나기도 하였지만 대격 조사인 '을/를'을 취하여 '…을/를 ᄀᆞᆮ-'으로 나타나기도 하였다.

2 공연히 뉵십팔 년을 디내니 슬프다 칠십이 다만 ᄒᆞᆫ ᄒᆡ만 격(隔)ᄒᆞ엿ᄂᆞᆫ디라 : 공연히 68년을 지내 슬프다고 한 다음 한 해만 격하면 칠순이 된다 하였으므로 이 글의 원문인 한문본 《경세문답(警世問答)》이 69세인 1762년에 만들어진 것임을 말해주는 구절이다. 그런데 영조 실록에는 영조 37년, 즉 1761년에 《경세문답》이 이미 작성되고 있었음을 보여주는 기사가 나타난다. 영조 37년 6월 17일자의 "御製警世問答 盖取自警而警世之意也〔임금이 경세문답(警世問答)을 지었는데 대개 스스로를 경계하면서 세상을 경계하는 뜻을 취한 것이다.〕"와 영조 37년 10월 24일자 기사에는 "仍口呼《警世問答》命彜章書之〔이어서 《경세문답》을 입으로 부르면서 이이장에게 쓰라고

### ▸▸▸ 현대어역

## 〈어제경세문답(언해) 26b〉

지 못하고 양묘(兩廟)를 역임(歷臨)하되 다만 목주(木主, 위패(位牌))만 보니 금일에 만일 이를 하지 아니하면 이 마음을 어찌 견디리요? 이를 좋아한다고 이르지 말라. 내 마음은 슬퍼함이라. 어찌 한갓 이뿐이리요? 무릇 세상 사람이 비록 백세(百歲)를 사나 곧 한 큰 꿈이라. 사지(四肢, 두 팔과 두 다리)를 태타(怠惰, 몹시 게으름)하여 그 자편(自便, 자기 한 몸의 편안함을 꾀함)함을 임의(任意)로 하여 날을 지내며 해를 지내어 초목(草木)과 더불어 한가지로 썩으매 지나지 아니하니 이것이 내가 심상(尋常, =평소)에 개탄(慨歎, 못마땅하게 여겨 한탄함)하는 바이라. 나와 같은 이는 이미 만학(晩學)이요, 또 재주가 없어 공연(公然)히 육십팔 년을 지내니, 슬프다, 칠십이 다만 한 해만 격(隔)하였는지라. 사람이 이 세상에 나 어찌 부끄럽지 아니하리요? 삼재(三才, 천·지·인)에 참예(參預, =參與)하여 섰으니 그 또한 무엇을 하리요? 모름지기 금일에 명제(命題, 시문 따위의 글에 제목을 정함)한 것을 보라. 자강(自强, 스스로 힘써 몸과 마음을 가다듬음)하며 자려(自勵, 스스로 힘씀)함은 곧 나의 모년(暮年)에 건공탕(建功湯)과 더불어 서로 표리(表裏, 겉과 속의 짝이 됨)하는 것이라.

### ▸▸▸ 주 석

명하였다]"가 그것이다. 영조 37년은 영조가 68세였던 해이므로 《경세문답》은 이미 68세 때에 작성되고 있었음을 말해준다. 그렇다면 《警世問答》은 이미 68세이던 1761년에 작성중이다가 69세인 1762년에 편찬된 것으로 보는 것이 타당하다고 할 수 있다.

3 븟그럽디 : 부끄럽지. 제 1음절의 '붓'이 '븟'으로 바뀌어 나타난다. '븟그리- + -업- + -디'와 같이 '븟그리다'에 '-업-'이 결합되어 만들어진 말.

### ▸▸▸ 원문 판독

## 〈어제경세문답(언해) 27a〉

탕약을 먹으미 임의 정셩이 업ᄉᆞ니 ᄯᅩ 엇디 효ᄅᆞᆯ ᄇᆞ라리오
뭇ᄌᆞ와 ᄀᆞᆯ오ᄃᆡ 만일 나라 근본을 기리 굿게 ᄒᆞ고져 ᄒᆞ면 엇디 셰손을
교도(教導)ᄒᆞᄂᆞᆫ 말ᄉᆞᆷ이 업ᄉᆞ시니잇고 츄연ᄒᆞ야 답 왈 이 가히 나의 쇠모(衰耗)ᄒᆞᆫ 거^
ᄉᆞᆯ 볼 곳이라 내 심긔로 ᄡᅧ 이제 국ᄉᆞ(國事)ᄅᆞᆯ 도라보니 나ᄂᆞᆫ ᄀᆞᆯ오ᄃᆡ ᄌᆞ강ᄒᆞ며 ᄌᆞ^
려ᄒᆞᄂᆞᆫ 두 일이 이제 션뮈(先務ㅣ) 된다 ᄒᆞᄂᆞ니 조뷔 ᄌᆞ강티 아니ᄒᆞ면 엇디 그 손^
ᄌᆞᄅᆞᆯ ᄇᆞ라며 조뷔 ᄌᆞ려(自勵)티 아니ᄒᆞ면 엇디 그 손ᄌᆞᄅᆞᆯ 권면ᄒᆞ리오 이 나의
고심이오 나의 고심이라 슬프다 대훈(大訓) ᄒᆞᆫ 글이 셰도에 도오미 업고 상훈(常訓)[1]
일뷔(一部ㅣ) 후ᄅᆞᆯ 권면ᄒᆞ매 효험이 업ᄉᆞ니 이제 두 일이 ᄯᅩᄒᆞᆫ 엇디 그 이 ᄀᆞᆺ디 아^
닐 줄을 알리오 비록 그러나 맛당히 내게 잇ᄂᆞᆫ 도ᄅᆞᆯ 닷글 ᄯᆞᄅᆞᆷ이라 엇^
디 결을ᄒᆞ야[2] 효험을 ᄇᆞ라며 ᄒᆞᄆᆞᆯ며 ᄌᆞ강 ᄌᆞ려ᄒᆞ매 긋칠 ᄲᅮᆫ이 아니^

### ▸▸▸ 주 석

1 상훈(常訓) : 영조가 세자(正祖)에게 내린 훈사(訓辭)를 책으로 엮은 것이다. 목판본의 1책(冊)으로 1745년 교서감(校書監)에서 간행하였으며, 같은 해에 《어제상훈언해(御製常訓諺解)》의 언해본(諺解本)도 간행되었다.

## ▸▸▸ 현대어역

### 〈어제경세문답(언해) 27a〉

탕약(湯藥)을 먹음이 이미 정성(精誠)이 없으니 또 어찌 효(孝)를 바라리요?"
문자와 가로되, "만일 나라 근본(根本)을 길이 굳게 하고자 하면 어찌 세손(世孫)을 교도(敎導, 가르쳐서 이끎)하는 말씀이 없으십니까?" 추연(愀然)하여 답 왈, "이 가히 내가 쇠모(衰耗, 쇠퇴하여 줄어듦)한 것을 볼 것이라. 내 심기(心氣, 마음으로 느끼는 기분)로써 이제 국사(國事)를 돌아보니 나는 가로되, '자강(自强)하며 자려(自勵)하는 두 일이 이제 선무(先務, 먼저 처리해야 할 중요한 일)가 된다.' 하니 조부(祖父)가 자강(自强)하지 아니하면 어찌 그 손자(孫子)가 자강하기를 바라며 조부가 자려(自勵)하지 아니하면 어찌 그 손자가 자려하기를 권면(勸勉, 권하고 격려하여 힘쓰게 함)하리요? 이것이 나의 고심(苦心)이요, 나의 고심이라. 슬프다, 대훈(大訓) 한 글이 세도(世道)에 도움이 없고 상훈(常訓) 일부(一部)가 후(後)를 권면(勸勉)하매 효험이 없으니 이제 두 일이 또한 어찌 그것이 이와 같지 아닐 줄을 알리요? 비록 그러하나 마땅히 내게 있는 도(道)를 닦을 따름이라. 어찌 틈을 내어 효험을 바라며 하물며 자강(自强)과 자려(自勵)함에 그칠 뿐이 아니니

## ▸▸▸ 주 석

2 결을ᄒᆞ야 : 겨를을 내어[暇]. 틈타. 이곳의 '결을ᄒᆞ-'는 18세기의 다른 문헌에 등장하는 '겨를ᄒᆞ-' 내지 '겨롤ᄒᆞ-'와 비교할 때 중세어 이래의 '겨를'을 자료에서 과잉 분철하여 표기한 결과로 해석된다. 예 : ᄀᆞ을에 가도록 내 감히 겨를ᄒᆞ야 쉬지 못ᄒᆞ야시니 〈윤음언해(1782) 1:1b〉, 聖人의 民을 憂ᄒᆞ샤미 이러커시든 겨롤ᄒᆞ야 耕ᄒᆞ시랴 〈맹자율곡언해(1749) 3:27b〉.

▸▸▸ 원문 판독

## 〈어제경세문답(언해) 27b〉

라 나라 근본을 기리 굿게 ᄒᆞ므로 뻐 결ᄉᆞ(結辭)ᄒᆞ니 셰손을 교도(敎導)ᄒᆞᄂᆞᆫ 뜻이 ᄯᅩ^
ᄒᆞᆫ 그 가온대 잇ᄂᆞ니 오회라 이 츅(祝)ᄒᆞ미 거의 닉두(來頭) 효험이 이실가 우차홉^
다 졍신(廷臣)은 이 ᄃᆡ답ᄒᆞᆫ 글을 가져 우리 셰손을 도으면 방국이 그 거의ᄒᆞ^
며 방국이 그 거의ᄒᆞ린뎌
뭇ᄌᆞ와 ᄀᆞᆯ오ᄃᆡ 언(諺)에 닐오ᄃᆡ ᄂᆡ리ᄉᆞ랑[1] ᄒᆞᄂᆞ니ᄂᆞᆫ 잇고 우흐로 ᄉᆞ랑ᄒᆞᄂᆞ니ᄂᆞᆫ
업다 ᄒᆞ니 이 말숨이 아니 과(過)ᄒᆞ니잇가 눈믈을 먹음고[2] 답 왈 말이 비^
록 쳔근(淺近)ᄒᆞ나 뜻이 실로 ᄀᆞᆫ졀ᄒᆞ고 지극ᄒᆞᆫ디라 부ᄌᆡ(夫子ㅣ) ᄀᆞᆯ오샤ᄃᆡ 아ᄃᆞᆯ의^
게 구ᄒᆞᄂᆞᆫ 바로 뻐 아비를 셤기믈 능히 못ᄒᆞ노라 ᄒᆞ시니 대셩인(大聖人)이 엇디
짐즛 겸ᄉᆞ(謙辭)를 ᄒᆞ시미랴 ᄆᆞᄋᆞᆷ에 실로 족디 못ᄒᆞ미 이셔 그러ᄒᆞ시미라
셩인도 오히려 그러ᄒᆞ시니 ᄒᆞ믈며 범인가[3] 슬프다 어버의 ᄌᆞ식 위ᄒᆞ신

▸▸▸ 주 석

1 ᄂᆡ리ᄉᆞ랑 : 내리사랑[下愛]. 윗사람이 아랫사람에게 하는 사랑.
2 눈믈을 먹음고 : 눈물을 머금고. '눈믈'은 '눈물'로 '믈'의 'ㅡ'가 'ㅜ'로 원순모음화되었다. '먹음고'는 '머금고'를 과도로 분철한 표기이다.

▸▸▸ 현대어역

## 〈어제경세문답(언해) 27b〉

라 나라 근본을 길이 굳게 함으로써 결사(結辭, 말을 맺음)하니 세손(世孫)을 교도(敎導)하는 뜻이 또한 그 가운데 있으니, 오호(嗚呼)라, 이 축(祝)함이 거의 내두(來頭, 다가오게 될 앞날) 효험(效驗)이 있을까? 우차(吁嗟)홉다(=슬프다, 탄식하는 소리), 정신(廷臣, 조정에서 벼슬하는 신하)은 이 대답한 글을 가지고 우리 세손(世孫)을 도우면 방국(邦國, 국가)이 거의하며(=바라는 대로 거의 가깝게 될 것이며) 방국이 거의할(=바라는 대로 거의 가깝게 될) 것인저!"
문자와 가로되, "언(諺, 속언)에 이르되 내리사랑 하는 이는 있고 치사랑하는 이는 없다 하니 이 말씀이 아니 과(過)하십니까?" 눈물을 머금고 답 왈, "말이 비록 천근(淺近, 지식이나 생각 따위가 얕음)하나 뜻이 실(實)로 간절(懇切)하고 지극(至極)한지라. 부자(夫子, 공자)가 가로되, '아들에게 구하는 바로써 아비를 섬김을 능히 못하노라.' 하시니 대성인(大聖人)이 어찌 짐짓 겸사(謙辭, 겸손의 말)를 하심이랴. 마음에 실로 족(足)하지 못함이 있어 그러하심이라. 성인(聖人)도 오히려 그러하시니 하물며 범인(凡人)이야(말해 무엇하리요)? 슬프다, 어버이가 자식(子息) 위하는

▸▸▸ 주 석

3 범인가 : 범인(凡人)이야? 명사로 끝나는 문장을 의문문으로 만들 때에 '가(의문사가 없는 문장)'나 '고(의문사가 있는 문장)'를 직접 결합시킨다. 그래서 '범인' 다음에 '가'가 결합되어 '범인이야 어떠하겠는가? 범인이야 말해 무엇하리요?' 정도의 의미를 나타낸다.

▸▸▸ 원문 판독

## 〈어제경세문답(언해) 28a〉

ᄆᆞᄋᆞᆷ이 치위며 더우며 비브ᄅᆞ며 주리매 일즉〔嘗〕 일ᄀᆞᆨ(一刻)도 범홀(泛忽)티 아니ᄒᆞ^
시니 인ᄌᆞ(人子) 되엿ᄂᆞ니 만일 어버의 ᄆᆞᄋᆞᆷ으로 ᄡᅧ 내 ᄆᆞᄋᆞᆷ을 삼으면 뉘 효ᄌᆡ 되디
아니ᄒᆞ리오 ᄒᆞᆫ갓 아ᄃᆞᆯ이 아뷔게 이러ᄒᆞᆯ ᄲᅮᆫ이 아니라 아이〔弟ㅣ〕 형의게 ᄯᅩᄒᆞᆫ 그러ᄒᆞ^
니 ᄉᆞ마온공(司馬溫公)[1]이 그 형 ᄇᆡᆨ강(伯康)의게 ᄆᆡ양 ᄀᆞᆯ오ᄃᆡ 아니 주리ᄂᆞᆫ가 아니 치
위ᄒᆞᄂᆞᆫ가 ᄒᆞ^
야ᄂᆞᆯ 쥬ᄌᆡ(朱子ㅣ)[2] 쇼ᄒᆞᆨ에 편ᄎᆞ(編次)ᄒᆞ야 겨시니 사ᄅᆞᆷ이 다 그러ᄒᆞ면 쥬ᄌᆡ 엇디 취
ᄒᆞ야 겨^
시리오 ᄲᆞᆯ 디ᄂᆞᆫ〔負〕[3] 탄식은 듕유(仲由)[4]의게 듯고 ᄂᆞᆷ을 위ᄒᆞ야 효도ᄒᆞ며 ᄂᆞᆷ을 위ᄒᆞ^
야 공슌(恭順)ᄒᆞ리오 ᄒᆞ믄 증ᄌᆞ(曾子)의 훈계예 나타나시니 그 엇디 멀니 구ᄒᆞ리오 날^
로 ᄡᅧ 니ᄅᆞ면 능히 효ᄅᆞᆯ 다ᄒᆞ디 못ᄒᆞ며 능히 뎨(悌)ᄅᆞᆯ 다ᄒᆞ디 못ᄒᆞᆫ 재 만ᄒᆞᆫ^
디라 칠십이 갓가온 모년(暮年)에 듕야(中夜)에 ᄉᆡᆼ각을 니ᄅᆞ혀 ᄆᆞᄋᆞᆷ이 ᄧᅥ러지고 긔운^
이 ᄧᅥ러디믈 ᄭᆡᄃᆞᆮ디 못ᄒᆞᄂᆞ니 비록 ᄂᆞ리ᄉᆞ랑〔下愛〕 ᄒᆞ시ᄂᆞᆫ 〔隔〕은혜ᄅᆞᆯ 갑고져 ᄒᆞ^

▸▸▸ 주 석

1 ᄉᆞ마온공(司馬溫公) : 사마강. 중국 북송 때의 학자·정치가(1019 ~ 1086). 자는 군실(君實). 호는 우부(迂夫)·우수(迂叟). 사마온공(司馬溫公)이라고도 한다. 신종 초에 왕안석의 신법(新法)에 반대하여 은퇴하고 철종 때에 재상이 되자, 신법을 폐하고 구법(舊法)으로 통치하였다. 저서에 《자치통감》, 《사마문정공집(司馬文正公集)》 따위가 있다.

2 쥬ᄌᆡ(朱子ㅣ) : 중국 송나라의 유학자(1130 ~ 1200) 주희(朱熹)를 말함. 자는 원회(元晦)·중회(仲晦). 호는 회암(晦庵)·회옹(晦翁)·운곡산인(雲谷山人)·둔옹(遯翁). 도학(道學)과 이학(理學)을 합친 이른바 송학(宋學)을 집대성하였다. '주자(朱子)'라고 높여 이르며, 그의 학문을 주자학이라고 한다. 주요 저서에 《시전》, 《사서집주(四書集註)》, 《근사록》, 《자치통감강목》 따위가 있다.

▸▸▸ 현대어역

## 〈어제경세문답(언해) 28a〉

마음이 추우며 더우며 배부르며 주림에 일찍이 일각(一刻)도 범홀(泛忽, 소홀함)하지 아니하시니 인자(人子) 된 이가 만일 어버이의 마음으로써 내 마음을 삼으면 누가 효자(孝子)가 되지 아니하리요? 한갓 아들이 아비에게 이러할 뿐이 아니라 아우가 형(兄)에게 또한 그러하니 사마온공(司馬溫公, =사마광)이 그 형 백강(伯康)에게 매양 가로되, '아니 주리는가, 아니 추워하는가?' 하거늘 주자(朱子)께서 소학(小學)에 편차(編次, 순서에 따라 편집함)하셨으니 사람이 다 그러하면 주자께서 어찌 취(取)하셨으리요? '쌀 지는 탄식(歎息, 한탄하여 한숨을 쉼)은 중유(仲由, 중국 춘추 시대 노나라의 유학자)에게 듣고 누구를 위하여 효도(孝道)하며 누구를 위하여 공순(恭順, 공손하고 온순함)하리요?' 함은 증자(曾子)의 훈계(訓戒, 타일러서 잘못이 없도록 주의를 주는 말)에 나타났으니 그 어찌 멀리서 구하리요? 나로써 이르면 능히 효를 다하지 못하며 능히 제(悌, 공경함)를 다하지 못한 것이 많은지라. 칠십(七十)이 가까운 모년(暮年)에 중야(中夜, 한밤중)에 생각을 일으켜 마음이 떨어지고 기운이 떨어짐을 깨닫지 못하나니 비록 내리사랑 하시는 은혜(恩惠)를 갚고자 하

▸▸▸ 주 석

3 빨 디는〔負〕: 중유(仲由), 즉 자로가 부모를 봉양하기 위해 백리나 떨어진 먼 곳에서 쌀을 져 왔다는 것으로 효성이 지극함을 나타내는 말이다. 백리부미(百里負米), 혹은 자로부미(子路負米)가 이에 해당한다.

4 듕유(仲由) : 중국 춘추 시대 노나라의 유학자(B.C.543 ~ B.C.480). 성은 중(仲). 이름은 유(由). 자로(子路)는 자(字). 공자의 제자로 십철(十哲)의 한 사람으로 정사(政事)에 뛰어났으며 공자를 제일 잘 섬겼다고 한다.

▸▸▸ 원문 판독

## 〈어제경세문답(언해) 28b〉

나 임의 고로(孤露)ᄒᆞ엿고 비록 〔隔〕우흐로〔上〕 ᄉᆞ랑ᄒᆞᄂᆞᆫ 경셩을 드리고져 ᄒᆞ나 〔頭〕
어버이 겨시디 아니ᄒᆞᆫ디라 미양 증ᄌᆞ(曾子)[1]의 훈계와 듀유의 말을 외오매 진실노
합연(溘然)코져 ᄒᆞ노라 슬프다 삼 일 안에 좀아 효쟝(孝章)[2]과 효슌(孝純)[3]의 긔일(忌
日)을 디내^
니 오회라 효쟝과 효슌은 도라가 아래로 ᄉᆞ랑ᄒᆞ시ᄂᆞᆫ 〔隔〕은혜롤 밧ᄌᆞᆸ고 〔頭〕
우흐로 ᄉᆞ랑ᄒᆞᄂᆞᆫ 경셩을 드리니 슬프다 고로(孤露)ᄒᆞ미여 내 아ᄃᆞᆯ과 내 며ᄂᆞ리만
ᄀᆞᆺ디 못ᄒᆞᆫ디라 ᄆᆞᄋᆞᆷ이 더옥 경경(耿耿)ᄒᆞ야 날이 머도록 뎡(定)티 못ᄒᆞ더니 이제
무ᄅᆞ미 이에 미ᄎᆞ니[4] 내 ᄆᆞᄋᆞᆷ이 일비(一倍)나 ᄒᆞᆫ디라 유유(悠悠)ᄒᆞᆫ 창창(蒼蒼)아 이
엇딘 사^
ᄅᆞᆷ고 유유ᄒᆞᆫ 창창아 이 엇딘 사ᄅᆞᆷ고
뭇ᄌᆞ와 ᄀᆞᆯ오ᄃᆡ 텬니(天理)와 인욕(人欲)이 힝ᄒᆞᄆᆞᆫ ᄒᆞᆫ가지로ᄃᆡ 졍이 다ᄅᆞᆫ 엇디니^
잇고 답 왈 텬니와 다ᄆᆞᆺ 인욕이 과연 힝ᄒᆞᄆᆞᆫ ᄀᆞᆺᄐᆞᄃᆡ 졍은 다ᄅᆞ니 쇼(小)^

▸▸▸ 주 석

1 증ᄌᆞ(曾子) : 증삼(曾參). 중국 노나라의 유학자(B.C.505 ~ ?B.C.436). 자는 자여(子輿). 공자의 덕행과 사상을 조술(祖述)하여 공자의 손자인 자사(子思)에게 전하였다. 후세 사람이 높여 증자(曾子)라고 일컬었으며, 저서에 《증자(曾子)》, 《효경(孝經)》 따위가 있다.

2 효쟝(孝章) : 조선 제21대 영조(英祖)의 맏아들인 효장세자(孝章世子) 진종(眞宗). 진종은 1719년(숙종 45)에 태어나 1724년 영조 즉위와 더불어 왕세자로 책봉되었으나 1728년 춘추 10세의 나이로 돌아가 시호를 효장이라 하였다.

### ▸▸▸ 현대어역

## 〈어제경세문답(언해) 28b〉

나 이미 고로(孤露, 부모를 여읨)하였고 비록 위로 사랑하는 정성을 드리고자 하나 어버이 계시지 아니한지라. 매양 증자의 훈계(訓戒)와 중유(仲由)의 말을 외우매 진실로 합연(溘然, 죽음이 뜻하지 않게 갑작스러움)하고자 하노라. 슬프다, 삼 일 안에 차마(=참고 억지로) 효장(孝章)과 효순(孝純)의 기일(忌日)을 지내니, 오호라, 효장과 효순은 돌아가 아래로 사랑하시는 은혜(恩惠)를 받잡고 위로 사랑하는 정성(精誠)을 드리니, 슬프다, 고로(孤露, 부모를 여읨)함이여 내 아들과 내 며느리만 같지 못한지라. 마음이 더욱 경경(耿耿, 마음에서 사라지지 않고 염려가 됨)하여 날이 멀도록 정(定, 마음을 진정시킴)하지 못하였는데 이제 물음이 이에 미치니 내 마음이 일배(一倍)나 한지라. 유유(悠悠, 움직임이 한가하고 느림)한 창창(蒼蒼)아, 이 어떤 사람인고? 유유(悠悠)한 창창(蒼蒼)아, 이 어떤 사람인고?"

묻자와 가로되, "천리(天理)와 인욕(人欲)이 행함은 한가지로되 정(情)이 다름은 어찌된 일입니까?" 답 왈, "천리(天理)와 (그리고) 인욕이 과연 행함은 같되 정(情)은 다르니 소(小)

### ▸▸▸ 주 석

3 효순(孝純) : 주선 진종(眞宗, =追尊王 孝章世子)의 비(妃). 풍양조씨(豊壤趙氏)로 좌의정 문명(文命)의 딸이다. 1727년(영조 3) 세자빈에 간택되어 효장세자(孝章世子)와 가례(嘉禮)를 올리고, 1735년 현빈(賢嬪)에 봉하여졌다. 소생은 없었으나 죽은 뒤 1752년 효순(孝純)이라는 시호를 받았고, 1776년 장헌세자(莊獻世子)의 장남(뒤의 정조)을 입양받아 승통세자빈(承統世子嬪)의 호를 받았다가, 정조의 즉위로 왕비로 추존되었다. 능은 파주에 있으며, 능호는 영릉(永陵)이다.

4 미ᄎᆞ니 : 미치니(及). '미ᄎᆞ니'는 원래 '미츠니'이지만, 이 문헌에서 'ㅊ' 다음의 'ㅡ'가 'ㆍ'로 바뀌어 나타나기도 한다.

▸▸▸ 원문 판독

## 〈어제경세문답(언해) 29a〉

며 대(大)며 셰(細)며 거(巨)애 다 그러훈디라 내 목하亽(目下事)로 니롤딘대 누쥬통
의(漏籌通儀)[1]예 훈 밤
오경에 다 오뎜(五點)이 이시니 경히 일 년 십이 삭이며 일 삭 삼십 일이며 일
일 십이 시며 일 시 팔 긱(刻) 곳툰디라 누슈(漏水)롤 초경 삼 뎜에 니릭혀 누슈롤
오 경 삼 뎜에 긋치는 고로 초경(初更)[2] 일이 뎜과 오경 亽오 뎜은 누슈롤 알외는 규^
식이 업亽니 슬프다 내 ᄆ옴이 동동(憧憧)ᄒ믄 ᄒ나흔 곳 듀모ᄒ미오 ᄒ나흔 곳 〔頭〕
종국(宗國)이라 듀모로 뻐 니릭면 슬프다 근셰에 만념(萬念)이 임의 넣ᄒ고 〔隔〕종국으로
뻐 니릭면 신셔(臣庶)에 싱각을 니릭혀면 이 ᄆ옴을 이긔기 어려워 어린〔癡〕 듯ᄒ며
광(狂)홀 듯ᄒ미 만흔디라 슬프다 이 심양(心恙)이 뉵긔(六氣)의 감상훈 배 아니라 단
듕(膻中)[3]에
응결ᄒ야 거의 형상이 잇는 듯ᄒ고 닝담(冷痰)[4]으로 뻐 더으고 쏘 쇠랄(衰薾)ᄒ므로
뻐 일일(一日)을 용심(用心)ᄒ면 원긔 훈 번 쇼삭(燒鑠)ᄒ고 이 일을 용심ᄒ면 원긔

▸▸▸ 주 석

1 누쥬통의(漏籌通儀) : 물시계에 관한 책. 고래(古來)의 물시계에 대하여 논하고, 1년 4계절의 5경(更)에 해당하는 별자리를 덧붙였다. 현재 정조 때 남병철・남병길 형제가 쓴 책이 전한다.
2 초경(初更) : 하룻밤을 오경(五更)으로 나눈 첫째 부분. 저녁 7시에서 9시 사이이다.

▸▸▸ 현대어역

## 〈어제경세문답(언해) 29a〉

며 대(大)며 세(細)며 거(巨)에 다 그러한지라. 내 목하사(目下事, 눈앞의 일)로 이를진데 누주통의(漏籌通儀, 물시계에 관한 책)에 한 밤 오경(五更)에 다 오점(五點)이 있으니 정(正)히 일 년(年) 십이 삭(朔)이며 일 삭 삼십 일(日)이며 일 일 십이 시(時)며 일 시 팔 각(刻) 같은지라. 누수(漏水)를 초경(初更) 삼 점에 일으켜 누수(漏水)를 오 경 삼 점에 그치는 고로 초경(初更) 일이 점과 오경(五更) 사오 점은 누수(漏水)를 아뢰는 규식(規式, 법규와 격식)이 없으니, 슬프다, 내 마음이 동동(憧憧, 걱정스러운 일로 마음이 안정되지 못함)함은 하나는 곧 추모(追慕)함이요, 하나는 곧 종국(宗國, =宗社)이라. 추모(追慕)로써 이르면, 슬프다, 근세(近歲)에 만념(萬念, 여러 가지 생각)이 이미 냉(冷)하고 종국(宗國)으로써 이르면 신서(臣庶, 신하와 서민)에 생각을 일으켜 이 마음을 이기기 어려워 어리석은 듯하며 광(狂)할 듯함이 많은지라. 슬프다, 이 심양(心恙)이 육기(六氣)에 감상(感傷, 느끼어 상함)한 바가 아니라. 단중(膻中)에 응결(凝結, 한데 엉기어 뭉침)하여 거의 형상(形象)이 있는 듯하고 냉담(冷痰)으로써 더하고 또 쇠랄(衰薾)함으로써 일일(一日)을 용심(用心, 정성스레 마음을 씀)하면 원기(元氣)가 한 번 소삭(燒鑠, 사르고 태움)하고 이 일을 용심(用心)하면 원기(元氣)

▸▸▸ 주 석

3 단듕(膻中) : 임맥에 속하는 혈(穴)의 이름. 양쪽 젖꼭지를 이은 선의 가운데에 있다.
4 닝담(冷痰) : 담병(痰病)의 하나. 팔과 다리가 차고 마비되어서 근육이 군데군데 쑤시고 아프다.

### ▸▸▸ 원문 판독

## 〈어제경세문답(언해) 29b〉

두 번 쇼삭ᄒᆞ니 담이란 거ᄉᆞᆫ 믄득 티셰(治世)의 능신(能臣)이오 난셰의 간웅(奸雄)이라
원긔 실ᄒᆞ면 명을 드러 뉴힝(流行)ᄒᆞ고 원긔 약ᄒᆞ면 ᄣᅢᄅᆞᆯ 타 작얼(作孼)ᄒᆞ야
ᄒᆞᄅᆞ밤 자ᄂᆞᆫ 바로 ᄡᅧ 니ᄅᆞ면 ᄇᆞ야흐로 그 잘 ᄣᅢ에 밤새도록 안온히 잘 ᄃᆞᆺ^
ᄒᆞ다가 ᄭᆡᆫ즉 오히려 일 뎜이 디나디 못ᄒᆞ야시니 오경을 통ᄒᆞ야 이십^
일 뎜 ᄉᆞ이예 자ᄂᆞᆫ 배 수뎜(數點)에 디나디 못ᄒᆞᄂᆞᆫ디라 ᄭᆡ여 누슈 알외믈 드ᄅᆞ면
ᄆᆞ음이 오히려 의챡(倚着)ᄒᆞ미 잇다가 경괴(更鼓ㅣ)[1] 임의 파쳘(罷撤)ᄒᆞᆫ 후ᄂᆞᆫ 자고져 ᄒᆞ^
야도 더옥 능히 눈을 브치디 못ᄒᆞ고 셜혹 잠간[2] 자도 ᄭᆡ여 보면 창이 오^
히려 붉디 못ᄒᆞ엿ᄂᆞᆫ디라 이ᄀᆞᆺ티 ᄒᆞ미 두 번에 니ᄅᆞ며 세 번에 니ᄅᆞ니 ᄆᆞ음^
에 샹히 스ᄉᆞ로 닐러 ᄀᆞᆯ오ᄃᆡ 붉디 못ᄒᆞᆫ 젼에[3] 인ᄒᆞ야 일경을 더ᄒᆞ야
년(連)ᄒᆞ야 누슈ᄅᆞᆯ 알외면 젼젼(輾轉)ᄒᆞᆫ 즈음에 거의 가히 ᄆᆞ음을 븟치리라

### ▸▸▸ 주 석

1 경괴(更鼓ㅣ) : 밤에 시각을 알리려고 치던 북. 밤의 시간을 초경(初更), 이경(二更), 삼경(三更), 사경(四更), 오경(五更)으로 나누어 매 시각마다 관아에서 북을 쳐 알렸다.
2 잠간 : 조금, 대강. '잠간'은 한자 '暫間'이지만, 여기서는 원문의 한자 '乍'에 대응되는 의미이다.

## ▸▸▸ 현대어역

# 〈어제경세문답(언해) 29b〉

두 번 소삭(燒鑠)하니 담(痰)이란 것은 문득 치세(治世, 잘 다스려 화평한 세상)의 능신(能臣, 정사(政事)에 능숙한 신하)이요, 난세(亂世)의 간웅(奸雄)이라. 원기(元氣)가 실(實)하면 명(命)을 들어[聽] 유행(流行)하고 원기가 약하면 때를 타 작얼(作孼, 훼방을 놓음)하여 하룻밤 자는 바로써 이르면 바야흐로 그 잘 때에 밤새도록 안온히 잘 듯하다가 깬즉 오히려 일 점이 지나지 못하였으니 오경을 통하여 이십일 점 사이에 자는 바가 수점(數點)에 지나지 못하는지라. 깨어 누수(漏水, 물시계에서 떨어지는 물) 아룀을 들으면 마음이 오히려 의착(倚着, 기대어 붙음)함이 있다가 경고(更鼓)가 이미 파철(罷撤, 끝나서 거두어짐)한 후는 자고자 하여도 더욱 능히 눈을 붙이지 못하고 설혹(設或) 잠깐 자도 깨어 보면 창(窓)이 오히려 밝지 못하였는지라. 이같이 함이 두 번에 이르며 세 번에 이르니 마음에 항상 스스로 일러 가로되, '날이 밝기 전(前)에 인하여 일경을 더하여 연(連)하여 누수(漏水)를 아뢰면 전전(輾轉, 누워서 이리저리 몸을 뒤척임)한 즈음에 거의 가히 마음을 붙이리라.'

## ▸▸▸ 주 석

3 붉디 몯ᄒᆞᆫ 젼에 : 날이 밝기 전에. '未明之前'의 언해로서 원문을 직역하여 자연스럽지 못한 구절이 된 것으로 보인다.

▸▸▸ 원문 판독

## 〈어제경세문답(언해) 30a〉

ᄒᆞᄂᆞ니 당 현종의 뉵경(六更)은 ᄠᅳᆮ이 욕심을 방죵(放縱)ᄒᆞ매 잇고 이제 나의 더코져〔添〕 ᄒᆞ믄 곳 ᄒᆞᆫ 고심이니 아니 이 거시 힝ᄒᆞ미 ᄒᆞᆫ가지로ᄃᆡ 졍이 다ᄅᆞ미 아니가[1] 어제 밤에 능히 눈을 브치디 못ᄒᆞ고 오놀 밤에 혹 다시 그러홀가 ᄒᆞ^야 그 무ᄅᆞ미 이에 밋ᄎᆞ매 늣기믈 니ᄅᆞ혀 ᄃᆡ답ᄒᆞᄂᆞ니 문답ᄒᆞᄂᆞᆫ 즈음에 밤^이 엇더ᄒᆞ엿ᄂᆞ뇨 누쉬 임의 쟝ᄎᆞᆺ 반이러라 비록 그러나 이 거시 가히 긔운^이 쇠홈과 ᄆᆞ옴이 게으ᄅᆞ믈 보리로다 쥬공(周公)[2]이 안자 아ᄎᆞᆷ을 기ᄃᆞ리시고 졔(齊ㅅ)^나라 시(詩)에 돌빗ᄎᆞᆯ ᄇᆞᆰ으믈 삼으니 과연 능히 ᄌᆞ강(自强) ᄌᆞ면(自勉)ᄒᆞ야 녯 셩인과 어딘 님군의 일을 본바드면 경뎜(更點)[3]을 엇디 더코져 ᄒᆞ며 누어 엇디 ᄇᆞᆰ기롤 기ᄃᆞ리리오 이 내 쇠(衰)ᄒᆞ미오 이 내 게으ᄅᆞ미라 이럿ᄐᆞᆺ ᄒᆞ고 묵은 플블희로 일을 삼으니 엇디 오활(迂闊)티 아니ᄒᆞ며 엇디 오활티 아니ᄒᆞ랴

▸▸▸ 주 석

1 아니 이 거시 힝ᄒᆞ미 ᄒᆞᆫ가지로ᄃᆡ 졍이 다ᄅᆞ미 아니가 : 이것이 행함이 한가지로되 정(情)이 다름이 아닌가? 원문의 '此豈非同行異情者耶'을 직역하면서 '非'를 두 번에 걸쳐 언해함으로써 자연스럽지 않은 문장이 되었다.

2 쥬공(周公) : 중국 주나라의 정치가. 문왕의 아들로 성은 희(姬). 이름은 단(旦). 형인 무왕을 도와 은나라 를 멸하였고, 주나라의 기초를 튼튼히 하였다. 예악 제도(禮樂制度)를 정비하였으며, 《주례(周禮)》를 지었다고 알려져 있다.

▸▸▸ **현대어역**

## 〈어제경세문답(언해) 30a〉

하나니 당(唐) 현종(玄宗)의 육경(六更)은 뜻이 욕심(慾心)을 방종(放縱)함에 있고 이제 나의 더하고자 함은 곧 한 고심(苦心)이니 이것이 행함이 한가지로되 정(情)이 다름이 아닌가? 어젯밤에 능히 눈을 붙이지 못하고 오늘밤에 혹 다시 그러할까 하여 그 물음이 이에 미침에 느낌을 일으켜 대답하나니 문답하는 즈음에 밤이 어떠하였느뇨? 누수(漏水)가 이미 장차 반(半)이러라. 비록 그러나 이것이 가히 기운이 쇠(衰)함과 마음이 게으름을 보리로다. 주공(周公, 중국 주나라의 정치가)이 앉아 아침을 기다리시고 제(齊)나라 시(詩)에 달빛으로 밝음을 삼으니 과연 능히 자강(自强)하고 자면(自勉)하여 옛 성인(聖人)과 어진 임금의 일을 본받으면 경점(更點)을 어찌 더하고자 하며 누워서 어찌 밝기를 기다리리요? 이 내 쇠(衰)함이요, 이 내 게으름이라. 이렇듯 하고 묵은 풀뿌리로 일을 삼으니 어찌 오활(迂闊, 세상 물정을 잘 모름)하지 아니하며 어찌 오활치 아니하랴."

▸▸▸ **주 석**

3 경뎜(更點) : 조선 시대에, 북이나 징을 쳐서 알려 주던 시간. 하룻밤의 시간을 다섯 경(更)으로 나누고, 한 경은 다섯 점(點)으로 나누어서, 매 경을 알릴 때에는 북을, 점을 알릴 때에는 징을 쳤다.

▸▸▸ **원문 판독**

## 〈어제경세문답(언해) 30b〉

묻ᄌᆞ와 ᄀᆞᆯ오ᄃᆡ 뎌즈음긔 범슈뎐(范睢傳)[1]을 보시고 깁히 비쳑ᄒᆞ시더니 또 엇딘 ᄠᅳᆺ^
으로 다시 ᄉᆞ한(史漢)을 ᄎᆞᄌᆞ시니잇고 답 왈 이 ᄯᅩᄒᆞᆫ 쇠ᄒᆞ미라 나라흘 위ᄒᆞ야 용^
심ᄒᆞ야 돗긔〔席〕 브터 긔운이 날연(薾然)ᄒᆞ니 경셔에ᄂᆞᆫ 감히 누어 명ᄒᆞ야 닑히디
못ᄒᆞ미 곳 나의 본 ᄆᆞᄋᆞᆷ이라 〔隔〕어시(御詩)를 듀모ᄒᆞ야 요ᄉᆞ이 진심편(盡心篇)[2]을 취ᄒᆞ^
야 명ᄒᆞ야 닑히더니 ᄆᆡᆼᄌᆡ[3] 좌샹(座上)에 겨신 ᄃᆞᆺᄒᆞᆫ디라 가ᄉᆞᆯ〔笠〕 ᄎᆞ자 니러 안ᄌᆞ믈
ᄭᅵᄃᆞᆺ디 못ᄒᆞ야 ᄆᆞᄋᆞᆷ이 감히 만홀(慢忽)티 못ᄒᆞ니 일로브터 ᄉᆞ한(史漢) 곳 아니면 뼈
회포롤 브틸 거시 업고 그 듕에 ᄌᆞ공(子貢)은 공문(孔門)에 놉흔 뎨ᄌᆡ라 고로 그 뎐^
을 취ᄒᆞ야 명ᄒᆞ야 닑히니 이 과연 공셩[4]이 ᄌᆞ공(子貢)[5]을 시겨 겨시며 ᄌᆞ공이 ᄯᅩ^
ᄒᆞᆫ 이롤 ᄒᆞ엿ᄂᆞᆫ가 아니ᄒᆞ엿ᄂᆞᆫ가 ᄆᆞᄋᆞᆷ에 그윽이 고이히〔異〕 너기고 ᄆᆞᄋᆞᆷ에 그윽이
의심ᄒᆞ야 내 밋디 아니ᄒᆞ며 내 밋디 아니ᄒᆞᄂᆞ니 아니 태ᄉᆞ공(太史公)의 문법인가 ᄌᆞ^

▸▸▸ **주 석**

1 범슈뎐(范睢傳) : 중국 한나라의 사마천이 지은 역사서인 《史記》에서 '누란지위(累卵之危)'라는 고사성어의 중심인물인 범수(范雎)의 이야기를 다룬 〈范雎列傳〉을 이른다.

2 진심편(盡心篇) : 《맹자(孟子)》의 편명(篇名)이다. 특히 '군자삼락(君子三樂)'이 유명한 구절이다.

3 ᄆᆡᆼᄌᆡ : ᄆᆡᆼᄌᆞ + ㅣ. 맹자는 중국 전국 시대의 사상가(B.C.372 ~ B.C.289). 이름은 '가'(軻), 자(字)는 자여(子輿), 자거(子車). B.C.320부터 약 15년간 각국을 돌며 유세하였지만 자신의 주장이 채택되지 않자 고향에 은거하였다. 공자의 인(仁) 사상을 발전시켜 '성선설(性善說)'을 주장하였으며, 인의의 정치를 권하였다. 유학의 정통으로 숭앙되며, '아성(亞聖)'이라 불린다.

### ▸▸▸ 현대어역

## 〈어제경세문답(언해) 30b〉

묻자와 가로되, "저쯤께(=저번에) 범수전(范誰傳)을 보시고 깊이 배척(排斥, 따돌리거나 거부하여 밀어 내침)하시더니 또 어떤 뜻으로 다시 사한(史漢)을 찾으십니까?" 답 왈, "이 또한 쇠함이라. 나라를 위하여 용심(用心)하여 자리에 붙어(=의지하여) 기운이 날연(薾然, 피곤하여 기운이 없음)하니 경서(經書)에는 감히 누워 명하여 읽히지 못함이 곧 나의 본 마음이라. 어시(御詩)를 추모(追慕)하여 요사이 진심편(盡心篇)을 취하여 명(命)하여 읽혔는데 맹자(孟子)가 좌상(座上)에 계신 듯한지라. 갓을 찾아 일어나 앉음을 깨닫지 못하여 마음이 감히 만홀(慢忽)하지 못하니 이로부터 사한(史漢)이 아니면 써 회포(懷抱)를 붙일 것이 없고 그 중에 자공(子貢, 중국 춘추 시대 위나라의 유학자)은 공문(孔門, 공자의 문하)의 높은 제자라. 고로 그 전(傳)을 취하여 명하여 읽히니 이것이 과연 공성(孔聖, 공자)이 자공(子貢)을 시키셨으며 자공(子貢)이 또한 이를 하였는가, 아니하였는가? 마음에 그윽이 괴이히(=이상하게) 여기고 마음에 그윽이 의심하여 내 믿지 아니하며 내 믿지 아니하나니 아니 태사공(太史公, 사마천)의 문법(文法)인가? 자

### ▸▸▸ 주 석

4 공셩(孔聖) : 셩인(聖人)이라는 뜻으로, '공자(孔子)'를 높여 이르는 말.
5 ᄌᆞ공(子貢) : 중국 춘추 시대 위나라의 유학자(?B.C.520 ~ ?B.C.456). 성은 단목(端木), 이름은 사(賜). 공문십철(孔門十哲)의 한 사람으로 언어에 뛰어났으며, 노나라와 위나라의 재상(宰相)을 지냈다.

▸▸▸ 원문 판독

## 〈어제경세문답(언해) 31a〉

로(子路)[1]와 ᄌᆞ장(子張)과 ᄌᆞ셕(子石)의 청을 혹 긋티며 혹 허티 아니ᄒᆞᄃᆡ 홀로 ᄌᆞ공의^
게 허ᄒᆞ다 ᄒᆞ야 긔두(起頭)에 임의 문법이 이시니 나의 태ᄉᆞ공(太史公)[2]을 의심ᄒᆞ미라
슬프다 ᄌᆞ공이 셩문(聖門)에 승당(升堂)ᄒᆞᆫ 사ᄅᆞᆷ으로 ᄡᅧ 임의 셩(性)과 다ᄆᆞᆺ 텬도ᄅᆞᆯ
드러시니 비록 부모의 나라ᄒᆞᆯ 위(爲)코져 ᄒᆞ나 결단코 이 도ᄅᆞᆯ 힝티 아니ᄒᆞᆯ
거시니 이ᄂᆞᆫ 젼국(戰國)[3] 죵횡(縱橫)의 ᄉᆞᆯ이라 ᄌᆞ공이 엇디 ᄎᆞ마 이ᄅᆞᆯ ᄒᆞ며 엇디 ᄎᆞ마
이ᄅᆞᆯ ᄒᆞ리오 나의 ᄡᅧ 밋디 아니ᄒᆞᄂᆞᆫ 배로라 비록 그러나 의심된 일을 질^
언티 마로믄 ᄯᅩᄒᆞᆫ 셩인의 훈계라 그 엇디 ᄆᆞᄋᆞᆷ을 허비ᄒᆞ리오 인ᄒᆞ야 ᄡᅧ
냑(略)ᄒᆞ노라 혹 닐오ᄃᆡ 이 말ᄉᆞᆷ이 공ᄌᆞ가어에 ᄯᅩᄒᆞᆫ 잇다 ᄒᆞᄂᆞᆫ 고로 그 후^
에 취ᄒᆞ야 명ᄒᆞ야 ᄂᆞᆰ히니 ᄌᆞ공의 도라오매 부지(夫子ㅣ) ᄀᆞᄅᆞ쳐 경계ᄒᆞ시미
경히 ᄌᆡ야(宰我)[4]ᄃᆞ려 니ᄅᆞ신 것 ᄀᆞᄐᆞ니 일로 ᄡᅧ[5] 보면 부ᄌᆞ의 ᄌᆞ공(子貢) 브리신 ᄠᅳᆮ을

▸▸▸ 주 석

1 ᄌᆞ로(子路) : 중국 춘추 시대 노나라의 유학자(B.C.543 ~ B.C.480). 성은 중(仲). 이름은 유(由). 자로(子路)는 자(字). 공자의 제자로 십철(十哲)의 한 사람으로 정사(政事)에 뛰어났으며 공자를 제일 잘 섬겼다고 한다.
2 태ᄉᆞ공(太史公) : '사마천'을 달리 이르는 말. 사마천이 태사 벼슬을 한 데서 유래한다.
3 젼국(戰國) : 중국 역사에서, 춘추 시대 다음의 기원전 403년부터 진나라가 중국을 통일한 기원전 221년까지 약 200년간의 과도기. 여러 제후국이 패권을 다투었던 동란기로 '전국 칠웅'이라는 일곱 개의 제후국이 세력을 다투었으며, 제자백가와 같이 학문의 중흥기를 이루었고, 토지의 사유제와 함께 농사 기술의 발달 따위로 화폐가 유통되기도 하였다.

### ▸▸▸ 현대어역

## 〈어제경세문답(언해) 31a〉

로(子路, 중국 춘추 시대 노나라의 유학자)와 자장(子張)과 자석(子石)의 청(請)을 혹 그치며 혹 허하지 아니하되 홀로 자공에게 허(許)했다 하여 기두(起頭, 글의 첫머리)에 이미 문법(文法)이 있으니 내가 태사공(太史公)을 의심함이라. 슬프다, 자공(子貢)이 성문(聖門, =孔門)에 승당(升堂)한 사람으로서 이미 성(性)과 함께 천도(天道)를 들었으니 비록 부모의 나라를 위(爲)하고자 하나 결단코 이 도를 행하지 아니할 것이니 이는 전국(戰國) 종횡(縱橫)의 술(術)이라. 자공이 어찌 차마 이를 하며 어찌 차마 이를 하리요? 내가 써 믿지 아니하는 바이로다. 비록 그러하나 의심된 일을 질언(質言, 사실을 있는 대로 딱 잘라서 말함)하지 않음은 또한 성인(聖人)의 훈계(訓戒)라. 그 어찌 마음을 허비(虛費)하리요? 인하여 써 약(略)하노라. 혹 이르되, 이 말씀이 공자가어(孔子家語)에 또한 있다 하는 고로 그 후에 취하여 명하여 읽히니 자공이 돌아오매 부자(夫子)께서 가르쳐 경계하심이 정(正)히 재아(宰我, 중국 춘추 시대 노나라의 유학자)에게 이르신 것 같으니 이로써 보면 부자께서 자공(子貢) 부리신 뜻을

### ▸▸▸ 주 석

4 ᄌᆞ야(宰我) : 재아(앞 음절의 반모음이 뒤 음절로 이동하여 'ᄌᆡ'는 'ᄌᆞ'로, '아'는 '야'로 되었음). 중국 춘추 시대 노나라의 유학자. 본명은 재여(再予). 자는 자아(子我). 공문십철의 한 사람으로, 언어에 뛰어났다. 제나라의 임묘대부(臨苗大夫)가 되었다.

5 일로 ᄡᅥ : 이로써, 이것으로써. 원본은 '以此'이며, '로 ᄡᅥ'는 도구나 자격을 나타내는 '(ᄋᆞ/으)로'에 '以'에 해당하는 'ᄡᅥ'가 결합된 조사로서, 현대국어의 '(으)로써'로 이어진다. 도구나 자격을 나타내는 '(ᄋᆞ/으)로'는, 특이하게도 '이, 그, 뎌'와 같이 1음절로 된 대명사 뒤에서는 'ㄹ로'로 나타타, '일로, 글로, 뎔로, 절로'로 사용되었다.

▸▸▸ 원문 판독

## 〈어제경세문답(언해) 31b〉

가히 뻐 알 거시여니와 가어(家語)도 ᄯᅩᄒᆞᆫ 셩문의 찬즙(纂輯)ᄒᆞᆫ 배 아니라 오히려 능^
히 혹을 푸디 못ᄒᆞ노라 녯 한(漢) 졔갈(諸葛)[1]이 ᄆᆡ양 스ᄉᆞ로 관즁(管仲)[2]과 악의(樂毅)[3]의게 비(比)^
ᄒᆞᆫ 고로 잇튼날 아ᄎᆞᆷ에 다시 악의뎐(樂毅傳)을 취ᄒᆞ야 명ᄒᆞ야 닑히더니 닑^
으미 반이 못ᄒᆞ야 구연(瞿然)ᄒᆞ믈 ᄭᆡ돗디 못ᄒᆞ고 ᄯᅩ 난연(赧然)ᄒᆞ믈 ᄭᆡ돗디 못ᄒᆞ니
구연ᄒᆞ믄 엇디오 슬프다 쇼인(小人)의 ᄎᆞᆷ소(讒訴)ᄒᆞ미 반ᄃᆞ시 그 님군의 ᄆᆞᄋᆞᆷ을 인ᄒᆞ^
ᄂᆞᆫ디라 연(燕) 쇼왕(昭王)과 연(燕) 혜왕(惠王)은 곳 부ᄌᆞ ᄉᆞ이로ᄃᆡ 쇼왕이 황금ᄃᆡ(黃金臺)를 ᄣᅡ[4] 능히
악의를 닐위엿더니[致] 혜왕이 술이 밧ᄂᆞᆫ ᄃᆞᆺᄒᆞᆫ ᄎᆞᆷ소를 미드매 악의(樂毅ㅣ) 됴(趙)^
로 가니 이 졍히 후셰 인군의 거복과 거울[5] 삼을 곳이라 이 나의 뻐 구연(瞿然)ᄒᆞ^
ᄂᆞᆫ 배오 난연(赧然)ᄒᆞ믄 엇디오 연왕이 비록 뉘우처 브ᄅᆞ나 념녀ᄒᆞᄂᆞᆫ 배 됴(趙)를 ᄡᅧ
연을 틸가 ᄒᆞᄂᆞᆫ 고로 그 글이 두어 줄에 디나디 못ᄒᆞ되 진실ᄒᆞᆷ과 거즛 거^

▸▸▸ 주 석

1 한(漢) 졔갈(諸葛) : 제갈량(諸葛亮). 중국 삼국 시대 촉한의 정치가(181~234). 자(字)는 공명(孔明). 뛰어난 군사 전략가로, 유비(劉備)의 삼고초려(三顧草廬)의 예(禮)로 초빙된 후 유비를 도와 오(吳)나라와 연합하여 조조(曹操)의 위(魏)나라 군사를 대파하고 파촉(巴蜀)을 얻어 촉한을 세웠다.

2 관즁(管仲) : 중국 춘추 시대 제나라의 재상(? ~ B.C.645). 이름은 이오(夷吾). 환공(桓公)을 도와 부국강병을 꾀하였으며, 환공을 중원(中原)의 패자(霸者)로 만들었다. 포숙아와의 우정으로 유명하며, 이들의 우정을 '관포지교(管鮑之交)'라고 이른다.

▸▸▸ 현대어역

## 〈어제경세문답(언해) 31b〉

가히 써 알 것이거니와 가어(家語, 공자의 언행 및 문인과의 문답과 논의를 수록한 책)도 또한 성문(聖門, =孔門, 공자의 문하)에서 찬집(纂輯)한 바가 아니라 오히려 능히 혹(惑, 의혹)을 풀지 못하노라. 옛 한(漢) 제갈(諸葛)이 매양 스스로 관중(管仲, 중국 춘추 시대 제나라의 재상)과 악의(樂毅, 중국 전국 시대 연나라의 무장)에게 비(比)한 고로 이튿날 아침에 다시 악의전(樂毅傳)을 취하여 명하여 읽히더니 읽음이 반(半)이 되지 못하여 구연(瞿然)함을 깨닫지 못하고 또 난연(赧然, 부끄러워 낯빛이 붉어짐)함을 깨닫지 못하니 구연함은 어찌된 일인고? 슬프다, 소인(小人)의 참소(讒訴, 죄가 있는 것처럼 윗사람에게 고하여 바침)함이 반드시 그 임금의 마음을 인하는지라, 연(燕) 소왕(昭王)과 연(燕) 혜왕(惠王)은 곧 부자(父子) 사이로되 소왕이 황금대(黃金臺)를 쌓아 능히 악의를 이르게 하였는데 혜왕이 살이 받는〔膚受, 참언이나 중상 모략 따위가 뼈에 사무치게 절실해짐〕 듯한 참소를 믿으매 악의가 조(趙)나라로 가니 이것이 정(正)히 후세 임금의 귀감(龜鑑)으로 삼을 곳이라. 이것이 내가 써 구연하는 바이요, 난연(赧然)함은 어찌된 일인고? 연왕이 비록 뉘우쳐 부르나 염려하는 바가 조나라를 끼어 연나라를 칠까 하는 고로 그 글이 두어 줄에 지나지 못하되 진실함과 거짓 것

▸▸▸ 주 석

3 악의(樂毅) : 중국 전국 시대인 B.C 3세기 전반에 활약한 연나라의 무장. 소왕(昭王)의 부름을 받고 장군이 되어 제나라를 치고 임치(臨淄)를 함락하여 창국군(昌國君)에 봉하여졌으나, 소왕이 죽은 후 혜왕(惠王)에게 쫓겨서 조나라로 도망하였다.

4 쇼왕이 황금딕(黃金臺)롤 빠 : 연(燕)나라의 소왕(昭王)이 누대(樓臺)에 천금을 쌓아두고 현자를 초빙하였다고 해서 '황금대(黃金臺)'라 하고 또는 '초현대(招賢臺)'라고도 한다.

5 거복과 거울 : 귀감(龜鑑)을 한 자 한 자 직역하여 거북과 거울이라고 한 것이다.

▸▸▸ **원문 판독**

## 〈어제경세문답(언해) 32a〉

시 판연ᄒᆞ니 슬프다 뎌 연왕이 스ᄉᆞ로 의(毅)를 속이리라 닐오ᄃᆡ 몃 쳔ᄇᆡᆨ 년
후에 이러ᄐᆞ시 ᄀᆞ리오기 어려오니 이 경히 젼(傳)의 니른 바 셩(誠)의 가히 ᄀᆞ리^
오디 못ᄒᆞ미 이 ᄀᆞᆺ다 ᄒᆞ미라 이 나의 뻐 난연(赧然)ᄒᆞᄂᆞᆫ 배로니 이롤 인ᄒᆞ야 스ᄉᆞ로
도라보니 후사ᄅᆞᆷ의 날을〔我〕 보미 이제 나의 연왕을 봄 ᄀᆞᆺᄐᆞ리니 ᄇᆡᆨ슈(白首) 모^
년의 이 글을 지으믄 일홈이 비록 셰샹을 일ᄭᅴ오미나 ᄠᅳᆺ이 진실로 스^
ᄉᆞ로 일ᄭᅴ오미라 그 스ᄉᆞ로 일ᄭᅴ오고져 ᄒᆞ면 이롤 노코 므어술 몬져 ᄒᆞ리오 ᄆᆞ^
ᄋᆞᆷ에 스ᄉᆞ로 견ᄃᆡ디 못ᄒᆞ야 더옥 ᄌᆞ면(自勉)ᄒᆞ믈 더ᄒᆞ노라 슬프다 글과 ᄒᆡᆼ실^
이 만일 서ᄅᆞ 맛디〔符〕 못ᄒᆞ면 ᄒᆞᆫ갓 스ᄉᆞ로 속일 분 아니라 진실로 쳔ᄇᆡᆨ 년
후롤 속이미니 오회라 ᄌᆞ셩옹(自省翁)[1]아 그 감히 ᄌᆞ면티 아니ᄒᆞ랴 슬프다 뎌 악^
의(樂毅)ᄂᆞᆫ 젼국(戰國) ᄢᅢ예 나시되〔生〕 죠곰도 소진(蘇秦)과 댱의(張儀)[2]의 죵횡ᄒᆞᄂᆞᆫ
틔(態ㅣ) 업ᄉᆞ니 그 연^

▸▸▸ **주 석**

1 ᄌᆞ셩옹(自省翁) : 자기 자신의 태도나 행동을 스스로 반성하는 나이 든 사람이라는 뜻으로, 영조 자신을 지칭하는 말.

### ▸▸▸ 현대어역

## 〈어제경세문답(언해) 32a〉

이 판연(判然, 명백하게 드러나 있는 모양)하니, 슬프다, 저 연왕(燕王)이 '스스로 의(毅)를 속이리라' 이르되 몇 천백 년 후에 이렇듯이 가리기 어려우니 이 정히 전(傳)에 이른 바 성(誠)의(=성을) 가히 가리지 못함이 이와 같다 함이라. 이것이 내가 써 난연(赧然, 낯빛이 붉어짐)하는 바이니 이를 인하여 스스로 돌아보니 훗사람이 나를 봄이 이제 내가 연왕을 봄 같으리니 백수(白首) 모년(暮年, =晩年)에 이 글을 지음은 이름이 비록 세상을 일깨움이나 뜻이 진실로 스스로 일깨움이라. 그 스스로 일깨우고자 하면 이를 놓고 무엇을 먼저 하리요? 마음에 스스로 견디지 못하여 더욱 자면(自勉)함을 더하노라. 슬프다, 글과 행실(行實)이 만일 서로 맞지 않으면 한갓 스스로 속일 뿐 아니라 진실로 천백 년 후를 속임이니, 오호라, 자성옹(自省翁)아, 그 감히 자면(自勉)하지 아니하랴! 슬프다, 저 악의(樂毅)는 전국(戰國) 때에 났으되 조금도 소진(蘇秦, 중국 전국 시대의 유세가)과 장의(張儀, 중국 전국 시대 위나라의 정치가)의 종횡(縱橫)하는 태(態)가 없으니 그 연

### ▸▸▸ 주 석

2 장의(張儀) : 중국 전국 시대 위(魏)나라의 정치가(? ~ B.C.309). 귀곡 선생(鬼谷先生)에게서 종횡(縱橫)의 술책을 배우고, 뒤에 진(秦)나라의 재상이 되어 연횡책을 6국에 유세(遊說)하여 열국으로 하여금 진나라에 복종하도록 힘썼다.

▸▸▸ 원문 판독

## 〈어제경세문답(언해) 32b〉

왕긔 보훈 글이 가히 일단 셩관(誠款)을 볼디라 더럽다 범슈(范睢)와 채턱(蔡澤)은 엇디 죡히 니루리오

뭇주와 골오디 이는 임의 듯주와거니와 진심편(盡心篇) 듕에 ᄀ장 가히 공경을 니루혈 거시 어디 잇ᄂ니잇고 답 왈 명 아니미 업ᄉ나 슌(順)이 그 졍명(正命)을 바^ 들 거시라 ᄒ는 글이라 슬프다 나의 조급훈 ᄆ음으로 뻐 내의 경녁(經歷)훈 거^ 술 무루면 엇디 금일에 니루며 칠십이 갓가온 나희 더옥 다시 ᄆ음을 티^ 오니 묵은[陳] 블회 므어시 유익ᄒ리오마는 비록 그러나 이ᄌ티 지텽(支撑)ᄒ믄 어려셔브터 져기 이 도리롤 알 ᄯ루미라 이제 아셩(亞聖)의 훈계롤 듯ᄌ오매 졍문(頂門) 샹(上)의 훈 침(鍼) ᄌᄐ니 엇디 공경을 니루혀디 아니ᄒ며 엇디 공경^ 을 니루혀디 아니ᄒ리오 슬프다 금셰예 사롬이 만일 이 도롤 알면 그 엇^

▸▸▸ 현대어역

## 〈어제경세문답(언해) 32b〉

왕(燕王)께 보(報)한 글이 가히 일단(一團) 성관(誠款, 정성스러운 마음)을 볼지라. 더럽다, 범수(范雎)와 채택(蔡澤)은 어찌 족히 이르리요?"

문자와 가로되, "이는 이미 듣잡거니와 진심편(盡心篇) 중에 가장 가히 공경을 일으킬 것이 어디에 있습니까?" 답 왈, '명(命) 아님이 없으나 순(順)히 그 정명(正命)을 받을 것이라' 하는 글이라. 슬프다, 내 조급(躁急, 참을성이 없이 몹시 급함)한 마음으로써 내가 경력(經歷)한 것을 물으면 어찌 금일(今日)에 이르며 칠십이 가까운 나이에 더욱 다시 마음을 태우니 묵은 뿌리가 무엇이 유익(有益)하리요마는 비록 그러하나 이같이 지탱(支撑, 오래 버티거나 배겨 냄)함은 어려서부터 적이 이 도리를 알 따름이라. 이제 아성(亞聖, 공자 다음가는 성인, =맹자)의 훈계(訓戒)를 듣자오매 정문(頂門, 머리 위의 숫구멍이 있는 자리) 상(上)의 한 침(鍼)과 같으니 어찌 공경을 일으키지 아니하며 어찌 공경을 일으키지 아니하리요? 슬프다, 금세에 사람이 만일 이 도를 알면 그 어

▸▸▸ 원문 판독

## 〈어제경세문답(언해) 33a〉

디 부효(浮囂)ᄒᆞ며 ᄯᅩ 엇디 조경(躁競)ᄒᆞ리오 이제 ᄆᆡᆼᄌᆞ의 훈계ᄅᆞᆯ 가져 ᄡᅧ 일셰ᄅᆞᆯ 경동(警動)ᄒᆞ노라

묻ᄌᆞ와 ᄀᆞᆯ오ᄃᆡ 이제 고시션(古詩選)을 보시고 강개(慷慨)ᄒᆞ시믄 엇디니잇고 답 왈 처^음에 ᄡᅧ 취ᄒᆞ야 보ᄂᆞᆫ 바는 오언과 칠언시 근본을 알고져 ᄒᆞ미러니 니열^년(李延年)의 븍방가인(北方佳人) 시(詩)예 무뎨(武帝ㅣ) 탄식ᄒᆞ야 니ᄅᆞᄃᆡ 셰상에 엇디 이런 사ᄅᆞᆷ이 이시^랴 이ᄅᆞᆯ 인ᄒᆞ야 ᄆᆞ음이 동ᄒᆞ야 니부인(李夫人)을 어드니 이 곳 셩(城)을 기우리미오 나라ᄒᆞᆯ 기우리미라 슬프다 졔갈(諸葛)의 황시(黃氏)ᄂᆞᆫ 녯일이어니와 양이 이시면 음이 잇고 지아비 이시면 지어미 이시니 그 엇디 셩(城)을 기우리며 나라ᄒᆞᆯ 기우린 후^에 가히 ᄡᅧ 비필을 삼으랴 슌의 이비(二妃)와 문왕의 태ᄉᆞ(太姒)[1]ᄂᆞᆫ 곳 셩인 님군과 어딘 비필이 ᄌᆞ연(自然)ᄒᆞᆫ 니(理)라 엇디 일죽 구ᄒᆞ야 ᄡᅧ 닐위랴[致] 무뎨의 영웅 모략^

▸▸▸ 주 석

1 태ᄉᆞ(太姒) : 주(周) 문왕(文王)의 비(妃). 현모양처(賢母良妻)의 귀감(龜鑑)이다.

▸▸▸ **현대어역**

## 〈어제경세문답(언해) 33a〉

찌 부효(浮囂)하며 또 어찌 조경(躁競, 마음을 조급히 굴면서 권세를 다툼)하리요? 이제 맹자(孟子)의 훈계(訓戒)를 가지고 써 일세(一世)를 경동(警動, 깨우쳐 격려함)하노라."

묻자와 가로되, "이제 고시선(古詩選)을 보시고 강개(慷慨, 의롭지 못한 것을 보고 의기가 북받쳐 원통하고 슬픔)하심은 어찌된 일입니까?" 답 왈, "처음에 써 취(取)하여 보는 바는 오언(五言)과 칠언시(七言詩) 근본을 알고자 함이러니 이연년(李延年, 한 나라 무제 때의 歌人)의 북방가인(北方佳人)시(詩)에 무제(武帝)가 탄식하여 이르되, "세상에 어찌 이런 사람이 있으랴?" 이를 인하여 마음이 동하여 이부인(李夫人, 이연년의 누이동생, =경국지색)을 얻으니 이 곧 성(城)을 기울임이요, 나라를 기울임이라. 슬프다. 제갈(諸葛, =諸葛亮)의 황씨(黃氏, 제갈량의 아내. 외모는 추하나 학식이 뛰어났다고 함)는 옛일이거니와 양(陽)이 있으면 음(陰)이 있고 지아비가 있으면 지어미가 있으니 그 어찌 성(城)을 기울이며 나라를 기울인 후에 가히 써 배필을 삼으랴? 순(舜)의 이비(二妃)와 문왕(文王)의 태사(太姒)는 곧 성인 임금과 어진 배필이 자연(自然)한 이치(理致)라. 어찌 일찍 구하여 써 이르게 하랴(=이루랴)? 무제의 영웅(英雄) 모략(謀略, 지모와 지략)

▸▸▸ 원문 판독

## 〈어제경세문답(언해) 33b〉

으로뻐도 오히려 이 일이 이시니 당 현종의 무혜비(武惠妃)로 인ᄒᆞ야 양시(楊氏)를 어^
드미 ᄯᅩ 엇디 고이ᄒᆞ랴 슬프다 도심(道心)과 인심(人心)은 셩인이 임의 닐러 겨신디라
잡으며 놋ᄂᆞᆫ ᄉᆞ이에 셩(聖)과 광(狂)이 판연ᄒᆞ니 슬프다 뎌 범인은 오히려 족히
닐넘즉디 아니ᄒᆞᆫ디라 그 뎨왕(帝王)이 가히 감티 아니ᄒᆞ며 가히 감티 아니ᄒᆞ^
랴 이제 비록 뷔(憊)ᄒᆞ나 궐연(蹶然)이 니러나 강개ᄒᆞ믈 ᄭᅵ돗디 못ᄒᆞ노라 슬프다
두 기우릴 경(傾) ᄍᆞ(字)ᄂᆞᆫ 가히 늠연(凜然)ᄒᆞᆫ 곳이라 이ᄂᆞᆫ 이에 우믈(尤物)이니 엇디
아롬답다

니ᄅᆞ리오 셩을 기우리며〔傾城〕 나라흘 기우리면〔傾國〕 그 망티 아닐 바를 듯디 못ᄒᆞ엿^
ᄂᆞ니 후셰 인군의 거복과 거울을 삼을 곳이 아니냐

뭇ᄌᆞ와 ᄀᆞᆯ오ᄃᆡ 삼양(三陽)이 회태(回泰)ᄒᆞ매 만품이 다 새로오니 그 과연 히로 더브러
ᄒᆞᆫ가지로 새롭ᄂᆞ니잇가 기리 탄식ᄒᆞ야 ᄡᅥ 답 왈 뉵십구 셰ᄂᆞᆫ 만만(萬萬) 혬 밧^

▸▸▸ 현대어역

## 〈어제경세문답(언해) 33b〉

으로써도 오히려 이 일이 있으니 당 현종이 무혜비(武惠妃, 현종이 양귀비 이전에 총애하던 비(妃))로 인하여 양씨(楊氏, 양귀비)를 얻음이 또 어찌 괴이하랴? 슬프다, 도심(道心, 바르고 착한 길을 따르려는 마음)과 인심(人心)은 성인(聖人)이 이미 이르셨는지라. (마음을) 잡으며 놓는 사이에 성(聖)과 광(狂)이 판연하니, 슬프다, 저 범인(凡人)은 오히려 족히 이름직하지 아니한지라. 그 제왕(帝王)이 가히 감(鑑, 거울로 삼음)하지 아니하며 가히 감(鑑, 거울로 삼음)하지 아니하랴? 이제 비록 비(憊, 고달픔, 피곤함)하나 궐연(蹶然, 일어나는 모양이 매우 기운참)이 일어나 강개(慷慨, 의기가 북받쳐 원통하고 슬픔)함을 깨닫지 못하노라. 슬프다, 두 기울일 경(傾) 자(字)는 가히 늠연(凜然)한 곳이라. 이는 이에 우물(尤物, 잘생긴 여자)이니 어찌 아름답다 이르리요? 성(城)을 기울이며 나라를 기울이면 그 망하지 아니할 바를 듣지 못하였나니 후세 임금의 거북과 거울을 삼을 곳이 아니냐?"

묻자와 가로되, "삼양(三陽)이 회태(回泰)함에 만품(萬品)이 다 새로우니 그 과연 해[歲]와 더불어 한가지로 새롭습니까?" 길이 탄식(歎息)하여 써 답 왈, "육십구 세는 만만(萬萬) 헤아림 밖

▸▸▸ 원문 판독

## 〈어제경세문답(언해) 34a〉

기라 명년을 싱각ᄒᆞ니 내 ᄆᆞ옴이 일비(一倍)나 ᄒᆞᆫ디라 만품이 비록 봄이나 나^
ᄂᆞᆫ 그 봄을 아디 못ᄒᆞ니 새로올 신(新) ᄒᆞᆫ ᄌᆞ롤 그 엇디 무ᄅᆞ리오 비록 그러ᄒᆞ나 임^
의 빅셩과 나라희 허ᄒᆞ야시니 ᄒᆞᆫ가지로 새로오며 다ᄆᆞᆺ 못ᄒᆞ믄 일변(一邊)에 두^
고 ᄌᆞ강ᄒᆞᄂᆞᆫ 뜻은 엇디 감히 만홀(慢忽)ᄒᆞ랴 내 ᄇᆞ야흐로 스ᄉᆞ로 쥬인옹의게 권^
면ᄒᆞ노라
뭇ᄌᆞ와 ᄀᆞᆯ오ᄃᆡ 고인이 닐오ᄃᆡ 혈긔ᄂᆞᆫ ᄣᅢ로 쇠ᄒᆞ미 잇거니와 디긔(志氣)ᄂᆞᆫ 쇠ᄒᆞᆯ ᄣᅢ
업ᄂᆞ니 샹히 쇠모(衰耗)롤 일ᄏᆞᄅᆞ시미 아니 과ᄒᆞ시니잇가 답 왈 이ᄂᆞᆫ 셩인을 ᄀᆞ^
ᄅᆞ쳐 니ᄅᆞ미라 내 비록 부덕이나 ᄌᆞ긔(自期)ᄒᆞ믄 엇디 ᄂᆞᄌᆞ리오마ᄂᆞᆫ 모년 삼강(三講)에
글은 스ᄉᆞ로 글이오 나ᄂᆞᆫ 스ᄉᆞ로 내라〔我ㅣ라〕[1] 혹문에 ᄆᆞ음 잡ᄂᆞᆫ 공뷔 업ᄉᆞ니 디긔
(志氣)와 다^
ᄆᆞᆺ 혈긔롤 엇디 결을ᄒᆞ야[2] 분변ᄒᆞ리오 ᄒᆞ믈며 심은 디(志)의 본(本)이라 슬프^

▸▸▸ 주 석

1 글은 스ᄉᆞ로 글이오 나ᄂᆞᆫ 스ᄉᆞ로 내라 : 원문의 '書自書 我自我'를 직역한 것으로서, 글의 내용을 실천으로 옮기지 못하여 글과 내가 별도로 존재함을 말한다.

▸▸▸ 현대어역

## 〈어제경세문답(언해) 34a〉

이라. 명년(明年)을 생각하니 내 마음이 일배(一倍)나 한지라. 만품이 비록 봄이나 나는 그 봄을 알지 못하니 새로울 신(新) 한 자(字)를 그 어찌 물으리요? 비록 그러하나 이미 백성과 나라에 허(許)하였으니 한가지로 새로우며 (새롭지) 못함은 일변(一邊)에 두고 자강(自强, 스스로 힘써 몸과 마음을 가다듬음)하는 뜻은 어찌 감히 만홀(慢忽, 한만하고 소홀함)하랴? 내 바야흐로 스스로 주인옹(主人翁)에게 권면(勸勉, 권하고 격려하여 힘쓰게 함)하노라."

묻자와 가로되, "고인(古人)이 이르되, 혈기(血氣)는 때로 쇠(衰)함이 있거니와 지기(志氣, 의지와 기개)는 쇠할 때가 없나니 항상 쇠모(衰耗, 쇠퇴하여 줄어듦)를 일컬으심이 아니 과하십니까?" 답왈, "이는 성인(聖人)을 가리켜 이름이라. 내 비록 부덕(否德, 덕이 없거나 부족함)이나 자기(自期, 마음 속으로 스스로 기약함)함은 어찌 낮으리요마는 모년(暮年, =晩年) 삼강(三講)에 글은 스스로 글일 뿐이요, 나는 스스로 나일 뿐이라. 학문(學文)에 마음잡는 공부(工夫)가 없으니 지기(志氣)와 함께 혈기(血氣)를 어찌 틈을 내어(=한가하게) 분변(分辨)하리요? 하물며 심(心)은 지(志)의 본(本)이라. 슬프

▸▸▸ 주 석

2 결을ᄒᆞ야 : 겨를을 내어. 틈타. '결을ᄒᆞ다'는 '틈타다'의 뜻으로 사용되었다.

▸▸▸ **원문 판독**

## 〈어제경세문답(언해) 34b〉

다 셕년을 ᄯᆞ라 ᄉᆡᆼ각ᄒᆞ야 감창(感愴)ᄒᆞ야 ᄉᆞ모(思慕)ᄒᆞ미 더옥 ᄀᆞᆫ졀ᄒᆞᆫ디라 〔頭〕

종국(宗國)을 쵸민(焦悶)ᄒᆞ야 날로 녹고 ᄃᆞᆯ로 샥(鑠)ᄒᆞ니 이제 그 오히려 지텽ᄒᆞ야 일^

을 ᄒᆞ믄 다만 ᄌᆞ봉(自奉)ᄒᆞ미 담박ᄒᆞ야 슉쇼(夙宵)에 게으ᄅᆞ디 아니ᄒᆞ믈 인연ᄒᆞ^

야 그러ᄒᆞ미라 쇠타 니ᄅᆞ며 모(耗)타 니ᄅᆞ미 엇디 과타 ᄒᆞ리오 비록 그러ᄒᆞ나 만일

하쉬(河水ㅣ) ᄆᆞᆰ으믈 드러 나라 운쉬(運輸ㅣ) 동태(動泰)ᄒᆞ매 도라디면 더옥 ᄌᆞ강을

힘ᄡᅳᆯ디^

니 엇디 그 무ᄅᆞ믈 기ᄃᆞ리리오 이 나의 ᄡᅧ 듕야에 궐연(蹶然)ᄒᆞ야 가ᄉᆞᆷ을 ᄆᆞᆫ디며

탄식을 니ᄅᆞ혀ᄂᆞᆫ 배니라 뭇ᄂᆞᆫ 재 유유(唯唯)ᄒᆞ거ᄂᆞᆯ 약간 그 대개ᄅᆞᆯ ᄡᅧ 녕ᄃᆡ(靈臺)예

삭이노라

뭇ᄌᆞ와 ᄀᆞᆯ오ᄃᆡ 그 엇디 ᄡᅧ 탄식ᄒᆞ시ᄂᆞ니잇고 답 왈 시(詩)에ᄂᆞᆫ 녜ᄅᆞᆯ 감창(感愴)ᄒᆞ^

야 부술〔筆〕 그치미 임의 여러 ᄒᆡ어니와 문(文)에ᄂᆞᆫ 뎌즈음긔 편ᄎᆞ인(編次人)ᄃᆞ려 무ᄅᆞ^

▸▸▸ 현대어역

## 〈어제경세문답(언해) 34b〉

다. 석년(昔年)을 따라 생각하여 감창(感愴, 가슴에 사무쳐 슬픔)하여 사모(思慕)함이 더욱 간절한 지라. 종국(宗國, =宗社)을 초민(焦悶, 속이 타도록 몹시 고민함)하여 날로 녹고 달로 삭(鑠, 달굼)하니, 이제 그 오히려 지탱(支撐, 오래 버티거나 배겨 냄)하여 일을 함은 다만 자봉(自奉, 자기 몸을 스스로 잘 보양함)함이 담박(淡薄)하여 숙소(夙宵, 이른 아침과 깊은 밤)에 게으르지 아니함을 인연(因緣)하여 그러함이라. 쇠(衰)하다 이르며 모(耗)하다 이름이 어찌 과(過)하다 하리요? 비록 그러하나 만일 하수(河水)가 맑음을 들어 나라 운수(運輸, 사람을 태워 나르거나 물건을 실어 나름)가 동태(動泰, 움직이기 편안함)함에 돌아지면(=돌아들면) 더욱 자강(自强)을 힘쓸지니 어찌 그 물음을 기다리리요? 이것이 내가 써 중야(中夜, 한밤중)에 궐연(蹶然, 일어나는 모양이 매우 기운참)하여 가슴을 만지며 탄식(歎息)을 일으키는 바이니라. 묻는 자가 유유(唯唯, 시키는 대로 순종함)하거늘 약간 그 대개를 써 영대(靈臺, 신령스러운 곳, =마음)에 새기노라."

묻자와 가로되, "그 어찌 써 탄식하십니까?" 답 왈, "시(詩)에는 예[昔]를(=옛날에) 감창(感愴, 가슴에 사무쳐 슬픔)하여 붓을 그침이 이미 여러 해이거니와 문(文)에는 저쯤께(=저번에) 편차인(編次人)에게 물으

▸▸▸ **원문 판독**

## 〈어제경세문답(언해) 35a〉

니 장황(粧纊)ᄒᆞᆫ 거시 오히려 ᄒᆞᆫ ᄎᆡᆨ이 잇다 ᄒᆞᄂᆞᆫ 고로 내 고집이 이셔 비록 ᄒᆞᆫ
권이라도 더 짓고져 아니ᄒᆞᄃᆡ 임의 잇ᄂᆞᆫ 권을 ᄇᆞ리미 가히 앗가온디라 일^
홈ᄒᆞ야 ᄀᆞᆯ오ᄃᆡ 부록이라 ᄒᆞ고 처엄으로브터 ᄭᅳᆺᄀᆞ디 니ᄅᆞ히 졔ᄅᆞᆯ 다 세
ᄌᆞ(字)로 ᄒᆞ니 ᄯᅳᆺ이 ᄯᅩᄒᆞᆫ 잇ᄂᆞᆫ디라 아래로 ᄯᅩᆯ와 시러 긔록ᄒᆞ야 남은 댱(張)이 언^
마나 ᄒᆞᆫ 줄을 아디 못ᄒᆞ더니 ᄀᆞᆺ 무ᄅᆞ니 그 후에 댱을 쳠보(添補)ᄒᆞ야 댱이 칠^
십에 니ᄅᆞ럿다 ᄒᆞ니 이제 만일 이에 디나면 엇디 나의 처엄 ᄯᅳᆺ이리오 그 봉(封)^
ᄒᆞ믈 인ᄒᆞ야 ᄒᆞᆫ가지로 임의 편ᄎᆞᆫ 어졔(御製) 듕(中)에 장(藏)ᄒᆞ니 대개 권편(卷編)^
이 셕년에 디날가〔過〕 저허ᄒᆞ미라 일로 조차 ᄡᅧ 후ᄂᆞᆫ 나의 우회(寓懷)ᄒᆞ미 오직
문답에 잇더니 명연히 이제 니ᄅᆞ러 칠십이 명년의 잇고 시(詩)와 문(文)에 ᄯᅩ 이
ᄀᆞᆺᄐᆞ니 이 나의 ᄡᅧ 스ᄉᆞ로 탄식ᄒᆞᄂᆞᆫ 배로라[1] 비록 그러나 이제 문답은 위(衛) 무^

▸▸▸ **주 석**

1 배로라 : 바이로다. '-로라'는 1인칭 주어문에서 계사 뒤에 나오는 것이 특징이다. 주어가 1인칭이 아닌 경우에 쓰인 '-로다'와 비교할 때 '-로라'의 '-로-'는 계사 뒤 '-오-'의 교체형으로 분석될 성격의 것이다.

▸▸▸ **현대어역**

## 〈어제경세문답(언해) 35a〉

니 장황(粧潢)한 것이 오히려 한 책(冊)이 있다 하는 고로 내가 고집이 있어 비록 한 권이라도 더 짓고자 아니하되 이미 있는 권을 버림이 가히 아까운지라. 이름 하여 가로되, 부록(附錄)이라 하고 처음부터 끝까지 이르도록 제(題)를 다 세 자(字)로 하니 뜻이 또한 있는지라. 아래에 따라 실어 기록하여 남은 장(張)이 얼마나 한(=된) 줄을 알지 못하였는데, 갓(=겨우) 물으니 그 후에 장을 첨보(添補, 더하여 보충함)하여 장이 칠십에 이르렀다 하니 이제 만일 이에서 지나면(=더하면) 어찌 나의 처음 뜻이리요? 그 봉(封)함을 인하여 한가지로 이미 편차(編次, 순서에 따라 편집함)한 어제(御製, 임금이 몸소 짓거나 만듦) 중(中)에 장(藏, 간직함)하니 대개 권편(卷編)이 석년(昔年)에서 지날까(=더할까) 걱정함이라. 이로조차(=이로부터) 이후(以後)는 나의 우회(寓懷, 생각이 머무름)함이 오직 문답(問答)에 있었는데 명연(冥然)히 이제 이르러 칠십이 명년(明年)에 있고 시(詩)와 문(文)에 또 이와 같으니 이것이 내가 써 스스로 탄식하는 바이로다. 비록 그러나 이제 문답은 위(衛) 무

### ▸▸▸ 원문 판독

## 〈어제경세문답(언해) 35b〉

공(武公)의 억계(抑戒)[1]를 본바다 모년에 ᄌᆞ강ᄒᆞᄂᆞᆫ 거시니 그 엇디 이{어}졔 듕 편즙(編輯) 여부에

관계ᄒᆞ리오 다만 맛당히 일로 ᄡᅥ 일변은 ᄡᅥ 셰상을 일ᄭᆡ오고 일변은

ᄡᅥ 스ᄉᆞ로 권면(勸勉)ᄒᆞ노라

뭇ᄌᆞ와 ᄀᆞᆯ오ᄃᆡ 비록 쇠ᄒᆞ시다 ᄒᆞ나 보텹(步屧)이 심히 감티 아니ᄒᆞ시고 날로

건공탕(建功湯)을 잡ᄉᆞ와 담휘(痰候ㅣ) 거의 낫ᄌᆞ오시니 그 엇디 누으실 ᄣᅢ 만흐시며

ᄯᅩ 엇^

디 신음ᄒᆞ시ᄂᆞ니잇고 아니 게으ᄅᆞ매 갓가오시며 졍셩에 브죡ᄒᆞ시니잇가

위연히 눈믈을 먹음고 답 왈 셰샹 사ᄅᆞᆷ이 경구(輕裘)ᄅᆞᆯ 닙으며 비마(肥馬)ᄅᆞᆯ 타

예ᄃᆡ(輿儓) 밧긔 보힝ᄒᆞᄂᆞᆫ 재 젹고 의식(衣食)에 ᄒᆞᆫᄀᆞᆯᄀᆞᆺ티 그 편ᄒᆞ믈 임의로 ᄒᆞ^

거니와 그러나 그 모ᄅᆞ미 보라 긔환(綺紈)의 ᄌᆞ(子)와 추포(麤布)의 ᄉᆡ(士ㅣ) 뉘 견강(堅剛)ᄒᆞ며 뉘 취^

약(脆弱)ᄒᆞ뇨 범질(范質)의 시(詩)에 쟉쟉(灼灼)ᄒᆞᆫ 동산 가온대 ᄭᅩᆺ치오 지지(遲遲)ᄒᆞᆫ

시ᄂᆡᄀᆞ〔澗畔〕의 솔〔松〕^

### ▸▸▸ 주 석

1 위(衛) 무공(武公)의 억계(抑戒) : 위(衛)나라 11대 왕인 무공(武公)이 95세의 나이에 '억계(抑戒)'를 지었는데, 여왕(厲王)을 풍자하고 또한 스스로를 경계하기 위해 지은 것이다. 《시경(詩經)》 〈대아(大雅) 억(抑)〉에 나오는 다음 구절이다. '흰 구슬의 흠집은 그래도 갈면 되지만 말의 흠은 어떻게 할 수도 없다네.'

▸▸▸ 현대어역

## 〈어제경세문답(언해) 35b〉

공(武公)의 억계(抑戒)를 본받아 모년(暮年)에 자강(自强)하는 것이니 그 어찌 어제(御製) 중(中) 편집(編輯) 여부에 관계(關係)하리요? 다만 마땅히 이로써 일변(一邊)은 써 세상을 일깨우고 일변은 써 스스로 권면(勸勉)하노라."

묻자와 가로되, "비록 쇠(衰)하시다 하나 보첩(步屧, 내처 걷는 걸음)이 심히 감(減)하지 아니하시고 날로(=날마다) 건공탕(建功湯)을 잡수어 담후(痰候)가 거의 낫사오시니 그 어찌 누우실 때 많으시며 또 어찌 신음(呻吟)하십니까? 아니 게으름에 가까우시며 정성에 아니 부족하십니까?" 위연(喟然, 한숨을 쉬는 모양이 서글픔)히 눈물을 머금고 답 왈, "세상 사람이 경구(輕裘, 가벼운 가죽 옷)를 입으며 비마(肥馬, 살찐 말)를 타 여대(輿儓) 밖에 보행하는 자가 적고 의식(衣食)에 한결같이 그 편함을 임의로 하거니와 그러나 그 모름지기 보라. 기환(綺紈, 고운 비단. 또는 곱고 값진 옷)의 자(子)와 추포(麤布, 발이 굵고 거칠게 짠 베)의 사(士) 중에 뉘 견강(堅剛, 매우 굳세고 단단함)하며 뉘 취약(脆弱, 무르고 약함)하뇨? 범질(范質)의 시(詩)에 '작작(灼灼, 몹시 화려하고 찬란함)한 동산 가운데 꽃이요, 지지(遲遲, 몹시 더딤)한 시냇가의 솔[松]

## ▸▸▸ 원문 판독

## 〈어제경세문답(언해) 36a〉

이라 ᄒᆞ니 이 경히 이롤 니ᄅᆞ미라 내 비록 고량(膏粱)에 ᄉᆡᆼ댱(生長)ᄒᆞ여시나 어려^
셔브터 ᄌᆞ봉(自奉)ᄒᆞᄂᆞᆫ 배 담박ᄒᆞ야 방쟝(方丈)과 수인(數仞)을 ᄆᆞᄋᆞᆷ에 샹히 븟그리^
며 틔타(怠惰)ᄒᆞ며 교만ᄒᆞ믈 ᄆᆞᄋᆞᆷ에 그윽이 경계ᄒᆞᄂᆞ니 그 ᄌᆞ셩편(自省編)을 보디
못ᄒᆞ엿ᄂᆞ냐 비록 이에 니ᄅᆞ나 ᄆᆞᄋᆞᆷ이 위로{포} ᄀᆞᆺᄒᆞ야 〔隔〕동됴(東朝)[1]롤 밧드오며
신닌(臣隣)을 인졉(引接)ᄒᆞ매 ᄯᅩᄒᆞᆫ 이 ᄆᆞᄋᆞᆷ이라 이 ᄀᆞᆺᄐᆞᆫ 고로 〔隔〕시탕ᄒᆞ매 좀뎌(潛邸)에
이실 ᄣᅢᄂᆞᆫ 진실로 가히 의논ᄒᆞᆯ 거시 업거니와 비록 갑진(甲辰)[2] 후로브터도 〔頭〕
농누(龍樓)에 문침(問寢)ᄒᆞ며 〔隔〕댱냑(長樂)에 〔隔〕시봉(侍奉)ᄒᆞ오매 그 가며 그 오매 승
예(乘輿)ᄒᆞᆯ 제 젹고
만년의 니ᄅᆞ매 엇디 특별히 젹을 ᄲᅮᆫ이리오 그 것ᄂᆞᆫ〔步〕 거시 샹히 열희셔
여ᄃᆞᆲ아홉이라 고로 각녁(脚力)에 쇠티 아니ᄒᆞ미 진실로 이에 말ᄆᆡ아므미라
슬프다 고인이 비록 ᄀᆞᆯ오ᄃᆡ ᄒᆡ〔歲〕 치운〔寒〕 후에 숑ᄇᆡᆨ(松柏)의 후에 ᄠᅥ러디믈 안다

## ▸▸▸ 주 석

1 동됴(東朝) : 발을 늘이고 정사를 듣는 태후. 즉 수렴청정하던 태후(太后). 또는 태후가 집무하던 곳.

▸▸▸ 현대어역

## 〈어제경세문답(언해) 36a〉

이라.' 하니 이것이 정(正)히 이를 이름이라. 내 비록 고량(膏粱, 부귀한 가문)에서 생장(生長)하였으나 어려서부터 자봉(自奉, 자기 몸을 스스로 잘 보양함)하는 바가 담박(淡泊, 욕심이 없고 마음이 깨끗함)하여 방장(方丈)과 수인(數仞)을 마음에 항상 부끄러워하며 태타(怠惰, 몹시 게으름)하며 교만함을 마음에 그윽이 경계하나니, 그 자성편(自省編)을 보지 못하였느냐? 비록 이에 이르나 마음이 위포(韋布, 벼슬을 하기 전의 처지) 같아 동조(東朝)를 받들며 신린(臣隣, 한 임금을 모시는 신하끼리의 처지)을 인접(引接)함에 또한 이 마음이라. 이와 같은 고로 시탕(侍湯, 어버이의 병환에 약 시중을 드는 일)함에 잠저(潛邸, 임금이 되기 전의 시기. 또는 그 시기에 살던 집)에 있을 때는 진실로 가히 의논할 것이 없거니와 비록 갑진(甲辰) 후로부터도 용루(龍樓)에 문침(問寢)하며 장락(長樂)에 시봉(侍奉, 모시어 받듦)하매 그 가며 그 옴에 승여(乘輿, 수레를 탐) 할 때가 적고 만년(晩年)에 이름에 어찌 특별히 적을 뿐이리요? 그 걷는 것이 항상 열에서 여덟아홉이라. 고로 각력(脚力, 다리의 힘)에 쇠하지 아니함이 진실로 이에 말미암음이라. 슬프다, 고인(古人)이 비록 가로되, "해가 추운 후에 송백(松柏)이 후(後)에 떨어짐〔後凋, 간난을 견디어 굳게 절조를 지킴〕을 안다."

▸▸▸ 주 석

2 갑진(甲辰) : 경종(景宗)이 승하한 해.

### ▸▸▸ 원문 판독

## 〈어제경세문답(언해) 36b〉

ᄒᆞ야시나 슬프다 뎌 숑ᄇᆡᆨ이 외면(外面)은 비록 정정(亭亭)ᄒᆞ나 그 만일 여러 번
풍상(風箱)을 디내면 속은 밧ᄀᆡ셔 다ᄅᆞᄂᆞ니 이제 무ᄅᆞ미 엇디 숑ᄇᆡᆨ의 것티
견강ᄒᆞ믈 봄〔見〕과 다ᄅᆞ리오 슬프다 이제 내 신음ᄒᆞ미 쇠모(衰耗)ᄒᆞ야 그러ᄒᆞᆷ^
도 아니오 ᄯᅩᄒᆞᆫ 됴셥(調攝)으로 그러홈도 아니라 슬프다 셰간의 뉘 영감(永感)ᄒᆞ니
업ᄉᆞ리오마ᄂᆞᆫ 나ᄂᆞᆫ ᄀᆞᆯ오ᄃᆡ 녜〔古〕 가며 이제〔今〕 오매 날로 더브러 ᄧᅡᆨᄒᆞ리 업다 ᄒᆞ^
ᄂᆞ니 보텹(步屧)이 비록 이 ᄀᆞᆺ트나 어ᄂᆞ ᄣᅢ예 다시 〔隔〕뇽누(龍樓)에 됴회ᄒᆞ며 어ᄂᆡ 날^
에 다시 당낙(長樂)[1]의 나아갈고 먼니 셔교(西郊)ᄅᆞᆯ ᄇᆞ라보매 져믄 구룸이 아득ᄒᆞ^
고 도로혀 동교(東郊)ᄅᆞᆯ 보매 ᄒᆞᆫ갓 경경(睘睘)ᄒᆞ믈 품으니 효코져 ᄒᆞ야도 능히
효티 못ᄒᆞ며 뎨(悌)코져 ᄒᆞ야도 능히 뎨티 못ᄒᆞᄂᆞᆫ디라 건공(建功)이 효험을
주(奏)ᄒᆞ야 비위ᄆᆡᆨ(脾胃脉)이 비록 회복ᄒᆞ나 방촌에 ᄆᆡ친〔結〕 거ᄉᆞᆫ 어ᄂᆞ ᄣᅢ예 플리^

### ▸▸▸ 주 석

1 당낙(長樂) : 경희궁에 있는 궁궐 이름.

▸▸▸ 현대어역

## 〈어제경세문답(언해) 36b〉

하였으나, 슬프다, 저 송백이 외면(外面)은 비록 정정(亭亭, 나무 따위가 우뚝하게 높이 솟음)하나 그 만일 여러 번 풍상(風霜, 바람과 서리)을 지내면 속은 밖과 다르나니 이제 물음이 어찌 송백의 겉이 견강(堅剛)함을 봄과 다르리요? 슬프다, 이제 내 신음함이 쇠모(衰耗, 쇠퇴하여 줄어듦)하여 그러함도 아니요, 또한 조섭(調攝, 건강이 회복되도록 몸을 보살핌)으로 그러함도 아니라. 슬프다, 세간(世間)에 누가 영감(永感, 부모가 죽어서 느끼는 애틋한 슬픔)한 이가 없으리요마는 나는 가로되, "예 가며 이제 오매 나와 더불어 짝할 이 없다." 하나니 보첩(步屧, 내처 걷는 걸음)이 비록 이와 같으나 어느 때에 다시 용루(龍樓)에서 조회(朝會)하며 어느 날에 다시 장락(長樂)에 나아갈꼬? 멀리 서교(西郊, 서울의 서대문 바깥. 여기서는 서쪽)를 바라보매 저무는 구름이 아득하고 돌이켜 동교(東郊, 서울 동대문 밖의 근처. 여기서는 동쪽)를 보매 한갓 경경(罣罣)함을 품으니 효(孝)하고자 하여도 능히 효하지 못하며 제(悌, 공경함)하고자 하여도 능히 제하지 못하는지라. 건공(建功)이 효험을 주(奏, 아룀)하여 비위(脾胃, 지라와 위) 맥(脈)이 비록 회복하나 방촌(方寸, 마음)에 맺힌 것은 어느 때에 풀리

▸▸▸ 원문 판독

## 〈어제경세문답(언해) 37a〉

며 삼양(三陽)이 기태(開泰)ᄒᆞ야 만품(萬品)이 비록 봄이 되나 방촌에 어롬은 어ᄂᆞ 날
녹을고 ᄒᆞ믈며 모년의 〔隔〕종국(宗國)을 위ᄒᆞ야 숙소(夙宵)에 ᄆᆞᄋᆞᆷ을 티오니 장{작}^
셰(昨歲)롤 디내고 금년을 만나미 그 ᄯᅩᄒᆞᆫ 이샹ᄒᆞ도다 그 ᄯᅩᄒᆞᆫ 이샹ᄒᆞ도다 이제
신음ᄒᆞ미 엇디 담후(痰候)롤 인ᄒᆞ미리오 ᄒᆞ나흔 튜모ᄒᆞ미오 ᄒᆞ나흔 〔頭〕
종국(宗國)이니라 누을 ᄯᅢ 만흐믈 뭇디 말라 담 긔운이 오히려 요부(腰部)에 잇ᄂᆞᆫ 고^
로 오직 거러안ᄌᆞ며 오직 것ᄂᆞᆫ 밧긔 안ᄌᆞ면 견쳘(牽掣)ᄒᆞ니 이제 됴셥(調攝)을 당(當)^
ᄒᆞ야 누으미 아니오 엇디ᄒᆞ리오 비록 그러나 나ᄂᆞᆫ ᄀᆞᆯ오ᄃᆡ 이제 나의 누으미 셰^
샹 사ᄅᆞᆷ의 분주ᄒᆞ야 부효(浮囂)ᄒᆞ며 듀야(晝夜)에 조경(躁競)ᄒᆞ매 비ᄒᆞ면 오히려 낫다
ᄒᆞ노라 졍ᄌᆡ(程子ㅣ)[1] 니ᄅᆞ시ᄃᆡ 키〔箕〕쳐로 거러안고 ᄆᆞᄋᆞᆷ이 티만티 아니리 업다 ᄒᆞ시니
그 ᄉᆞ지롤 게얼니 ᄒᆞ야 ᄒᆞᆫᄀᆞᆯᄀᆞ치 그 편ᄒᆞ믈 내 ᄯᅩᄒᆞᆫ 붓그려 ᄒᆞ노라 ᄯᅩᄒᆞᆫ

▸▸▸ 주 석

1 졍ᄌᆡ(程子ㅣ) : 중국 송나라의 유학자 정호(程顥)와 정이(程頤) 형제를 높여 이르는 말.

▸▸▸ 현대어역

## 〈어제경세문답(언해) 37a〉

며 삼양(三陽)이 개태(開泰)하여 만품(萬品, =萬物)이 비록 봄이 되나 방촌(方寸)의 얼음은 어느 날 녹을꼬? 하물며 모년(暮年, =晩年)에 종국(宗國, =宗社)을 위하여 숙소(夙宵, 이른 아침과 깊은 밤)에 마음을 태우니 작세(昨歲, 지난해)를 지내고 금년을 만남이 그 또한 이상하도다, 그 또한 이상하도다. 이제 신음함이 어찌 담후(痰候)에 인(因)함이리요? 하나는 추모(追慕)함이요, 하나는 종국(宗國)이니라. 누울 때 많음을 묻지 말라. 담 기운이 오히려 요부(腰部)에 있는 고로 오직 걸터앉으며 오직 걷는 밖에(=외에) 앉으면 견철(牽掣, 억눌려 행동이 자유롭지 못함)하니 이제 조섭(調攝)을 당(當)하여 누움이 아니고 어찌하리요? 비록 그러하나 나는 가로되, "이제 나의 누움이 세상 사람의 분주하여 부효(浮囂)하며 주야(晝夜)에 조경(躁競, 마음을 조급히 굴면서 권세를 다툼)함에 비하면 오히려 낫다." 하노라. 정자(程子)가 이르시되, "키〔箕〕처럼 걸터앉고〔箕踞, 두 다리를 뻗어 앉음〕 마음이 태만하지 아니할 이가 없다." 하시니 그 사지(四肢)를 게을리 하여 한결같이 그 편함을 내 또한 부끄러워하노라. 또한

### ▸▸▸ 원문 판독

## 〈어제경세문답(언해) 37b〉

그 누으믈 웃디 말라 만일 일이 이시면 내 비록 쇠ᄒᆞ나 맛당히 궐연(蹶然)이
니러나 결단코 셰샹 사ᄅᆞᆷ의 일에 당ᄒᆞ야 쥰슌(浚巡)ᄒᆞᄂᆞ니ᄅᆞᆯ 본밧디 아^
니ᄒᆞ리라

뭇ᄌᆞ와 ᄀᆞᆯ오ᄃᆡ 치위ᄅᆞᆯ 당ᄒᆞ야 슈응(酬應)ᄒᆞ샤 닝담(冷痰)이 다시 니러나시니 이제
비록 져기 낫ᄌᆞ오시나 엇디 졍셥(靜攝)디 아니ᄒᆞ시고 다시 엇디 졍ᄉᆞᄅᆞᆯ 보시ᄂᆞ^
니잇고 그 과연 속으로 말미아마 그러ᄒᆞ시니잇가 ᄯᅩᄒᆞᆫ 혹 면강(勉强)ᄒᆞ야 이
ᄀᆞᆺ티 ᄒᆞ시ᄂᆞ니잇가 개연ᄒᆞ야 답 왈 처엄에 혹 게으ᄅᆞᆫ가 뭇더니 이제ᄂᆞᆫ
무ᄅᆞ미 이 ᄀᆞᆺᄐᆞ니 엇디 그 다ᄅᆞ뇨 내 ᄆᆞ음이 임의 ᄇᆡᆨ셩과 나라ᄒᆡ 허ᄒᆞ야시^
니 샹시(常時)나 졍셥(靜攝)이나 엇디 가히 다ᄅᆞ리오 ᄒᆞ믈며 이제 거조ᄂᆞᆫ ᄒᆞ나ᄒᆞᆫ 원^
원(元元)을 위ᄒᆞ미오 ᄒᆞ나ᄒᆞᆫ 침톄(沈滯)ᄒᆞ니ᄅᆞᆯ 위ᄒᆞ미니 ᄉᆡᆼ민의 휴쳑(休戚)이 슈^

▸▸▸ 현대어역

## 〈어제경세문답(언해) 37b〉

그 누움을 웃지 말라. 만일 일이 있으면 내 비록 쇠하나 마땅히 궐연(蹶然)히 일어나 결단코 세상 사람의 일에 당(當)하여 준순(逡巡, 어떤 일을 단행하지 못하고 우물쭈물함)하는 이를 본받지 아니하리라."

묻자와 가로되, "추위를 당하여 수응(酬應, 요구에 응함)하셔 냉담(冷痰, 차가운 담)이 다시 일어났으니 이제 비록 적이 낫사오시나 어찌 정섭(靜攝, 몸과 마음을 안정하여 휴양함)지 아니하시고 다시 어찌 정사(政事)를 보십니까? 그 과연 속으로 말미암아 그러십니까? 또한 혹 면강(勉强, 억지로 하거나 시킴)하여 이같이 하십니까?" 개연(慨然, 억울하고 원통하여 몹시 분함)하여 답 왈, "처음에 혹 게으른가 묻더니 이제는 물음이 이와 같으니 어찌 그 다르뇨? 내 마음이 이미 백성과 나라에 허(許)하였으니 상시(常時)나 정섭이나 어찌 가히 다르리요? 하물며 이제(=지금의) 거조(擧措, 말이나 행동 따위를 하는 태도)는 하나는 원원(元元, 모든 백성)을 위함이요, 하나는 침체(沈滯, 벼슬이나 지위가 오르지 못함)한 이를 위함이니 생민(生民, 살아 있는 백성)의 휴척(休戚, 편안함과 근심)이 수

▸▸▸ **원문 판독**

## 〈어제경세문답(언해) 38a〉

령(守令)의게 ᄆᆡ이엿ᄂᆞᆫ디라 엇디 감히 방홀ᄒᆞ며 구경(九經)에 엇디 녹(祿)을 듕(重)히
ᄒᆞᆫ다 니ᄅᆞ디 아니ᄒᆞ엿ᄂᆞ냐 슬프다 ᄒᆞᆫ 사ᄅᆞᆷ이 녹ᄒᆞ매 ᄒᆞᆫ 집이 먹고 ᄒᆞᆫ 사^
ᄅᆞᆷ이 침톄(沈滯)ᄒᆞ매 ᄒᆞᆫ 집이 주리니 만일 졍ᄉᆞᄅᆞᆯ 보디 아니ᄒᆞ면 ᄌᆞᆨ금 셰^
도에 비록 이ᄀᆞᆺ티 과궐(窠闕)이 만흐나 젼관(銓官)의 일일히 공도(公道)ᄅᆞᆯ 널리미 엇^
디 가히 쉬오리오 침톄ᄒᆞᆫ 재 ᄒᆞᆫ갓 지게 아래셔 늙고 조경(躁競)ᄒᆞᄂᆞᆫ 재 ᄆᆞᆫ득 ᄆᆞᆫ^
져 벼슬 망의 참예(參預)ᄒᆞ니 내 비록 쇠모ᄒᆞ나 일념이 이에 잇ᄂᆞᆫ디라 만일
됴셥(調攝)을 위ᄒᆞ야 아래 맛길〔付〕 만ᄒᆞ면 그 엇디 모년의 ᄌᆞ강ᄒᆞᄂᆞᆫ ᄠᅳᆺ이리오
속으로 말ᄆᆡ아마 ᄒᆞ믄 셩심(誠心)이오 면강(勉强)ᄒᆞ여 ᄒᆞ믄 지어ᄒᆞ미라〔作爲〕 슬프다
ᄒᆞᆫ 조각 이 ᄆᆞᄋᆞᆷ이 옥누(屋漏)에 븟그러오미 업ᄉᆞ니 창창이 거의 가히 비최시리^
라 슬프다 그 사ᄅᆞᆷ이 조션(祖先)을 무ᄅᆞ면 〔隔〕녈됴(列朝)에 녹을 밧던 신해 아니^

### ▸▸▸ 현대어역

## 〈어제경세문답(언해) 38a〉

령(守令)에게 매였는지라. 어찌 감히 방홀(放忽, 내치어 소홀히 함)하며 구경(九經, 중국 고전인 아홉 가지 경서)에 어찌 '녹(祿, 벼슬아치에게 일 년이나 계절 단위로 주던 금품)을 중(重)히 한다.' 이르지 아니하였느냐? 슬프다, 한 사람이 녹(祿, 녹을 받음)하매 한 집이 먹고 한 사람이 침체(沈滯, 벼슬이나 지위에 오르지 못함)하매 한 집이 주리니 만일 정사(政事)를 보지 아니하면 지금 세도(世道)에 비록 이같이 과궐(窠闕, 벼슬자리에 결원이 생김)이 많으나 전관(銓官, 문무관 선발을 관장하던 벼슬아치)이 일일(一一)이 공도(公道)를 넓힘이 어찌 가히 쉬우리요? 침체한 자가 한갓 지게 아래서 늙고 조경(躁競)하는 자가 문득(=갑자기) 먼저 벼슬 망(望, =薦望, 벼슬아치를 위 사자리에 천거하던 일)에 참예(參預, =참여)하니 내 비록 쇠모(衰耗, 쇠퇴하여 줄어듦)하나 일념(一念)이 이에 있는지라. 만일 조섭(調攝)을 위하여 아래 맡길 만하면 그 어찌 모년(暮年)에 자강(自强)하는 뜻이리요? 속으로 말미암아 함은 성심(誠心)이요, 면강(勉强, 억지로 하거나 시킴)하여 함은 지어서 함이라. 슬프다, 한 조각 이 마음이 옥루(屋漏, 방의 서북쪽 구석. =마음 한구석)에 부끄러움이 없으니 창창(蒼蒼, 푸른 하늘)이 거의 가히 비추시리라. 슬프다, 그 사람이 조선(祖先, 조상)을 물으면 열조(列朝, 여러 대의 임금이나 왕조)에서 녹을 받던 신하가 아닌

### ▸▸▸ 원문 판독

## 〈어제경세문답(언해) 38b〉

니 업는디라 그 님군이 비록 누어 졍ᄉᆞ를 보나 엇디 젼관(銓官)의 졍텽(政廳)에 안^
자 좌편(左便)으로 잇글니며 우편(右便)으로 거러임과 낫디 아니냐 비록 그러나 블과
약간 침톄(沈滯)ᄒᆞᆫ 사ᄅᆞᆷ 들[擧] ᄯᅳ름이니 오히려 십빅 듕에 ᄒᆞ나둘히라 ᄯᅩᄒᆞᆫ
아디 못게라 이에셔 심ᄒᆞᆫ 재 ᄯᅩ 몃 사ᄅᆞᆷ이 잇ᄂᆞᆫ고 너비 베퍼 건디미 만흐믄 비^
록 요슌(堯舜)[1]이나 능티 못ᄒᆞᆫ 배라 내 스ᄉᆞ로 도라보매 엇디 겸연티 아니ᄒᆞ리오
ᄒᆞ믈며 침톄ᄒᆞᆫ 듕에 혹 포지(抱才)ᄒᆞ니 이시면 앗가오믈 가히 이긔랴 졍ᄌᆞ(程子)의
경연(經筵)의셔 단표누항(簞瓢陋巷)[2]의 문의(文意)를 외오매 스ᄉᆞ로 태식(太息)ᄒᆞ믈 ᄡᅵ
돗디 못ᄒᆞ노라
믓ᄌᆞ와 ᄀᆞᆯ오ᄃᆡ 조오롬을 ᄡᅵ샤 막 ᄇᆞᆰ으매 엇디 지필(紙筆)을 ᄎᆞᄌᆞ시ᄂᆞ니잇고 답
왈 이제 뵈ᄋᆞᆸ고져 ᄒᆞ던 날을 만나 다만 동교(東郊)의 구름을 ᄇᆞ라ᄂᆞ니 그 만일
힝ᄒᆞ더면 이제 맛당이 녜(禮)를 펴리니 인ᄌᆞ(人子)ᄂᆞᆫ 어버의 ᄆᆞ음으로 ᄡᅧ 내 ᄆᆞ음을

### ▸▸▸ 주 석

1 요슌(堯舜) : 고대 중국의 요임금과 순임금을 아울러 이르는 말로, 일반적으로 성군(聖君)을 지칭한다.

▸▸▸ 현대어역

## 〈어제경세문답(언해) 38b〉

이가 없는지라. 그 임금이 비록 누워 정사(政事)를 보나 어찌 전관(銓官)이 정청(政廳, 전관이 궁중에서 정사를 보던 곳)에 앉아 좌편(左便)으로 이끌리며 우편(右便)으로 끌려감보다 낫지 아니하냐? 비록 그러하나 불과(不過) 약간 침체(沈滯)한 사람을 들(=천거할) 따름이니 오히려 십백 중에 하나둘이라. 또한 알지 못하여라. 이에서 심한 자가 또 몇 사람이 있는고? 널리 베풀어 건짐이 많음은 비록 요순(堯舜)이라도 능하지 못한 바이라. 내 스스로 돌아보매 어찌 겸연(歉然, 마음에 차지 않은 모양)하지 아니하리요? 하물며 침체한 중에 혹 포재(抱才, 가지고 있는 재주)한 이가 있으면 아까움을 가히 이기랴. 정자(程子)의 경연(經筵, 학식과 덕망이 높은 신하를 불러 경서 및 왕도에 관하여 강론하게 하던 일)에서 단표누항(簞瓢陋巷)의 문의(文意)를 외우매 스스로 태식(太息)함을 깨닫지 못하노라."

묻자와 가로되, "졸음을 깨시어 막 밝으매 어찌 지필(紙筆)을 찾으십니까?" 답 왈, "이제 뵙고자 하던 날을 만나 다만 동교(東郊)의 구름을 바라보나니 그 만일 행했더라면 이제 마땅히 예(禮)를 펴리니, 인자(人子)는 어버이의 마음으로 써 내 마음을

▸▸▸ 주 석

2 단표누항(簞瓢陋巷) : 누항단표(陋巷簞瓢). 누항에서 먹는 한 그릇의 밥과 한 바가지의 물이라는 뜻으로, 선비의 청빈한 생활을 이르는 말.

▸▸▸ **원문 판독**

## 〈어제경세문답(언해) 39a〉

삼을디라 올봄의 〔隔〕능(陵)에 뵈오미 엇디 나의 졍셩이리오 〔隔〕셕년을 우^
러러 톄(體)ᄒᆞ미니 ᄯᅳᆺ을 두고 과연(果然)티 못ᄒᆞ니 이 ᄆᆞᄋᆞᆷ을 엇디 억졔ᄒᆞ며 ᄯᅩ ᄉᆞᆱ에
가괴(駕轎ㅣ) 졍졔(整齊)ᄒᆞ믈 보고 흠신(欠伸)ᄒᆞ야 ᄭᅴ치니[1] 엇디 졍셩에 니론 배리오
이ᄂᆞᆫ 졍^
히 〔隔〕쳑강(陟降)이 권년(眷戀)ᄒᆞ샤 그러ᄒᆞ미니 〔隔〕쳑강이 이러ᄐᆞ시 권년ᄒᆞ시되 블^
쵸ᄒᆞ야 능히 힝티 못ᄒᆞ니 그 효라 ᄒᆞ며 그 회(孝ㅣ)라 ᄒᆞ리오 봄 어롬이 쟝ᄎᆞᆺ
플니나〔鮮〕[2] 이 ᄆᆞᄋᆞᆷ은 엇디 플리리오 ᄒᆞ믈며 경뎜(更點)을 ᄡᆞ라 ᄭᅴ니 엇디 쳠(籤)을
더디믈 기ᄃᆞ리리오 이ᄣᅢ롤 당ᄒᆞ야 ᄉᆞᆱ이 ᄯᅩ 이 ᄀᆞᆺᄐᆞ니 ᄆᆞᄋᆞᆷ을 엇디 억(抑)ᄒᆞ며 ᄆᆞᄋᆞᆷ^
을 엇디 억ᄒᆞ리오 임의 달힌 건공탕(建功湯)은 면강ᄒᆞ야 비록 먹으나 그 금일에ᄂᆞᆫ
안졍ᄒᆞ야 튜모ᄒᆞ미 ᄯᅩᄒᆞᆫ 인ᄌᆞ(人子)의 되라 나조에[3] 진어(進御)ᄒᆞ올 거ᄉᆞᆯ 달혀 드리^
고 밤에 진어ᄒᆞ올 거ᄉᆞᆫ 회가(回駕) 시(時)롤 기ᄃᆞ려 쟝ᄎᆞᆺ 먹으리니 이 ᄆᆞᄋᆞᆷ이 가온^

▸▸▸ **주 석**

1 ᄭᅴ치니 : 깨치니. 'ᄭᅴ티다'의 제2음절 강세접미사 '-티-'가 '-치-'로 구개음화되고, 제1음절의 'ᄭᅴ'가 '깨'로 바뀌어 현대어의 '깨치다'가 되었다.
2 플니나〔鮮〕 : 풀리나. 'ㄹㄹ'이 'ㄹㄴ'으로 표기되어 나타났다.

**▸▸▸ 현대어역**

## 〈어제경세문답(언해) 39a〉

삼을지라. 올봄의 능(陵)에 뵘이 어찌 나의 정성이리요? 석년(昔年)을 우러러 체(體)함이니 뜻을 두고 과연(果然, 실제로 행함)하지 못하니 이 마음을 어찌 억제하며 또 꿈에 가교(駕轎, 임금과 세자가 타던 가마)가 정제(整齊)함을 보고 흠신(欠伸, 하품과 기지개)하여 깨치니(=깨어나니) 어찌 정성에 이른 바이리요? 이는 정(正)히 척강(陟降, 조상)이 권련(眷戀, 간절히 생각하며 그리워함)하시어 그러함이니 척강이 이렇듯이 권련하시되 불초(不肖, 못나고 어리석음)하여 능히 행하지 못하니 그 효라 하며 그 효(孝)라 하리요? 봄 얼음이 장차 풀리나 이 마음은 어찌 풀리리요? 하물며 경점(更點, 북이나 징을 쳐서 알려 주던 시간)에 따라 깨니 어찌 첨(籤, 심지)을 던짐을 기다리리요? 이때를 당하여 꿈이 또 이와 같으니 마음을 어찌 억(抑, 억제함)하며 마음을 어찌 억하리요? 이미 달인 건공탕(建功湯)은 면강(勉强)하여 비록 먹으나 그 금일에는 안정(安靜)하여 추모(追慕)함이 또한 인자(人子)의 도(道)라. 저녁에 진어(進御, 임금이 먹고 입는 일)할 것을 달여 드리고 밤에 진어할 것은 회가(回駕, 윗사람이 외출하였다가 집으로 돌아오거나 돌아감) 시(時)를 기다려 장차 먹으리니, 이 마음이 가운

**▸▸▸ 주 석**

3 나조에 : 저녁에. '나조[夕]'에 처격 '-에'가 결합된 어형이다. '나조'는 본래 'ㅎ' 말음 체언이다. 이 책에는 'ㅎ'이 탈락한 어형이 주로 나오지만 '나조흘'에서 보듯 'ㅎ'을 유지한 형태도 발견된다.

▸▸▸ 원문 판독

## 〈어제경세문답(언해) 39b〉

대 벗쳐시니 엇디 지필을 추자 회포롤 긔록디 아니후리오 이롤 인후^
야 셰상에 사롬의 주뎨(子弟ㅣ) 되니롤 권면후누니 맛당히 내게 보아 날 굿튼 탄^
식을 깃티디[1] 말올디어다 문재(問者ㅣ) 유유후거놀 동으로 창오(蒼梧)롤 브라보^
고 약간 그 대개롤 쓰노라
뭇주와 골오더 경괴(更鼓ㅣ) 임의 깁허시니[2] 그 가히 회포롤 브리오시리잇가〔弛〕 답
왈 위션(爲先)후는 무옴이 엇디 가히 경고의 깁흐므로 뻐 믄득 브리오리오 비록
그러나 날〔日〕 긔운을 인후야 이 무옴이 져기 브리오노라 뭇주와 골오더 그 엇디
말미아므미니잇고 답 왈 만일 츈긔(春氣ㅣ) 펴이여[3] 화창후더면 이 무옴이 그 장^
춧 일 빅나 홀 거시로더 졀이 비록 삼양(三陽)이나 삼동(三冬)에 다루미 업수니 이제
만일 동가(動駕)후더면 나의 쇠모(衰耗)로 뻐 내한(耐寒)이 비록 어려오나 가교(駕轎)
가온대 안자

▸▸▸ 주 석

1 깃티디 : 남기지. 영향을 미치지. 깉-(어간)+-이-(사동접미사)+디(어미). 구개음화와 어두 경음화를 거쳐 '끼치지'로 되었다.

2 깁허시니 : 깊었으니〔深〕. '깊- + -어시- + -니'로, 어간 말의 'ㅍ'은 그 다음에 모음으로 시작되는 겨우에는 'ㅂ'과 'ㅎ'으로 나누어 표기되기도 하였다. '-어시-'는 15세기에 부사형 어미 '-어'에 '잇다'의 한 이형태인 '시-'가 결합된 것으로 15세기에는 과거에 완결된 사건의 지속을 나타내 상적인 기능을 가지고 있었지만, 이 문헌에서는 사건의 지속이라는 상적 기능보다는 과거 시제를 나타내는 것으로 보인다.

>>> 현대어역

## 〈어제경세문답(언해) 39b〉

데 번졌으니 어찌 지필(紙筆)을 찾아 회포(懷抱)를 기록(紀錄)하지 아니하리요? 이를 인하여 세상에 사람의 자제(子弟)가 된 이를 권면(勸勉)하나니 마땅히 내게(=나를) 보아 나 같은 탄식(歎息)을 남기지 말지어다. 문자(問者, 질문한 사람)가 유유(唯唯, 시키는 대로 순종함)하거늘 동(東)으로 창오(蒼梧, 푸른 벽오동나무)를 바라보고 약간 그 대개(大概)를 쓰노라."

문자와 가로되, "경고(更鼓, 밤에 시각을 알리기 위해 치던 북)가 이미 깊었으니 그 가히 회포(懷抱)를 늦추시겠습니까?" 답 왈, "위선(爲先, 조상을 위하여 하는 일)하는 마음이 어찌 가히 경고의 깊음으로써 문득 늦추리요? 비록 그러하나 날(=날씨) 기운을 인하여 이 마음을 적이 늦추노라."

문자와 가로되, "그 어찌 말미암음이십니까?" 답 왈, "만일 춘기(春氣)가 펴져 화창(和暢)했다면 이 마음이 그 장차 일배(一倍)나 할 것이로되 절(節, 季節)이 비록 삼양(三陽)이나 삼동(三冬)과 다름이 없으니 이제 만일 동가(動駕, 임금이 탄 수레가 대궐 밖으로 나감)했다면 나의 쇠모(衰耗)로써 내한(耐寒, 추위를 견딤)이 비록 어려우나 가교(駕轎, 임금과 세자가 타던 가마) 가운데 앉아

>>> 주 석

3 펴이여 : 펴져. 펴 (어간) + 이 (피동접미사) + -어(연결어미).

▸▸▸ **원문 판독**

## 〈어제경세문답(언해) 40a〉

거의 가히 견딜 거시오 ᄯᅩ 승강(陞降)ᄒᆞ야 〔隔〕봉심(奉審)ᄒᆞ며 쥬션ᄒᆞ야 힝녜(行禮)ᄒᆞ야
져기 미ᄒᆞᆫ 졍셩을 펴면 엇디 감히 ᄉᆞᄉᆞ로 도라보리오마ᄂᆞᆫ 다만 슈가(隨駕)ᄒᆞᄂᆞᆫ 삼^
군과 역ᄉᆞ(役事)ᄒᆞᄂᆞᆫ 모든 ᄇᆡᆨ셩이 셜샹(雪上)에 분주ᄒᆞ야 얼믈 브ᄅᆞ지디미 가히 민^
망ᄒᆞᆫ디라 아니 〔隔〕쳑강이 블쵸ᄅᆞᆯ 권고(眷顧)ᄒᆞ샤 우리 군민을 위ᄒᆞ야 이 긔^
한을 믈니미 이시믈 일위엿ᄂᆞ냐 일후(日候)ᄅᆞᆯ 보고 군민(軍民)을 싱각ᄒᆞ고 〔頭〕
쳑강의 ᄠᅳᆺ을 우러러 톄(體)ᄒᆞ야 이 ᄆᆞᄋᆞᆷ이 져기 브리오노라 비록 이 ᄀᆞᆺᄐᆞ나 그 만^
일 힝ᄒᆞ엿더면 이제 쟝ᄎᆞᆺ 도라올디라 가교(駕轎)ᄂᆞᆫ 쟝ᄎᆞᆺ 덕응방(德應房)에 장(藏)ᄒᆞ^
고 교모{마}ᄂᆞᆫ 쟝ᄎᆞᆺ 어구(御廐)에 ᄆᆡᆯ 거시어ᄂᆞᆯ 이제 과연티 못ᄒᆞ야 먼니 동교ᄅᆞᆯ ᄇᆞ라^
보고 누어 날을 디내니 이 나의 블회(不孝ㅣ)오 이 나의 블최라 몸소 뵈와 녜ᄅᆞᆯ 편
후에야 ᄆᆞᄋᆞᆷ이 비로소 가히 브리올디라 삼긔(三紀)ᄅᆞᆯ ᄉᆞ복(嗣服)ᄒᆞ매 두로 모든 〔隔〕능^

▸▸▸ 현대어역

## 〈어제경세문답(언해) 40a〉

거의 가히 견딜 것이요. 또 승강(陞降, 오르내림)하여 봉심(奉審, 임금의 명으로 능이나 묘를 보살피던 일)하며 주선(周旋)하여 행례(行禮, 예식을 행함)하여 적이 미(微)한 정성을 펴면 어찌 감히 스스로 돌아보리요마는 다만 수가(隨駕, 임금을 모시고 따라다니던 일)하는 삼군(三軍)과 역사(役事)하는 모든 백성이 설상(雪上)에 분주(奔走)하여 얾을 부르짖음이 가히 민망(悶惘, 답답하고 딱하여 안타까움)한지라. 아니 척강(陟降, 조상)이 불초(不肖)를 권고(眷顧, 관심을 가지고 보살핌)하시어 우리 군민(軍民)을 위하여 이 기한(期限)을 물림이 있음을 이르게 했느냐(=초래했느냐)? 일후(日候, 날씨)를 보고 군민(軍民)을 생각하고 척강의 뜻을 우러러 체(體)하여 이 마음이 적이 부리노라(=풀리노라). 비록 이 같으나 그 만일 행했다면 이제 장차 돌아올지라. 가교(駕轎)는 장차 덕응방(德應房, 공주와 옹주가 타는 가마에 관한 일을 맡아보던 곳)에 장(藏, 맡김)하고 교마(轎馬, 가마를 끄는 말)는 장차 어구(御廐, 궁궐의 마구간)에 맬 것이거늘 이제 과연(果然, 실제로 행함)하지 못하여 멀리 동교(東郊)를 바라보고 누워 날을 지내니 이 나의 불효이요, 이 나의 불초(不肖)이라. 몸소 뵈어 예를 편 후에야 마음이 비로소 가히 부릴지라(=풀릴지라). 삼기(三紀, 一紀 12년이 셋이란 뜻으로, 삼십 육년을 이르는 말)를 사복(嗣服, 선대의 위업을 계승하거나 왕위를 물려받던 일)함에 두루 모든 능(陵)

▸▸▸ 원문 판독

## 〈어제경세문답(언해) 40b〉

에 두로 뵈오니 동과 셔에 녜(禮)를 펴미 비록 만흐나 블효ᄒᆞ고 블쵸ᄒᆞ야 뵈^
옵디 못ᄒᆞ며 듯줍디 못ᄒᆞ고 이제 더옥 쇠모(衰耗)ᄒᆞ야 일이 ᄯᅳᆺ과 ᄀᆞᆺ디 못ᄒᆞ니
이 나의 ᄢᅢ 탄식을 니ᄅᆞ혀ᄂᆞᆫ[1] 배로다 뭇ᄌᆞ와 ᄀᆞᆯ오ᄃᆡ 녜ᄅᆞᆯ 펼 즈음에 그 밋디 못^
ᄒᆞᆯ 념녜[2] 업ᄉᆞ시니잇가 츄연ᄒᆞ야 답 왈 샹시(常時)는 늙는 ᄢᅢ 샹히 만코 거롬^
이 ᄯᅩᄒᆞᆫ 어려오ᄃᆡ 녜ᄅᆞᆯ 펼 ᄢᅢ예 니ᄅᆞ러ᄂᆞᆫ 몸을 스ᄉᆞ로 두디 아니ᄒᆞ야 그 밋디 못^
ᄒᆞᆷ을 아디 못ᄒᆞ니 이 엇디 다ᄅᆞ미리오 일심이 〔隔〕션ᄃᆡ(先代)에 이시매 ᄯᅳᆺ이 능히 긔^
운을 거ᄂᆞ려 그러ᄒᆞᆫ디라 내 ᄯᅩᄒᆞᆫ ᄆᆞᄋᆞᆷ에 샹히 이샹이 너기노라 슬프다 비록
셩인이나 혈긔는 ᄢᅢ로 쇠(衰)ᄒᆞ미 잇ᄂᆞ니 나는 칠십이 명년에 이시니 그 쇠ᄒᆞ미
더옥 엇더ᄒᆞ리오마는 오히려 능히 스ᄉᆞ로 힘ᄡᅳ니 이ᄀᆞᆺ티 못ᄒᆞ면 비록 녜^
ᄅᆞᆯ 펴고져 ᄒᆞ나 엇디 가히 어드리오 이 나의 ᄢᅢ ᄢᅢ여 ᄢᅢ여 두 번 오디 아니ᄒᆞᄂᆞ니^

▸▸▸ 주 석

1 니ᄅᆞ혀ᄂᆞᆫ : (불러) 일으키는. 어간 '니ᄅᆞ혀-'에 현재 관형형 '-ᄂᆞᆫ'이 결합된 형태로서, '니ᄅᆞ혀-'는 15세기의 '니ᄅᆞᅘᅧ-'에 소급하는 형태이다. '니ᄅᆞᅘᅧ-'는 '니ᄅᆞ-'에 강세접미사 '-ᅘᅧ-'가 결합된 형태이다.

▸▸▸ 현대어역

## 〈어제경세문답(언해) 40b〉

에 두루 뵈니 동과 서에 예(禮)를 폄이 비록 많으나 불효하고 불초하여 뵙지 못하며 듣잡지 못하고, 이제 더욱 쇠모(衰耗)하여 일이 뜻과 같지 못하니 이것이 내가 탄식을 일으키는 바이로다." 묻자와 가로되, "예를 펼 즈음에 그 믿지 못할 염려가 없으십니까?" 추연(愀然)하여 답왈, "상시(常時)는 눕는 때가 항상 많고 걸음이 또한 어렵되 예를 펼 때에 이르러서는 몸을 스스로 두지 아니하여 그 미치지 못함을 알지 못하니 이 어찌 다름이리요? 일심(一心)이 선대(先代)에 있으매 뜻이 능히 기운(氣運)을 거느려 그러한지라. 내 또한 마음에 항상 이상히 여기노라. 슬프다, 비록 성인(聖人)이나 혈기(血氣)는 때로 쇠(衰)함이 있나니 나는 칠십이 명년에 있으니 그 쇠함이 더욱 어떠하리요마는 오히려 능히 스스로 힘쓰니 이같이 못하면 비록 예를 펴고자 하나 어찌 가히 얻으리요(=가능하리요)? 이것이 내가 써 '때여, 때여, 두 번 오지 아니하느니

▸▸▸ 주 석

2 념녜 : 염려가. '념녀(念慮)'에 주격조사 'ㅣ'가 결합되어 '념녜'로 된 것이다.

▸▸▸ **원문 판독**

## 〈어제경세문답(언해) 41a〉

라 ᄒᆞᄂᆞᆫ 글을 외오며 반ᄃᆞ시 이ᄣᅢ를 미처 져기 졍녜(情禮)를 펴고져 ᄒᆞᄂᆞᆫ 배로다 문쟤(問者ㅣ)

유유(唯唯)ᄒᆞ거ᄂᆞᆯ 블너 ᄡᅳ여〔寫〕 ᄆᆞᄎᆞ니 밤이 엇더ᄒᆞ엿ᄂᆞ뇨 누슈를 보ᄒᆞ미 쟝ᄎᆞᆺ 반^이러라

믓ᄌᆞ와 ᄀᆞᆯ오ᄃᆡ 샹헤 ᄌᆞᆷ이 업노라 니ᄅᆞ시며 경고(更鼓)를 겻ᄐᆡ 두어 겨시니 ᄌᆞᆷ이

업ᄉᆞ신 즈음에 소릐 괴롭디 아니ᄒᆞ시니잇가 답 왈 이 ᄯᅩᄒᆞᆫ 고심이라 ᄌᆞᆷ이

ᄭᆡ매 경(更)을 드ᄅᆞ면 오히려 가히 우회ᄒᆞ려니와 그 만일 이 업ᄉᆞ면 엇디 ᄡᅧ

답답ᄒᆞᆷ을 보내리오 이 ᄡᅧ 경고를 침뎐(寢殿) 겻ᄐᆡ 베픈 배라 내 엇디 듯기를

즐겨 그러ᄒᆞ리오 져즈음긔 니ᄅᆞᆫ 바 일경(一更)을 더코져 ᄒᆞ미 대개 일로 ᄲᅥ니라

믓ᄌᆞ와 ᄀᆞᆯ오ᄃᆡ 고인이 닐오ᄃᆡ 인숨과 황기는 셩미 편벽다 ᄒᆞ니 니듕탕(理中湯)^

은 곳 대졔(大劑ㅣ)라 ᄒᆞᆫ 번 잡ᄉᆞ오미 오히려 과ᄒᆞ거ᄂᆞᆯ 그 엇디 두 번에 니ᄅᆞ며 세 번에

▸▸▸ 현대어역

## 〈어제경세문답(언해) 41a〉

라.' 하는 글을 외우며 반드시 이때를 미처 적이 정례(情禮)를 펴고자 하는 바이로다. 문자(問者)가 유유(唯唯)하거늘 불러 씌어 마치니 밤이 어떠하였느뇨? 누수(漏水, 물시계에서 떨어지는 물)를 보(報, 알림)함이 장차 반(半)이러라."

문자와 가로되, "항상 잠이 없노라 이르시며 경고(更鼓)를 곁에 두셨으니 잠이 없으신 즈음에 소리가 괴롭지 아니하십니까?" 답 왈, "이 또한 고심(苦心)이라. 잠이 깨매 경(更)을 들으면 오히려 가히 우회(寓懷)하려니와 그 만일 이것이 없으면 어찌 써 답답함을 보내리요? 이것이 써 경고를 침전(寢殿) 곁에 베푼 바이라. 내 어찌 듣기를 즐겨 그러하리요? 저쯤께(=저번에) 이른 바 일경(一更)을 더하고자 함이 대개 이로써이니라."

문자와 가로되, "고인(古人)이 이르되, '인삼(人蔘)과 황기는 성미(性味)가 편벽(偏僻, 한쪽으로 치우쳐 공평하지 못함)하다.' 하니 이중탕(理中湯)은 곧 대제(大劑)이라. 한 번 잡숨이 오히려 과(過)하거늘 그 어찌 두 번에 이르며 세 번에

▸▸▸ 원문 판독

## 〈어제경세문답(언해) 41b〉

니ᄅᆞ시며 ᄯᅩ 엇디 일홈을 건공(建功)이라 주시매 니ᄅᆞ시니잇고 웃고 답 왈 내
비로소 먹으매 사ᄅᆞᆷ이 혹 다ᄅᆞᆫ 의논이 잇더니 젼후(前後)에 공(功)을 주(奏)ᄒᆞ야 일로
ᄡᅥ 지텡ᄒᆞ야 이제 니ᄅᆞ니 녜〔昔〕 이의(異議)ᄒᆞ더니 다 맛당이 먹엄즉ᄒᆞ므로ᄡᅥ 권^
ᄒᆞᄃᆡ 그 쇠모ᄒᆞᄂᆞᆫ 배 날로 ᄡᅥ 더옥 심ᄒᆞᆫ 고로 비로소 일복(一服)에 효험이 잇더니
ᄃᆞᆼ간은 두 번에 니ᄅᆞ러 효험이 잇고 이제ᄂᆞᆫ 삼복(三腹)을 여러 날 ᄒᆞᆫ 후에 이^
에 능히 ᄆᆡᆨ(脈)이 안뎡ᄒᆞ고 긔운이 나으니 비록 먹디 아니코져 ᄒᆞ나 그 쟝ᄎᆞᆺ
엇디ᄒᆞ리오 그러나 이 엇디 몸을 위ᄒᆞ야 그러ᄒᆞ랴 〔隔〕종국(宗國)을 위ᄒᆞ고 신셔(臣庶)^
ᄅᆞᆯ 위ᄒᆞ야 그러ᄒᆞ미니 그 ᄆᆞᄋᆞᆷ을 궁구ᄒᆞ면 가히 슬프다 니ᄅᆞ리로다 비록
그러나 농(濃)히 달힌 ᄆᆞᆨ은〔陳〕 블회〔根〕[1] ᄂᆡᆼ슈ᄅᆞᆯ 마심 ᄀᆞᆺᄐᆞ니 ᄆᆡ양 먹을 ᄢᅢ에 스^
ᄉᆞ로 눈섭을 ᄡᅵᆼ긔믈[2] 씌ᄃᆞᆺ디 못ᄒᆞᄃᆡ ᄂᆡ국(內局) 사ᄅᆞᆷ들이 그 괴로오믈 도라보^

▸▸▸ 주 석

1 블회〔根〕: 뿌리. 15세기 어형은 '불휘'. '불휘'의 제1음절 'ㅜ'가 비원순모음화되어 '블회'로 나타난 것이다.

### ▸▸▸ 현대어역

## 〈어제경세문답(언해) 41b〉

이르시며 또 어찌 이름을 건공(建功)이라 주심에 이르십니까?" 웃고 답 왈, "내 비로소 먹으매 사람이(=남이) 혹 다른 의논이 있더니 전후(前後)에 공(功)을 주(奏)하여 이로써 지탱(支撐)하여 이제 이르니 예 이의(異議, 다른 의견이나 논의)하더니 다 마땅히 먹음직함으로써 권하되 그 쇠모(衰耗)하는 바가 날로 더욱 심한 고로 비로소 일복(一服, 약을 한 번 복용함)에 효험이 있더니 중간(中間)은 두 번에 이르러 효험이 있고, 이제는 삼복(三腹)을 여러 날 한 후에 이에 능히 맥(脉)이 안정(安靜)하고 기운이 나아지니 비록 먹지 아니하고자 하나 그 장차 어찌하리요? 그러나 이 어찌 몸을 위하여 그러하랴. 종국(宗國, =宗社)을 위하고 신서(臣庶, 신하와 서민)를 위하여 그러함이니 그 마음을 궁구(窮究)하면 가히 슬프다 이르리로다. 비록 그러나 농(濃)히 달인 묵은 뿌리가 냉수(冷水)를 마심 같으니 매양 먹을 때에 스스로 눈썹을 찡그림을 깨닫지 못하되 내국(內局, 내의원) 사람들이 그 괴로움을 돌아보

### ▸▸▸ 주 석

2 삥긔믈 : '찡김을' 또는 '찡그림을'. 15세기에는 '삥의다'로 나타던 형태이며, '삥긔다'는 《석봉천자문》과 같은 16세기 중기 문헌부터 보이기 시작한다 '삥긔-(어간)+-ㅁ(명사형어미)+을(조사)' 구성으로서 명사형을 만드는 데에 'ㅗ/ㅜ'는 개재하지 않는다.

▸▸▸ 원문 판독

## 〈어제경세문답(언해) 42a〉

디 아니ᄒᆞ고 오직 권(勸)키를 일삼으니 엇디 가히 민망티 아니ᄒᆞ랴 ᄯᅩ 하슈(河水)는 비록 ᄆᆞᆰ으나 위ᄆᆡᆨ(胃脉)은 엇디 능히 건장(健壯)ᄒᆞ리오 일로 ᄡᅥ 긔약(期約)을 삼으니 그 ᄯᅩᄒᆞᆫ 오활(迂闊)ᄒᆞᆫ뎌 이러ᄒᆞᆫ 줄을 아되[1] 면강(勉強)ᄒᆞ야 먹으니 내 ᄯᅩᄒᆞᆫ 엇디 오^
활티 아니ᄒᆞ랴 일로 ᄡᅥ[2] 보면 권ᄒᆞᄂᆞ니와 먹ᄂᆞ니 그 다 오활ᄒᆞᆫ디라 이 나^
의 ᄡᅥ 웃고 ᄃᆡ답ᄒᆞᆫ 배로라
뭇ᄌᆞ와 ᄀᆞᆯ오ᄃᆡ 고려(高麗) ᄉᆞ긔(史記)를 닑히시고 듯ᄌᆞ오시니 ᄯᅩᄒᆞᆫ 엇딘 ᄠᅳᆮ이시니잇고 답 왈 경셔는 ᄇᆡ야흐로[3] 곤븨(困憊)ᄒᆞ야 누어시니 혹 셜만(褻慢)홀가 저허ᄒᆞ는 고^
로 이런 글을 취ᄒᆞ야 명ᄒᆞ야 닑히ᄂᆞ니 동국통감(東國通鑑)[4]과 녀ᄉᆞ뎨강(麗史提綱)[5]은 임^
의 보앗는디라 젼〔隔〕됴(前朝)의 션셰(先世) 셰계(世系)를 알고져 ᄒᆞ야 닑히고 드ᄅᆞ니 이 ᄯᅩ^
ᄒᆞᆫ 은에 거울 삼는 ᄠᅳᆮ이라 므릇 ᄉᆞ긔(史記)예 엇디 의쥐(儀註ㅣ) 이시리오마는 오직 녀ᄉᆞ(麗史)의

▸▸▸ 주 석

1 아되 : 알되. 이 문헌에서 15세기의 '-오ᄃᆡ'의 후대형은 '-오/우-'의 쇠퇴에 따라 (출현 빈도가 높은 일부 어휘를 제외하면) '-오/우-'의 원순성이 후행 음절로 전이된 '-오되', '-우되'나 원순성의 중복을 피하기 위해 '-ᄋᆞ되', '-으되'로 나타난다.

2 일로 ᄡᅥ : 이로써, 이것으로써. 원본은 '以此'이며, '로 ᄡᅥ'는 도구나 자격을 나타내는 '(ᄋᆞ/으)로'에 '以'에 해당하는 'ᄡᅥ'가 결합된 조사로서, 현대국어의 '(으)로써'로 이어진다. 도구나 자격을 나타내는 '(ᄋᆞ/으)로'는, 특이하게도 '이, 그, 뎌'와 같이 1음절로 된 대명사 뒤에서는 'ㄹ로'로 나타타, '일로, 글로, 뎔로, 절로'로 사용되었다.

### ▸▸▸ 현대어역

## 〈어제경세문답(언해) 42a〉

지 아니하고 오직 권(勸)하기를 일삼으니 어찌 가히 민망하지 아니하랴. 또 하수(河水)는 비록 맑으나 위맥(胃脉)은 어찌 능히 건장(健壯, 몸이 튼튼하고 기운이 셈)하리요? 이로써 기약(期約)을 삼으니 그 또한 오활(迂闊, 사리에 어둡고 세상 물정을 잘 모름)하도다! 이러한 줄을 알되 면강(勉强, 억지로 하거나 시킴)하여 먹으니 내 또한 어찌 오활하지 아니하랴. 이로써 보면 권하는 이와 먹는 이 그 다 오활한지라. 이것이 내가 써 웃고 대답한 바이로다."

묻자와 가로되, "고려(高麗) 사기(史記)를 읽히시고 들으오시니 또한 어찌된 뜻이십니까?" 답왈, "경서(經書)는 바야흐로 곤비(困憊, 일할 기력이 없을 만큼 몹시 고단함)하여 누웠으니 혹 설만(褻慢, 무례하고 거만함)할까 걱정하는 고로 이런 글을 취하여 명(命)하여 읽히나니 동국통감(東國通鑑)과 여사제강(麗史提綱)은 이미 보았는지라. 전조(前朝)의 선세(先世, 조상) 세계(世系, 조상 대대로 내려오는 계통)를 알고자 하여 읽히고 들으니 이 또한 은(殷)에 거울삼는 뜻이라. 무릇 사기(史記)에 어찌 의주(儀註, 전례의 절차를 주해하여 기록한 책)가 있으리요마는 오직 여사(麗史, 고려의 역사)에

### ▸▸▸ 주 석

3 ᄇᆞ야흐로 : 15세기 문헌에는 '보야ᄒᆞ로'로 나타나는데, 'ᄇᆞ야ᄒᆞ로'는 '보'가 'ᄇᆞ'로 비원순모음화된 현상이 표기의 층위가 아니라 실제 음성의 층위에서 일어난 현상을 보여주는 증거로 볼 수 있다. '보야ᄒᆞ로'가 비원순모음화된 'ᄇᆞ야ᄒᆞ로'는 제1음절에서의 '・ ＞ㅏ' 변화를 거쳐 현대국어의 '바야흐로'가 되기 때문이다.

4 동국통감(東國通鑑) : 조선 성종 15년(1484)에 왕명에 따라 서거정, 정효항(鄭孝恒) 등이 편찬한 역사책. 중국 사마광의 《자치통감(自治通鑑)》을 참고하였으며, 신라 시조(始祖) 박혁거세로부터 고구려, 백제를 거쳐 고려 공양왕에 이르기까지 1,400년 동안의 사실을 기록하였다. 단군 기자 위만의 고삼선(古三鮮) 및 한사군 이부(二府) 삼한(三韓) 따위에 대한 내용을 외기(外記)로 하여 책머리에 수록하였다. 56권 28책.

5 녀ᄉᆞ뎨강(麗史提綱) : 조선 현종 8년(1667)에 유계(兪棨)가 펴낸 고려(高麗)의 편년사(編年史). 정인지 등이 편찬한 《고려사》를 기초로 하고 주자(朱子)의 《통감강목(通鑑綱目)》의 체제에 따라 엮었으며, 송시열의 서문(序文)이 있다. 23권 23책의 인본(印本).

### ▸▸▸ 원문 판독

## 〈어제경세문답(언해) 42b〉

모든 의주(儀註)ᄅᆞᆯ 두로 긔록ᄒᆞ야 아[隔]됴(我朝)의 의졀(儀節)로 더브러 서ᄅᆞ 부합(符合)ᄒᆞᆫ 거시

만흐니 이ᄅᆞᆯ 드ᄅᆞ매 ᄒᆞᆫ갓 쇼일(消日)ᄒᆞ기예 유익ᄒᆞᆯ 분 아니라 ᄒᆞ나흔 ᄢᅵ치^

미 이시미오 ᄒᆞ나흔 튜모ᄒᆞ미니 ᄢᅵ치미 이시믄 므ᄉᆞ것고 ᄒᆡ동(海東)에 즁화(中華)^

ᄅᆞᆯ ᄧᆞᆨᄒᆞ야 비기믄 곳 긔ᄌᆞ(箕子)의 기친[1] 공녈(功烈)이러니 삼한과 삼국 ᄡᅧ 오므로

졍녕(政令)이 문란ᄒᆞ고 풍쇽이 ᄒᆡ이(駭異)ᄒᆞ니 이런 ᄣᅢ예 녜와 악(樂)의 그 엇디 니ᄅᆞ^

리오 처엄 ᄯᅳᆺ은 비록 젼됴(前朝)의 문헌이 ᄉᆞᆺ티건대[想][2] 반ᄃᆞ시 ᄀᆞᆺ디 못ᄒᆞ리라

ᄒᆞ엿더니 엇디 이 거시 이시믈 혜아리리오 일로 ᄡᅧ 보건대 의문(儀文)이 비록

젼됴의 여러시나 ᄯᅩᄒᆞᆫ 아니 삼한에 딩험(徵驗)ᄒᆞ미 잇ᄂᆞ냐 튜모ᄒᆞ믄 므슴 것^

고 나라흘 위ᄒᆞ야 ᄆᆞ옴을 틔오미 고요ᄒᆞᆫ 밤이 더옥 어려온디라 고로 명^

ᄒᆞ야 목녹(目錄)을 닑히고 드ᄅᆞ매 눈믈이 ᄯᅥ러디믈 ᄢᅵᄃᆞᆺ디 못ᄒᆞ미 잇ᄂᆞ니

### ▸▸▸ 주 석

1 기친 : 끼친. '기티다'의 '티'가 구개음화되어 '기치다'로 된 것으로서, '남기다, 전하다'의 의미이지만, 오늘날에는 '끼치다'로 형태가 바뀌고 의미도 다소 바뀌어 '영향을 주다' 정도의 의미로 사용된다.

### ▸▸▸ 현대어역

## 〈어제경세문답(언해) 42b〉

모든 의주(儀註)를 두루 기록하여 아조(我朝)의 의절(儀節)로 더불어 서로 부합(符合, 서로 꼭 들어맞음)한 것이 많으니 이를 들으매 한갓 소일(消日)하기에 유익할 뿐 아니라 하나는 깨침이 있음이요, 하나는 추모(追慕)함이니, 깨침이 있음은 무엇인고? 해동(海東)에 중화(中華)를 짝하여 비김은 곧 기자(箕子, 고조선 때에 있었다고 하는 전설상의 기자 조선의 시조)의 남긴 공렬(功烈, 높고 큰 공적)이러니 삼한(三韓)과 삼국(三國) 이래(以來)로 정령(政令)이 문란(紊亂, 도덕, 질서, 규범 따위가 어지러움)하고 풍속이 해이(駭異, 크게 다름)하니 이런 때에 예(禮)와 악(樂)에 그 어찌 이르리요? 처음 뜻은 비록 전조(前朝)의 문헌(文獻)이, 생각건대, 반드시 같지 못하리라 하였더니 어찌 이것이 있음을 헤아리리요? 이로써 보건대 의문(儀文, 의식의 표)이 비록 전조(前朝)에 열었으나 또한 아니 삼한(三韓)에 징험(徵驗, 어떤 징조를 경험함)함이 있느냐? 추모(追慕)함은 무엇인고? 나라를 위하여 마음을 태움이 고요한 밤이 더욱 어려운지라. 고로 명하여 목록(目錄)을 읽히고 들으매 눈물이 떨어짐을 깨닫지 못함이 있나니,

### ▸▸▸ 주 석

2 숫티긴대 : ᄉᆞ치긴대. 제2음절의 '치'가 '디'로 되이 구개음화의 반대 방향으로 교정되었다. '숫티건대'의 제1음절말의 'ㅅ'은 그 다음 음절의 첫소리가 'ㅊ'인 'ㅌ'으로 시작되면 격음 'ㅊ, ㅌ'의 폐쇄지속 시간이 길어 'ㄷ'이나 'ㅅ'을 추가로 표기하기도 하였는데, 이 시기 문헌에 이르면 'ㄷ'은 없어지고 'ㅅ' 표기만 나타난다.

▸▸▸ 원문 판독

## 〈어제경세문답(언해) 43a〉

오회라 우리 〔隔〕황뎨(皇帝) 기창(開倉)ᄒᆞ시믈 녀말(麗末)에 비롯ᄒᆞ시니 곳 무신(戊申)
이오 우^
리 〔隔〕셩좌(聖祖) 구오(九五)[1]에 뇽비(龍飛)ᄒᆞ시미 ᄯᅩᄒᆞᆫ 홍무(洪武) 임신(壬申)이라 오
회(嗚呼ㅣ)라 무신(戊申)이
이제 임의 여섯 번 도라왓ᄂᆞᆫ디라 오회라 〔隔〕황됴(皇朝)의 운이 뭋ᄎᆞ미 갑신(甲申)^
에 이시니 만일 금년이 디나면 그 쟝ᄎᆞᆺ 세 번 도라오ᄂᆞᆫ디라 ᄉᆞᄇᆡᆨ 년 일을
ᄊᆞ라 ᄉᆡᆼ각ᄒᆞ고 다만 비풍과 하쳔의 쟝(章)을 외오니 튱(忠)이냐 회(孝ㅣ)냐 엇디
ᄇᆡᆨ슈(白首) 모년(暮年) 뷔와(憊臥)ᄒᆞᆫ 듕(中)에 젼됴(前朝) ᄉᆞ긔(史記)예 이 ᄇᆡ표영ᄉᆞ(拜
表迎使)ᄒᆞᄂᆞᆫ 의졀(儀節)을 볼 줄^
을 ᄠᅳᆺᄒᆞ야시랴 먼니〔遙〕[2] 즁쥐(中州)를 ᄇᆞ라보고 ᄯᅩ 녀강(驪江)을 쳠망ᄒᆞ매 내 ᄆᆞᄋᆞᆷ이
일 ᄇᆡ나 ᄒᆞ니 이 나의 뻐 밤의 새도록 튜모ᄒᆞᄂᆞᆫ 배니라
뭇ᄌᆞ와 ᄀᆞᆯ오ᄃᆡ 쇼혹 경신편(敬身篇)에 쇼의(少儀)에 닐오ᄃᆡ ᄌᆞ조 뻡어 입노롯ᄒᆞ디[3] 말라
ᄒᆞ니 경신의 일홈이 엇디 그 크관ᄃᆡ 이러ᄒᆞᆫ 졀목(節目)이 ᄒᆞᆫᄀᆞᆺ티 엇디 셰^

▸▸▸ 주 석

1 구오(九五) : 천자나 임금의 지위. 역괘(易卦)에서, 밑에서부터 다섯 번째 양효(陽爻)의 이름이며, 주역의 구오(九五)가 임금의 지위에 해당하는 상(象)이라는 데서 천자나 임금의 자리를 이른다.

2 먼니〔遙〕: 멀리. 특이하게도 'ㄹㄹ'의 연결체가 모두 'ㄴㄴ'으로 바뀌어 나타난 것이다. 일반적으로 '멀리'가 '멀니'로 나타난 예들은 많으나, 이 예처럼 모두 'ㄴ'으로 바뀐 예는 근대국어 시기의 문헌에도 잘 보이지 않는다. 그러므로 이 예는 '멀리'의 뜻과 유사하게 사용되고 있지만, '멀리'와는 음운론적으로 관련짓기 어렵다. '萬里'에 기원한 것일 가능성이 있다.

▸▸▸ 현대어역

## 〈어제경세문답(언해) 43a〉

오호라, 우리 황제(皇帝) 개창(開倉, 새로 시작하거나 세움)하심을 여말(麗末, 고려 시대의 말기)에 비롯하시니 곧 무신(戊申)이요, 우리 성조(聖祖)께서 구오(九五)에 용비(龍飛, 임금의 즉위)하심이 또한 홍무(洪武, 중국 명나라 태조 때의 연호, 1368 ~ 1398)) 임신(壬申)이라. 오호(嗚呼)라. 무신(戊申)이 이제 이미 여섯 번 돌아왔는지라. 오호라. 황조(皇朝, 황제의 조정)의 운이 마침이 갑신(甲申)에 있으니 만일 금년이 지나면 그 장차 세 번 돌아오는지라. 사백 년 일을 따라 생각하고 다만 비풍(匪風)과 하천(下泉)의 장(章)을 외우니 충(忠)이냐, 효(孝)이냐? 어찌 백수(白首) 모년(暮年) 비와(憊臥, 피곤하여 드러누움)한 중(中)에 전조(前朝) 사기(史記)에 이 배표영사(拜表迎使)하는 의절(儀節, 예절)을 볼 줄을 뜻하였으랴? 멀리 중주(中州)를 바라보고 또 여강(驪江)을 첨망(瞻望, 높은 곳을 멀거니 바라다봄)하매 내 마음이 일 배나 하니 이것이 내가 써 밤이 새도록 추모(追慕)하는 바이니라."

묻자와 가로되, "소학(小學) 경신편(敬身篇)의 소의(少儀)에 이르되, '자주 씹어 입노릇하지 말라.' 하니 경신(敬身)의 이름이 어찌 그 크기에 이러한 절목(節目, 법률이나 규정 따위의 낱낱의 조나 항목)이 한결같이 어찌 세

▸▸▸ 주 석

3 입노롯ᄒᆞ디 : 입노릇하지. '口容'의 언해로서 일반적으로 '입노롯ᄒᆞ다'로 나타난다. 입노롯ᄒᆞ디 마롤 디니라〈내훈 1: 8〉, 입노롯ᄒᆞ디 말올디니라〈소학언해 3: 24〉. 여기에서는 '롯'의 'ㆍ'가 선행 음절의 원순모음 'ㅗ'에 영향으로 'ㅗ'로 바뀌어 나타났다.

▸▸▸ **원문 판독**

## 〈어제경세문답(언해) 43b〉

쇄(細瑣)ᄒᆞ니잇고 답 왈 엇디 ᄒᆞᆫ갓 이ᄲᅮᆫ이리오 쇄소응ᄃᆡ(灑掃應對)[1]ᄂᆞᆫ 곳 슈졔(修齊)
티평(治平)의
근본이라 ᄀᆞᆯ온 믈 ᄡᅳ리며 ᄀᆞᆯ온 ᄡᅳᆯ미 지극히 셰쇄(細瑣)ᄒᆞ고 지극히 젹으ᄃᆡ 미^
뢰여〔推〕[2] ᄡᅧ 티국평텬하에 니ᄅᆞ고 졍지(程子ㅣ) ᄀᆞᆯ오샤ᄃᆡ 키ᄀᆞᆺ티 걸안고 ᄆᆞᄋᆞᆷ이 ᄐᆡ^
만(怠慢)티 아니리 업다 ᄒᆞ니 입의 거동은 굿티라 ᄒᆞ미 ᄯᅩᄒᆞᆫ 구용(九容) 가온대 잇ᄂᆞᆫ^
디라 쇼쟈(小者)ᄅᆞᆯ 방홀(放忽)ᄒᆞ면 엇디 능히 큰 ᄃᆡ 미뢰리오 이 졍히 젹은 것과 셰^
쇄ᄒᆞᆫ 거시 감히 져기 홀티 못ᄒᆞᄂᆞᆫ ᄠᅳᆺ이라 녜긔[3]예 실운 배 다 이 ᄀᆞᆺᄐᆞ니 ᄂᆡ측(內則)^
에 부모와 구고(舅姑) 겨신 ᄃᆡ 이시므로브터 감히 춤 밧ᄐᆞ며 코 프디 못ᄒᆞᆫ다 ᄒᆞ매 니^
ᄅᆞ히〔至〕 더옥 셰쇄ᄒᆞ고 더옥 젹으니 그 듕에 하픠음ᄒᆞ며 기지게 혀며 ᄒᆞᆫ 발
츼드ᄃᆡ며 디혀며 빗기 보며 감히 춤 밧디 못ᄒᆞ믄 오히려 가히 춤으려^
니와 피기ᄒᆞ며 트림ᄒᆞ며 ᄌᆞ칰음ᄒᆞ며 기춤ᄒᆞ며 다ᄆᆞᆺ 코 플믄 이 엇^

▸▸▸ **주 석**

1 쇄소응ᄃᆡ(灑掃應對) : 《소학(小學)》 〈선행편(善行篇)〉에 나오는 구절로서 '물 뿌리고 마당 쓸며 사람들을 응대하는' 법을 어린아이들에게 먼저 가르친다는 내용이 담겨져 있다.

2 미뢰여〔推〕 : 밀고 나아가. 원문의 '推'를 언해한 것으로, 이곳의 '미뢰-'는 '밀-'에 사동접미사 '-외-'가 결합된 어형이다. '밀-'의 사동사로는 사동접미사 '-오/우-'가 결합한 '미로/미루-'가 잇지만, 이것은 '委(미루다, 넘기다)'의 의미로 사용되어 의미상에 다소의 차이가 있다. 예 : 패군ᄒᆞᆫ 죄ᄅᆞᆯ 내게 미루고져 ᄒᆞᄂᆞᆫ다〈오륜행실도(1797) 1 : 21a〉. 이곳의 '미뢰-'는 18세기의 다른 문헌에 '밀외/밀위/미뤼-' 등 여러 가지 표기로 등장하는데, 이들 어형은 '委'의 의미라기보다는 여기에서처럼 '推(밀고 나아가다)'의 의미로 사용된 예가 대부분이다.

>>> 현대어역

## 〈어제경세문답(언해) 43b〉

쇄(細瑣, 시시하고 자질구레함)합니까?" 답 왈, "어찌 한갓 이뿐이리요? 쇄소응대(灑掃應對)는 곧 수제(修齊) 치평(治平)의 근본이라. 이른바 물 뿌리며 이른바 (마당을) 쓺이 지극히 세쇄(細瑣)하고 지극히 적되 밀고 나아가 써 치국평천하(治國平天下)에 이르고 정자(程子)께서 가라사대, "키〔箕〕같이 걸터앉고〔箕踞, 두 다리를 뻗고 앉음〕 마음이 태만(怠慢)하지 아니할 이가 없다." 하니 '입의 거동은 그치라.' 함이 또한 구용(九容) 가운데 있는지라. 소자(小者, 적은 것)를 방홀(放忽, 마음을 놓아 소홀히 함)하면 어찌 능히 큰 데 밀고 나아가리요? 이것이 정(正)히 적은 것과 세쇄한 것에 감히 적이 홀(忽)하지 못하는 뜻이라. 예기(禮記)에 실은 바가 다 이와 같으니 내측(內則, 안쪽)에 부모와 구고(舅姑, 시부모) 계신 데 있어서는 감히 춤 뱉으며 코 풀지 못한다 함에 이르러 더욱 세쇄하고 더욱 적으니 그 중에 하품하며 기지개 켜며 한 발 치우쳐 디디며 기대며 비끼어 보며 감히 침 뱉지 못함은 오히려 가히 참으려니와 딸꾹질하며 트림하며 재채기하며 기침하며 더불어 코 풂은 이 어

>>> 주 석

3 녜긔 : 《예기(禮記)》. 예(禮)의 이론과 실제를 기술한 오경(五經)의 하나. 한나라 무제 때에 하간(河間)의 헌왕이 공자와 그 후학들이 지은 131편의 책을 모아 정리한 뒤에 선제 때 유향(劉向)이 214편으로 엮었다. 후에 대덕(戴德)이 85편으로 엮은 〈대대례(大戴禮)〉와 선조 때에 대성(戴聖)이 49편으로 줄인 〈소대례(小戴禮)〉가 있다. 의례의 해설 및 음악·정치·학문에 걸쳐 예의 근본 정신에 대하여 서술하였다.

### ▸▸▸ 원문 판독

## 〈어제경세문답(언해) 44a〉

디 감히 춤을 거시리오마ᄂᆞᆫ 블감(不敢)이라 ᄒᆞᄂᆞᆫ 두 글ᄌᆡ 뜻이 ᄯᅩᄒᆞᆫ 이시니 비^
록 능히 춤디 못ᄒᆞ나 ᄯᅩᄒᆞᆫ 감히 방ᄌᆞ(放恣)티 못ᄒᆞ미니 블감ᄒᆞᄂᆞᆫ 뜻이라
슬프다 고인이 팔셰(八歲)에 쇼ᄒᆞᆨ에 드러 당쟈(長者)ᄅᆞᆯ 뫼신 ᄣᅢ에 비록 셰미(細微)ᄒᆞᆫ ᄃᆡ^
나 감히 방홀티 못ᄒᆞ야 이러ᄐᆞ시 구속ᄒᆞᄂᆞᆫ 고로 심디 임의 바로고 근희(筋骸ㅣ)
ᄯᅩᄒᆞᆫ 구드니 이러ᄐᆞᆺ ᄒᆞ고 엇디 능히 정심(正心)을 못ᄒᆞ며 이러ᄐᆞᆺ ᄒᆞ고 ᄯᅩ 엇디
슈신이 어려오리오 대ᄒᆞᆨ에 니ᄅᆞᄃᆡ[1] 텬ᄌᆞ(天子)로브터 ᄡᅥ 셔인(庶人)의 니ᄅᆞ히[2] ᄒᆞᆫᄀᆞᆯᄀᆞ티
다 몸 닷그므로 ᄡᅥ 근본을 삼ᄂᆞᆫ다 ᄒᆞ니 졔가티국평텬하(齊家治國平天下)ᄂᆞᆫ 그 가히 드
러 ᄡᅥ 노흘^
디라 녜의 삼 ᄇᆡᆨ과 위의(威儀) 삼 쳔이 ᄒᆞᆫ 말로 ᄡᅥ 덥흐니 ᄀᆞᆯ온 공경티 아니미 업^
ᄉᆞ미라 만일 ᄒᆞᆫ갓 셰쇄(細瑣)ᄒᆞ고 대ᄒᆞᆨ의 공부에 유익ᄒᆞᆯ 배 업ᄉᆞ면 쥬ᄌᆡ(朱子ㅣ)[3] 엇디
반ᄃᆞ시 쇼ᄒᆞᆨ의 편즙(編輯)ᄒᆞ야 겨시랴 슬프다 셰상이 강쇄ᄒᆞ고 되(道ㅣ) 쇠ᄒᆞ야 쇄소^

### ▸▸▸ 주 석

1 니ᄅᆞᄃᆡ : 15세기에는 '니ᄅᆞ-'에 '-ᄃᆡ'가 결합되면 '-오-'가 개재하여 '닐오ᄃᆡ'로 나타났으나, 18세기 대부분의 문헌에는 '-오-'가 개재하지 않은 '니ᄅᆞᄃᆡ'로 나타난다. 그러나 이 문헌에는 '니ᄅᆞᄃᆡ'와 함께 '닐오ᄃᆡ'도 보인다.

2 니ᄅᆞ히 : 이르도록. '니ᄅᆞ-(到)'에 부사파생 접미사 '-히'가 결합된 어형이다. 15세기에는 '니르-'와 쌍형으로 존재한 '니를-'에 부사파생접미사 '-이'가 결합된 '니르리'도 사용되었으나 이 책에서는 발견되지 않는다.

▸▸▸ 현대어역

## 〈어제경세문답(언해) 44a〉

찌 감히 참을 것이리요마는 '불감(不敢, 감히 할 수 없음)'이라 하는 두 글자의 뜻이 또한 있으니 비록 능히 참지 못하나 또한 감히 방자(放恣)하지 못함이니 불감(不敢)하는 뜻이라. 슬프다, 고인(古人)이 팔세(八歲)에 소학(小學)에 들어 장자(長者, 덕망이 뛰어나고 경험이 많아 세상일에 익숙한 어른)를 모신 때에 비록 세미(細微, 가늘고 작음)한 데나(=데라 하더라도) 감히 방홀(放忽)하지 못하여 이렇듯이 구속(拘束)하는 고로 심지가 이미 바르고 근해(筋骸, 힘줄과 뼈)가 또한 굳으니, 이렇듯 하고 어찌 능히 정심(正心, 올바른 마음가짐)을 못하며 이렇듯 하고 또 어찌 수신(修身, 마음과 행실을 바르게 닦아 수양함)이 어려우리요? 대학에 이르되, "천자(天子)로부터 써 서인(庶人)에 이르기까지 한결같이 다 몸 닦음으로써 근본을 삼는다." 하니 제가치국평천하(齊家治國平天下)는 그 가히 들어 써 놓을지라. 예의(禮儀) 삼 백과 위의(威儀) 삼 천이 한(一) 말로써 덮이니 이른바 공경하지 아니함이 없음이라. 만일 한갓 세쇄(細瑣, 시시하고 자질구레함)하고 대학(大學)의 공부에 유익할 바가 없으면 주자(朱子)께서 어찌 반드시 소학에 편집(編輯)하셨으랴? 슬프다, 세상이 강쇄(降殺, 등급을 깎아내림)하고 도가 쇠(衰)하여 쇄소

▸▸▸ 주 석

3 쥬지(朱子ㅣ) : 중국 송나라의 유학자(1130~1200). 주희(朱熹)를 말함. 자는 원회(元晦)·중회(仲晦). 호는 회암(晦庵)·회옹(晦翁)·운곡산인(雲谷山人)·둔옹(遯翁). 도학(道學)과 이학(理學)을 합친 이른바 송학(宋學)을 집대성하였다. '주자(朱子)'라고 높여 이르며, 그의 학문을 주자학이라고 한다. 주요 저서에 《시전(詩傳)》, 《사서집주(四書集註)》, 《근사록》, 《자치통감강목》 따위가 있다.

▸▸▸ 원문 판독

## 〈어제경세문답(언해) 44b〉

웅뎌의 졀목을 일변에 담각(擔閣)ᄒᆞᄂᆞᆫ 고로 이런 글이 그 ᄯᅩᄒᆞᆫ 히안(駭眼)ᄒᆞ니 가히 이긔여 탄식ᄒᆞ야{랴} 일부 쇼혹을 ᄌᆞ셔히 보면 일동(一動) 일졍(一靜)과 일언(一言) 일목(一默)^
에 지극ᄒᆞᆫ 되〔理ㅣ〕 이시니 그 만일 이에 깁히[1] 어드면 스ᄉᆞ로 가히 손이 춤추며 발^
이 구를 지경에 니ᄅᆞ리니 번셰(煩細)타 니ᄅᆞ디 말고 그 모ᄅᆞ미 팀좀(沈潛)ᄒᆞᆯ디어다 믓ᄌᆞ와 ᄀᆞᆯ오ᄃᆡ 겨울이 ᄎᆞ고 봄이 ᄃᆞᄉᆞ믄 졀긔(節氣)의 덧덧ᄒᆞᆫ 거시로ᄃᆡ 금년은 모츈(暮春)이 쟝ᄎᆞᆺ 진(盡)ᄒᆞᄃᆡ 그 치우미 오히려 쾌히 플니이디 아니ᄒᆞ야 나모닙과 ᄭᅩᆺ부리 근일에 비로소 뵈니 졀후(節候)에 괴상(乖常)ᄒᆞ미 ᄒᆞᆫᄀᆞᆯᄀᆞᆺ티 엇디 이 ᄀᆞᆺᄐᆞ니 잇고 답 왈 고인이 닐오ᄃᆡ 원컨대 그 그림자ᄅᆞᆯ 술피라 ᄒᆞ니 인시(人事ㅣ) 아래 닷^
그면 텬되 우히 응ᄒᆞᄂᆞ니 윤돌이 이셔 졀셰(節歲ㅣ) 스ᄉᆞ로 늣다 니ᄅᆞ디 말라 어ᄂᆞ ᄯᅢ 윤돌이 업ᄉᆞ리오마ᄂᆞᆫ 금년이 이 ᄀᆞᆺᄐᆞ니 이 졍히 인군(人君)의 가히 계구(戒懼)ᄒᆞᆯ

▸▸▸ 주 석

1 깁히 : 깊이. 'ㅍ'을 'ㅂ'과 'ㅎ'으로 나누어 표기한 것이다. 'ㅂ'과 'ㅎ'을 결합하여 읽으면 'ㅍ'이 도출된다. 이러한 표기는 'ㅍ'을 종성 위치에 적을 수 없는, 다시 말하면 종성 위치에는 8개의 자음만 쓸 수 있다고 한 《훈민정음》의 8종성가족용(八終聲可足用)에 따라 'ㅂ'만 종성 위치에 쓴 것이다.

▸▸▸ 현대어역

## 〈어제경세문답(언해) 44b〉

응대(灑掃應對)의 절목(節目)을 일변(一邊)에 담각(擔閣)하는 고로 이런 글이 그 또한 해안(駭眼)하니 가히 이겨 탄식하랴. 일부(一部) 소학(小學)을 자세히 보면 일동(一動) 일정(一靜)과 일언(一言) 일묵(一默)에 지극한 도가 있으니 그 만일 이에 깊이 얻으면 스스로 가히 손이 춤추며 발이 구를 지경에 이르리니 번세(煩細, 번잡하고 자질구레함)하다 이르지 말고 그 모름지기 침잠(沈潛, 마음을 가라앉혀서 깊이 생각하거나 몰입함)할지어다."

묻자와 가로되, "겨울이 차고 봄이 따스함은 절기(節氣)에 떳떳한(=항상 일정한) 것이로되 금년은 모춘(暮春, 늦봄)이 장차 진(盡, 다함)하되 그 추움이 오히려 쾌(快)히 풀리지 아니하여 나뭇잎과 꽃부리가 근일(近日)에 비로소 보이니 절후(節侯, 절기(節氣))에 괴상(乖常, 마땅한 도리나 이치에 벗어나 있음)함이 한결같이 어찌 이와 같습니까?" 답 왈, "고인(古人)이 이르되, '원컨대 그 그림자를 살피라.' 하니 인사(人事)가 아래에서 닦으면(=닦여지면) 천도(天道)가 위에서 응(應)하나니 윤달이 있어 절세(節歲, 계절)가 스스로 늦다 이르지 말라. 어느 때 윤달이 없으리요마는 금년이 이 같으니 이것이 정히 인군(人君)이 가히 계구(戒懼, 조심하고 두려워함)할

## ▸▸▸ 원문 판독

## 〈어제경세문답(언해) 45a〉

배라 엇디 쳥ᄃᆡ(青臺)의 보(報)ᄒᆞ믈 기ᄃᆞ려[1] 늠쳑(凜惕)ᄒᆞ랴 슐편(述編)에 임의 닐오

ᄃᆡ ᄒᆞᆫ ᄇᆞ^

람과 ᄒᆞᆫ 비에도 그 오히려 경쳑(警惕)ᄒᆞ노라 ᄒᆞ야시니 ᄒᆞ믈며 이러ᄒᆞᆫ 긔후(氣候)ᄂᆞᆫ

모년에 처엄으로 보앗ᄂᆞ니 이 뉘 허믈고 삼강(三講)과 삼ᄃᆡ(三對) 믄득 문지 되고

ᄌᆞ면(自勉) ᄌᆞ강(自强)ᄒᆞᄃᆡ ᄇᆡᆨ되(百度ㅣ) 오히려 플어디니 이 ᄯᅩᄒᆞᆫ 뎨이(第二) 건(件)

일〔事〕이라 이제 국^

ᄉᆞ(國事)ᄅᆞᆯ 도라보면 듕야(中夜)에 자믈 닛ᄂᆞ니 이러틋 ᄒᆞ되 ᄒᆞᆫ 일을 만회(挽回)ᄒᆞ미

업고 오직 믁믁ᄒᆞ야 날을 디내니 진실노 〔隔〕쳑강(陟降)을 져ᄇᆞ리미^

오 진실노 피창(彼蒼)을 져ᄇᆞ리미라 이제 그 무ᄅᆞ매 쟝ᄎᆞᆺ 므ᄉᆞᆫ ᄂᆞᆺᄎᆞ로 ᄲᅧ ᄃᆡ^

답ᄒᆞ리오 ᄆᆞᄋᆞᆷ을 ᄆᆞᆫ디며 스ᄉᆞ로 탄식ᄒᆞ믈 ᄭᅵᄃᆞᆺ디 못ᄒᆞ노라 비록 그^

러나 일휘(日候ㅣ) 이러틋 ᄒᆞ니 아디 못게라 츄뫼(秋牟ㅣ) 엇더ᄒᆞ며 츈경(春耕)이 엇

더ᄒᆞᆫ^

고 이제 삼도(三道) 농민의 셔울 온 쟈의게 무ᄅᆞ니 츄모(秋牟)ᄂᆞᆫ 눈이 녹은 후에 능^

## ▸▸▸ 주 석

1 기ᄃᆞ려 : 기다려. 15세기에는 '기들우-'로 나타나던 어휘였으나, 이 문헌에서는 'ㄷ' 다음의 'ㅡ'가 예외 없이 모두 'ㆍ'로 바뀌어 '기ᄃᆞ리-'로 나타난다. '기ᄃᆞ리-'의 제2음절에서 'ㅡ'가 바뀐 'ㆍ'는 'ㅏ'로 변하여 현대국어에서는 '기다리-'가 되었다. 비어두 음절에서도 'ㅡ'가 실제 음성 층위에서 'ㆍ'로 바뀐 예가 있었으며, 또한 제2음절에서 'ㆍ'가 'ㅏ'로 바뀐 예가 있었음을 보여주는 증거이다.

▸▸▸ 현대어역

## 〈어제경세문답(언해) 45a〉

바라. 어찌 청대(靑臺)의 보(報)함을 기다려 늠척(凜惕)하랴. 술편(述編)에 이미 이르되, '한 바람과 한 비에도 그 오히려 경척(警惕)하노라.' 하였으니 하물며 이러한 기후(氣候)는 모년(暮年)에 처음으로 보았나니, 이 뉘 허물인고? 삼강(三講)과 삼대(三對)가 문득 문자(文字)가 되고 자면(自勉) 자강(自强)하되 백도(百度, 온갖 법률과 제도)가 오히려 풀어지니 이 또한 제이(第二) 건(件) 일이라. 이제 국사(國事)를 돌아보면 중야(中夜, 한밤중)에 잠을 잊나니 이렇듯 하되 한 (가지) 일을 만회(挽回, 바로잡아 회복함)함이 없고 오직 묵묵(默默, 말없이 잠잠함)하여 날을 지내니 진실로 척강(陟降, 조상)을 저버림이요, 진실로 피창(彼蒼, 저 하늘)을 저버림이라. 이제 그 물음에 장차 무슨 낯으로써 대답하리요? 마음(=심장)을 만지며 스스로 탄식함을 깨닫지 못하노라. 비록 그러나 일후(日候, 날씨)가 이렇듯 하니, 알지 못하여라, 추모(秋牟, 가을보리)가 어떠하며 춘경(春耕, 봄갈이)이 어떠한고? 이제 삼도(三道) 농민(農民)의(=농민 중에서) 서울 온 자에게 물으니 추모(秋牟)는 눈이 녹은 후에 능

▸▸▸ **원문 판독**

## 〈어제경세문답(언해) 45b〉

히 프르러 ᄌᆞ라고 츈경(春耕)은 임의 다ᄒᆞ고 그 ᄯᅩᄒᆞᆫ ᄌᆞ라믈 향ᄒᆞᆫ다 ᄒᆞ니

이 혜아린 배 아니라 이 엇디 다ᄅᆞ미리오 고고(高高)ᄒᆞᆫ 피창(彼蒼)이 원원(元元)을 ᄋᆡ

휼(愛恤)^

ᄒᆞᄂᆞᆫ 소리라 슬프다 내 비록 부덕으로 능(能)이 업ᄉᆞ나 ᄇᆡᆨ셩을 위ᄒᆞ야

풍년을 창창(蒼蒼)긔 비노라

뭇ᄌᆞ와 ᄀᆞᆯ오ᄃᆡ 녀ᄉᆞ의졀(麗史儀節)이 그 므어시 가히 보왐즉ᄒᆞ관ᄃᆡ[1] ᄆᆡ양 ᄒᆞ야^

곰 닑히시ᄂᆞ니잇고 답 왈 삼국 ᄣᅢ에 대박(大朴)이 흣디[2] 못ᄒᆞ엿고 젼됴(前朝)에

포은(圃隱)[3]이 도혹을 들쳐 ᄇᆞᆰ히기 젼(前)에 녜의(禮儀) ᄀᆞᆺ디〔備〕 못ᄒᆞ니 ᄆᆞ음에 샹히

닐러 ᄀᆞᆯ오ᄃᆡ 의문(儀文) 도수(度數)ᄅᆞᆯ 그 엇디 딩험(徵驗)ᄒᆞ야 미드리오 ᄒᆞ엿더니 져

즈음^

긔 졍셥(靜攝)ᄒᆞᆯ ᄣᅢ에 명ᄒᆞ야 녀ᄉᆞᄅᆞᆯ 닑히니 그 디권(志卷)에 므ᄅᆞᆺ 모든 의졀(儀節)이

잇ᄂᆞᆫ디라 모든 ᄉᆞ긔(史記)예 업ᄂᆞᆫ 배니 가히 찬즙(纂輯)ᄒᆞᆫ 깁흔 ᄯᅳᆺ을 볼디라 그 ᄃᆞᆼ^

▸▸▸ **주 석**

1 보왐즉ᄒᆞ관ᄃᆡ : 봄직하건대. 보-(見) + -암즉- + -ᄒᆞ-(爲) +-관ᄃᆡ(어미). '보암즉ᄒᆞ관ᄃᆡ'의 제2음절 '암'이 '왐'으로 된 것은 선행하는 음절인 '보-'의 원순모음에 영향을 받아 반모음 'ㅗ[w]'가 첨가되었기 때문이다.

2 흣디 : '흗-(散) + -디'. '흗-'은 '흗고, 흗디, 흐러, 흐르니' 등과 같이 교체되어 'ㄷ'과 'ㄹ'이 교체되어 나타나는 'ㄷ' 불규칙 용언이었다. 음절말음 'ㄷ'은 이 시기 문헌에서는 'ㅅ'으로 표기되었다.

▸▸▸ 현대어역

## 〈어제경세문답(언해) 45b〉

히 푸르러 자라고 춘경(春耕)은 이미 다하고 그 또한 자람을 향한다 하니 이것이 헤아린 바가 아니라. 이 어찌 다름이리요? 고고(高高, 매우 높음)한 피창(彼蒼, 저 하늘)이 원원(元元, 모든 백성)을 애휼(愛恤, 불쌍히 여기어 은혜를 베풂)하는 소리라. 슬프다, 내 비록 부덕(否德)으로 능(能)이 없으나 백성을 위하여 풍년을 창창(蒼蒼)께 비노라."

묻자와 가로되, "여사(麗史) 의절(儀節)이 그 무엇이 가히 봄직하기에 매양 (하여금) 읽히십니까?" 답 왈, "삼국 때에 대박(大朴)이 흩지 못하였고 전조(前朝)에 포은(圃隱, '정몽주'의 호)이 도학(道學)을 들쳐 밝히기 전(前)에 예의(禮儀)가 갖추어지지[備] 못하니 마음에 항상 일러 가로되, "의문(儀文, 의식의 표) 도수(度數, 빈도와 횟수)를 그 어찌 징험(徵驗, 어떤 징조를 경험함)하여 믿으리요?" 하였더니 저쯤께(=저번에) 정섭(靜攝)할 때에 명하여 여사(麗史)를 읽히니 그 지권(志卷)에 무릇 모든 의절(儀節)이 있는지라. 모든 사기(史記)에 없는 바이니 가히 찬집(纂輯)한 깊은 뜻을 볼지라. 그 중

▸▸▸ 주 석

3 포은(圃隱) : 고려 말기의 충신·유학자(1337 - 1392)인 정몽주(鄭夢周)의 호. 초명은 몽란(夢蘭)·몽룡(夢龍). 자는 달가(達可). 오부 학당과 향교를 세워 후진을 가르치고, 유학을 진흥하여 성리학의 기초를 닦았다. 명나라를 배척하고 원나라와 가깝게 지내자는 정책에 반대하고, 끝까지 고려를 받들었다.

## ▸▸▸ 원문 판독

# 〈어제경세문답(언해) 46a〉

에 쟈황포(赭黃袍)와 승로(乘輅)와 경필(警蹕)과 뎨왈디{가}라 ᄒᆞᄂᆞᆫ 글이 ᄎᆞᆷ네 막심ᄒᆞ

고 졀^

죄(節註ㅣ) 너모 번거ᄒᆞ고 그 다ᄅᆞᆫ 의졀(儀節)은 마치 오례의(五禮儀)[1] ᄀᆞᆺᄐᆞ니 졍히 공

셩(孔聖)[2]의 니ᄅᆞᆫ

바 하(夏)나라 ᄢᅢᄅᆞᆯ 힝ᄒᆞ며 은나라 로(輅)ᄅᆞᆯ ᄐᆞ며 쥬나라 면(冕)을 복(服)ᄒᆞᆷ ᄀᆞᆺᄐᆞᆫ디^

라 국초에 오례의(五禮儀)ᄅᆞᆯ 지을 ᄢᅢ에 그 ᄎᆞᆷ남(僭濫)ᄒᆞᆫ 거ᄉᆞᆯ ᄇᆞ리며 그 번거ᄒᆞᆫ 거ᄉᆞᆯ

졔ᄒᆞ고 그 남은 거ᄉᆞᆫ 만히 승국(勝國)을 조차시니 일로 ᄡᅥ 보면 녜의예 본이 이에 잇^

ᄂᆞᆫ디라 이 나의 ᄡᅥ 명ᄒᆞ야 ᄇᆞᆰ히ᄂᆞᆫ 배로라[3] 아ᄅᆞᆷ답다 오례(五禮)의 일왕(一王)의 아^

ᄅᆞᆷ다온 졔도(制度)ᄅᆞᆯ 일워 젼됴(前朝)의 결을티[4] 못ᄒᆞᆫ 거ᄉᆞᆯ 이뎡(釐正)ᄒᆞ니 ᄯᅩᄒᆞᆫ 공^

ᄌᆞ의 니ᄅᆞ신 바 문(文)과 질(質)이 빈빈(彬彬)ᄒᆞ니 내 쥬ᄅᆞᆯ 조ᄎᆞ리라[5] ᄒᆞᆷ ᄀᆞᆺᄐᆞᆫ 디라

명ᄒᆞ야 ᄇᆞᆰ히믈 두 번에 니ᄅᆞ니 곳 아〔隔〕됴(我朝)의 의문(儀文)이 크게 ᄀᆞᄌᆞ믈〔備〕[6] ᄒᆞᆷ

탄ᄒᆞ^

ᄂᆞᆫ ᄯᅳᆺ이라 비록 그러나 ᄌᆡ(子ㅣ) ᄀᆞᆯ오샤ᄃᆡ 녜라 니ᄅᆞ며 녜라 니ᄅᆞ나 옥ᄇᆡᆨ(玉帛)을 니ᄅᆞ^

## ▸▸▸ 주 석

1 오례의(五禮儀) : 《국조오례의(國朝五禮儀)》. 성종 5년(1474)에 간행된, 8권 8책의 길례(吉禮), 가례(嘉禮), 빈례(賓禮), 군례(軍禮), 흉례(凶禮)의 오례(五禮)에 관한 책. 조선 시대에 세종의 명으로 허주(許稠) 등이 편찬에 착수하고, 세조 때 강희맹 등을 거쳐 신숙주, 정척 등이 완성하였다.

2 공셩(孔聖) : 성인(聖人)이라는 뜻으로, '공자(孔子)'를 높여 이르는 말.

3 배로라 : 바이로다. '-로라'는 1인칭 주어문에서 계사 뒤에 나오는 것이 특징이다. 주어가 1인칭이 아닌 경우에 쓰인 '-로다'와 비교할 때 '-로라'의 '-로-'는 계사 뒤 '-오-'의 교체형으로 분석될 성격의 것이다.

### ▸▸▸ 현대어역

## 〈어제경세문답(언해) 46a〉

에 자황포(赭黃袍)와 승로(乘輅)와 경필(警蹕, 임금이 거둥할 때에 통행을 금하던 일)과 제왈가(制曰可)라 하는 글이 참례(僭禮, 분수에 맞지 않는 지나친 예의)가 막심(莫甚, 더 이상 이를 수 없이 심함)하고 절주(節註)가 너무 번거하고 그 다른 의절(儀節)은 마치 오례의(五禮儀, 국조오례의)와 같으니 정히 공성(孔聖, 공자)이 이른 바 하(夏)나라 때를 행하며 은나라 노(輅, 임금의 수레)를 타며 주나라 면(冕, 면류관)을 복(服)함 같은지라. 국초(國初)에 오례의(五禮儀)를 지을 때에 그 참람(僭濫, 분수에 넘쳐 지나침)한 것을 버리며 그 번거한 것을 제(除)하고 그 남은 것은 많이 승국(勝國, = 前朝, 바로 전대의 왕조)을 좇았으니 이로써 보면 예의에 본(本)이 이에 있는지라. 이것이 내가 써 명하여 읽히는 바이로다. 아름답다, 오례(五禮, 나라에서 지내는 다섯 가지 의례)가 일왕(一王)의 아름다운 제도를 이루어 전조(前朝)에서 틈을 내지 못한 것을 이정(釐正, 문서나 글을 정리하여 바로잡음)하니 또한 공자께서 이르신 바 "문(文)과 질(質)이 빈빈(彬彬, 문채와 바탕이 잘 갖추어져 훌륭함)하니 내가 주(周)를 좇으리라." 함 같은지라. 명하여 읽힘을 두 번에 이르니 곧 아조(我朝, 우리 왕조)의 의문(儀文)이 크게 갖추어짐을 흠탄(欽歎, 아름다움을 감탄함)하는 뜻이라. 비록 그러하나 공자가 가라사대, "예(禮)라 이르며 예라 이르나 옥백(玉帛, 옥과 비단)을 이름

### ▸▸▸ 주 석

4 결을티 : 틈타지. '결을ᄒᆞ다'는 '틈타다'의 뜻으로 사용되었다. '겨를'은 흔히 '결을'로 표기되어 나타난다.

5 문(文)과 질(質)이 빈빈(彬彬)ᄒᆞ니 내 쥬(周)를 조ᄎᆞ리라 : 《논어(論語)》의 〈옹야편(擁也篇)〉에 나오는 말로,. '子曰 質勝文則野, 文勝質則史, 文質彬彬, 然後君子'에 해당한다.

6 ᄀᆞᄌᆞᆷ을〔備〕: 갖춤을. 'ᄀᆞᆽ-(備) + -ᄋᆞᆷ- + -을'. 용언을 명사형으로 만들 때, 15세기에는 용언 어간에 '-옴/움'이 결합되었으나 이 시기의 문헌에서는 현대국어와 같이 '-오/우-' 없이 '-ᄋᆞᆷ/음-'이 결합되어 명사형을 만들었다.

▸▸▸ 원문 판독

## 〈어제경세문답(언해) 46b〉

미며 악(樂)이라 니ᄅᆞ며 악이라 니ᄅᆞ나 죵고(鐘鼓)ᄅᆞᆯ 니ᄅᆞ미랴 ᄒᆞ시니 금과옥죄(金科

玉條ㅣ) 그 비^

록 찬연ᄒᆞ나 진실노[1] 경셩이 업ᄉᆞ면 그 엇디 ᄡᅧ 조괴(祖考ㅣ) 와 흠향(歆饗)ᄒᆞ시며

ᄯᅩ 엇디 ᄡᅧ 왕이 묘(廟)의 격ᄒᆞ리오 내 ᄒᆞᆫ 셩(誠) ᄧᆞ(字)로 ᄡᅧ 하단에 결ᄉᆞᄒᆞ야 인ᄒᆞ^

야 ᄡᅧ ᄌᆞ면(自勉)ᄒᆞ고 셰샹을 일ᄭᅵ오노라

▸▸▸ 주 석

1 진실노 : 진실로. 이 문헌에는 '진실노'처럼 'ㄹ' 다음에 오는 'ㄹ'이 'ㄴ'으로 바뀌어 표기된 경우가 자주 보인다.

>>> 현대어역

## 〈어제경세문답(언해) 46b〉

이며 악(樂)이라 이르며 악이라 이르나 종고(鐘鼓, 종과 북)를 이름이랴?" 하시니 금과옥조(金科玉條, 금이나 옥처럼 귀중히 여겨 꼭 지켜야 할 법칙이나 규정)가 그 비록 찬연(燦然, 빛 따위가 눈부시게 밝음)하나 진실로 정성이 없으면 그 어찌 써 조고(祖考, 돌아가신 할아버지)가 와 흠향(歆饗, 신명이 제물을 받아서 먹음)하시며 또 어찌 써 왕이 묘(廟)에 격(格)하리요? 내 한 성(誠) 자(字)로써 하단(下段)에 결사(結辭, 말을 맺음)하여 인하여 써 자면(自勉)하고 세상을 일깨우노라."

# 찾 아 보 기

—《어제경세문답(언해)》 원문 어절 —

# 《어제경세문답(언해)》 원문 어절 찾아보기

## ㄱ

## ㄴ

## ㄷ

## ㄹ



## ㅁ

ㅅ

| ㅇ |
|---|

## ㅈ

## ㅊ

## ㅋ



## ㅌ

## ㅍ

## ㅎ

# 자 료 편

여기서부터는 영인본을 인쇄한 부분입니다. 이 책의 맨 뒷 페이지부터 보시기 바랍니다.

御製警世問答 외표지(뒤)

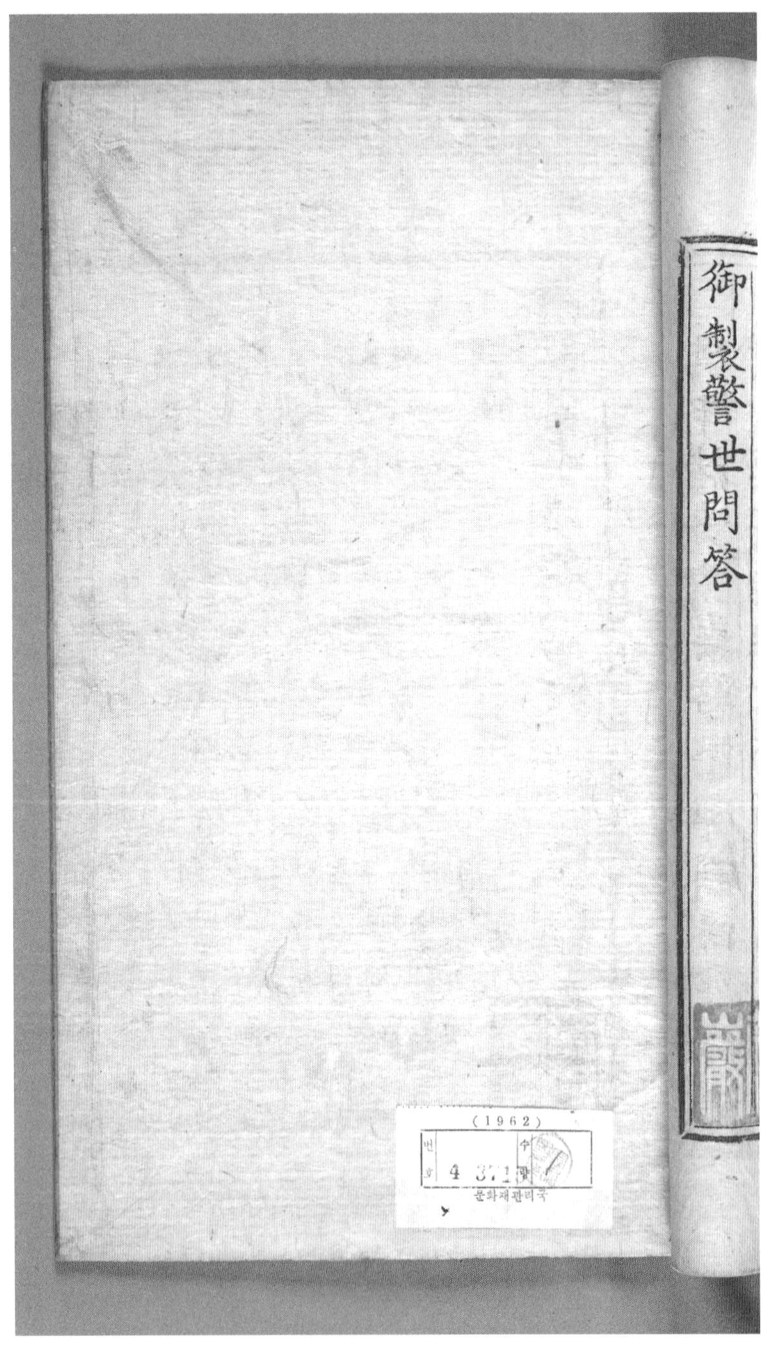


御製警世問答 (隔紙)

언해본
46b ← → 46a

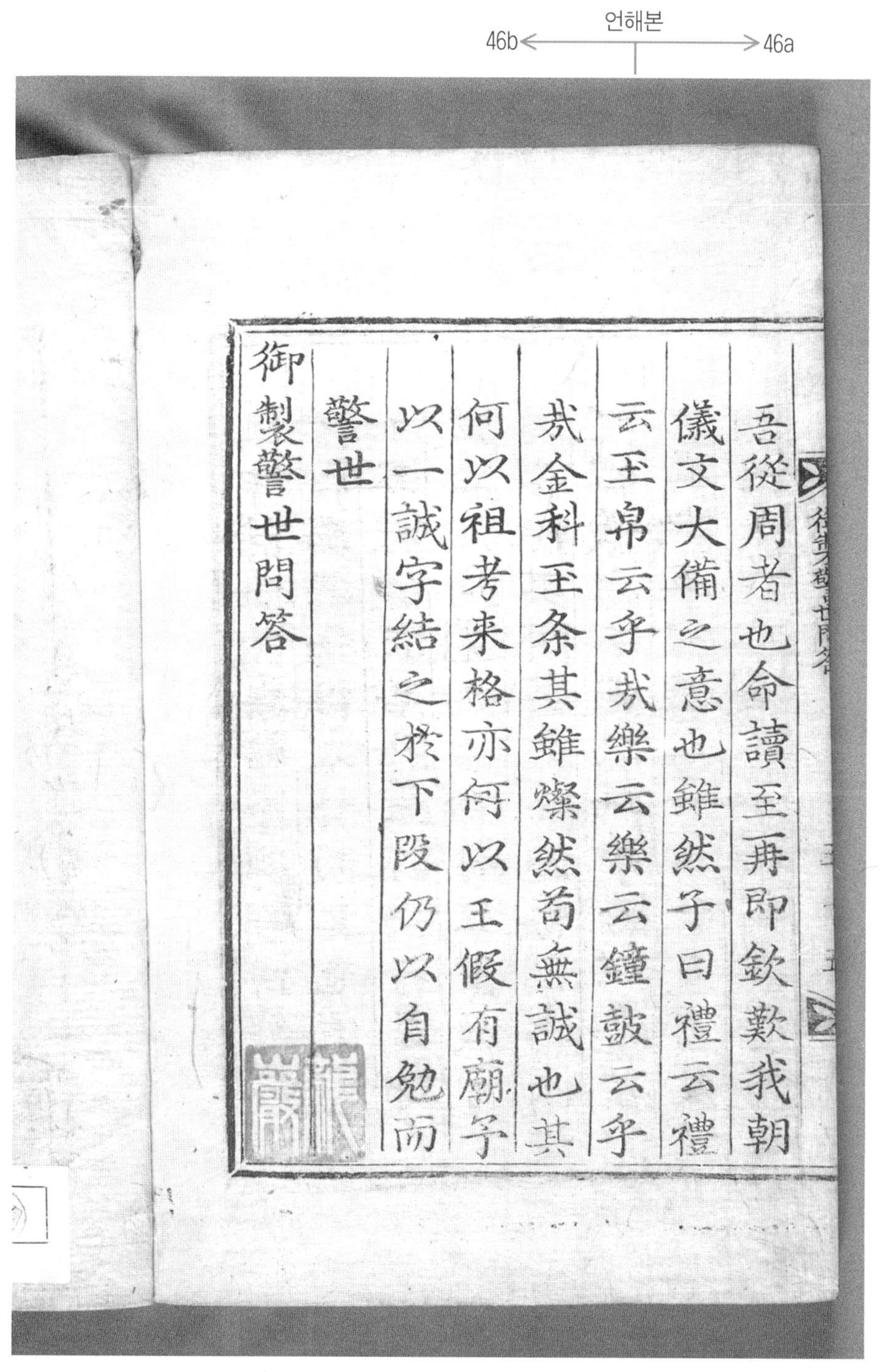

御製警世問答 55b

언해본
46a ⟵ ⟶ 45b

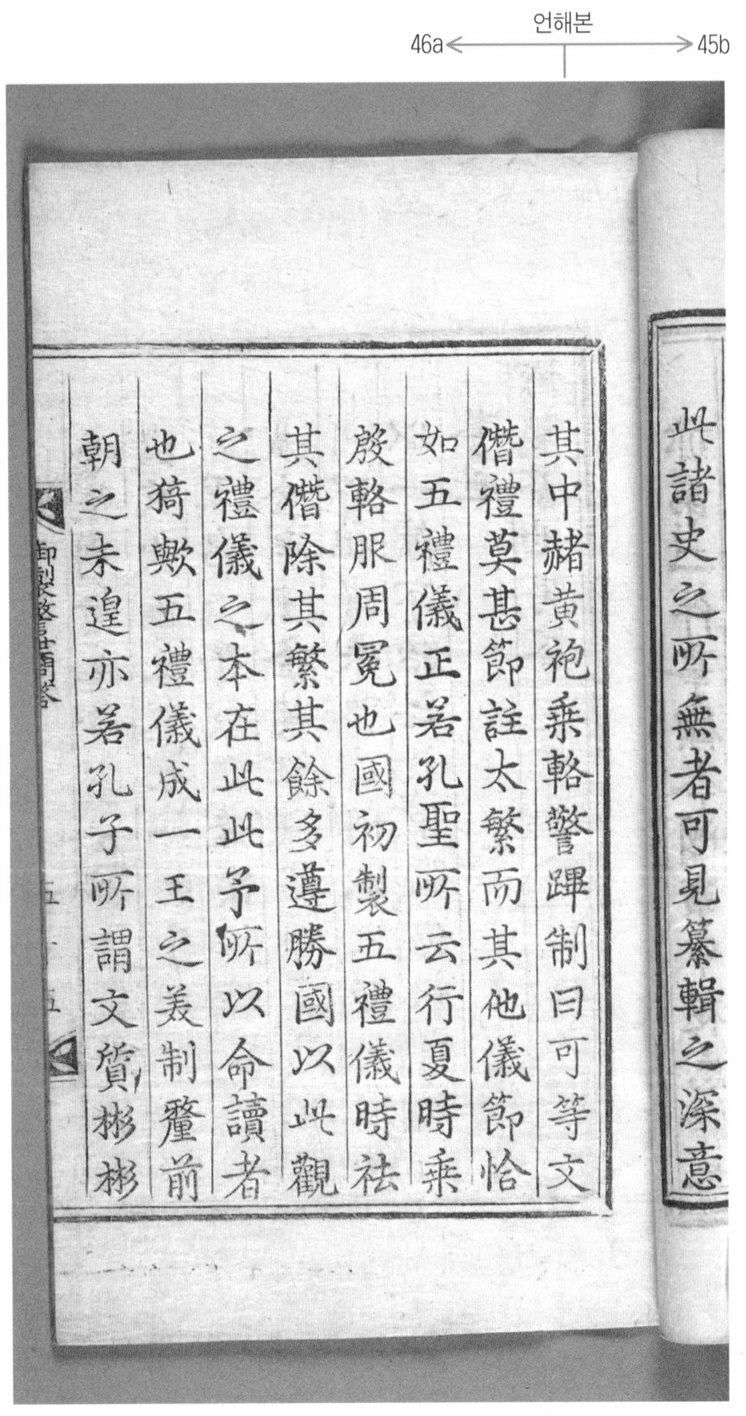

此諸史之所無者可見纂輯之深意

其中赭黃袍乘輅警蹕制曰可等文僭禮莫甚節註太繁而其他儀節恰如五禮儀正若孔聖所云行夏時乘殷輅服周冕也國初製五禮儀時袪其僭除其繁其餘多遵勝國以此觀之禮儀之本在此此予所以命讀者也猗歟五禮儀成一王之美制釐前朝之未遑亦若孔子所謂文質彬彬

御製警世問答　五十五

御製警世問答 55a

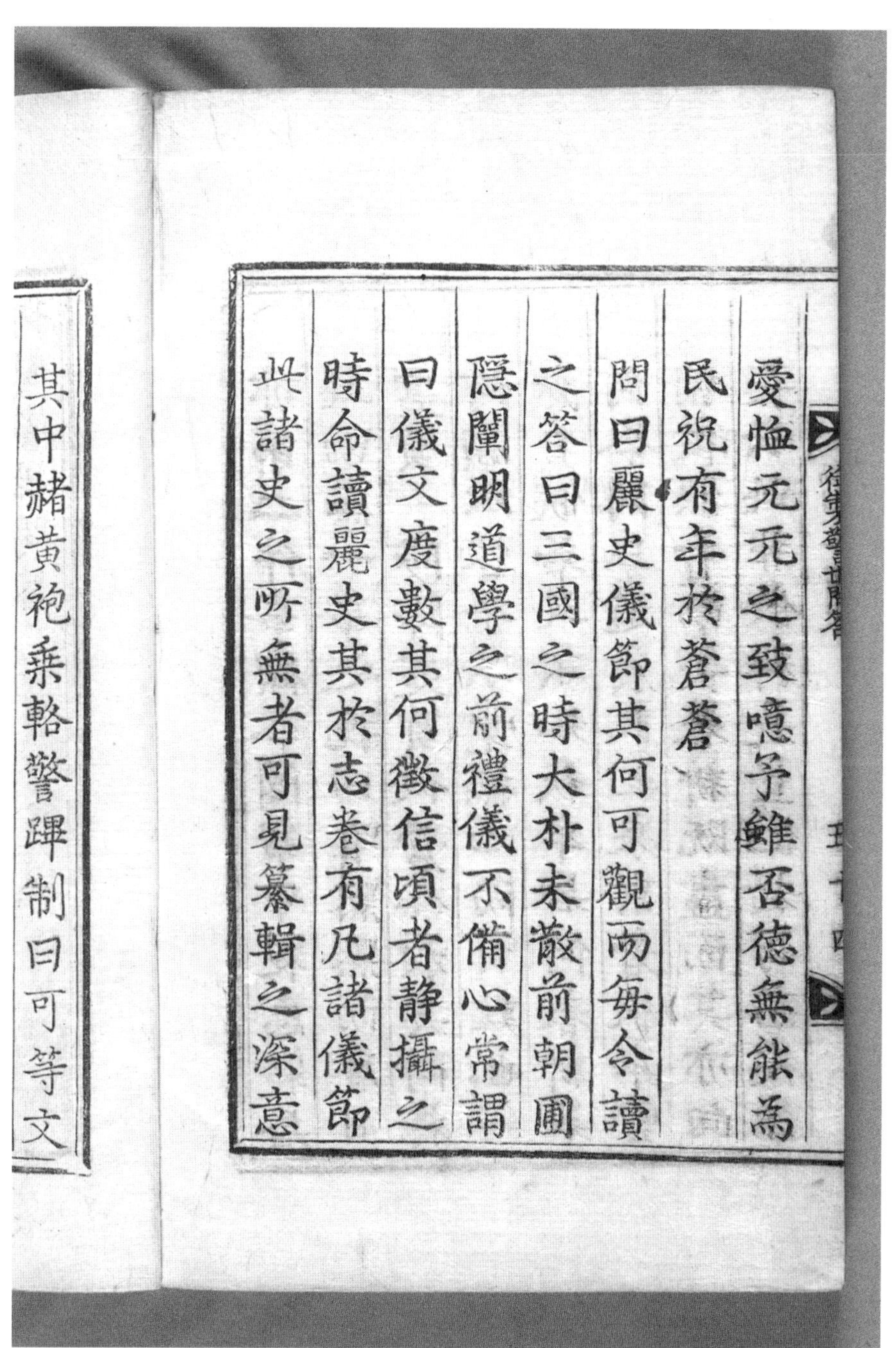

愛恤元元之致噫予雖否德無能爲
民祝有年於蒼蒼
問曰麗史儀節其何可觀而每令讀
之答曰三國之時大朴未散前朝圃
隱闡明道學之前禮儀不備心常謂
曰儀文度數其何徵信頃者靜攝之
時命讀麗史其於志卷有凡諸儀節
此諸史之所無者可見纂輯之深意

其中赭黃袍乘輅警蹕制曰可等文

御製警世問答 54b

언해본

45b ← → 45a

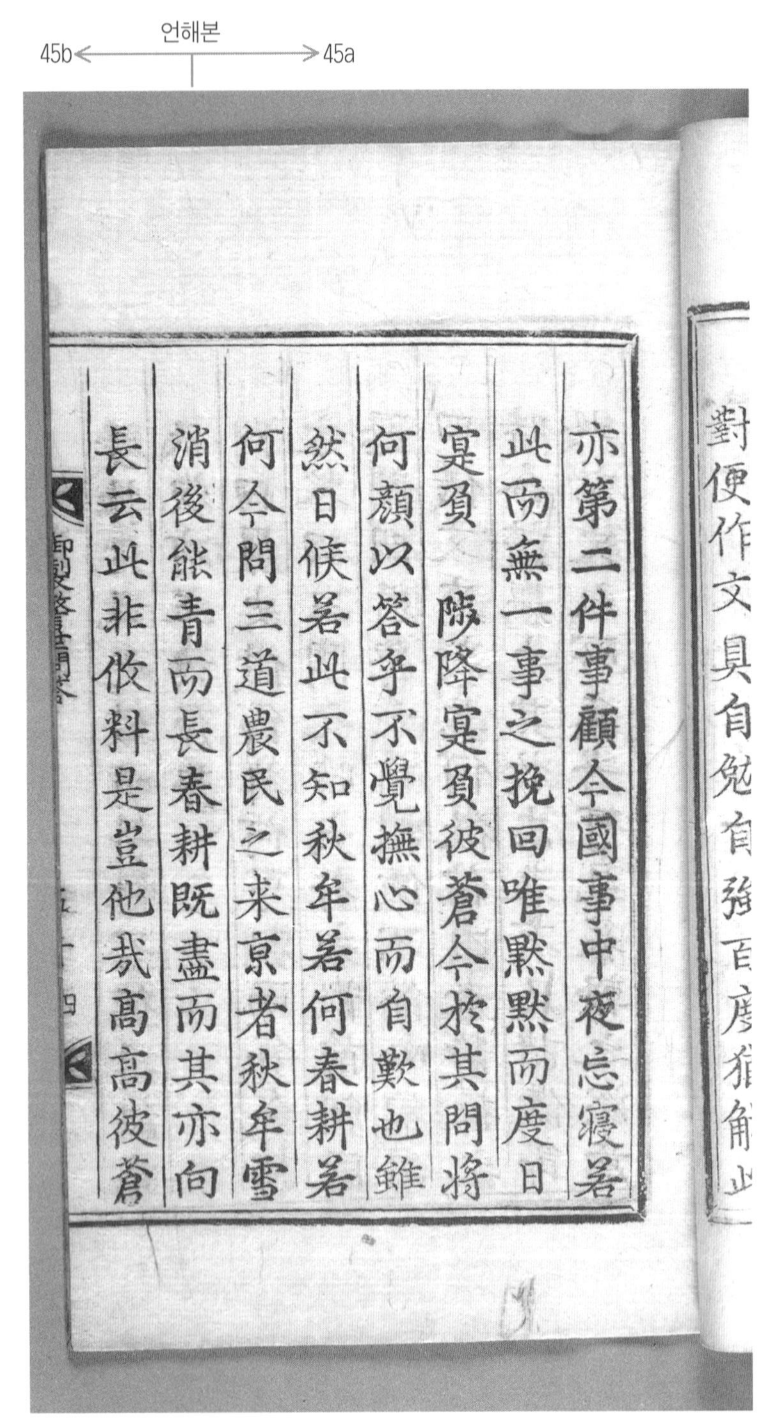

亦第二件事顧今國事中夜忘寢若
此而無一事之挽回唯默默而度日
寔負 陟降寔負彼蒼今於其問將
何顏以答乎不覺撫心而自歎也雖
然日候若此不知秋牟若何春耕若
何今問三道農民之來京者秋牟雪
消後能青而長春耕既盡而其亦向
長云此非依料是豈他哉高高彼蒼

御製警世問答 五十四

御製警世問答 54a

언해본
45a ← → 44b

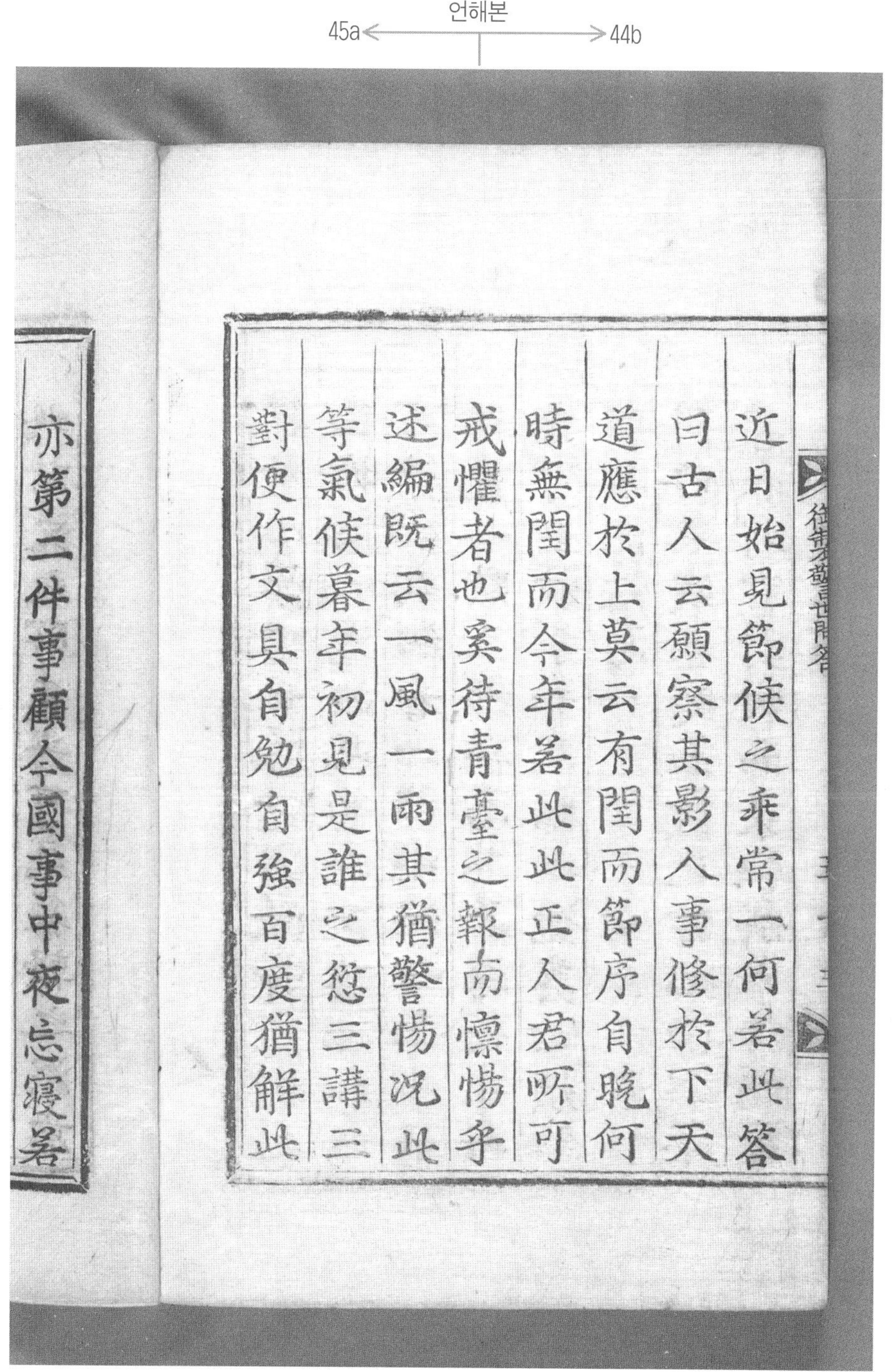
近日始見節候之乖常一何若此答
曰古人云願察其影入事修於下天
道應於上莫云有閏而節序自曉何
時無閏而今年若此此正人君所可
戒懼者也奚待青臺之報而懔惕乎
述編既云一風一雨其猶警惕況此
等氣候暮年初見是誰之愆三講三
對便作文具自勉自強百度猶解此

亦第二件事顧今國事中夜忘寢若

御製警世問答 53b

千一言以蔽之曰毋不敬若徒細而
無所補於大學之工則紫陽何必編

輯於小學噫世降道衰灑掃應對之
節擔閣一邊故此等之文其亦駭眼
可勝歎哉細看一部小學一動一靜
一言一黙至理存焉其若深得乎此
自可至於手舞足蹈之境莫云煩細
其須沈潛焉
問曰冬寒春暖節氣之常也而今年
暮春將盡其寒尚未快解木葉花蘂

御製警世問答 五十三

御製警世問答 53a

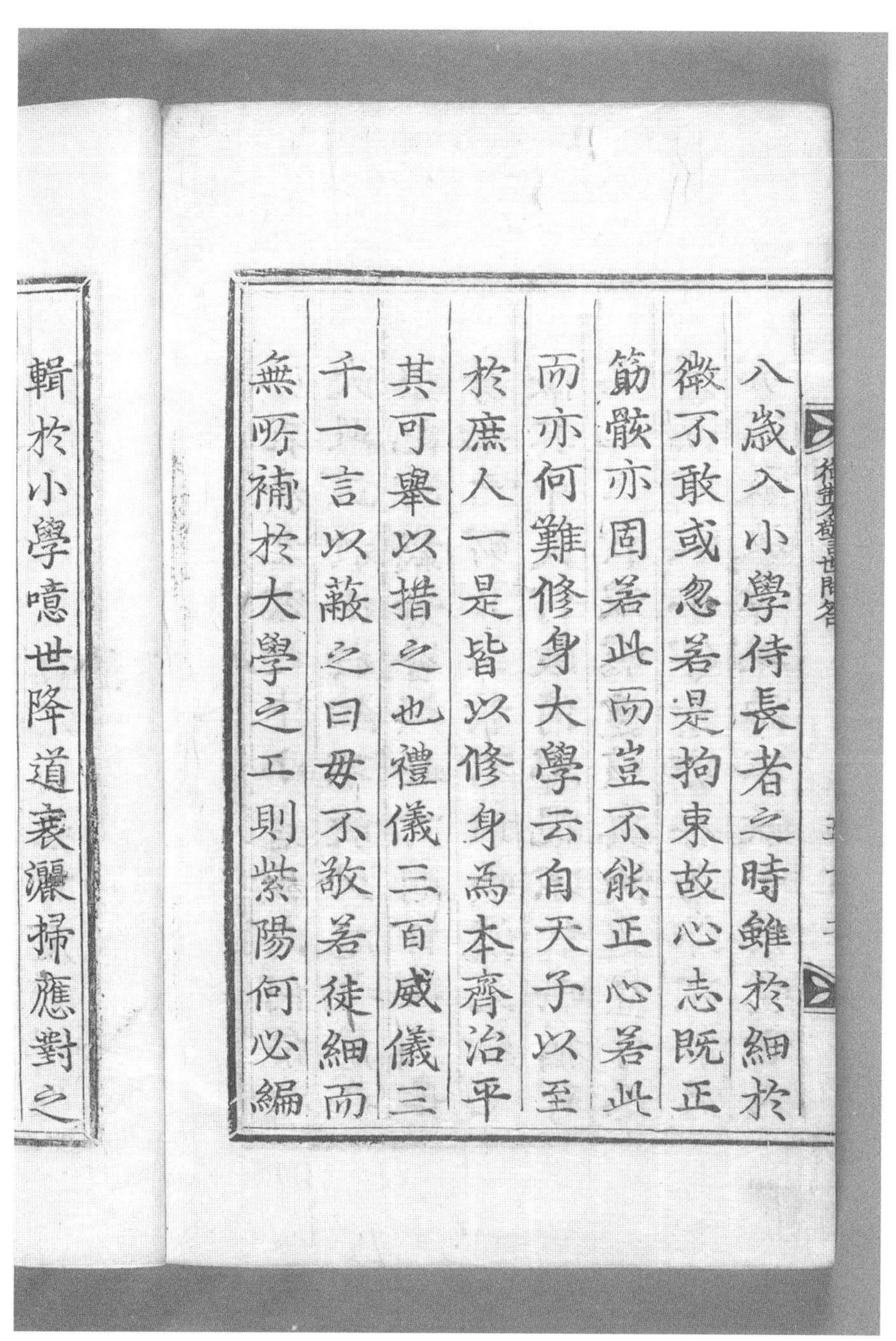

八歲入小學侍長者之時雖於細於微不敢或忽若是拘束故心志既正筋骸亦固若此而豈不能正心若此而亦何難修身大學云自天子以至於庶人一是皆以修身爲本齊治平其可舉以措之也禮儀三百威儀三千一言以蔽之曰毋不敬若徒細而無所補於大學之工則紫陽何必編

輯於小學噫世降道衰灑掃應對之

御製警世問答 52b

언해본
44a ← → 43b

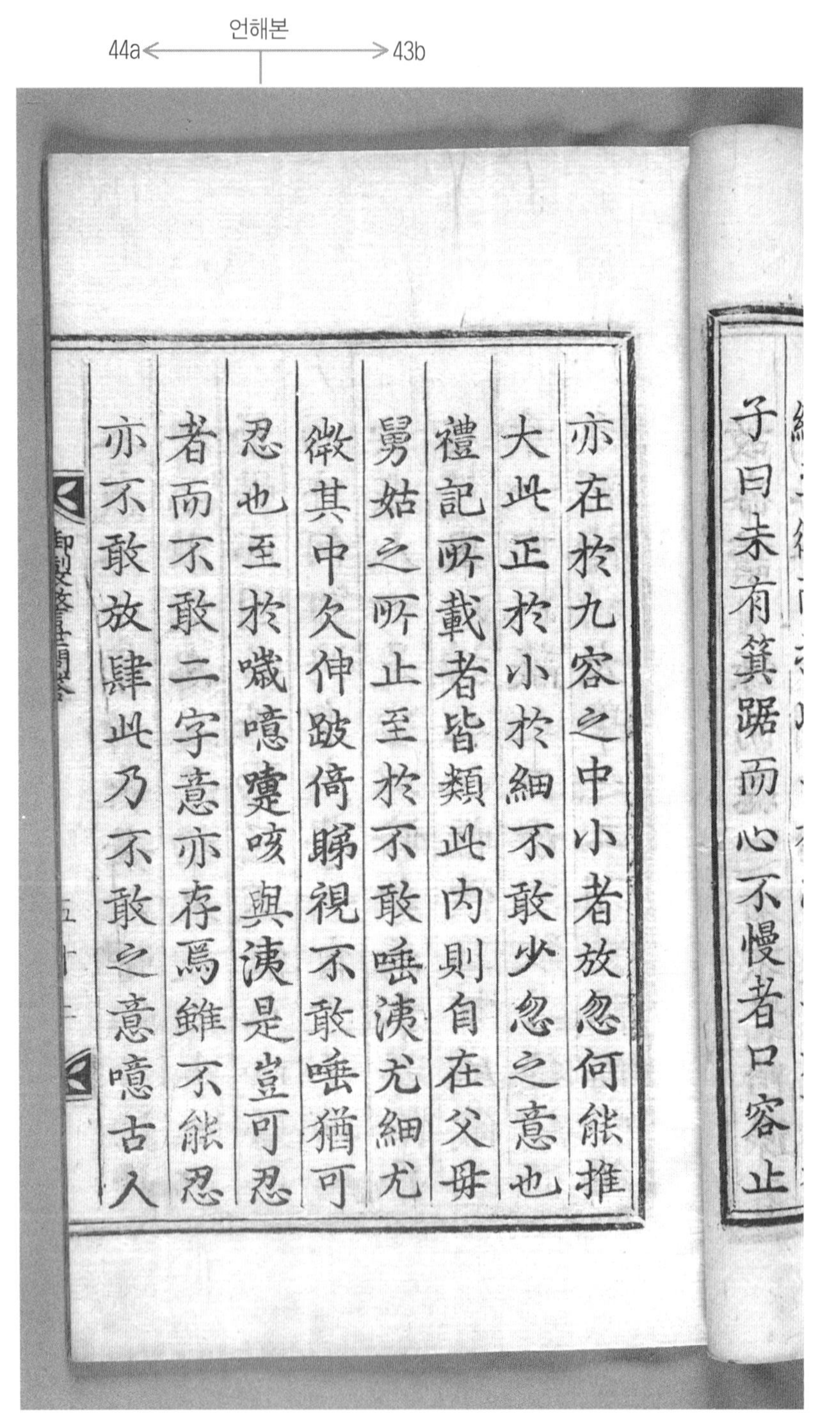
子曰未有箕踞而心不慢者口容止

亦在於九容之中小者放忽何能推
大此正於小於細不敢少忽之意也
禮記所載者皆類此內則自在父母
舅姑之所止至於不敢唾洟尤細尤
微其中欠伸跛倚睇視不敢唾猶可
忍也至於噦噫嚏咳與洟是豈可忍
者而不敢二字意亦存焉雖不能忍
亦不敢放肆此乃不敢之意噫古人

御製警世問答 五十二

御製警世問答 52a

언해본
43b ← → 43a

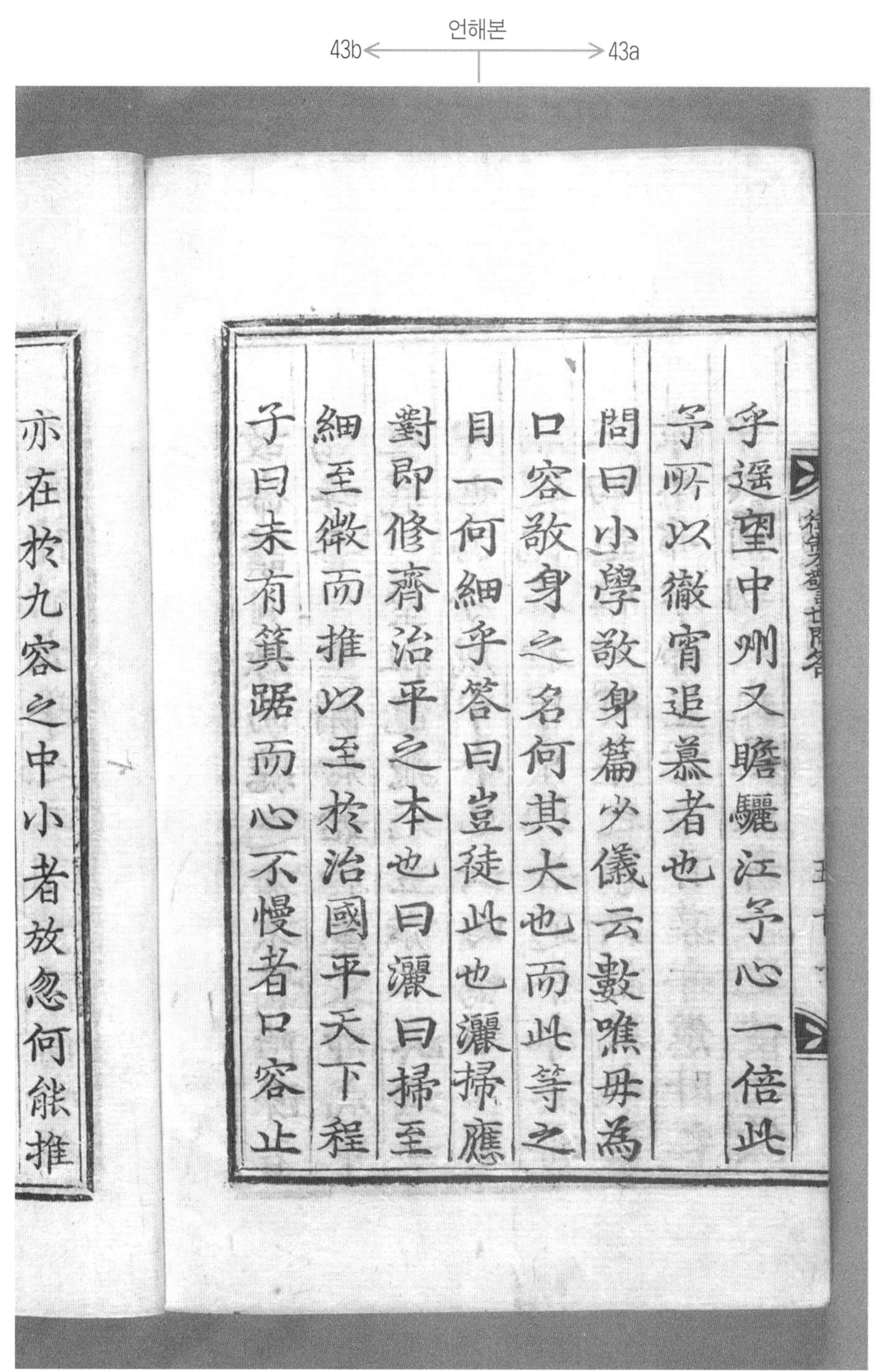
乎遥望中州又瞻驪江予心一倍此
予所以徹宵追慕者也
問曰小學敬身篇少儀云數噍毋為
口容敬身之名何其大也而此等之
目一何細乎答曰豈徒此也灑掃應
對即修齊治平之本也曰灑曰掃至
細至微而推以至於治國平天下程
子曰未有箕踞而心不慢者口容止

亦在於九容之中小者放忽何能推

御製警世問答 51b

언해본
43a ← → 42b

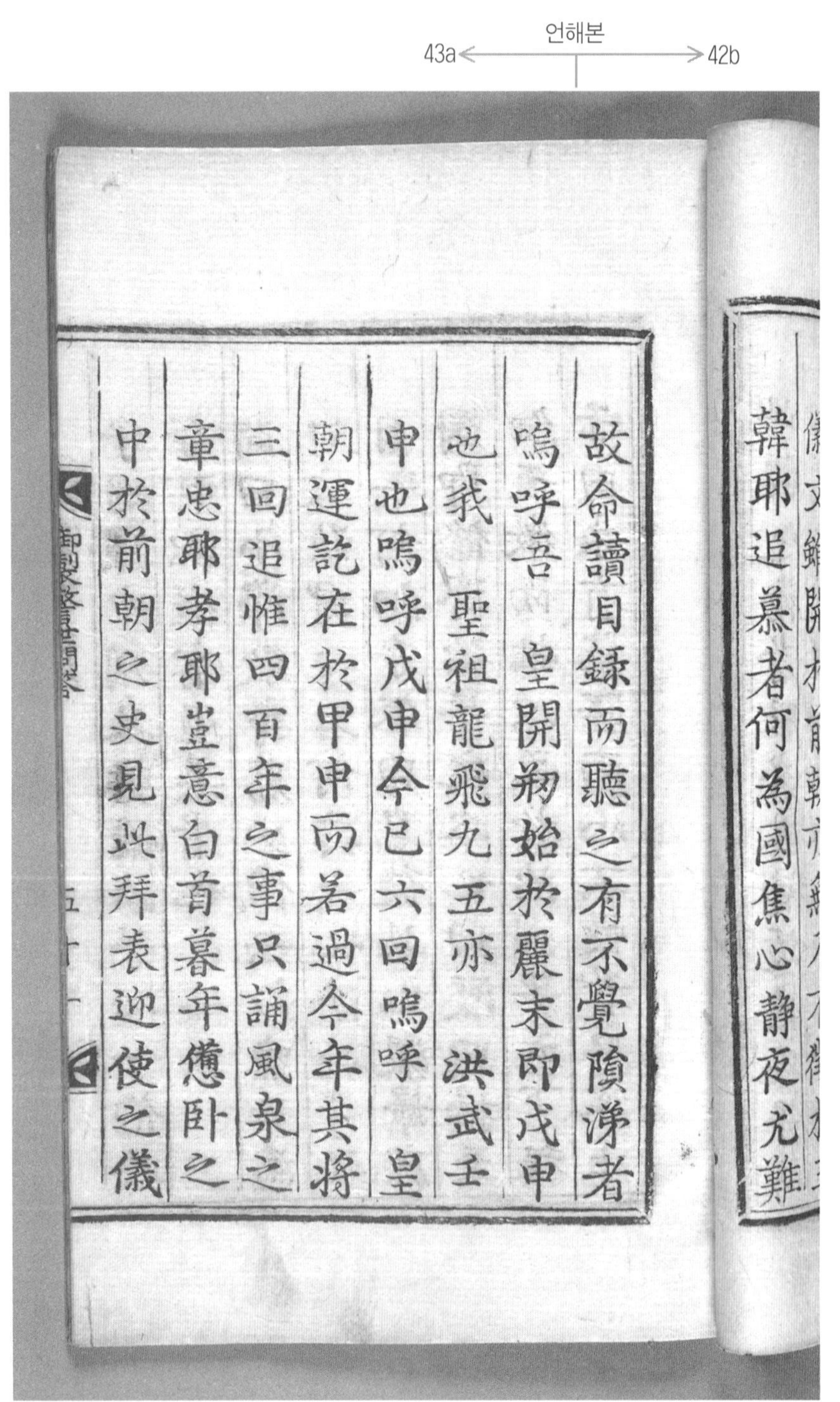

故命讀目錄而聽之有不覺隕涕者
嗚呼吾 皇開剏始於麗末即戊申
也我 聖祖龍飛九五亦 洪武壬
申也嗚呼戊申今已六回嗚呼 皇
朝運訖在於甲申而若過今年其將
三回追惟四百年之事只誦風泉之
章忠耶孝耶豈意白首暮年僾卧之
中於前朝之史見此拜表迎使之儀

御製警世問答 五十一

御製警世問答 51a

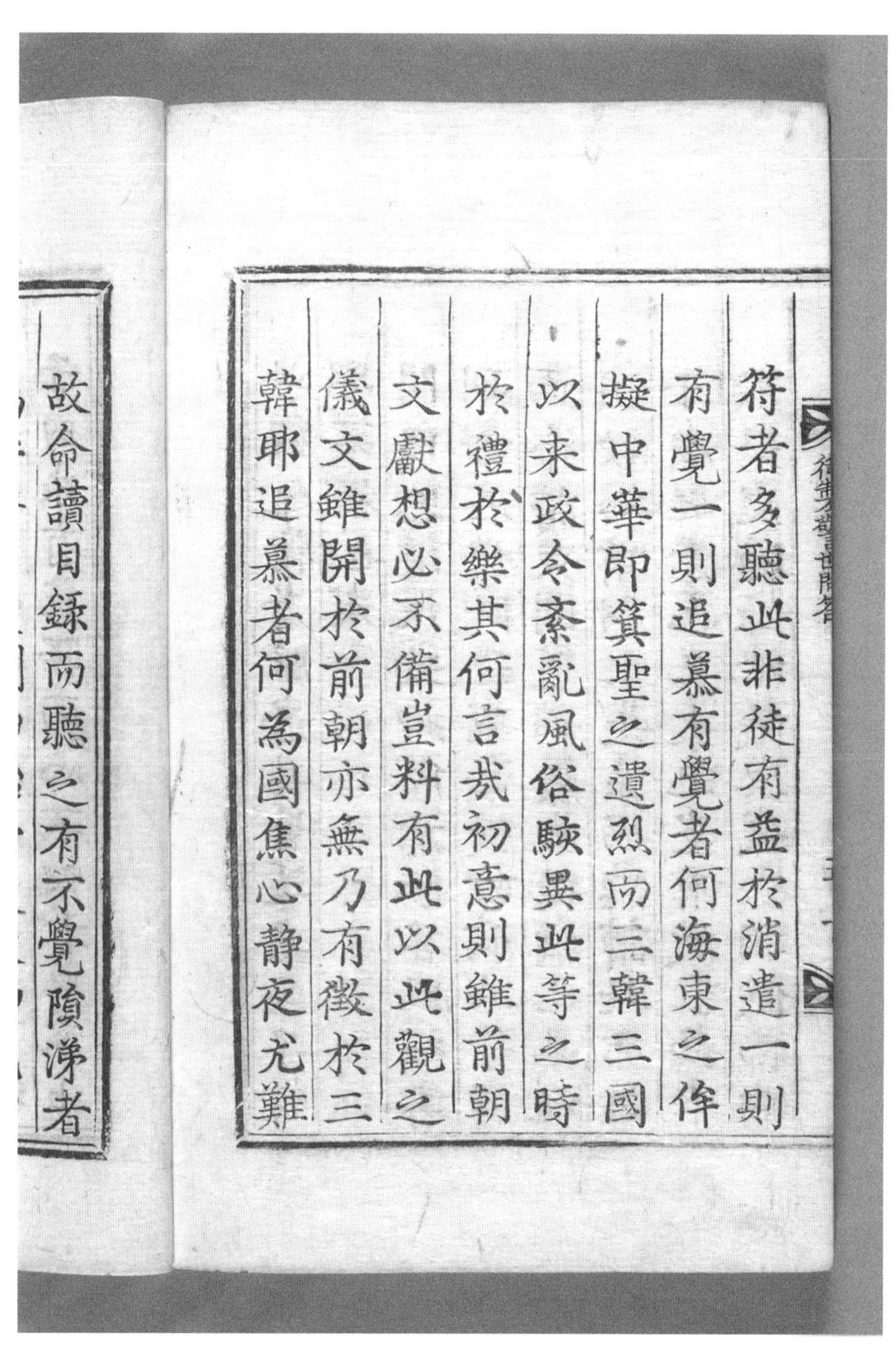
御製警世問答

符者多聽此非徒有益於消遣一則
有覺一則追慕有覺者何海東之倖
擬中華即箕聖之遺烈而三韓三國
以来政令紊亂風俗駁異此等之時
於禮於樂其何言哉初意則雖前朝
文獻想必不備豈料有此以此觀之
儀文雖開於前朝亦無乃有徵於三
韓耶追慕者何為國焦心静夜尤難

故命讀目錄而聽之有不覺隕涕者

御製警世問答 50b

언해본
42b ← → 42a

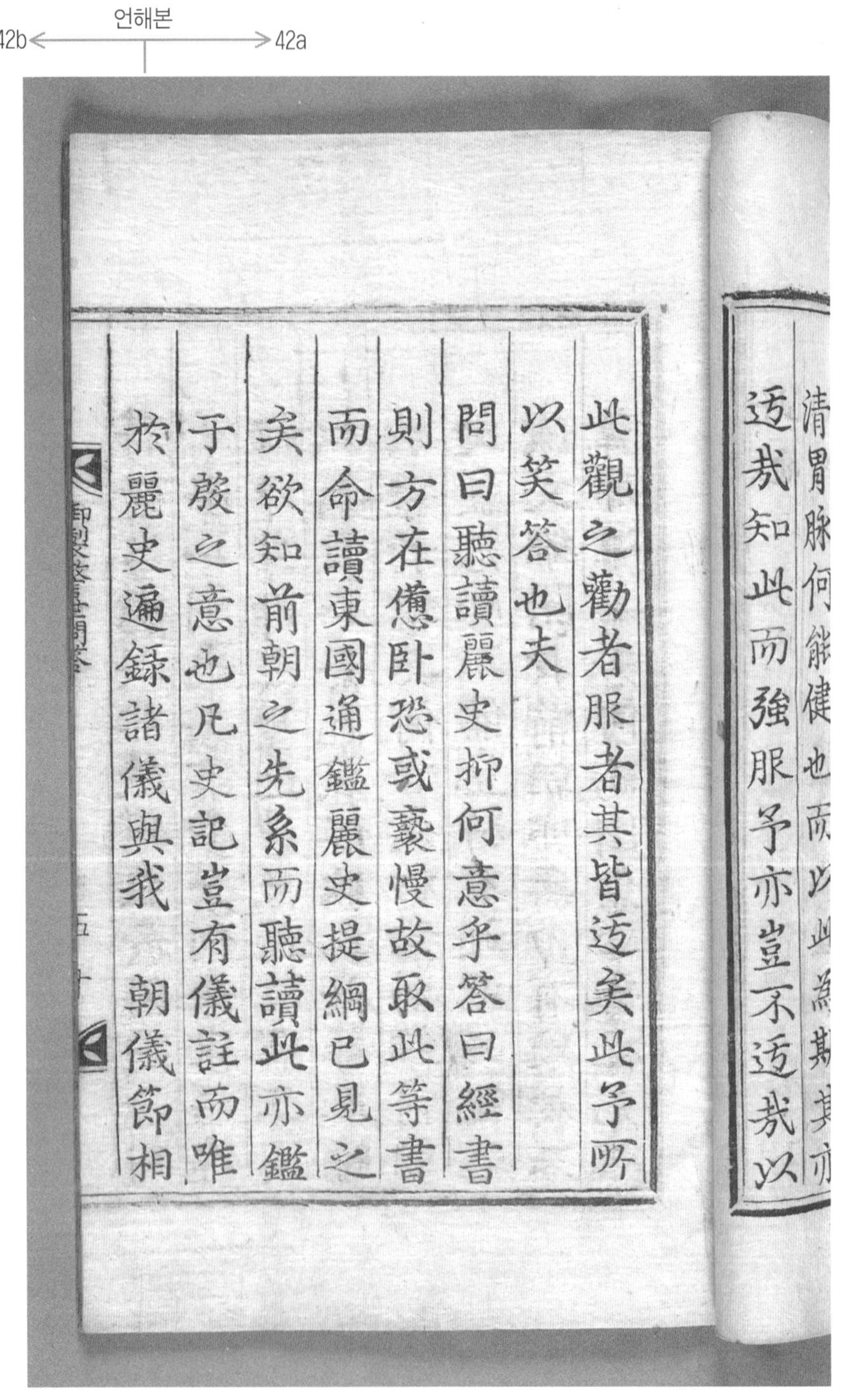
清胃脉何能健也而以此爲斯其亦
迂哉知此而強服予亦豈不迂哉以

此觀之勸者服者其皆迂矣此予所
以笑答也夫
問曰聽讀麗史抑何意乎答曰經書
則方在僾卧恐或褻慢故取此等書
而命讀東國通鑑麗史提綱已見之
矣欲知前朝之先系而聽讀此亦鑑
于殷之意也凡史記豈有儀註而唯
於麗史遍錄諸儀與我 朝儀節相

御製警世問答 五十

御製警世問答 50a

언해본

42a ← → 41b

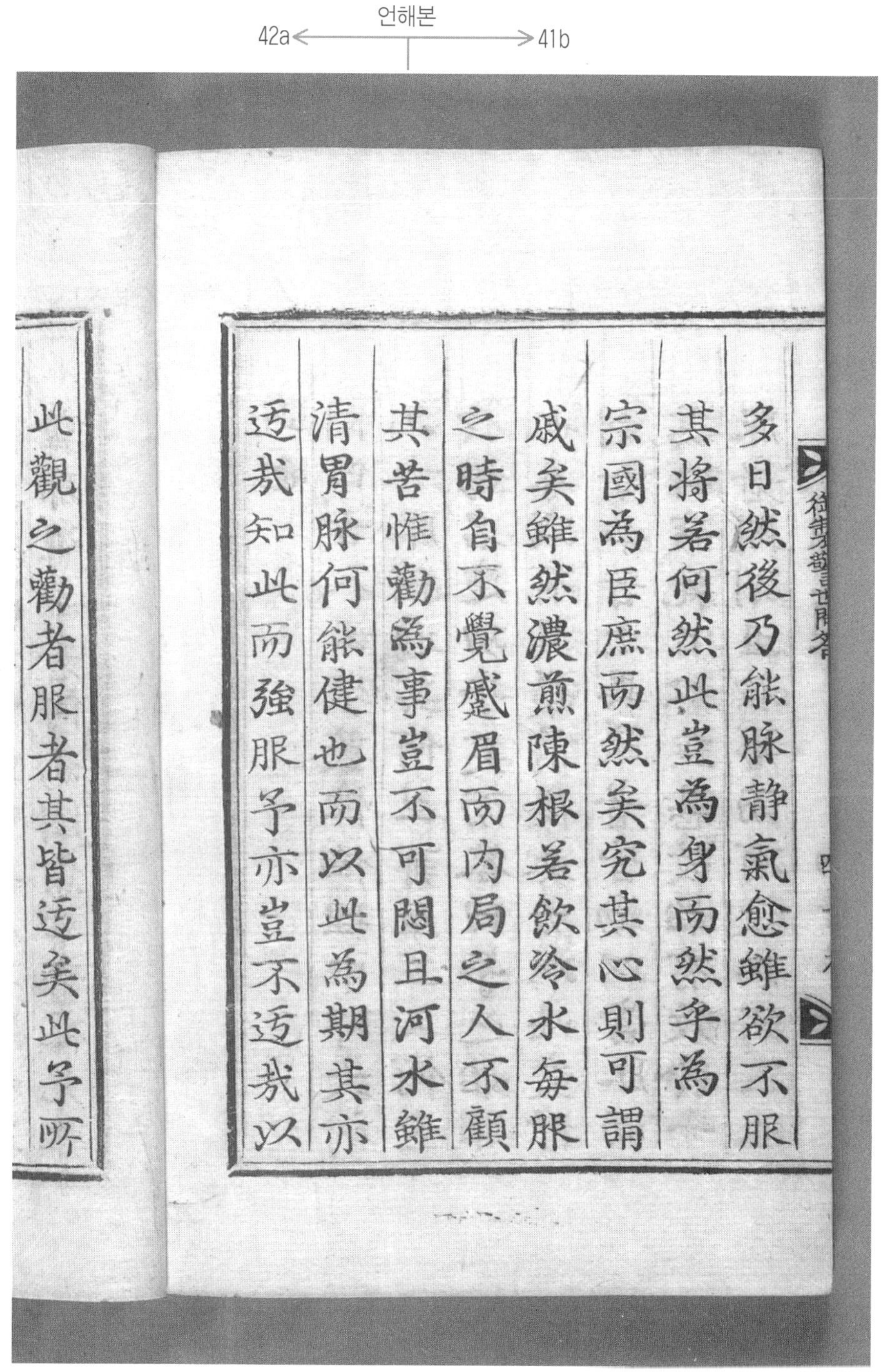

多日然後乃能脉靜氣愈雖欲不服
其將若何然此豈為身而然乎為
宗國為臣庶而然矣究其心則可謂
戚矣雖然濃煎陳根若飲冷水每服
之時自不覺蹙眉而內局之人不顧
其苦惟勸為事豈不可悶且河水雖
清胃脉何能健也而以此為期其亦
迂哉知此而強服予亦豈不迂哉以

此觀之勸者服者其皆迂矣此予所

御製警世問答 49b

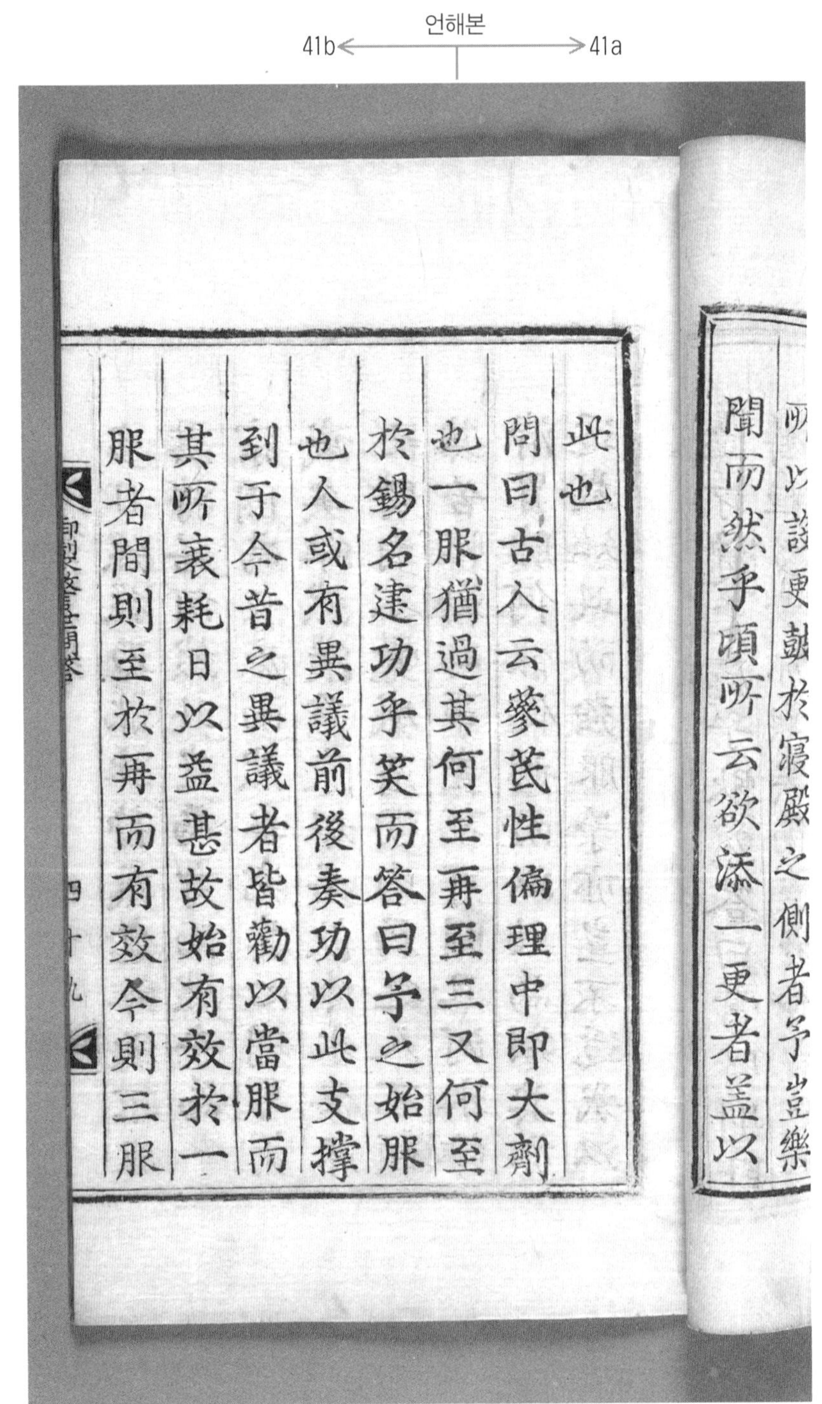

所以說更皷於寢殿之側者予豈樂
聞而然乎須所云欲添一更者盖以

此也
問曰古人云蔘芪性偏理中即大劑
也一服猶過其何至再至三又何至
於錫名逮功乎笑而荅曰予之始服
也人或有異議前後奏功以此支撑
到于今昔之異議者皆勸以當服而
其所衰耗日以益甚故始有效於一
服者間則至於再而有效今則三服

御製警世問答 四十九

御製警世問答 49a

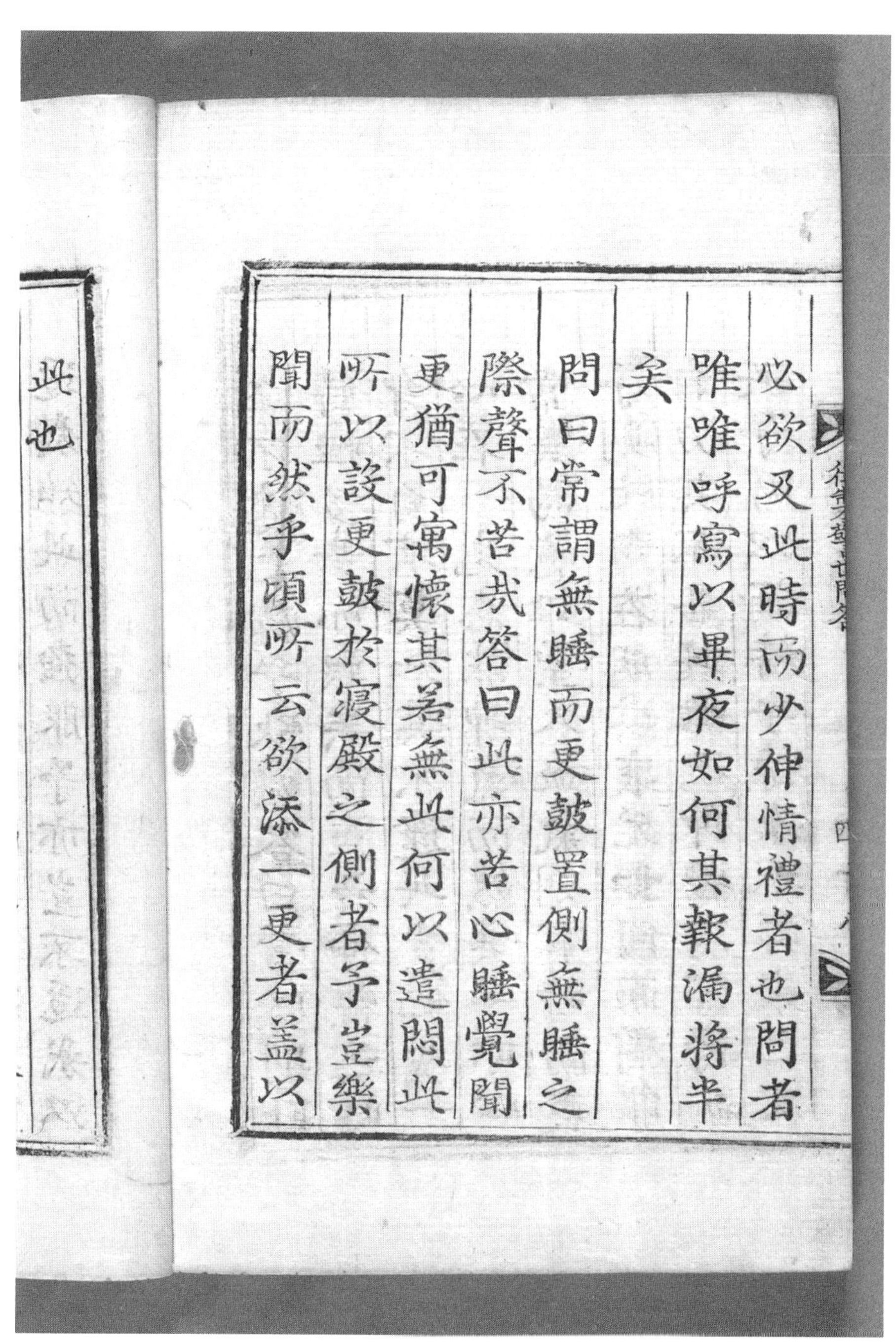

必欲及此時而少伸情禮者也問者
唯唯呼寫以畢夜如何其報漏將半
矣
問曰常謂無睡而更鼓置側無睡之
際聲不苦哉答曰此亦苦心睡覺聞
更猶可寓懷其若無此何以遣悶此
所以設更鼓於寢殿之側者予豈樂
聞而然乎須所云欲添一更者蓋以

此也

御製警世問答 48b

언해본
41a ← → 40b

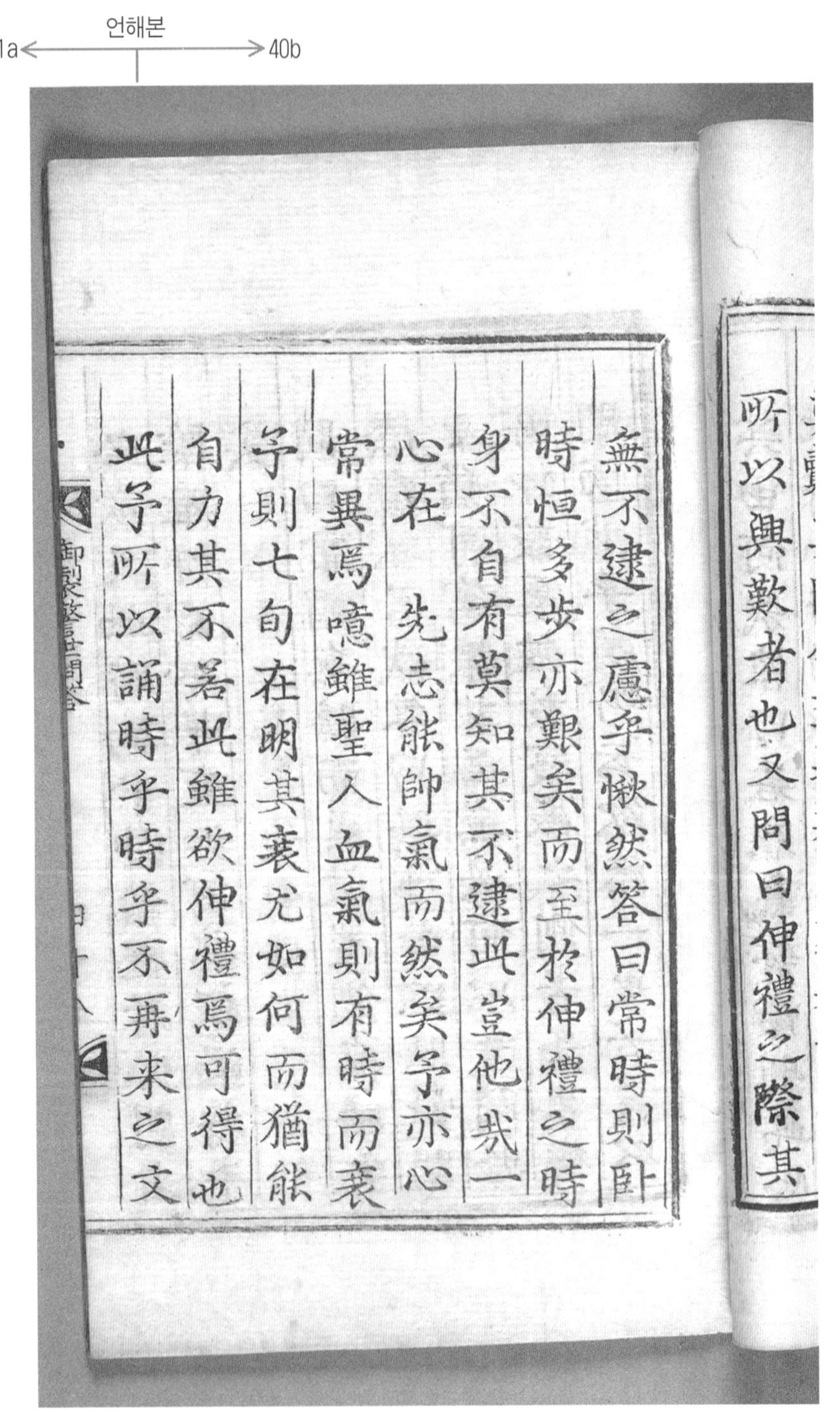

所以興歎者也又問曰伸禮之際其

無不逮之慮乎愀然答曰常時則臥
時恒多步亦艱矣而至於伸禮之時
身不自有莫知其不逮此豈他哉一
心在　先志能帥氣而然矣予亦心
常異焉噫雖聖人血氣則有時而衰
予則七旬在明其衰尤如何而猶能
自力其不若此雖欲伸禮焉可得也
此予所以誦時乎時乎不再來之文

御製警世問答　四十八

御製警世問答 48a

언해본

40b ← → 40a

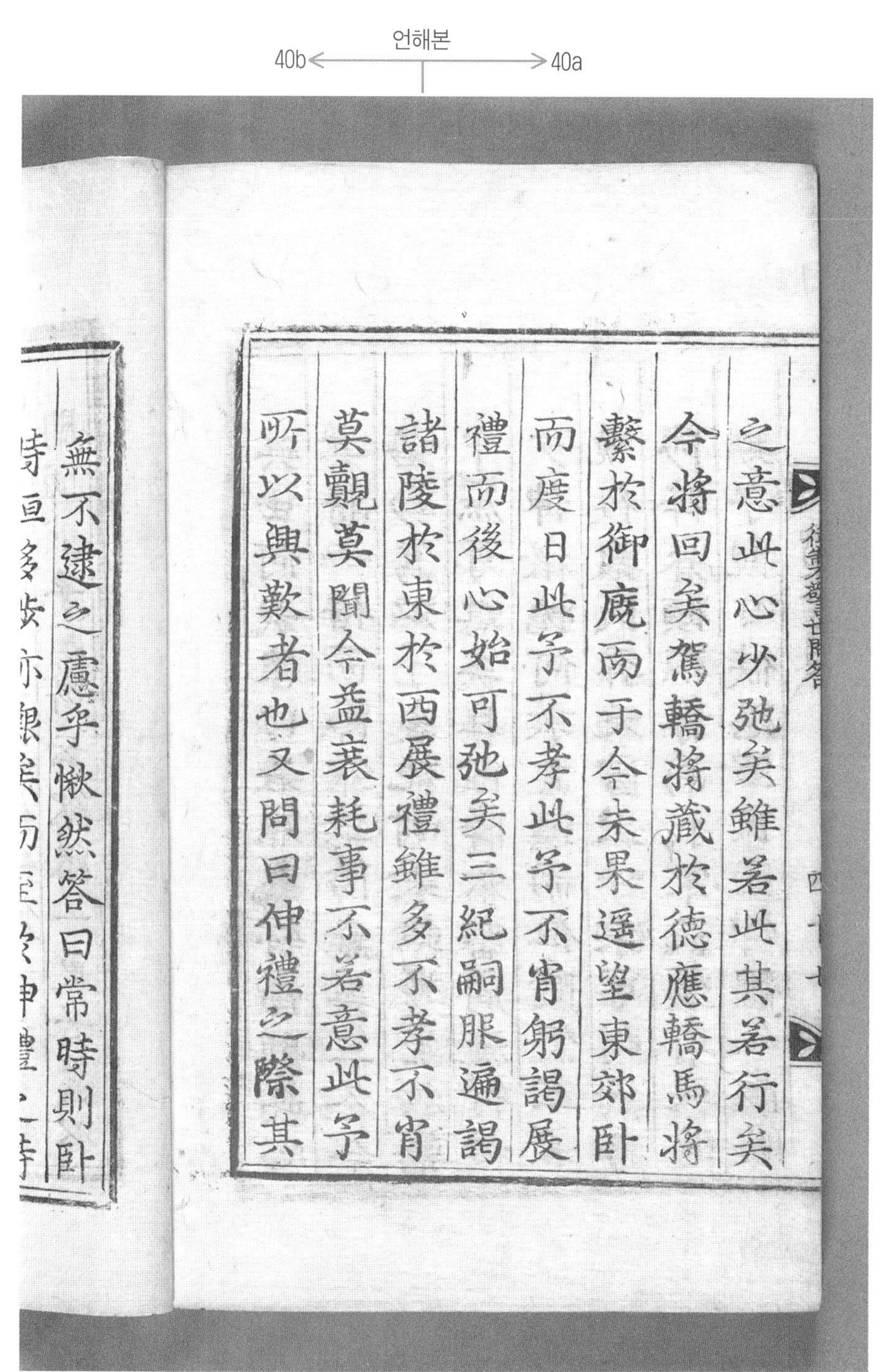

御製警世問答 四十七

之意此心少弛矣雖若此其若行矣
今將回矣駕轎將藏於德應轎馬將
繫於御廐而于今未果遙望東郊卧
而度日此予不孝此予不肖躬謁展
禮而後心始可弛矣三紀嗣服遍謁
諸陵於東於西展禮雖多不孝不肖
莫覲莫聞今益衰耗事不若意此予
所以興歎者也又問曰伸禮之際其

無不逮之慮乎愀然答曰常時則卧
時亘多歲亦艱矣而至於伸禮之時

御製警世問答 47b

언해본

40a ← → 39b

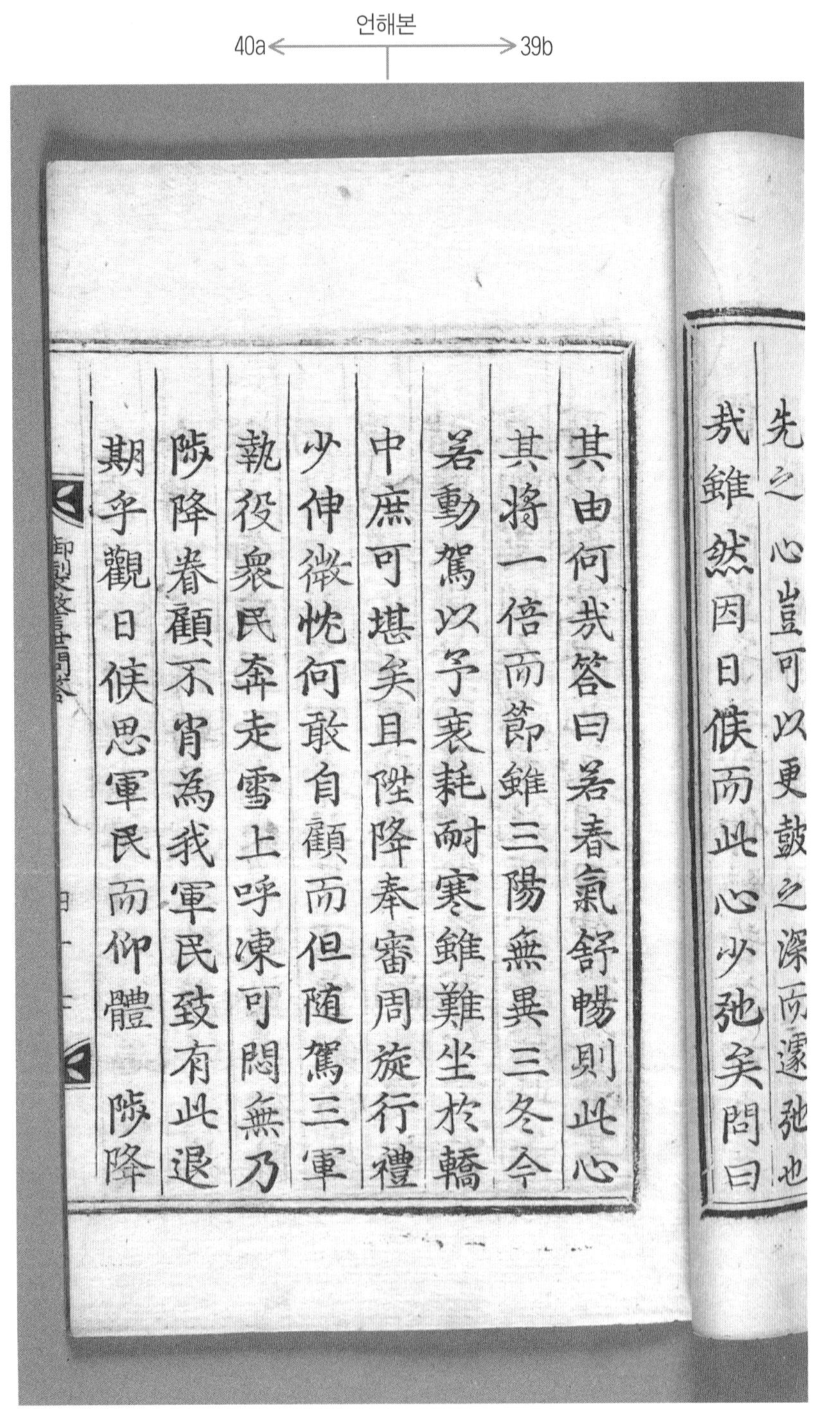

先之心豈可以更鼓之深而遽弛也
哉雖然因日候而此心少弛矣問曰

其由何哉答曰若春氣舒暢則此心
其將一倍而節雖三陽無異三冬今
若動駕以予衰耗耐寒雖難坐於轎
中庶可堪矣且陞降奉審周旋行禮
少伸微忱何敢自顧而但隨駕三軍
執役衆民奔走雪上呼凍可悶無乃
陟降眷顧不胥為我軍民致有此退
期乎觀日候思軍民而仰體 陟降

御製警世問答 四十

御製警世問答 47a

언해본

39b ← → 39a

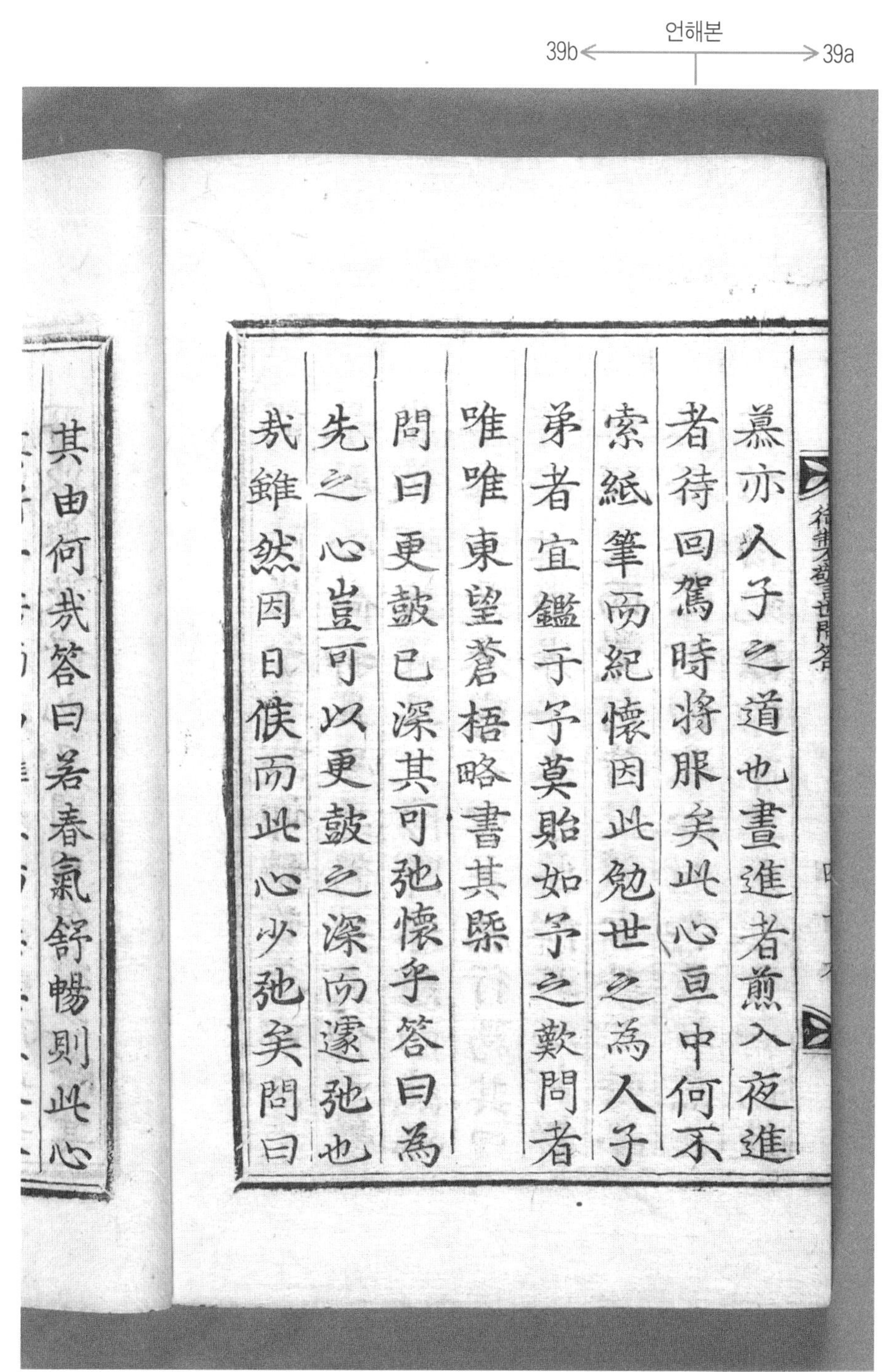

其由何哉答曰若春氣舒暢則此心

慕亦人子之道也晝進者煎入夜進
者待回駕時將服矣此心亘中何不
索紙筆而紀懷因此勉世之為人子
弟者宜鑑于予莫貽如予之歎問者
唯唯東望蒼梧略書其槩
問曰更鼓已深其可弛懷乎答曰為
先之心豈可以更鼓之深而遽弛也
哉雖然因日候而此心少弛矣問曰

御製警世問答 46b

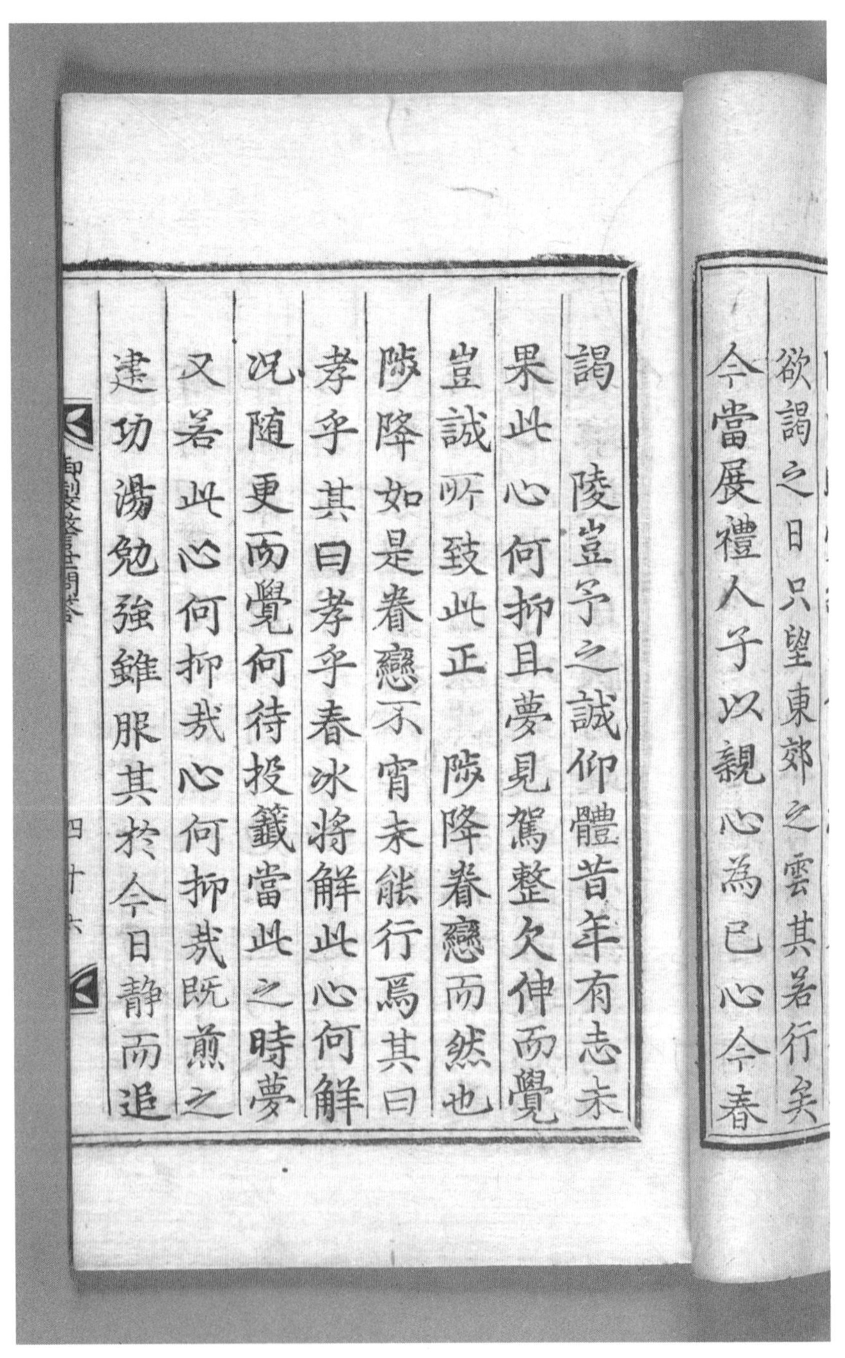

欲謁之日只望東郊之雲其若行矣
今當展禮人子以親心爲己心今春

謁 陵豈予之誠仰體昔年有志未
果此心何抑且夢見駕整欠伸而覺
豈誠所致此正 陵降眷戀而然也
陟降如是眷戀不宵未能行焉其曰
孝乎其曰孝乎春氷將解此心何解
況隨更而覺何待投籤當此之時夢
又若此心何抑哉心何抑哉既煎之
逮功湯勉強雖服其於今日靜而追

御製警世問答 四十六

御製警世問答 46a

언해본
39a ← → 38b

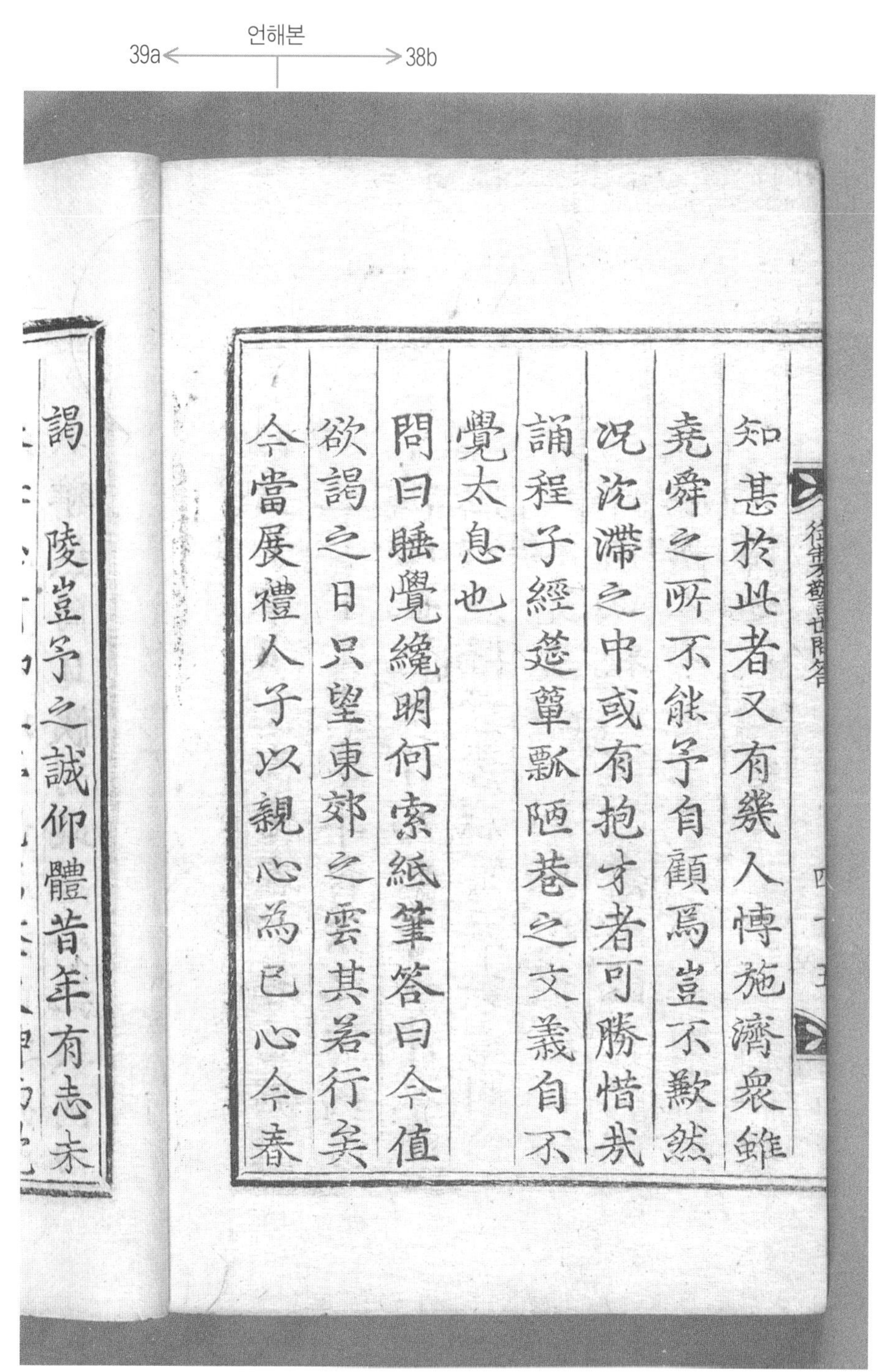

謁陵豈予之誠仰體昔年有志未

御製警世問答 四十五

知甚於此者又有幾人愽施濟衆雖
堯舜之所不能予自顧焉豈不歎然
況沉滯之中或有抱才者可勝惜哉
誦程子經筵簞瓢陋巷之文義自不
覺太息也
問曰睡覺纔明何索紙筆答曰今値
欲謁之日只望東郊之雲其若行矣
今當展禮人子以親心爲已心今春

御製警世問答 45b

언해본

38b ← → 38a

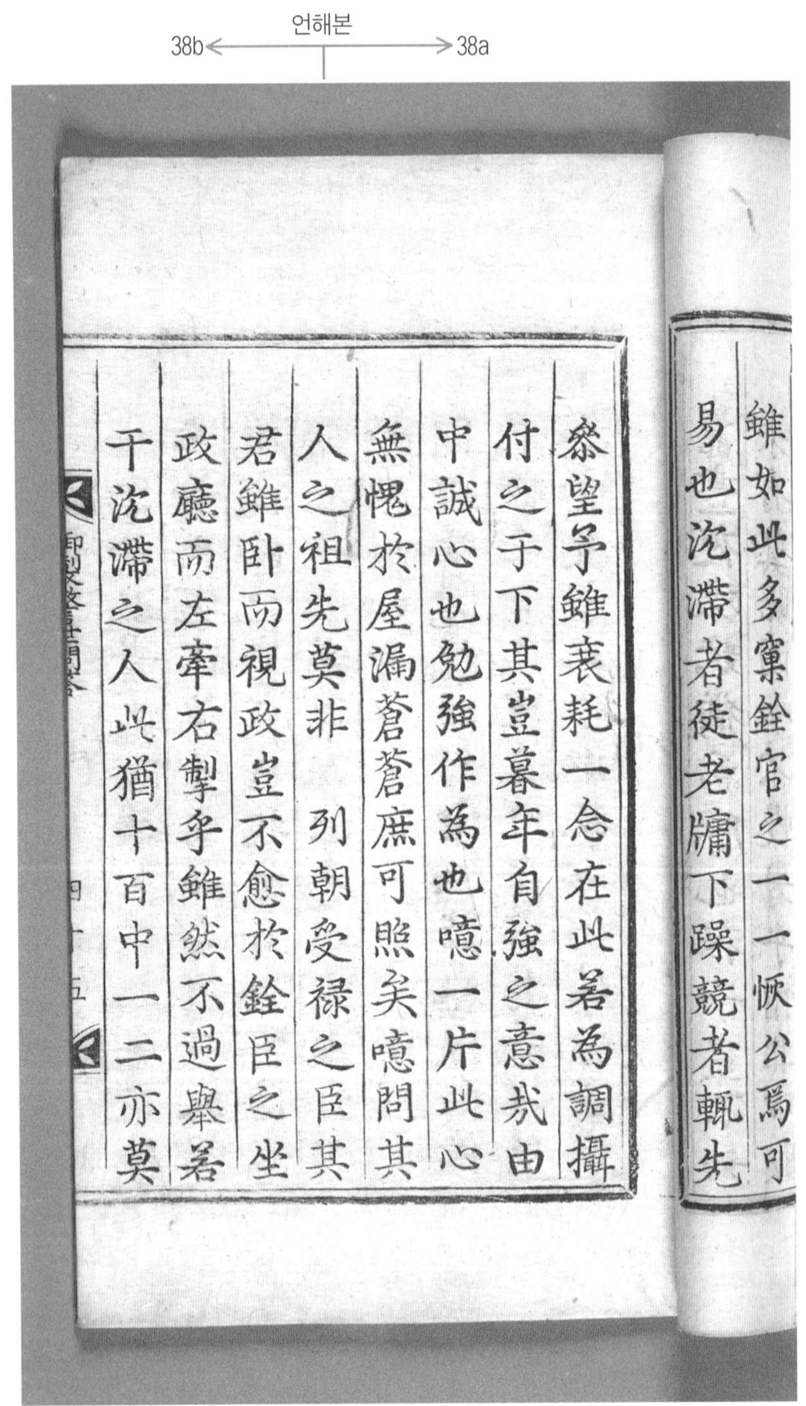
雖如此多窠銓官之一一恢公爲可
易也沈滯者徒老牖下躁競者輒先

叅望乎雖衰耗一念在此若爲調攝
付之于下其豈暮年自強之意哉由
中誠心也勉強作爲也噫一片此心
無愧於屋漏蒼蒼庶可照矣噫問其
人之祖先莫非　列朝受祿之臣其
君雖卧而視政豈不愈於銓臣之坐
政廳而左牽右掣乎雖然不過擧若
干沈滯之人此猶十百中一二亦莫

御製警世問答　四十五

御製警世問答 45a

언해본
38a ← → 37b

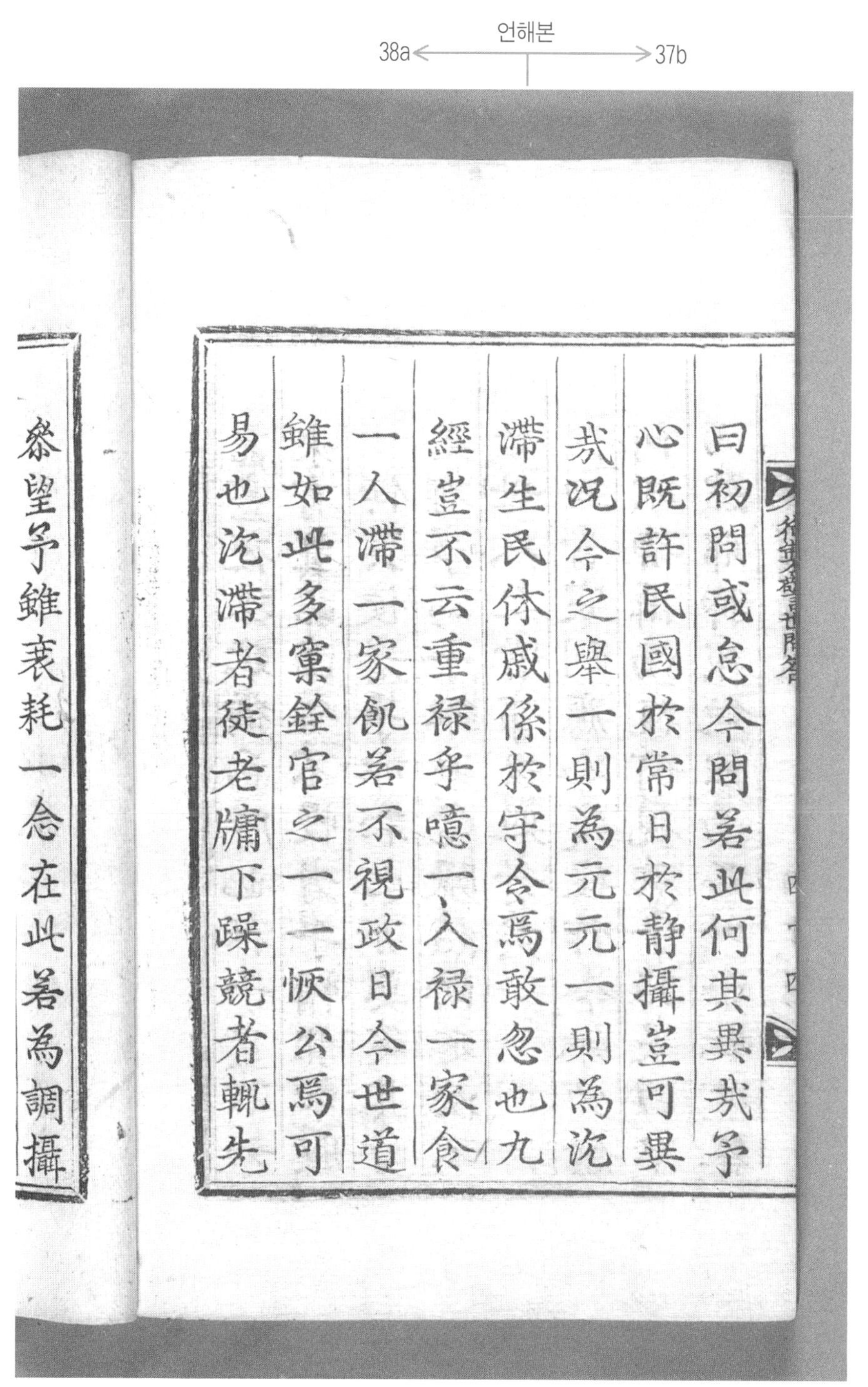
御製警世問答 四十四

曰初問或怠今問若此何其異哉予
心既許民國於常日於静攝豈可異
哉況今之舉一則爲元元一則爲沈
滯生民休戚係於守令焉敢忽也九
經豈不云重祿乎噫一入祿一家食
一人滯一家飢若不視政日今世道
雖如此多窠銓官之一一恢公爲可
易也沈滯者徒老牖下躁競者輒先

參望予雖衰耗一念在此若爲調攝

御製警世問答 44b

언해본

37b ← → 37a

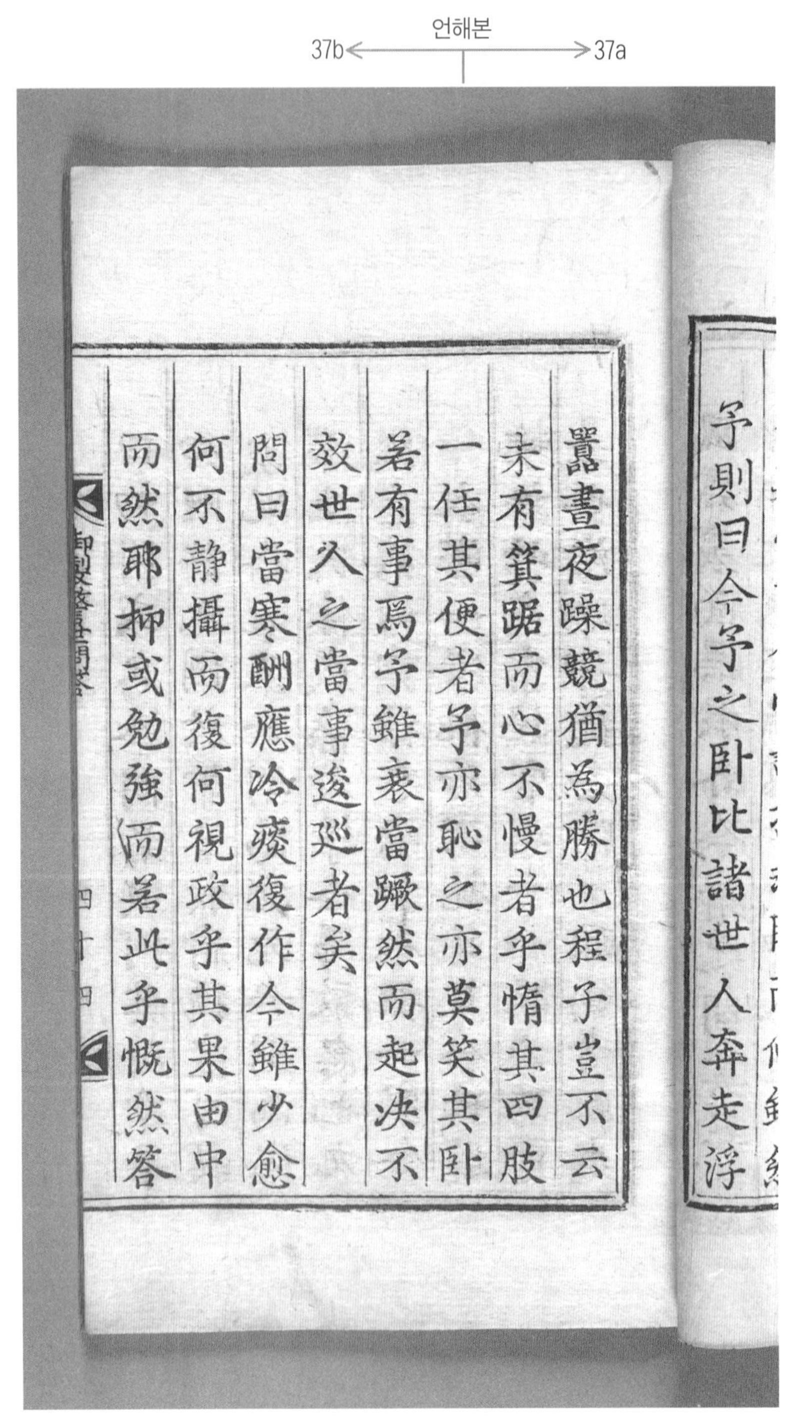

嚣晝夜躁競猶爲勝也程子豈不云
未有箕踞而心不慢者乎惰其四肢
一任其便者予亦恥之亦莫笑其卧
若有事焉予雖衰當蹶然而起决不
效世人之當事逡巡者矣
問曰當寒酬應冷瘶復作今雖少愈
何不靜攝而復何視政乎其果由中
而然耶抑或勉強而若此乎慨然答

御製警世問答 四十四

予則曰今予之卧比諸世人奔走浮

御製警世問答 44a

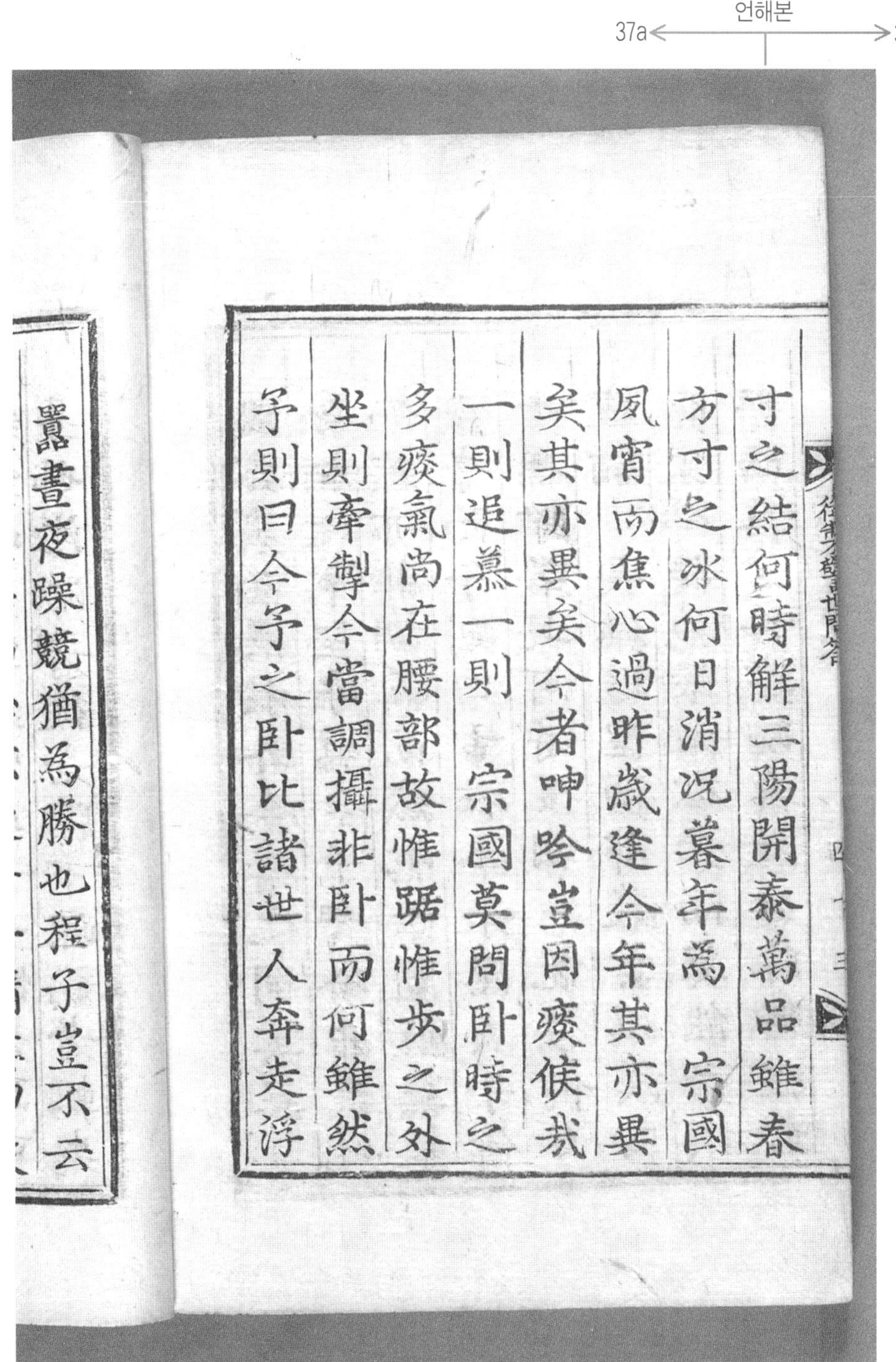


囂晝夜躁競猶爲勝也程子豈不云

寸之結何時解三陽開泰萬品雖春
方寸之氷何日消況暮年爲 宗國
夙宵而焦心過昨歲逢今年其亦異
矣其亦異矣今者呻吟豈因瘓候哉
一則追慕一則 宗國莫問卧時之
多瘓氣尙在腰部故惟踞惟步之外
坐則牽掣今當調攝非卧而何雖然
予則曰今予之卧比諸世人奔走浮

御製警世問答 43b

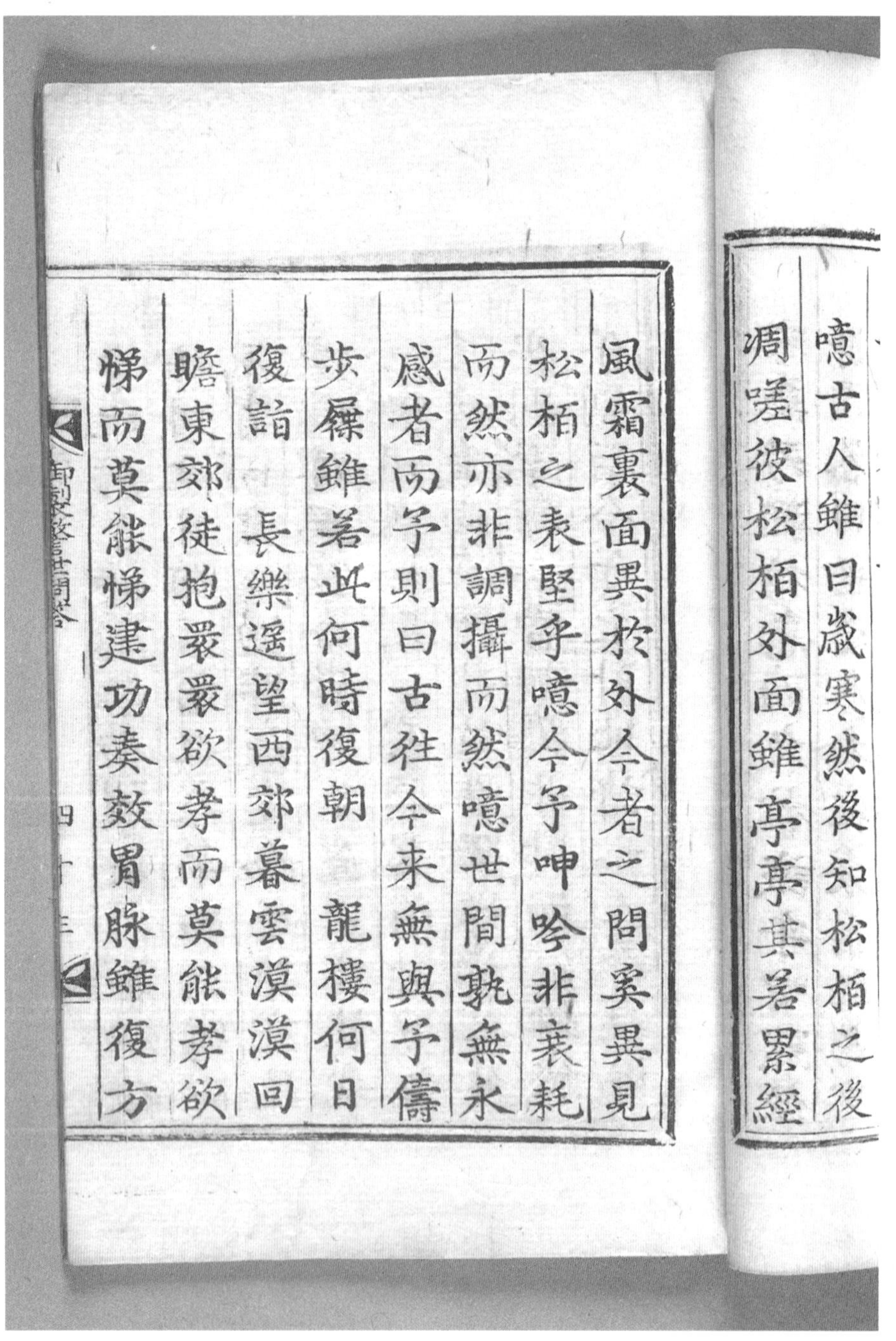
噫古人雖曰歲寒然後知松栢之後
凋嗟彼松栢外面雖亭亭其若累經
風霜裏面異於外今者之問奚異見
松栢之表堅乎噫今予呻吟非衰耗
而然亦非調攝而然噫世間孰無永
感者而予則曰古往今來無與予儔
步屧雖若此何時復朝　龍樓何日
復詣　長樂遥望西郊暮雲漠漠回
瞻東郊徒抱衆衆欲孝而莫能孝欲
悌而莫能悌建功奏效胃脉雖復方

御製警世問答　四十三

御製警世問答 43a

언해본

36b ← → 36a

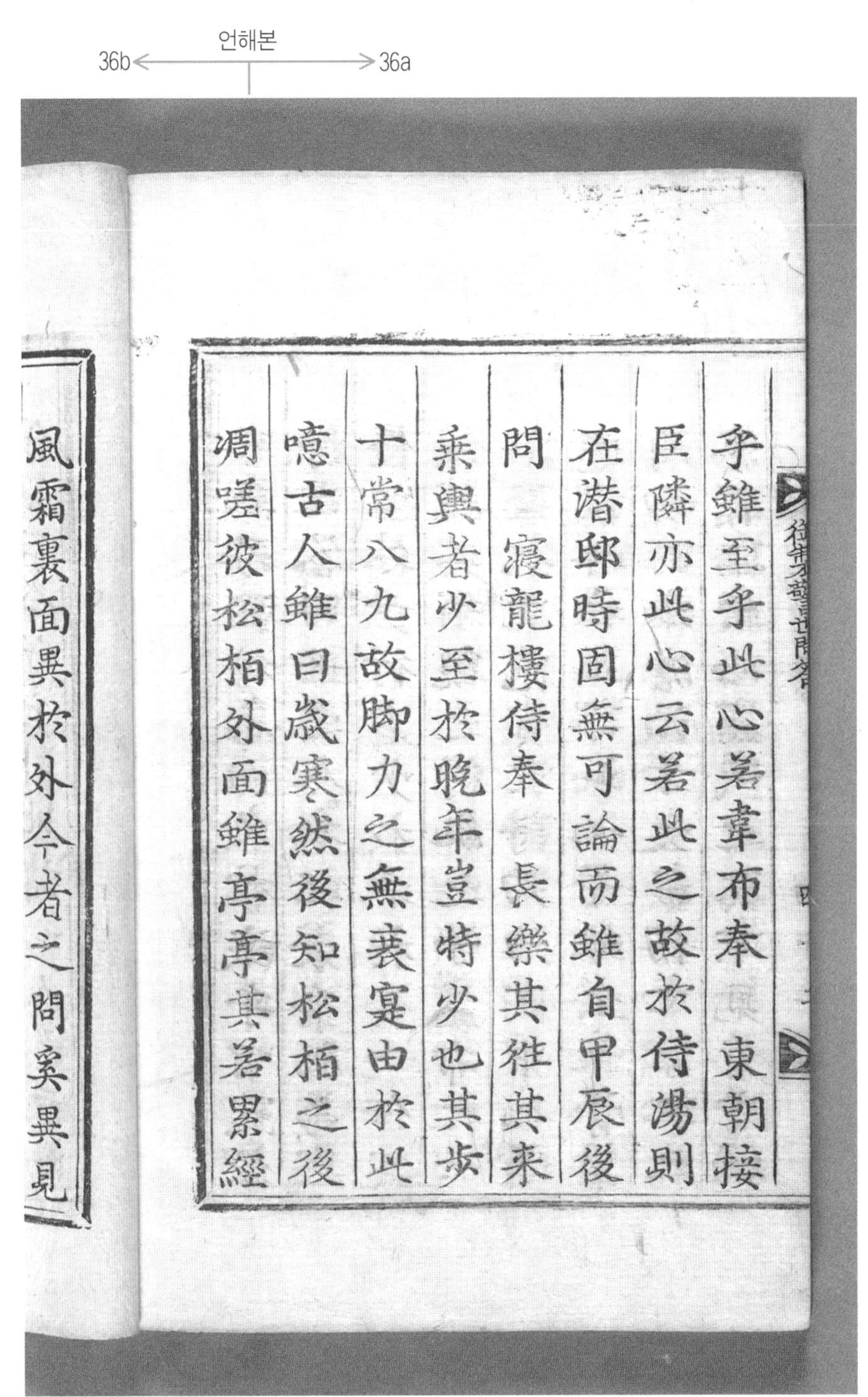

乎雖至乎此心若韋布奉東朝接
臣隣亦此心云若此之故於侍湯則
在潛邸時固無可論而雖自甲辰後
問寢龍樓侍奉長樂其徃其來
乘輿者少至於晩年豈特少也其步
十常八九故脚力之無衰寔由於此
噫古人雖曰歲寒然後知松栢之後
凋嗟彼松栢外面雖亭亭其若累經

風霜裏面異於外今者之問奚異見

御製警世問答 42b

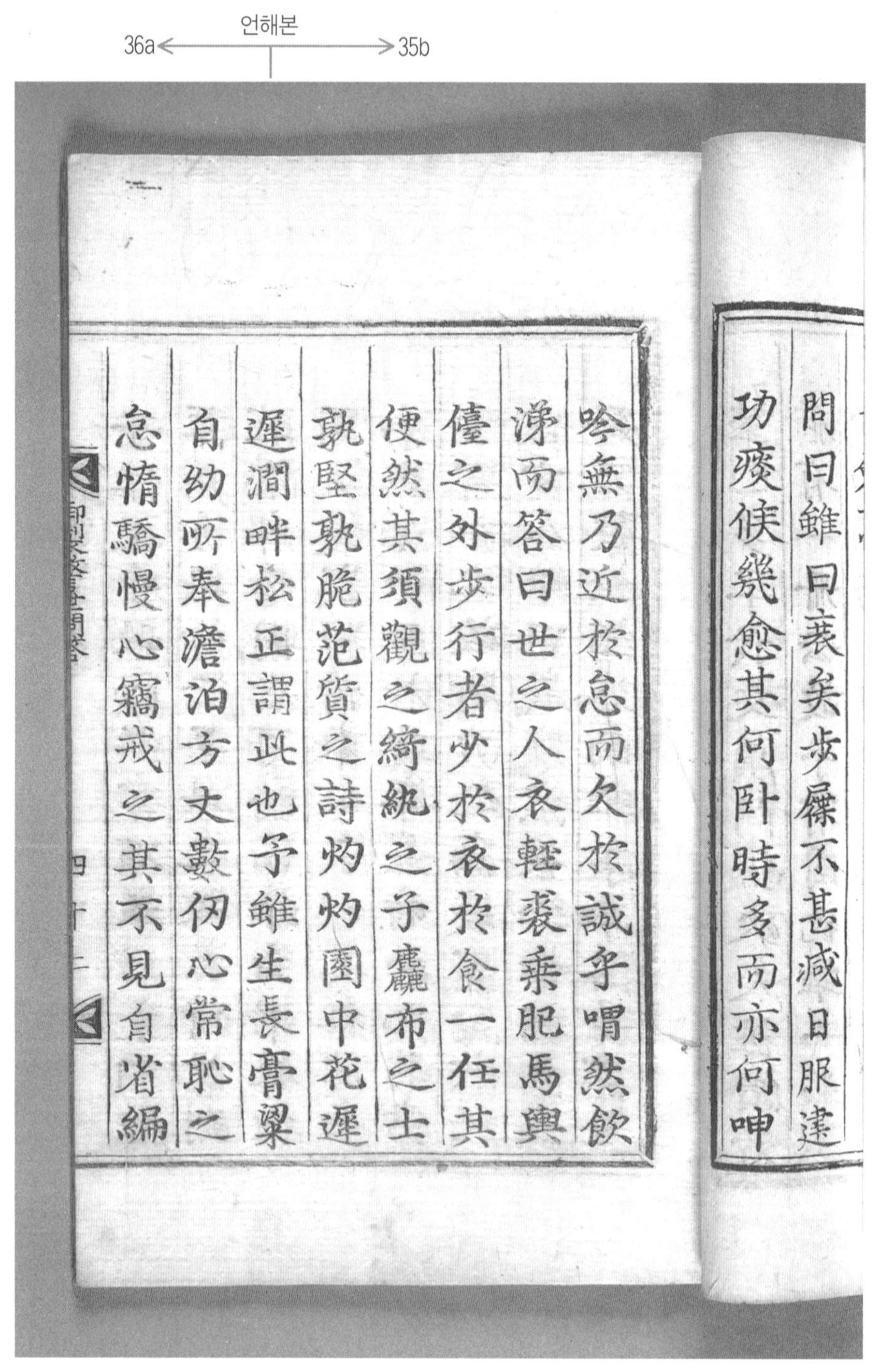


問曰雖曰衰矣步屧不甚減日服逮
功瘦候幾愈其何卧時多而亦何呻

吟無乃近於怠而欠於誠乎喟然飲
涕而答曰世之人衣輕裘乘肥馬輿
儓之外步行者少於衣於食一任其
便然其須觀之綺紈之子麤布之士
孰堅孰脆范質之詩灼灼園中花遲
遲澗畔松正謂此也予雖生長膏粱
自幼所奉澹泊方丈數仞心常恥之
怠惰驕慢心竊戒之其不見自省編

御製警世問答 四十二

御製警世問答 42a

언해본

35b ← → 35a

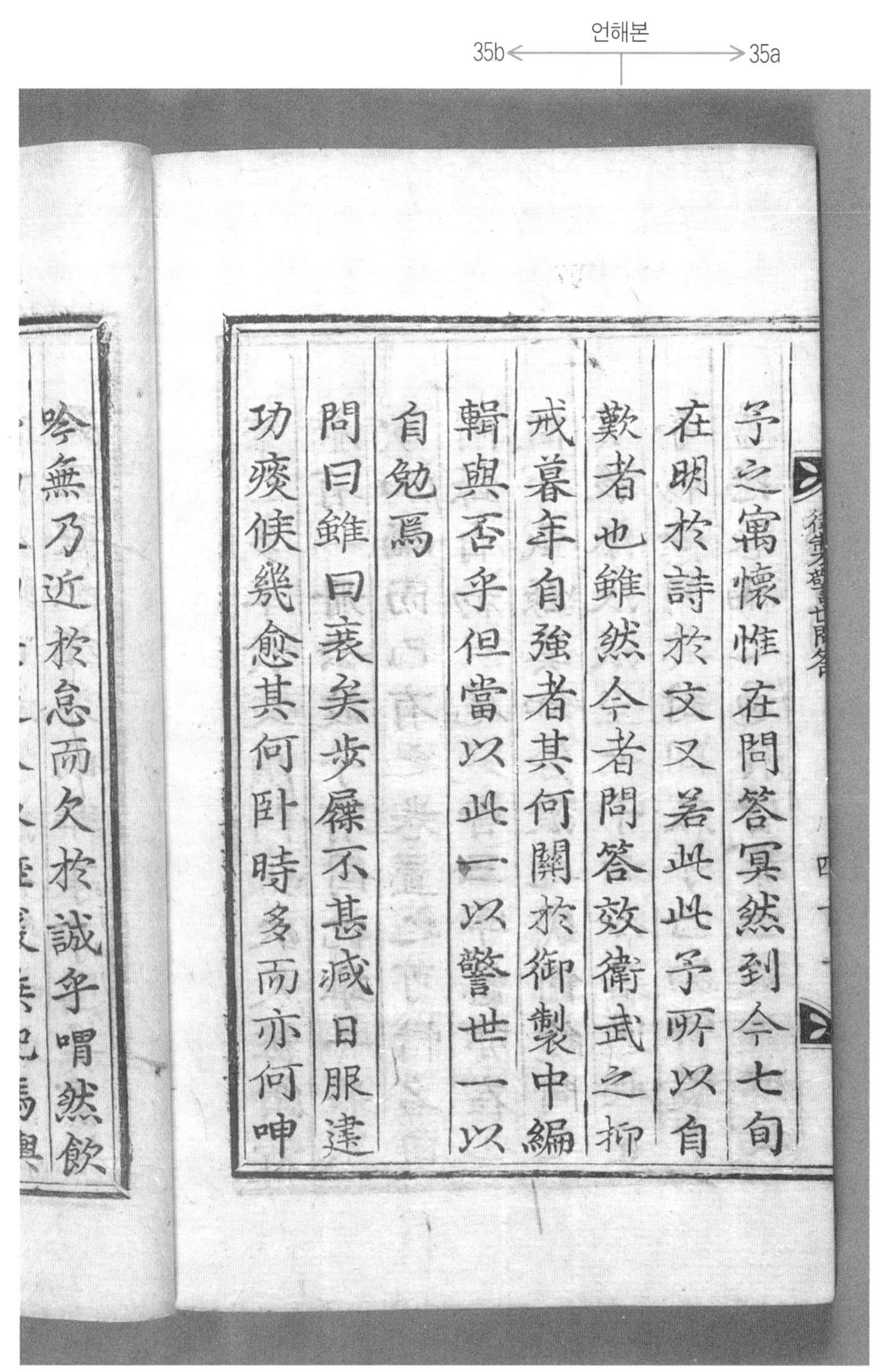

吟無乃近於怠而欠於誠乎曰然歟

予之寓懷惟在問答冥然到今七旬
在明於詩於文又若此此予所以自
歎者也雖然今者問答效衛武之抑
戒暮年自強者其何關於御製中編
輯與否乎但當以此一以警世一以
自勉焉
問曰雖曰衰矣步履不甚減日服逮
功瘀候幾愈其何卧時多而亦何呻

御製警世問答 41b

언해본

35a ← → 34b

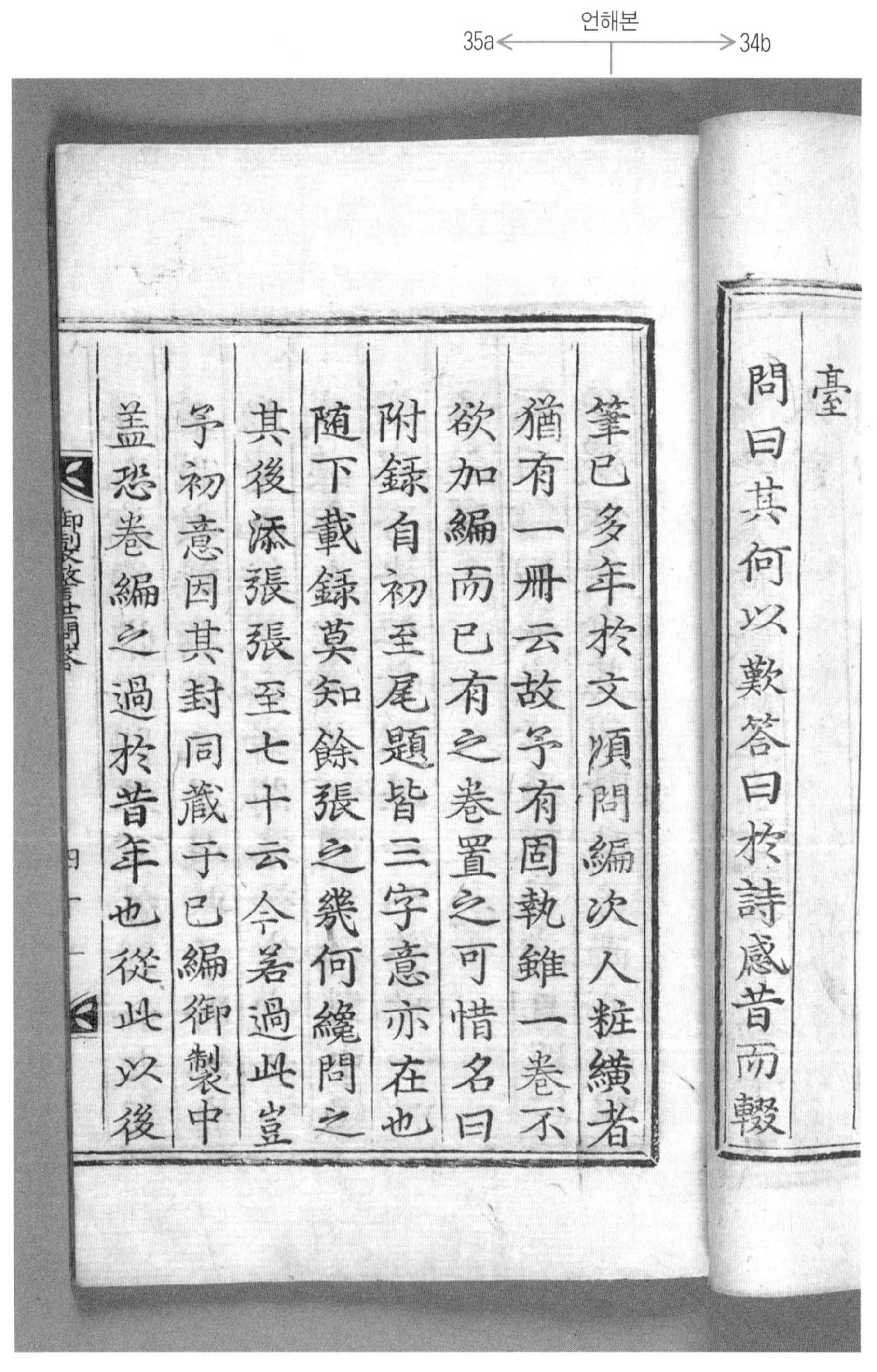

臺

問曰其何以歎答曰於詩感昔而輟

筆已多年於文須問編次人粧纉者
猶有一冊云故予有固執雖一卷不
欲加編而已有之卷置之可惜名曰
附錄自初至尾題皆三字意亦在也
隨下載錄莫知餘張之幾何纔問之
其後添張張至七十云今若過此豈
予初意因其封同藏于已編御製中
盖恐卷編之過於昔年也從此以後

御製警世問答 四十一

御製警世問答 41a

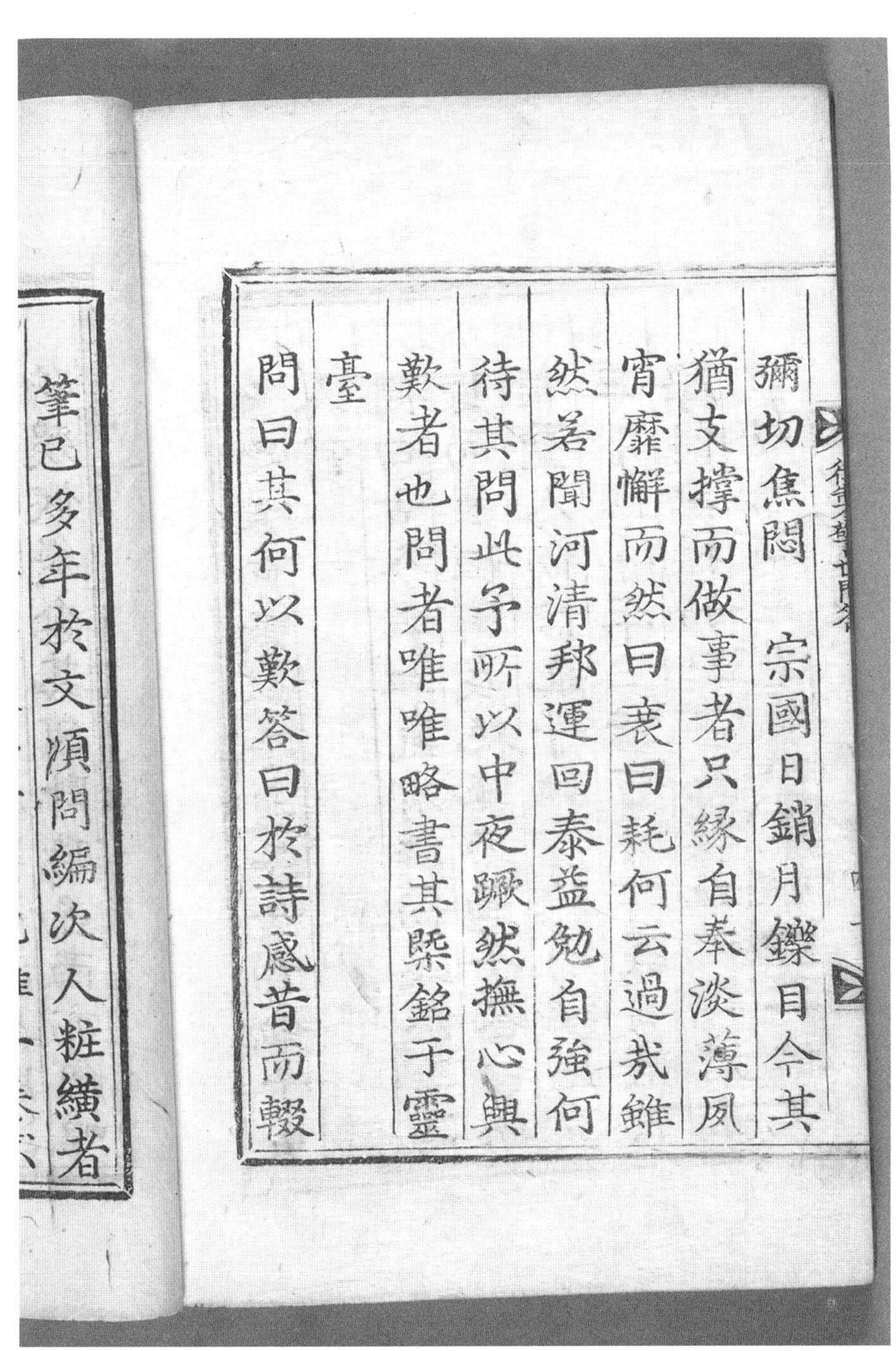
彌切焦悶　宗國日銷月鑠目今其
猶支撐而做事者只緣自奉淡薄夙
宵靡懈而然曰衰曰耗何云過哉雖
然若闓河清邦運回泰益勉自強何
待其問此予所以中夜蹶然撫心興
歎者也問者唯唯略書其槩銘于靈
臺
問曰其何以歎答曰於詩感昔而輟

筆已多年於文須問編次人粧纘者

御製警世問答 40b

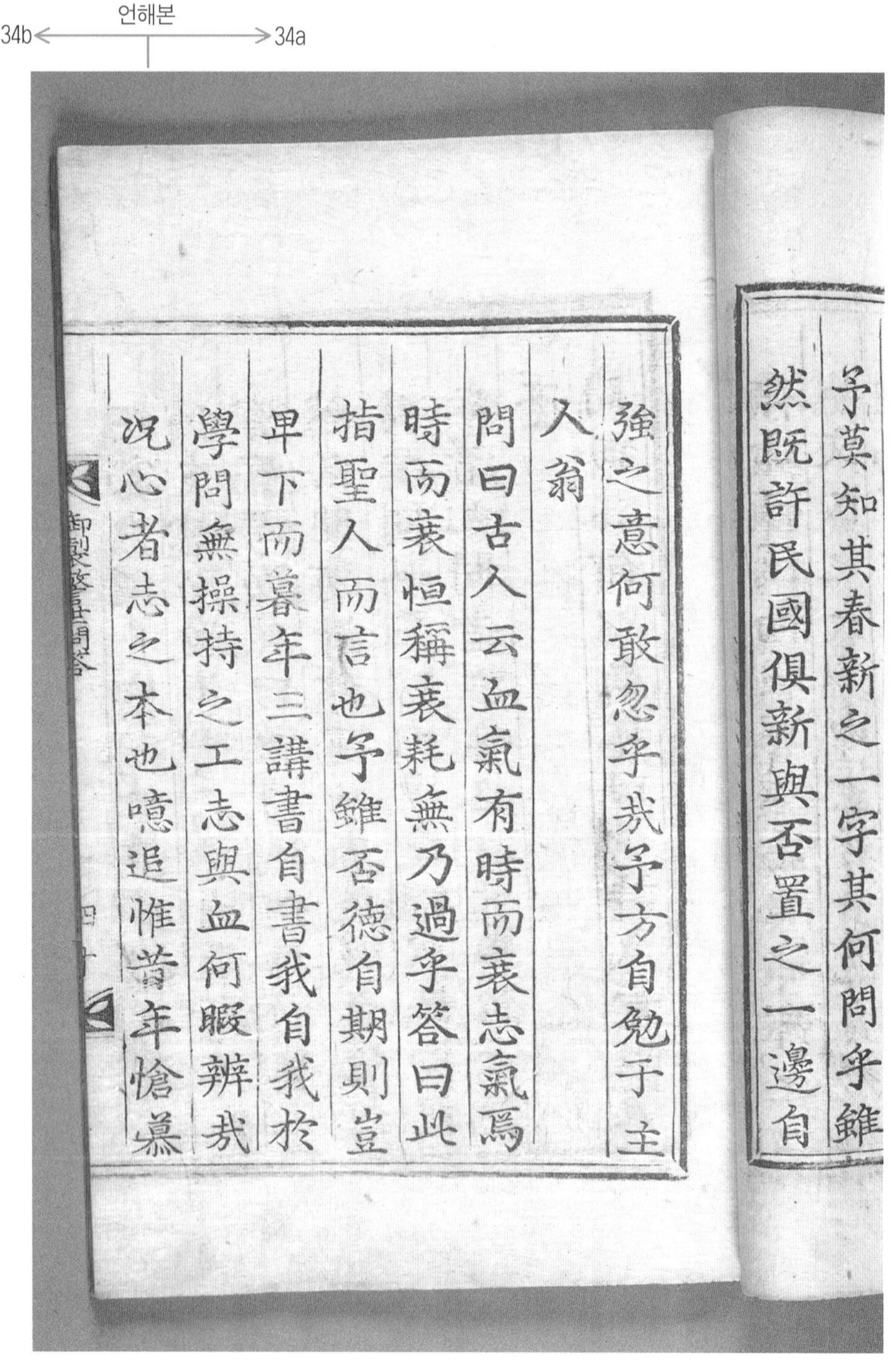


予莫知其春新之一字其何問乎雖
然既許民國俱新與否置之一邊自

强之意何敢忽乎哉予方自勉于主
入翁
問曰古人云血氣有時而衰志氣爲
時而衰恒稱衰耗無乃過乎答曰此
指聖人而言也予雖否德自期則豈
早下而暮年三講書自書我自我於
學問無操持之工志與血何暇辨哉
況心者志之本也噫追惟昔年愴慕

御製警世問答 四十

御製警世問答 40a

언해본
34a ← → 33b

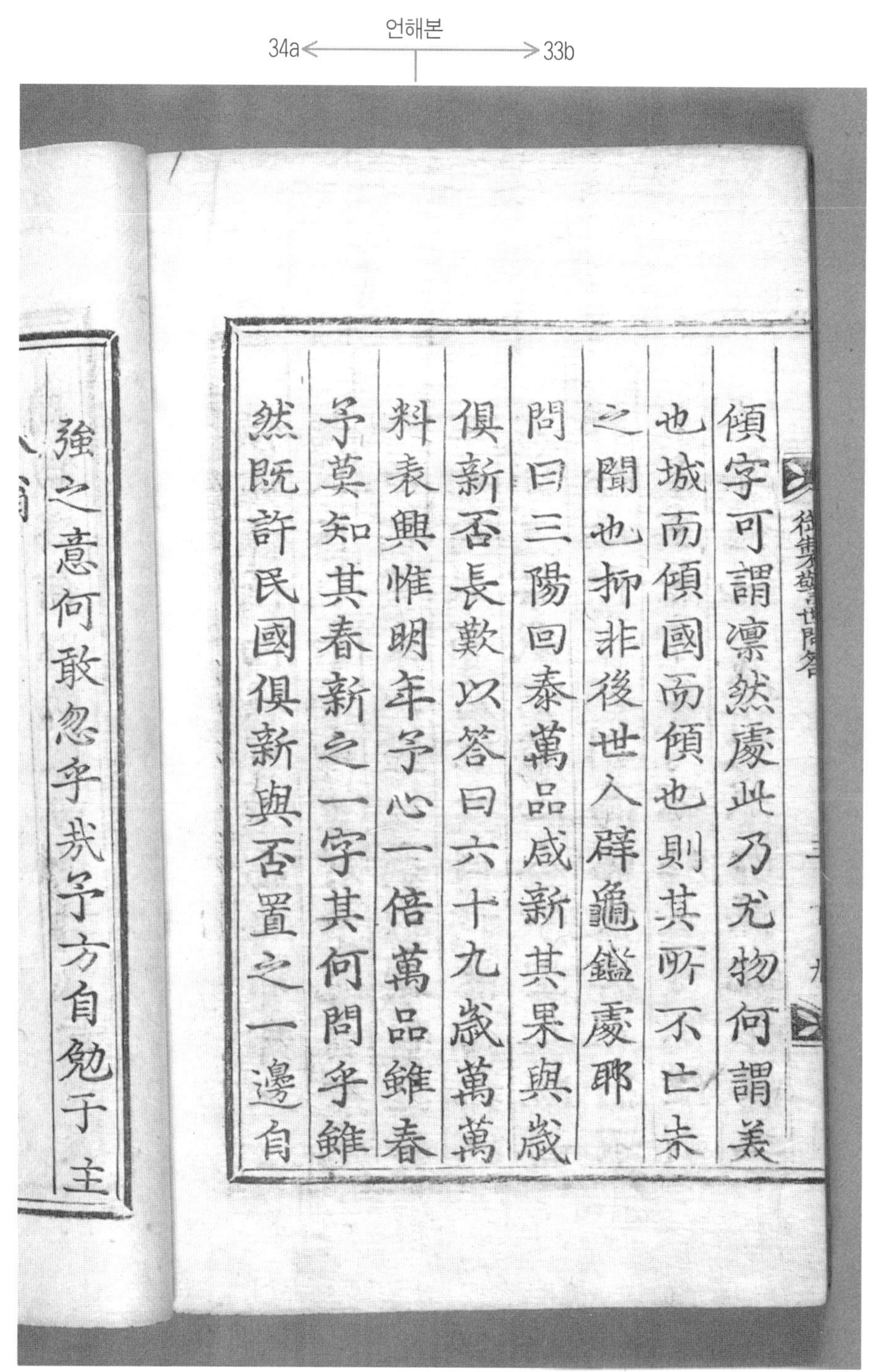
傾字可謂凜然處此乃尤物何謂義
也城而傾國而傾也則其所不亡未
之闇也抑非後世入辟龜鑑處耶
問曰三陽回泰萬品咸新其果與歲
俱新否長歎以答曰六十九歲萬萬
料表興惟明年予心一倍萬品雖春
予莫知其春新之一字其何問乎雖
然既許民國俱新與否置之一邊自

強之意何敢忽乎哉予方自勉于主

御製警世問答 39b

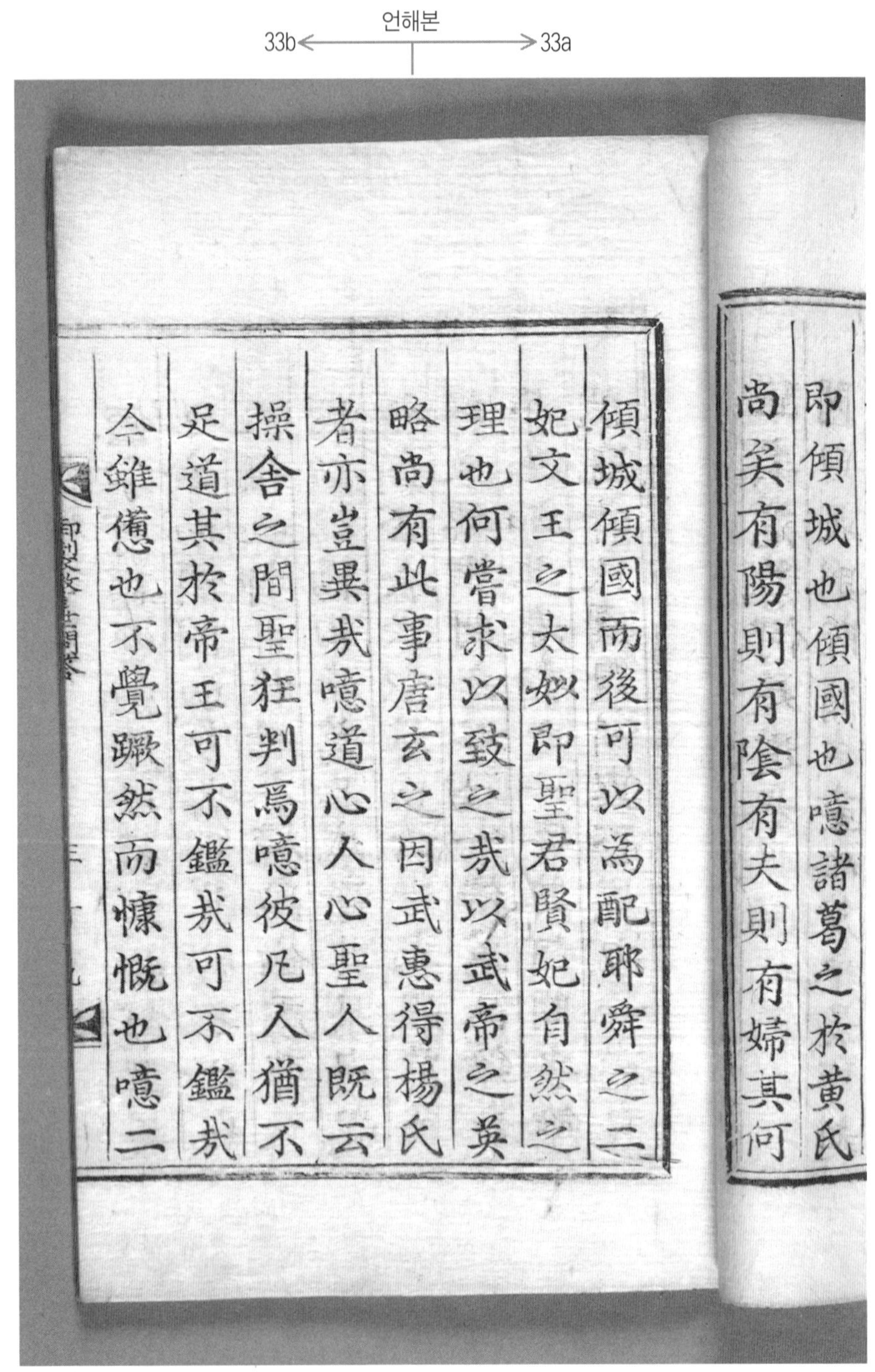


即傾城也傾國也噫諸葛之於黃氏
尚矣有陽則有陰有夫則有婦其何

傾城傾國而後可以為配耶舜之二
妃文王之太姒即聖君賢妃自然之
理也何嘗求以致之哉以武帝之英
略尚有此事唐玄之因武惠得楊氏
者亦豈異哉噫道心人心聖人既云
操舍之間聖狂判焉噫彼凡人猶不
足道其於帝王可不鑑哉可不鑑哉
今雖憊也不覺蹶然而慷慨也噫二

御製警世問答 三十九

御製警世問答 39a

언해본
33a ← → 32b

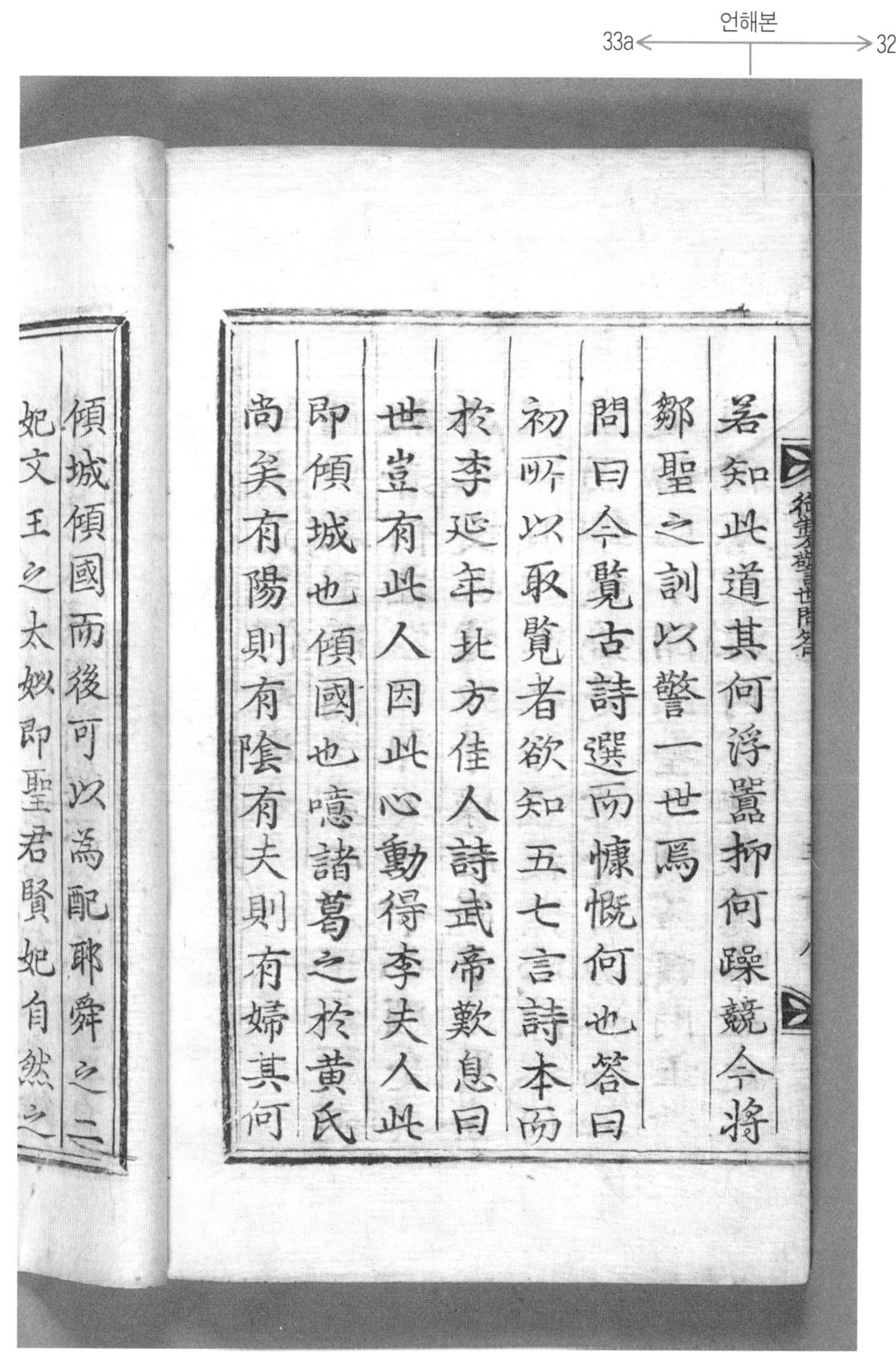
若知此道其何浮囂抑何躁競令將
鄒聖之訓以警一世焉
問曰今覽古詩選而慷慨何也答曰
初所以取覽者欲知五七言詩本而
於李延年北方佳人詩武帝歎息曰
世豈有此人因此心動得李夫人此
即傾城也傾國也噫諸葛之於黃氏
尚矣有陽則有陰有夫則有婦其何

傾城傾國而後可以爲配耶舜之二
妃文王之太姒即聖君賢妃自然之

御製警世問答 38b

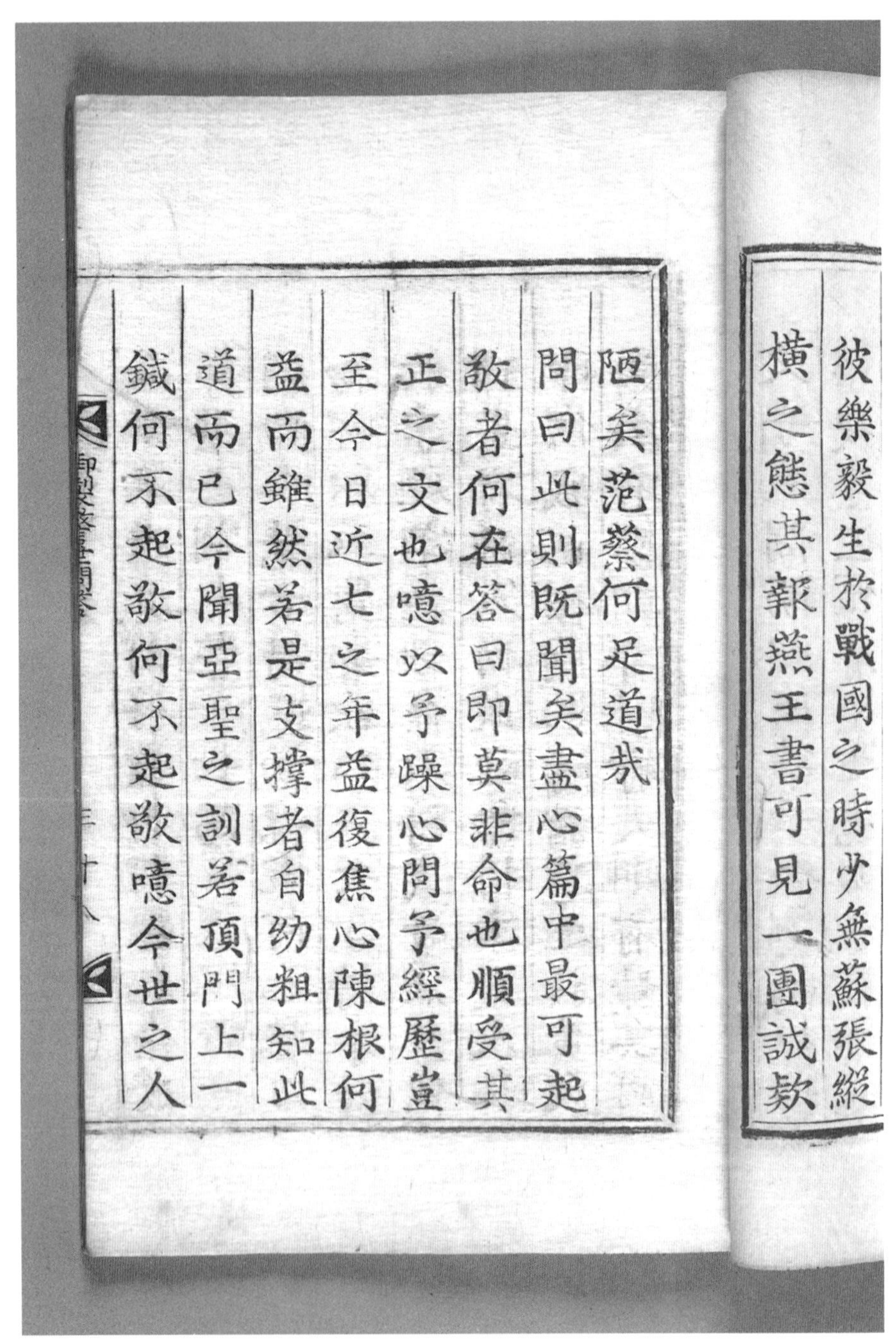

彼樂毅生於戰國之時少無蘇張縱
橫之態其報燕王書可見一團誠款

陋矣范蔡何足道哉
問曰此則既聞矣盡心篇中最可起
敬者何在答曰即莫非命也順受其
正之文也噫以予躁心問予經歷豈
至今日近七之年益復焦心陳根何
益而雖然若是支撐者自幼粗知此
道而已今聞亞聖之訓若頂門上一
鍼何不起敬何不起敬噫今世之人

御製警世問答 三十八

御製警世問答 38a

언해본
32b ← → 32a

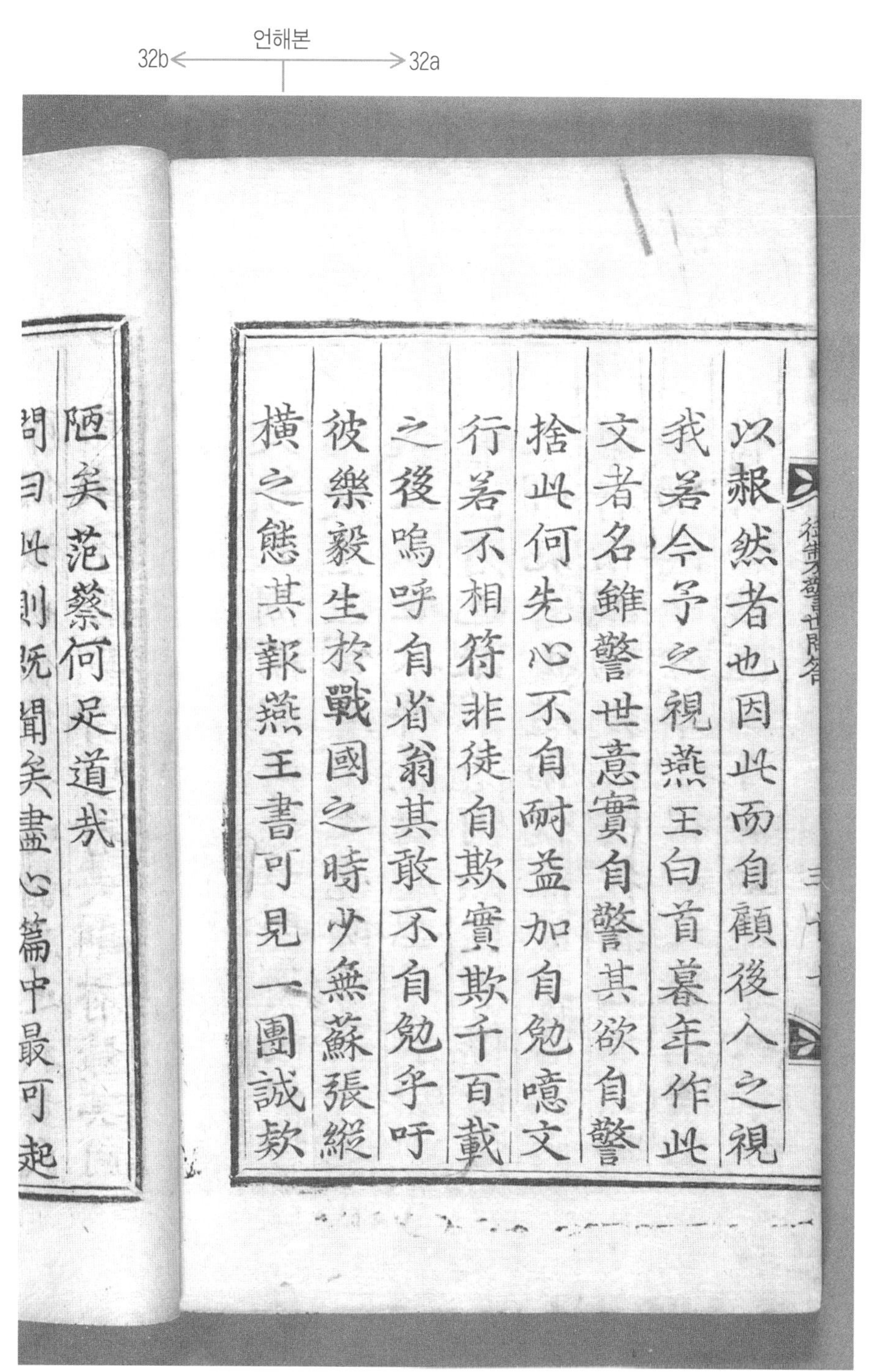
以赧然者也因此而自顧後人之視
我若今予之視燕王白首暮年作此
文者名雖警世意實自警其欲自警
捨此何先心不自耐益加自勉噫文
行若不相符非徒自欺實欺千百載
之後嗚呼自省翁其敢不自勉乎吁
彼樂毅生於戰國之時少無蘇張縱
横之態其報燕王書可見一團誠欵

陋矣范蔡何足道哉
問曰此則旣聞矣盡心篇中最可起

御製警世問答 37b

언해본
32a ← → 31b

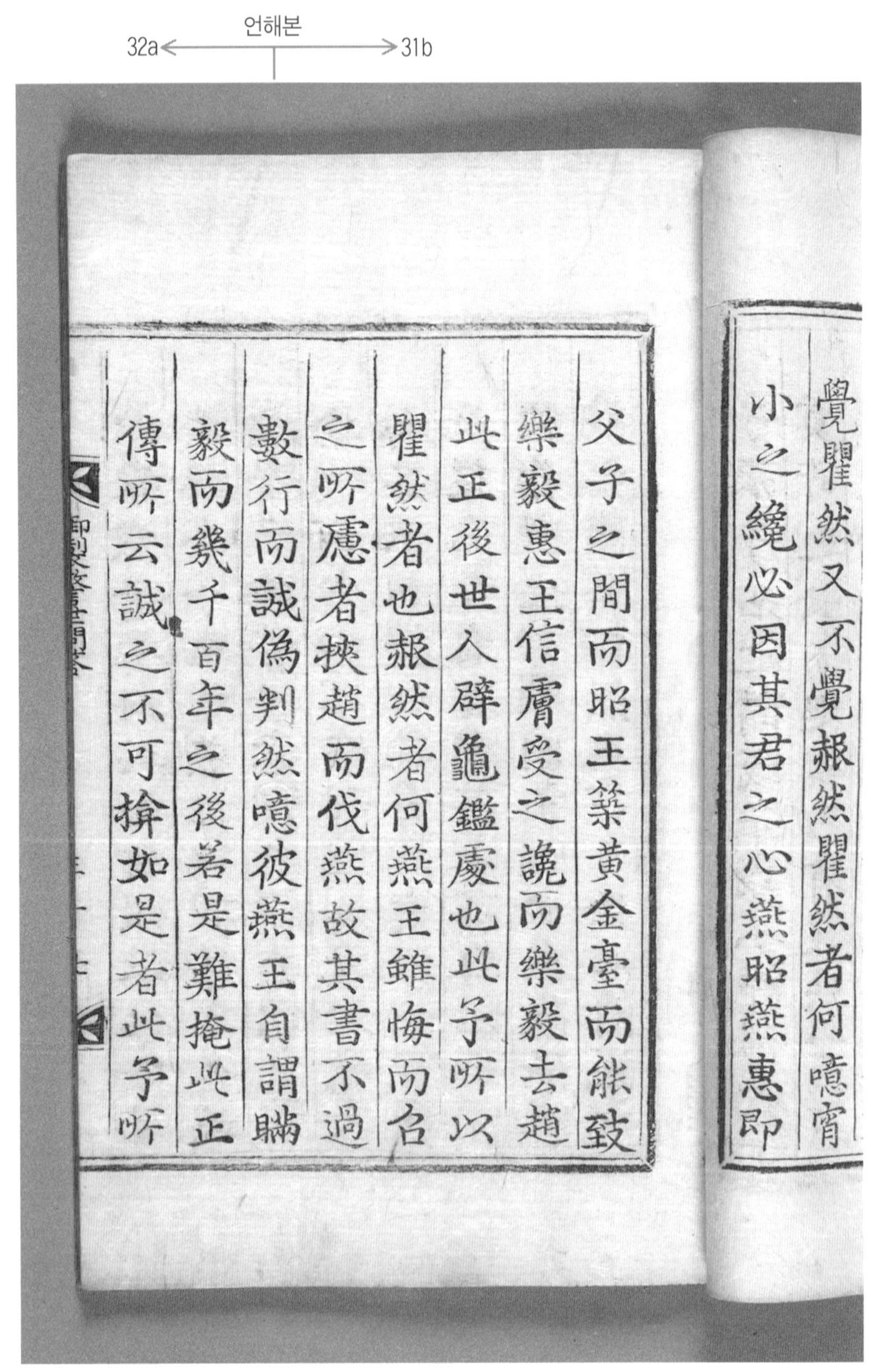
覺瞿然又不覺赧然瞿然者何噫宵
小之纔必因其君之心燕昭燕惠即

父子之間而昭王築黃金臺而能致
樂毅惠王信膚受之譏而樂毅去趙
此正後世人辟龜鑑處也此予所以
瞿然者也赧然者何燕王雖悔而台
之所慮者挾趙而伐燕故其書不過
數行而誠僞判然噫彼燕王自謂瞞
毅而幾千百年之後若是難掩此正
傳所云誠之不可揜如是者此予所



御製警世問答 37a

언해본

31b ← → 31a

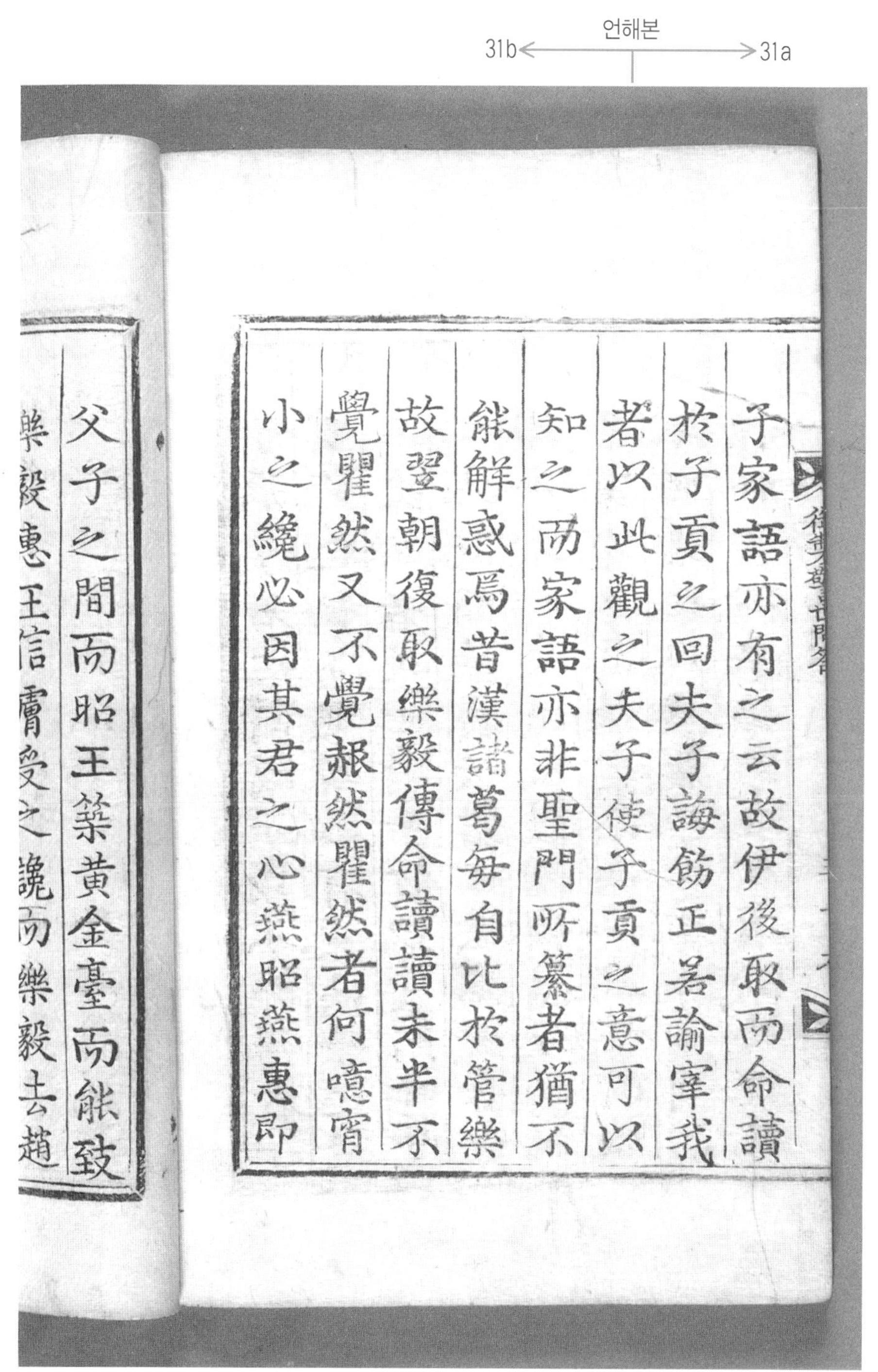
御製警世問答

予家語亦有之云故伊後取而命讀
於子貢之回夫子誨飭正若諭宰我
者以此觀之夫子使子貢之意可以
知之而家語亦非聖門所纂者猶不
能解惑爲昔漢諸葛每自比於管樂
故翌朝復取樂毅傳命讀讀未半不
覺瞿然又不覺赧然瞿然者何噫宵
小之纔必因其君之心燕昭燕惠即

父子之間而昭王築黃金臺而能致
樂毅惠王信讒受之讒而樂毅去趙

御製警世問答 36b

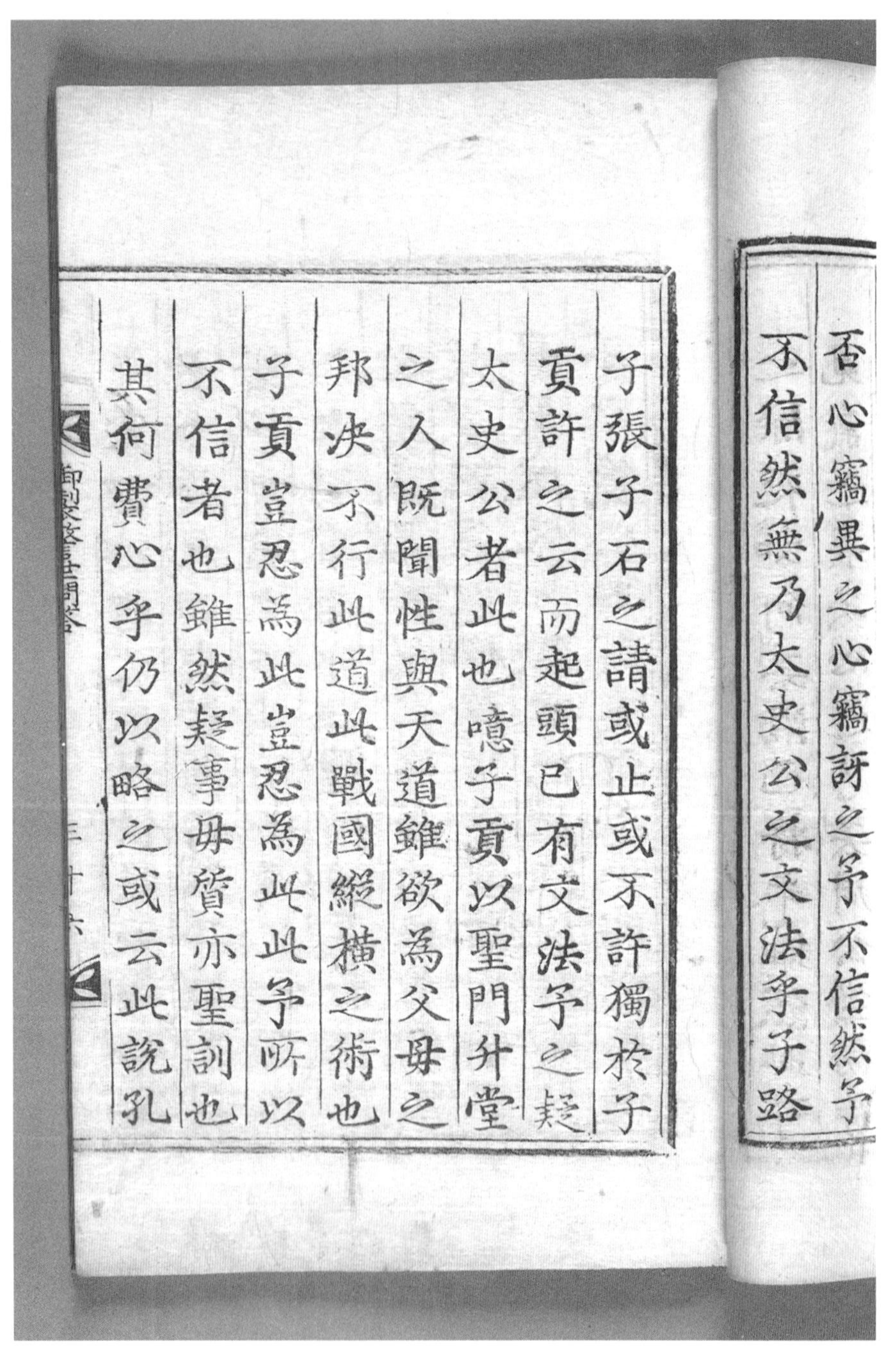

否心竊異之心竊訝之予不信然予不信然無乃太史公之文法乎子路

子張子石之請或止或不許獨於子貢許之云而起頭已有文法予之疑太史公者此也噫子貢以聖門升堂之人旣聞性與天道雖欲爲父母之邦決不行此道此戰國縱橫之術也子貢豈忍爲此豈忍爲此此予所以不信者也雖然疑事毋質亦聖訓也其何費心乎仍以略之或云此說孔

御製警世問答 三十六

御製警世問答 36a

언해본
31a ⟵ ⟶ 30b

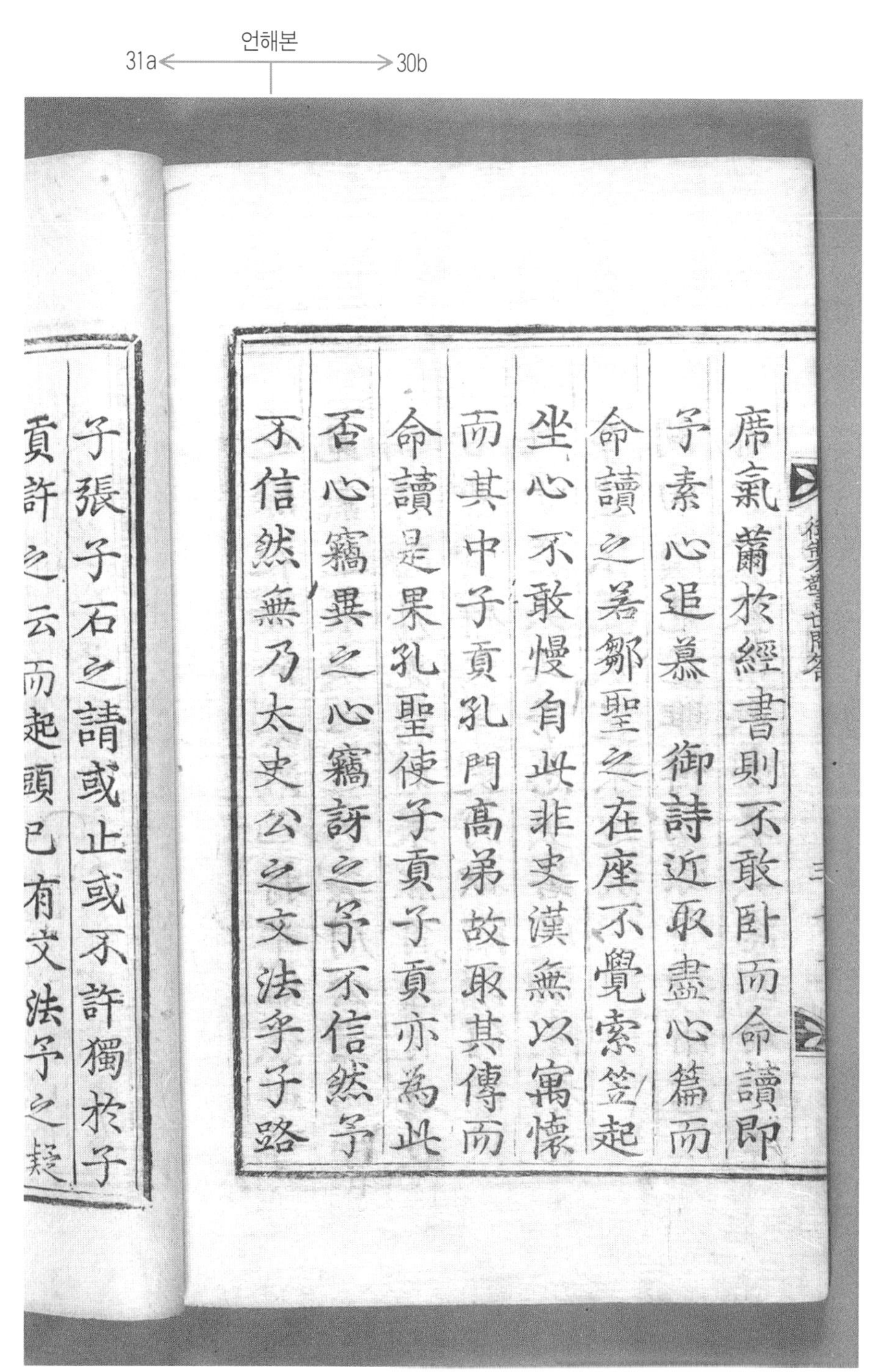
席氣藹於經書則不敢臥而命讀即
予素心追慕御詩近取盡心篇而
命讀之若鄒聖之在座不覺竦然起
坐心不敢慢自此非史漢無以寓懷
而其中子貢孔門高弟故取其傳而
命讀是果孔聖使子貢子貢亦爲此
否心竊異之心竊訝之予不信然予
不信然無乃太史公之文法乎子路
子張子石之請或止或不許獨於子
貢許之云而起頭已有文法予之疑

御製警世問答 35b

언해본

30b ← → 30a

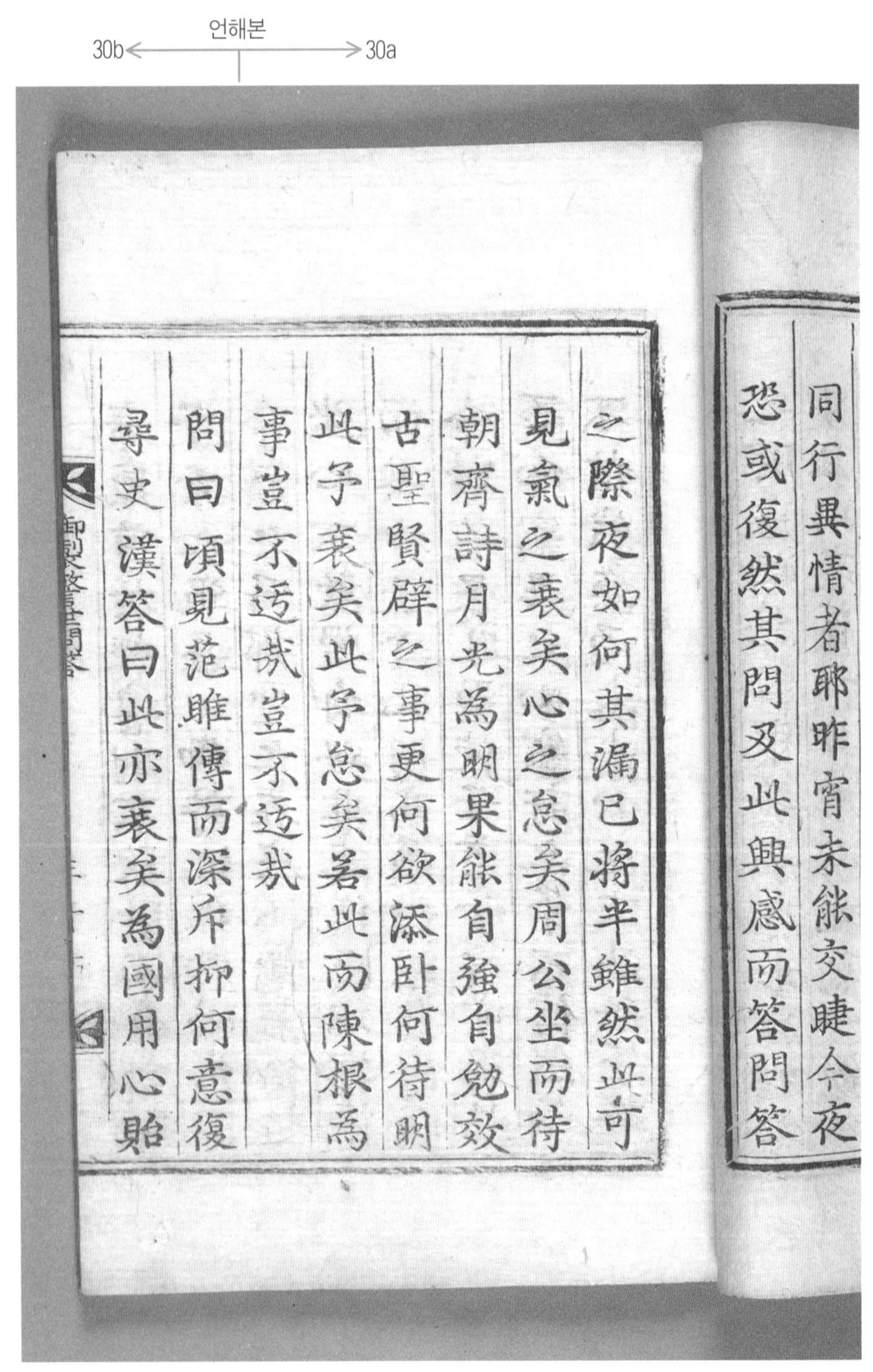
同行異情者耶昨宵未能交睫今夜
恐或復然其問及此興感而答問答

之際夜如何其漏已將半雖然此可
見氣之衰矣心之怠矣周公坐而待
朝齊詩月光為明果能自強自勉效
古聖賢辟之事更何欲添卧何待明
此予衰矣此予怠矣若此而陳根為
事豈不适哉豈不适哉
問曰須見范雎傳而深斥抑何意復
尋史漢答曰此亦衰矣為國用心貽

御製警世問答

御製警世問答 35a

언해본

30a ← → 29b

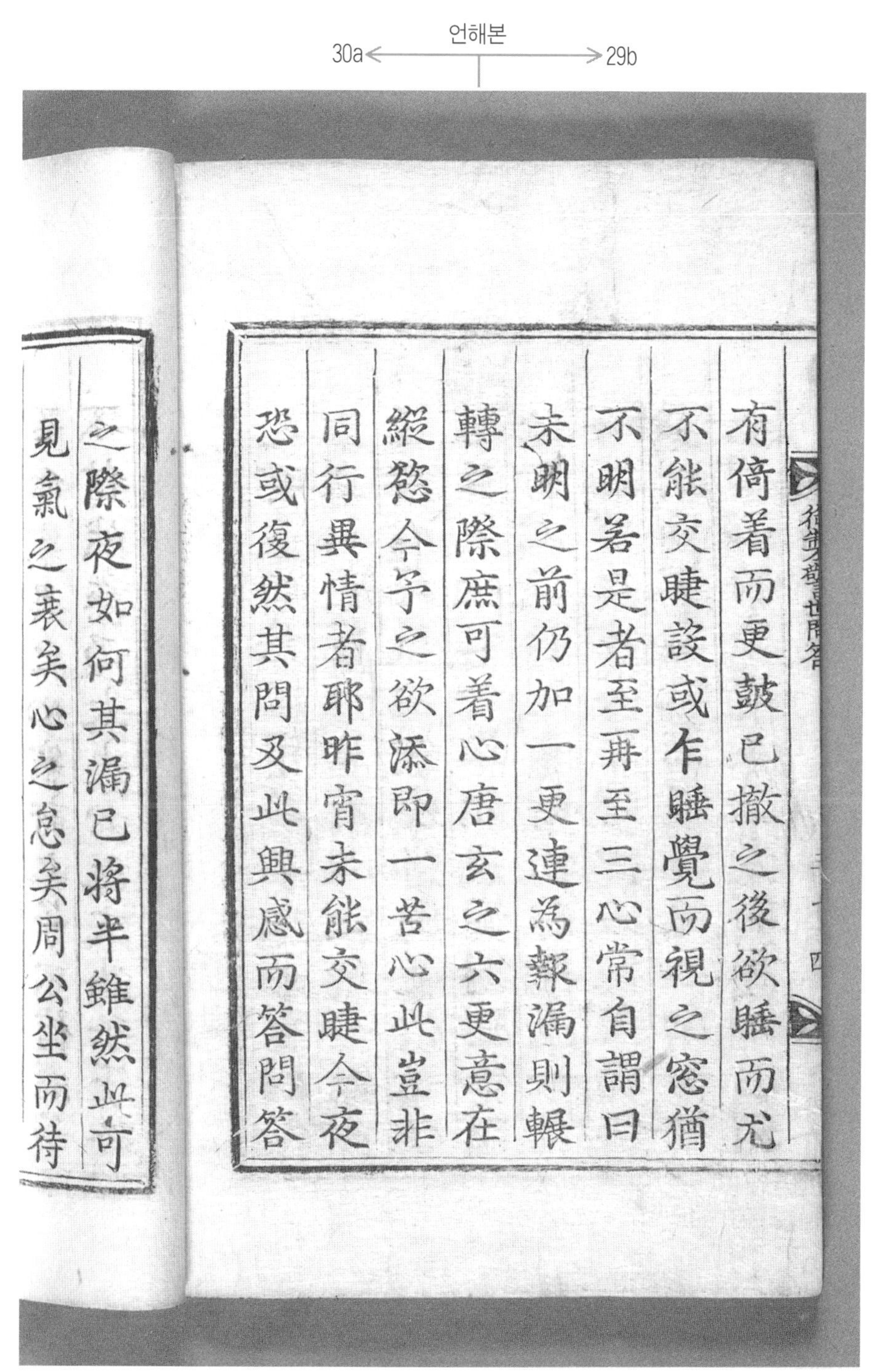

有倚着而更鼓已撤之後欲睡而尤
不能交睫設或乍睡覺而視之窓猶
不明若是者至再至三心常自謂曰
未明之前仍加一更連爲穀漏則輾
轉之際庶可着心唐玄之六更意在
縱慾今予之欲添即一苦心此豈非
同行異情者耶昨宵未能交睫今夜
恐或復然其問及此與感而答問答

之際夜如何其漏已將半雖然此可
見氣之衰矣心之怠矣周公坐而待

御製警世問答 34b

언해본

29b ← → 29a

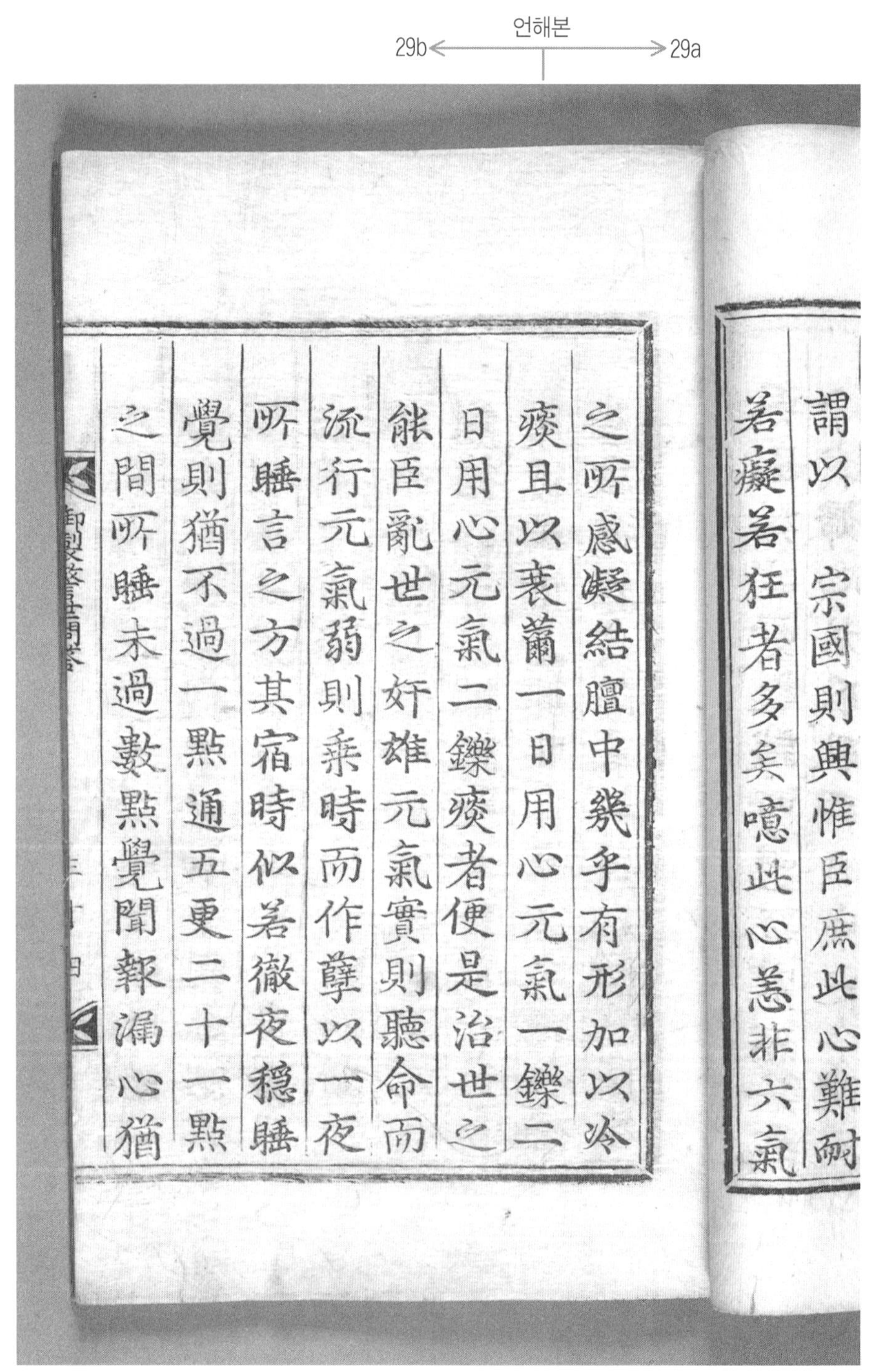

謂以 宗國則興惟臣庶此心難耐
若癡若狂者多矣噫此心恙非六氣

之所感凝結膻中幾乎有形加以冷
瘵且以衰薾一日用心元氣一鑠二
日用心元氣二鑠瘵者便是治世之
能臣亂世之奸雄元氣實則聽命而
流行元氣弱則乘時而作孽以一夜
所睡言之方其宿時似若徹夜穩睡
覺則猶不過一點通五更二十一點
之間所睡未過數點覺聞鐘漏心猶

御製警世問答 三十四

御製警世問答 34a

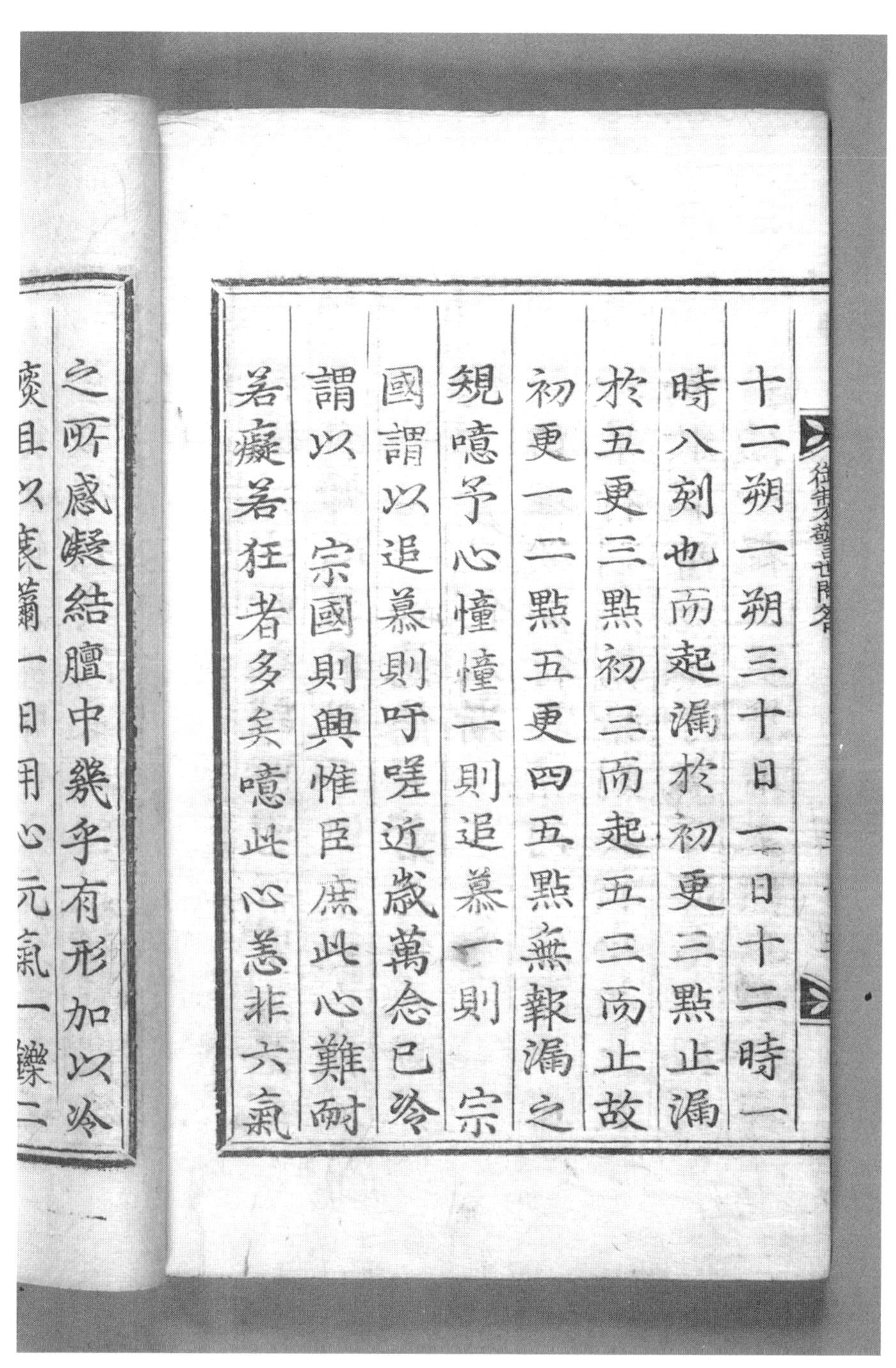
御製警世問答

十二朔一朔三十日一日十二時一
時八刻也而起漏於初更三點止漏
於五更三點初三而起五三而止故
初更一二點五更四五點無報漏之
規噫予心憧憧一則追慕一則 宗
國謂以追慕則吁嗟近歲萬念已冷
謂以 宗國則興惟臣庶此心難耐
若癡若狂者多矣噫此心恙非六氣

之所感凝結膻中幾乎有形加以冷
痰且以衰薾一日用心元氣一鑠二

御製警世問答 33b

언해본
29a ← → 28b

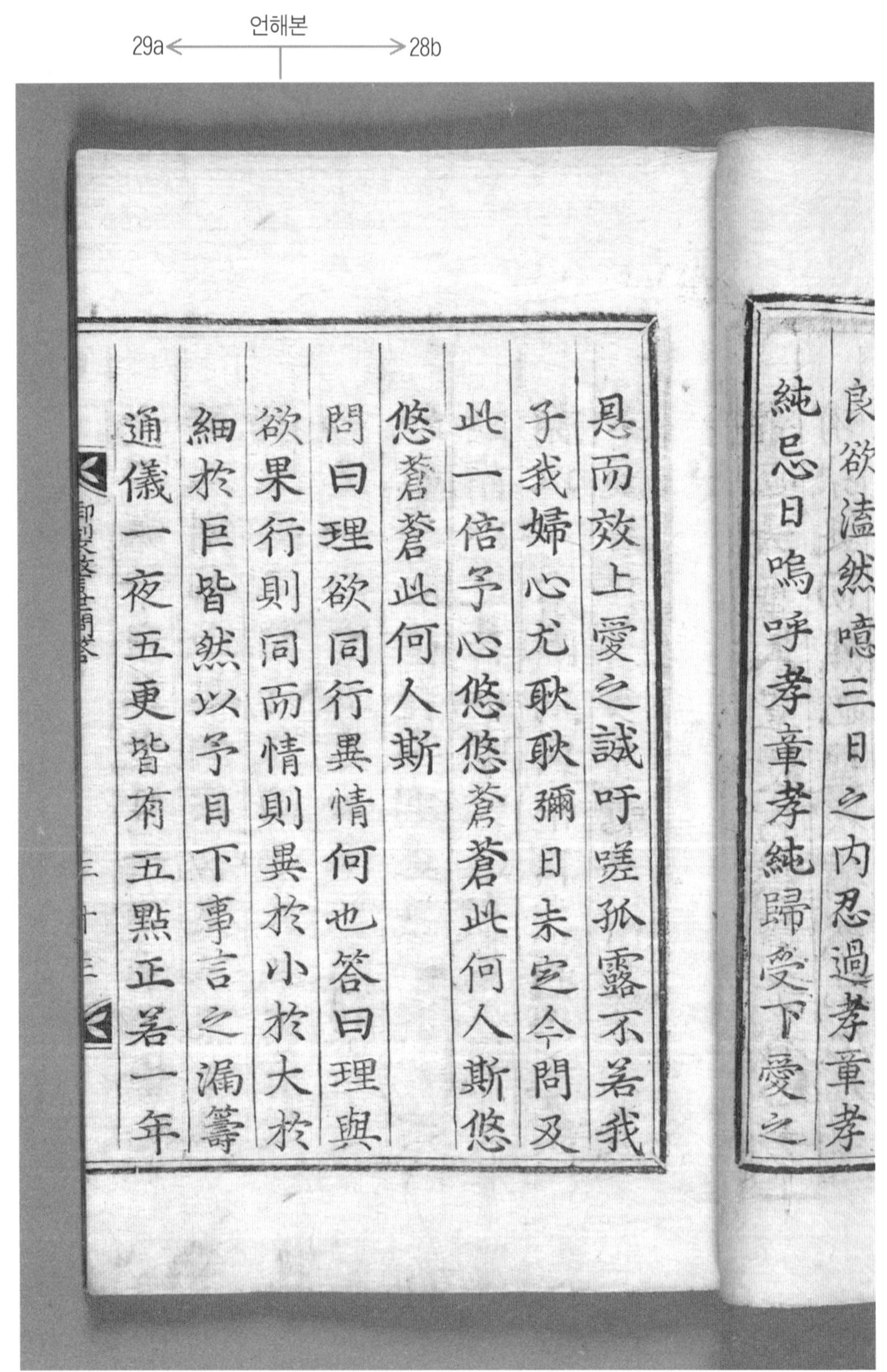
良欲溘然噫三日之内忍過孝章孝
純忌日嗚呼孝章孝純歸愛下愛之

恳而效上愛之誠吁嗟孤露不若我
子我婦心尤耿耿彌日未定今問及
此一倍予心悠悠蒼蒼此何人斯悠
悠蒼蒼此何人斯
問曰理欲同行異情何也答曰理與
欲果行則同而情則異於小於大於
細於巨皆然以予目下事言之漏籌
通儀一夜五更皆有五點正若一年

御製警世問答　三十三

御製警世問答 33a

언해본

28b ← → 28a

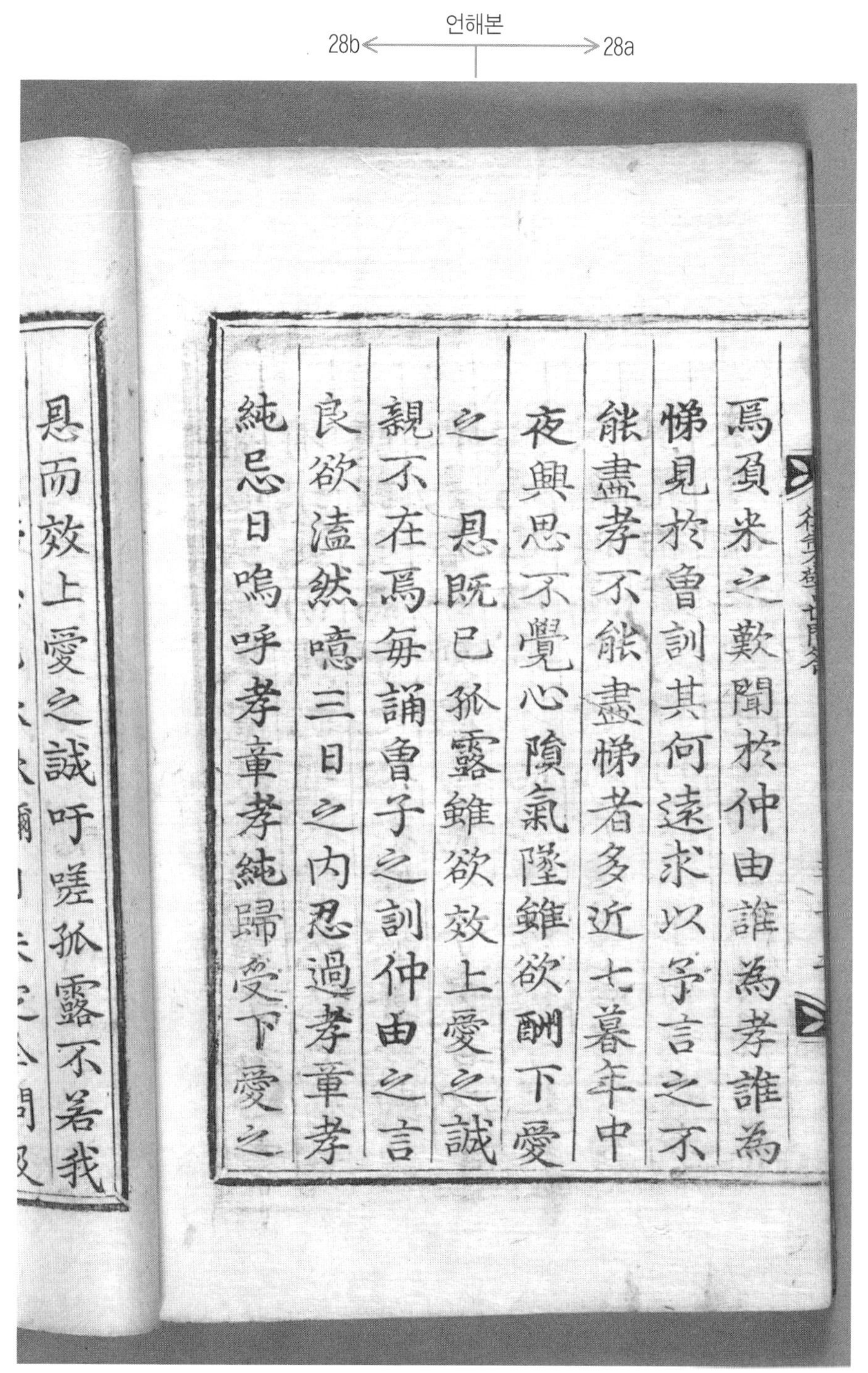

恩而效上愛之誠吁嗟孤露不若我

爲負米之歎聞於仲由誰爲孝誰爲
悌見於曾訓其何遠求以予言之不
能盡孝不能盡悌者多近七暮年中
夜與思不覺心隕氣墜雖欲酬下愛
之恩既已孤露雖欲效上愛之誠
親不在焉每誦曾子之訓仲由之言
良欲溘然噫三日之內忍過孝章孝
純忌日嗚呼孝章孝純歸愛下愛之

御製警世問答 32b

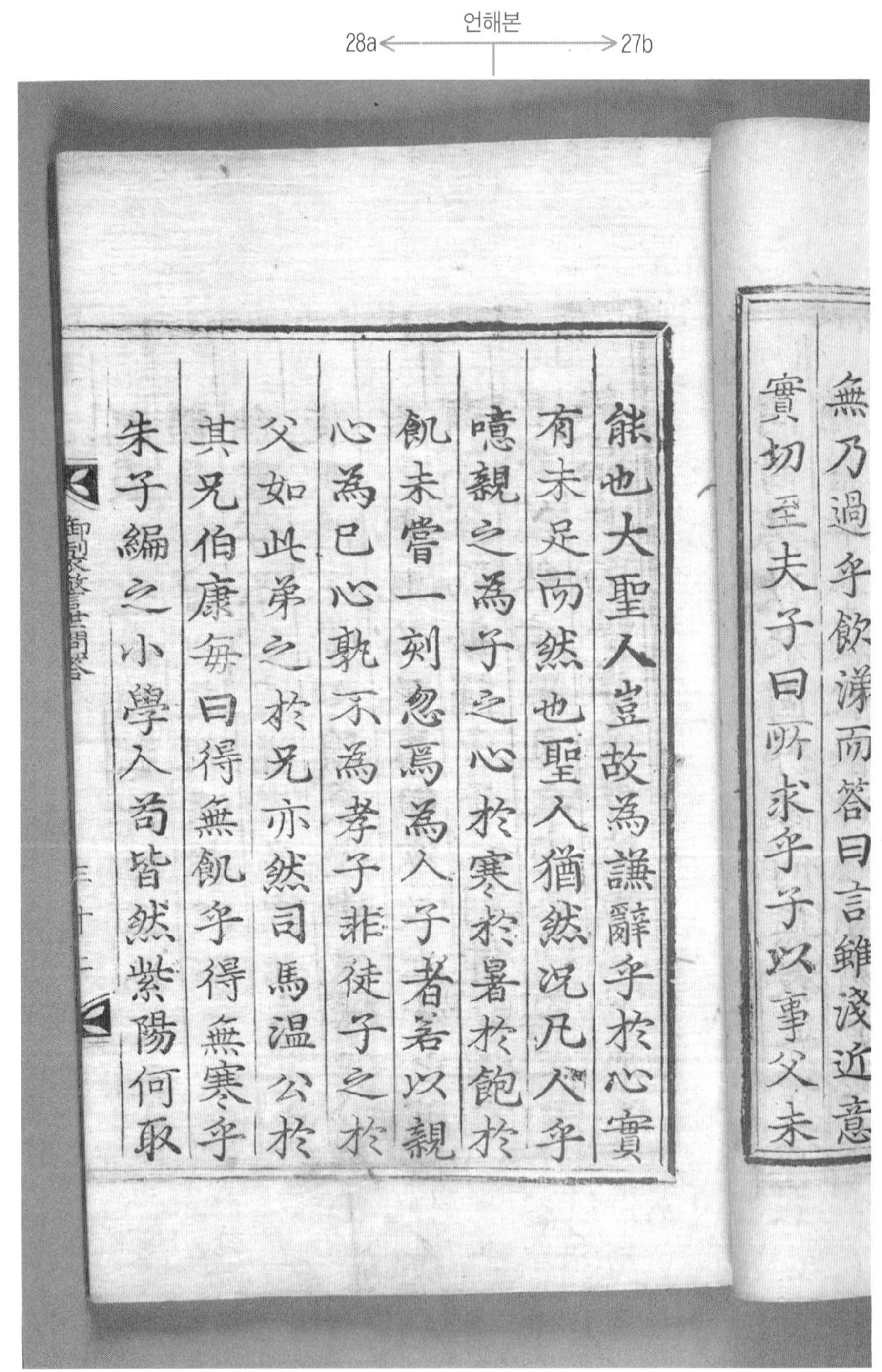


無乃過乎歛謙而答曰言雖淺近意
實切至夫子曰所求乎子以事父未

能也大聖人豈故爲謙辭乎於心實
有未足而然也聖人猶然況凡人乎
噫親之爲子之心於寒於暑於飽於
飢未嘗一刻忽焉爲人子者若以親
心爲已心孰不爲孝子非徒子之於
父如此弟之於兄亦然司馬溫公於
其兄伯康每日得無飢乎得無寒乎
朱子編之小學人苟皆然紫陽何取

御製警世問答　三十二

御製警世問答 32a

之道而已何暇望效況不止於自強
自勵結之以永固邦本敎導世孫之
意亦在其中嗚呼此祝庶有來效吁
嗟廷臣將此對簽輔我世孫邦國其
庶幾邦國其庶幾哉
問曰諺云有下憂者無上憂者此言
無乃過乎飮涕而答曰言雖淺近意
實切至夫子曰所求乎子以事父未

能也大聖人豈故爲謙辭乎於心實

御製警世問答 31b

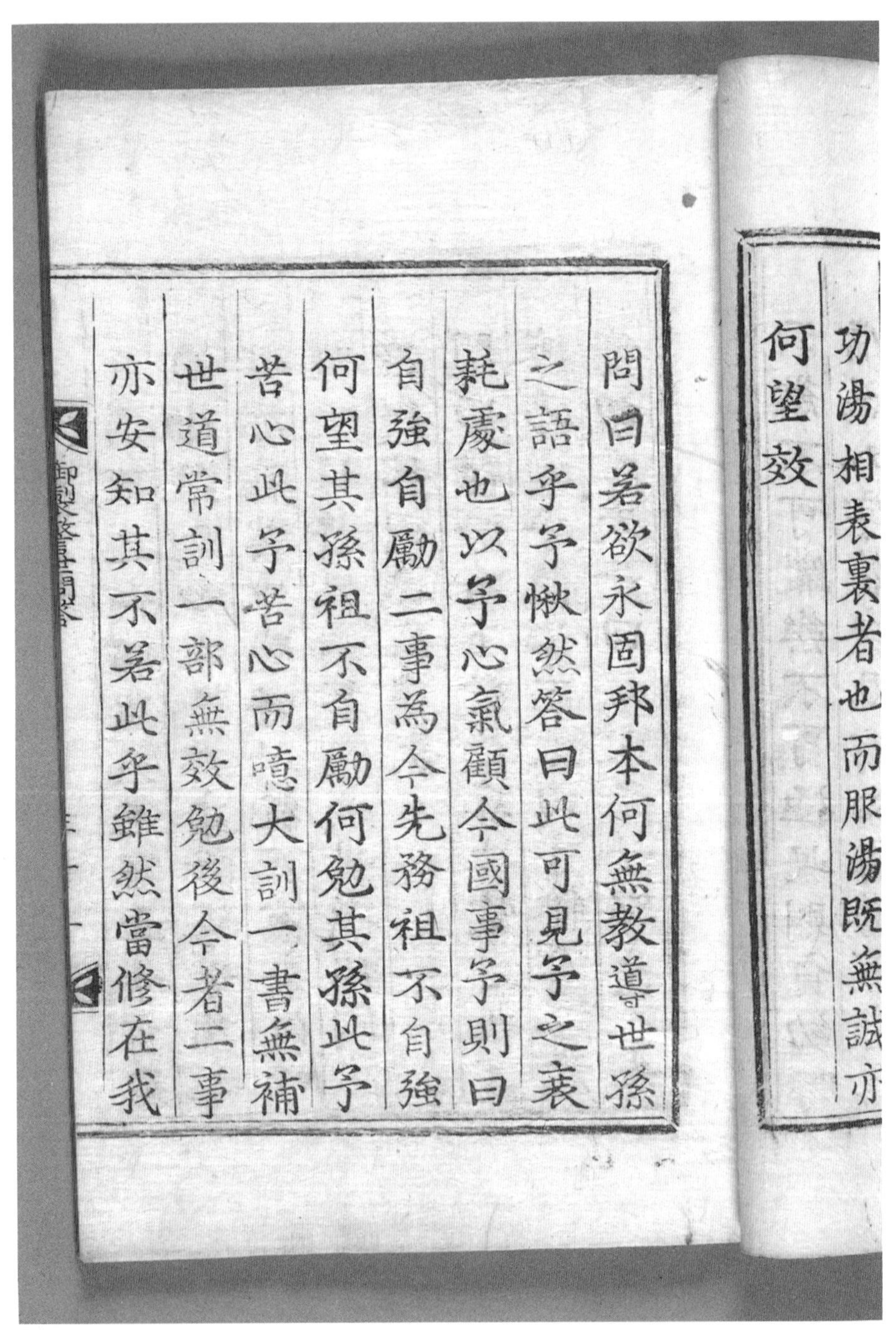
功湯相表裏者也而服湯既無誠亦
何望效

問曰若欲永固邦本何無教導世孫
之語乎予愀然答曰此可見予之衰
耗處也以予心氣顧今國事予則曰
自強自勵二事為今先務祖不自強
何望其孫祖不自勵何勉其孫此予
苦心此予苦心而噫大訓一書無補
世道常訓一部無效勉後今者二事
亦安知其不若此乎雖然當修在我

御製警世問答

御製警世問答 31a

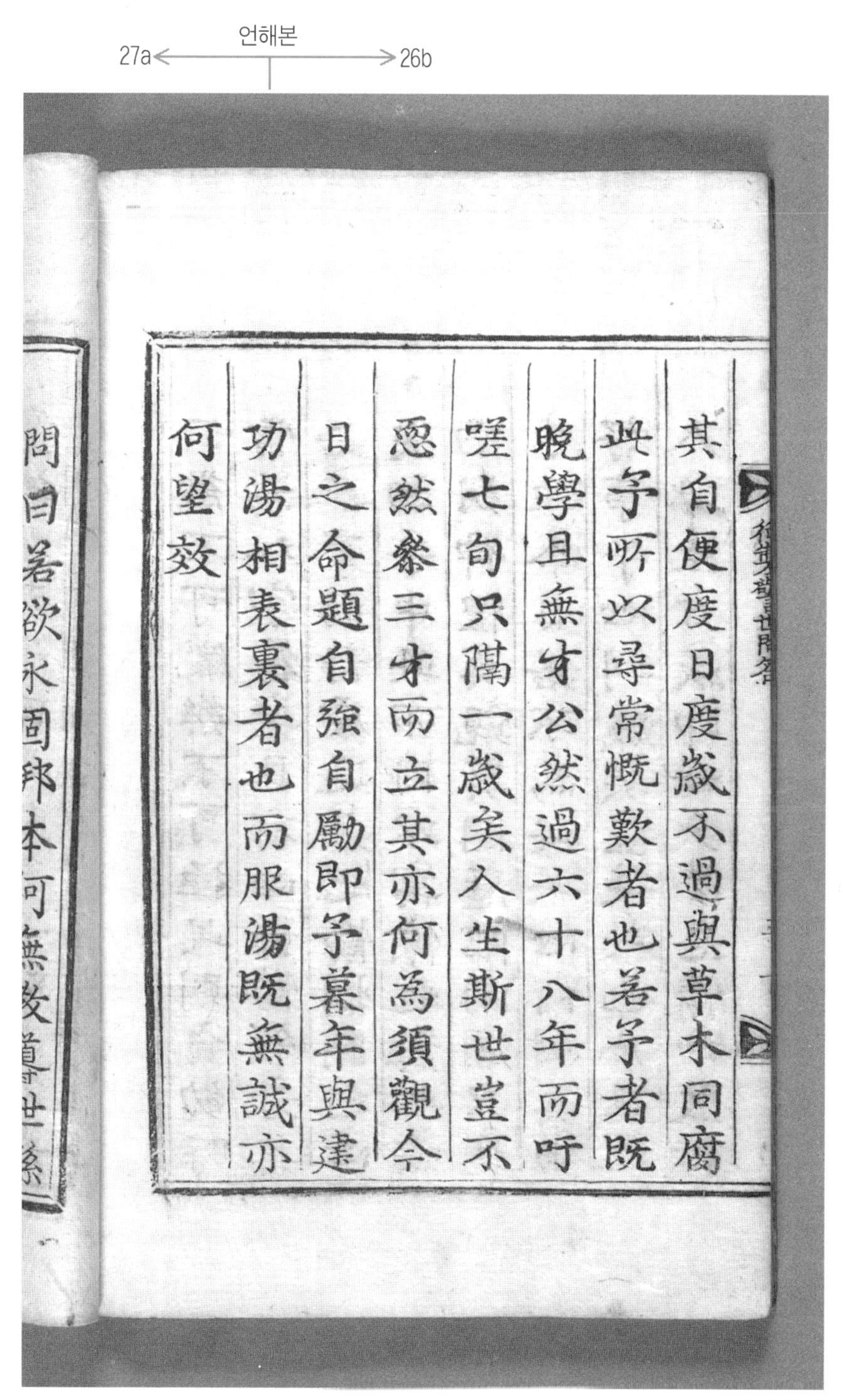


其自便度日度歲不過與草木同腐此予所以尋常慨歎者也若予者既晩學且無才公然過六十八年而吁嗟七旬只隔一歲矣人生斯世豈不恧然參三才而立其亦何爲須觀今日之命題自強自勵即予暮年與建功湯相表裏者也而服湯既無誠亦何望效

御製警世問答 30b

언해본
26b ← → 26a

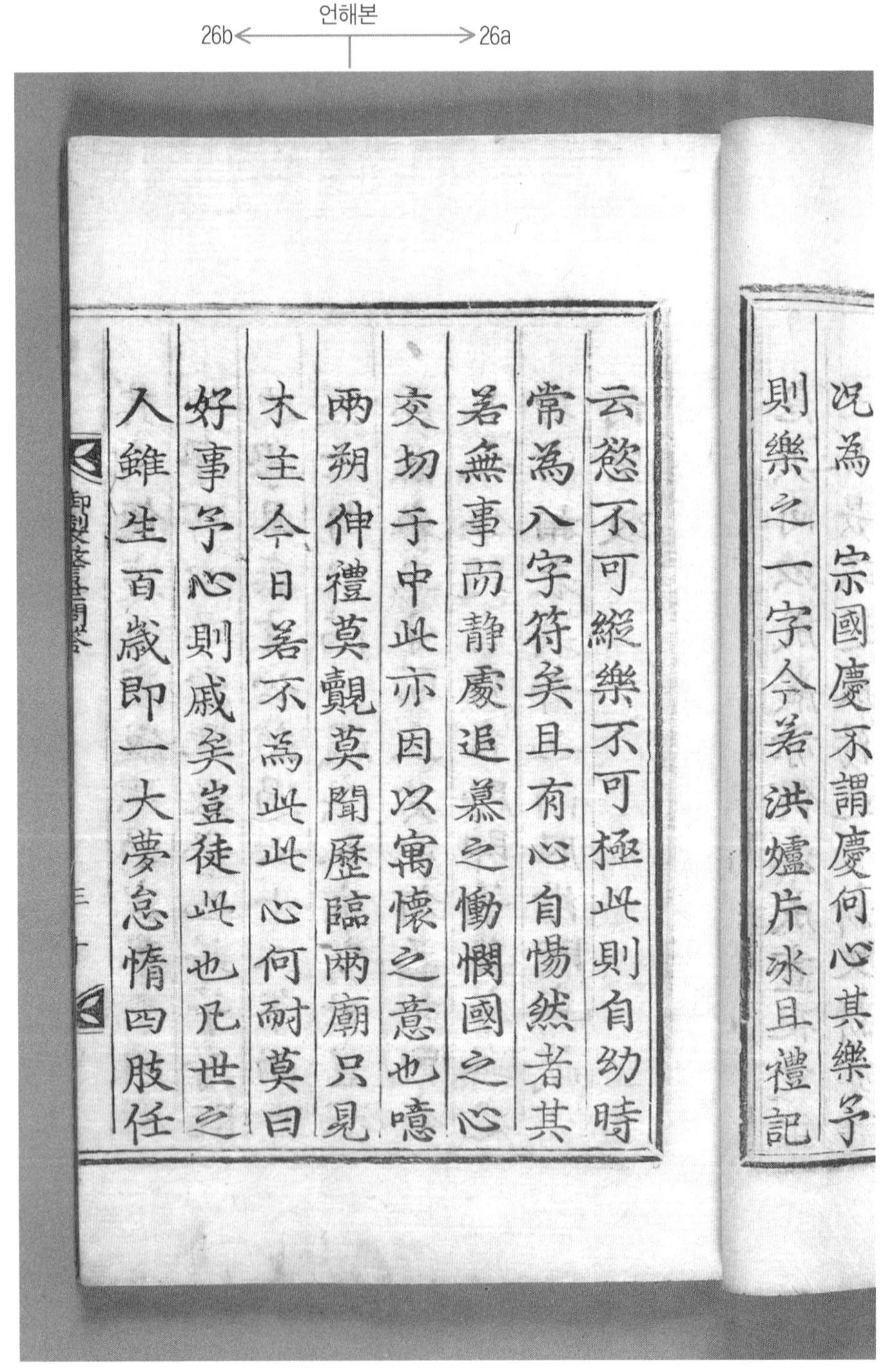
況爲 宗國慶不謂慶何心其樂予
則樂之一字今若洪爐片氷且禮記

御製警世問答

云慾不可縱樂不可極此則自幼時
常爲八字符矣且有心自惕然者其
若無事而靜處追慕之慟憫國之心
交切于中此亦因以寓懷之意也噫
兩朔伸禮莫覲莫聞歷臨兩廟只見
木主今日若不爲此此心何耐莫曰
好事予心則戚矣豈徒此也凡世之
人雖生百歲即一大夢怠惰四肢任

御製警世問答 30a

언해본
26a 25b

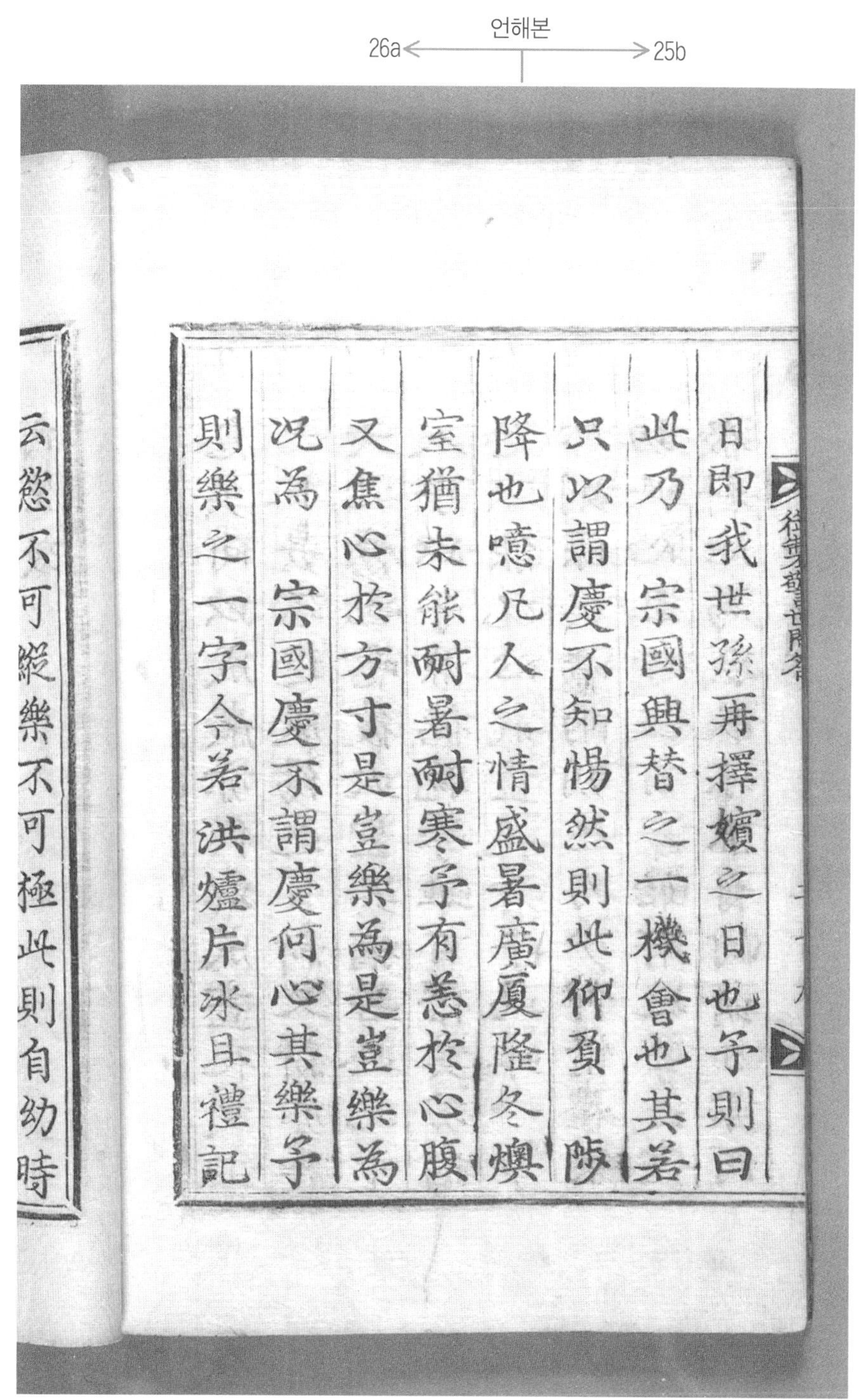

御製警世問答

日即我世孫再擇嬪之日也予則曰
此乃 宗國興替之一機會也其若
只以謂慶不知惕然則此仰負
降也噫凡人之情盛暑廣廈隆冬燠
室猶未能耐暑耐寒予有恙於心腹
又焦心於方寸是豈樂為是豈樂為
況為 宗國慶不謂慶何心其樂予
則樂之一字今若 洪罏片氷且禮記

云慾不可縱樂不可極此則自幼時

御製警世問答 29b

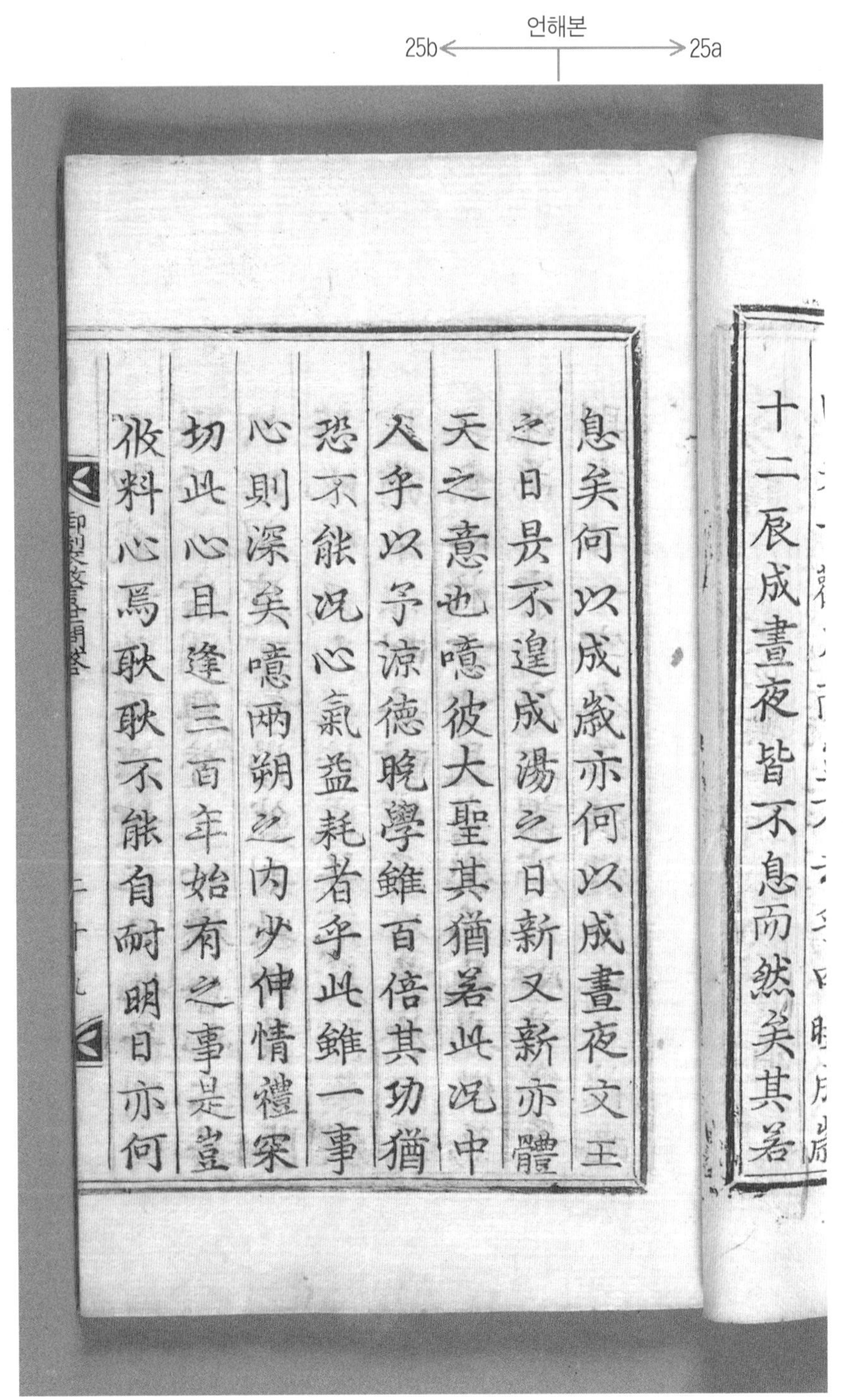


十二辰成晝夜皆不息而然矣其若

息矣何以成歲亦何以成晝夜文王
之日昃不遑成湯之日新又新亦體
天之意也噫彼大聖其猶若此況中
人乎以予凉德晩學雖百倍其功猶
恐不能況心氣益耗者乎此雖一事
心則深矣噫兩朔之內少伸情禮寀
切此心且逢三百年始有之事是豈
彼料心焉耿耿不能自耐明日亦何

御製警世問答 二十九

御製警世問答 29a

언해본
25a ← → 24b

年奚徒戒昏君與暗主决不負是心
决不負是心矣今者編輯問答豈特
警世寔予自警者也以此爲予木鐸
焉問者唯唯側聽鍾漏夜已將半矣
問曰今方衰年昨日徹宵將事今日
躬臨試製於保齋身心之道何如答
曰夫子觀川而豈不云乎四時成歳
十二辰成晝夜皆不息而然矣其畧

息矣何以成歳亦何以成晝夜文王

御製警世問答 28b

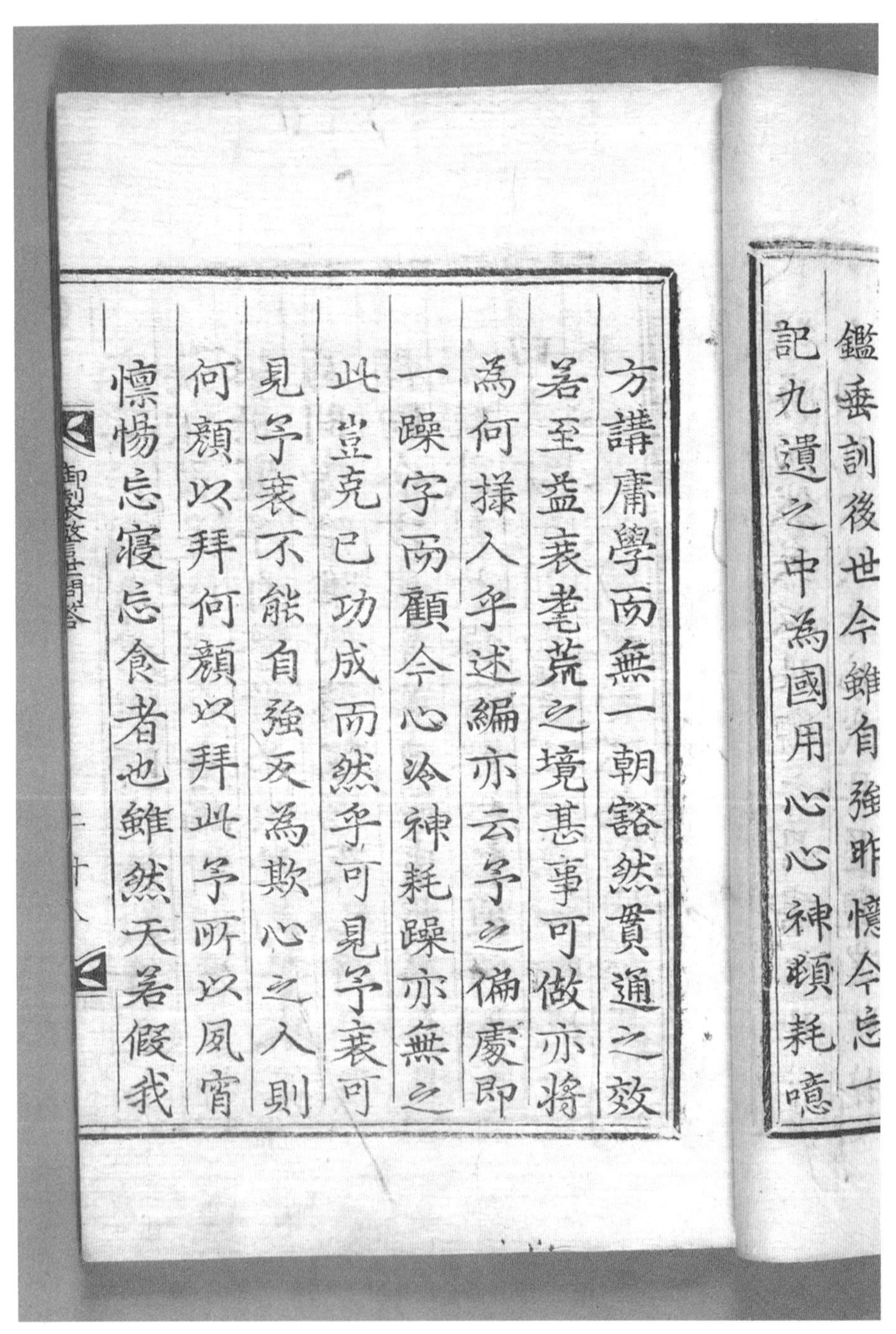

鑑垂訓後世今雖自強昨憶今忘一

記九遺之中為國用心心神頓耗噫

方講庸學而無一朝豁然貫通之效

若至益衰耄荒之境甚事可做亦將

為何據入乎述編亦云予之徧慶即

一躁字而顧今心於神耗躁亦無之

此豈克己功成而然乎可見予衰可

見予衰不能自強反為欺心之入則

何顏以拜何顏以拜此予所以夙宵

懍惕忘寢忘食者也雖然天若假我

御製警世問答 二十八

御製警世問答 28a

언해본
24b ← → 24a

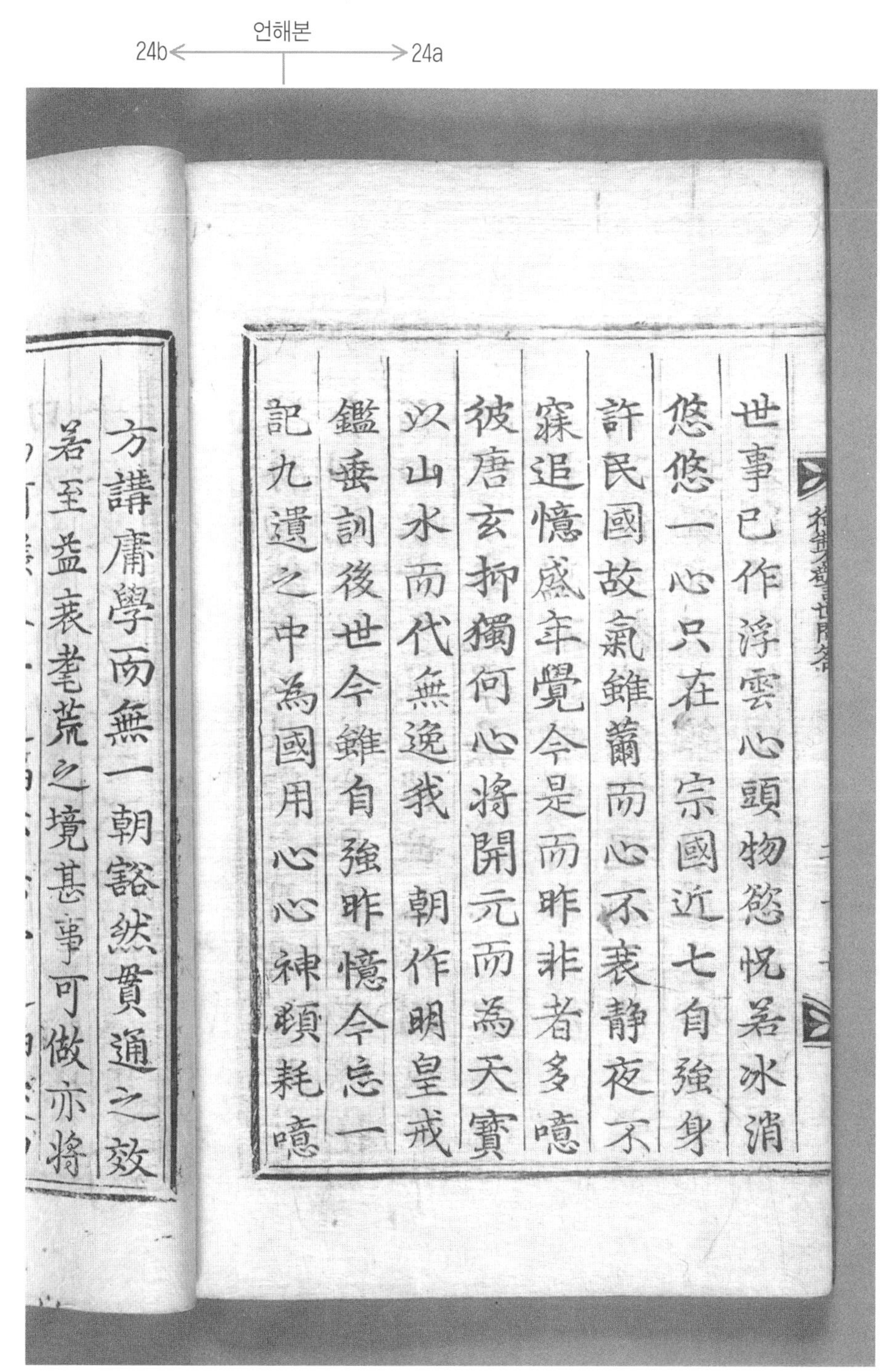
世事已作浮雲心頭物慾悅若冰消
悠悠一心只在宗國近七自強身
許民國故氣雖薾而心不衰靜夜不
寐追憶盛年覺今是而昨非者多噫
彼唐玄抑獨何心將開元而為天寶
以山水而代無逸我朝作明皇戒
鑑垂訓後世今雖自強昨憶今忘一
記九遺之中為國用心心神頹耗噫

方講庸學而無一朝豁然貫通之效
若至益衰耄荒之境甚事可做亦將

御製警世問答 27b

언해본

24a ← → 23b

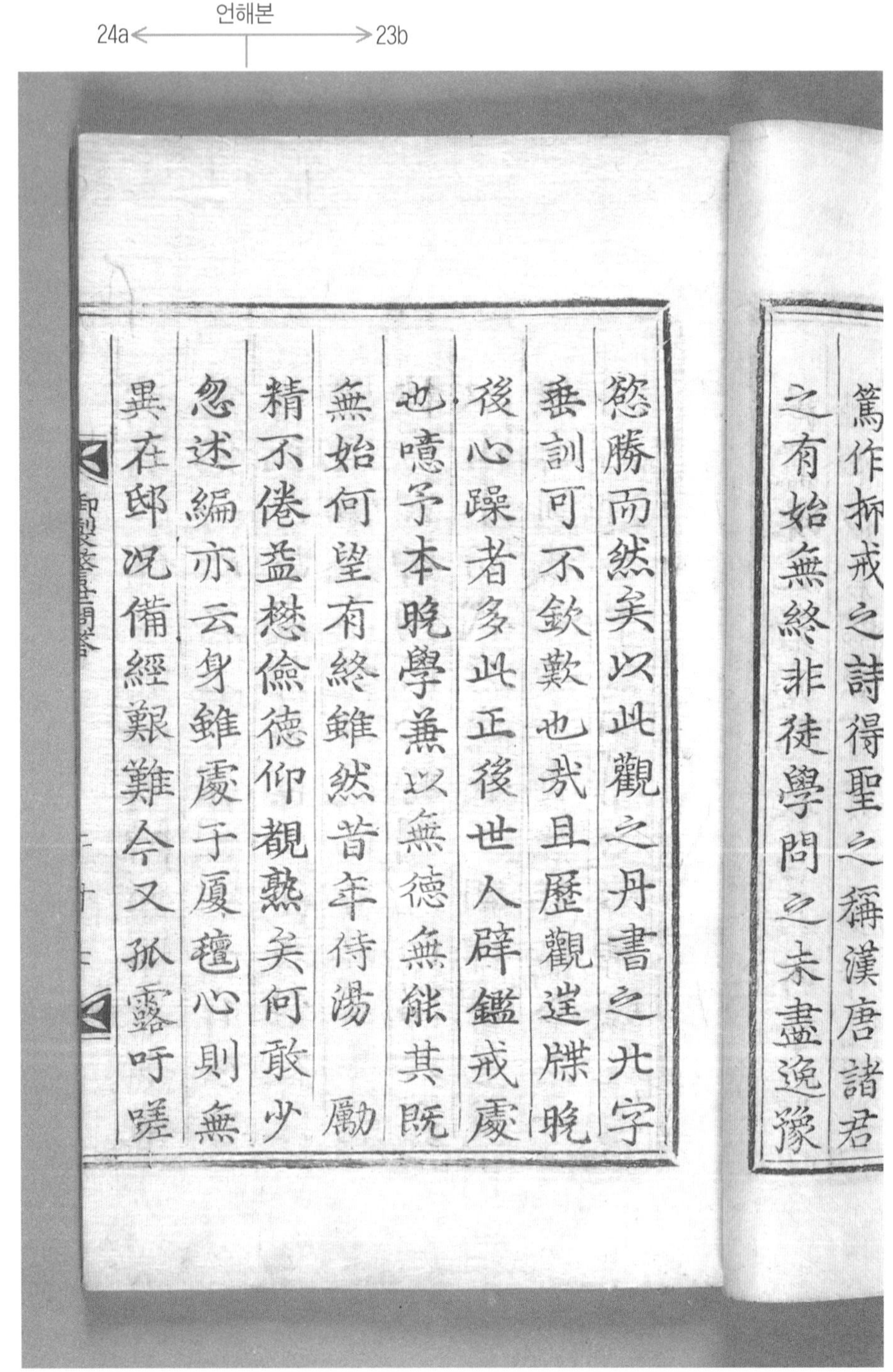
篤作抑戒之詩得聖之稱漢唐諸君
之有始無終非徒學問之未盡逸豫

慾勝而然矣以此觀之丹書之廿字
垂訓可不欽歎也哉且歷觀往牒晩
後心躁者多此正後世人辟鑑戒處
也噫予本晩學兼以無德無能其旣
無始何望有終雖然昔年侍湯　勵
精不倦益懋儉德仰覩熟矣何敢少
忽述編亦云身雖處于廈氈心則無
異在邸況備經艱難今又孤露吁嗟

御製警世問答 27a

언해본

23b ← → 23a

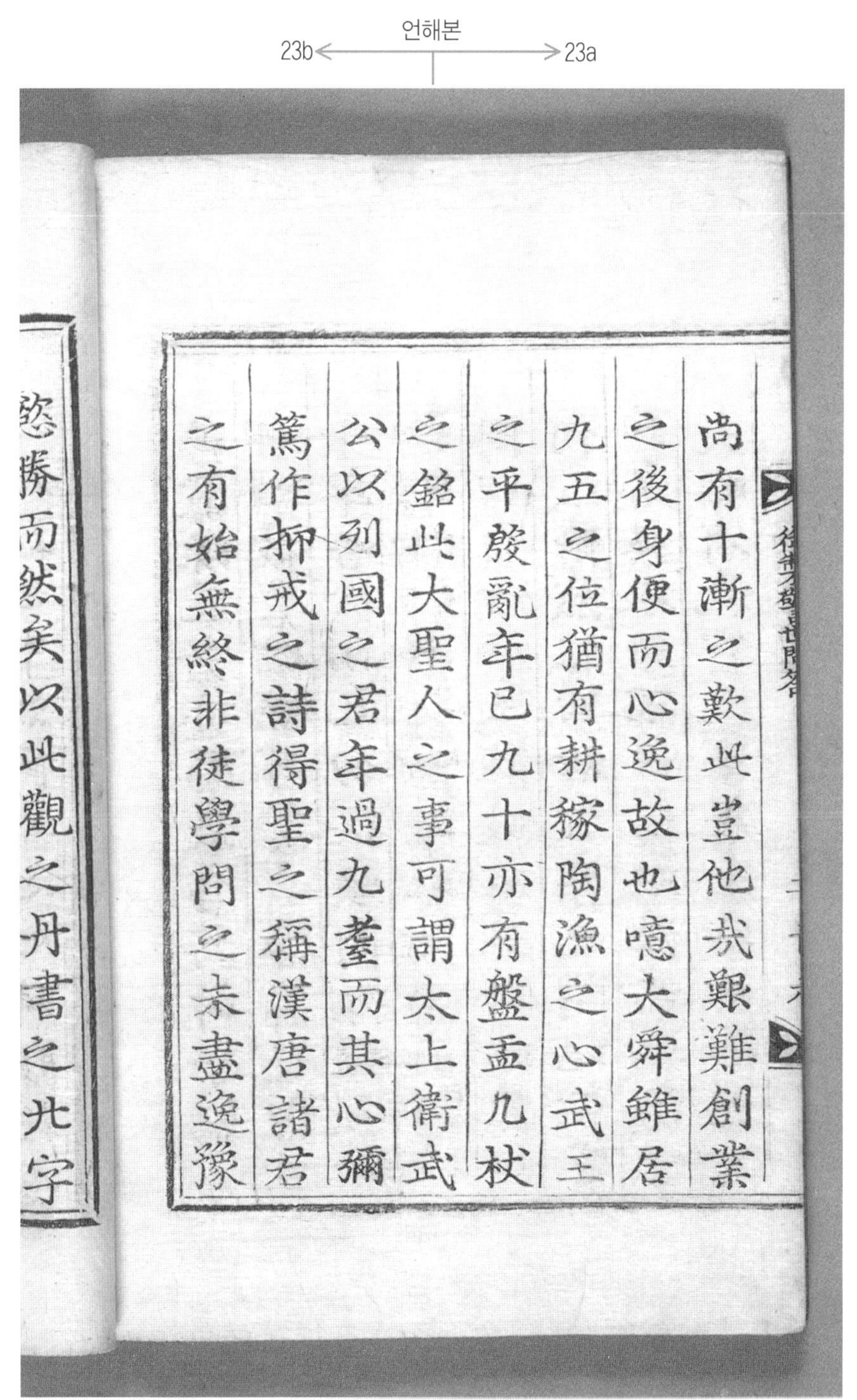

尚有十漸之歎此豈他哉艱難創業
之後身便而心逸故也噫大舜雖居
九五之位猶有耕稼陶漁之心武王
之平殷亂年已九十亦有盤盂几杖
之銘此大聖人之事可謂太上衛武
公以列國之君年過九耋而其心彌
篤作抑戒之詩得聖之稱漢唐諸君
之有始無終非徒學問之未盡逸豫

慾勝而然矣以此觀之丹書之八字

御製警世問答 26b

언해본
23a ← → 22b

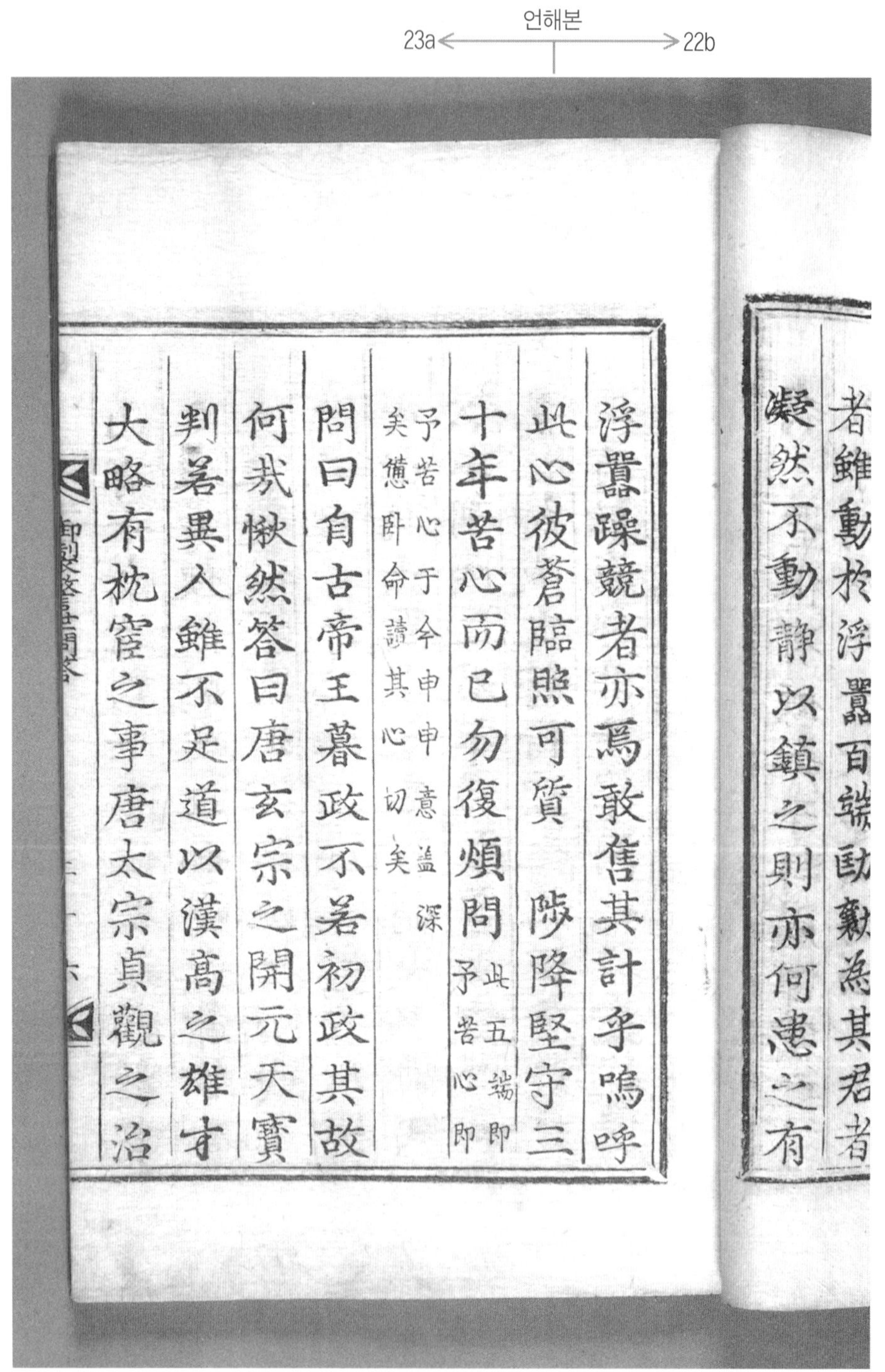
者雖動於浮囂百端敺歙爲其君者
凝然不動靜以鎭之則亦何患之有

浮囂躁競者亦焉敢售其計乎嗚呼
此心彼蒼臨照可質 陟降堅守三
十年苦心而已勿復煩問此五端即予苦心即
予苦心于今申申意益深矣憊卧命讀其心切矣
問曰自古帝王暮政不若初政其故
何哉愀然答曰唐玄宗之開元天寶
判若異人雖不足道以漢高之雄才
大略有枕宦之事唐太宗貞觀之治

御製警世問答 二十六

御製警世問答 26a

언해본

22b ← → 22a

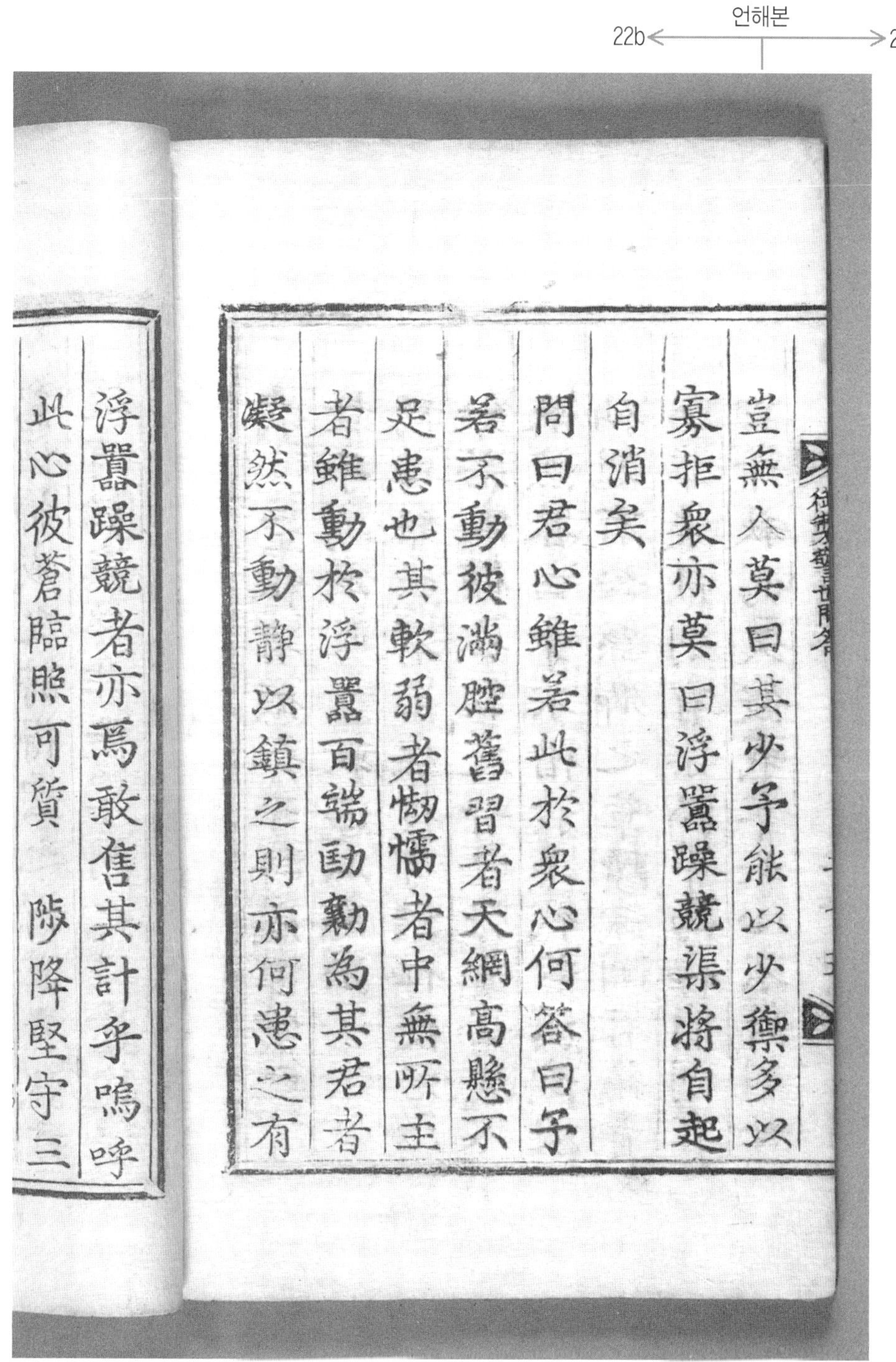

豈無人莫曰其少予能以少禦多以
寡拒衆亦莫曰浮囂躁競䛫將自起
自消矣
問曰君心雖若此於衆心何答曰予
若不動彼滿腔舊習者天網高懸不
足患也其軟弱者惕懦者中無所主
者雖動於浮囂百端勔勸為其君者
凝然不動靜以鎮之則亦何患之有

浮囂躁競者亦焉敢售其計乎嗚呼
此心彼蒼臨照可質 陟降堅守三

御製警世問答 25b

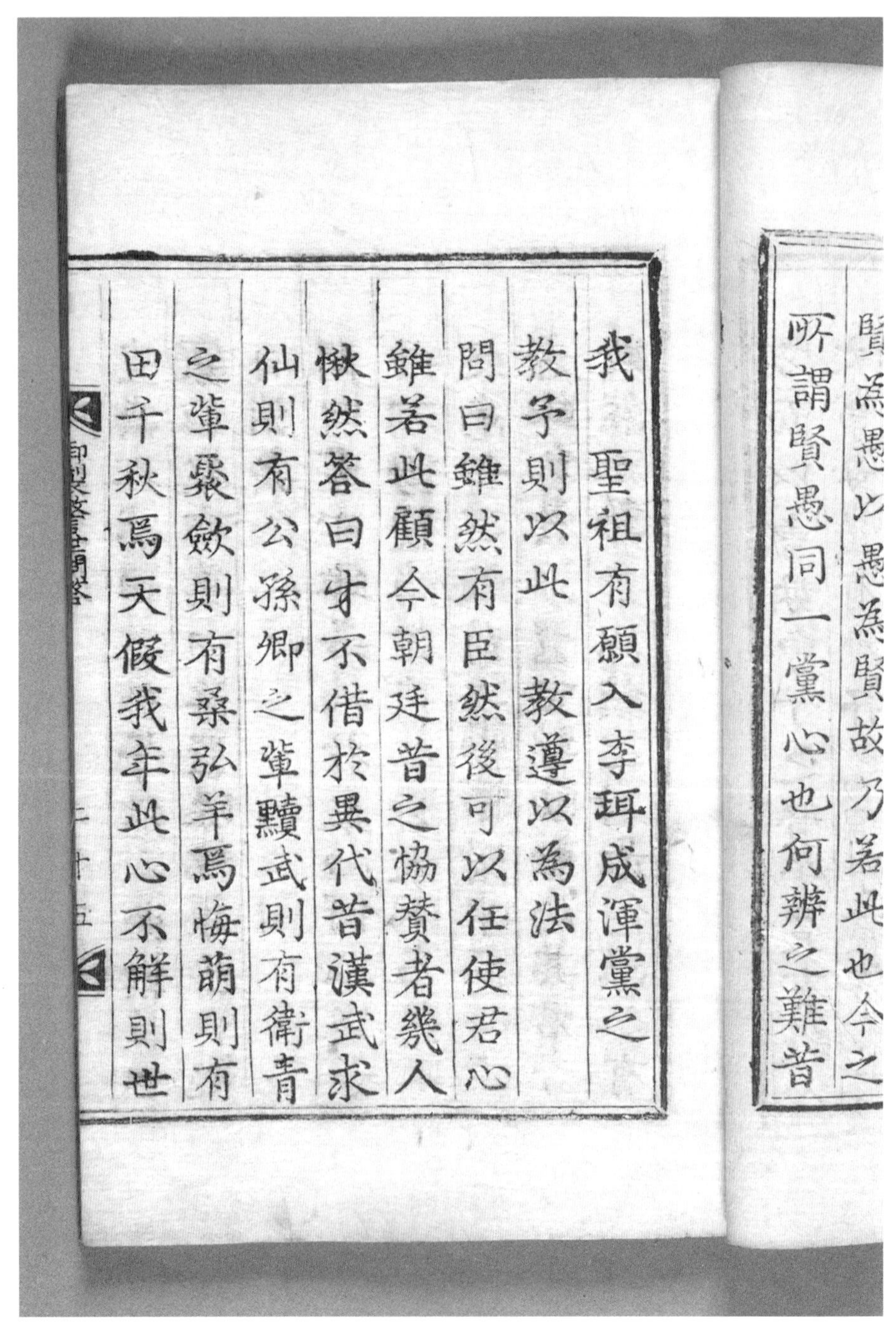
我 聖祖有顧入李珥成渾黨之
教予則以此 教導以為法
問曰雖然有臣然後可以任使君心
雖若此顧今朝廷昔之協贊者幾人
愀然答曰寸不借於異代昔漢武求
仙則有公孫卿之輩驥武則有衛青
之輩聚斂則有桑弘羊爲悔萌則有
田千秋爲天假我年此心不解則世

御製警世問答 二十五

賢爲愚以愚爲賢故乃若此也今之
所謂賢愚同一黨心也何辨之難昔

御製警世問答 25a

언해본
22a ← → 21b

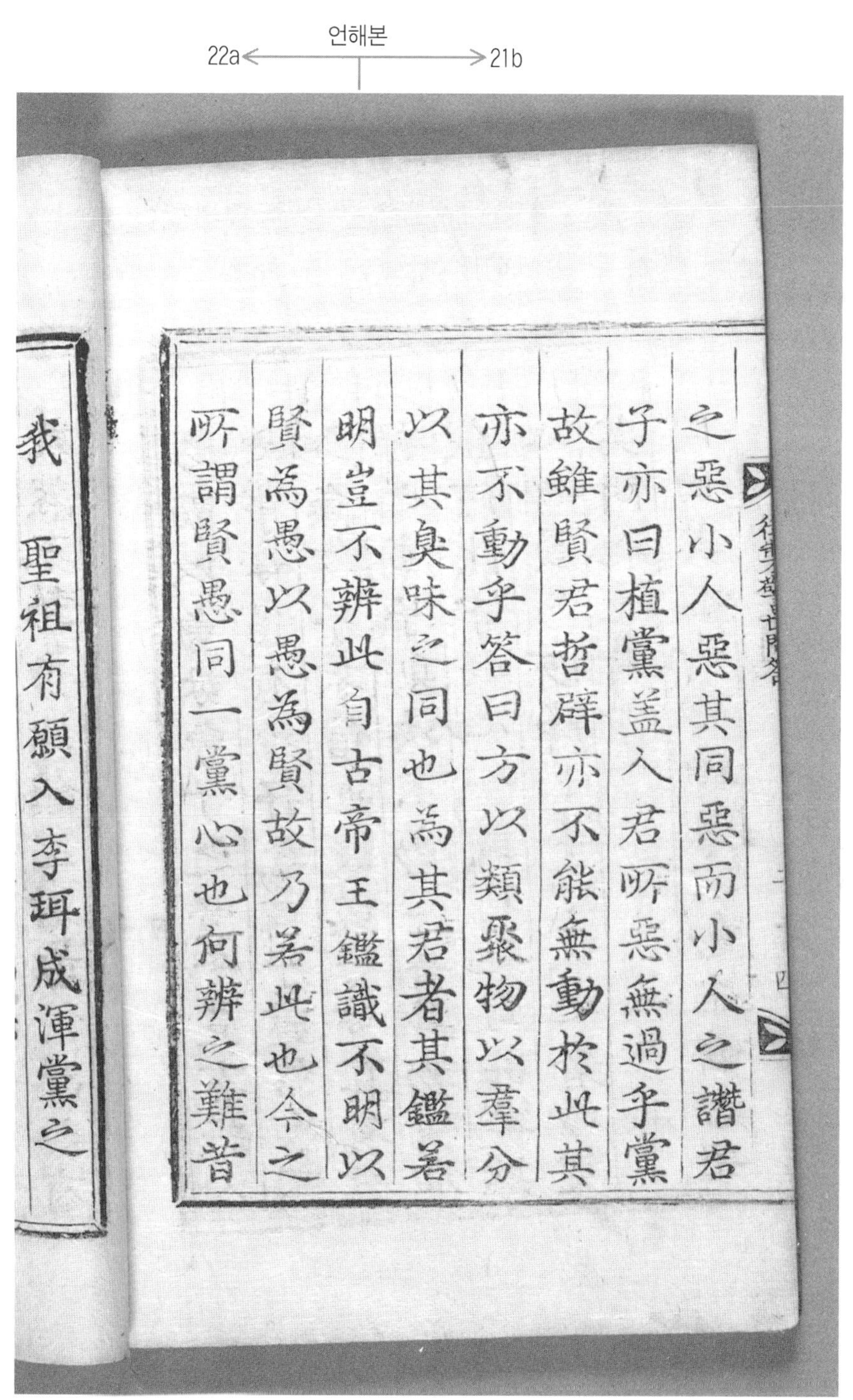
之惡小人惡其同惡而小人之譖君
子亦曰植黨蓋入君所惡無過乎黨
故雖賢君哲辟亦不能無動於此其
亦不動乎答曰方以類聚物以羣分
以其臭味之同也爲其君者其鑑若
明豈不辨此自古帝王鑑識不明以
賢爲愚以愚爲賢故乃若此也今之
所謂賢愚同一黨心也何辨之難昔

御製警世問答 十四

我 聖祖有願入李珥成渾黨之

御製警世問答 24b

언해본

21b ← → 21a

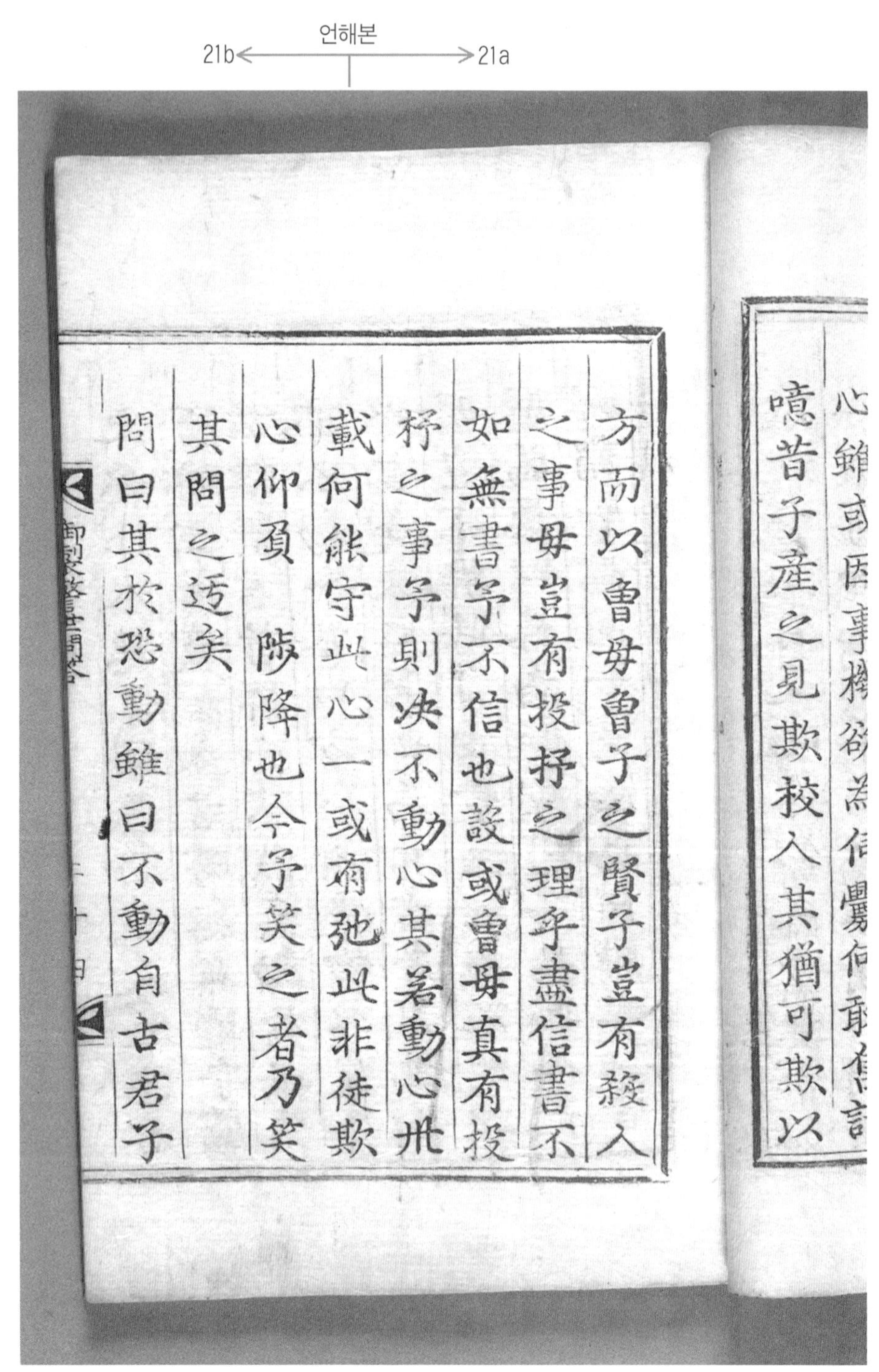
方而以曾母曾子之賢子豈有殺人
之事毋豈有投杼之理乎盡信書不
如無書予不信也設或曾母眞有投
杼之事予則决不動心其若動心卅
載何能守此心一或有弛此非徒欺
心仰負　陟降也今予笑之者乃笑
其問之迂矣
問曰其於恐動雖曰不動自古君子

御製警世問答　二十四

御製警世問答 24a

언해본

21a ← → 20b

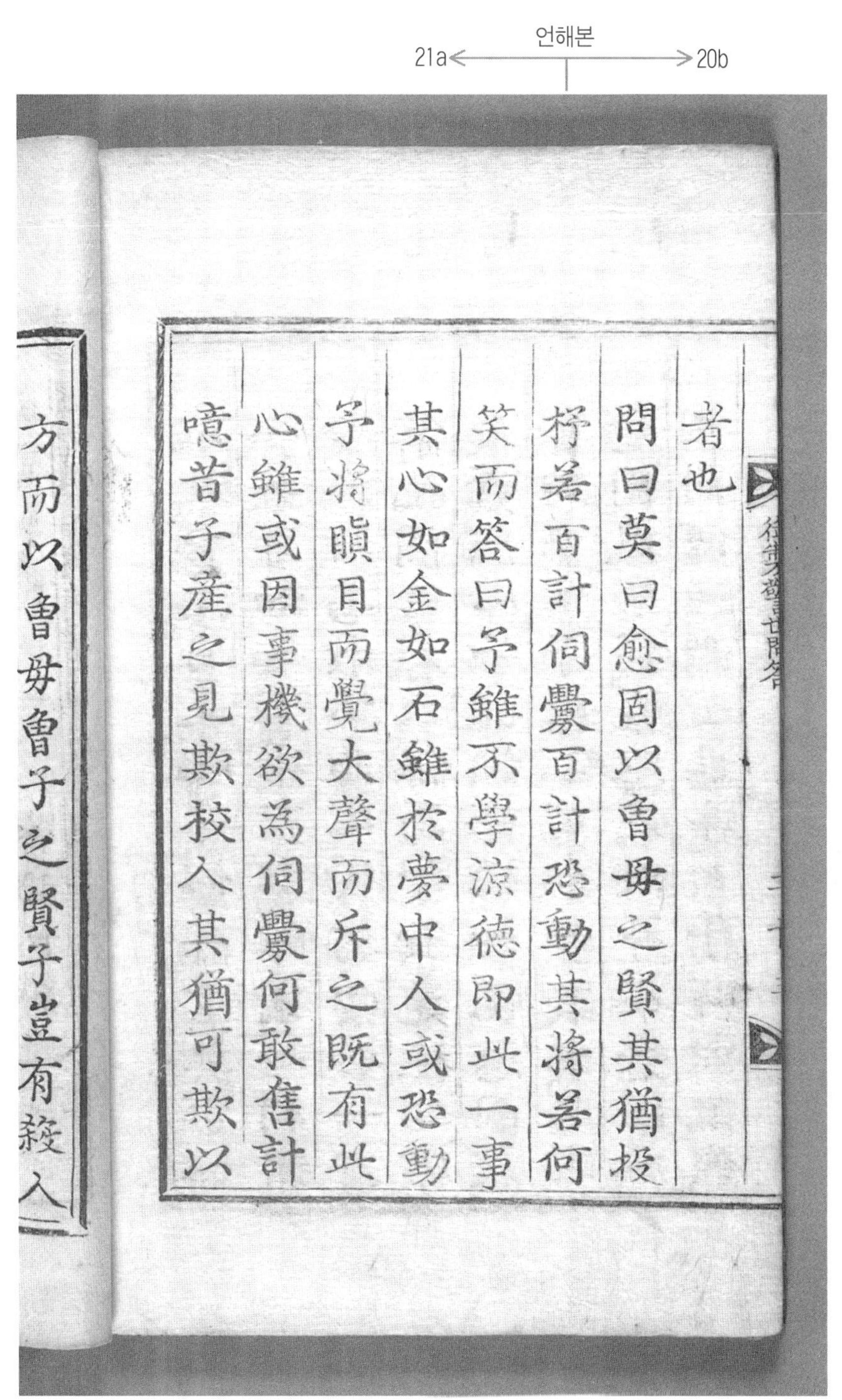
方而以曾母曾子之賢子豈有殺人

者也

問曰莫曰愈固以曾母之賢其猶投

杼若百計伺釁百計恐動其將若何

笑而答曰予雖不學涼德即此一事

其心如金如石雖於夢中人或恐動

予將瞋目而覺大聲而斥之既有此

心雖或因事機欲爲伺釁何敢售計

噫昔子産之見欺校人其猶可欺以

御製警世問答 23b

언해본
20b ⟵ ⟶ 20a

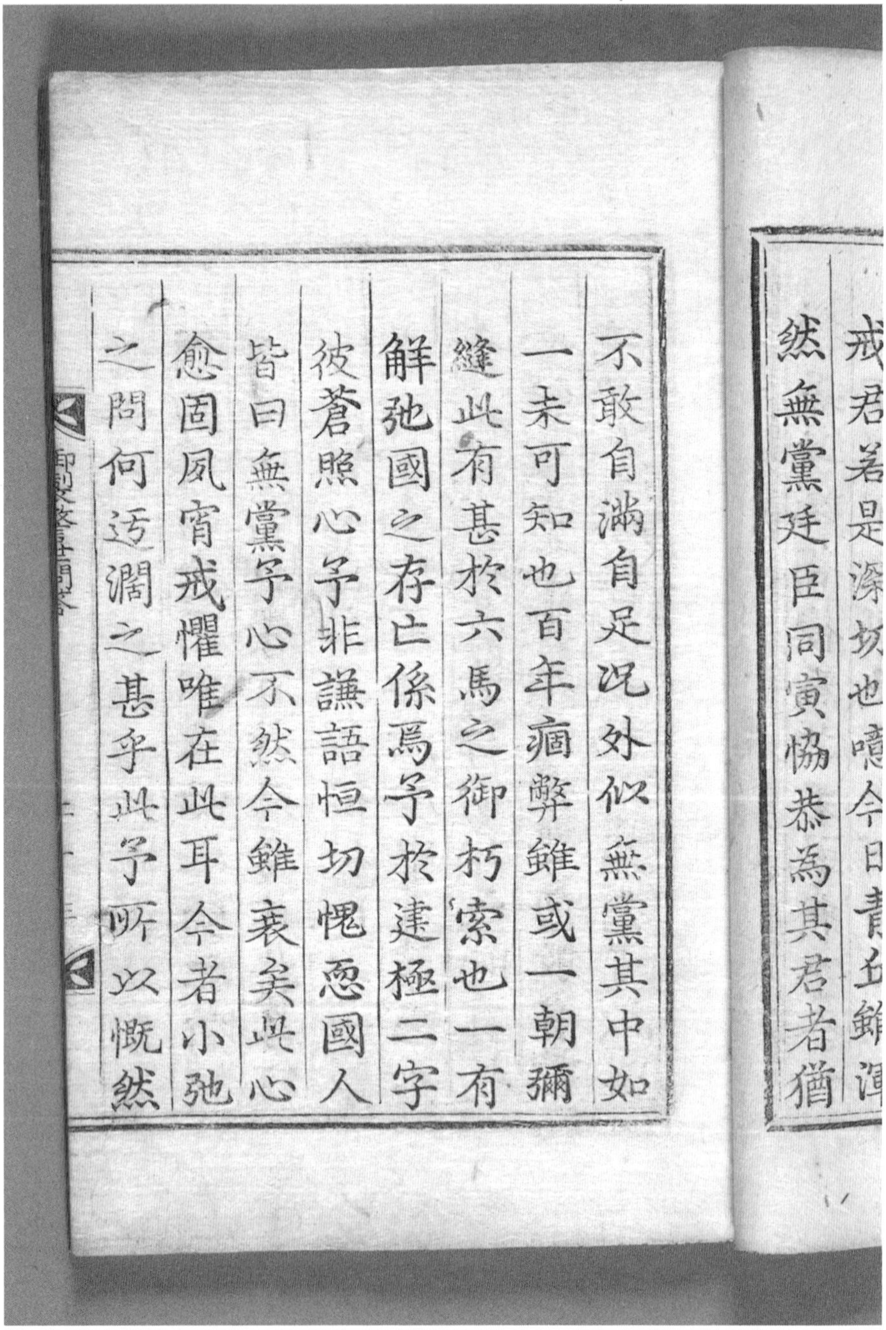

戒君若是深切也噫今日靑丘雖渾
然無黨廷臣同寅協恭爲其君者猶

不敢自滿自足況外似無黨其中如
一未可知也百年痼弊雖或一朝彌
縫此有甚於六馬之御朽索也一有
解弛國之存亡係焉予於建極二字
彼蒼照心予非讓語恒切愧恧國人
皆曰無黨予心不然今雖衰矣此心
愈固夙宵戒懼唯在此耳今者小弛
之問何迃濶之甚乎此予所以慨然

御製警世問答 二十三

御製警世問答 23a

언해본
20a ← → 19b

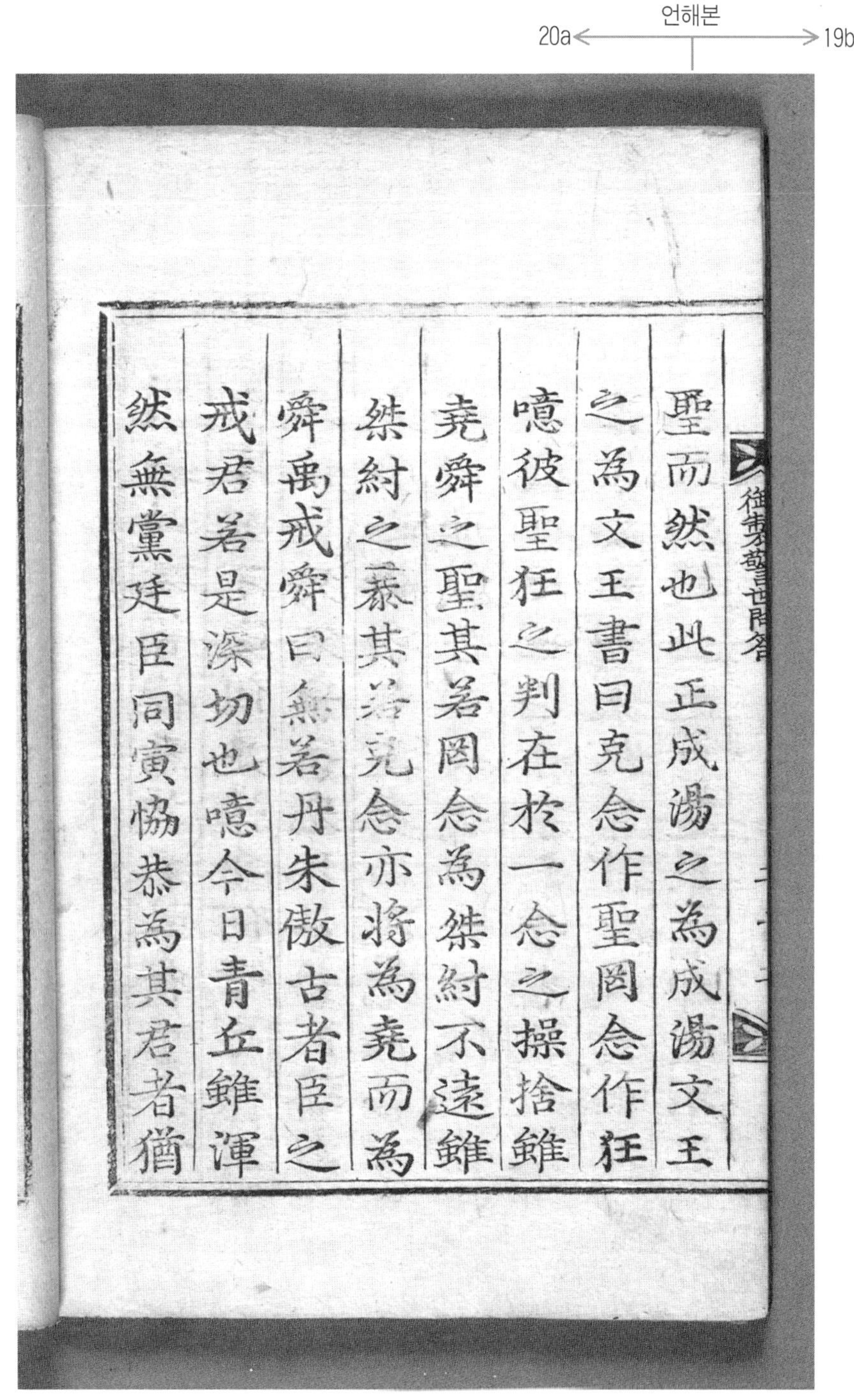
御製警世問答

聖而然也此正成湯之爲成湯文王之爲文王書曰克念作聖罔念作狂噫彼聖狂之判在於一念之操捨雖堯舜之聖其若罔念爲桀紂不遠雖桀紂之暴其若克念亦將爲堯而爲舜禹戒舜曰無若丹朱傲古者臣之戒君若是深切也噫今日青丘雖渾然無黨廷臣同寅協恭爲其君者猶

御製警世問答 22b

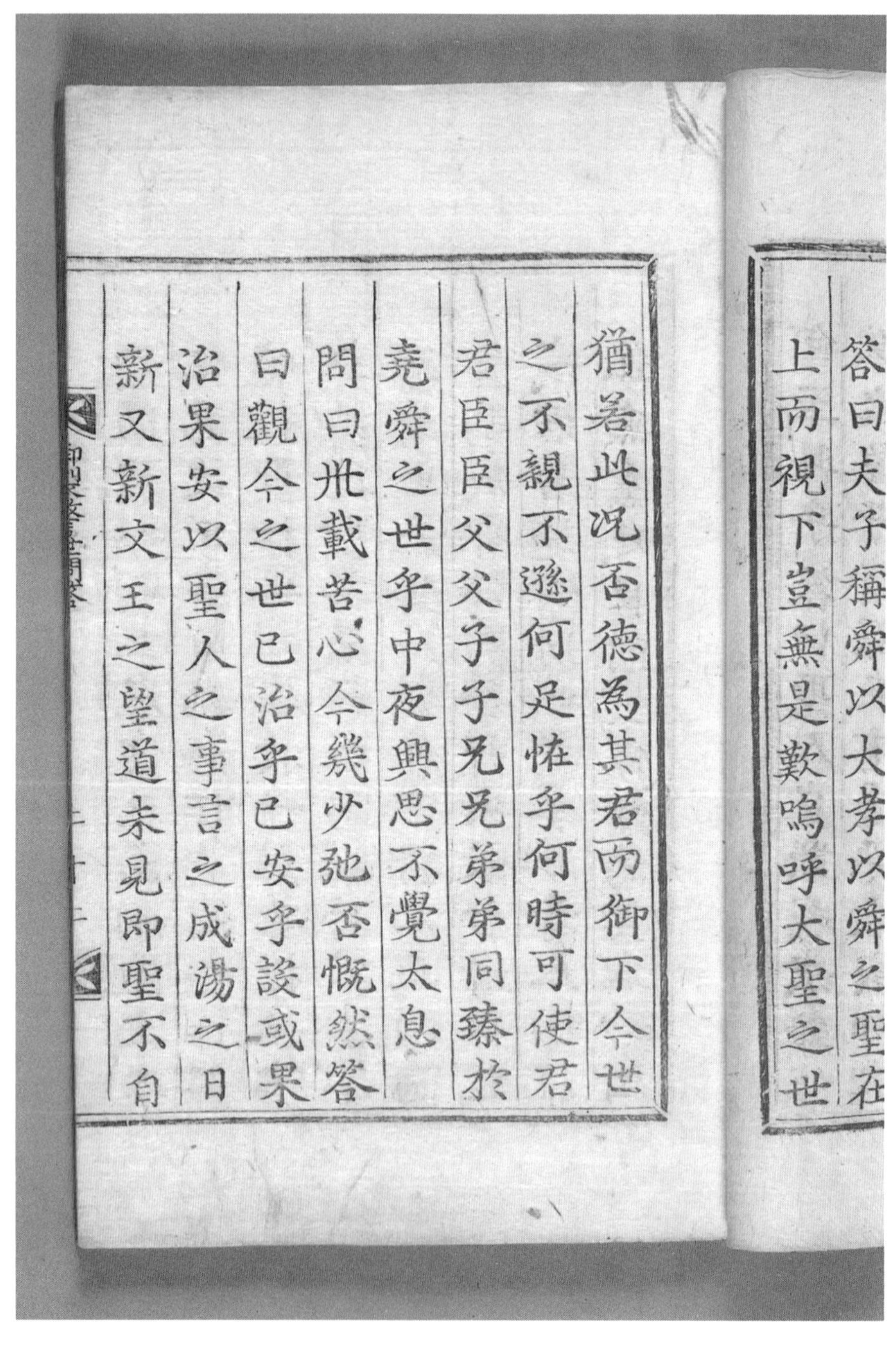
答曰夫子稱舜以大孝以舜之聖在
上而視下豈無是歎嗚呼大聖之世

猶若此況否德爲其君而御下令世
之不親不遜何足恠乎何時可使君
君臣臣父父子子兄兄弟弟同臻於
堯舜之世乎中夜興思不覺太息
問曰卌載苦心今幾少弛否慨然答
曰觀今之世已治乎已安乎設或果
治果安以聖人之事言之成湯之日
新又新文王之望道未見卽聖不自

御製警世問答 二十二

御製警世問答 22a

언해본
19b ← → 19a

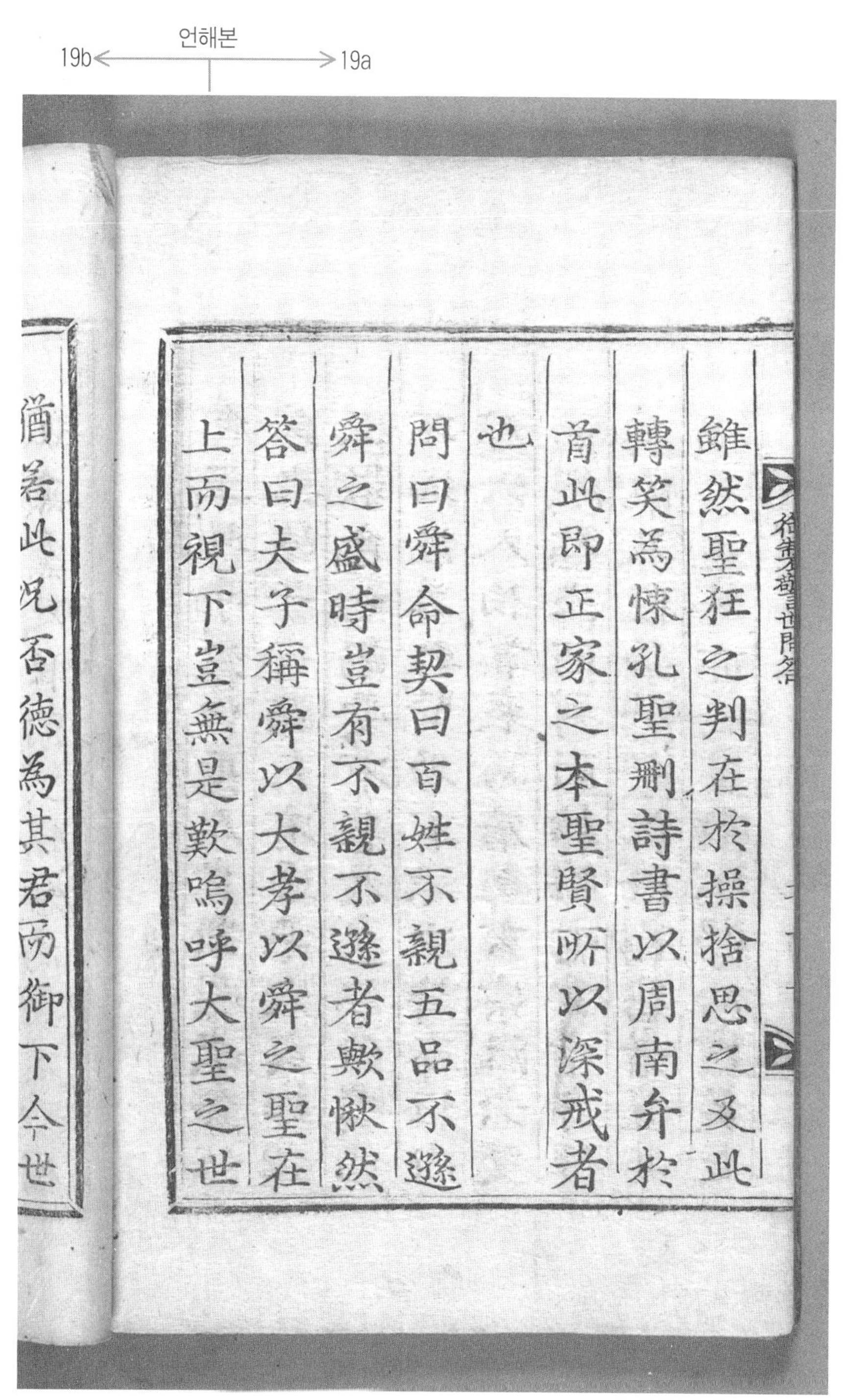

御製警世問答

雖然聖狂之判在於操捨思之及此
轉笑爲悚孔聖刪詩書以周南弁於
首此卽正家之本聖賢所以深戒者
也
問曰舜命契曰百姓不親五品不遜
舜之盛時豈有不親不遜者歟愀然
答曰夫子稱舜以大孝以舜之聖在
上而視下豈無是歎嗚呼大聖之世

猶若此況否德爲其君而御下今世

御製警世問答 21b

언해본

19a ← → 18b

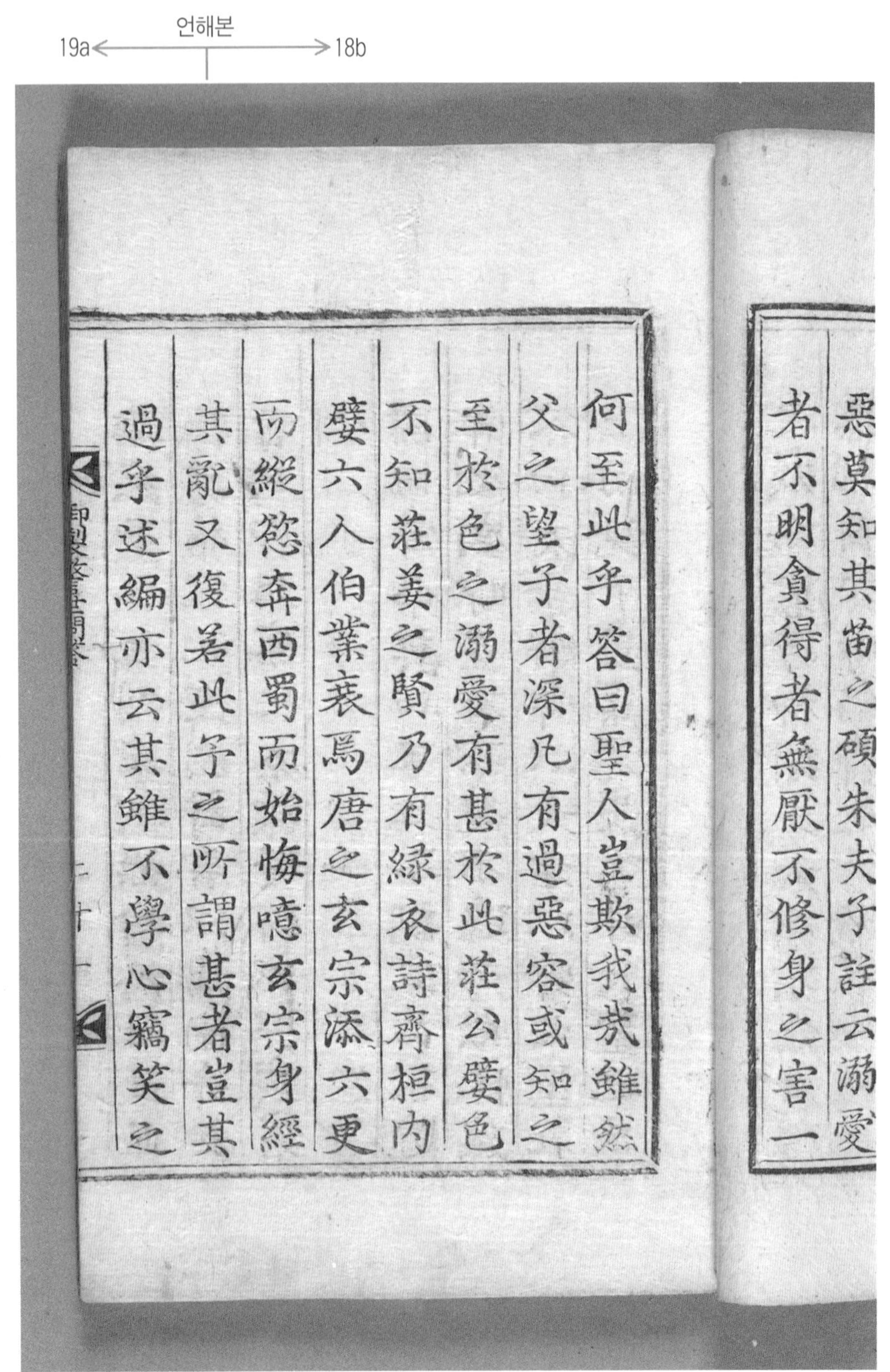

惡莫知其苗之碩朱夫子註云溺愛
者不明貪得者無厭不修身之害一

何至此乎答曰聖人豈欺我哉雖然
父之望子者深凡有過惡容或知之
至於色之溺愛有甚於此莊公嬖色
不知莊姜之賢乃有綠衣詩齊桓內
嬖六人伯業衰焉唐之玄宗添六更
而縱慾奔西蜀而始悔噫玄宗身經
其亂又復若此予之所謂甚者豈其
過乎述編亦云其雖不學心竊笑之

御製警世問答 二十一

御製警世問答 21a

언해본
18b ← → 18a

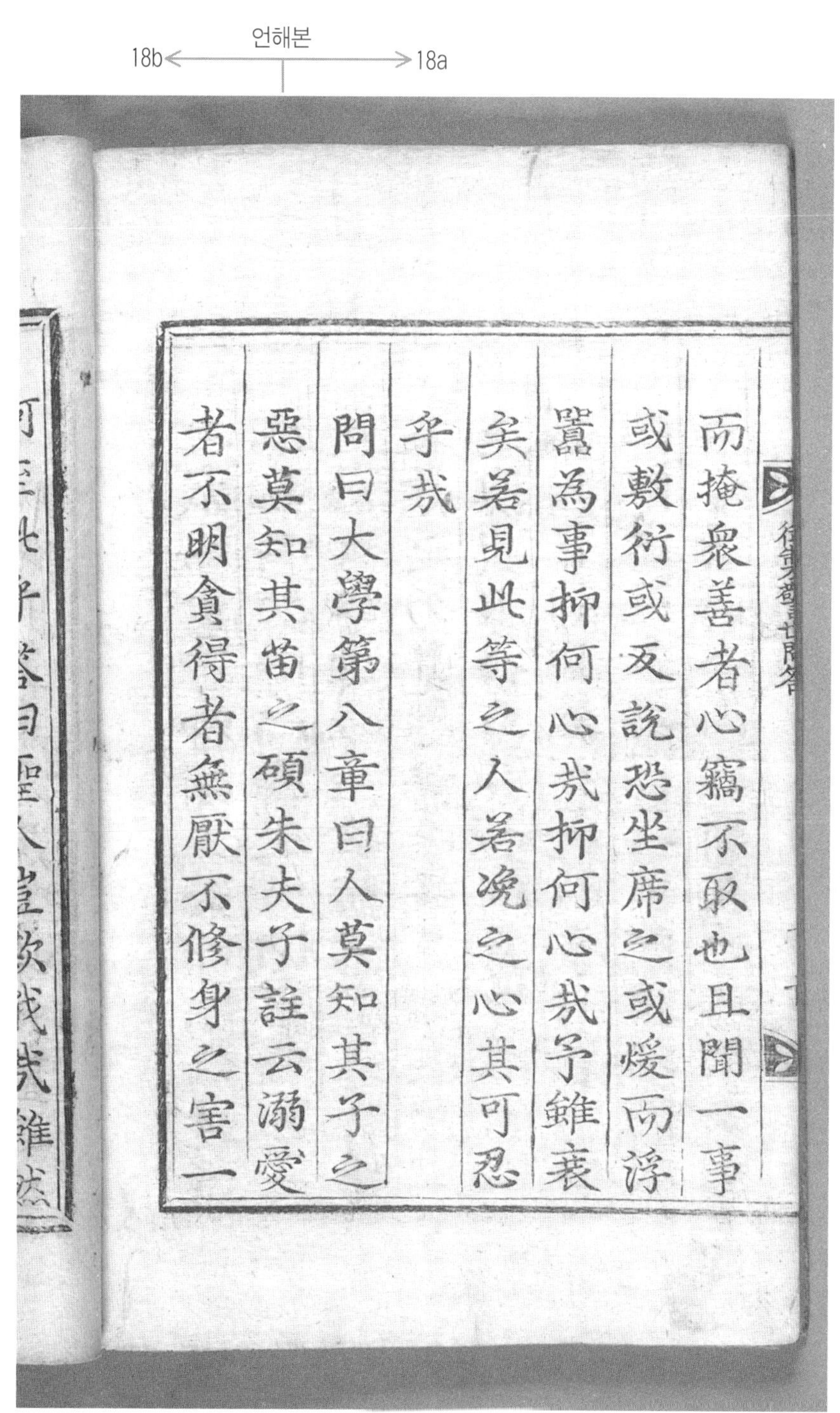

而掩衆善者心竊不取也且聞一事
或敷衍或反說恐坐席之或煖而浮
囂為事抑何心哉抑何心哉予雖衰
矣若見此等之人若逸之心其可忍
乎哉
問曰大學第八章曰人莫知其子之
惡莫知其苗之碩朱夫子註云溺愛
者不明貪得者無厭不修身之害一

御製警世問答 20b

언해본
18a ← → 17b

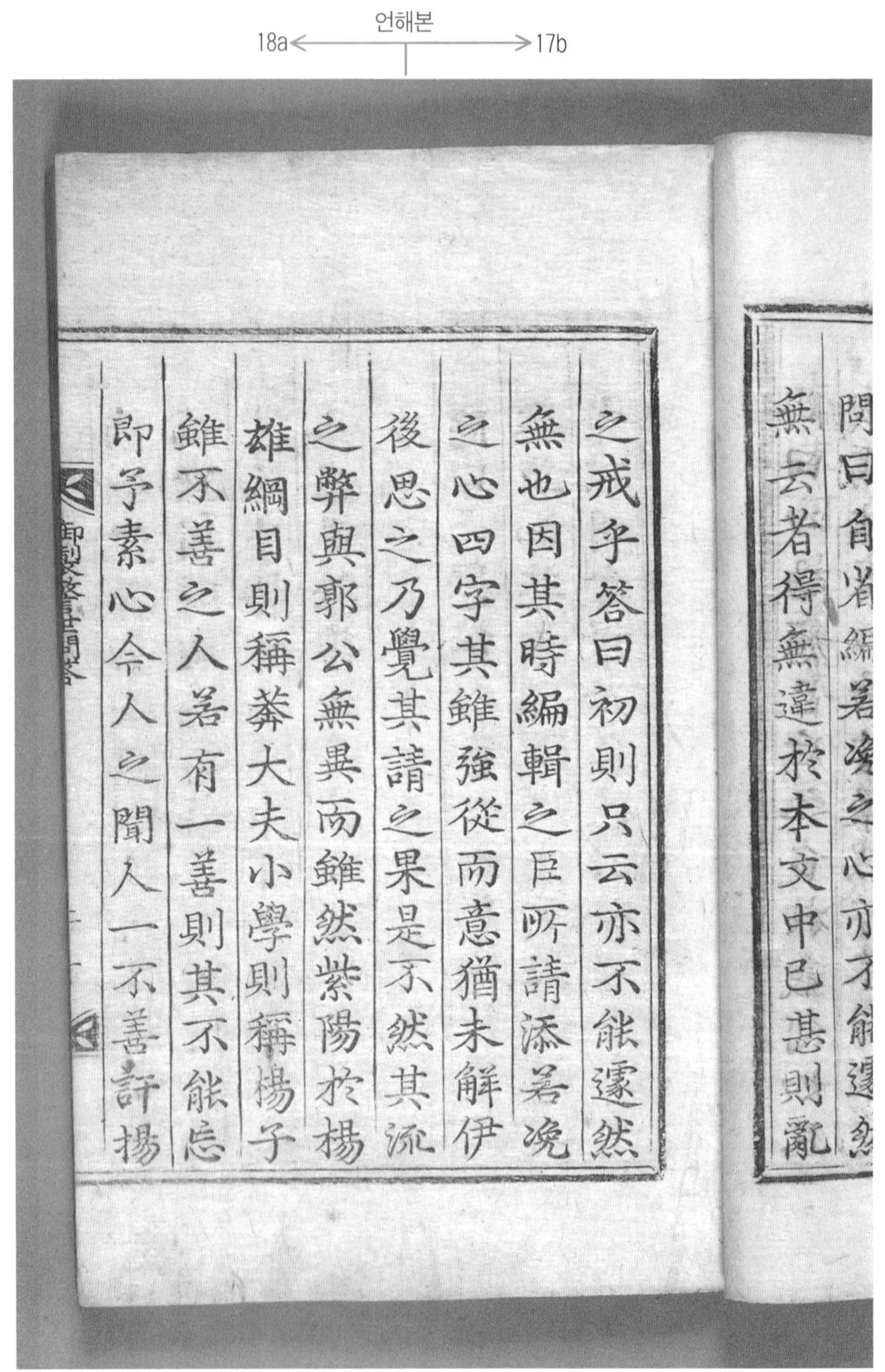
問曰自省編若澆之心亦不能遽然
無云者得無違於本文中已甚則亂

之戒乎答曰初則只云亦不能遽然
無也因其時編輯之臣所請添若澆
之心四字其雖強從而意猶未解伊
後思之乃覺其請之果是不然其流
之弊與郭公無異而雖然紫陽於楊
雄綱目則稱莽大夫小學則稱揚子
雖不善之人若有一善則其不能忘
卽予素心令人之闡人一不善許揚

御製警世問答

御製警世問答 20a

언해본

17b ← → 17a

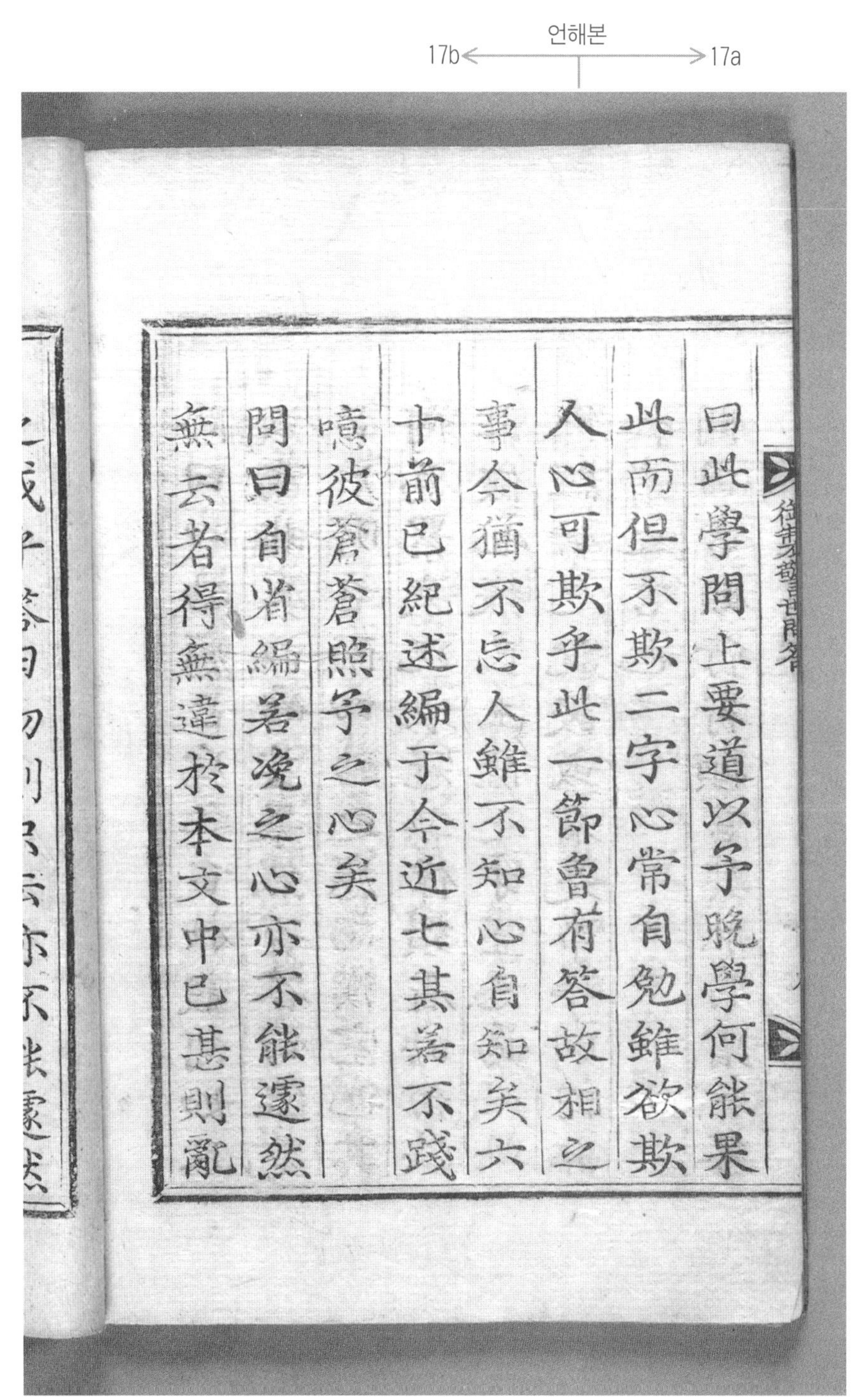

曰此學問上要道以予晩學何能果
此而但不欺二字心常自勉雖欲欺
人心可欺乎此一節曾有答故相之
事今猶不忘人雖不知心自知矣六
十前已紀述編于今近七其若不踐
噫彼蒼蒼照予之心矣
問曰自省編若燒之心亦不能遂然
無云者得無違於本文中已甚則亂

御製警世問答 19b

언해본

17a ← → 16b

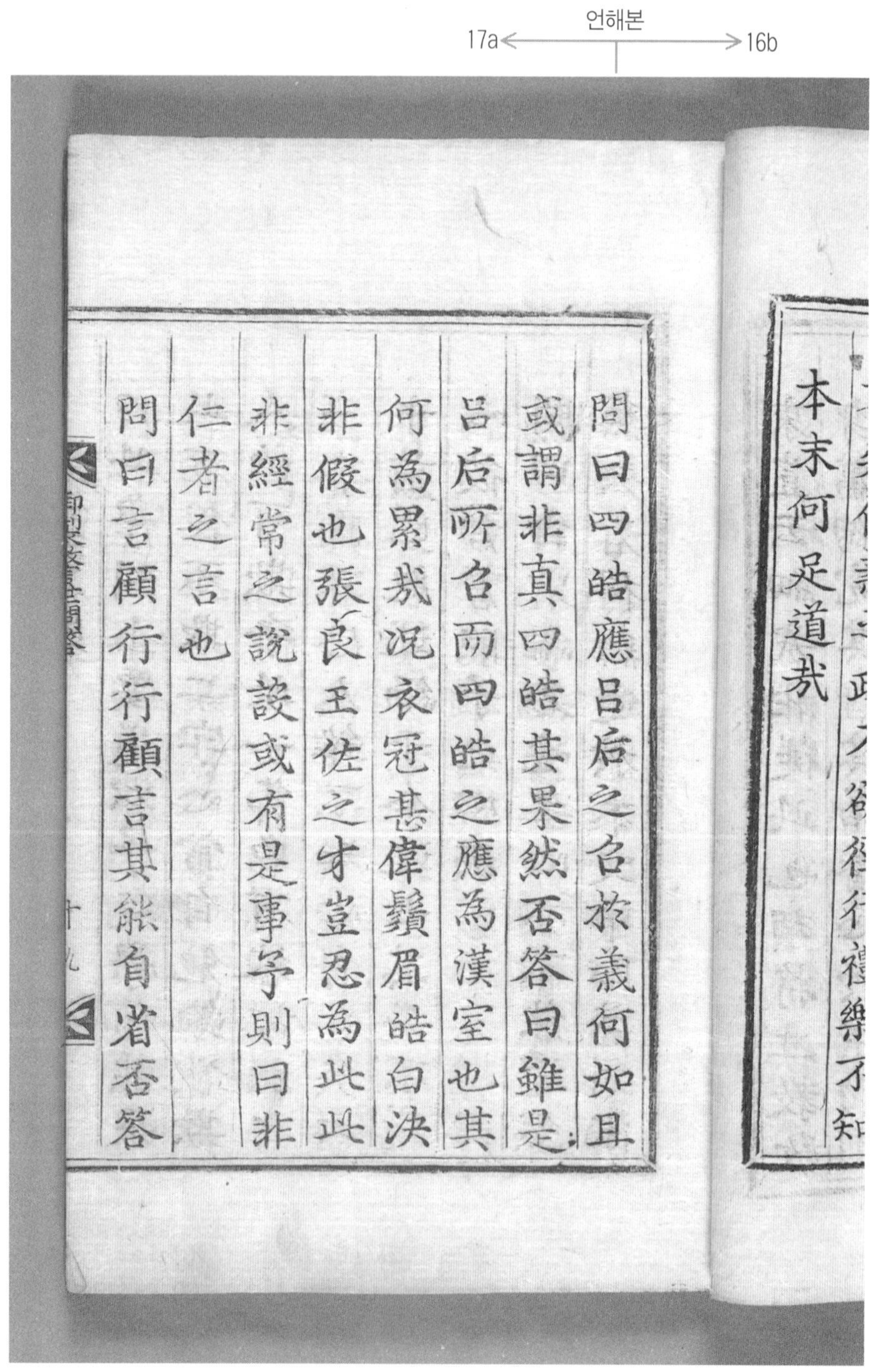

問曰四皓應呂后之召於義何如且
或謂非真四皓其果然否答曰雖是
呂后所召而四皓之應爲漢室也其
何爲累哉況衣冠甚偉鬚眉皓白決
非假也張良王佐之才豈忍爲此此
非經常之說設或有是事乎則曰非
仁者之言也
問曰言顧行行顧言其能自省否答

御製警世問答 十九

本末何足道哉

御製警世問答 19a

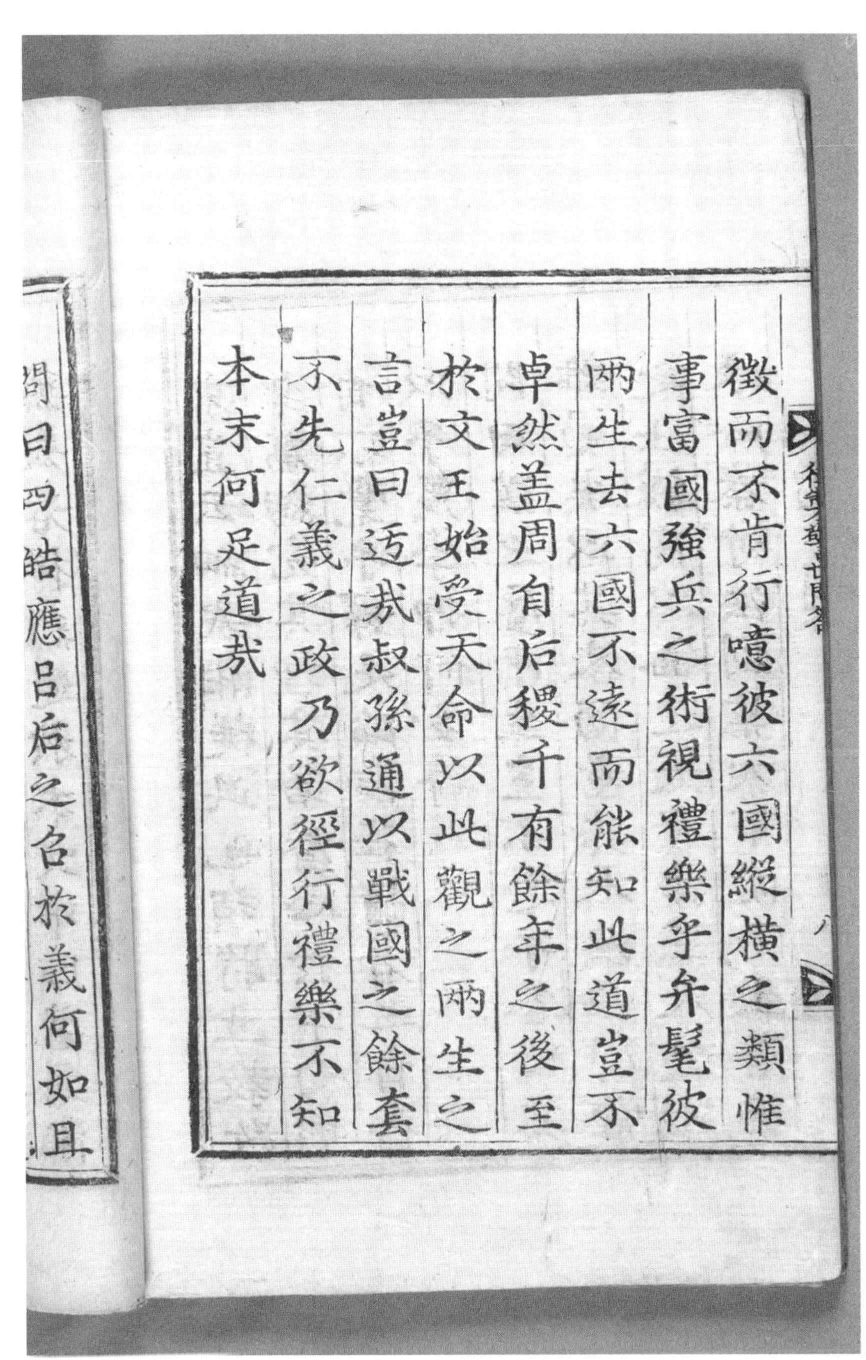
徵而不肯行噫彼六國縱橫之類惟事富國強兵之術視禮樂爭弁髦彼兩生去六國不遠而能知此道豈不卓然盖周自后稷千有餘年之後至於文王始受天命以此觀之兩生之言豈曰迂哉叔孫通以戰國之餘套不先仁義之政乃欲徑行禮樂不知本末何足道哉

御製警世問答 18b

언해본

16b ← → 16a

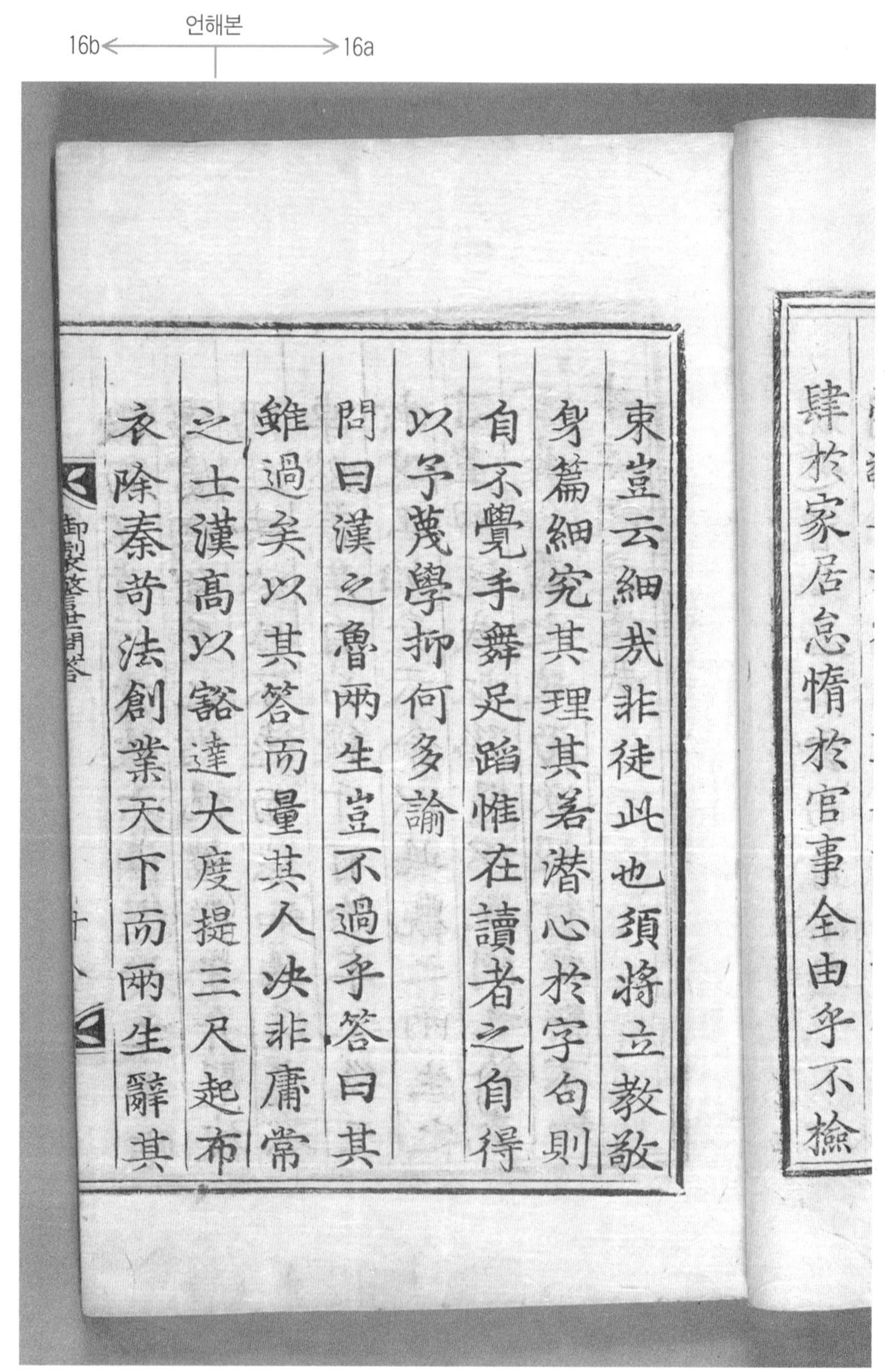

肆於家居怠惰於官事全由乎不檢

東豈云細哉非徒此也須將立教敬
身篇細究其理其若潛心於字句則
自不覺手舞足蹈惟在讀者之自得
以予蔑學抑何多諭
問曰漢之魯兩生豈不過乎答曰其
雖過矣以其答而量其人決非庸常
之士漢高以豁達大度提三尺起布
衣除秦苛法創業天下而兩生辭其

御製警世問答 十八

御製警世問答 18a

언해본
16a ← → 15b



致工用於家國非徒戶開戶闔至於
有後入者闔而勿遂門外有二屨聲
聞則入聲不聞則不入予則曰事雖
小至理在焉靜而思之即此一事操
捨判焉而檢束則敬存怠惰則敬亡
此又敬字存亡之樞機也詩衎曰以
學敬之如神明尊之如父母今入放
肆於家居怠惰於官事全由乎不檢

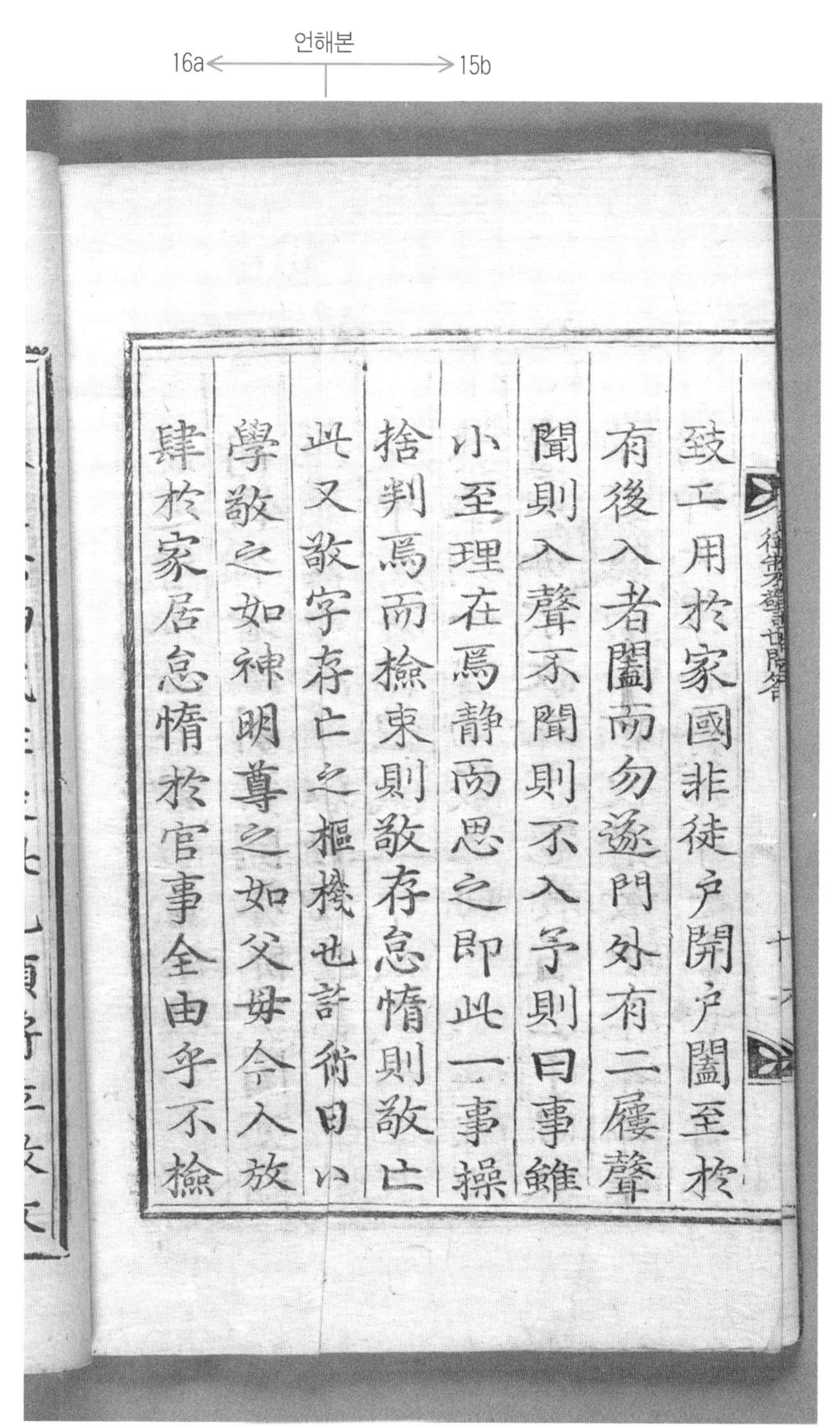

御製警世問答 17b

언해본
15b ← → 15a

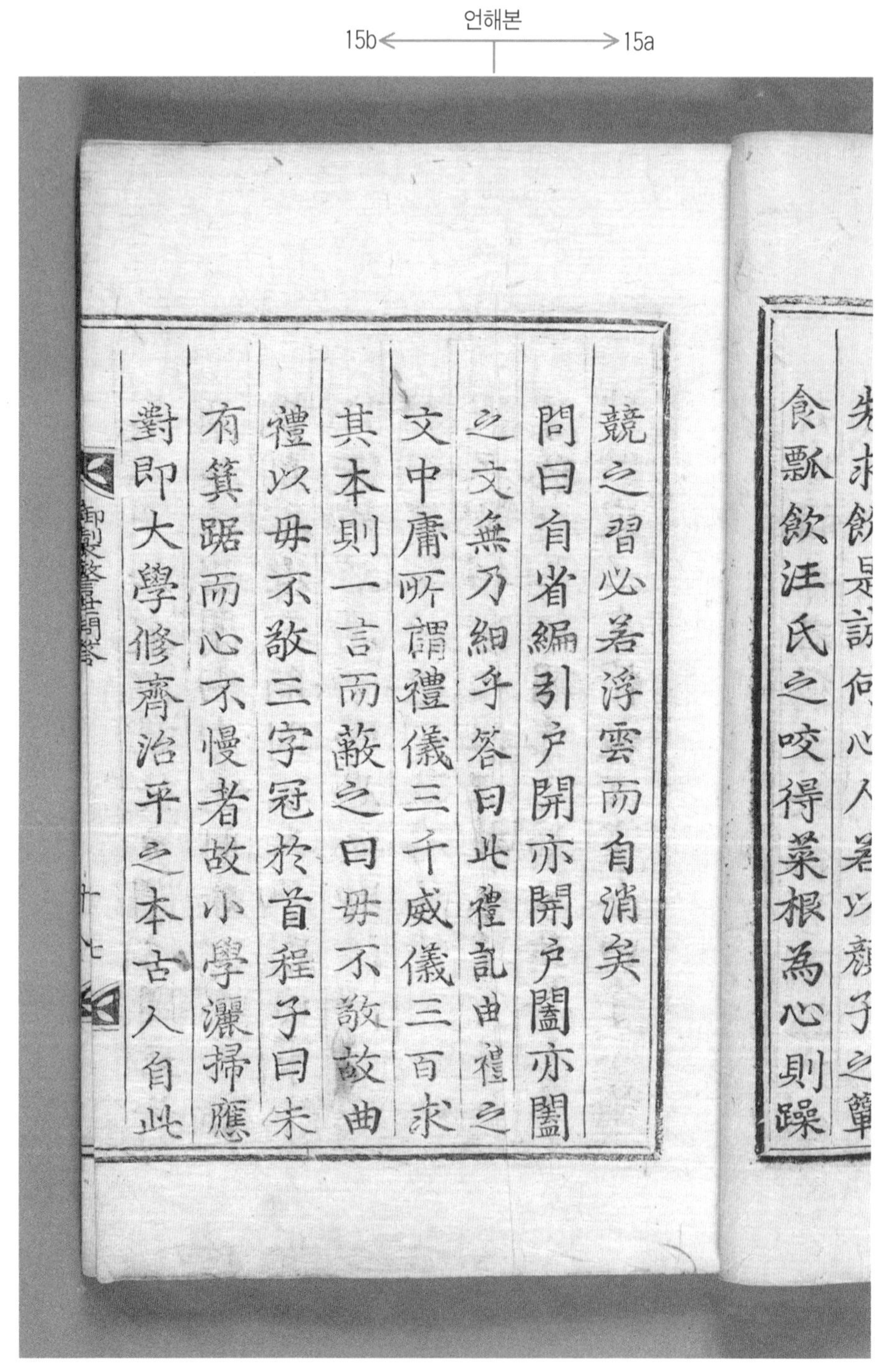

御製警世問答 17a

언해본
15a ← → 14b

御製警世問答 十六

乎哉
問曰飢食渴飮人之常情其若過戒
飢不可食而渴不可飮乎答曰此豈
然哉只當飢而食渴而飮至於過則
慾矣噫此則其猶飢渴而然矣世之
躁競者不至飢而先求飽不至渴而
先求飮是誠何心人若以顔子之簞
食瓢飮汪氏之咬得菜根爲心則躁

競之習必若浮雲而自消矣

御製警世問答 16b

언해본

14b ← → 14a

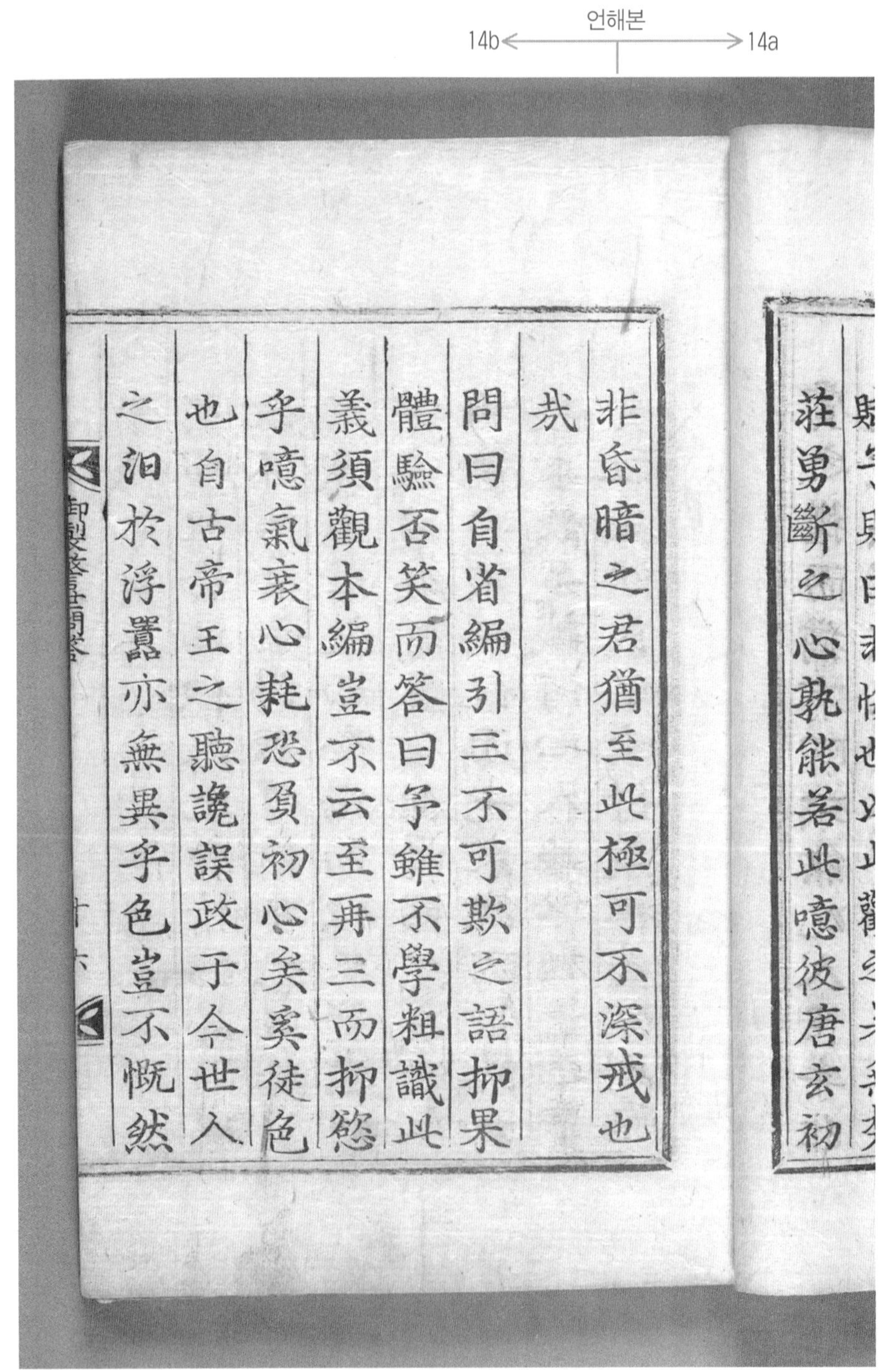
莊勇斷之心孰能若此噫彼唐玄初

非昏暗之君猶至此極可不深戒也
哉
問曰自省編引三不可欺之語抑果
體驗否笑而答曰予雖不學粗識此
義須觀本編豈不云至再三而抑慾
乎噫氣衰心耗恐負初心矣奚徒色
也自古帝王之聽讒誤政于今世入
之汨於浮囂亦無異乎色豈不慨然

御製警世問答 十六

御製警世問答 16a

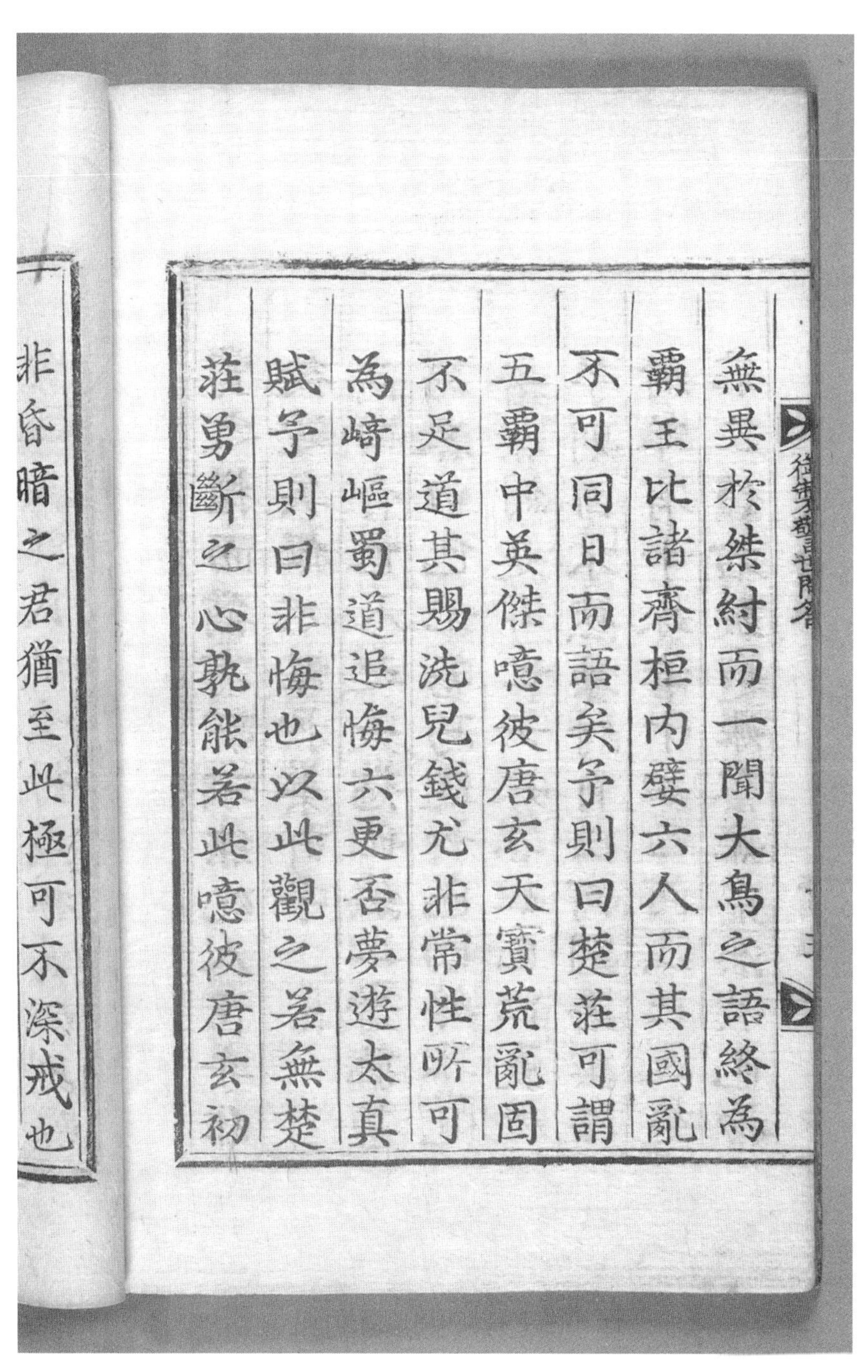
御製警世問答

無異於桀紂而一聞大鳥之語終爲
霸王比諸齊桓内嬖六人而其國亂
不可同日而語矣予則曰楚莊可謂
五霸中英傑噫彼唐玄天寶荒亂固
不足道其賜洗兒錢尤非常性所可
爲崎嶇蜀道追悔六更否夢遊太真
賦予則曰非悔也以此觀之若無楚
莊勇斷之心孰能若此噫彼唐玄初

非昏暗之君猶至此極可不深戒也

御製警世問答 15b

언해본

14a ← → 13b

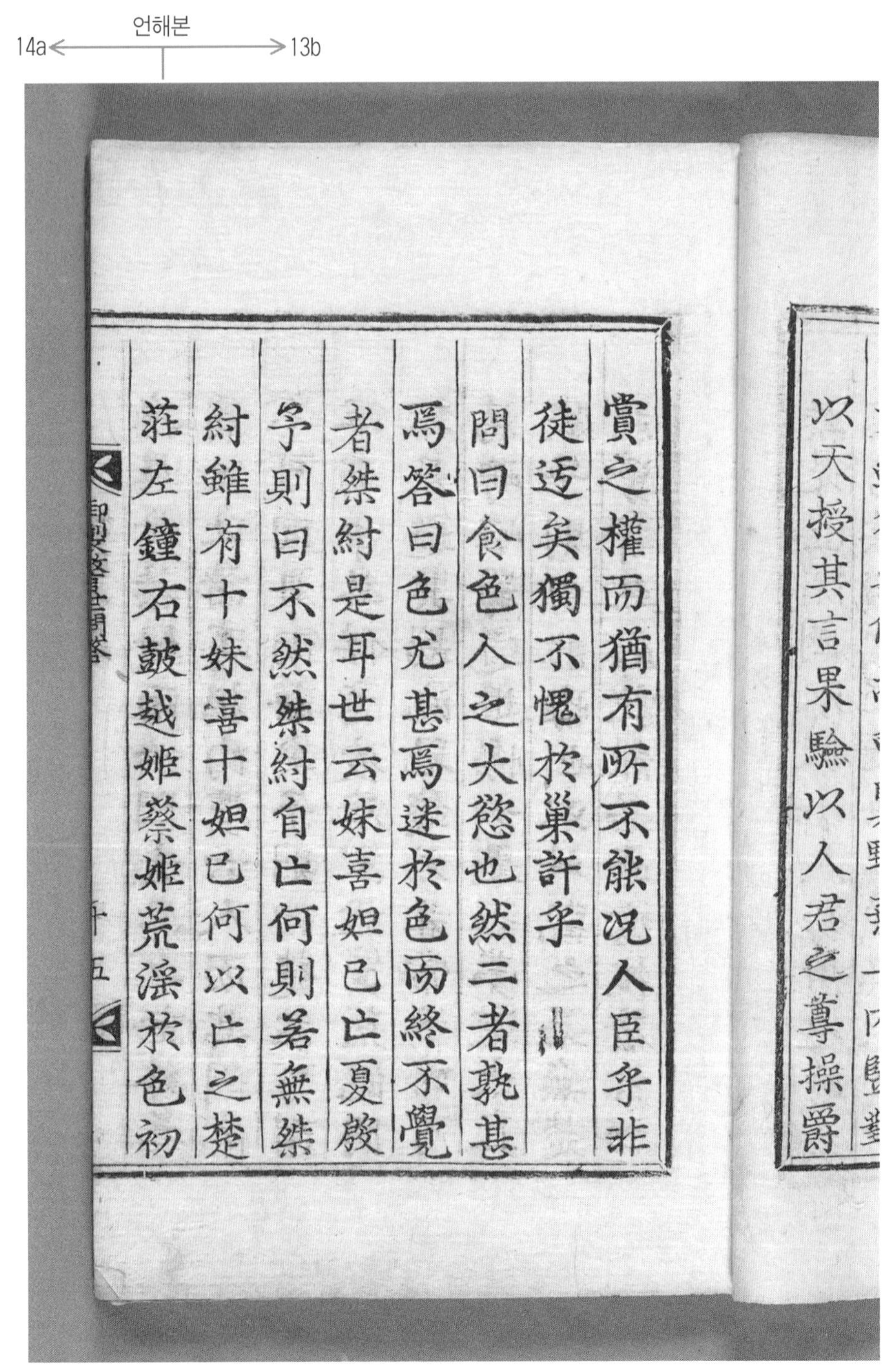
賞之權而猶有所不能況人臣乎非
徒迂矣獨不愧於巢許乎
問曰食色人之大慾也然二者孰甚
焉答曰色尤甚焉迷於色而終不覺
者桀紂是耳世云妹喜妲己亡夏殷
乎則曰不然桀紂自亡何則若無桀
紂雖有十妹喜十妲己何以亡之楚
莊左鐘右鼓越姬蔡姬荒淫於色初

御製警世問答 十五

御製警世問答 15a

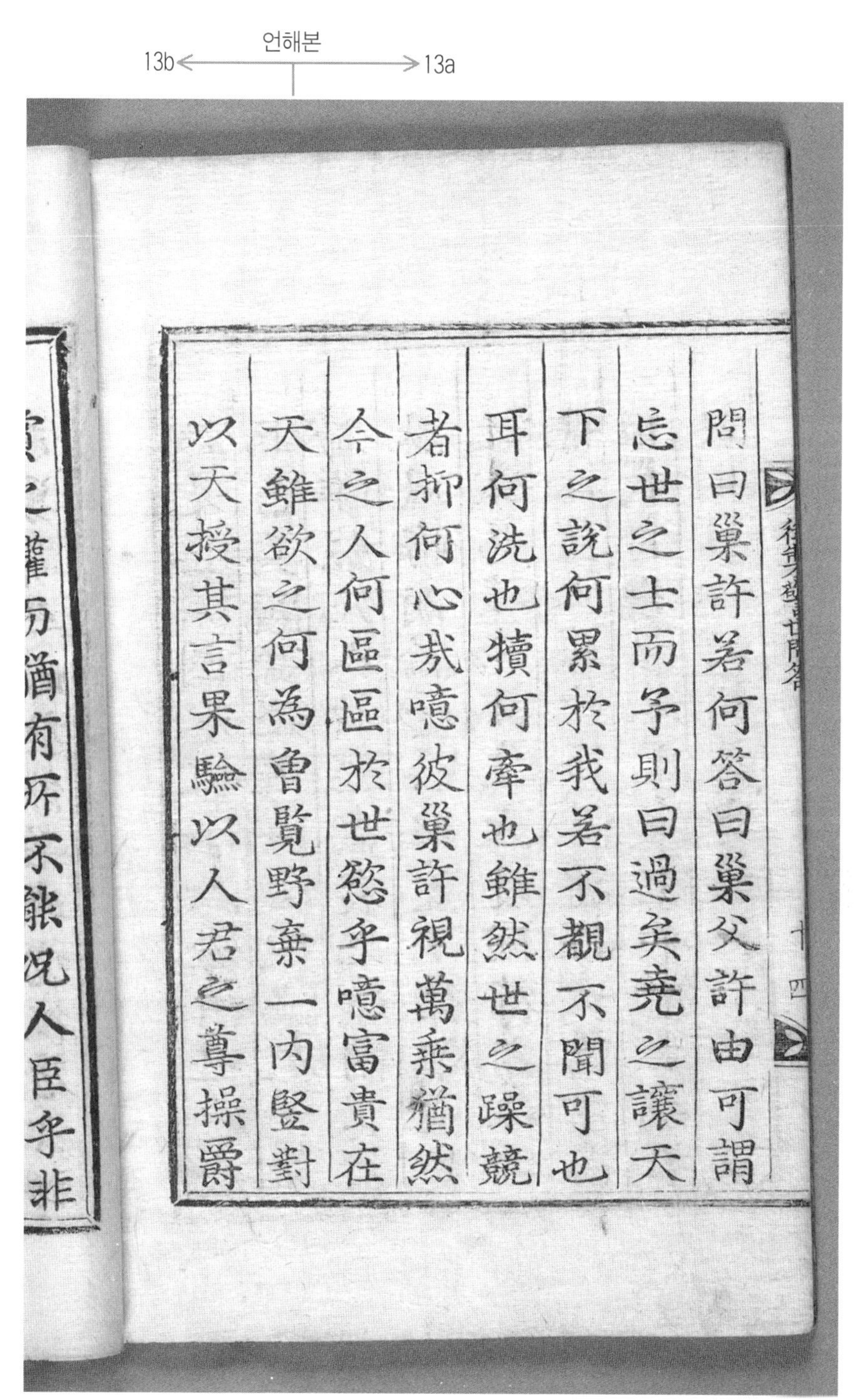


實之權而猶有所不能況人臣乎非

御製警世問答 十四

問曰巢許若何答曰巢父許由可謂
忘世之士而爭則曰過矣堯之讓天
下之說何累於我若不覩不聞可也
耳何洗也犢何牽也雖然世之躁競
者抑何心哉噫彼巢許視萬乘猶然
今之人何區區於世慾乎噫富貴在
天雖欲之何爲曾覽野棄一內竪對
以天授其言果驗以人君之尊操爵

御製警世問答 14b

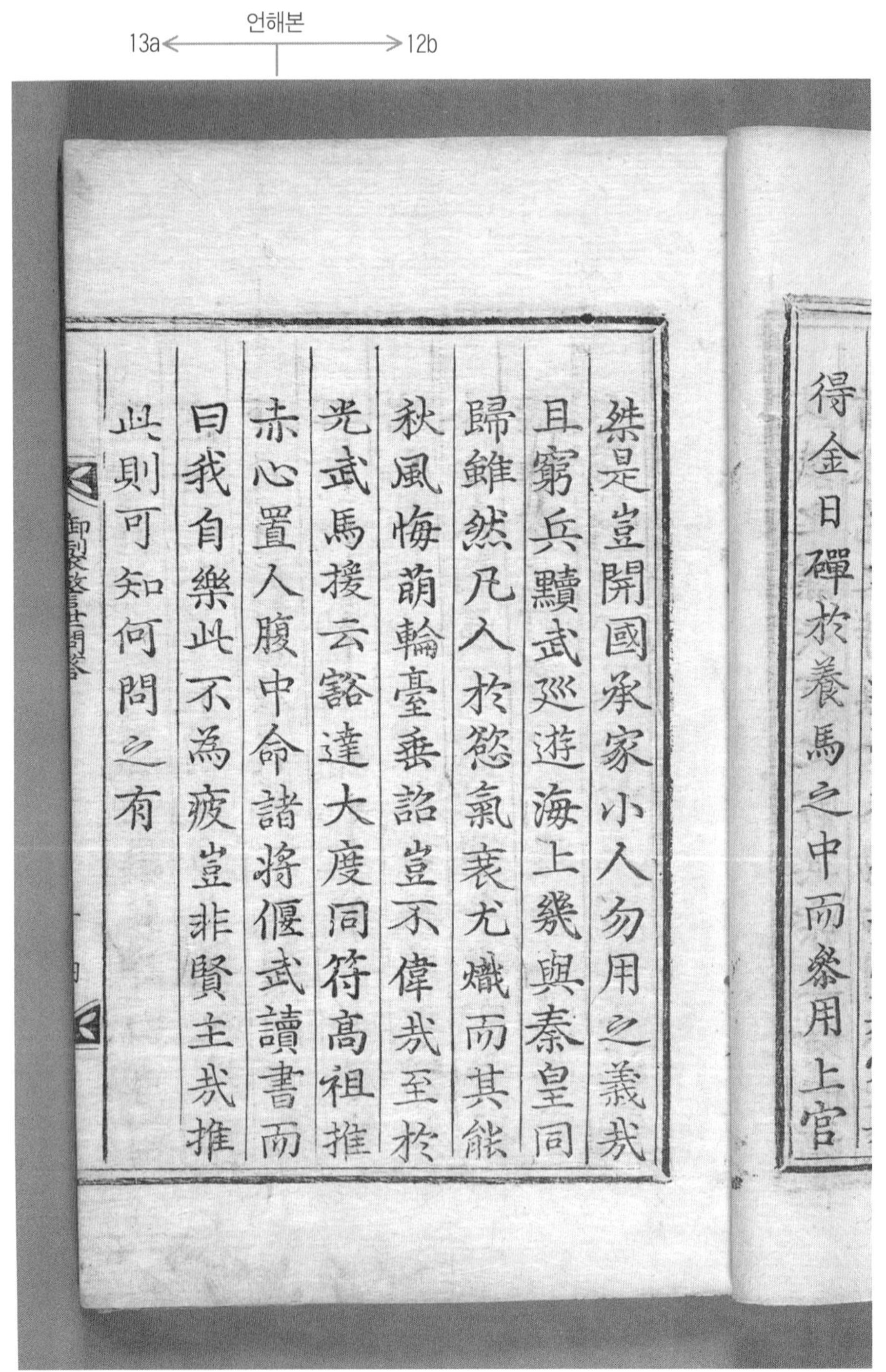


桀是豈開國承家小人勿用之義哉
且窮兵黷武巡遊海上幾與秦皇同
歸雖然凡人於慾氣衰尤熾而其能
秋風悔萌輪臺垂詔豈不偉哉至於
光武馬援云豁達大度同符高祖推
赤心置人腹中命諸將偃武讀書而
曰我自樂此不為疲豈非賢主哉推
此則可知何問之有

御製警世問答

得金日磾於養馬之中而叅用上官

御製警世問答 14a

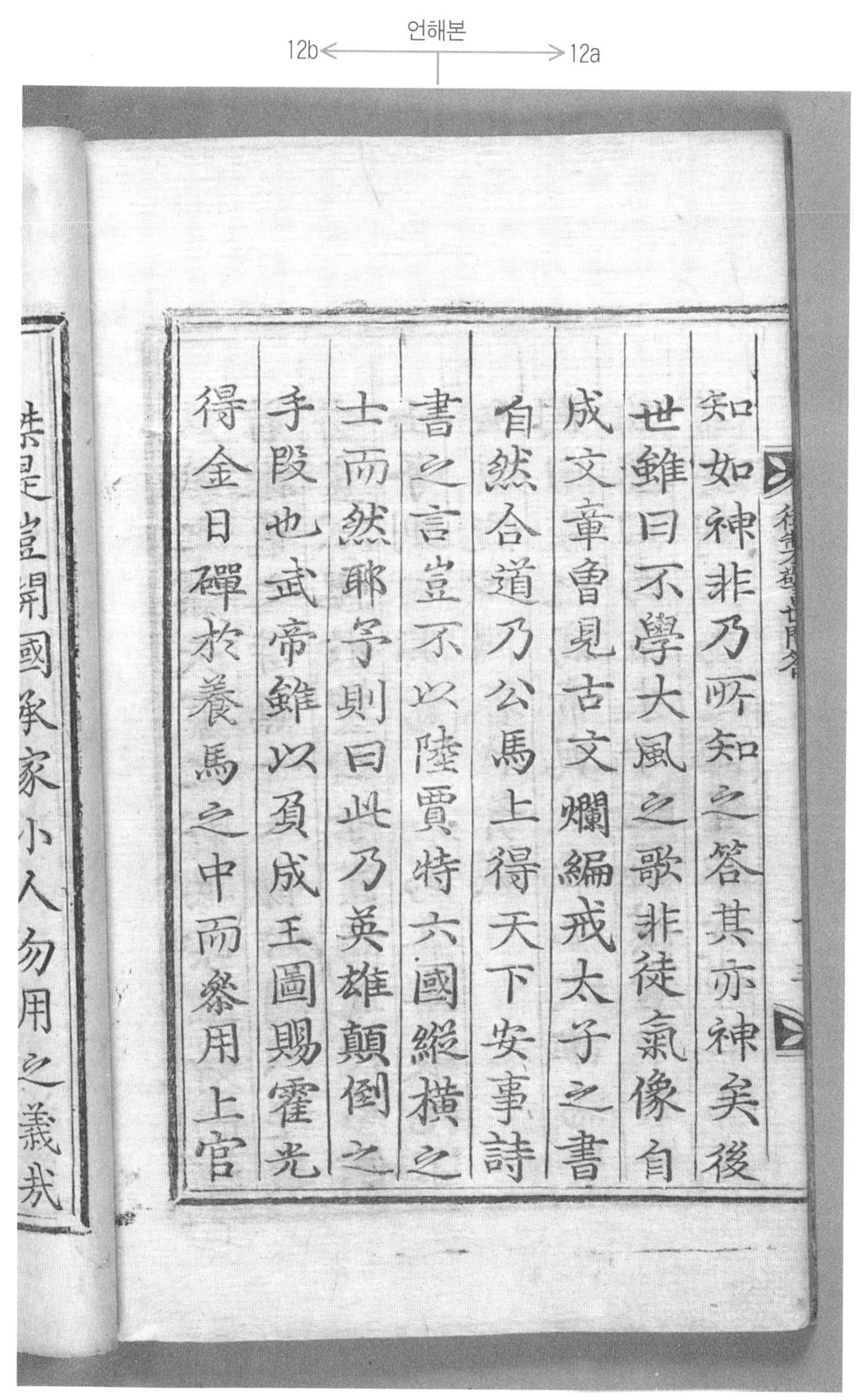


知如神非乃所知之答其亦神矣後世雖曰不學大風之歌非徒氣像自成文章曾見古文爛編戒太子之書自然合道乃公馬上得天下安事詩書之言豈不以陸賈特六國縱橫之士而然耶乎則曰此乃英雄顛倒之手段也武帝雖以負成王圖賜霍光得金日磾於養馬之中而參用上官

桀是豈開國承家小人勿用之義哉

御製警世問答 13b

언해본

12a ← → 11b

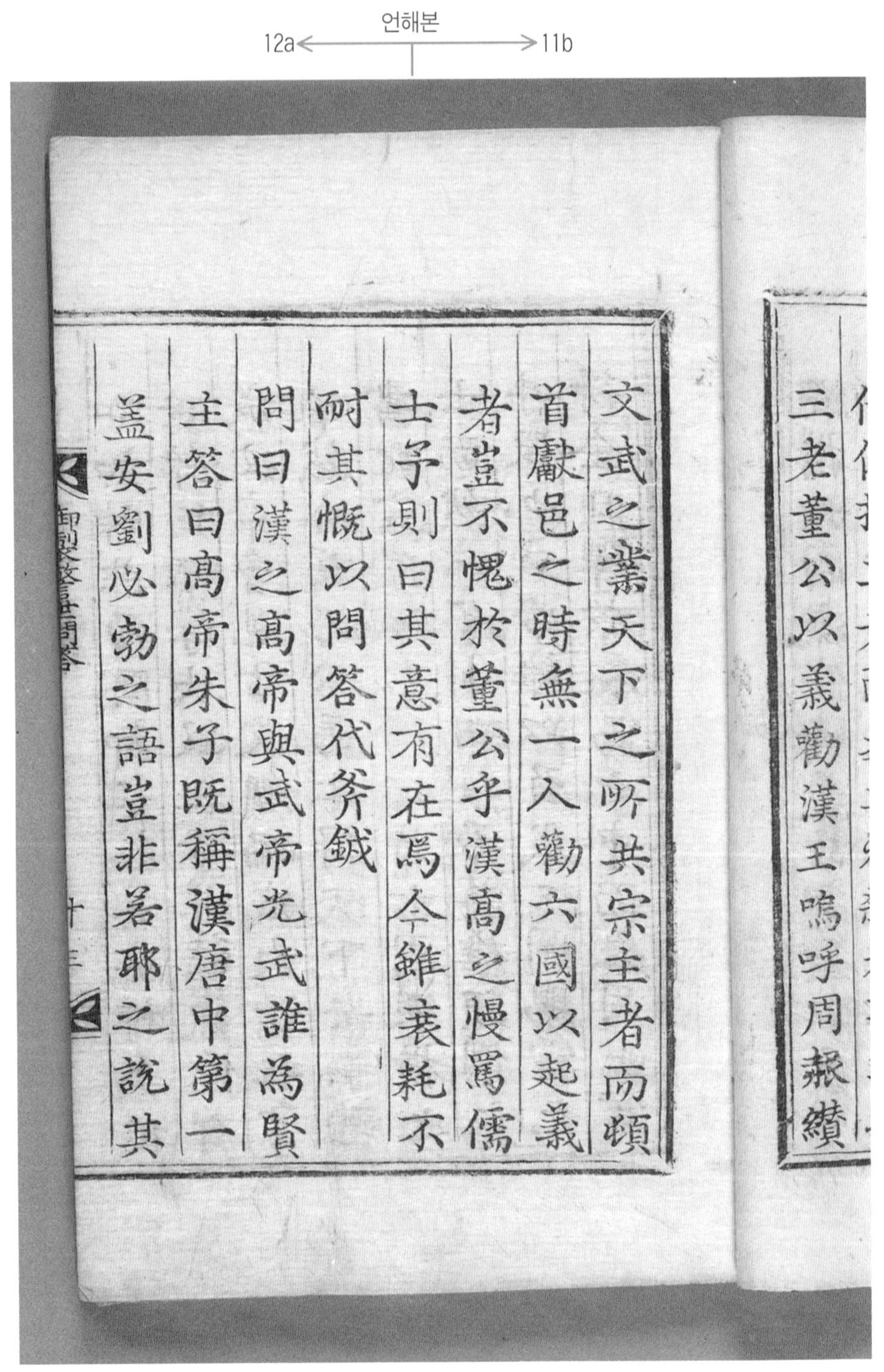

三老董公以義勸漢王嗚呼周赧纘

文武之業天下之所共宗主者而頻
首獻邑之時無一入勸六國以起義
者豈不愧於董公乎漢高之慢罵儒
士予則曰其意有在焉今雖衰耗不
耐其慨以問答代斧鉞
問曰漢之高帝與武帝光武誰爲賢
主答曰高帝朱子旣稱漢唐中第一
盖安劉必勃之語豈非若耶之說其

御製警世問答 十三

御製警世問答 13a

언해본

11b ← → 11a

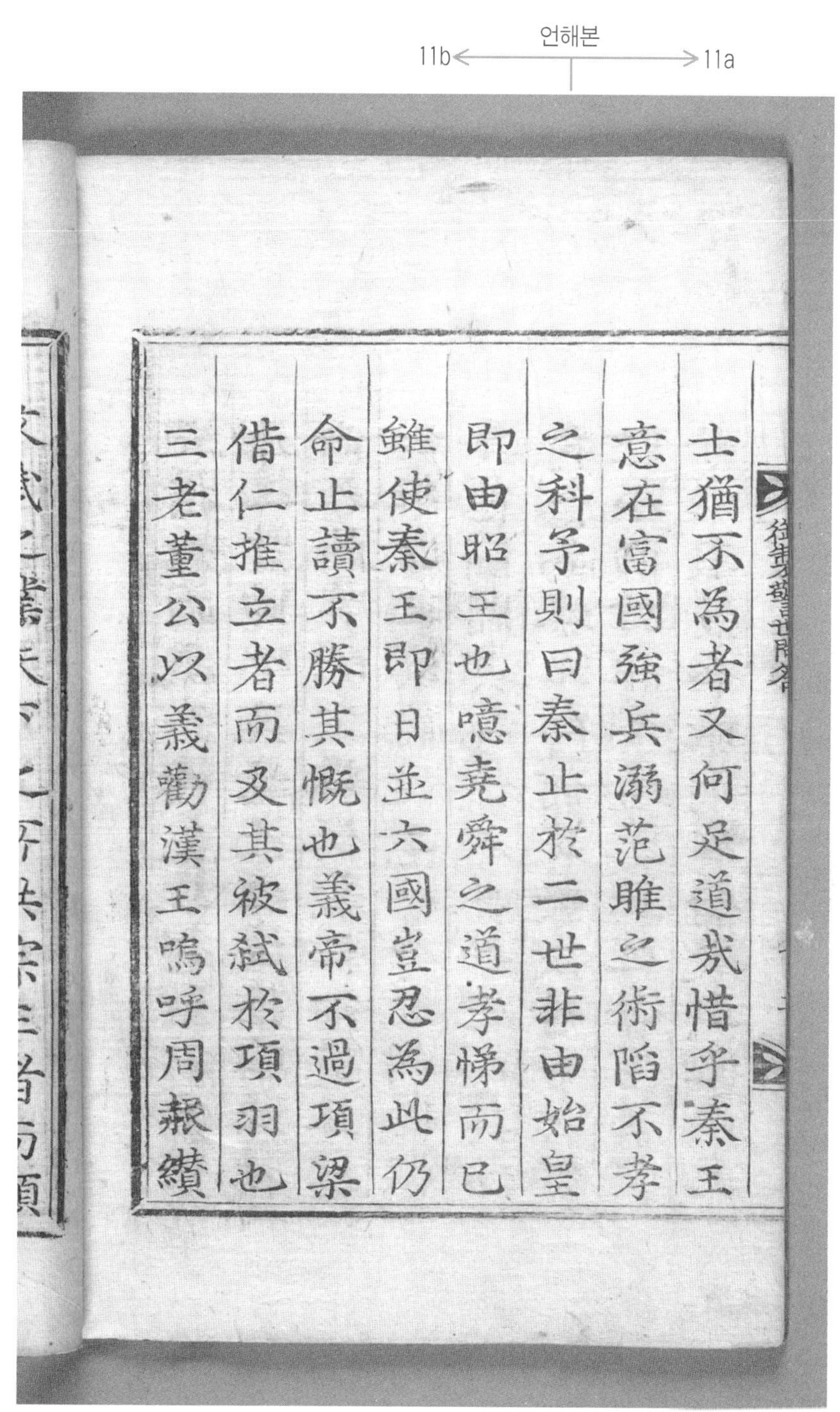


士猶不爲者又何足道哉惜乎秦王意在富國强兵溺范雎之術陷不孝之科予則曰秦止於二世非由始皇即由昭王也噫堯舜之道孝悌而已雖使秦王即日並六國豈忍爲此仍命止讀不勝其慨也義帝不過項梁借仁推立者而及其被弑於項羽也三老董公以義勸漢王嗚呼周赧纘

御製警世問答 12b

언해본
11a ← → 10b

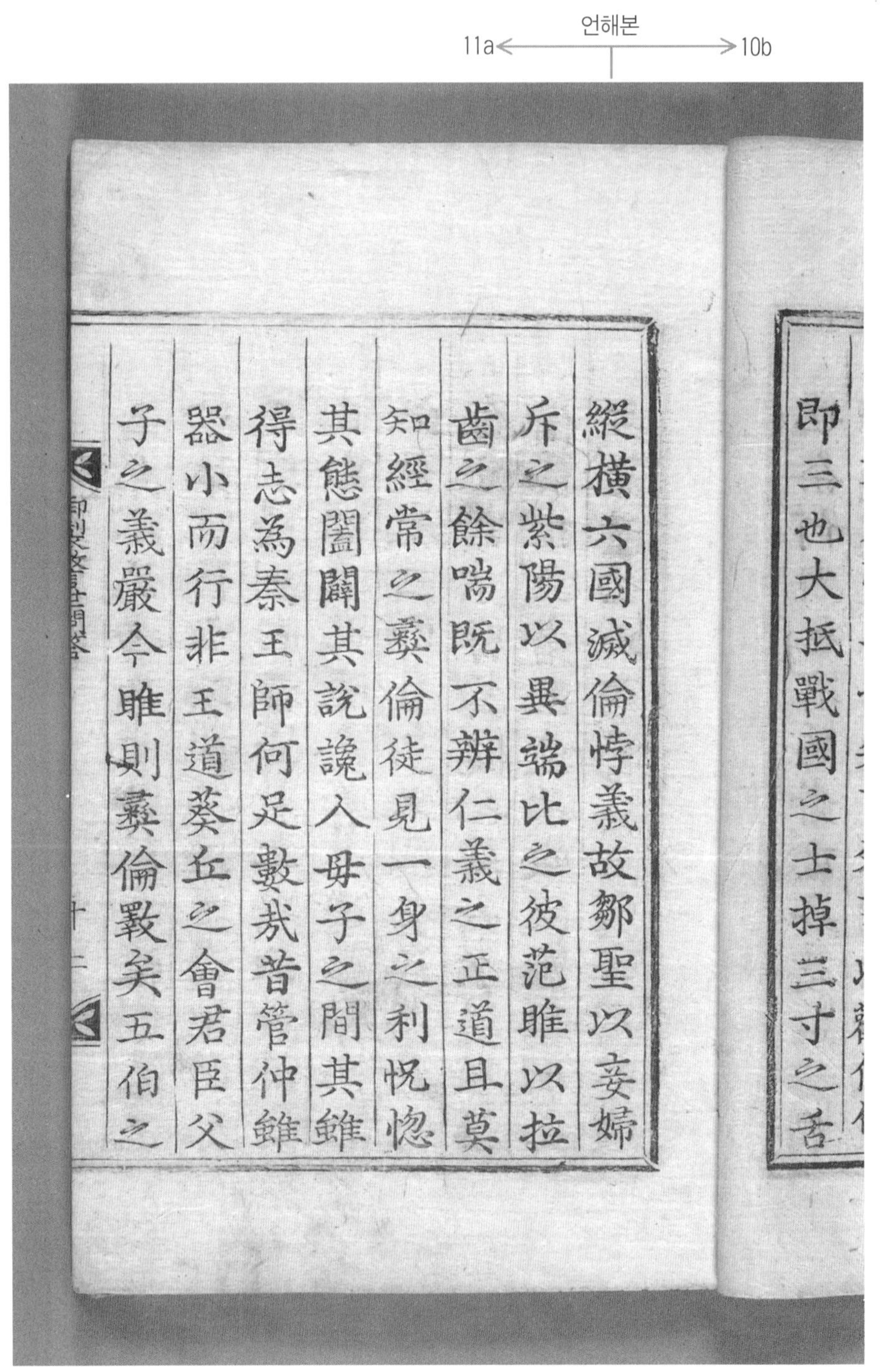
縱橫六國滅倫悖義故鄒聖以妾婦
斥之紫陽以異端比之彼范雎以拉
齒之餘喘旣不辨仁義之正道且莫
知經常之彝倫徒見一身之利恍惚
其態闔闢其說讒入母子之間其雖
得志爲秦王師何足數哉昔管仲雖
器小而行非王道葵丘之會君臣父
子之義嚴今雎則彝倫斁矣五伯之

御製警世問答 十二

即三也大抵戰國之士掉三寸之舌

御製警世問答 12a

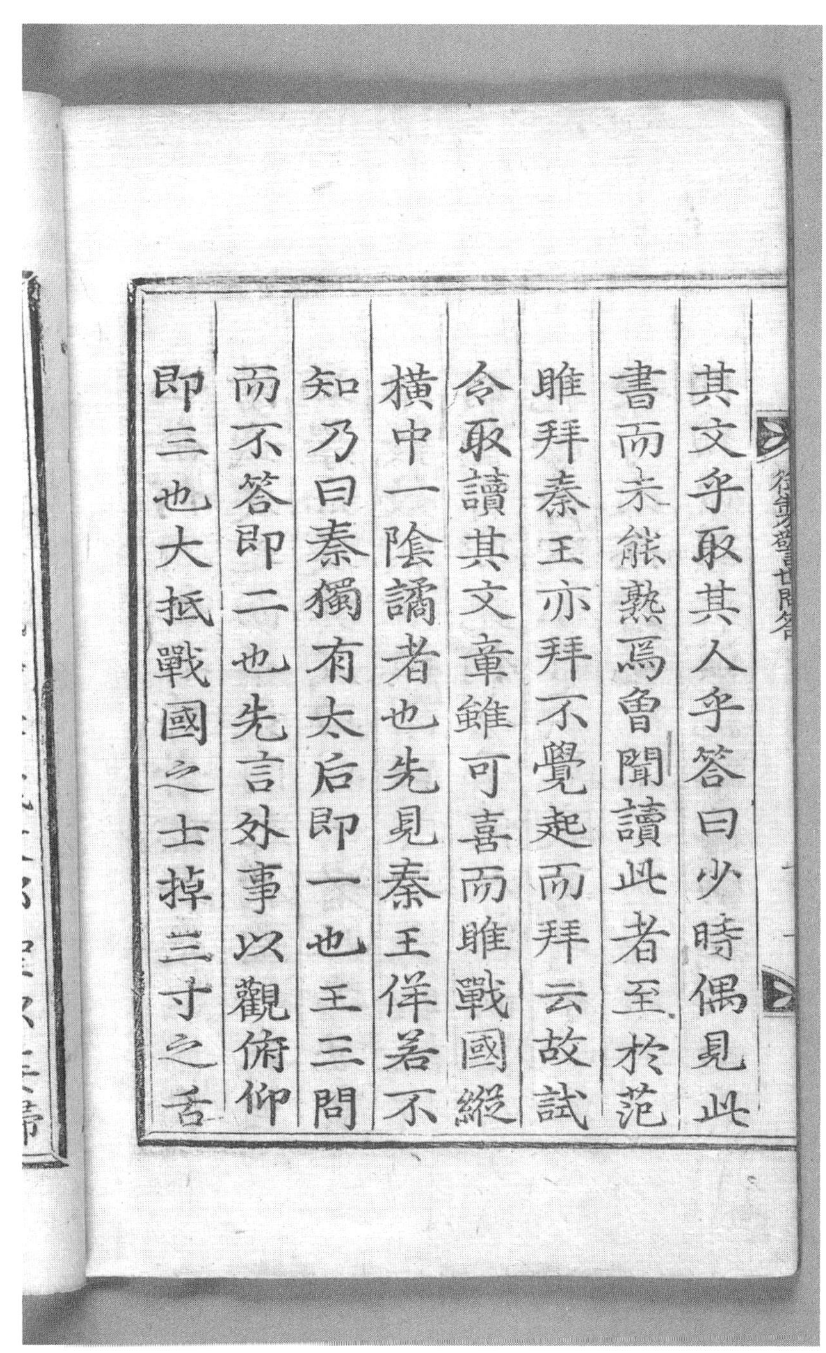
其文乎取其人乎答曰少時偶見此
書而未能熟焉曾聞讀此者至於范
雎拜秦王亦拜不覺起而拜云故試
令取讀其文章雖可喜而雎戰國縱
横中一陰譎者也先見秦王佯若不
知乃曰秦獨有太后即一也王三問
而不答即二也先言外事以觀俯仰
即三也大抵戰國之士掉三寸之舌

御製警世問答 11b

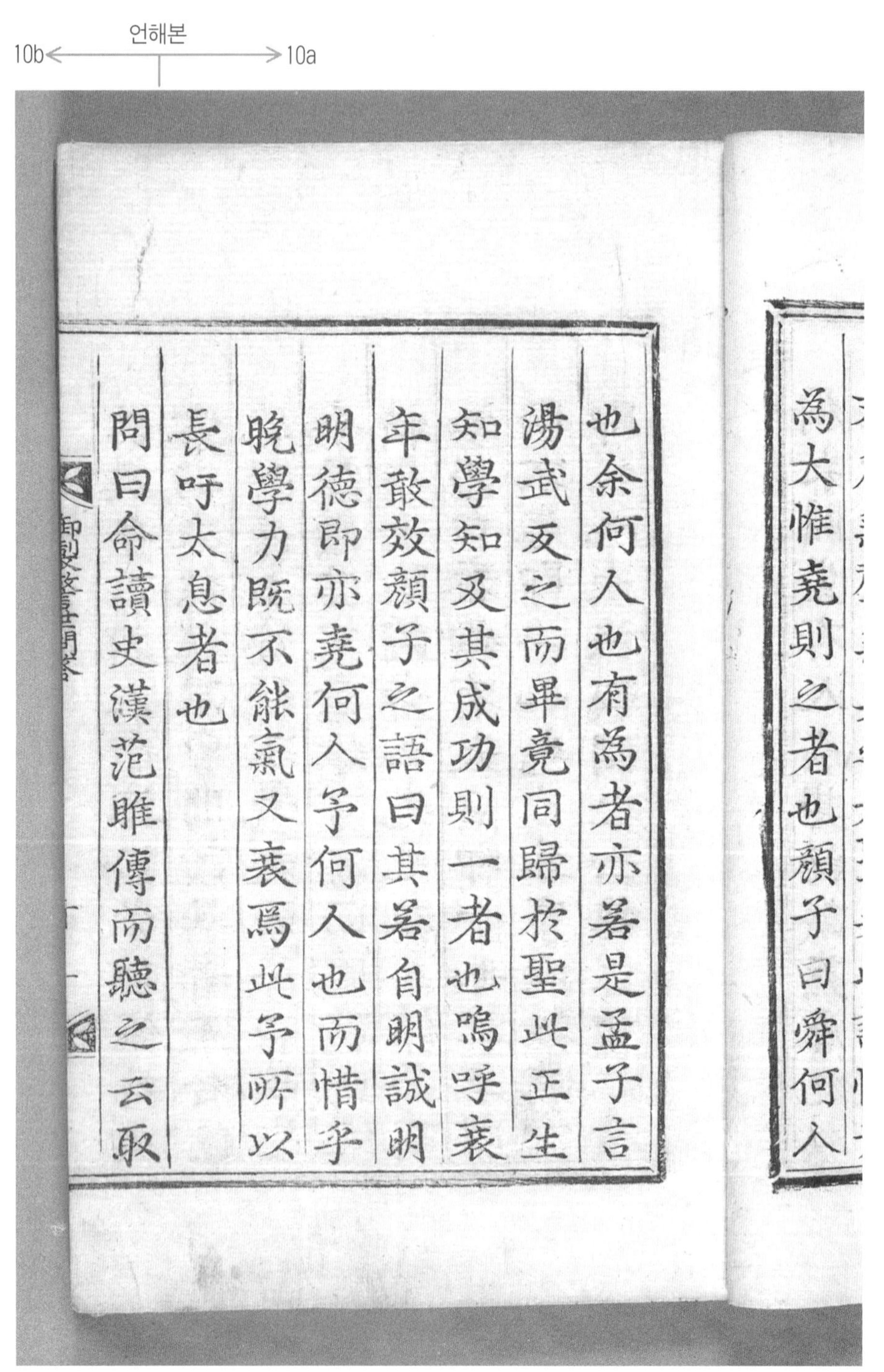


爲大惟堯則之者也顔子曰舜何人

也余何人也有爲者亦若是孟子言
湯武反之而畢竟同歸於聖此正生
知學知及其成功則一者也嗚呼衰
年敢效顔子之語曰其若自明誠明
明德即亦堯何人予何人也而惜乎
晩學力既不能氣又衰焉此予所以
長吁太息者也
問曰命讀史漢范睢傳而聽之云取

御製警世問答

御製警世問答 11a

언해본

10a ← → 9b

御製警世問答

哉且鍊石補天鼎湖乘龍謊誕極矣
此淮南諸子傳會之說奚徒此也武
王之崩壽踰九十成王之幼未即位
云者固已可訝況且叔虞爭其說亦
涉異也雖然綱鑑之形容堯德最爲
詳盡予不覺欽歎曰今日乃見中庸
末篇無聲無臭之大聖矣此誠惟天
爲大惟堯則之者也顔子曰舜何人

也余何人也有爲者亦若是孟子言

御製警世問答 10b

언해본

9b ← → 9a

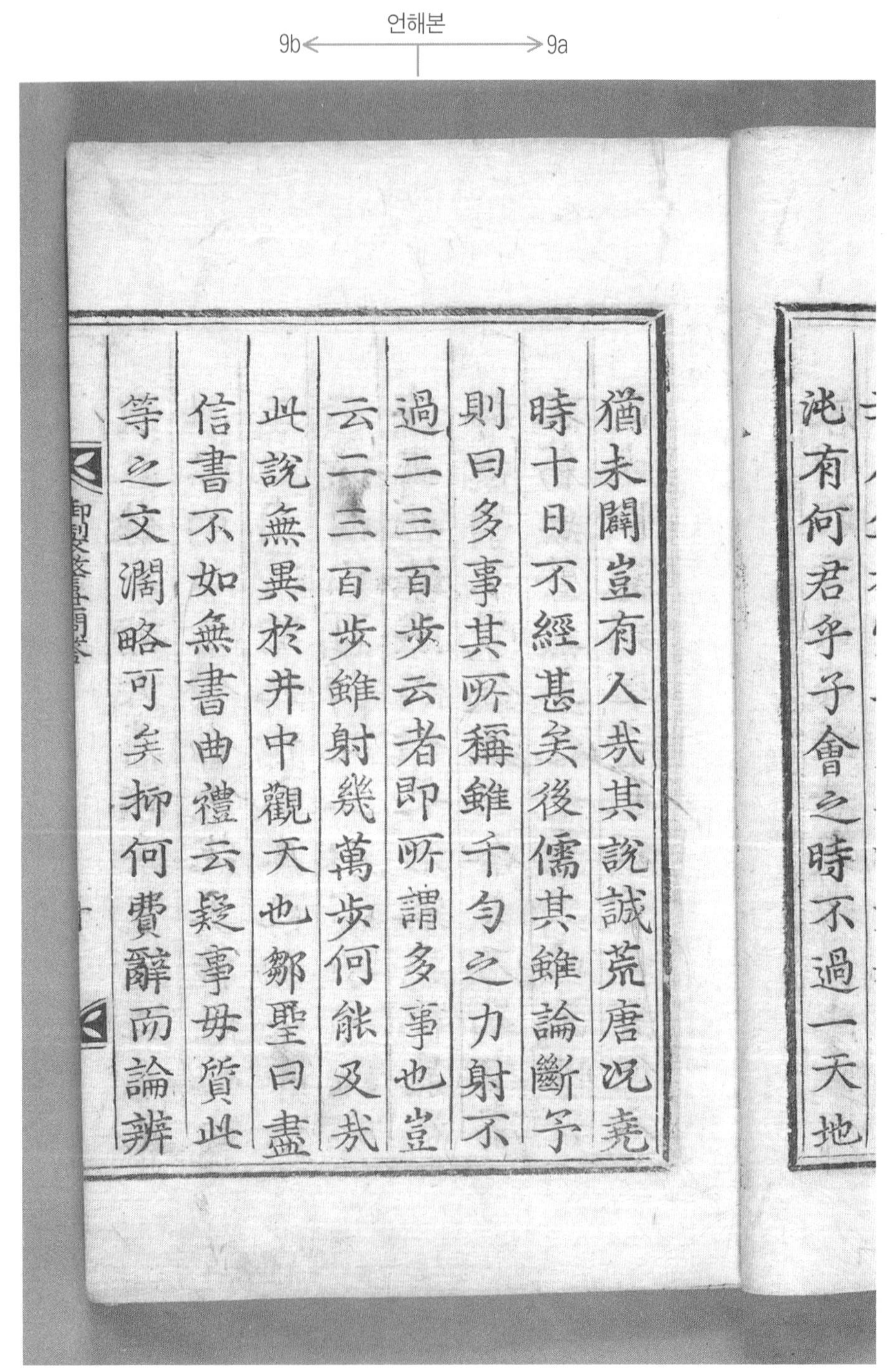

猶未闢豈有入哉其說誠荒唐況堯
時十日不經甚矣後儒其雖論斷予
則曰多事其所稱雖千勻之力射不
過二三百步云者即所謂多事也豈
云二三百步雖射幾萬步何能及哉
此說無異於井中觀天也鄒聖曰盡
信書不如無書曲禮云疑事毋質此
等之文濶略可矣抑何費辭而論辨

況有何君乎子會之時不過一天地

御製警世問答 10a

언해본
9a ← → 8b

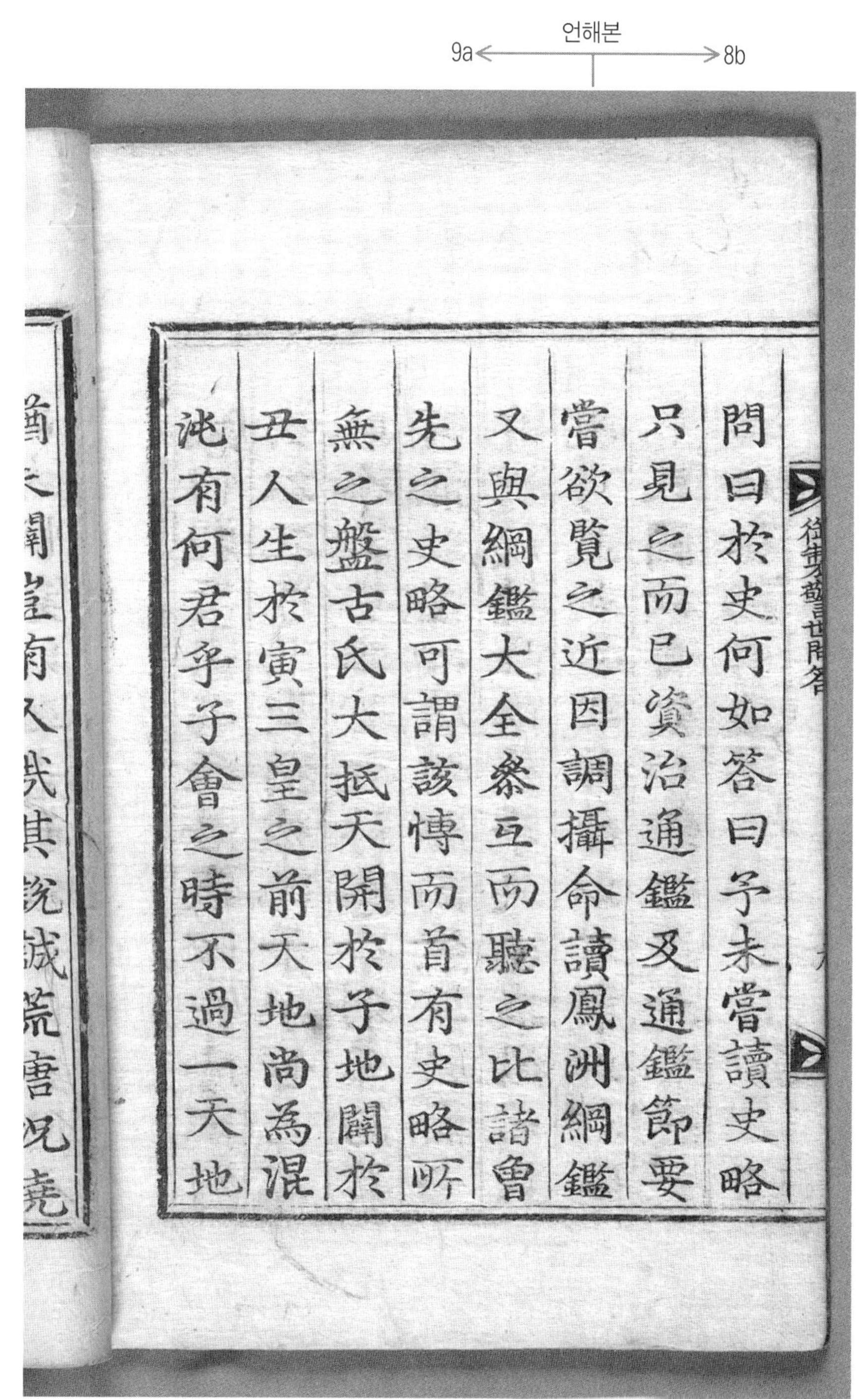

御製警世問答

問曰於史何如答曰予未嘗讀史略
只見之而已資治通鑑及通鑑節要
嘗欲覽之近因調攝命讀鳳洲綱鑑
又與綱鑑大全叅互而聽之比諸曾
先之史略可謂該博而首有史略所
無之盤古氏大抵天開於子地闢於
丑人生於寅三皇之前天地尚爲混
沌有何君乎子會之時不過一天地

御製警世問答 9b

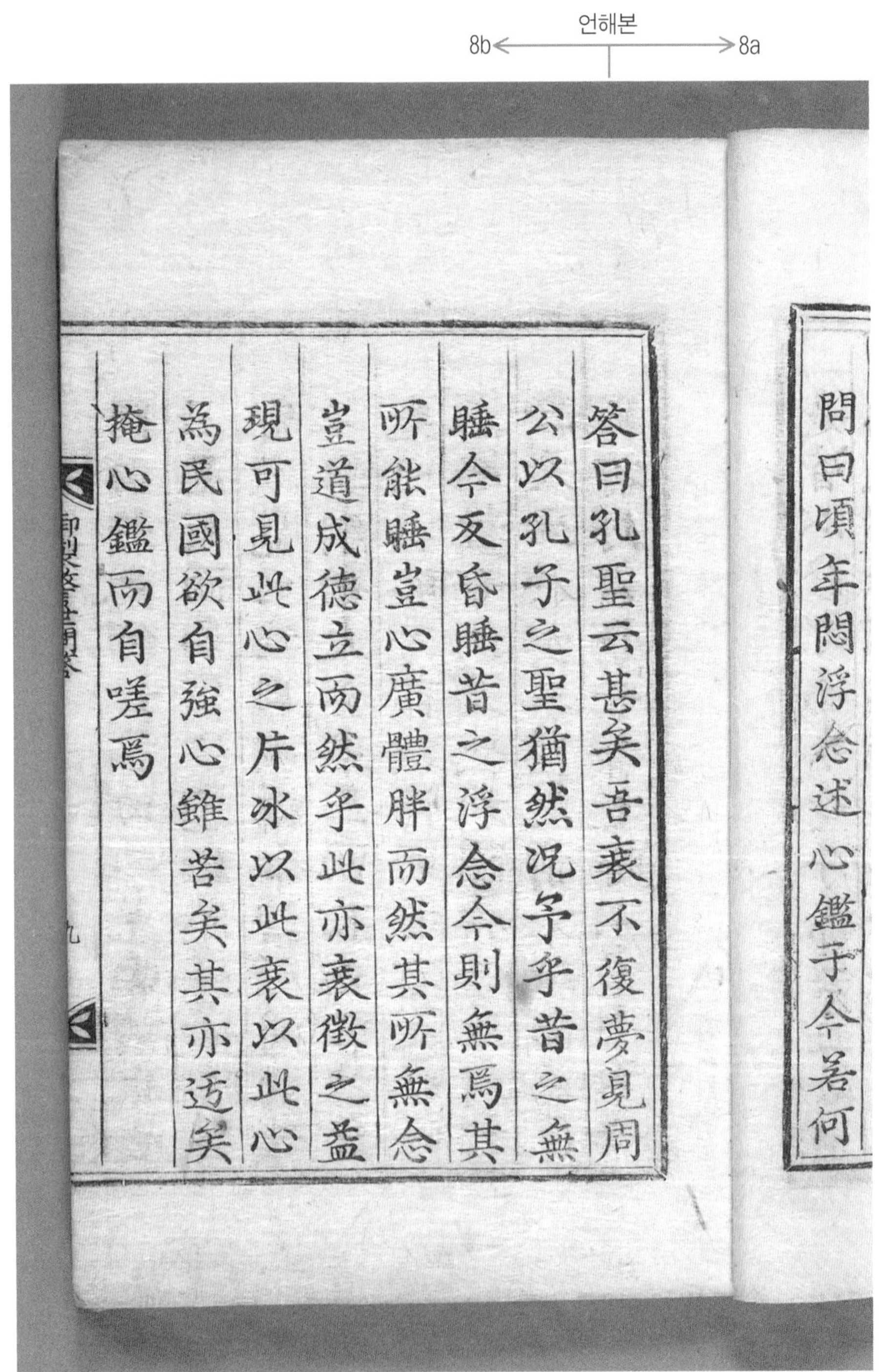


問曰頃年悶浮念述心鑑于今若何

答曰孔聖云甚矣吾衰不復夢見周公以孔子之聖猶然況予乎昔之無睡今反昏睡昔之浮念今則無爲其所能睡豈心廣體胖而然其所無念豈道成德立而然乎此亦衰徵之益現可見此心之片氷以此衰以此心爲民國欲自强心雖苦矣其亦迂矣掩心鑑而自嗟焉

御製警世問答　九

御製警世問答 9a

언해본

8a ← → 7b

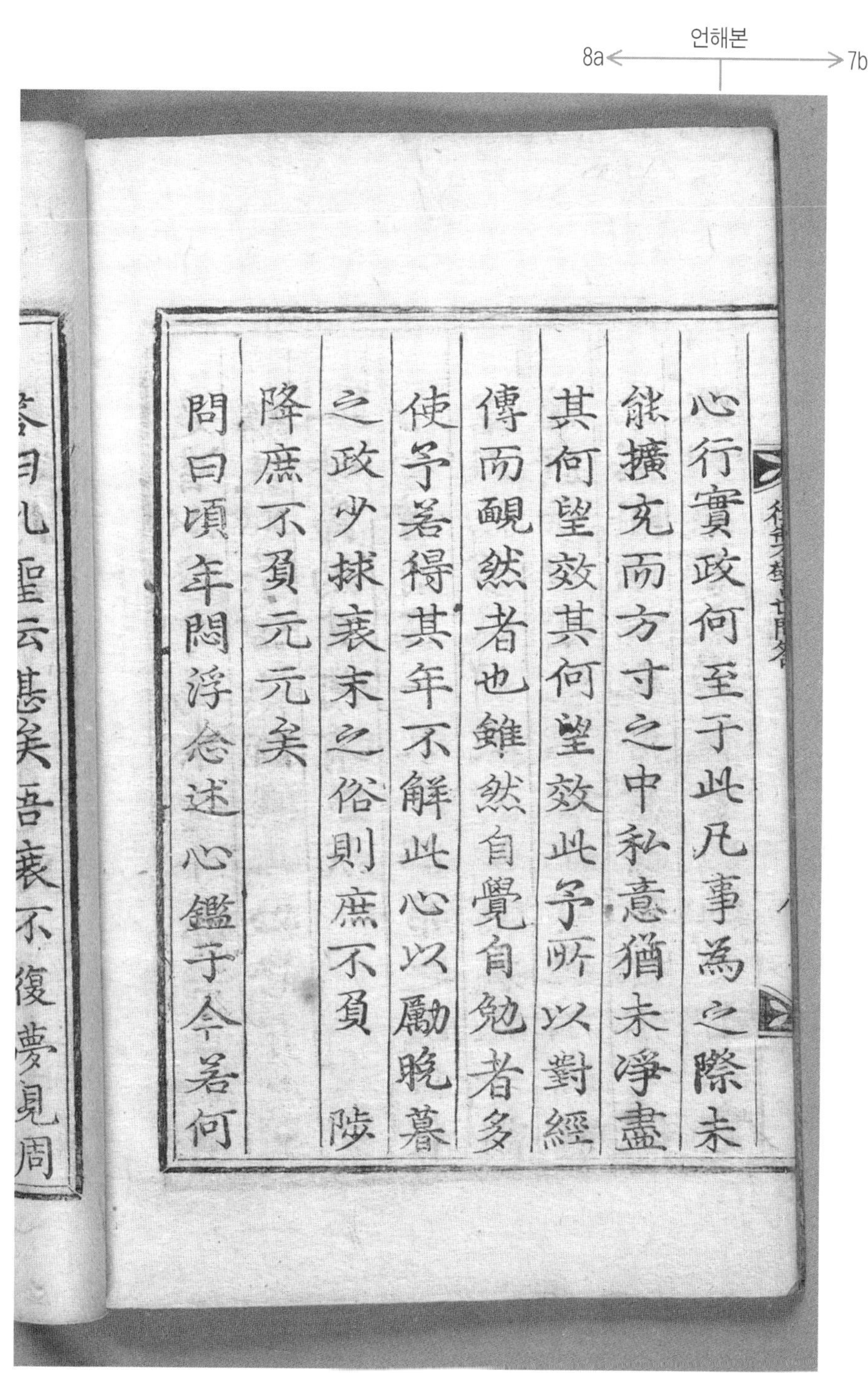
御製警世問答

心行實政何至于此凡事為之際未
能擴充而方寸之中私意猶未淨盡
其何望效其何望效此予所以對經
傳而靦然者也雖然自覺自勉者多
使予若得其年不解此心以勵晩暮
之政少捄衰末之俗則庶不負 陟
降庶不負元元矣
問曰頃年悶浮念述心鑑于今若何

荅曰孔聖云甚矣吾衰不復夢見周

御製警世問答 8b

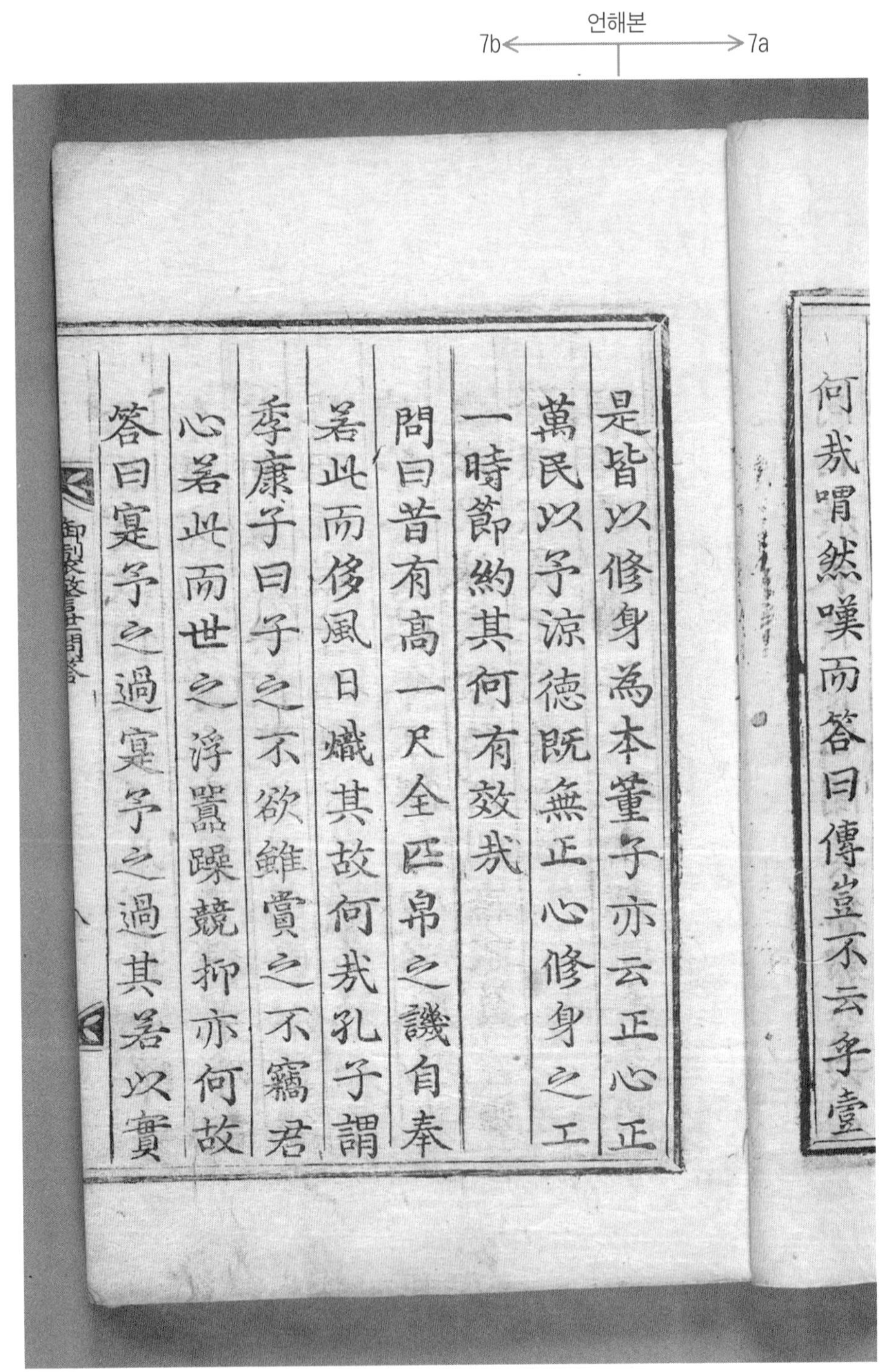


何哉喟然嘆而答曰傳豈不云乎壹

是皆以修身爲本董子亦云正心正
萬民以予涼德旣無正心修身之工
一時節約其何有效哉
問曰昔有高一尺全匹帛之譏自奉
若此而侈風日熾其故何哉孔子謂
季康子曰子之不欲雖賞之不竊君
心若此而世之浮囂躁競抑亦何故
答曰寔予之過寔予之過其若以實

御製警世問答 八

御製警世問答 8a

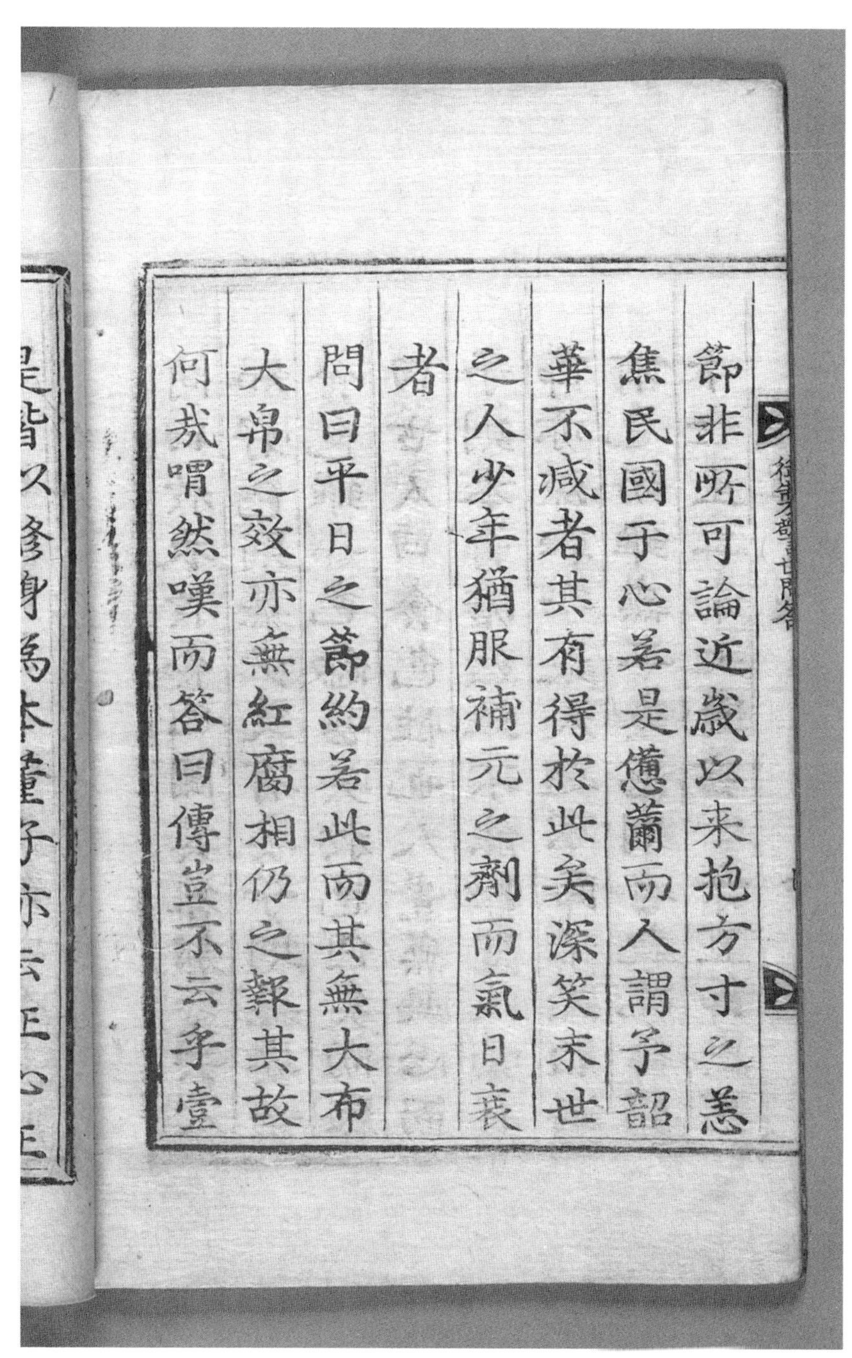

節非所可論近歲以来抱方寸之恙
焦民國于心若是憊薾而人謂予韶
華不減者其有得於此矣深笑末世
之人少年猶服補元之劑而氣日衰
者
問曰平日之節約若此而其無大布
大帛之效亦無紅腐相仍之釋其故
何哉喟然嘆而答曰傳豈不云乎壹

御製警世問答 7b

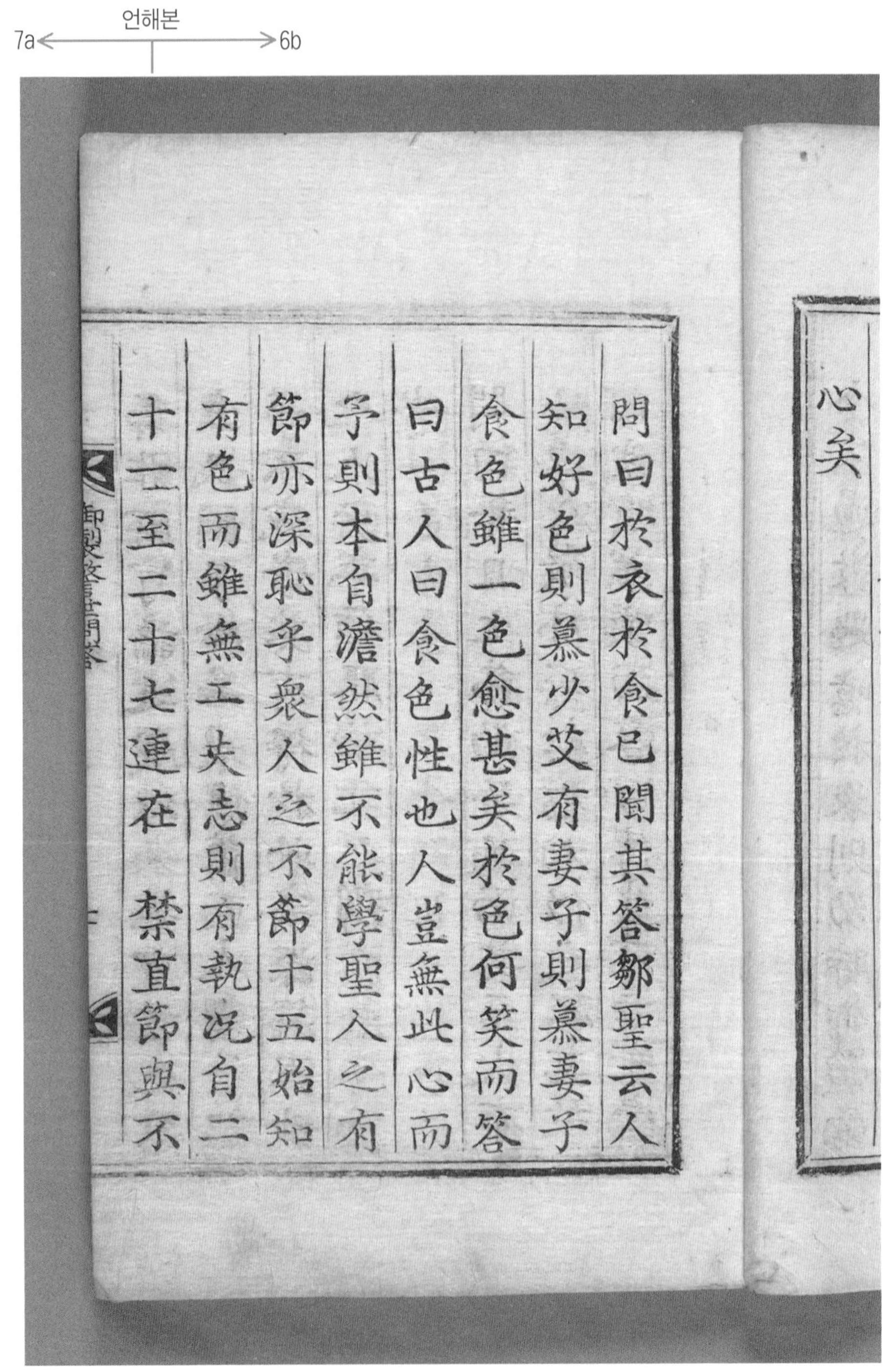


心矣

問曰於衣於食已聞其答鄒聖云人
知好色則慕少艾有妻子則慕妻子
食色雖一色愈甚矣於色何笑而答
曰古人曰食色性也人豈無此心而
予則本自澹然雖不能學聖人之有
節亦深恥乎衆人之不節十五始知
有色而雖無工夫志則有執况自二
十一至二十七連在　禁直節與不

御製警世問答

御製警世問答 7a

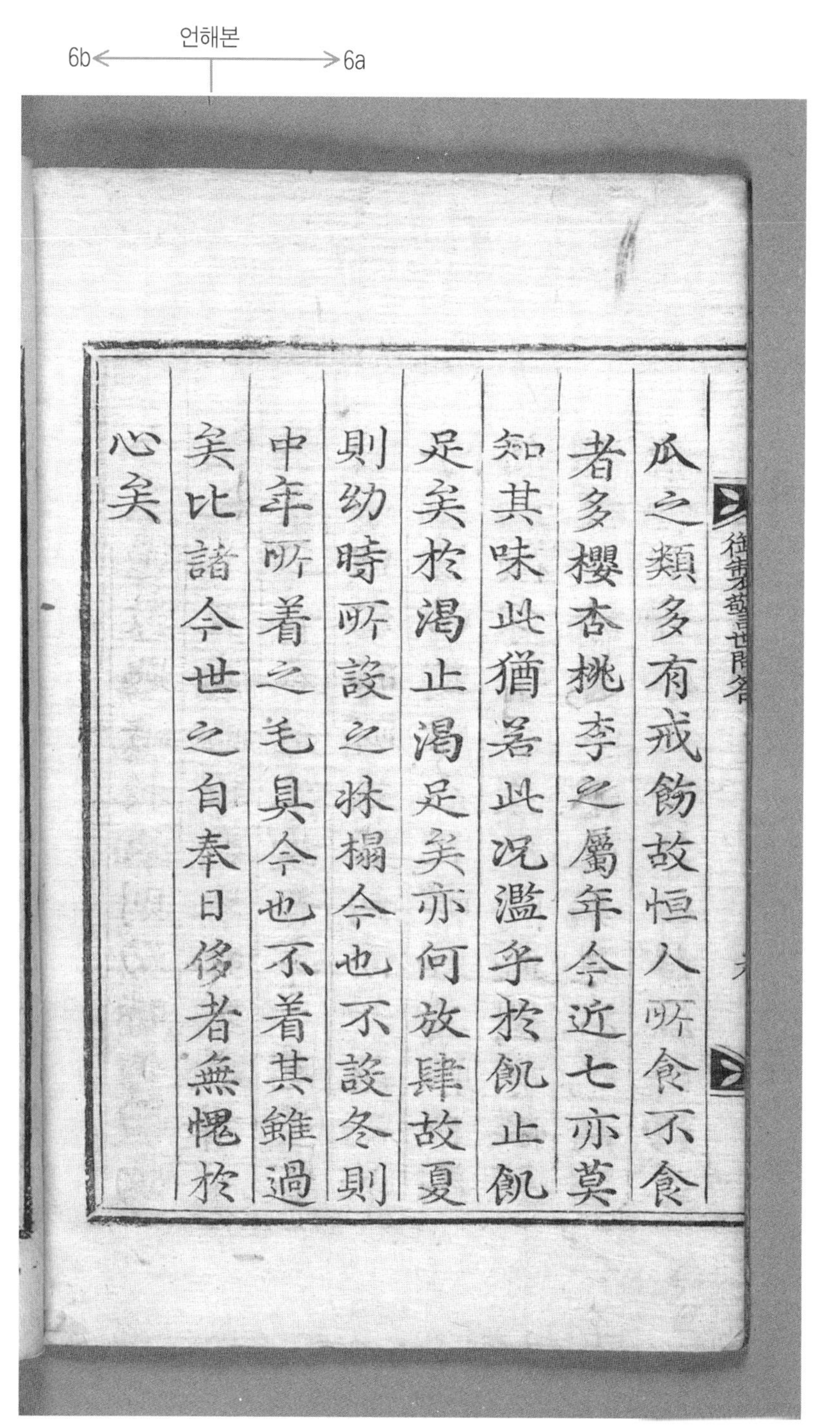
언해본
6b
6a
御製警世問答
瓜之類多有戒飭故恒人所食不食
者多櫻杏桃李之屬年今近七亦莫
知其味此猶若此况濫乎於飢止飢
足矣於渴止渴足矣亦何放肆故夏
則幼時所設之牀搨今也不設冬則
中年所着之毛具今也不着其雖過
矣比諸今世之自奉日侈者無愧於
心矣

御製警世問答 6b

언해본

6a 5b

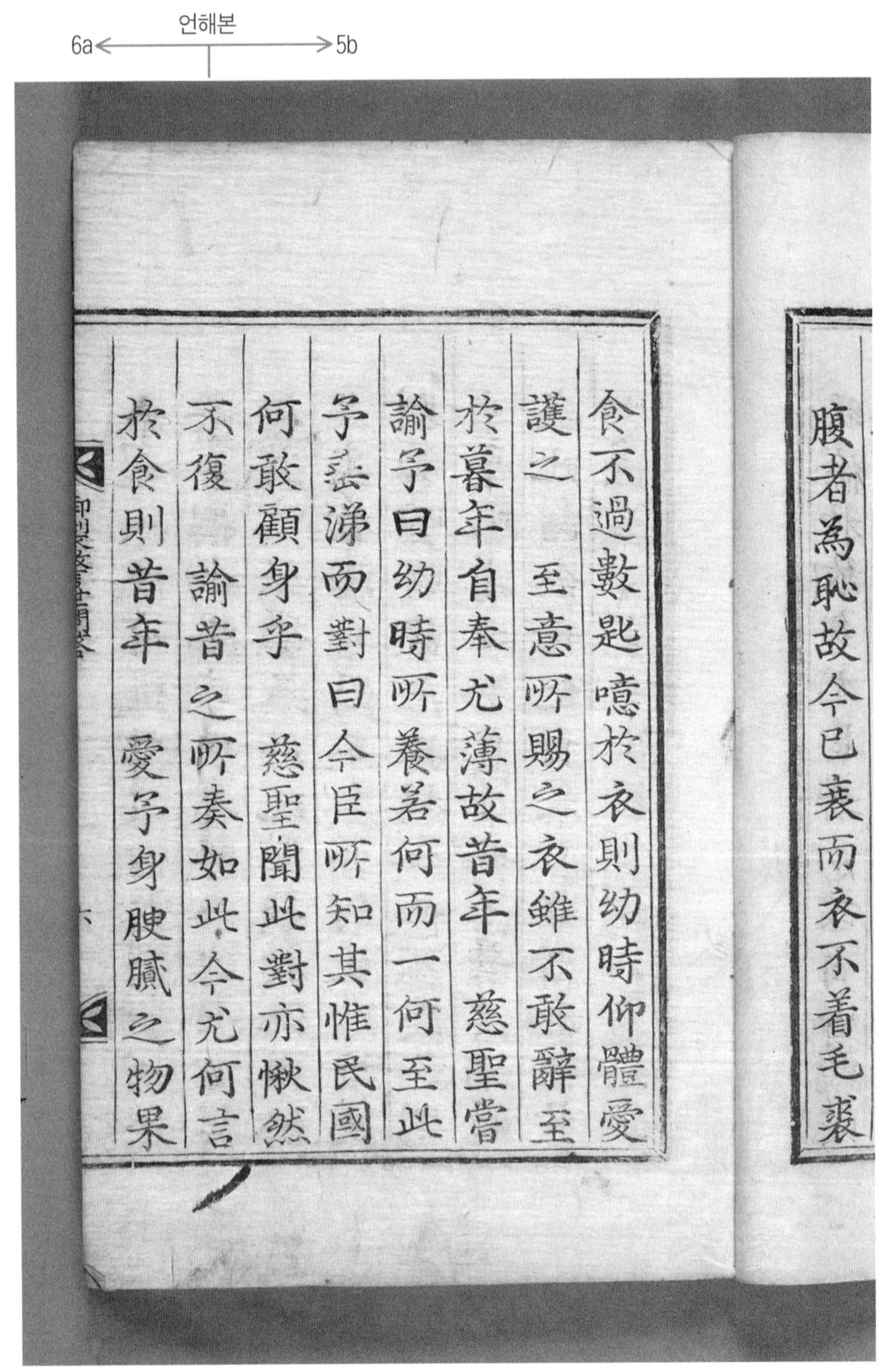

腹者爲恥故今已衰而衣不着毛裘

食不過數匙噫於衣則幼時仰體愛
護之 至意所賜之衣雖不敢辭至
於暮年自奉尤薄故昔年 慈聖嘗
諭予曰幼時所養若何而一何至此
予嗚涕而對曰今臣所知其惟民國
何敢顧身乎 慈聖聞此對亦愀然
不復 諭昔之所奏如此今尤何言
於食則昔年 憂予身腴膩之物果

御製警世問答 六

御製警世問答 6a

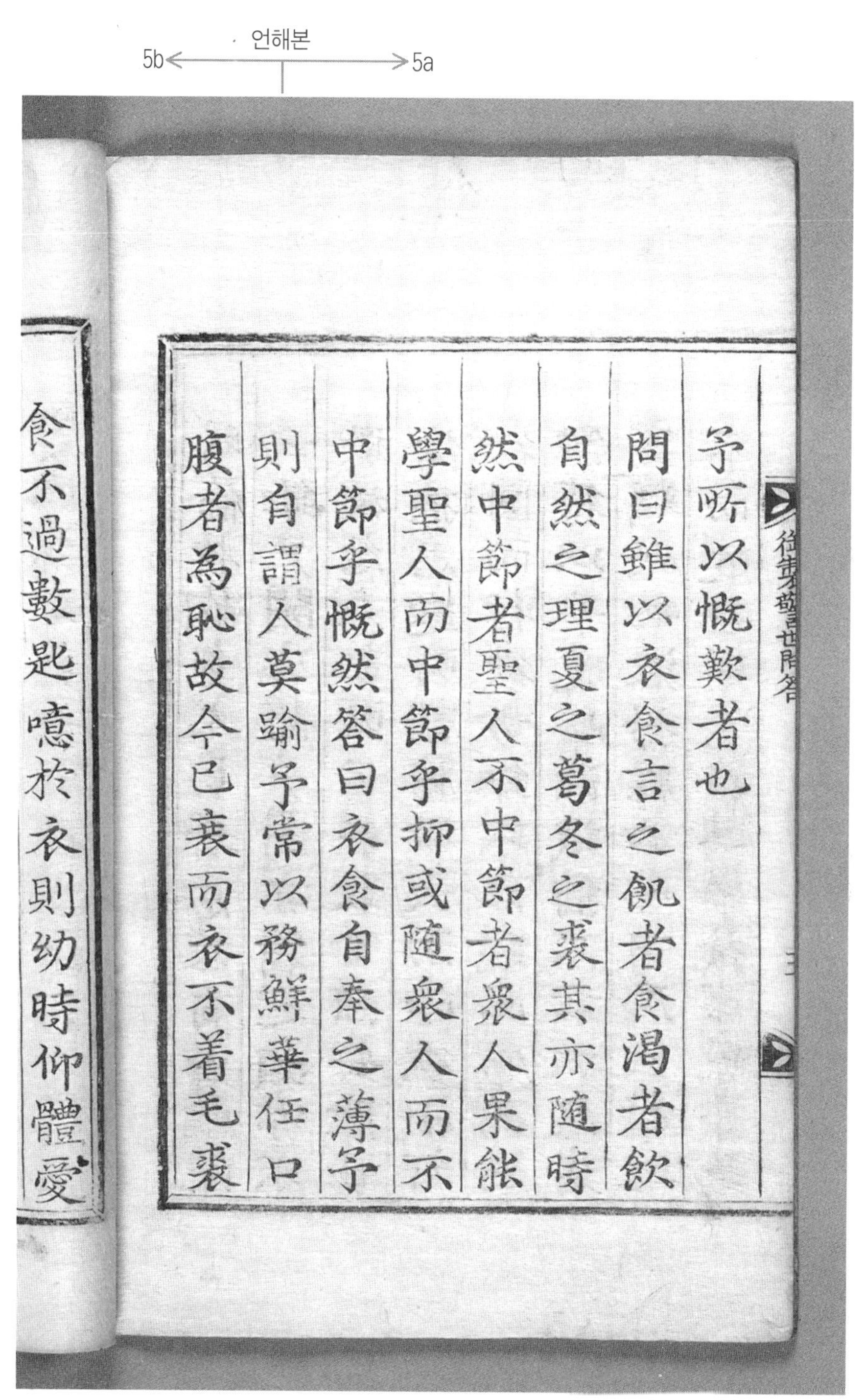


予所以慨歎者也

問曰雖以衣食言之飢者食渴者飲

自然之理夏之葛冬之裘其亦隨時

然中節者聖人不中節者衆人果能

學聖人而中節乎抑或隨衆人而不

中節乎慨然答曰衣食自奉之薄予

則自謂人莫踰予常以務鮮華任口

腹者為恥故今已衰而衣不着毛裘

御製警世問答 五

食不過數匙噫於衣則幼時仰體愛

御製警世問答 5b

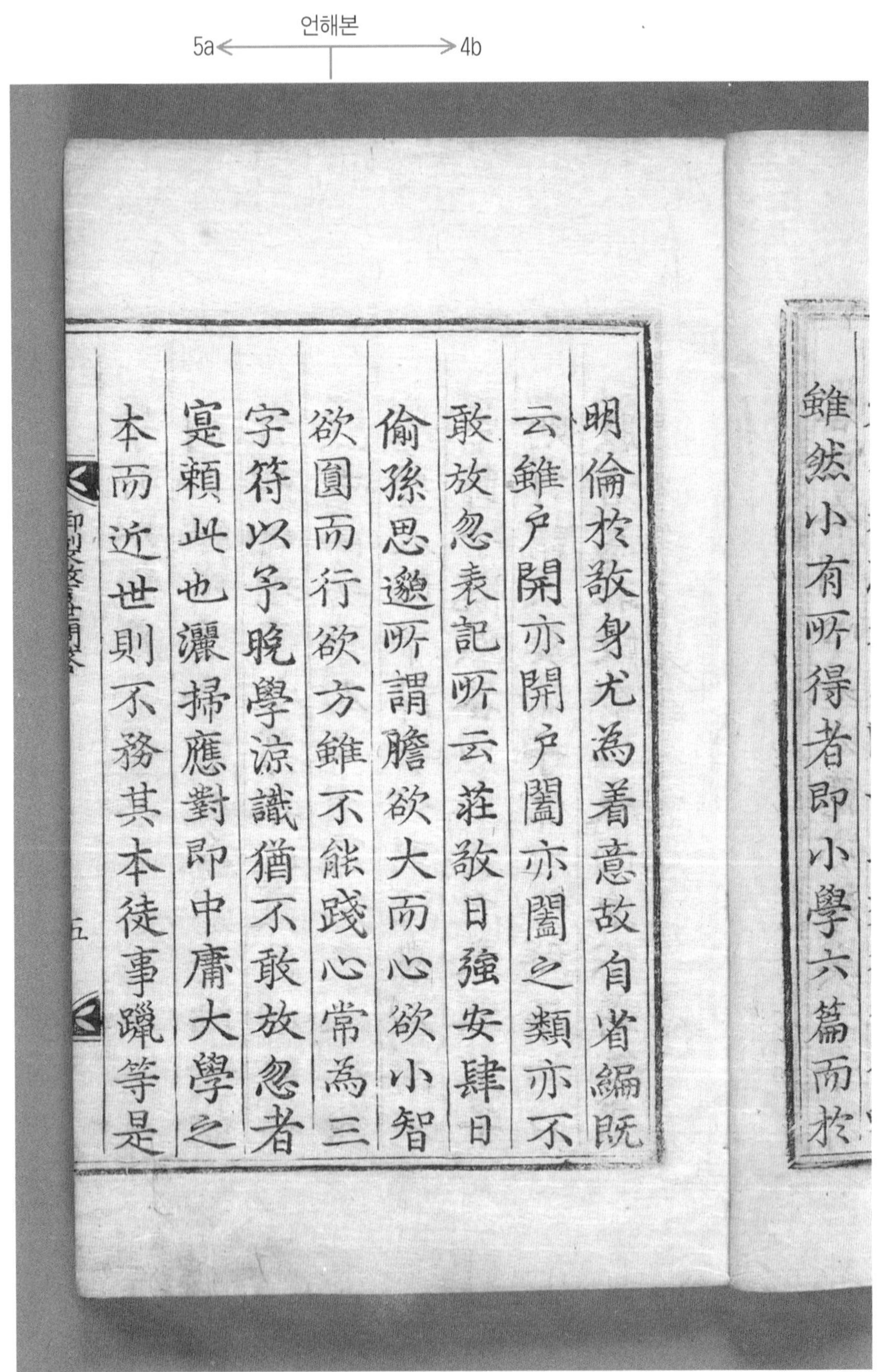


明倫於敬身尤爲着意故自省編旣
云雖户開亦開户闔亦闔之類亦不
敢放忽表記所云莊敬日強安肆日
偷孫思邈所謂膽欲大而心欲小智
欲圓而行欲方雖不能踐心常爲三
字符以予晩學涼識猶不敢放忽者
寔賴此也灑掃應對即中庸大學之
本而近世則不務其本徒事躐等是

御製警世問答 五

雖然小有所得者即小學六篇而於

御製警世問答 5a

언해본

4b ← → 4a

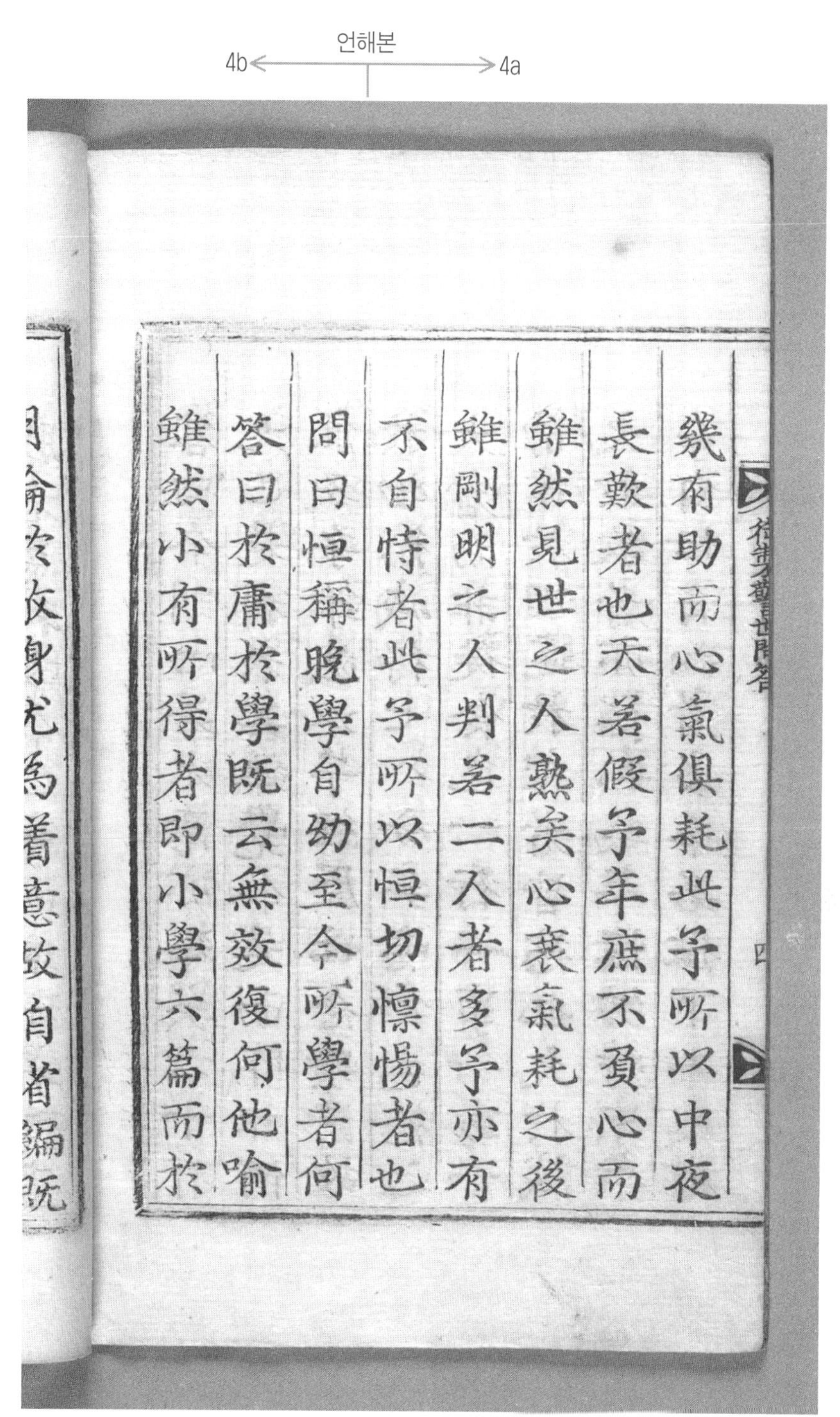

御製警世問答 四

幾有助而心氣俱耗此予所以中夜
長歎者也天若假予年庶不負心而
雖然見世之人熟矣心衰氣耗之後
雖剛明之人判若二人者多予亦有
不自恃者此予所以恒切懍惕者也
問曰恒稱晩學自幼至今所學者何
答曰於庸於學既云無效復何他喻
雖然小有所得者即小學六篇而於

月諭之故身尤爲着意玆自省編既

御製警世問答 4b

언해본
4a ← → 3b

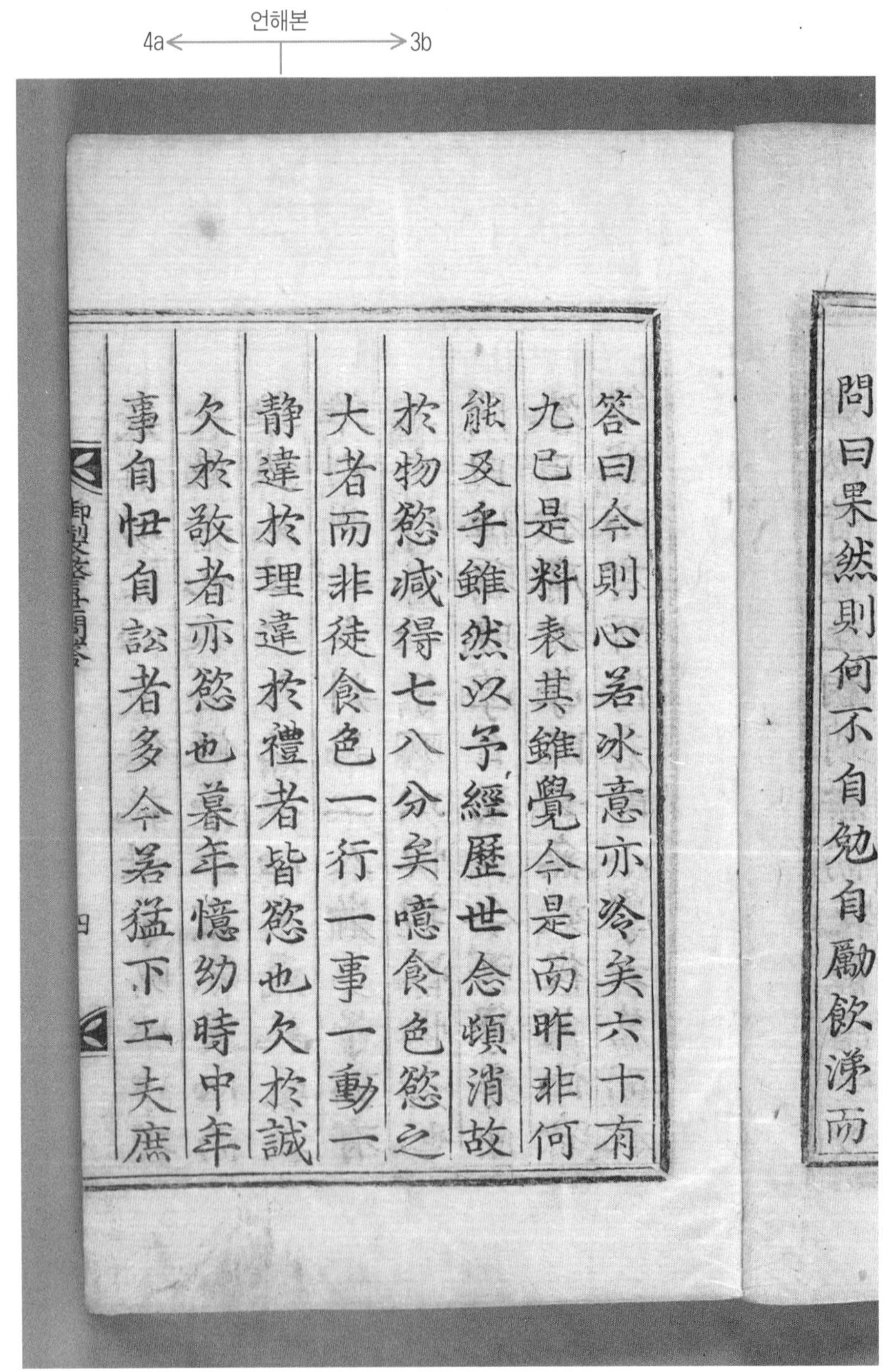
問曰果然則何不自勉自勵飮涕而

答曰今則心若冰意亦冷矣六十有
九已是料表其雖覺今是而昨非何
能及乎雖然以予經歷世念頓消故
於物慾減得七八分矣噫食色慾之
大者而非徒食色一行一事一動一
靜違於理違於禮者皆慾也欠於誠
欠於敬者亦慾也暮年憶幼時中年
事自忸自訟者多今若猛下工夫庶

御製警世問答 四

御製警世問答 4a

언해본

3b ← → 3a

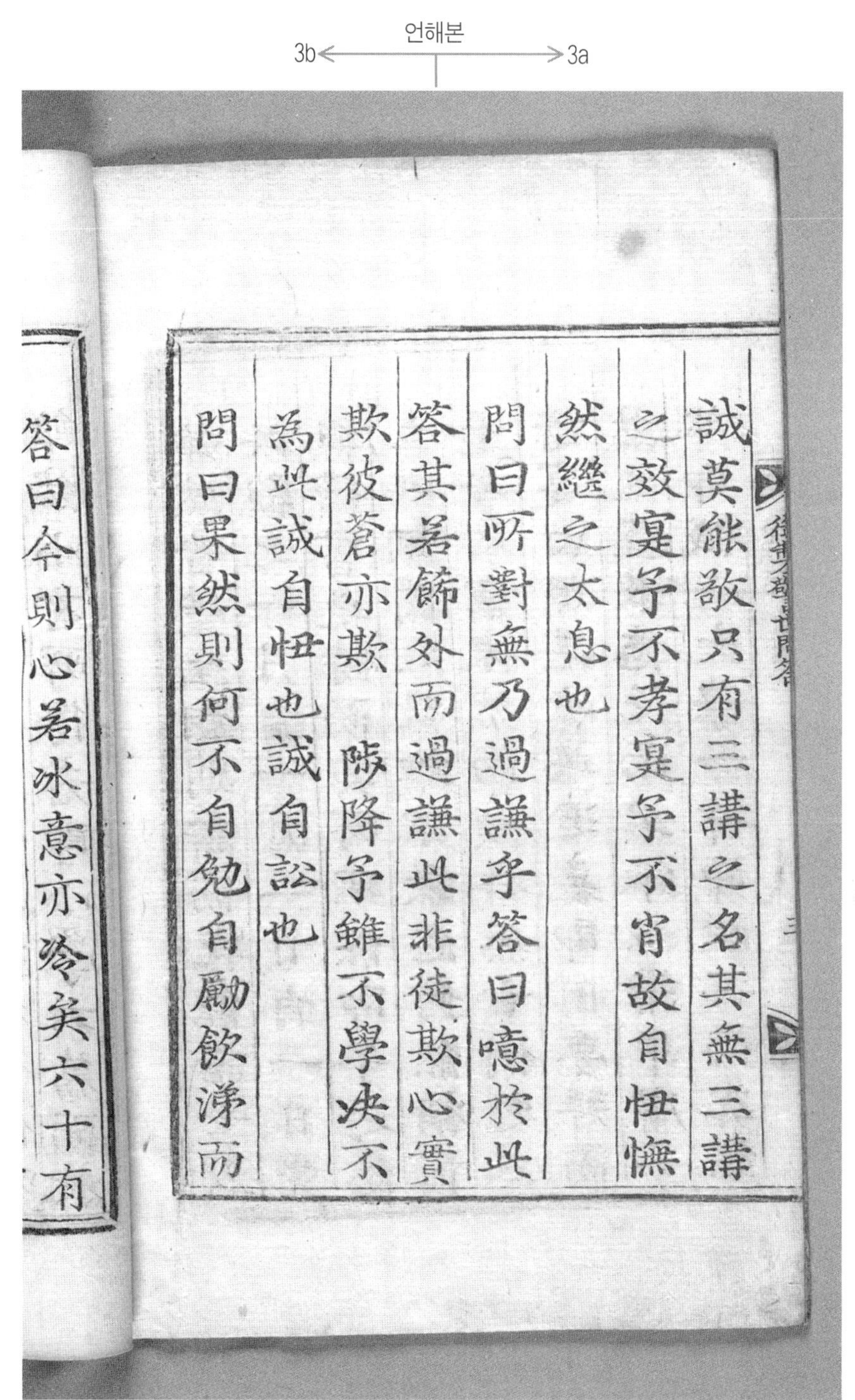
誠莫能敬只有三講之名其無三講
之效寔予不孝寔予不肖故自忸憮
然繼之太息也
問曰所對無乃過謙乎答曰噫於此
答其若飾外而過謙此非徒欺心實
欺彼蒼亦欺 陟降予雖不學決不
為此誠自忸也誠自訟也
問曰果然則何不自勉自勵飲滌而

答曰今則心若氷意亦冷矣六十有

御製警世問答 三

御製警世問答 3b

언해본
3a ← → 2b

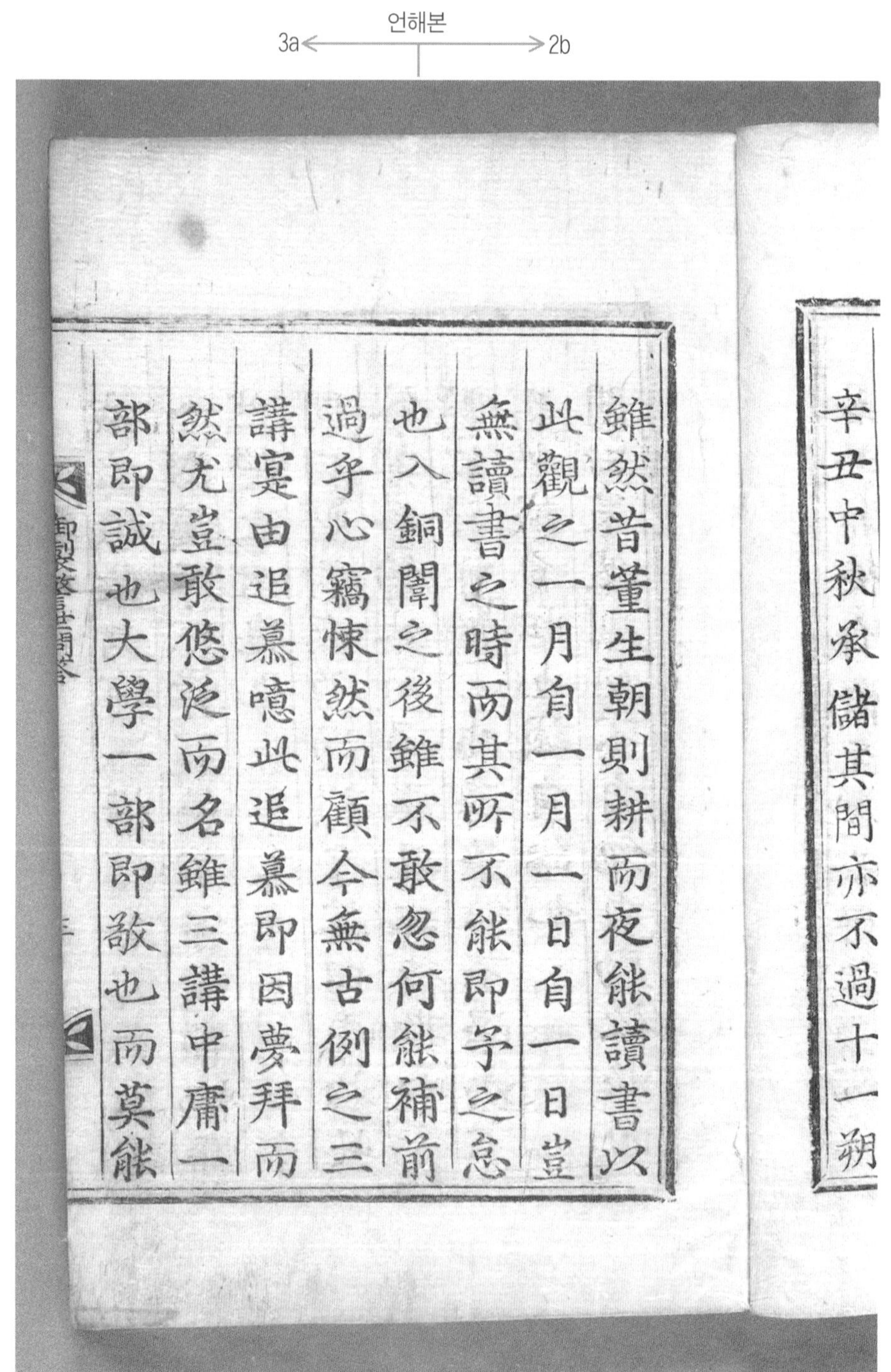
辛丑中秋承儲其間亦不過十一朔

雖然昔董生朝則耕而夜能讀書以此觀之一月自一月一日自一日豈無讀書之時而其所不能即予之怠也入銅闈之後雖不敢忽何能補前過乎心竊愧然而顧今無古例之三講寔由追慕噫此追慕即因夢拜而然尤豈敢悠泛而名雖三講中庸一部即誠也大學一部即敬也而莫能

御製警世問答 三

御製警世問答 3a

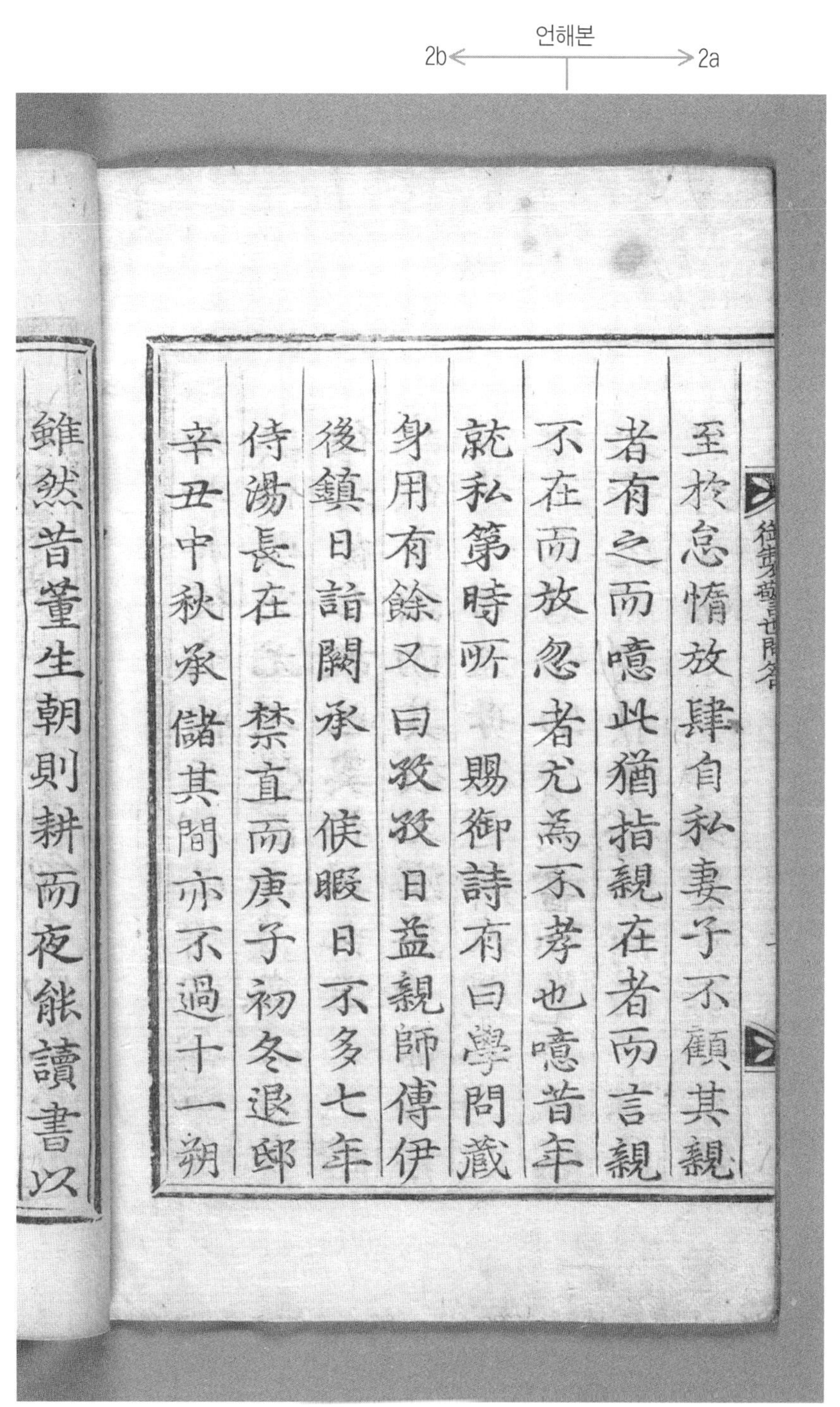


至於怠惰放肆自私妻子不顧其親
者有之而噫此猶指親在者而言親
不在而放忽者尤爲不孝也噫昔年
就私第時所 賜御詩有曰學問識
身用有餘又曰孜孜日益親師傅伊
後鎭日諳闕承 候暇日不多七年
侍湯長在 禁直而庚子初冬退邸
辛丑中秋承儲其間亦不過十一朔

御製警世問答

雖然昔董生朝則耕而夜能讀書以

御製警世問答 2b

언해본

2a ← → 1b

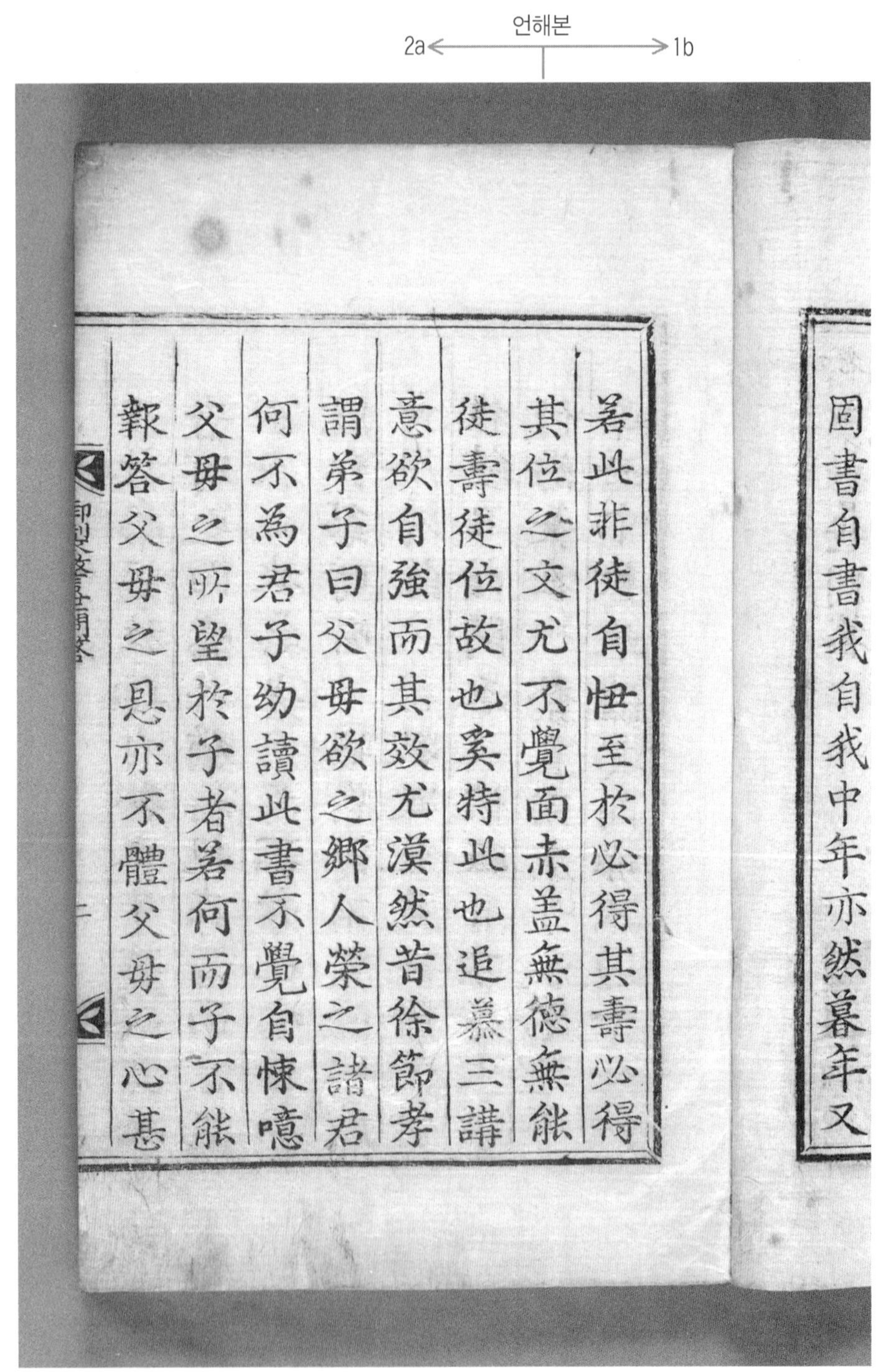

固書自書我自我中年亦然暮年又

若此非徒自恤至於必得其壽必得
其位之文尤不覺面赤盖無德無能
徒壽徒位故也奚特此也追慕三講
意欲自強而其效尤漠然昔徐節孝
謂弟子曰父母欲之鄉人榮之諸君
何不為君子幼讀此書不覺自悚噫
父母之所望於子者若何而子不能
報答父母之恩亦不體父母之心甚

御製警世問答 二

御製警世問答 2a

언해본
1b ⟵ ⟶ 1a

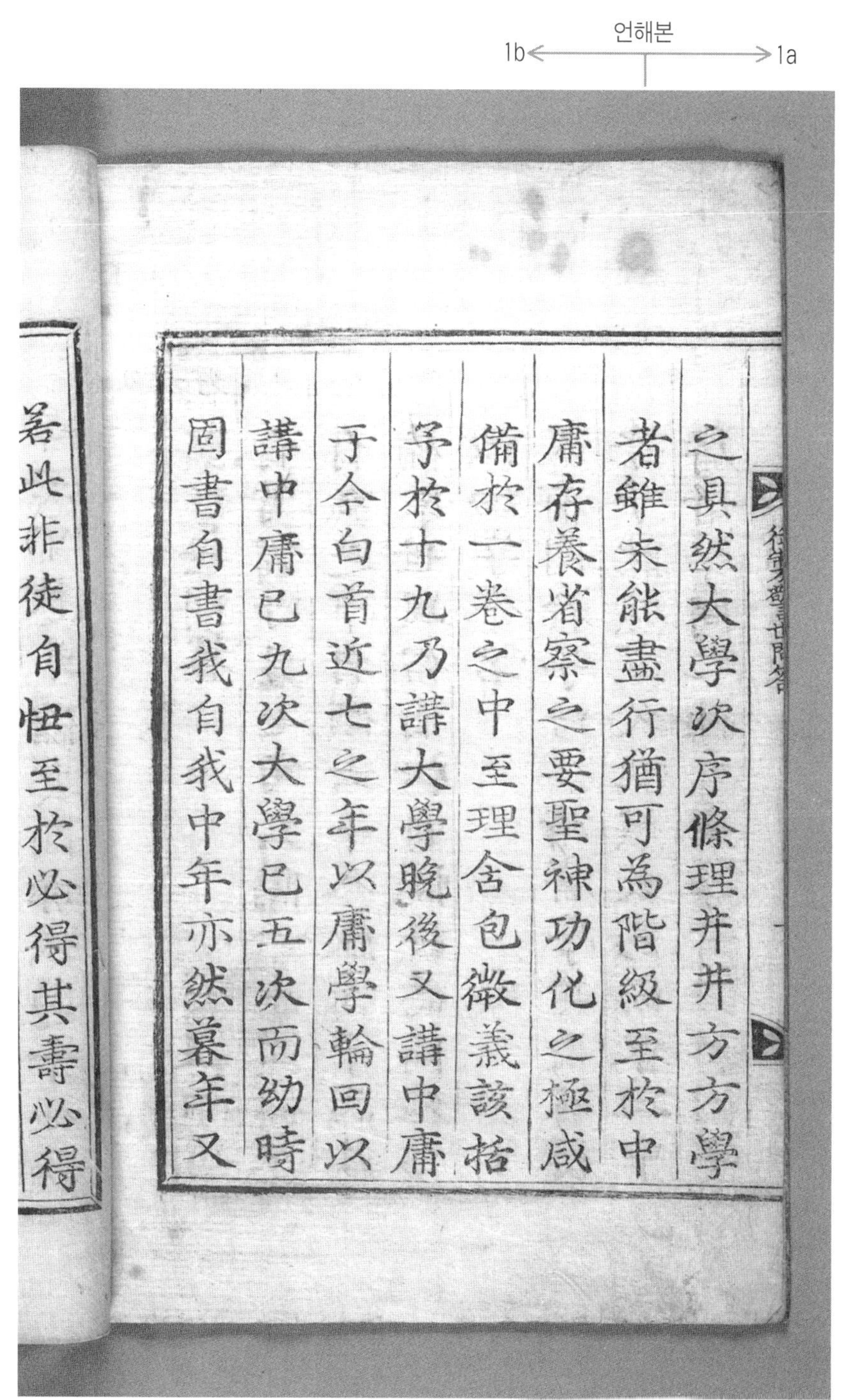

御製警世問答 1b

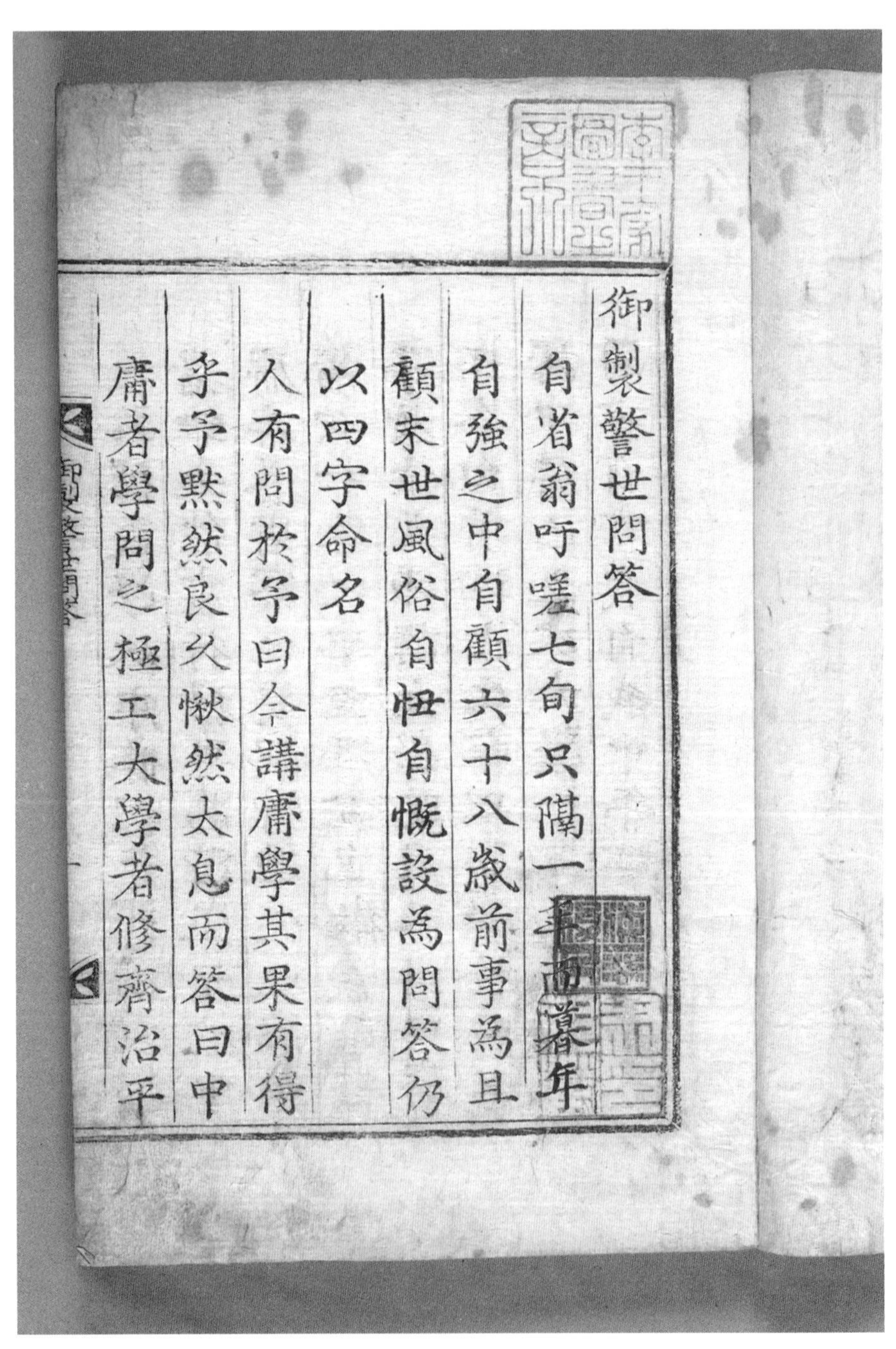

御製警世問答

自省翁吁嗟七旬只隔一年而暮年

自強之中自顧六十八歲前事爲且

顧末世風俗自忸自慨設爲問答仍

以四字命名

人有問於予曰今講庸學其果有得

乎予默然良久愀然太息而答曰中

庸者學問之極工大學者修齊治平

御製警世問答 一

御製警世問答 1a

御製警世問答 (隔紙)

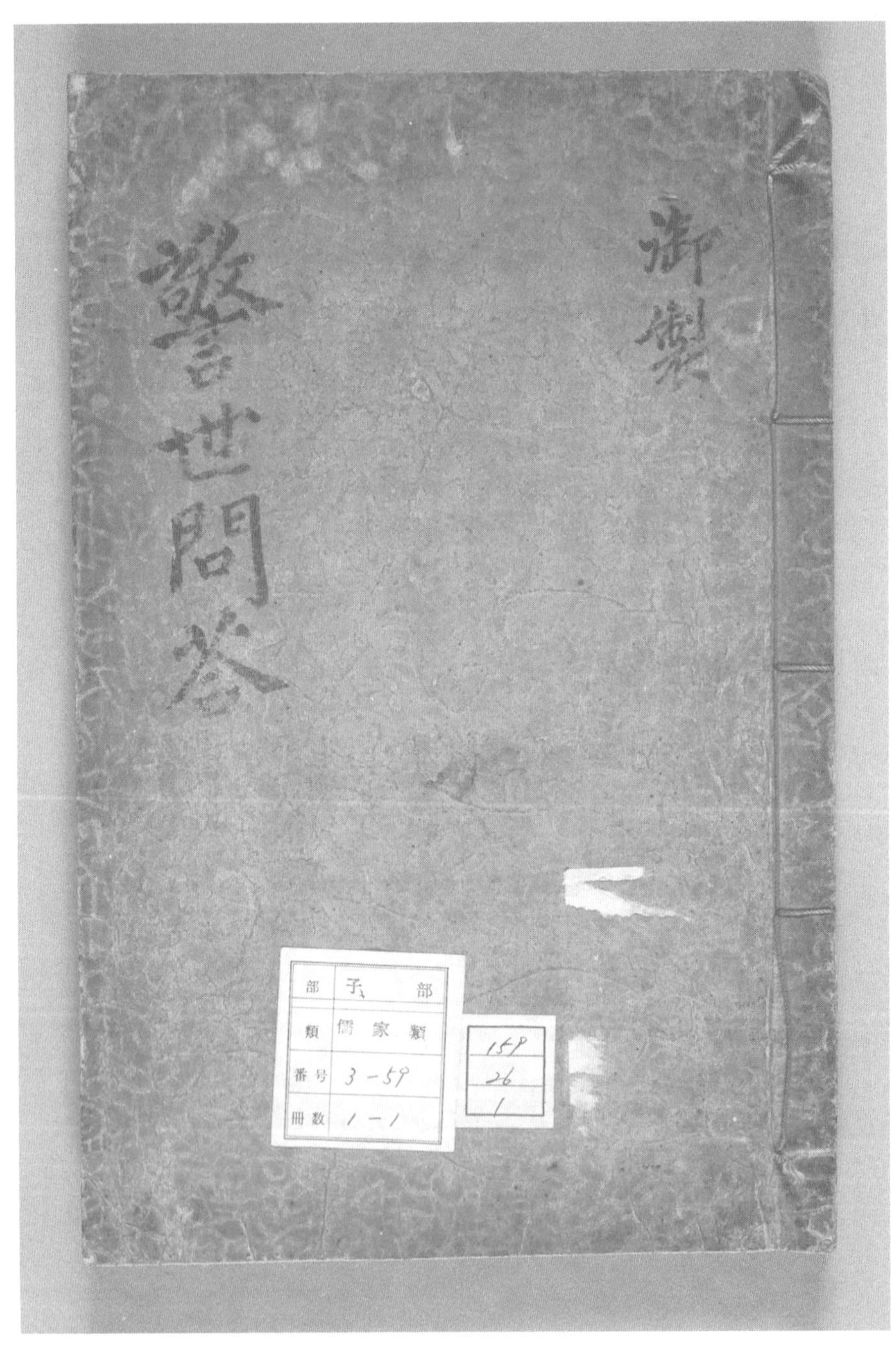


御製警世問答 외표지(앞)

# 御製警世問答

한문본 영인

어제경세문답(언해) 외표지(뒤)

어제경세문답(언해) (隔紙)

어제경세문답(언해) (空隔紙 b)

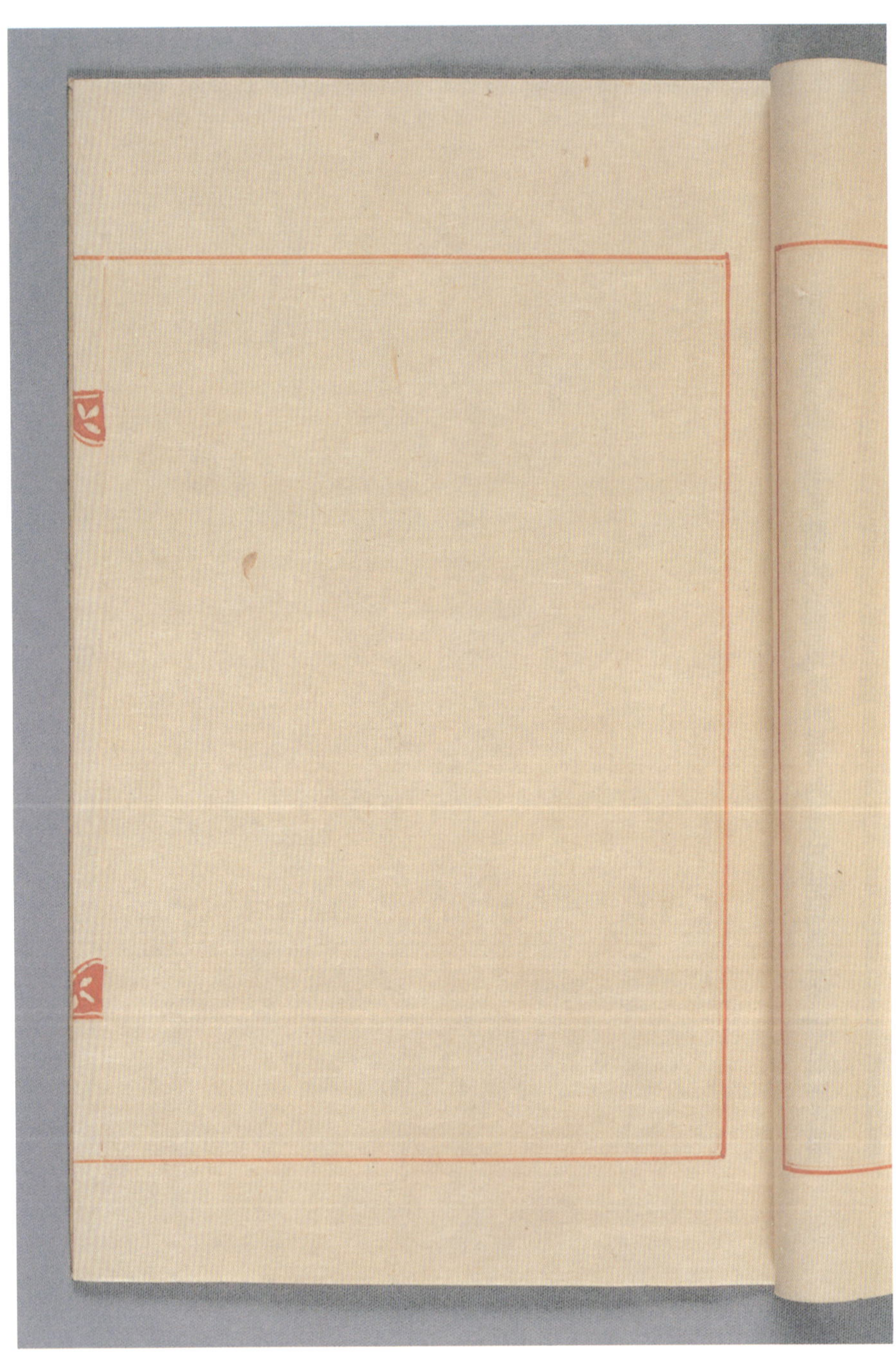

어제경세문답(언해) (空隔紙 a)

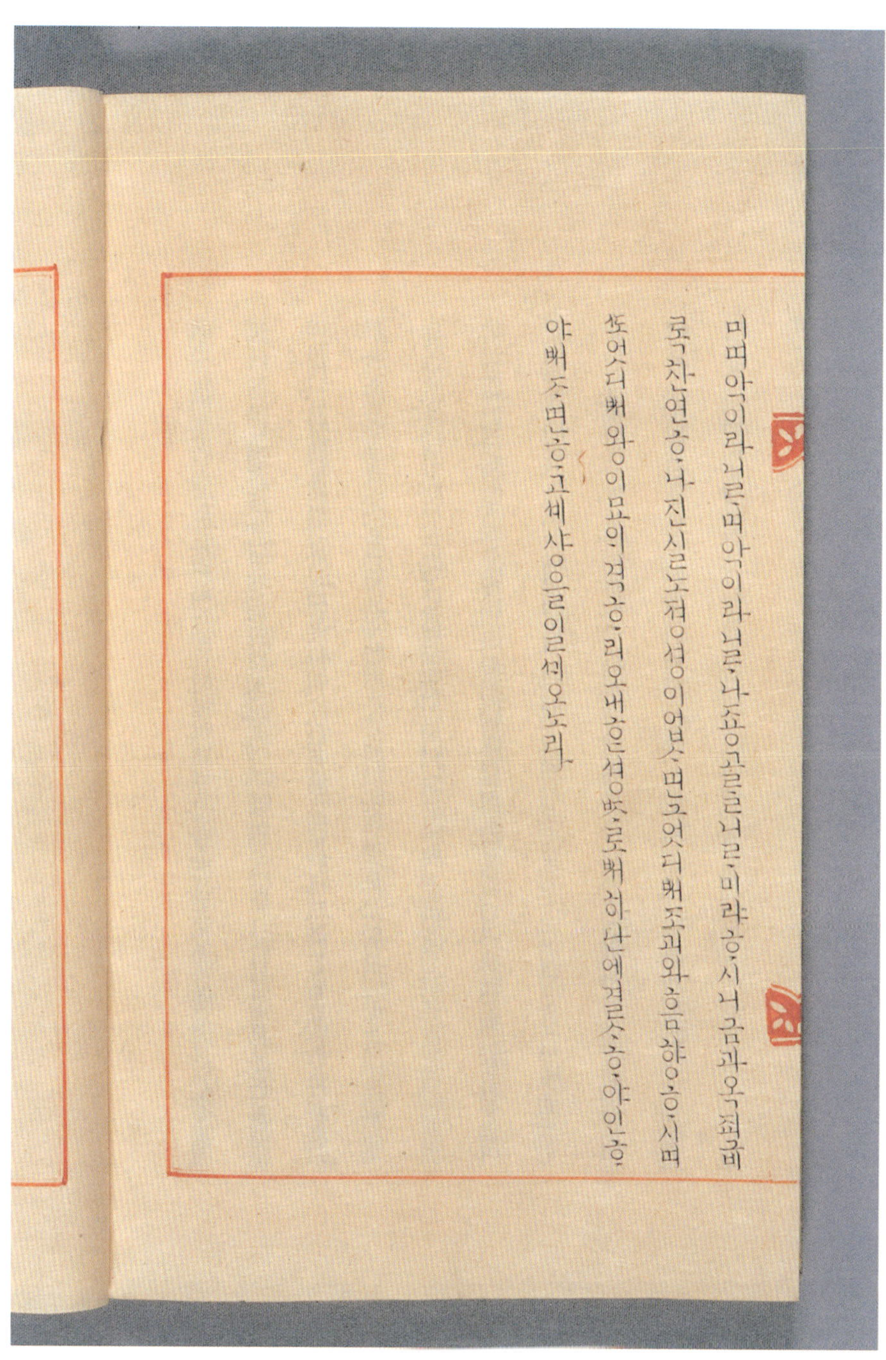

미ᄯᅡ 악이라 니ᄅᆞ며 악이라 니ᄅᆞᆫ나 죵고ᄅᆞᆯ 니ᄅᆞᆫ미라 ᄒᆞ시니 금과 옥ᄌᆞᆨ급
록 찬연ᄒᆞ나 진실로 졍셩이 업ᄉᆞ면 그 엇디 ᄡᅧ 조괴와 흠향ᄒᆞ시며
ᄯᅩ 엇디 ᄡᅧ 왕이 묘의 격ᄒᆞ리오 ᄇᆡᆨ셩은 셩ᄋᆞᆺ로ᄡᅧ 하간에 결ᄉᆞᄒᆞ야 인ᄒᆞ
야 ᄡᅧ ᄉᆞ면ᄒᆞ고 세샹을 일셔오노라

어제경세문답(언해) 46b

한문본

55b ← → 53a

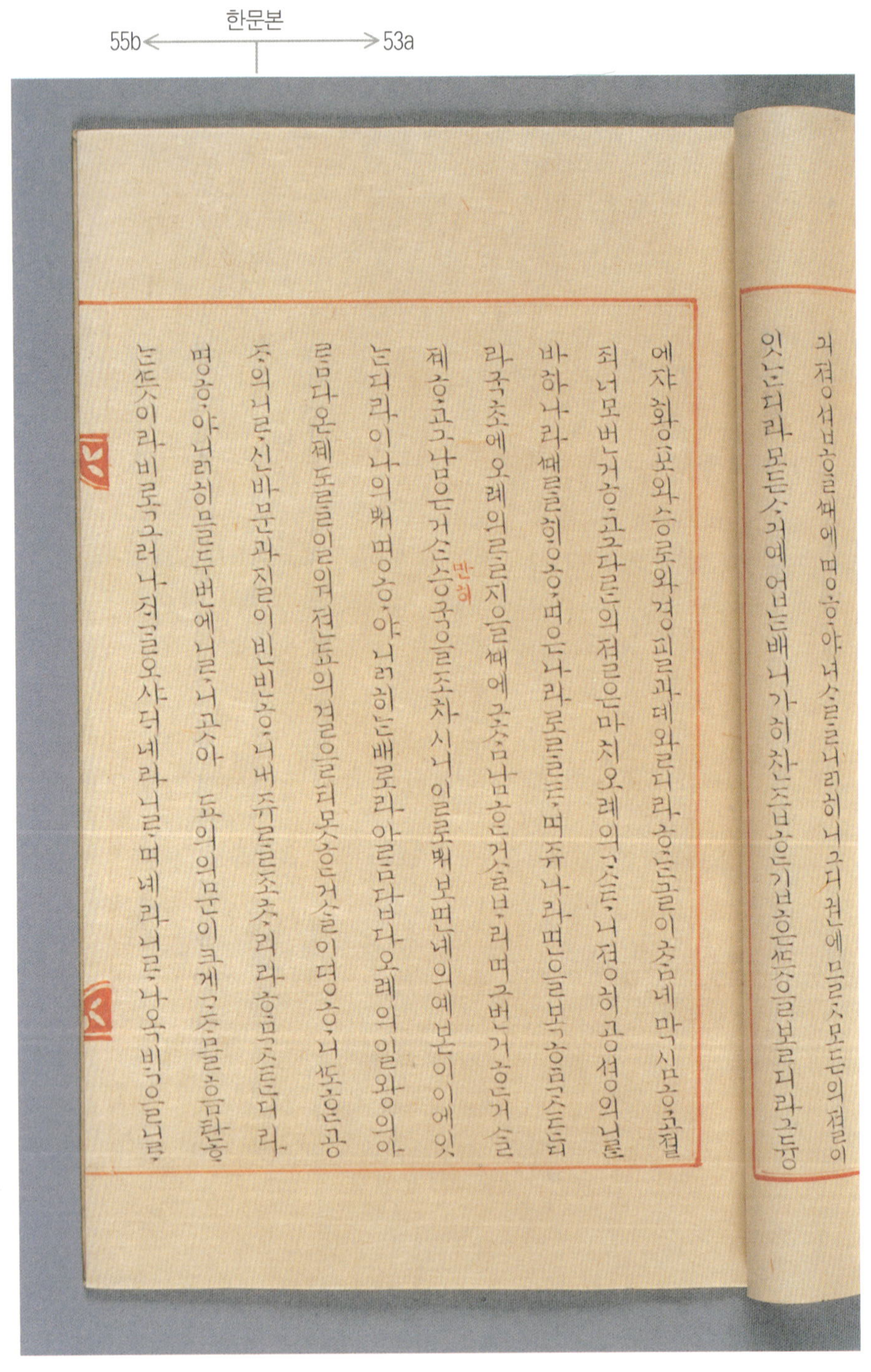

거졍셔ᄇᆞᆯ ᄯᅢ에 ᄯᅥᆼᄒᆞ야 녀ᄉᆞᆯᄅᆞ ᄂᆡ리히니 그ᄃᆡ 권에 ᄆᆞᆯᄉᆞ 모든의 졀이
잇ᄂᆞᆫ디라 모든ᄉᆞ거에 업ᄂᆞᆫ배니 가히 찬조ᄇᆞ흔 ᄀᆡᆸᄒᆞᆫᄯᅳᆺ을 볼디라 그듕
에쟈 황포와 ᄉᆞᆼ로와 경필과 뎨와ᄅᆞᆯ디라 ᄒᆞᄂᆞᆫ 글이 ᄌᆞᆷ네 마ᄀᆞ심ᄒᆞ고졉
죄너모번거ᄒᆞ고 그다ᄅᆞᆫ의 졀ᄅᆞᆫ 마치오례의 ᄀᆞ스ᄅᆞᆫ니 졍히 공셩의 니ᄅᆞᆫ
바하나라 ᄯᅢᄅᆞᆯ 희ᄋᆞᆼᄒᆞ야 ᄯᅩᆫ 나라로ᄅᆞᆫ ᄯᅥ 쥬나라 편을 보ᄋᆞᆷᄒᆞᆷᄋᆞᆫ디
라 국초에 오례의ᄅᆞᆯ 지을 ᄯᅢ에 ᄀᆞᄌᆞᆷ 남ᄒᆞᆫ 거ᄉᆞᆯ 바리며 그 번거ᄒᆞᆫ 거ᄉᆞᆯ
졔ᄒᆞ고 그 남은 거ᄉᆞᆯ ᄉᆞᆼ국을 조차시니 이로ᄡᅥ 보면 네의 예본이 이에 잇
ᄂᆞᆫ디라 이 나의 ᄡᅥ ᄯᅥᆼᄒᆞ야 니러히ᄂᆞᆫ 배로라 아ᄅᆞᆷ다ᄇᆞ다 오례의 일왕의아
ᄅᆞᆷ다온 졔도ᄅᆞᆯ 일워 젼됴의 결을 ᄃᆡ모ᄉᆞᆫ 거ᄉᆞᆯ이 뎡ᄒᆞ니 ᄯᅩᄒᆞᆫ 공
ᄌᆞ의 니ᄅᆞ신 바 문과 질이 빈빈ᄒᆞ니 내 쥬ᄅᆞᆯ 조ᄎᆞ리라 ᄒᆞ심ᄀᆞᄐᆞᆫ디라
명ᄒᆞ야 니러히 ᄆᆞᆯ 두번에 니ᄅᆞ니 고ᄉᆞ아 됴의 의문이 크게 ᄀᆞᄌᆞᆷ을 ᄒᆞᆷ탄ᄒᆞ
ᄂᆞᆫ ᄯᅳᆺ이라 비록 그러나 져ᄀᆞᆯ 오샤ᄃᆡ 네라 니ᄅᆞ며 녜라 니ᄅᆞ나 옥백을 니ᄅᆞ

만혀

어제경세문답(언해) 46a

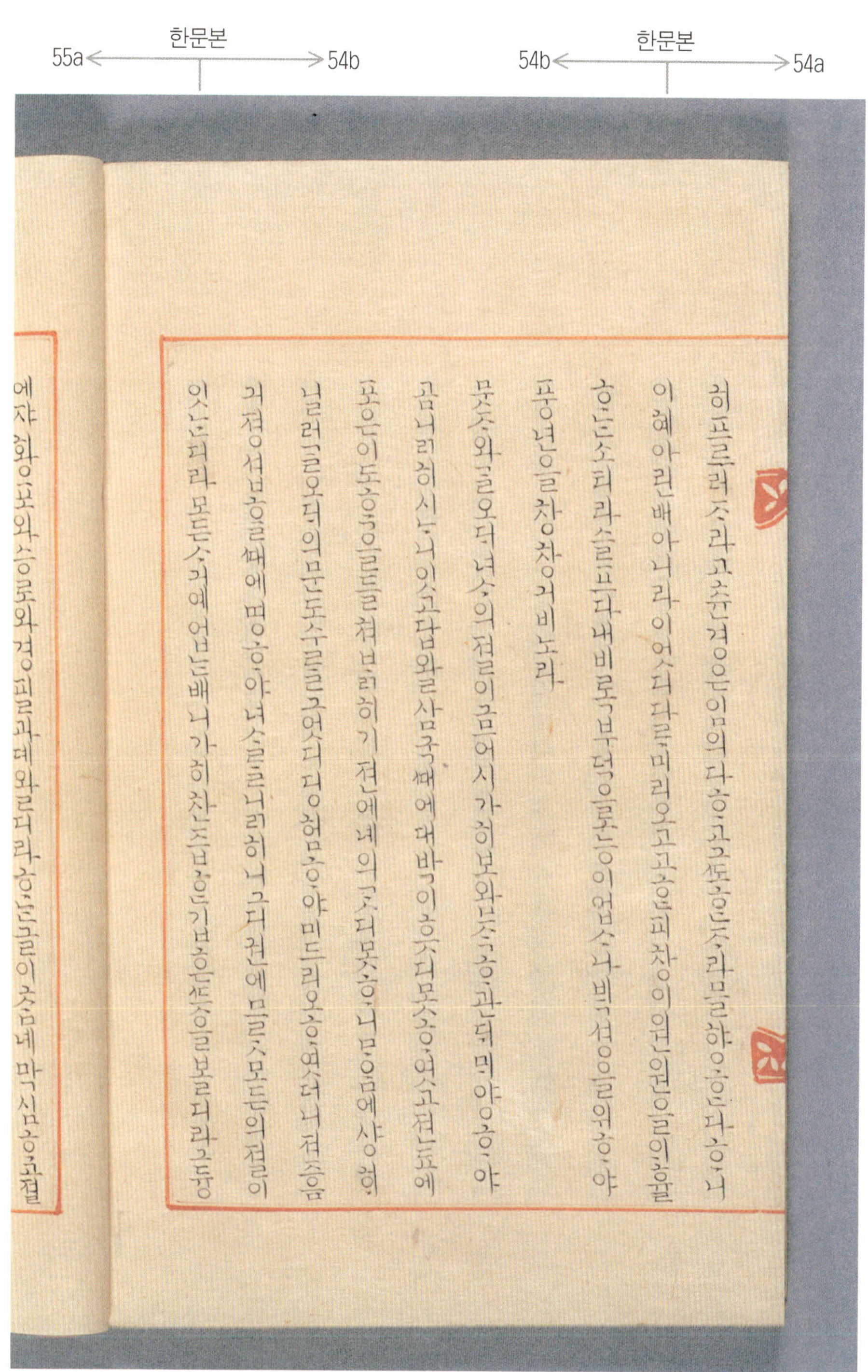


어제경세문답(언해) 45b

한문본

54a ← → 53b

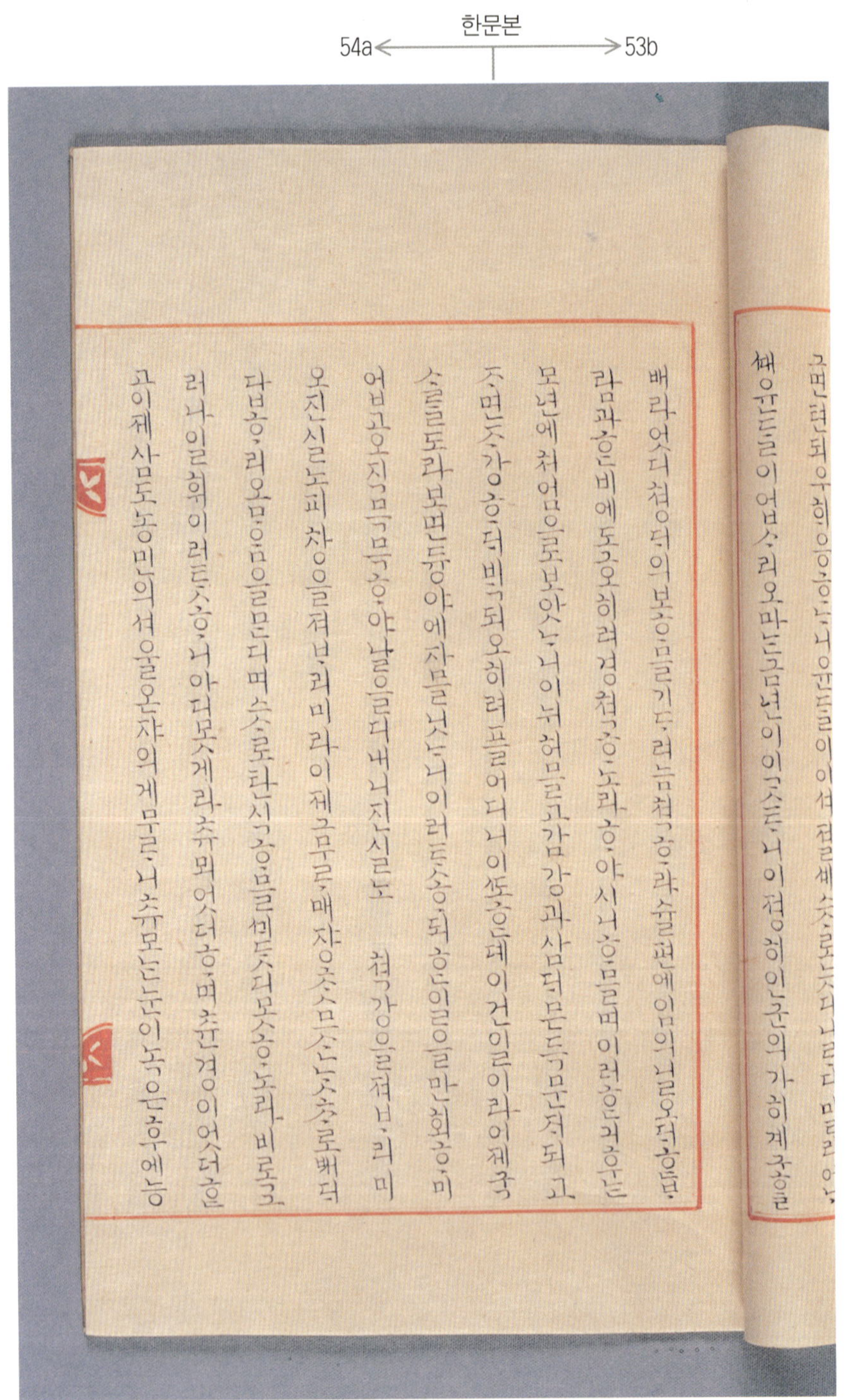

어제경세문답(언해) 45a

한문본
53b ← → 53a

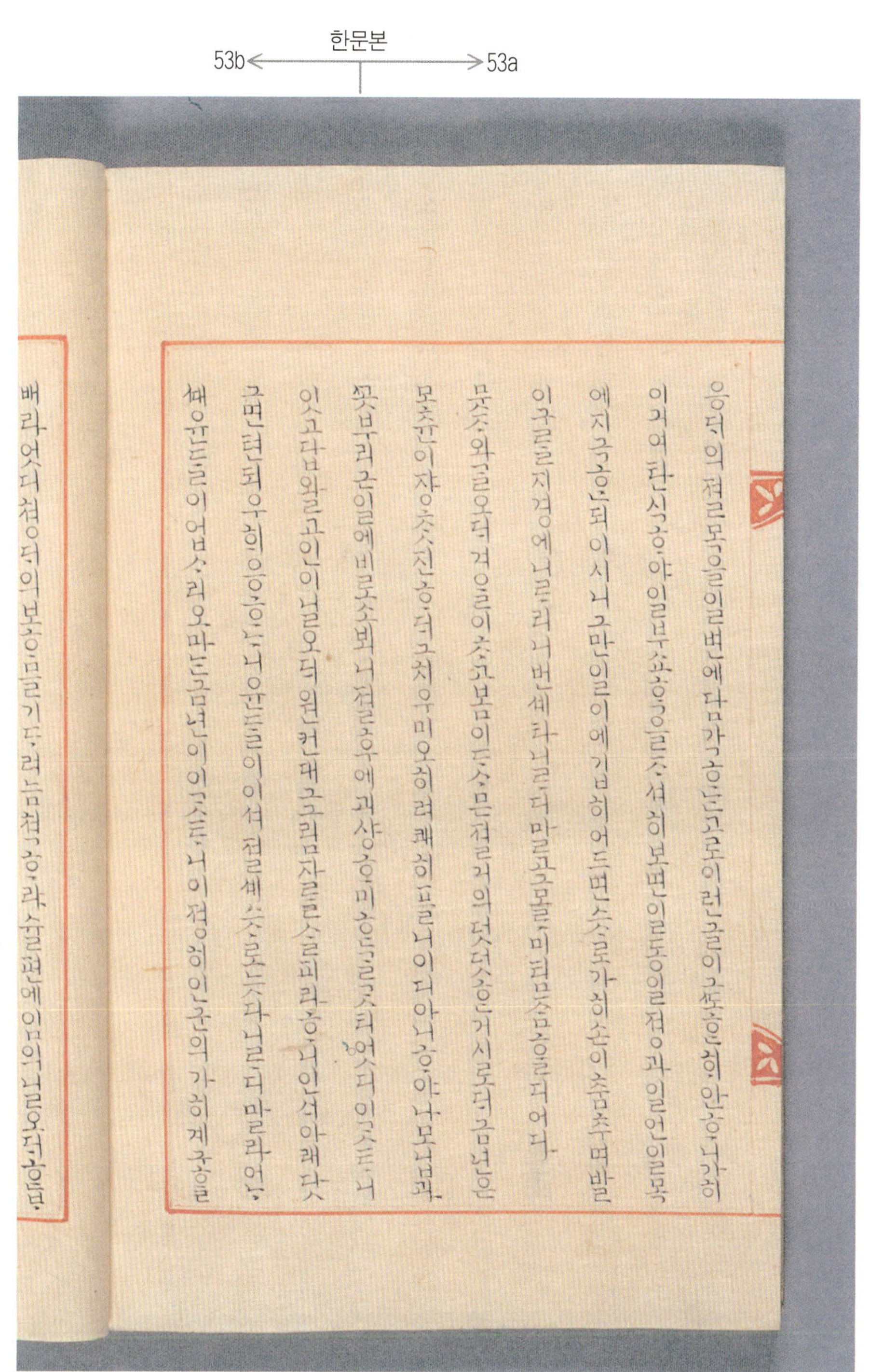

응ᄃᆡ의 졀ᄅᆞ목을일번에다ᄆᆞ각ᄒᆞᄂᆞᆫ고로이런글이ᄀᆞᆺᄒᆞᆫ즉안ᄒᆞ나가히
이거어 탄식ᄒᆞ야 일부ᄉᆞᆷᄒᆞ을ᄉᆞ셔히보면이ᄅᆞᄃᆞᆼ일젹ᄋᆞ과 일언일목
에지극ᄒᆞᆫ되이시니 그만일이에 기ᄇᆞ히 어드면ᄉᆞᆺ로가히 손이 츔추며발
이구ᄅᆞᆯ지경에니ᄅᆞ리니 번세타니ᄅᆞᆫ다 말고몰ᄅᆞ 미듬ᄆᆞᄋᆞᆷ을더어다
뭇ᄌᆞᆸ와ᄀᆞᆯ오ᄃᆡ 겨ᄋᆞᆯ이ᄎᆞ고봄이ᄃᆞᆺᄉᆞ믄졀ᄅᆞ거의ᄃᆞᆺᄃᆞᆺᄒᆞᆫ거시로ᄃᆡ금년은
모ᄎᆞᆫ이쟝ᄎᆞᆺ진ᄒᆞᄃᆡ그치우미오히려쾌히ᄆᆞᆯ니이다아니ᄒᆞ야나모닙과
꼿부리곤일에비로소뵈니졀ᄅᆞ우에괴상ᄒᆞ미ᄒᆞᆫ글ᄀᆞᆺ터엇디이ᄀᆞᆺᄐᆞ뇨
잇고다ᄇᆞᆸᄋᆞᆯ고인이니ᄅᆞ오ᄃᆡ 원컨대그그림자ᄅᆞᆯᄉᆞᆯ피라ᄒᆞ니인셔아래다ᄉᆞ
그면텬되우히ᄋᆞᆼᄒᆞᄂᆞ니윤ᄃᆞᆯ이이셔 졀셰ᄉᆞᆺ로ᄂᆞᆺ다니ᄅᆞ디말라언ᄒᆞ
ᄯᅢ윤ᄃᆞᆯ이업ᄉᆞ리오마ᄂᆞᆫ금년이이ᄀᆞᆺᄐᆞ니이졍ᄒᆞᆼ히인군의가히계ᄒᆞᆯ
배라엇디쳔ᄒᆞᆫᄃᆡ의보ᄒᆞ믈기ᄃᆞ리ᄂᆞ뇨쳔ᄒᆞ라슬프다편에이믜니ᄅᆞ오ᄃᆡᄒᆞᆫ니

어제경세문답(언해) 44b

한문본 53a ↔ 52b　　한문본 52b ↔ 52a

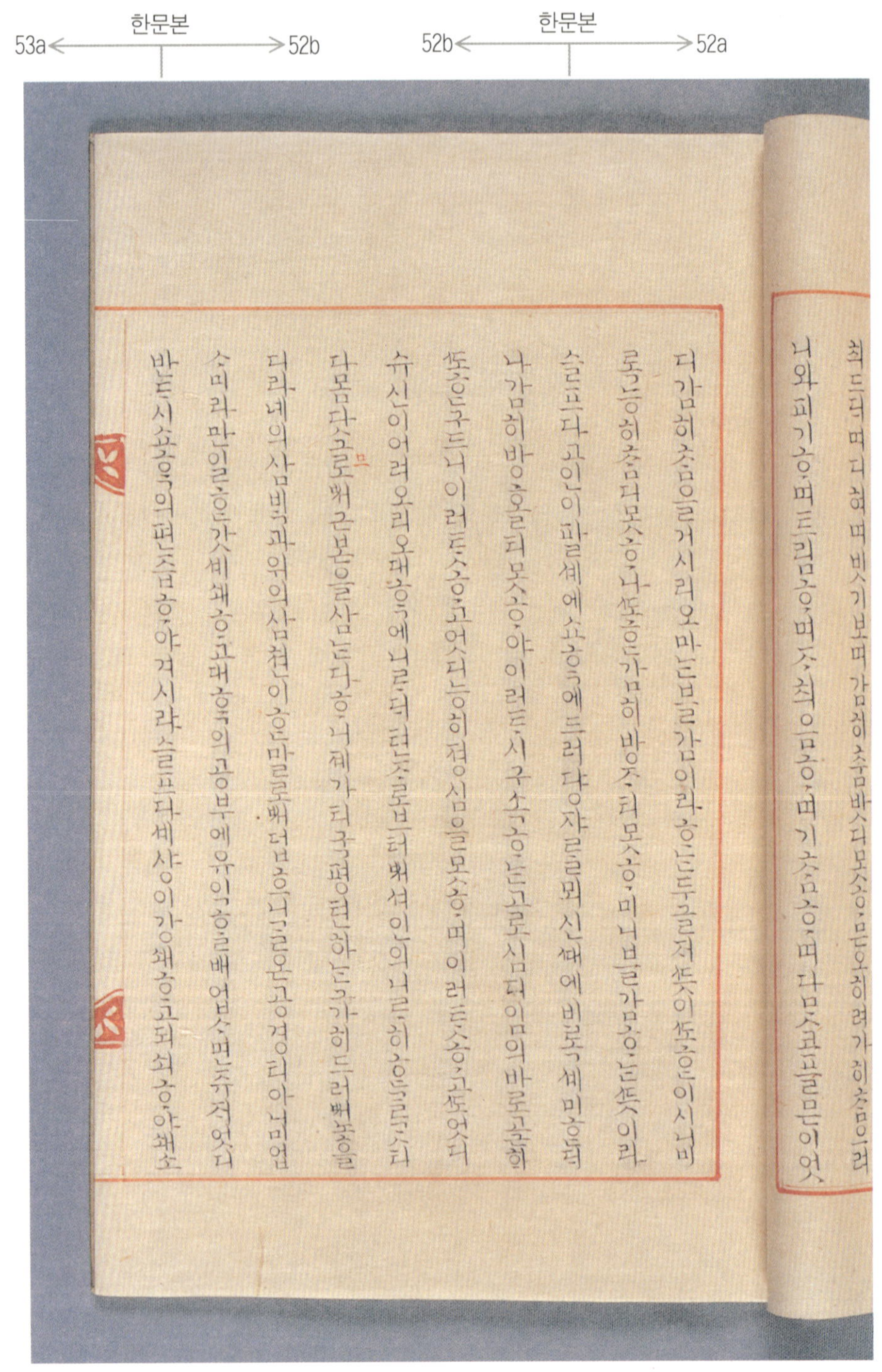

최ᄃᆞᆫ다ᄯᅢ다ᄒᆡᄯᅢ바ᄉᆞ기보ᄯᅢ감히ᄎᆞᆷ바ᄉᆞ다모ᄉᆞᆼ·믄오히려가히ᄎᆞᆷ으려
나와피기ᄒᆞᆼ·ᄯᅢ드림ᄒᆞᆼ·ᄯᅢᄉᆞ직임ᄒᆞᆼ·ᄯᅢ기ᄎᆞᆷᄒᆞᆼ·ᄯᅢ다ᄆᆞᄉᆞᆷᄑᆞᆯ믄이엇

다감히ᄎᆞᆷ을거시리오마ᄂᆞᆫ브ᄅᆞᆯ감이라ᄒᆞᄂᆞᆫ두글ᄌᆞᄯᅳᆺ이ᄯᅩᄒᆞᆫ이시니비
롯ᄂᆞᆫ히ᄎᆞᆷ다모ᄉᆞᆼ·나ᄯᅩᄒᆞᆫ감히방ᄌᆞᆺ·디모ᄉᆞᆼ·미나브ᄅᆞᆯ감ᄒᆞᆼ·ᄂᆞᆫᄯᅳᆺ이라
ᄉᆞᆯᄑᆞ다 고인이팔셰에ᄉᆞᄒᆞᆨ에드러다ᄉᆡᆼ쟈ᄅᆞᆯ뫼신ᄃᆡ에비록셰미ᄒᆞᆫ디
나감히방ᄋᆞᆯ디모ᄉᆞᆼ·아이러ᄐᆞᆺ시구ᄉᆞᆨᄒᆞᆼ·ᄂᆞᆫ고로심디임의바로곤ᄒᆞ
ᄯᅩᄒᆞᆫ구드니이러ᄐᆞᆺᄒᆞᆼ·고어ᄉᆞ디ᄂᆞᆼ히졍심을모ᄉᆞᆼ·ᄯᅢ이러ᄐᆞᆺᄒᆞᆼ·고ᄯᅩ어ᄉᆞ디
슈신이어려오리오대ᄒᆞᆨ에니ᄅᆞᆺ·디텬ᄌᆞᆺ·로브터ᄡᅥ셔인의니ᄅᆞᆺ·히ᄒᆞᆫ골ᄀᆞᆺ치
다몸닷ᄀᆞᆷ으로ᄡᅥ근본을삼ᄂᆞᆫ다ᄒᆞᆼ·니졔가티국평텬하ᄂᆞᆫ가히드러ᄡᅥ알을
디라네의삼빅과위의삼쳔이ᄒᆞᆫ말로ᄡᅥ덥ᄒᆞ니ᄀᆞᆯ온공경티아니미업
ᄉᆞ미라만일ᄒᆞᆫ갓셰쇄ᄒᆞᆼ·고대ᄒᆞᆨ의공부에유익ᄒᆞᆷ을배업ᄉᆞ면ᄂᆞᆷ쥬지어ᄉᆞ디
반ᄃᆞ시ᄉᆞᄒᆞᆨ의편집ᄒᆞᆼ·아겨시랴ᄉᆞᆯᄑᆞ다세샹이강쇄ᄒᆞᆼ·고되쇠ᄒᆞᆼ·아쇄소

어제경세문답(언해) 44a

한문본

52a ← → 51b

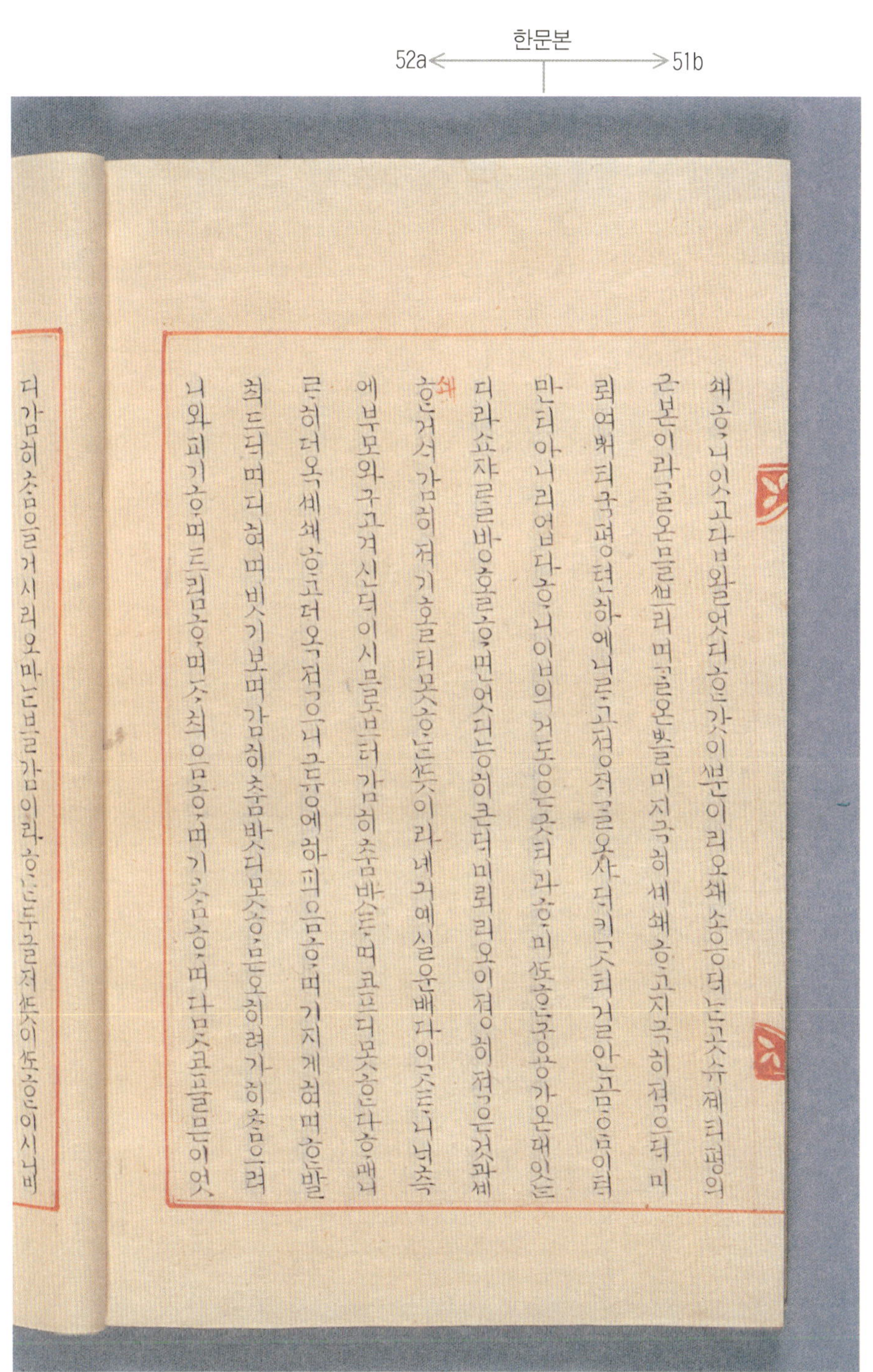

어제경세문답(언해) 43b

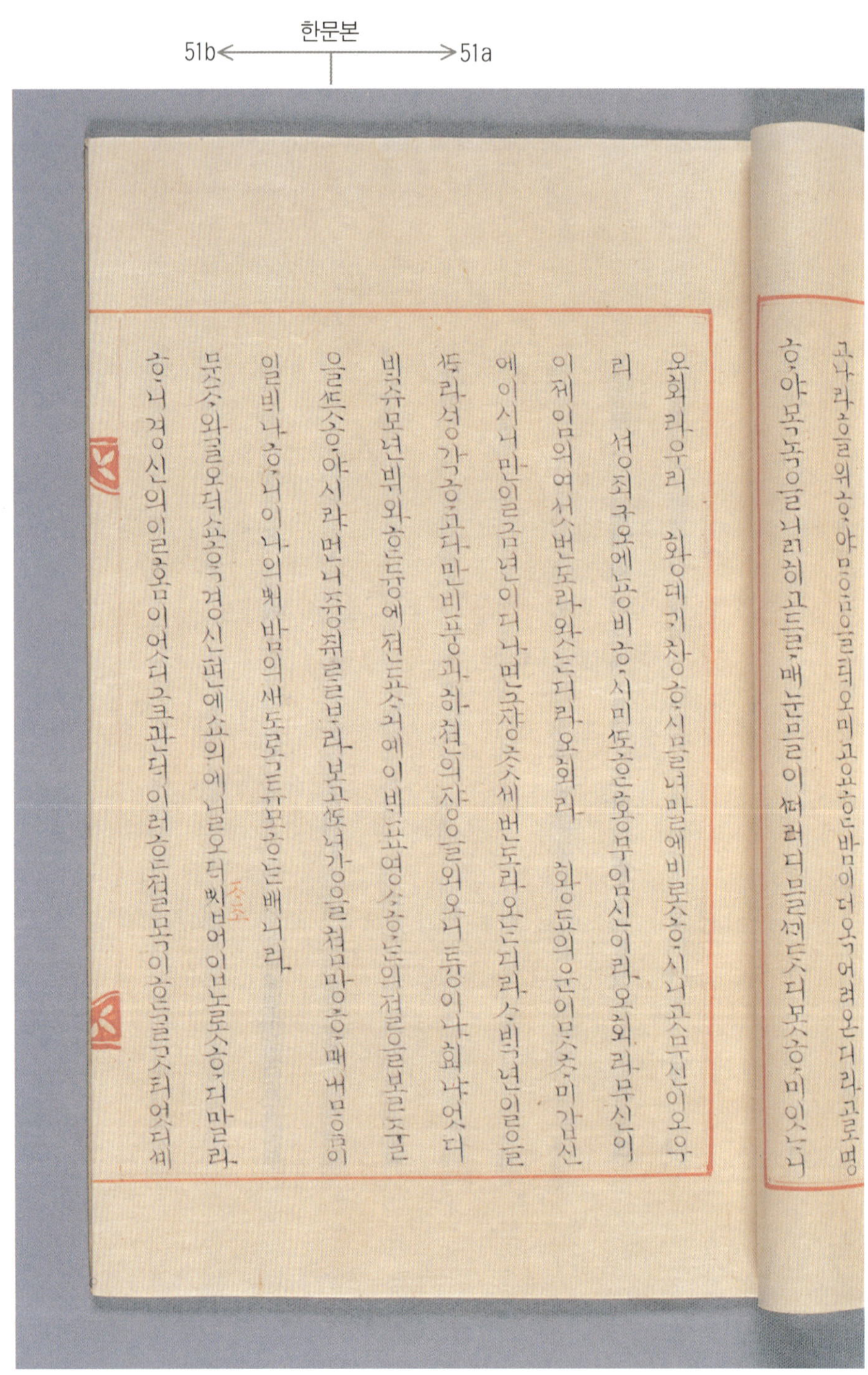


어제경세문답(언해) 43a

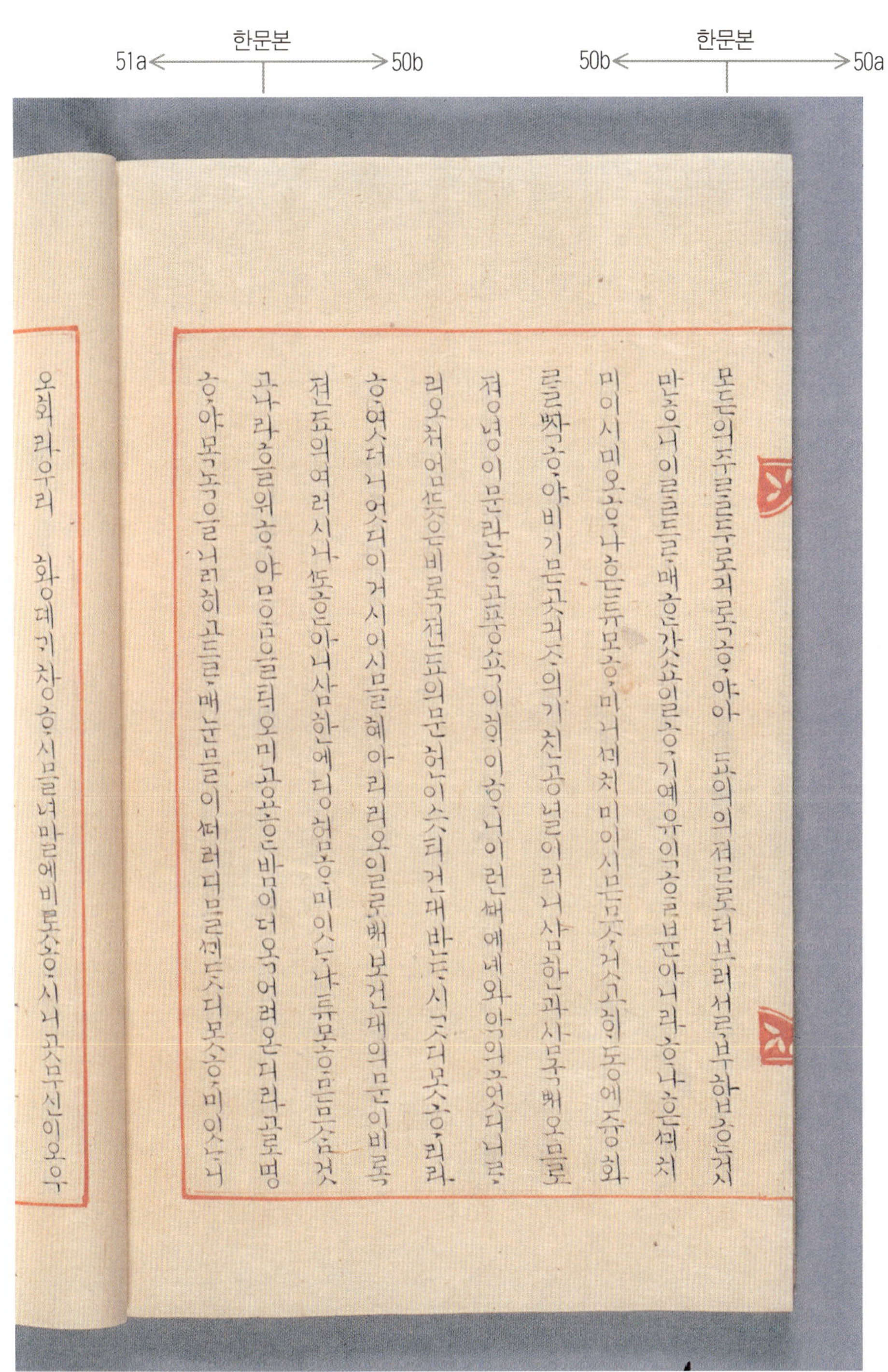


모든의ᄌᆞᄅᆞᆯ두로과로ᄒᆞ야 됴의의젼ᄅᆞᆯ더브러셔ᄅᆞᆯ부합ᄒᆞᆫ거시
만ᄒᆞ니이ᄅᆞᆯ디ᄅᆞᆫ매ᄒᆞᆫ갓ᄉᆞ오일ᄒᆞ기예유익ᄒᆞᆯ분아니라ᄒᆞ나ᄒᆞᆫ셔치
미이시미오ᄒᆞ나ᄒᆞᆫ두모ᄒᆞ미니셔치미이시ᄆᆞᆯ뭇거ᄉᆞ고ᄒᆞᆫ동에즁화
ᄅᆞᆯᄡᅡᆨᄒᆞ야비기ᄆᆞᆫ곳거ᄉᆞ의기친공널어러니삼한과사ᄆᆞᆨᄲᅧ오므로
졍녕이문란ᄒᆞ고풍속이허이ᄒᆞ니이런ᄣᅢ에녜와악의ᄀᆞᆯ어ᄉᆞ디니ᄅᆞᆫ
리오셔엄ᄯᅳᆺᄒᆞᆫ비록젼됴의문헌이ᄉᆞ되건대반ᄃᆞ시곳디모ᄉᆞᄒᆞ리라
ᄒᆞ엿ᄉᆞ디니어ᄃᆡ이거시어시ᄆᆞᆯ헤아리리오이ᄅᆞᆯᄲᅧ보건대의문이비록
젼됴의여러시나ᄯᅩᄒᆞᆫ아니삼한에다ᄒᆞᆷᄒᆞ미잇ᄉᆞ나두모ᄒᆞᆷ믈ᄉᆞᆷ것
고나라ᄒᆞᆯ위ᄒᆞ야ᄆᆞᄋᆞᆷ을되오미고요ᄒᆞᆫ밤이더욱어려온디라고로명
ᄒᆞ야목녹ᄋᆞᆯ니러허고ᄃᆞᆯᄆᆡ눈믈이떠러디므ᄅᆞᆯ셰ᄃᆞᆺ디모ᄉᆞᄒᆞ미잇ᄉᆞ니

오와라우리 황뎨ᄭᅴ창ᄒᆞ시믈니말에비로ᄉᆞ시니곳ᄆᆞ신이오오

어제경세문답(언해) 42b

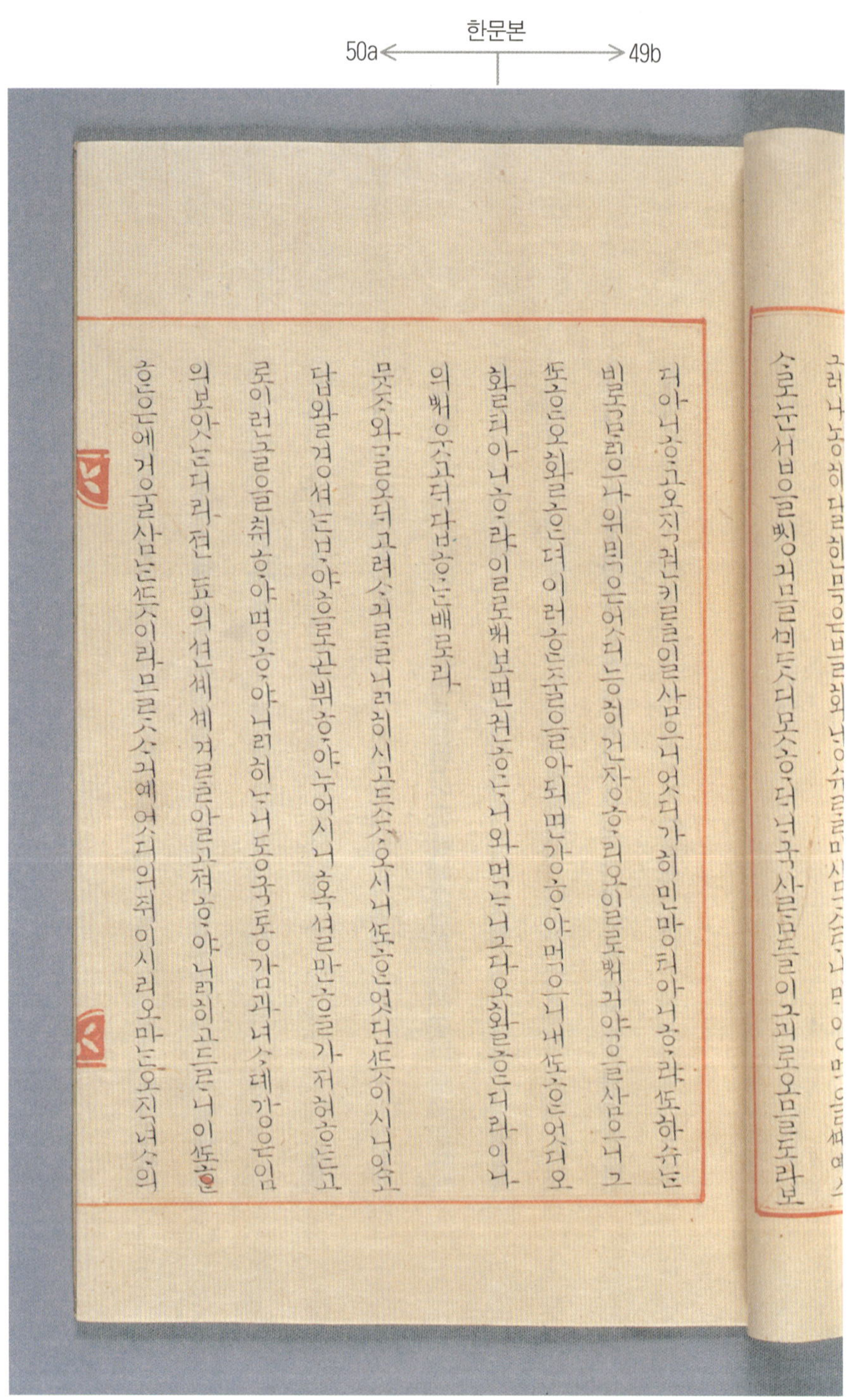


디아니ᄒᆞ고오직권키ᄅᆞᆯ일삼으니엇디가히민망티아니ᄒᆞ랴ᄯᅩ하슈ᄂᆞᆫ
빌ᄆᆞᄋᆞᆷ이니위ᄆᆞᄋᆞᆷ은어ᄃᆡᄂᆞ혀건쟝ᄒᆞ리오이ᄅᆞ므로ᄡᅥ거ᄌᆞᆺ을삼으니ᄀᆞ
ᄯᅩᄒᆞᆫ오ᄇᆡᆯᄒᆞᆫ디이러ᄒᆞᆫ쥴을아되면강ᄒᆞ야ᄆᆡ이니내ᄯᅩᄒᆞᆫ엇디오
ᄒᆞᆯ티아니ᄒᆞ리오이ᄅᆞ므로ᄡᅥ보면권ᄒᆞᄂᆞ니와머ᄂᆞ니ᄀᆞ디오ᄇᆡᆯᄒᆞᆫ디라이니
의ᄲᅥ우ᄉᆞ고ᄯᅩ답ᄒᆞᄂᆞᆫ배로라
묻ᄌᆞ와ᄀᆞᆯᄋᆞᄃᆡ고려ᄉᆞ긔ᄅᆞᆯ니ᄅᆞ시고ᄃᆞᆺᄉᆞ오시니ᄯᅩᄒᆞᆫ엇던ᄯᅳᆺ이시니잇고
답왈경셔ᄂᆞᆫᄇᆡᆨ야ᄒᆞ로ᄡᅥ곤뷔ᄒᆞ야누어시니혹셜만ᄒᆞ믈가져허ᄒᆞᄂᆞᆫ고
로이러ᄒᆞᆫ글을취ᄒᆞ야명ᄒᆞ야니ᄅᆞ히ᄂᆞ니동국통감과녀ᄉᆞ뎨강은임
의보아ᄉᆞᄂᆞᆫ디라젼됴의션셰셰겨ᄅᆞᆯ알고져ᄒᆞ야니ᄅᆞ히고ᄃᆞᆯᄂᆞ니이ᄯᅩᄒᆞᆫ
ᄒᆞᆫ은에거울삼ᄂᆞᆫᄯᅳᆺ이라므ᄅᆞᆺᄉᆞ긔예어ᄃᆡ의쥬이시리오마ᄂᆞᆫ오직녀ᄉᆞ의

어제경세문답(언해) 42a

한문본

49b ← → 49a

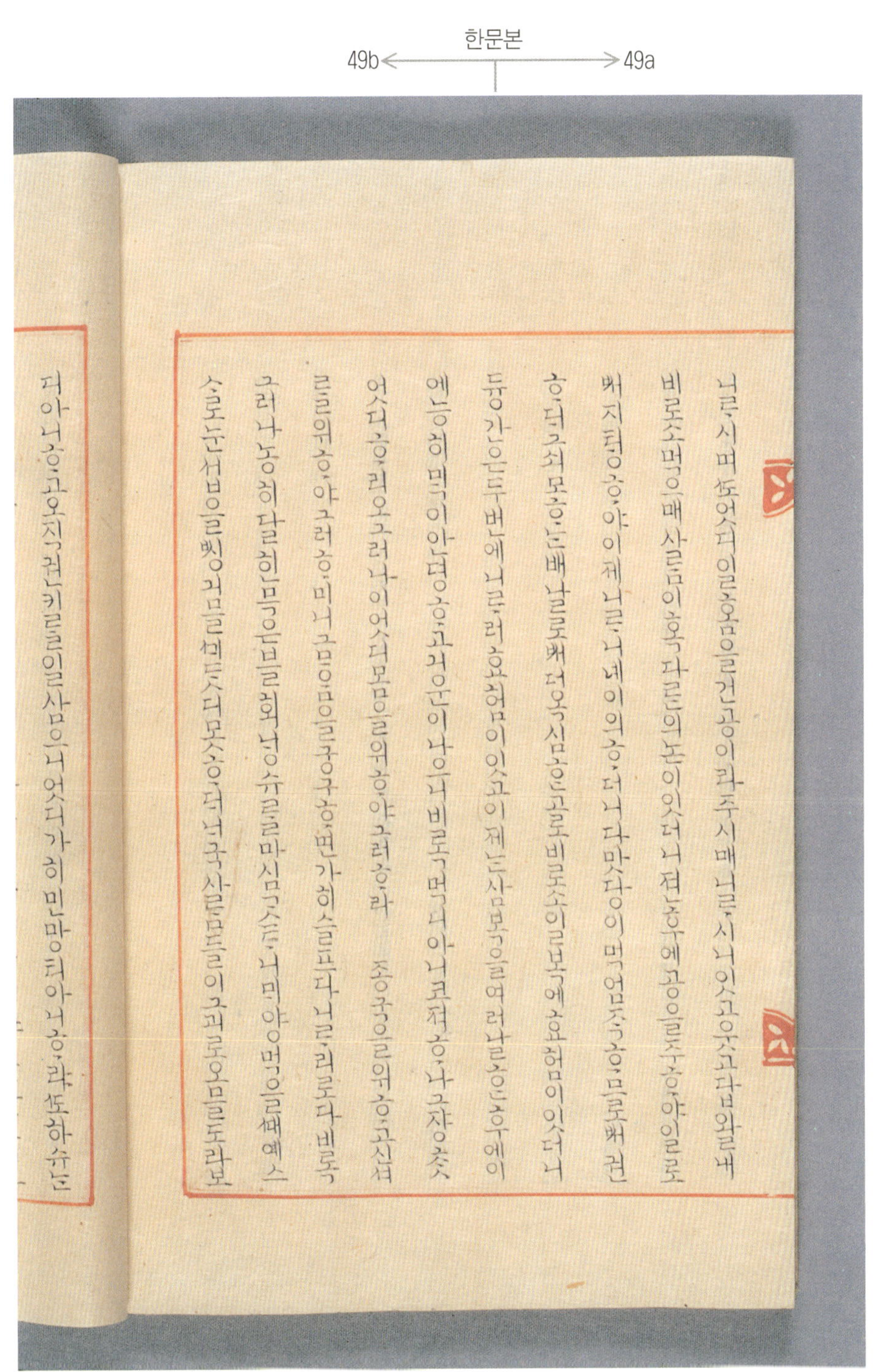
니ᄅᆞ시며 ᄯᅩ 엇디 일홈을 건공이라 주시매 니ᄅᆞ시니잇고 웃고 답왈 내
비로소 먹으매 사ᄅᆞᆷ이 혹 다ᄅᆞᆫ 의논이 잇더니 져근 후에 공을 주ᄒᆞ야 일로
ᄡᅥ 지뎡ᄒᆞ야 이제 니ᄅᆞ니 녜 이 의ᄒᆞ더니 다 맛당이 먹엄즉ᄒᆞ므로 ᄡᅥ 권
ᄒᆞ더고 쇠모ᄒᆞᄂᆞᆫ 배 날로ᄡᅥ 더옥 심ᄒᆞᆫ 고로 비로소 이ᄅᆞᆯ 복에 효험이 잇더니
듕간은 두 번에 니ᄅᆞ러 효험이 잇고 이제ᄂᆞᆫ 삼복을 여러 날 ᄒᆞᆫ 후에 이
에 능히 먹이 안뎡ᄒᆞ고 긔운이 나으니 비록 먹디 아니코져 ᄒᆞ나 그 쟝ᄎᆞᆺ
엇디 ᄒᆞ리오 그러나 이 엇디 몸을 위ᄒᆞ야 그러ᄒᆞ리오 종국을 위ᄒᆞ고 신셔
ᄅᆞᆯ 위ᄒᆞ야 그러ᄒᆞ미니 ᄀᆞᆷ음을 구구ᄒᆞ면 가히 슬프다 니ᄅᆞ리로다 비록
그러나 능히 달힌 믈을 믈리고 녀슈ᄅᆞᆯ 마시ᄆᆞᆯ ᄂᆞ미 아 먹을 때예 스
ᄉᆞᆯ오ᄂᆞᆫ 셥을 ᄡᅵᆼ검믈 네ᄃᆞᆺ ᄃᆡ 모ᄉᆞᄒᆞᄃᆡ 너국 사ᄅᆞᆷ드ᄅᆞᆯ이 그 괴로오믈 도라보
디 아니ᄒᆞ고 오직 권ᄏᆞᆫ 키ᄅᆞᆯ 일삼으니 엇디 가히 민망티 아니ᄒᆞ랴 ᄯᅩ 하슈ᄂᆞᆫ

어제경세문답(언해) 41b

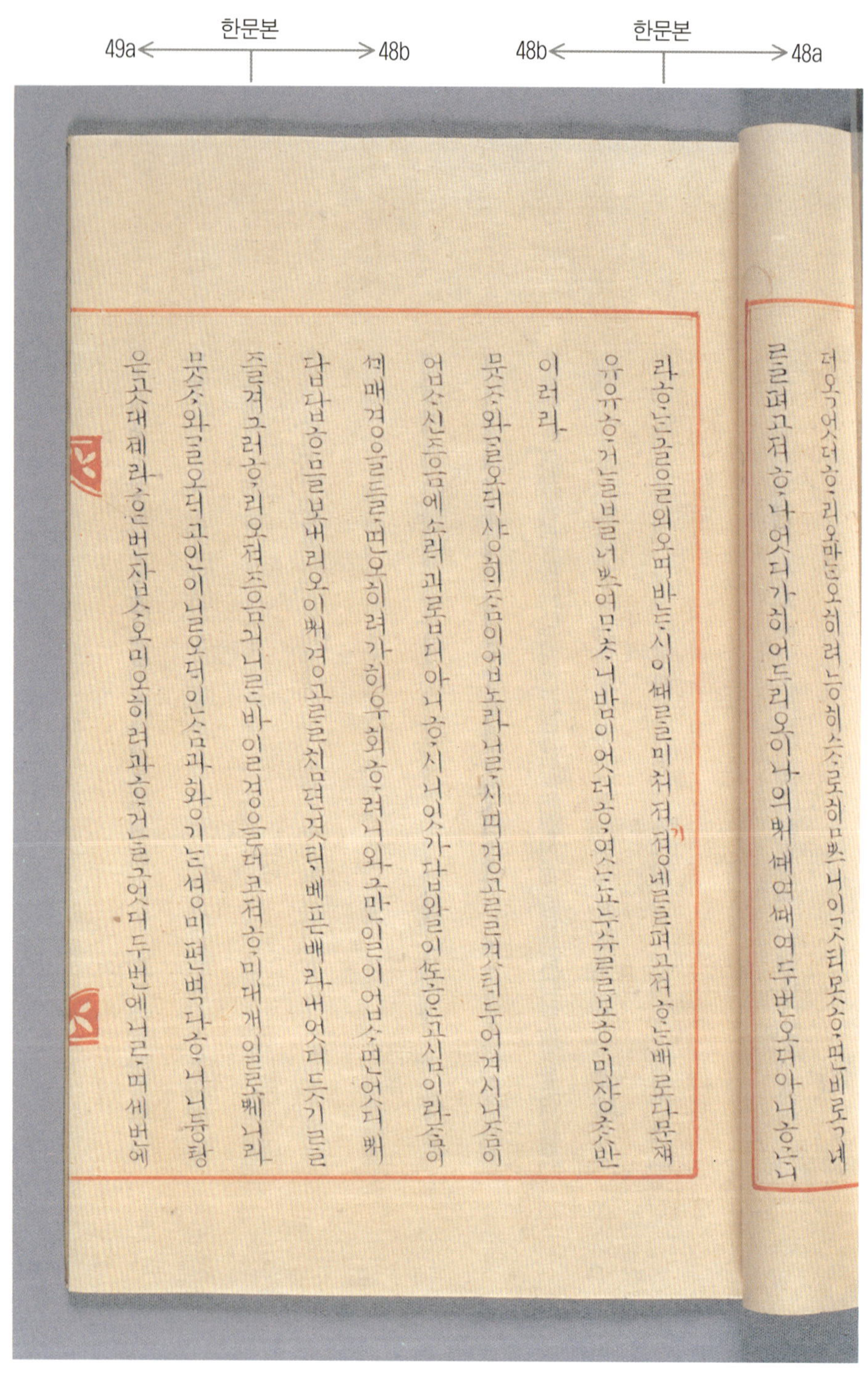

어제경세문답(언해) 41a

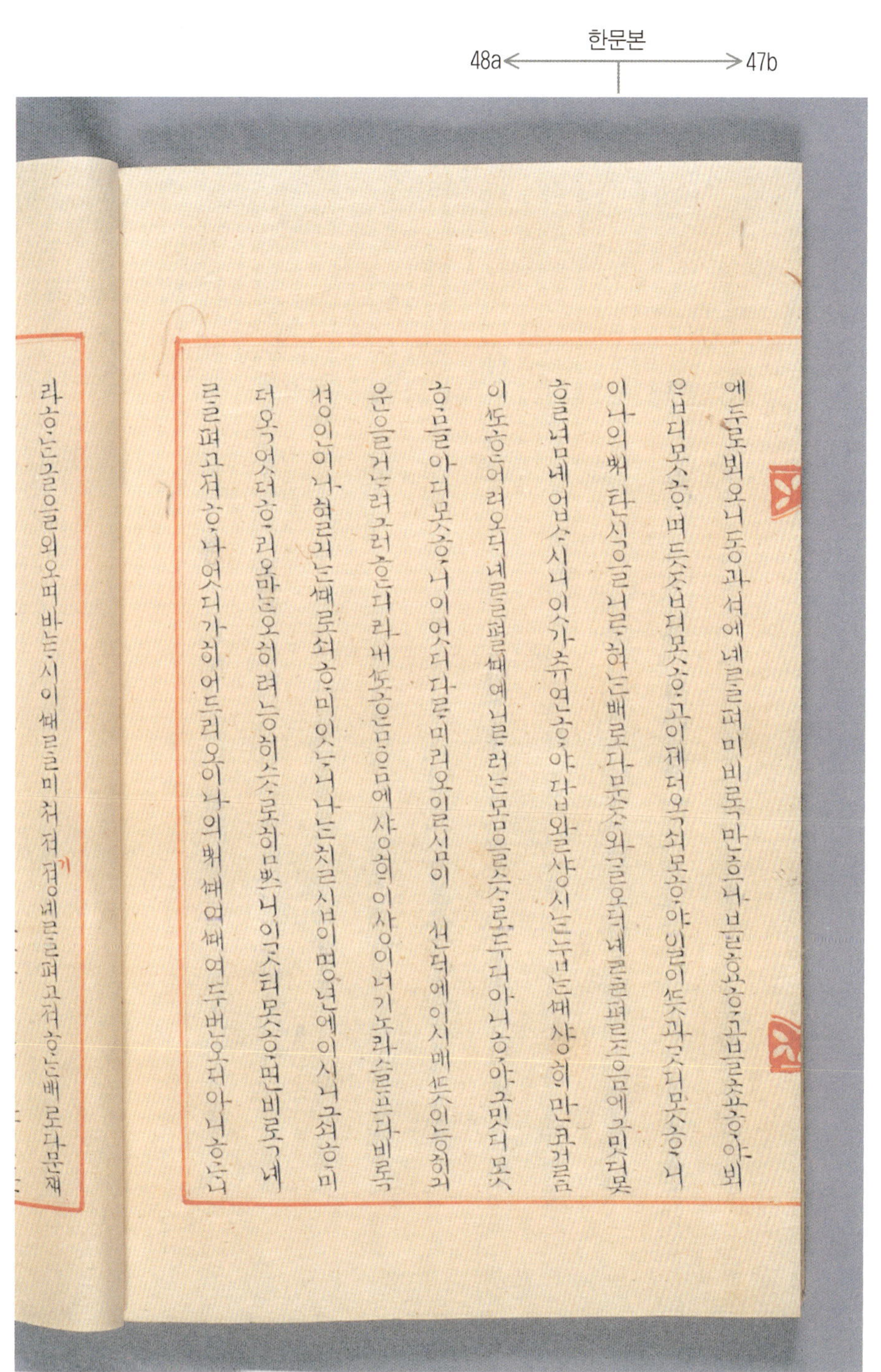


에두로뵈오니동과셔에녜ᄅᆞᆯ뎌미비록만ᄒᆞ나브ᄅᆞ오ᄒᆞ고브ᄅᆞᄉᆞᆸᄒᆞ야뵈
ᄋᆞᆸ디못ᄒᆞ며듯ᄌᆞᆸ디못ᄒᆞ고이졔더옥쇠모ᄒᆞ야닐ᄋᆞᆯ이ᄯᅳᆺ과ᄀᆞᆺ디못ᄒᆞ니
이나의ᄲᅧ탄식ᄋᆞᆯ니ᄅᆞ혀ᄂᆞᆫ배로다뭇ᄌᆞ와ᄀᆞᆯᄋᆞ대녜ᄅᆞᆯ펴ᄅᆞᆺ음에ᄀᆞᆷ미디못
ᄒᆞᆯ념녜업ᄉᆞ시니이ᄉᆞ가츄연ᄒᆞ야답왈샹시ᄂᆞᆫ누ᄇᆞᆫᄂᆞᆫ때샹히만고거ᄅᆞᆷ
이ᄯᅩᄒᆞᆫ어려오디녜ᄅᆞᆯ펼때예니ᄅᆞ러ᄂᆞᆫ모ᄆᆞᆯᄉᆞᄉᆞ로두디아니ᄒᆞ야ᄀᆞᆷ미디못ᄒᆞ
ᄒᆞᄆᆞᆯ아디못ᄒᆞ니이엇디다ᄅᆞ미리오일심이 션뎍에이시매ᄯᅳᆺ인ᄂᆞᆫ혀거
운ᄋᆞᆯ거ᄂᆞ려ᄀᆞ러ᄒᆞᆫ디라내ᄯᅩᄒᆞᆫᄆᆞᄋᆞᆷ에샹혀이샹이녀기노라ᄉᆞᆯ프다비록
셩인이나혀ᄅᆞ거ᄂᆞᆫ때로쇠ᄒᆞ미잇ᄂᆞ니나ᄂᆞᆫ칠ᄅᆞ십이며년에이시니ᄀᆞ쇠ᄒᆞ미
더옥ᄀᆞ어ᄉᆞ더ᄒᆞ리오마ᄂᆞᆫ오히려ᄂᆞᆼ히ᄉᆞᄉᆞ로힘ᄡᅳ니이ᄀᆞᆺ티못ᄒᆞ면비록ᄀᆞ네
ᄅᆞᆯ펴고져ᄒᆞ나엇디가히어드리오이나의ᄲᅧ때여때여두번오디아니ᄒᆞᄂᆞ니

라ᄒᆞᄂᆞᆫ글을외오며바ᄂᆞᆫ시이때ᄅᆞᆯ미처뎌졍기녜ᄅᆞᆯ펴고져ᄒᆞᄂᆞᆫ배로다문재

어제경세문답(언해) 40b

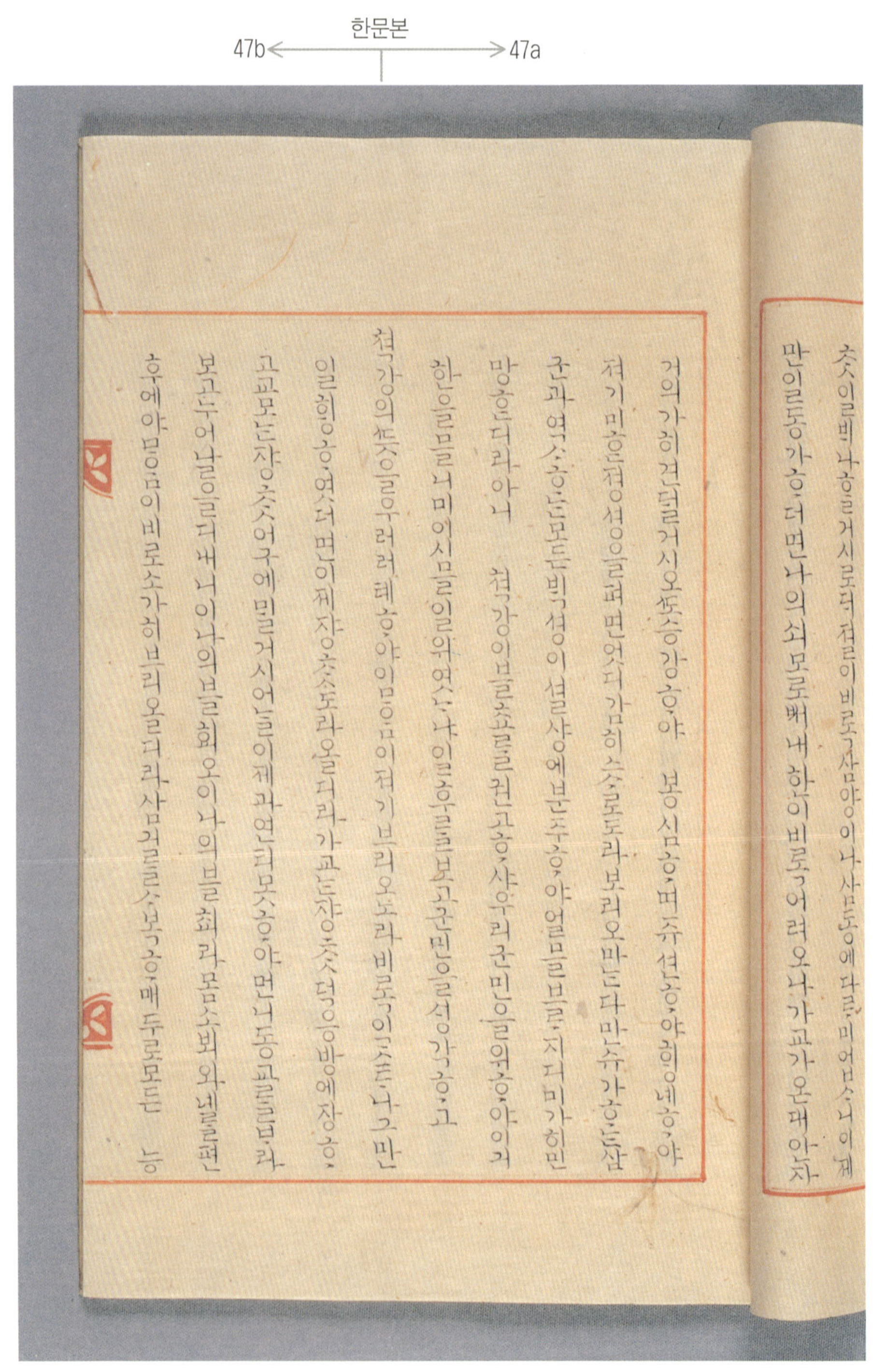


어제경세문답(언해) 40a

한문본
47a ← → 46b

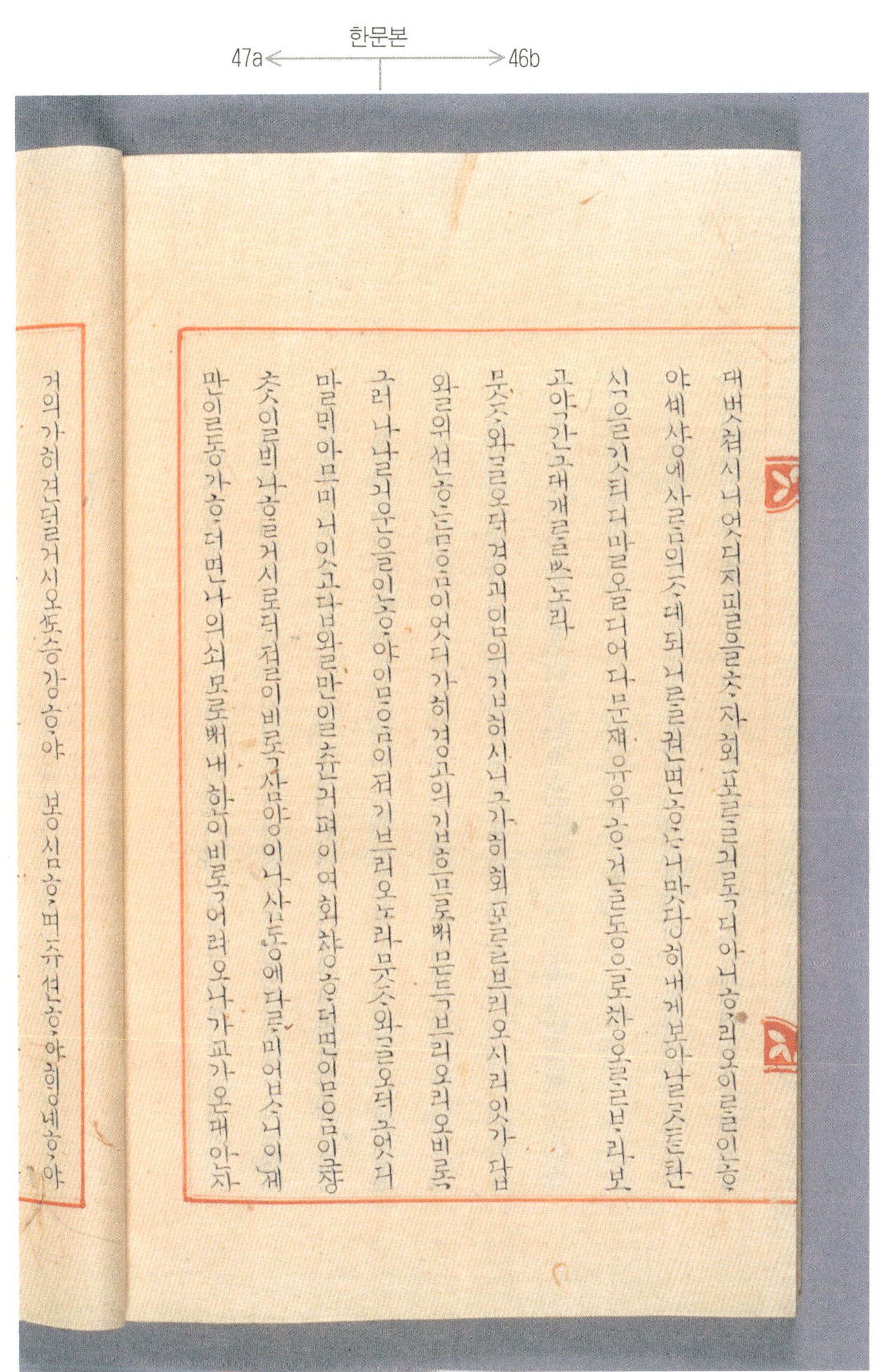

대번ᄉᆞ쳐시니 어ᄯᅵ 지필을 ᄎᆞ자 회포를 그리디 아니ᄒᆞ리오 이를 인ᄒᆞ
야 세샹에 사ᄅᆞᆷ의 ᄌᆞ뎨되 너를 권면ᄒᆞᄂᆞ니 마ᄌᆞᆫ 허 내게 보아 날 ᄀᆞᄐᆞᆫ
식을 깃티디 말오 ᄇᆞᆯ디어 다 문재 유유ᄒᆞ거ᄂᆞᆯ 동으로 챵오를 ᄇᆞ라보
고 약간 ᄀᆞ대개를 ᄡᅳ노라
묻ᄌᆞ와 ᄀᆞᆯ오ᄃᆡ 경과 임의 기ᄇᆞ 허시니 ᄀᆞ가히 회포를 ᄇᆞ리오시리잇가 답
왈 위 션ᄒᆞᄂᆞᆫ ᄆᆞᄋᆞᆷ이 어ᄃᆡ 가히 경고의 기ᄇᆞᄒᆞᆷ으로ᄡᅥ ᄆᆞᄋᆞᆷ 브리오리오 비록
그러나 날 거운을 인ᄒᆞ야 이 ᄆᆞᄋᆞᆷ이 져기 브리오노라 묻ᄌᆞ와 ᄀᆞᆯ오ᄃᆡ ᄀᆞ엇디
말며 아므미 너 이ᄉᆞ고 답왈 만일 ᄎᆞᆫ거 ᄯᅧ 이여 회챵ᄒᆞ더면 이 ᄆᆞᄋᆞᆷ이 챵
ᄎᆞᆺ 일 비 나ᄒᆞᆯ 거시로ᄃᆡ 졀ᄅᆞᆫ이 비롯 삼양이 나 산동에 다ᄅᆞ미 어ᄇᆞᄉᆞ니 이제
만이ᄅᆞᆯ 동가ᄒᆞ더면 나의 쇠모로ᄡᅥ 내 한이 비롯 어려오나 가교가 온ᄃᆡ 안자

거의 가히 견딜거시오 ᄯᅩᄒᆞᆫ 강ᄒᆞ야 봉심ᄒᆞ며 주션ᄒᆞ야 희혜ᄒᆞ야

어제경세문답(언해) 39b

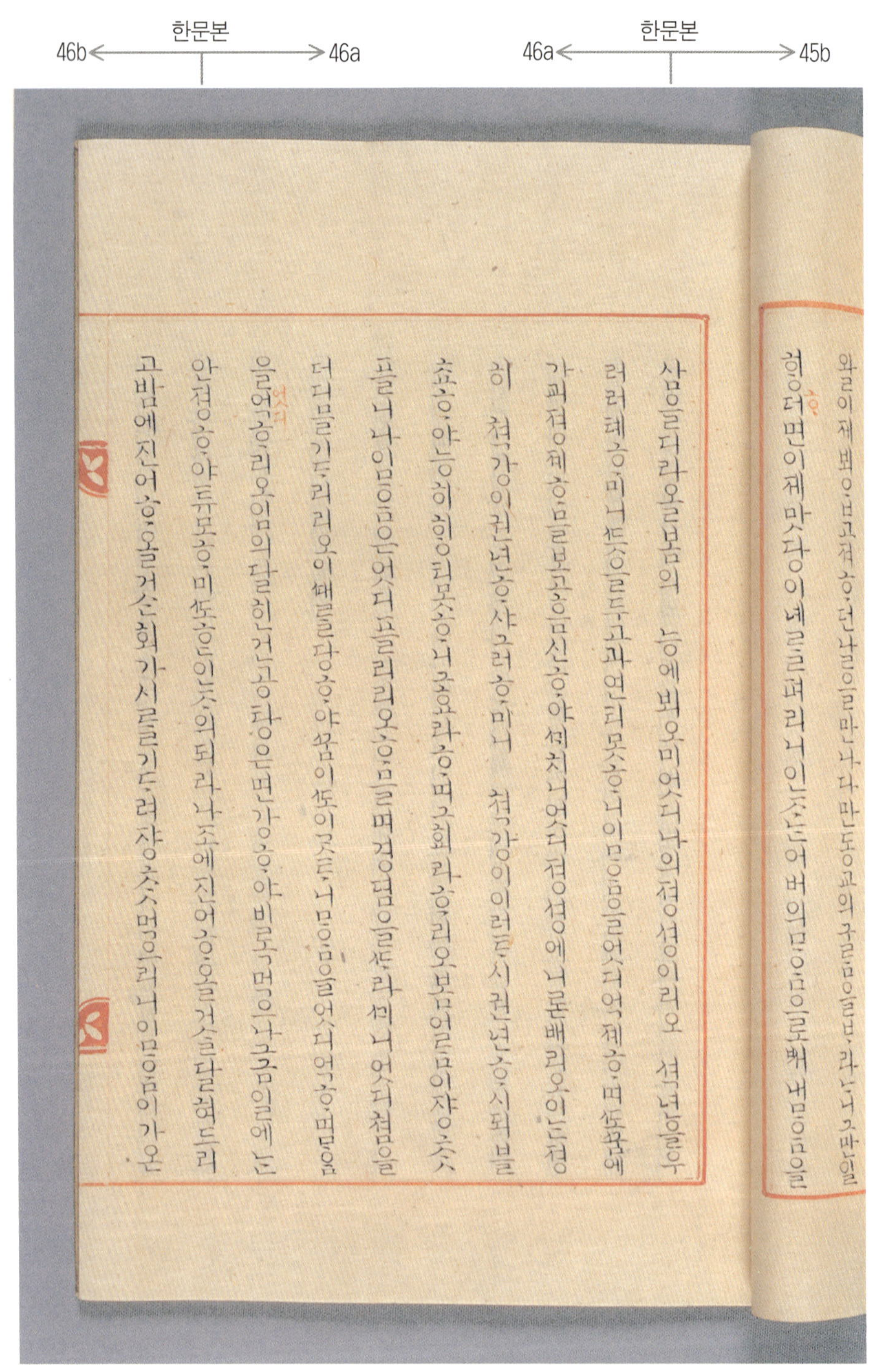


어제경세문답(언해) 39a

한문본

45b ← → 45a

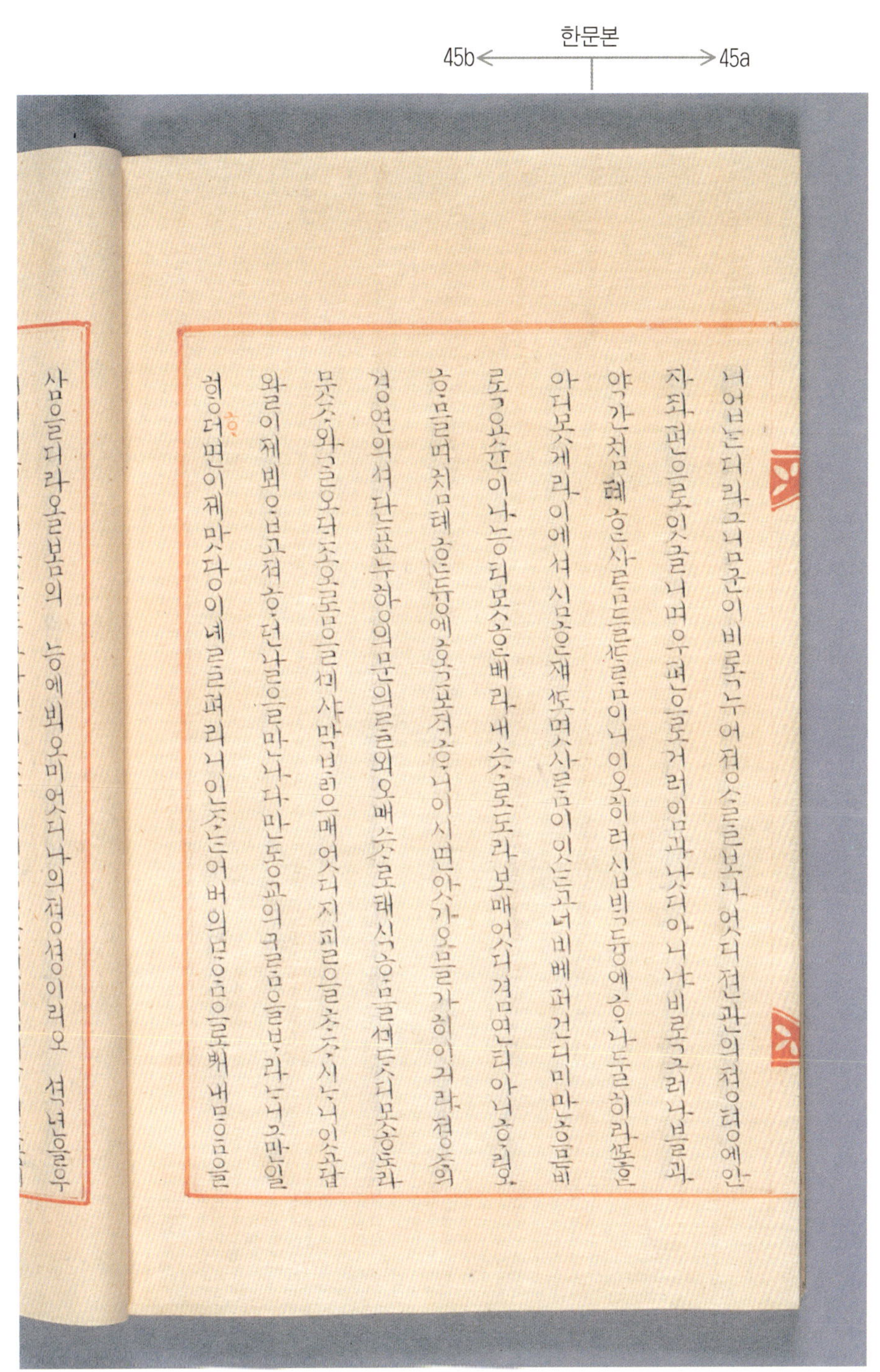

니업ᄂᆞᆫ디라그니ᄆᆞᆫ이비록ᄀᆞ누어젼ᄉᆞᄅᆞᆯ보나 엇디젼관의젼ᄃᆞᆼ에안
자좌편으로잇ᄉᆞᆯ니며우편으로거러잇과나ᄉᆞ디아니나비록그러나블과
약간쳠ᄌᆡᄒᆞᆫ사ᄅᆞᆷᄃᆞᆯᄯᆞᄅᆞᆷ이니이오히려십빅ᄃᆞᆼ에ᄒᆞ나ᄃᆞᆯ히라ᄯᆞᄒᆞᆫ
아디못ᄉᆞ게라이에셔심ᄒᆞᆫ재ᄯᆞ면사ᄅᆞᆷ이잇ᄂᆞᆫ고녀비베퍼건디미만ᄒᆞᆷ븨
로ᄀᆞ요순이나능티못ᄒᆞᆫ배라내ᄉᆞᄉᆞ로도라보매엇디겸면티아니ᄒᆞ리오
ᄒᆞ믈며쳠ᄌᆡᄒᆞᄂᆞᆫᄃᆞᆼ에ᄒᆞᄀᆞ보져ᄒᆞ나이시면아ᄉᆞ가오믈가히이거라젼ᄒᆞᄋᆡ
경연의셔단묘누하의문의ᄅᆞᆯ외오매ᄉᆞᄉᆞ로태식ᄒᆞ믈셰ᄃᆞᆺ디못ᄒᆞ도라
뭇ᄌᆞ와ᄀᆞᆯ오ᄃᆡ조오로ᄆᆞᆷ을녜사막브림을매엇디지피ᄅᆞᆯᄎᆞᄌᆞ시ᄂᆞ니잇ᄀᆞ답
왈이제뵈ᄋᆞᆸ고져ᄒᆞ던날을만나다만동교의ᄀᆞᄅᆞᆷ을ᄇᆞ라ᄂᆞ니ᄀᆞ만일
형ᄒᆞ더면이제마ᄋᆞᆷ이녜ᄅᆞᆯ펴리니인ᄌᆞᄂᆞᆫ어버의ᄆᆞᄋᆞᆷ으로ᄡᅧ내ᄆᆞᄋᆞᆷ을

삼ᄋᆞᆯ디라오ᄂᆞᆯ봄의 능에뵈오미엇디나의졍셩이리오 셕년을우

어제경세문답(언해) 38b

한문본

45a ← → 44b

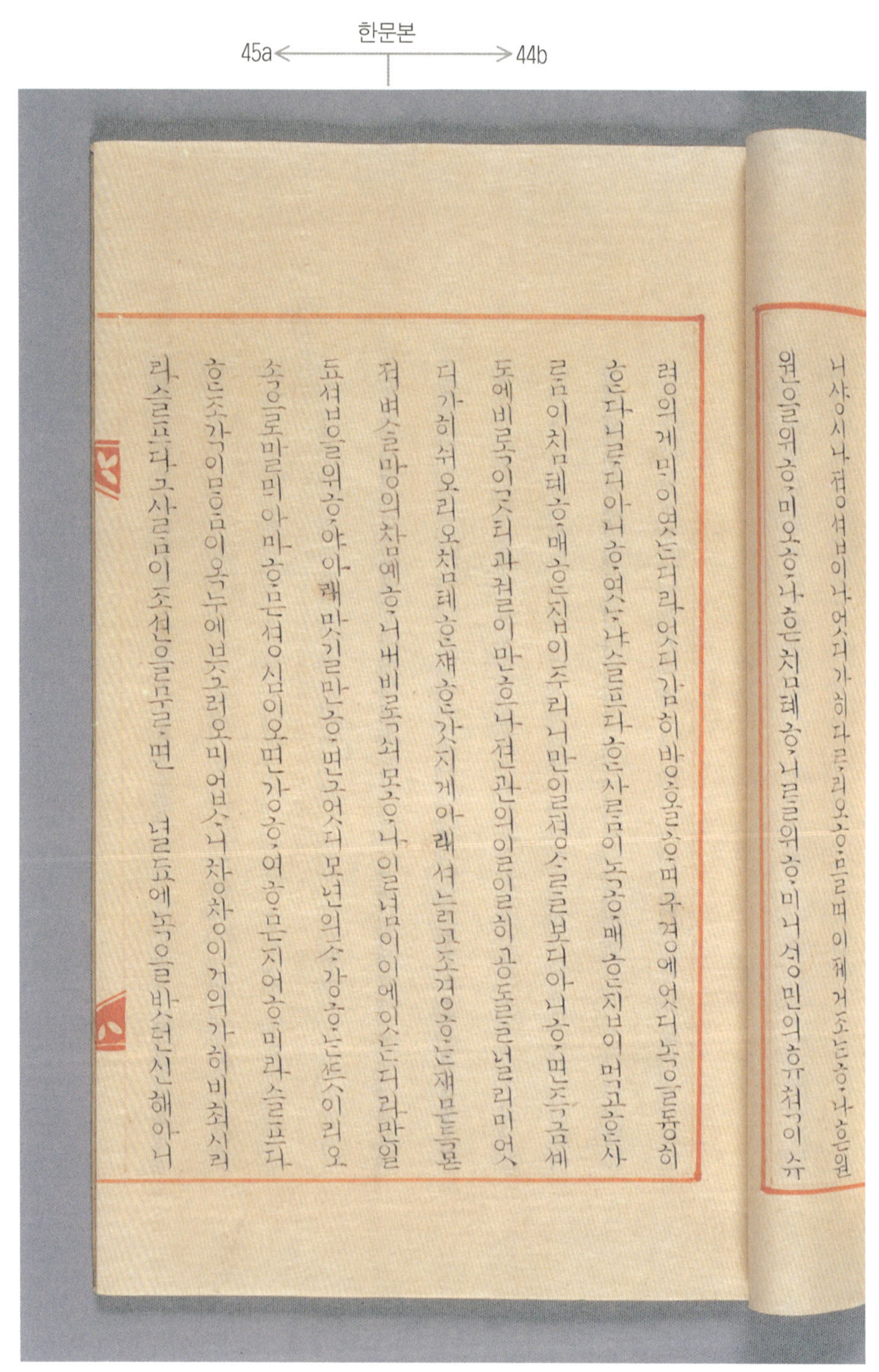

나샹시나뎡셔ᄇᆡ이나엇더가히다ᄅᆞ리오ᄒᆞ믈ᄆᆡ이제거조ᄂᆞᆫᄒᆞ나ᄒᆞᆫ원
원을위ᄒᆞ미오ᄒᆞ나ᄒᆞᆫ침톄ᄒᆞ니ᄆᆞᄅᆞᆯ위ᄒᆞ미니셩만의ᄒᆞᆫ쳐ᄀᆞ이슈

령의게미이엿ᄂᆞᆫ디라엇디감히방ᄌᆞᆯᄒᆞ며구견에엇디녹을ᄯᅮᆼ히
ᄒᆞᆫ다니ᄅᆞ디아니ᄒᆞ엿ᄉᆞ나슬프다ᄒᆞᆫ사ᄅᆞᆷ이녹ᄒᆞ매ᄒᆞᆫ지비먹고ᄒᆞᆫ사
ᄅᆞᆷ이침톄ᄒᆞ매ᄒᆞᆫ집이주리니만일젼ᄉᆞᄅᆞᆯ보디아니ᄒᆞ면ᄌᆞ금세
도에비록이ᄀᆞᆺ틔과졀ᄅᆞᆯ이만ᄒᆞ나젼관의이ᄅᆞᆯ이공도ᄅᆞᆯ널리미어ᄉ
디가히쉬오리오침톄ᄒᆞᆫ재ᄒᆞᆫ갓지게아래셔ᄂᆞ리고조견ᄒᆞᄂᆞᆫ재ᄆᆞᆫ득몬
져벼ᄉᆞᆯ망의참예ᄒᆞ니벼비록쇠모ᄒᆞ나이ᄂᆞᆷ이이에잇ᄂᆞᆫ디라만일
됴셔ᄇᆡ을위ᄒᆞ야아래맛길만ᄒᆞ면ᄀᆞ어ᄉᆡ모년의ᄉᆞ강ᄒᆞᄂᆞᆫᄯᅳᆺ이리오
ᄉᆞᄉᆞ로말미아마ᄒᆞ믄셩심이오면가ᄒᆞ여ᄒᆞ믄지어ᄒᆞ미라슬프다
ᄒᆞᆫ조가이ᄆᆞᄋᆞᆷ이옥누에부ᄭᅳ러오미업ᄉᆞ나챵챵이거의가히비최시리
라슬프다그사ᄅᆞᆷ이조션을무ᄅᆞ면 널됴에녹을반ᄉᆞᆫ신해아니

어제경세문답(언해) 38a

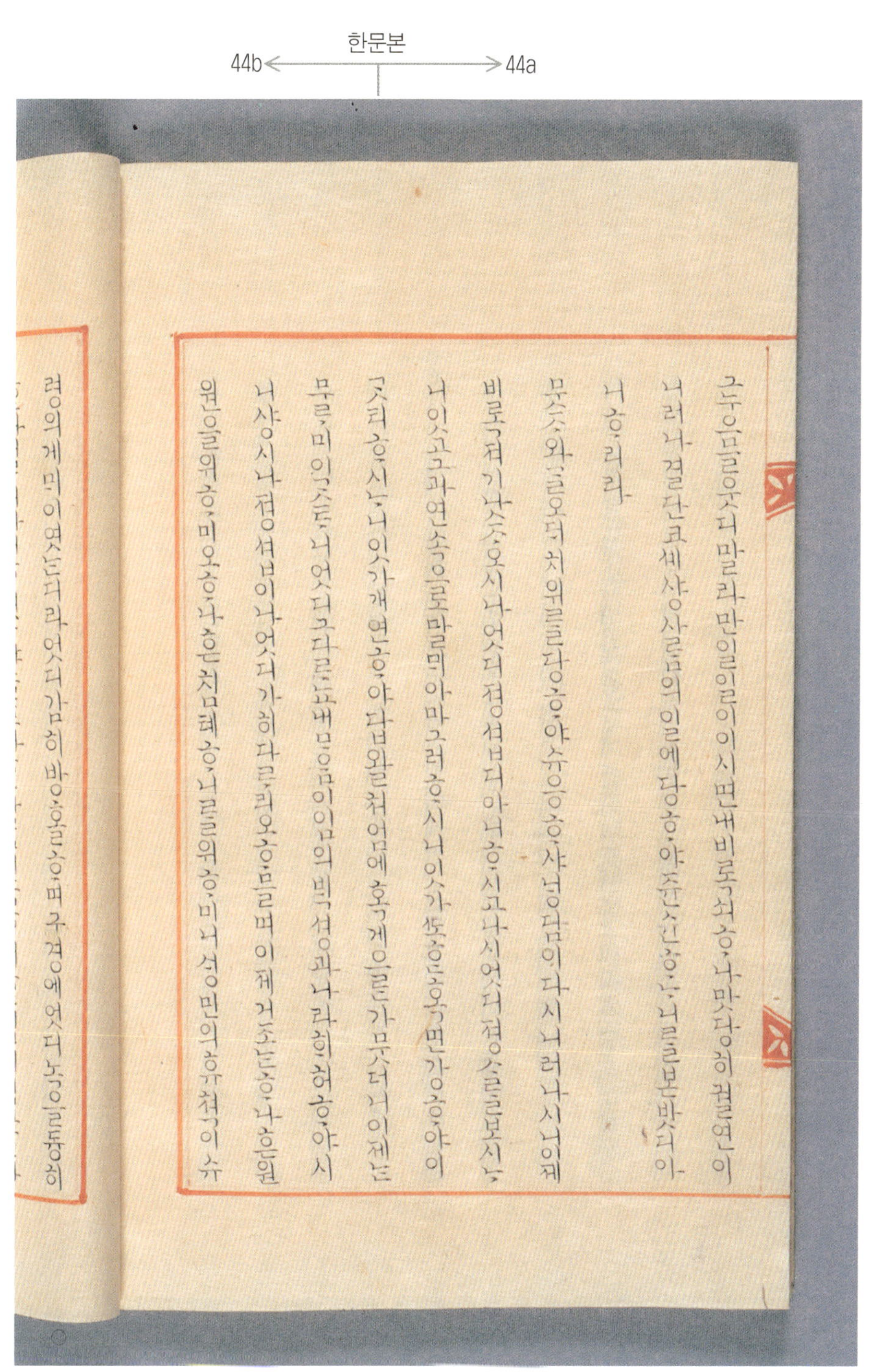


어제경세문답(언해) 37b

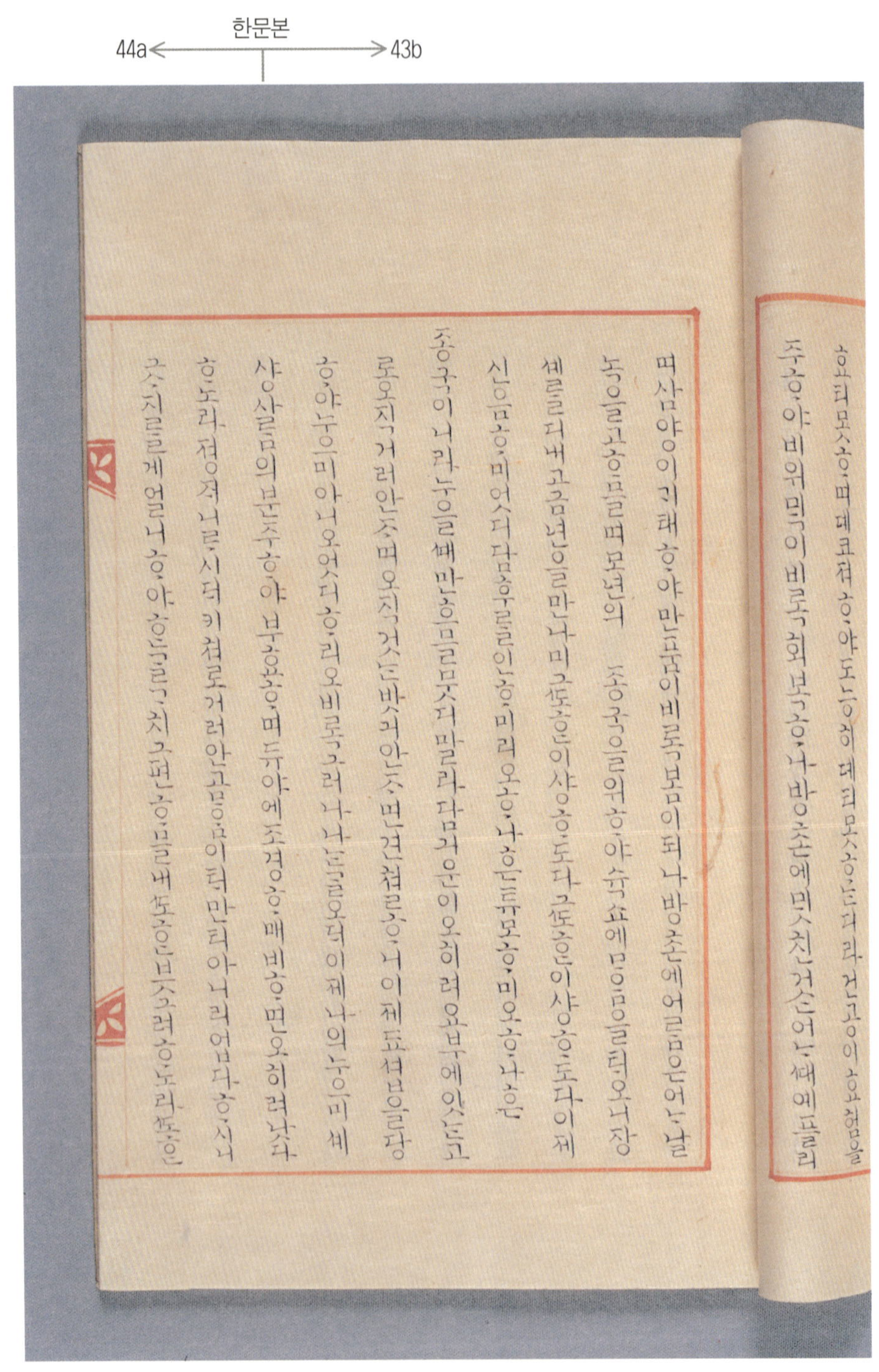


어제경세문답(언해) 37a

한문본 43b ← → 43a

한문본 43a ← → 42b

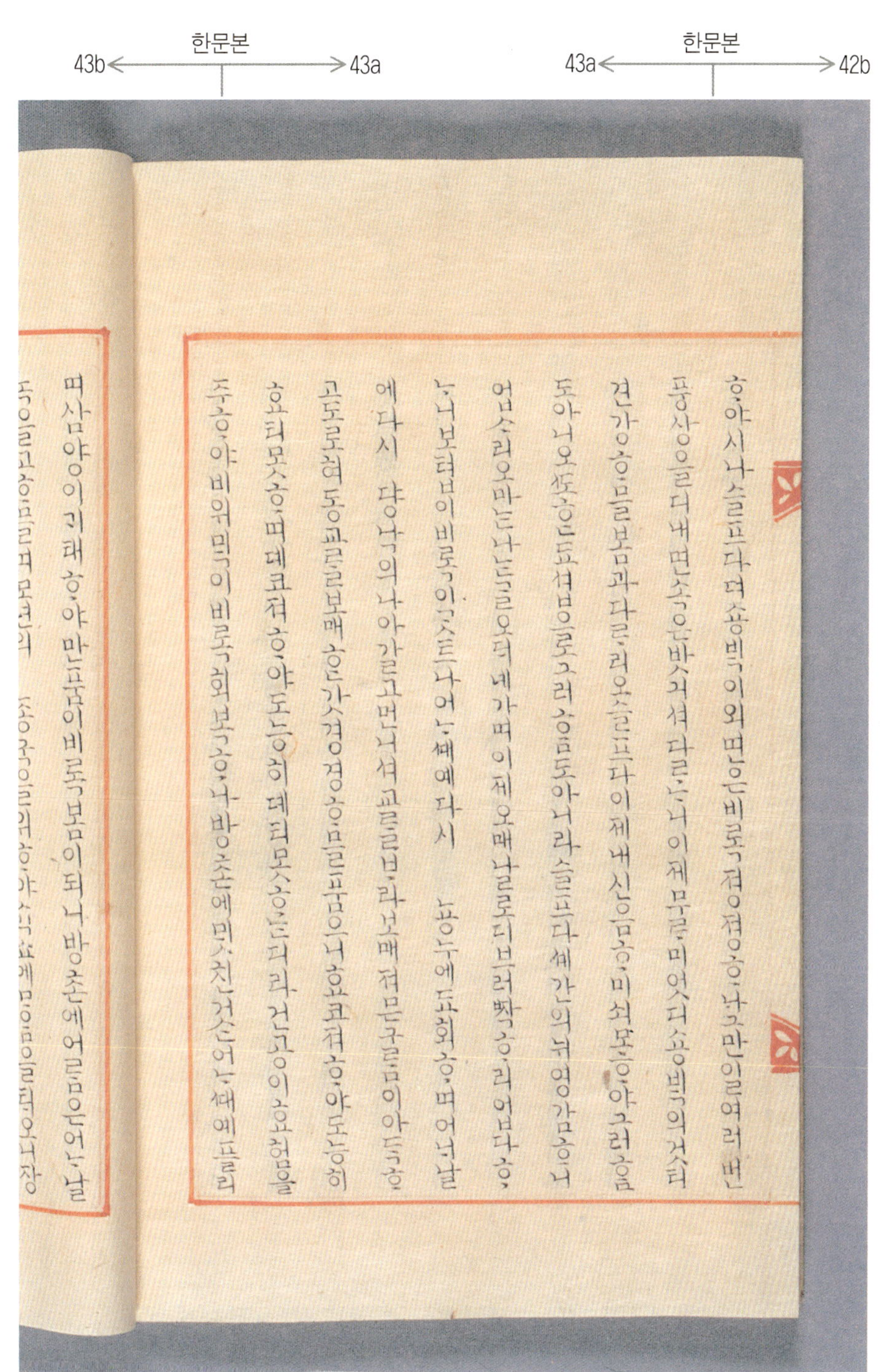
ᄒᆞ야시나슬프다뎌ᄉᆡᆼ빅이외면은비록뎡졍ᄒᆞ나ᄀᆞ만일여러번
풍상을디내면속은반ᄃᆞ시셔다ᄅᆞᄂᆞ니이제무ᄅᆞ미엇디ᄉᆡᆼ빅의것ᄉᆞᆸ디
견가ᄒᆞᆷ을봄과다ᄅᆞ리오슬프다이제내신임ᄒᆞ미쇠모ᄒᆞ야그러ᄒᆞᆷ
도아니오또ᄒᆞᆫ됴셥으로그러ᄒᆞᆷ도아니라슬프다세간의뉘영감ᄒᆞ니
업ᄉᆞ리오마ᄂᆞᆫ나ᄂᆞᆫ늘오되네가며이제오매날로더브러짝ᄒᆞ리업다ᄒᆞ
ᄂᆞ니보뎌ᄇᆡ이비록이것ᄐᆞ나어ᄂᆞ쌔예다시 ᄂᆞᆼ수에도회ᄒᆞ며어ᄂᆞ날
에다시 당나의나아갈고면나셔효ᄅᆞᆯ브라보매져믄구름이아ᄃᆞᆨᄒᆞ
고도로려동교ᄅᆞᆯ보매ᄒᆞᆫ가ᄌᆞᆺ경졍ᄒᆞᆷ을금ᄒᆞ나효쵸져ᄒᆞ야도ᄂᆞᆼ히
효뎨모ᄉᆞᆼᄒᆞ며데쵸져ᄒᆞ야도ᄂᆞᆼ히데뎨모ᄉᆞᆼᄂᆞᆫ디라건곤이ᄒᆞ여험을
주ᄒᆞ야비위ᄆᆞᆨ이비록쇠보ᄒᆞ나방촌에ᄆᆞᆺ친것ᄉᆞᆫ어ᄂᆞ쌔예플리
며삼양이긔태ᄒᆞ야만품이비록봄이되나방촌에어ᄅᆞᆷ은어ᄂᆞ날
녹을고ᄒᆞ믈며모련의 ᄉᆡᆼ주ᄅᆞᆯ위ᄒᆞ야식쇼셰ᄆᆞᄋᆞᆷ을펴오나장

어제경세문답(언해) 36b

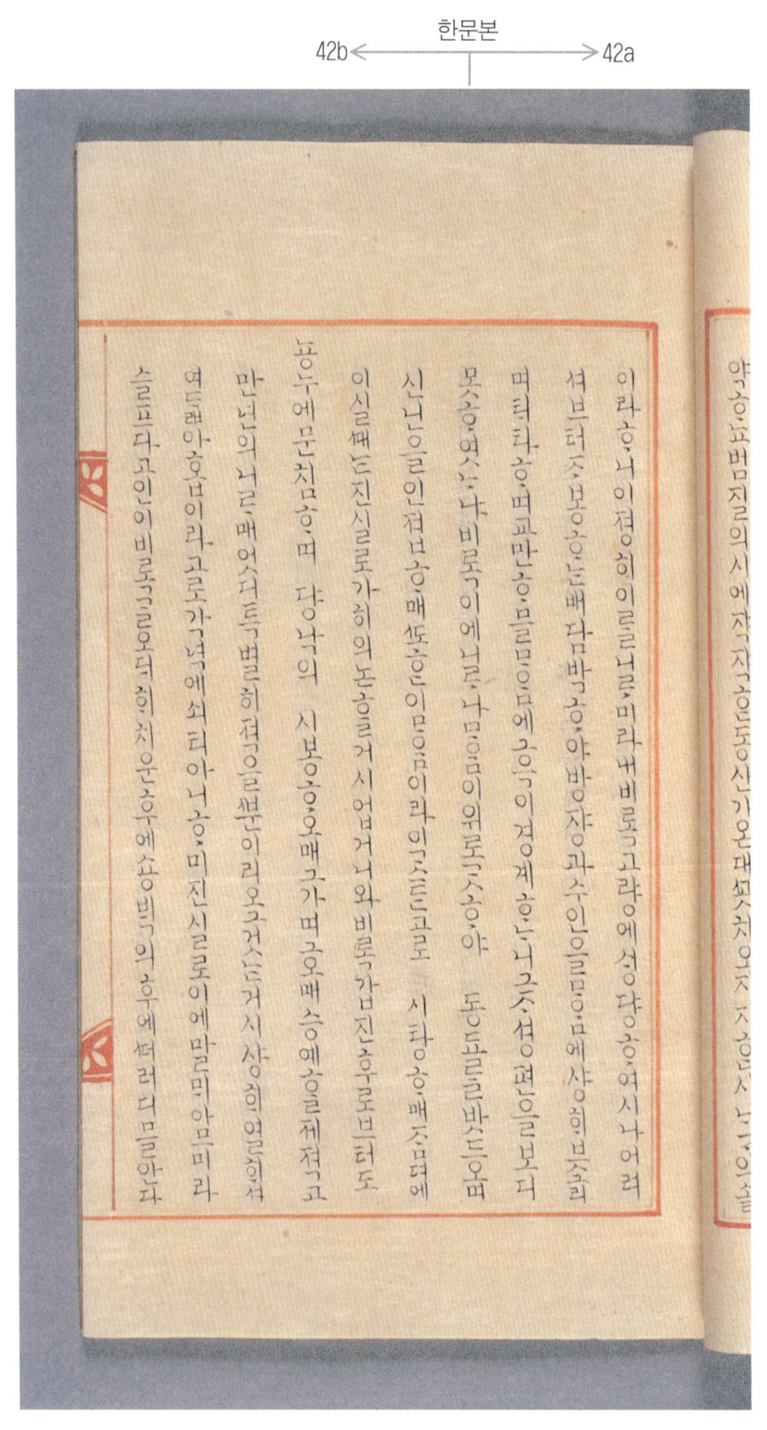


어제경세문답(언해) 36a

한문본

42a ← → 41b

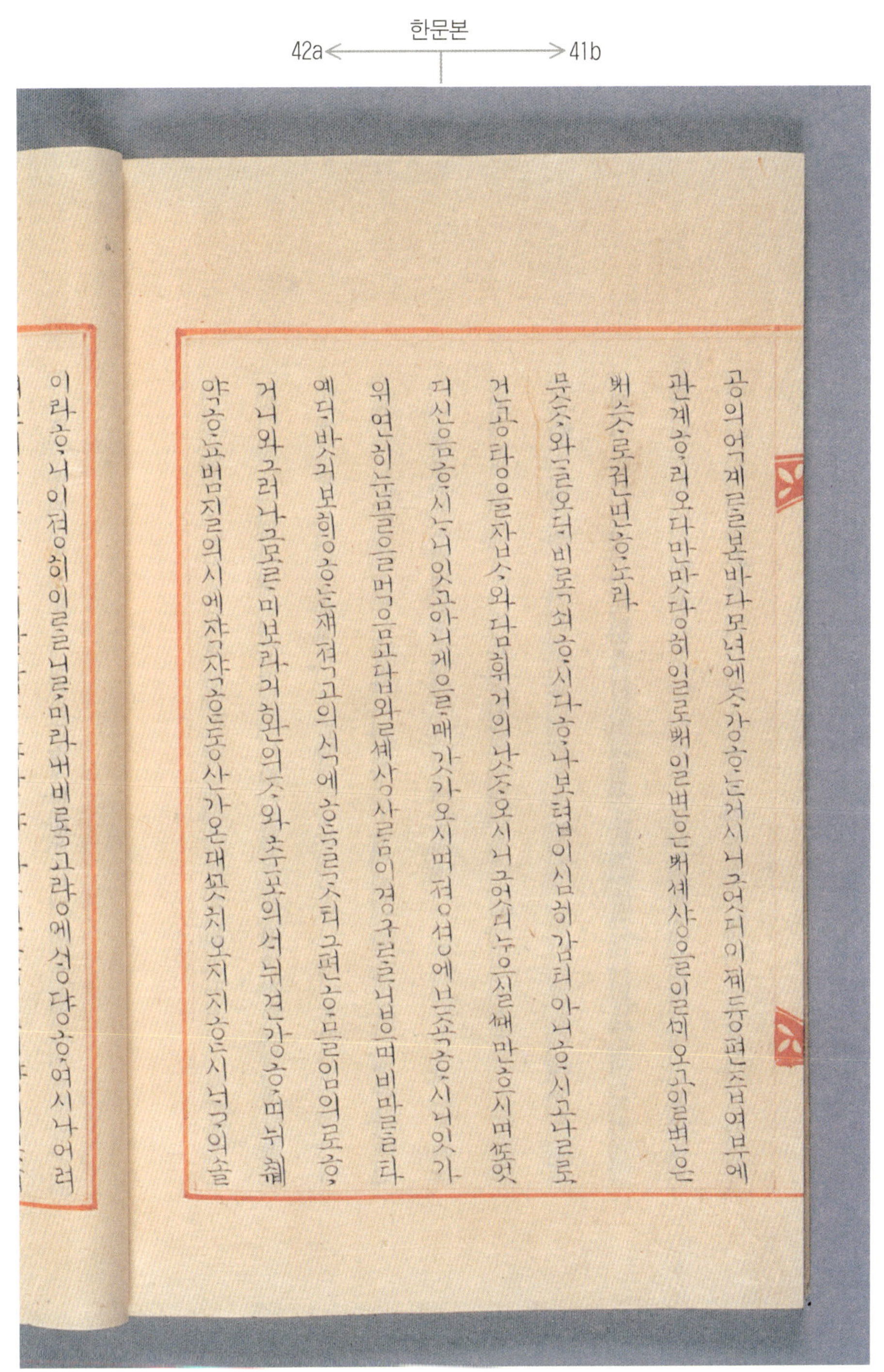
공의어졔ᄅᆞᆯ본바다보년에ᄉᆞ강ᄒᆞᆫ거시니ᄀᆞᆯᄋᆞ샤ᄃᆡ이졔듕편좁여부에
관계ᄒᆞ리오다만마ᄋᆞᆷ당히일로ᄡᅧ일변은ᄡᅧ셰상을이ᄅᆞ며오고일변은
ᄡᅧᄉᆞᄉᆞ로권면ᄒᆞ노라
무ᄉᆞ와ᄀᆞᆯ오ᄃᆡ비록쇠ᄒᆞ시다ᄒᆞ나보텹이심히감티아니ᄒᆞ시고나ᄅᆞ로
건공타ᄋᆞᆯ자ᄇᆞ샤와담휘거의낫ᄉᆞ오시니ᄀᆞᆯᄋᆞ샤ᄃᆡ누의실새만ᄒᆞ시며ᄯᅩ엇
더신음ᄒᆞ시나잇고아니게을ᄆᆡ가오시며져ᄋᆞ션에브ᄌᆞᆨᄒᆞ시나잇가
위연히ᄂᆞᆫ믈을머음고답왈셰상사ᄅᆞᆷ이경구ᄅᆞᆯ니ᄇᆞ며비마ᄅᆞᆯ타
예다ᄇᆞᆺ겨보험ᄒᆞᆫᄌᆡ젹ᄀᆞ고의식에ᄒᆞᆫᄀᆞᆯᄀᆞᆺᄐᆡ그편ᄒᆞᆫ믈임의로ᄒᆞ
거니와그러나ᄀᆞᆷ모ᄅᆞᆯ미보랴거환의ᄉᆞ와추꾸의셔뉴견강ᄒᆞ며뉴쵀
약ᄒᆞᆫ뇨범질의시에작작ᄒᆞᆫ동산가온대ᄭᅩᆺ치오지지ᄒᆞᆫ시너구의솔
이라ᄒᆞ나이졍히이를니ᄅᆞ미라버비록고랑에셩당ᄒᆞ여시나어러

어제경세문답(언해) 35b

한문본
41b← →41a

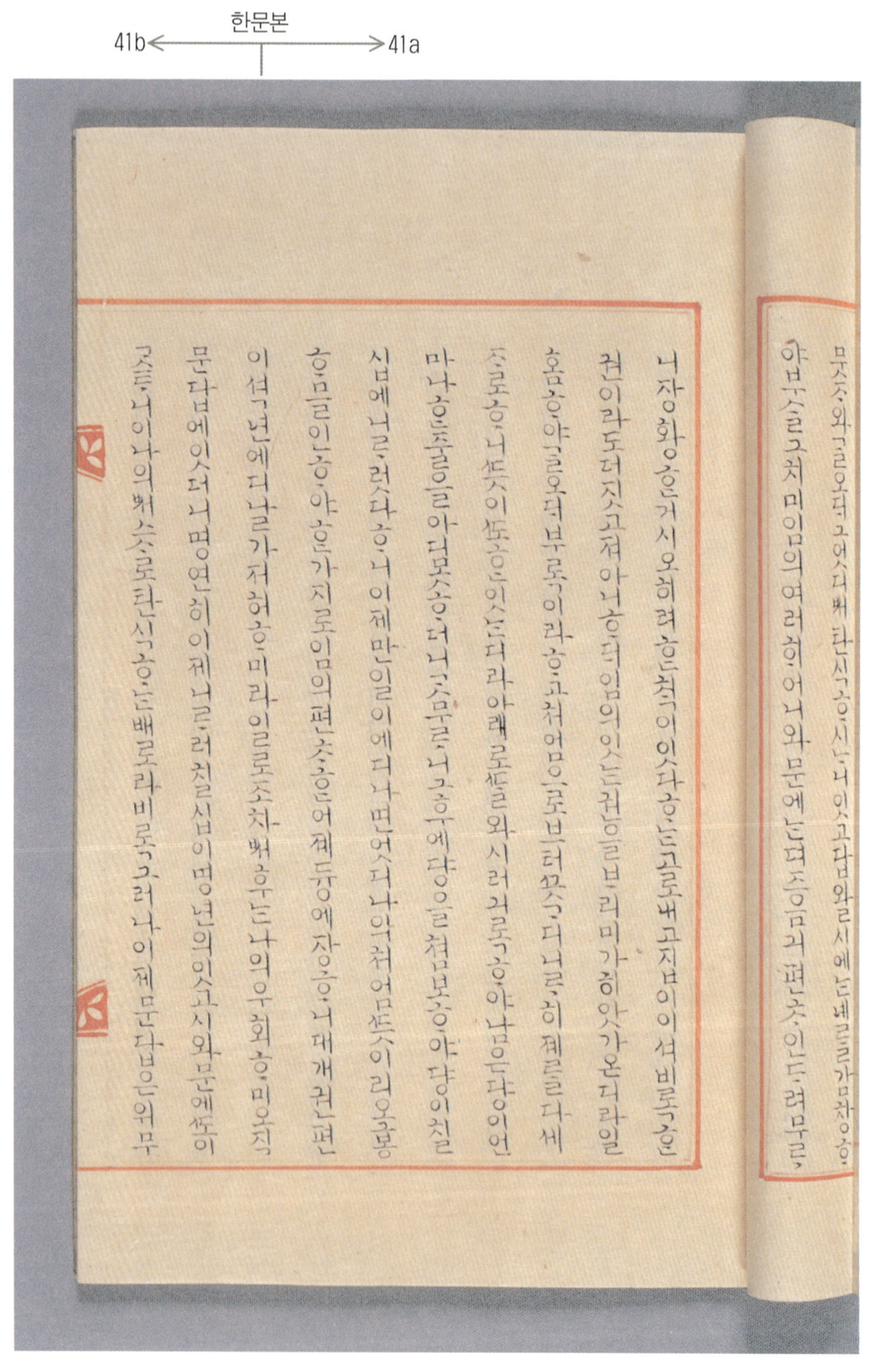

어제경세문답(언해) 35a

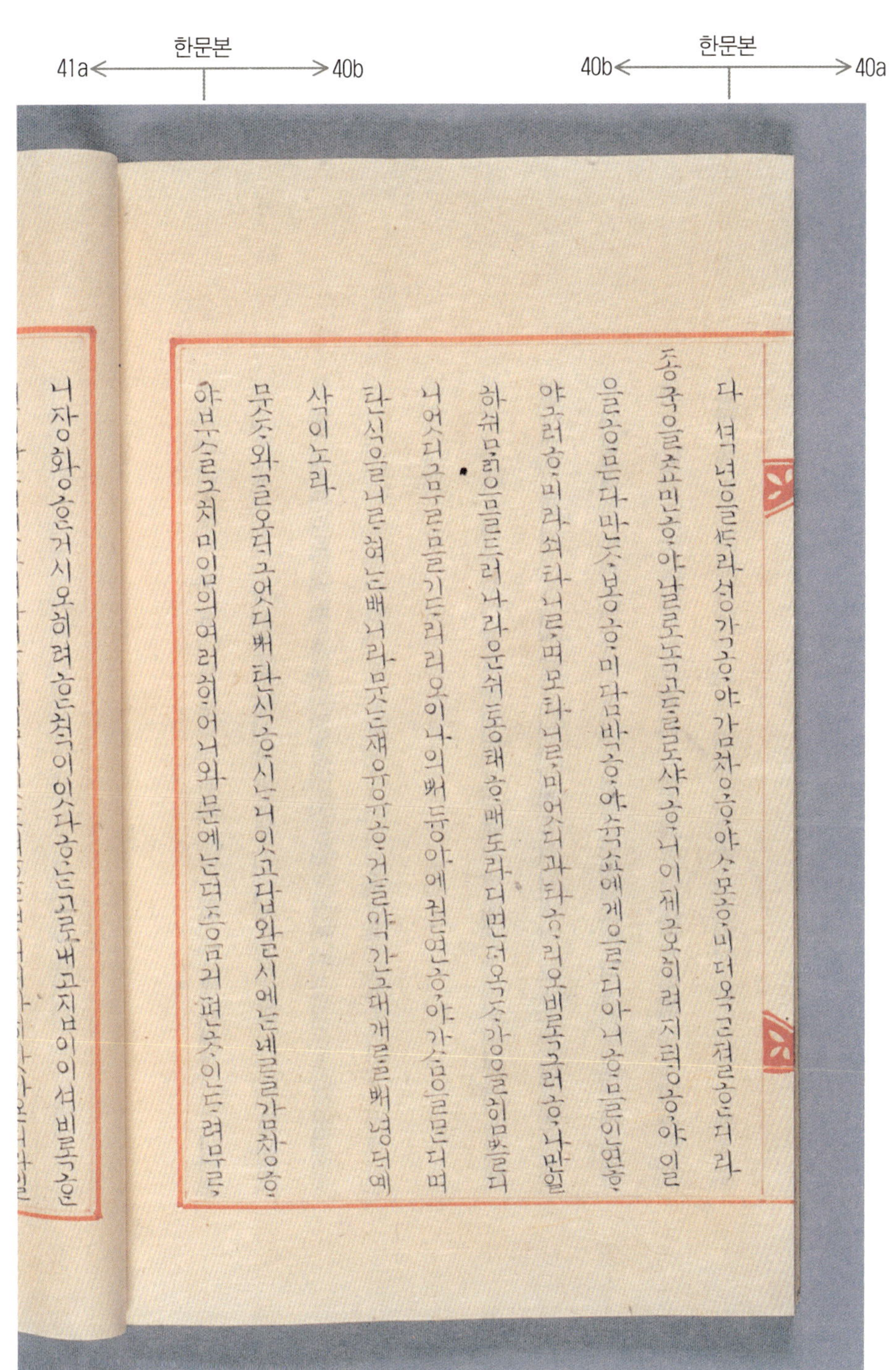


다 셕 년을ᄯᅳ라ᄉᆡᆼ각ᄒᆞ야 가ᄆᆞᆷ쟉ᄒᆞ야ᄉᆞ모ᄒᆞ미 더옥ᄀᆞᆫ졀ᄒᆞᆫ디라
조종국을ᄎᆞ마민ᄒᆞ야 날로노곤ᄒᆞᆫ로샤ᄒᆞ니 이제ᄀᆞ오히려지탕ᄒᆞ야 일
을ᄒᆞᆷ은다만ᄉᆞ봉ᄒᆞ미 다ᄆᆞᆷ박ᄒᆞ야 ᄉᆞᆨ쇼에게 일ᄂᆞᆫ디 아니ᄒᆞᆷ은 인연ᄒᆞ
야 그러ᄒᆞ미라 쇠 타니ᄅᆞᆯ 며 모타니ᄅᆞᆯ 미어ᄉᆞᄃᆡ 과ᄐᆞᄒᆞ리오 비록 그러ᄒᆞ나 만일
하쥬ᄆᆞᆯ 읏믈드러 나라운슈 동태ᄒᆞ매 도라디면 더옥ᄀᆞᆺ 강을ᄒᆞᆷ ᄡᅳᆯ디
니 어ᄉᆞ디 감ᄆᆞᆯ ᄆᆞᆯ기ᄃᆞ리리오 이나의 ᄲᅧ ᄃᆞᆼ아에 권연ᄒᆞ야 가ᄉᆞᆷ을 믄디며
탄식을 니ᄅᆞ혀ᄂᆞᆫ배니라 뭇ᄂᆞᆫ재 유유ᄒᆞ거ᄂᆞᆯ 야간 그대개ᄅᆞᆯ ᄲᅧ 녕디예
삭이노라
뭇ᄌᆞ와 ᄀᆞᆯ오ᄃᆡ 그 어ᄉᆞ디 ᄲᅧ 탄식ᄒᆞ시ᄂᆞ니잇고 답와ᄅᆞᆯ시에ᄂᆞᆫ 네ᄅᆞᆯ 감창ᄒᆞ
야ᄇᆞ ᄉᆞᆯ 그치미 임의 여러ᄒᆡ어니와 문에ᄂᆞᆫ ᄯᅥ ᄌᆞᆷ과 편ᄒᆞᆫ ᄀᆞᆺ인ᄃᆞ ᄅᆞᆯ 무ᄅᆞᆯ

니 장황ᄒᆞᆫ거시 오히려 ᄒᆞᆫ 책이 이ᄉᆞ나ᄒᆞᄂᆞᆫ고로 ᄂᆡ 고지ᄇᆡ 이 셔 비록 ᄒᆞᆫ

어제경세문답(언해) 34b

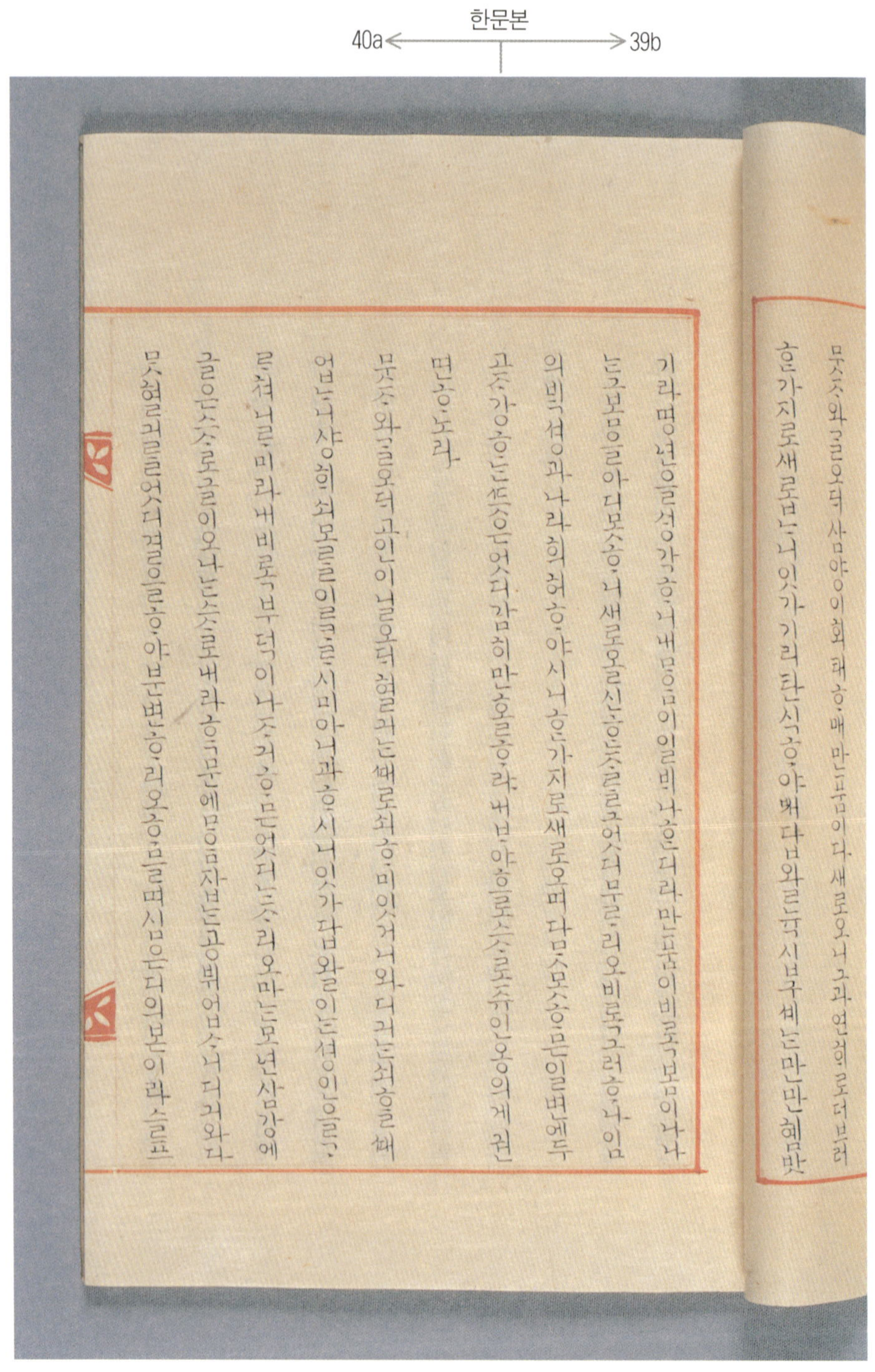


어제경세문답(언해) 34a

한문본
39b ← → 39a

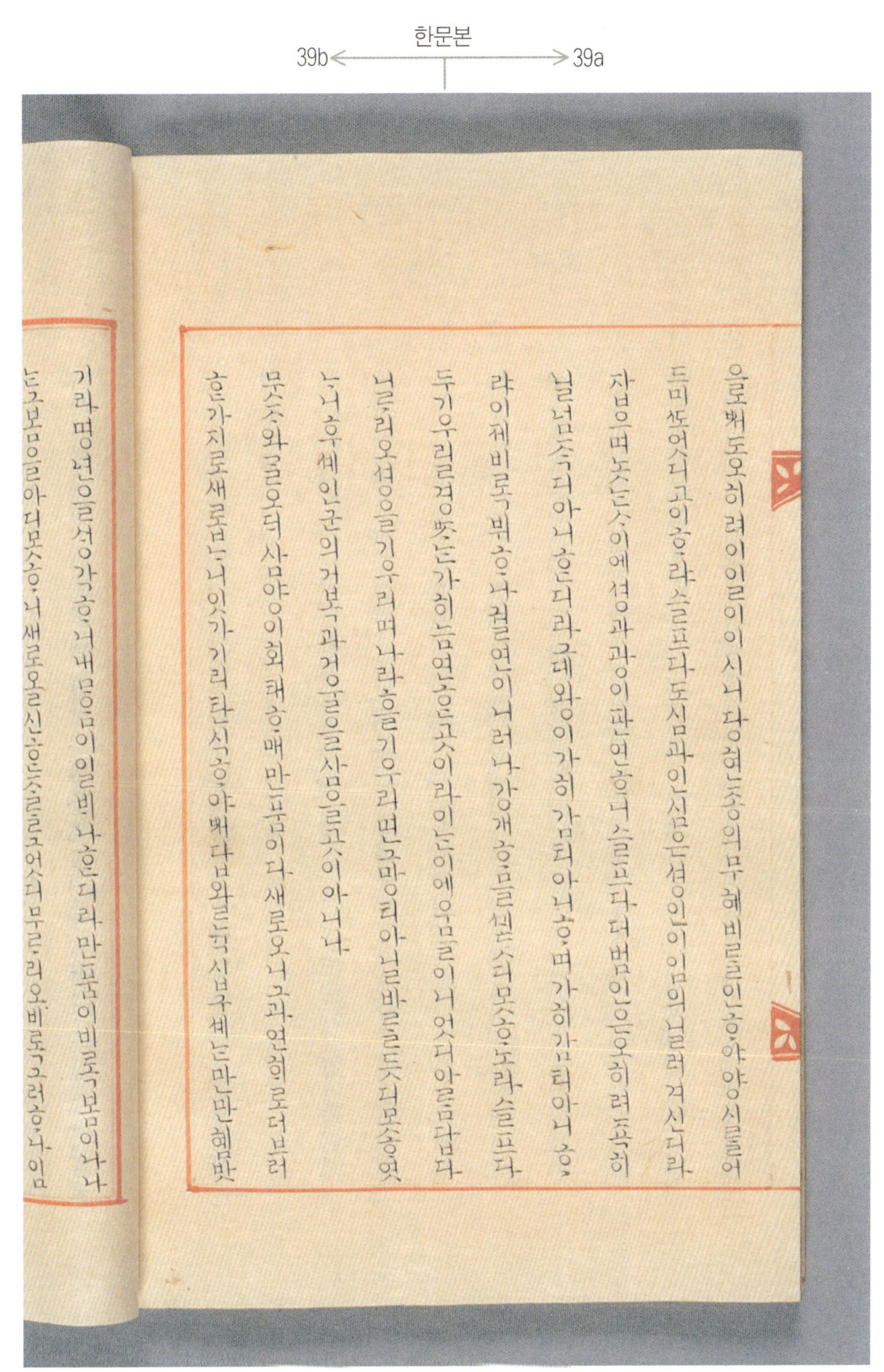

으로ᄡᅥ도오히려이일이이시니당연ᄒᆞᆫ죵의무혜비ᄅᆞᆯ인ᄒᆞ야양시ᄅᆞᆯ어
드미ᄯᅩ어ᄉᆞ니고이ᄒᆞ랴슬프다도심과인심은셩인이임의닐러겨신디라
자ᄇᆞ며노ᄂᆞᆫᄉᆞ이에셩과광이판연ᄒᆞ니슬프다더범인은오히려ᄌᆞᆨ히
닐넘ᄌᆞᆨ디아니ᄒᆞᆫ디라그데왕이가히감티아니ᄒᆞ며가히감티아니ᄒᆞ
랴이제비록뷔ᄒᆞ나결연이니러나강개ᄒᆞ믈셴ᄉᆞ디못ᄒᆞ노라슬프다
두기우러ᄅᆞᆯ경ᄯᆞᆺᄂᆞᆫ가히늠연ᄒᆞᆫ고ᄉᆞ이라이ᄂᆞᆫ이에우ᄆᆞᆯ이니엇디아ᄅᆞᆷ답다
닐ᄋᆞ리오셤을기우러며나라흘기우려면고망티아닐바ᄅᆞᆯᄃᆞᆺ디못ᄒᆞᆫ엇
ᄂᆞ니후세인군의거복과거울을삼을고ᄉᆞ이아니냐
무ᄉᆞᄉᆞ와ᄀᆞᆯ오디삼얌이회태ᄒᆞ매만ᄂᆞᆷ이다새로오니그과연히로더브러
ᄒᆞᆫ가지로새로ᄇᆞᆫ니잇가기리탄식ᄒᆞ야ᄲᅧ다ᄇᆞ와ᄀᆞᆯ시ᄇᆞ구세ᄂᆞᆫ만만혬밧
기리명년을ᄉᆡᆼ각ᄒᆞ니내ᄆᆞᄋᆞᆷ이일비나ᄒᆞᆫ디라만ᄂᆞᆷ이비록봄이나나
ᄂᆞᆫ그봄을아디못ᄒᆞ니새로온신ᄒᆞᆫᄉᆞᄅᆞᆯ고어ᄉᆡ무ᄅᆞ리오비록그러ᄒᆞ나임

어제경세문답(언해) 33b

한문본
39a ← → 38b

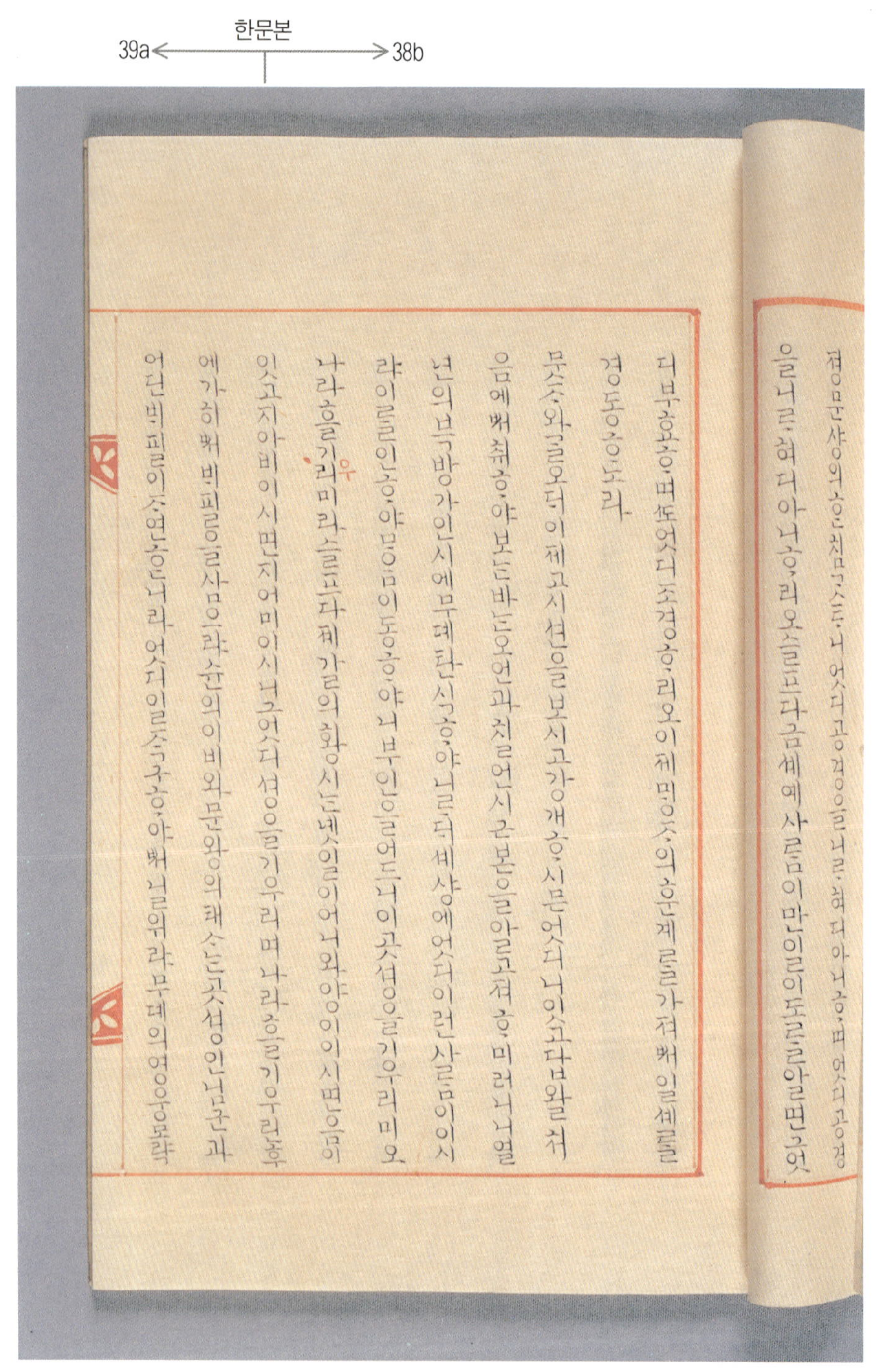
겨ᄋᆞᆷ문샹의ᄒᆞᆫ침ᄆᆞᆺᄂᆞ니 엇디공경ᄋᆞᆯ니ᄅᆞᆯ혀다아니ᄒᆞ며엇디공경
을니ᄅᆞᆯ혀다아니ᄒᆞ리오ᄉᆞᆯ피다금세예사ᄅᆞᆷ이만이ᄅᆞᆯ이도ᄅᆞᆯ알면그엇
니부ᄒᆞ오ᄒᆞ며ᄯᅩ엇디 조경ᄒᆞ리오이제 ᄆᆡᆼᄌᆞ의ᄒᆞᆫ계로ᄅᆞᆯ가져ᄡᅥ 일셰ᄅᆞᆯ
경동ᄒᆞᄂᆞ니라
무ᄉᆞ와굴오ᄃᆡ 이제고시션을보시고강개ᄒᆞ시믄엇디 니으고다ᄇᆞ왈 셔
음에ᄡᅥ취ᄒᆞ야보ᄂᆞᆫ바ᄂᆞᆫ오언과칠언시근본을알고져 ᄒᆞ미러니니열
년의ᄇᆡᆨ방가인시에무뎨탄식ᄒᆞ야니ᄅᆞ되세상에엇디이런사ᄅᆞᆷ이이시
랴이ᄅᆞᆯ인ᄒᆞ야ᄆᆞᄋᆞᆷ이동ᄒᆞ야니부인을어ᄃᆞ니이곳션ᄋᆞᆯ기우리미오
나라ᄒᆞᆯ기우리미라ᄉᆞᆯ피다톄갈의황시ᄂᆞᆫ녜일이어니와양이이시ᄠᅢᆫ음이
잇ᄉᆞ고지아비이시면지어미이시니고엇디션ᄋᆞᆯ기우리며나라ᄒᆞᆯ기우리ᄂᆞᆫ후
에가히ᄡᅥ비필을삼으랴슌의이비와문왕의태ᄉᆞᄂᆞᆫ곳셩인님군과
어딘비필이ᄌᆞ연ᄒᆞᆫ니라 엇디일ᄌᆞᆨ구ᄒᆞ야ᄡᅥ니ᄅᆞ위라무뎨의여ᄋᆞᆼ모략

어제경세문답(언해) 33a

한문본
38b ← → 38a

한문본
38a ← → 37b

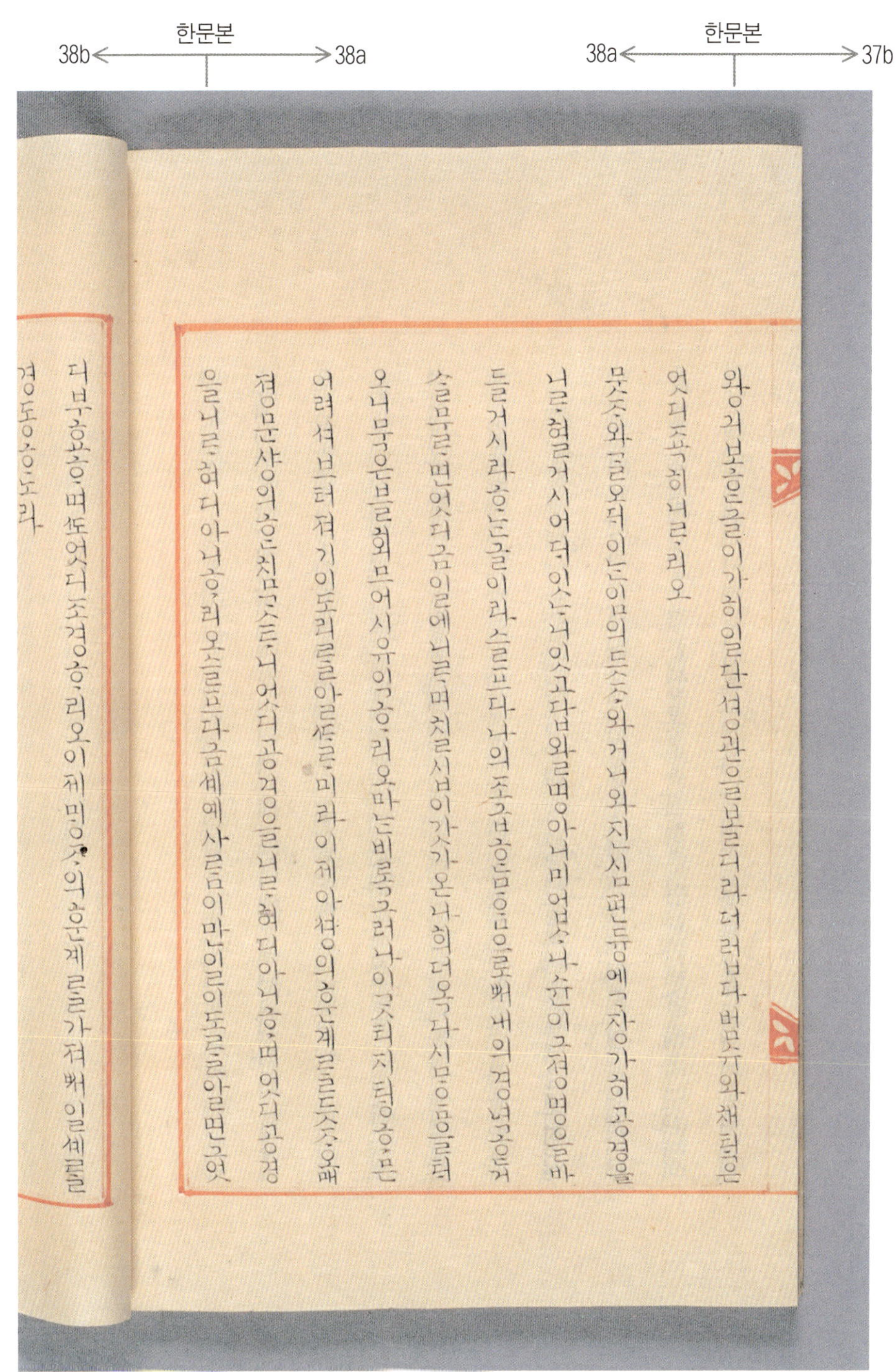
왕긔보ᄂᆞᆫ글이가히일단셩관을볼ᄃᆞ리라더럽다범ᄉᆔ와채ᄅᆞᆼ은
엇디죡히니ᄅᆞ리오
믈ᄉᆞᆸ와글오뎍이ᄂᆞᆫ임의ᄃᆞᄉᆞᆸ와거니와진심편듀에ᄀᆞ장가히공경을
니ᄅᆞᆫ혈거시어디잇ᄉᆞ니잇고답왈ᄆᆡᆼ아니미업ᄉᆞ나슌이ᄀᆞ졍명을바
들거시라ᄒᆞᄂᆞᆫ글이라슬프다나의조심ᄒᆞᆫ마ᄋᆞᄆᆞ로ᄡᅥ내의경녁ᄒᆞᆫ거
ᄉᆞᆯ무ᄅᆞᆫ면엇디금일에니ᄅᆞ며졀심이가ᄉᆞ가온ᄃᆡ혀더옥다시ᄆᆞᄋᆞᆷ을ᄅᆞ
오니무은블ᄅᆞ뫼므어시유익ᄒᆞ리오마ᄂᆞᆫ비록그러나이ᄀᆞ퇴지랑ᄒᆞ믄
어려셔브터져기이도리ᄅᆞᆯ알ᄯᆡᄅᆞᆫ미리이제아셩의ᄒᆞᆫ계ᄅᆞᆯ드ᄉᆞᆸ와ᄇᆡ
졍문샹의ᄒᆞᆫ침ᄀᆞᄉᆞᆫ니엇디공경을니ᄅᆞᆫ혀디아니ᄒᆞ며엇디공경
을니ᄅᆞᆫ혀디아니ᄒᆞ리오슬프다금셰에사ᄅᆞᆷ이만일이도ᄅᆞᆯ알면ᄀᆞ엇
디부ᄌᆞᄒᆞᄒᆞ며ᄯᅩ엇디조경ᄒᆞ리오이제민ᄋᆞᆺ의ᄒᆞᆫ계ᄅᆞᆯ가져ᄡᅥ일셰ᄅᆞᆯ
경동ᄒᆞ노라

어제경세문답(언해) 32b

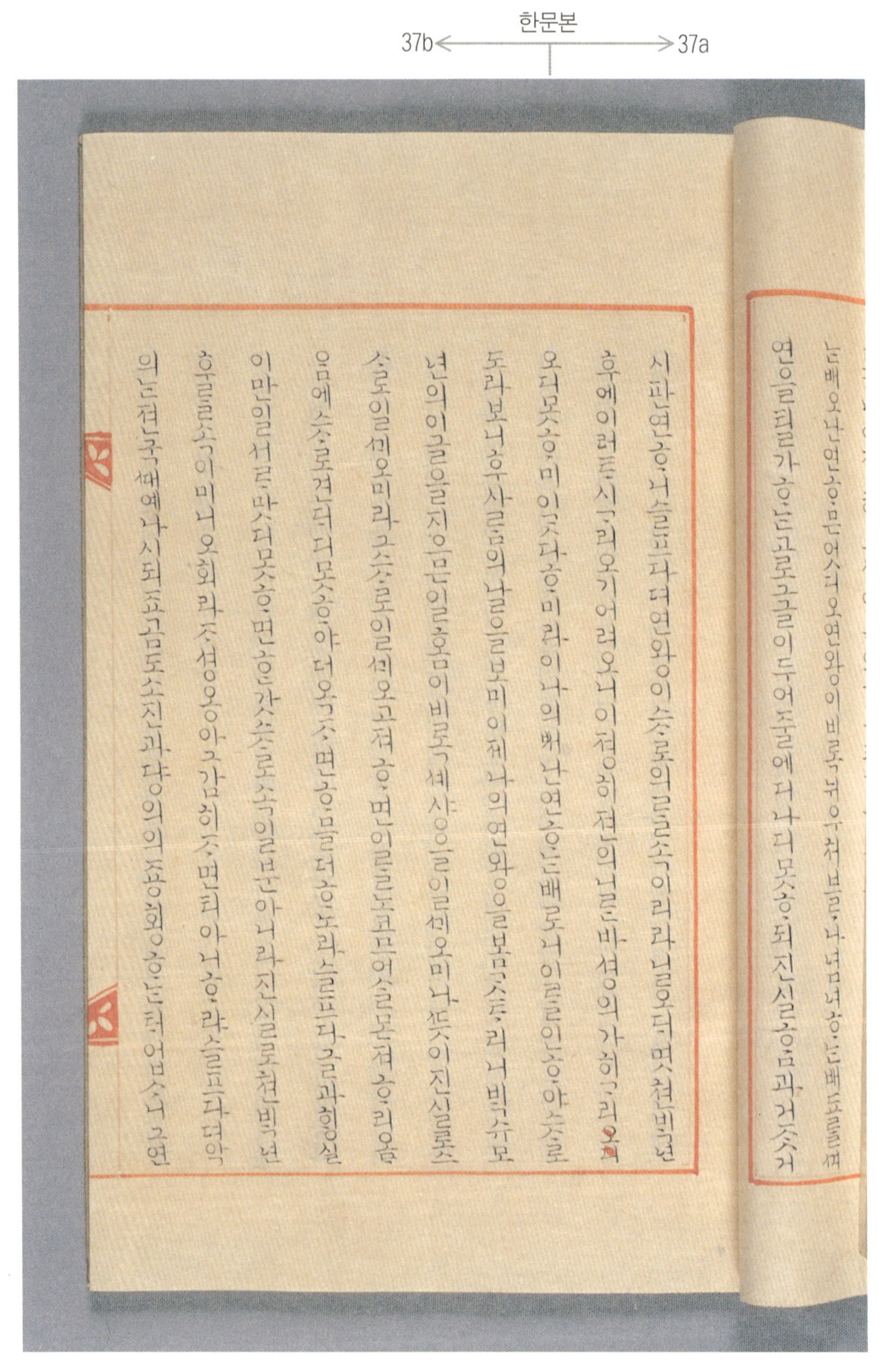


는배오난연ᄒᆞ믄어ᄉᆡ오연와이비록뷔우쳐ᄇᆞᄅᆞ나념녀ᄒᆞᄂᆞᆫ배ᄯᅩᄒᆞᆫ새
연을ᄯᅴᆯ가ᄒᆞᄂᆞᆫ고로ᄀᆞᆯ이두어줄에ᄃᆡ나ᄃᆡ못ᄒᆞ되진실ᄒᆞᆷ과거ᄉᆞ거

시판연ᄒᆞ나슬프다뎌연와이ᄉᆞᄅᆞᆷ의ᄆᆞᄅᆞᆷ속이리라날오ᄃᆡ몃쳔ᄇᆡᆨ년
후에이러ᄐᆞ시ᄀᆞ리오기어려오나이졍히젼의ᄂᆞᆫ바셩의가히ᄀᆞ리오ᄂᆞᆫ
오ᄃᆡ못ᄒᆞ미이ᄀᆞᆺᄐᆞᆫᄒᆞ미라이나의ᄲᅥ난연ᄒᆞᄂᆞᆫ배로나이ᄅᆞᆯ인ᄒᆞ야ᄉᆞᄉᆞ로
도라보나후사ᄅᆞᆷ의날을보미어졔나의연와ᄋᆞᆯ봄ᄀᆞᆺᄐᆞ리니ᄇᆡᆨ슈모
년의이글을지음은일ᄒᆞᆷ이비록셰샹을일ᄭᆡ오미나ᄯᅳᆺ이진실로ᄉᆞ
ᄉᆞ로일ᄭᆡ오미라고ᄉᆞᄉᆞ로일ᄭᆡ오고져ᄒᆞ면이ᄅᆞᆯ노코므어ᄉᆞᆯ몬져ᄒᆞ리오ᄆᆞᆷ
음에ᄉᆞᄉᆞ로견ᄃᆡ디못ᄒᆞ야더옥ᄀᆞᆺ면ᄒᆞ믈더ᄒᆞ노라슬프다ᄀᆞᆯ과ᄒᆡᆼ실
이만일서ᄅᆞ맛ᄃᆡ못ᄒᆞ면ᄒᆞᆫ갓ᄉᆞᄉᆞ로ᄉᆞᆨ일ᄲᅮᆫ아니라진실로쳔ᄇᆡᆨ년
후ᄅᆞᆯᄉᆞᆨ이미니오ᄒᆞ믈며ᄌᆞ셩ᄋᆞᆯ아ᄀᆞᆷ히ᄌᆞ면되아니ᄒᆞ랴슬프다더악
의ᄂᆞᆫ젼주ᄯᅢ에나시되조곰도ᄉᆞ진과당의의죠ᄒᆞᆷ회ᄒᆞᄂᆞᆫ텨업ᄉᆞ니ᄀᆞ연

어제경세문답(언해) 32a

한문본
37a ← → 36b

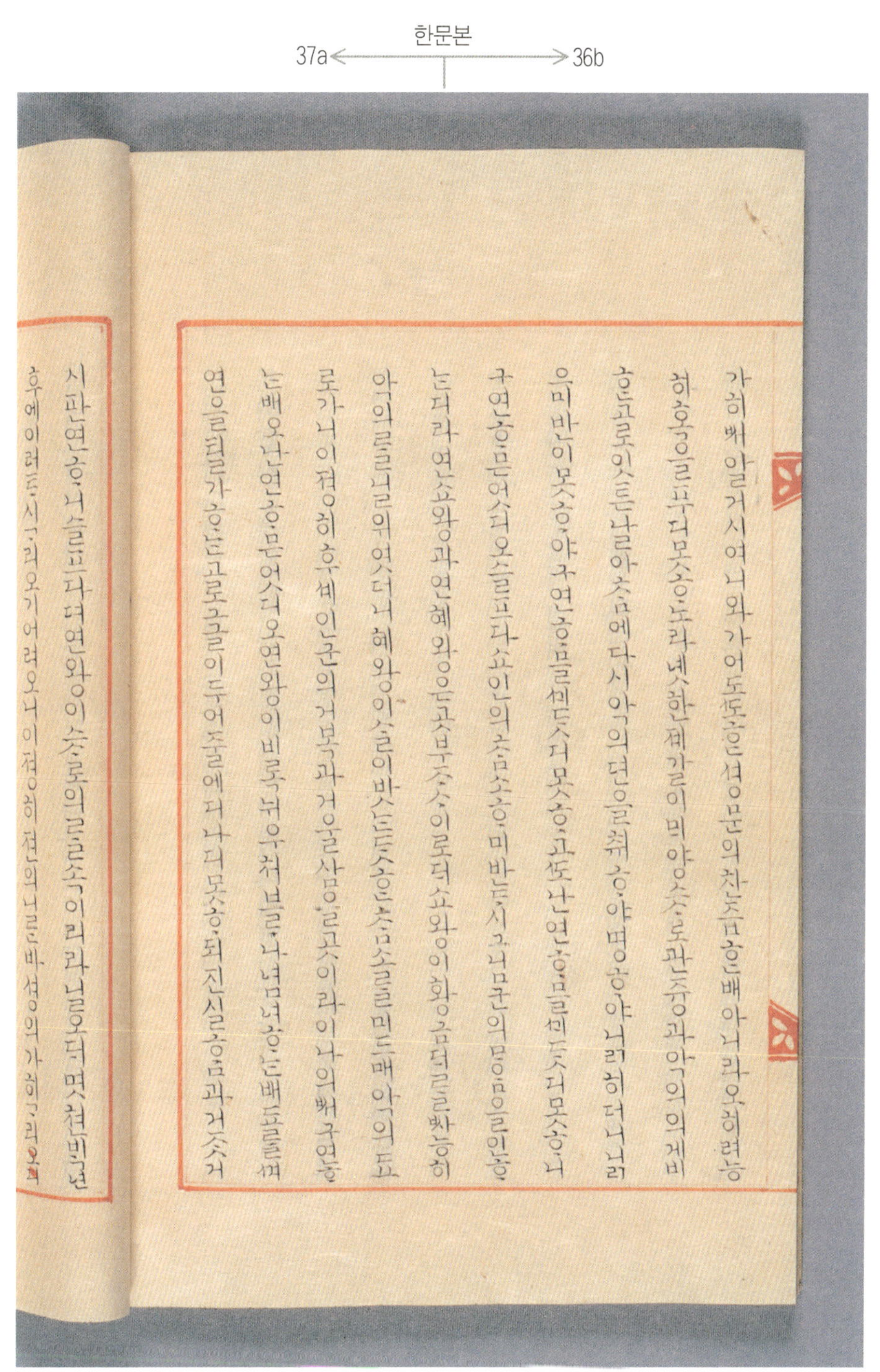

가히ᄡᅥ알거시여니와가어도ᄯᅩᄒᆞᆫ셩문의찬ᄉᆞᆷᄒᆞᆫ배아니라오히려능
히ᄒᆞᆷ을부ᄃᆡ못ᄒᆞ노라녜ᄉᆞᆫ한졔갈이미앙ᄉᆞ로관ᄌᆞᆼ과아의의게비
ᄒᆞᆫ고로잇튼날아ᄎᆞᆷ에다시아의뎐을쳐ᄒᆞ야명ᄒᆞ야나리히더니나리
음미반이못ᄒᆞ야구연ᄒᆞᆫ물셰ᄃᆞᆺ다못ᄒᆞ고ᄯᅩ난연ᄒᆞᆫ믈셰ᄃᆞᆺ다못ᄒᆞ니
구연ᄒᆞᆫ믄어ᄉᆞ되오ᄉᆞᆯ브다쇼인의ᄎᆞᆷ소ᄒᆞ미반ᄂᆞ시고나믄군의ᄆᆞᄋᆞᆷ을인ᄒᆞ
ᄂᆞᆫ디라연쇼왕과연혜왕은곳부ᄌᆞ스이로ᄃᆡ쇼왕이화ᄒᆞᆷ더ᄅᆞᆯ빠ᄂᆞᆫ히
아의ᄅᆞᆯ니ᄅᆞ위엇더니혜왕이ᄉᆞᆯ이밧ᄂᆞᆫᄃᆞᆺᄒᆞᆫᄎᆞᆷ소ᄅᆞᆯ미ᄃᆞᆫ매아의도
로가니이졍히후셰인군의거복과거울삼ᄋᆞᆯ곳이라이나의ᄡᅥ구연ᄒᆞ
ᄂᆞᆫ배오난연ᄒᆞᆫ믄어ᄉᆞ되오연왕이비록뉘우쳐블ᄂᆞᆫ념녀ᄒᆞᆫᄂᆞᆫ배도ᄅᆞᆯ셰
연을ᄃᆞᆯ가ᄒᆞᄂᆞᆫ고로ᄀᆞᆯ이두어줄에디나디못ᄒᆞ되진실ᄒᆞᆷ과거ᄉᆞ거

시판연ᄒᆞ니ᄉᆞᆯ브다더연왕이ᄉᆞᆺ로의ᄅᆞᆯᄉᆞ이리라니ᄅᆞ오되몃천빈년
후에이러ᄐᆞᆺ시ᄒᆞ리오기어려오나이졍히젼의나ᄅᆞᆯ바셩의가히ᄒᆞ리오리

어제경세문답(언해) 31b

한문본 36b ← → 36a　　한문본 36a ← → 35b

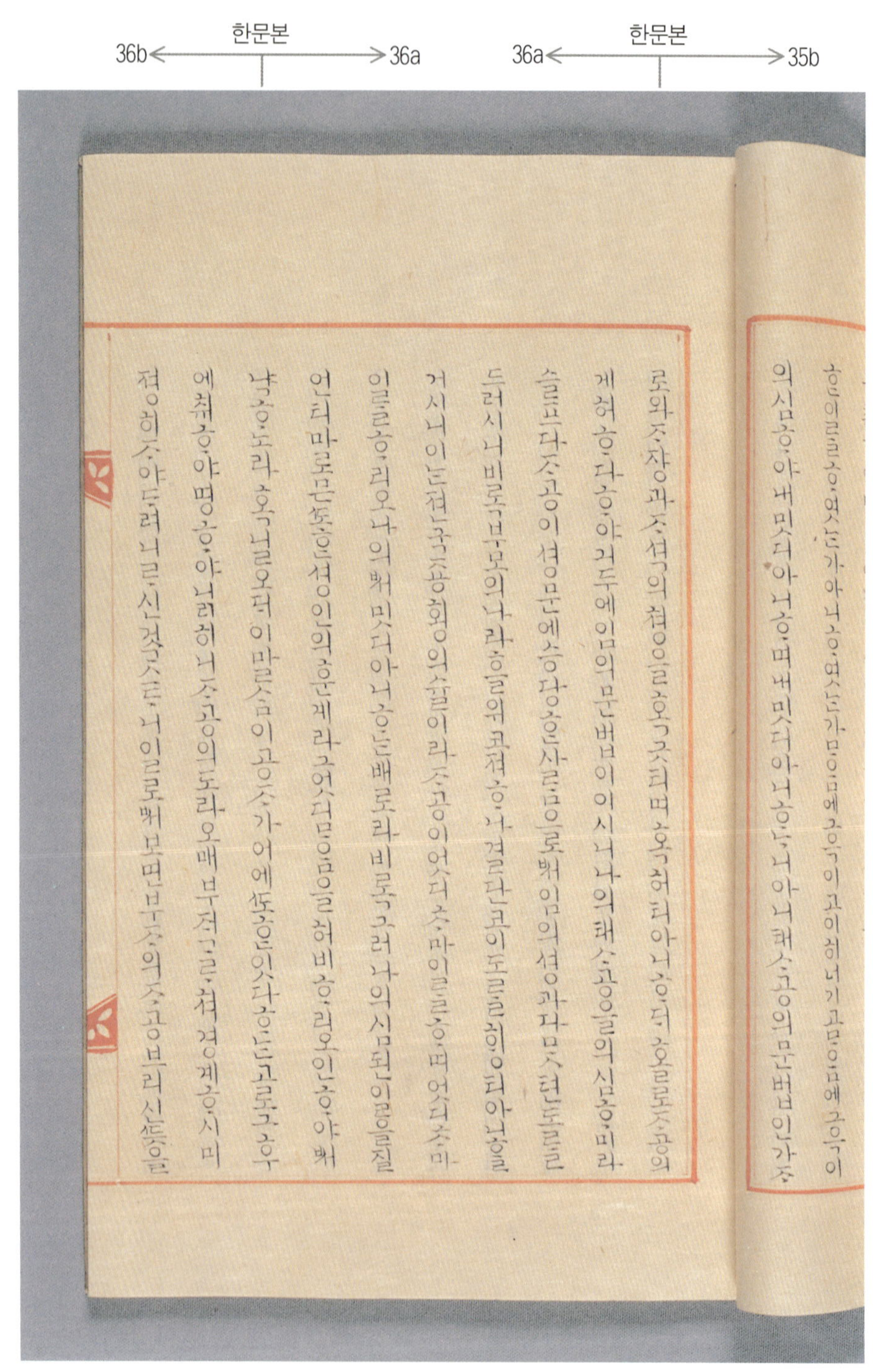

ᄒᆞᆫ 이ᄅᆞᆯ ᄒᆞ엿ᄂᆞᆫ가 아니ᄒᆞ엿ᄂᆞᆫ가 ᄆᆞᄋᆞᆷ에 ᄀᆞ오이 고이히 너기ᄆᆞᄋᆞᆷ에 ᄀᆞ오이
의심ᄒᆞ야 ᄡᅥ 밋디 아니ᄒᆞ며 ᄡᅥ 밋디 아니ᄒᆞᄂᆞ냐 아니 태ᄉᆞ공의 문법인가 ᄌᆞ
로와 ᄉᆞ장과 ᄉᆞ셕의 졍ᄋᆞᆯ 오ᄀᆞᆺ티며 혹 허티 아니ᄒᆞ다 ᄒᆞ믈로 ᄉᆞ공의
게 허ᄒᆞ다 ᄒᆞ야 거두에 임의 문법이 이시니 나의 태ᄉᆞ공ᄋᆞᆯ 의심ᄒᆞ미라
슬프다 ᄉᆞ공이 셩문에 승당ᄒᆞᆫ 사ᄅᆞᆷ으로ᄡᅥ 임의 셩과 다ᄆᆞᆺ 텬도ᄅᆞᆯ
드러시니 비록 부모의 나라ᄒᆞᆯ 위ᄒᆞ야 급졀ᄒᆞ나 결단코 이 도ᄅᆞᆯ ᄒᆡ티 아니ᄒᆞᆯ
거시니 이는 젼국 종횡의 ᄉᆞ업이라 ᄉᆞ공이 엇디 ᄎᆞ마 이ᄅᆞᆯ ᄒᆞ며 엇디 ᄎᆞ마
이ᄅᆞᆯ ᄒᆞ리오 나의 ᄡᅥ 밋디 아니ᄒᆞᄂᆞᆫ 배로라 비록 그러나 나의 심된 이ᄅᆞᆯ 질
언티 마ᄅᆞᆷ은 ᄯᅩᄒᆞᆫ 셩인의 ᄒᆞᆫ 계라 그 엇디 ᄆᆞᄋᆞᆷ을 허비ᄒᆞ리오 인ᄒᆞ야 ᄡᅥ
낙ᄒᆞ노라 혹 닐오ᄃᆡ 이 말ᄉᆞᆷ이 공ᄌᆞ 가어에 ᄯᅩᄒᆞᆫ 잇다 ᄒᆞᄂᆞᆫ 고로 그 ᄒᆞ
에 취ᄒᆞ야 뎡ᄒᆞ야 니ᄅᆞ거니와 ᄉᆞ공의 도라오매 부ᄌᆞᄭᅴ셔 경계ᄒᆞ시미
졍히 ᄉᆞ야ᄃᆞ려 니ᄅᆞ신 것ᄀᆞᆺᄐᆞᆫ니 이로ᄡᅥ 보면 부ᄌᆞ의 ᄉᆞ공 브리신 ᄯᅳᆮ을

어제경세문답(언해) 31a

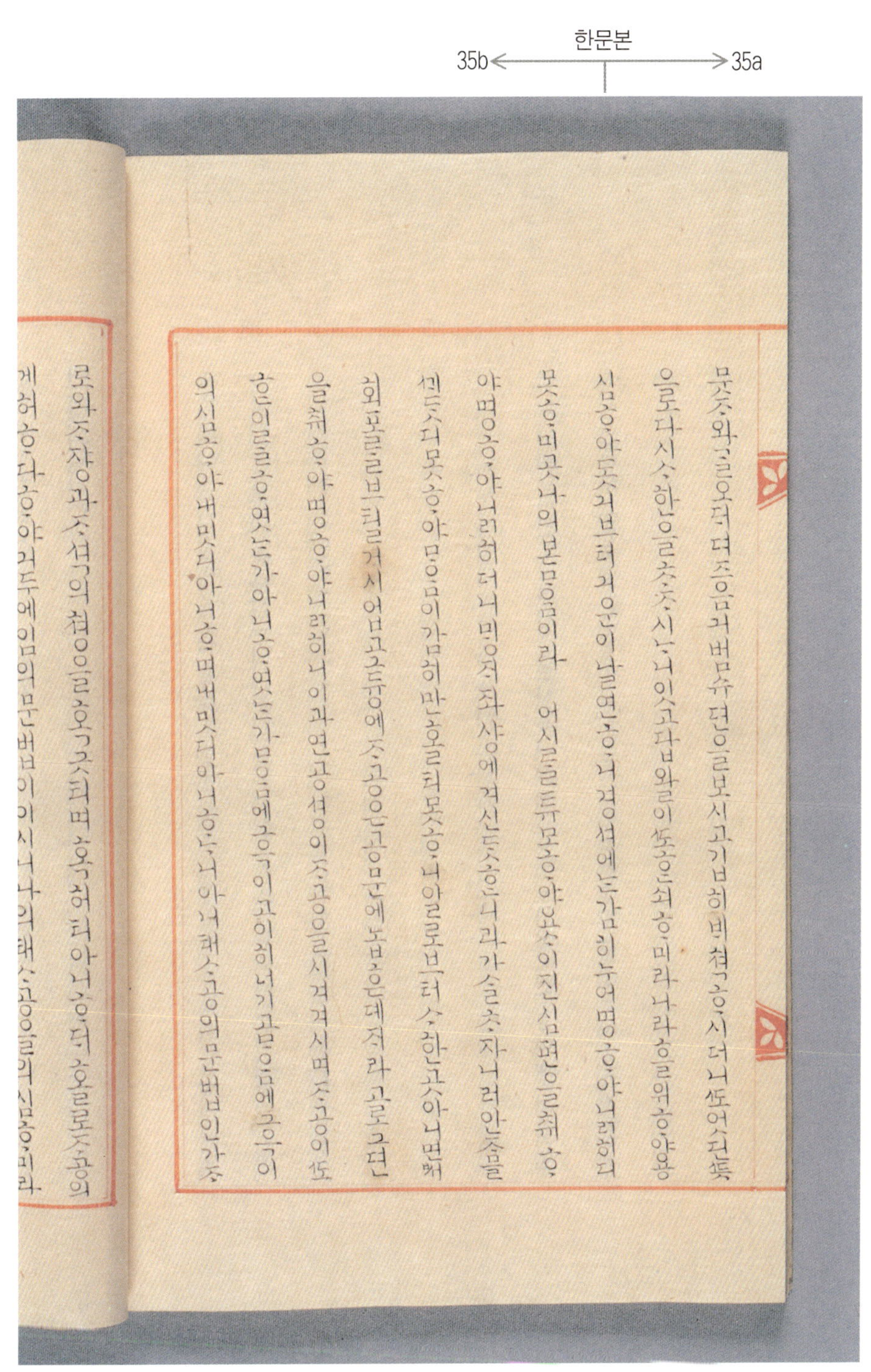


어제경세문답(언해) 30b

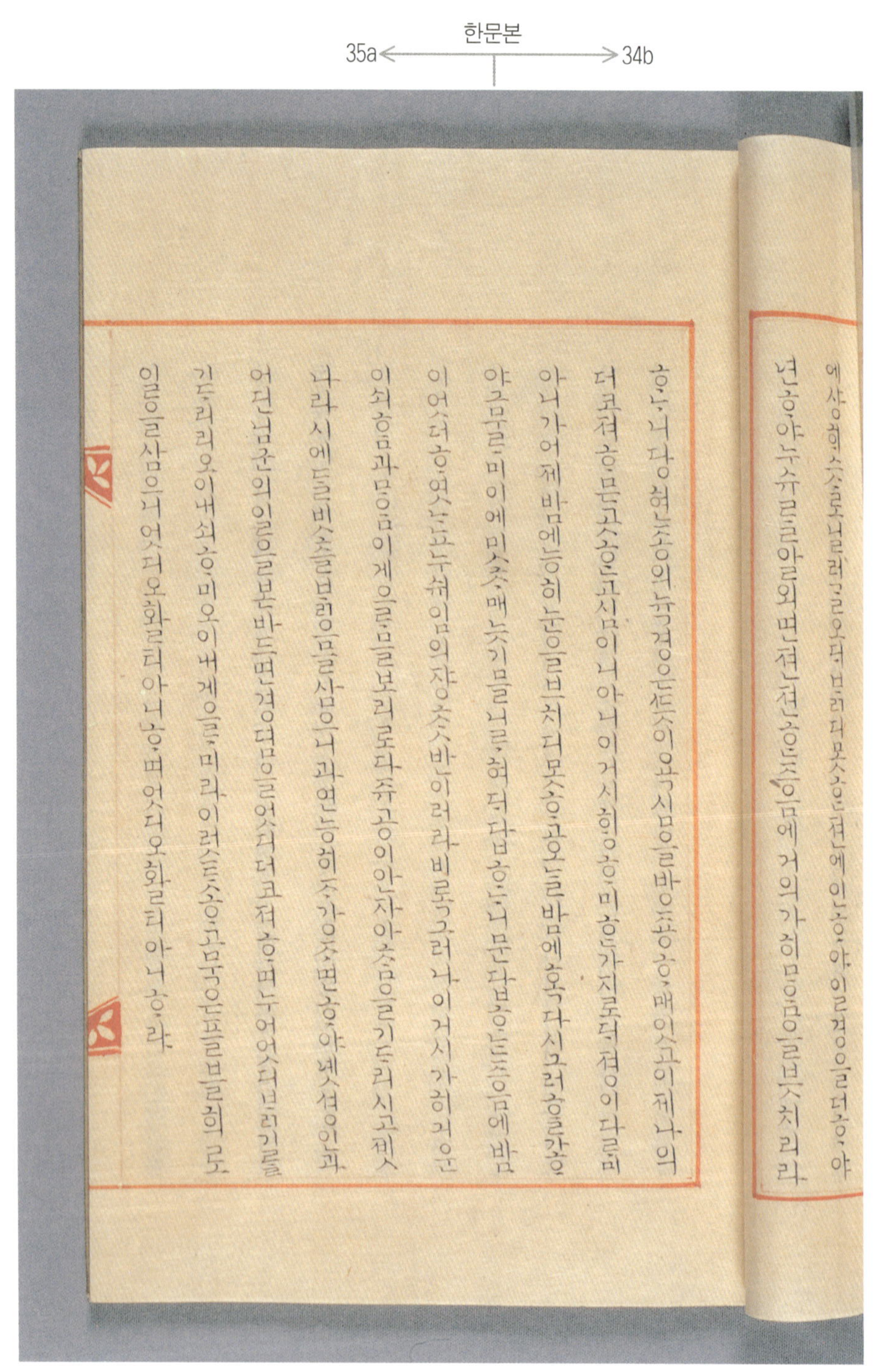


어제경세문답(언해) 30a

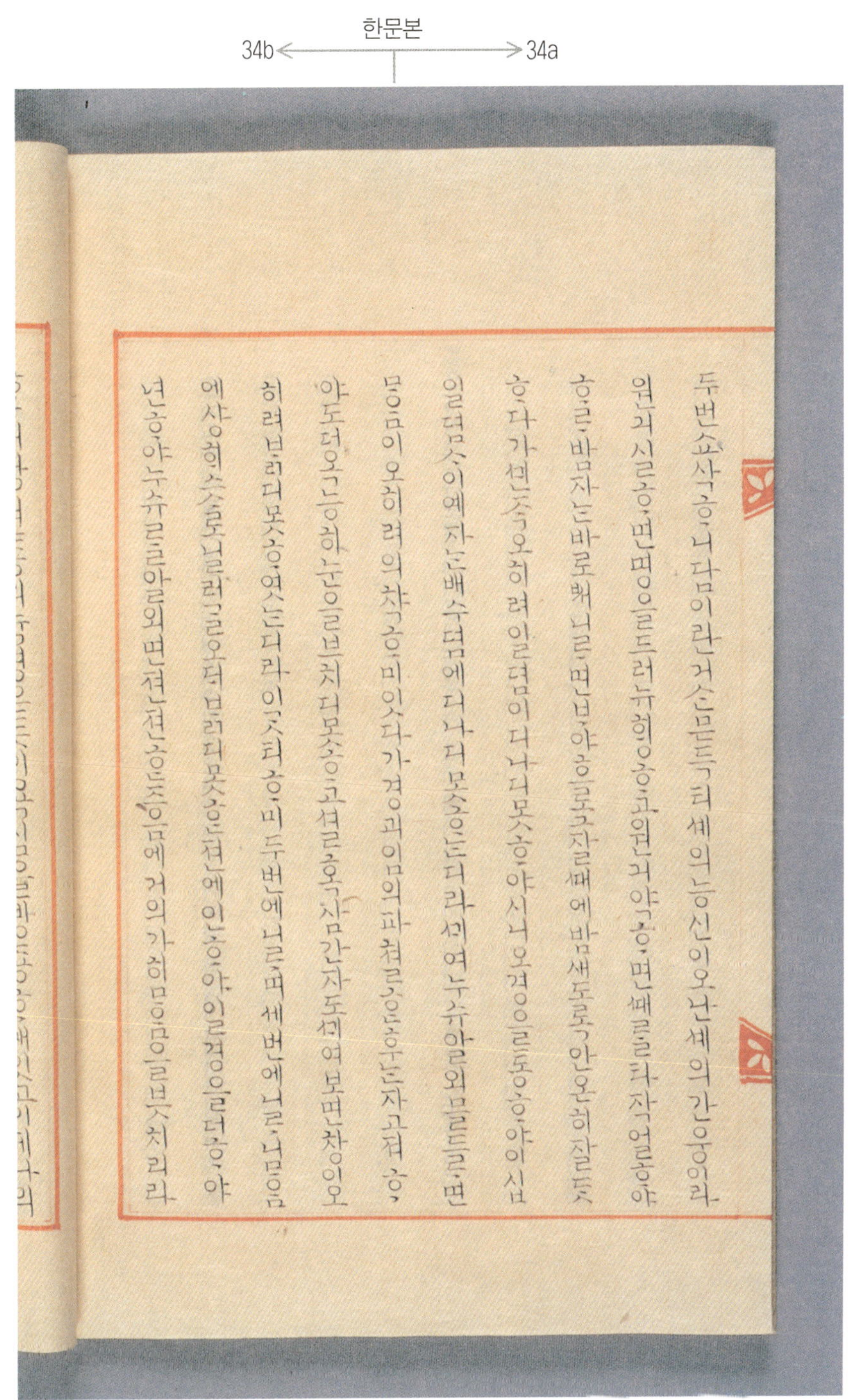


어제경세문답(언해) 29b

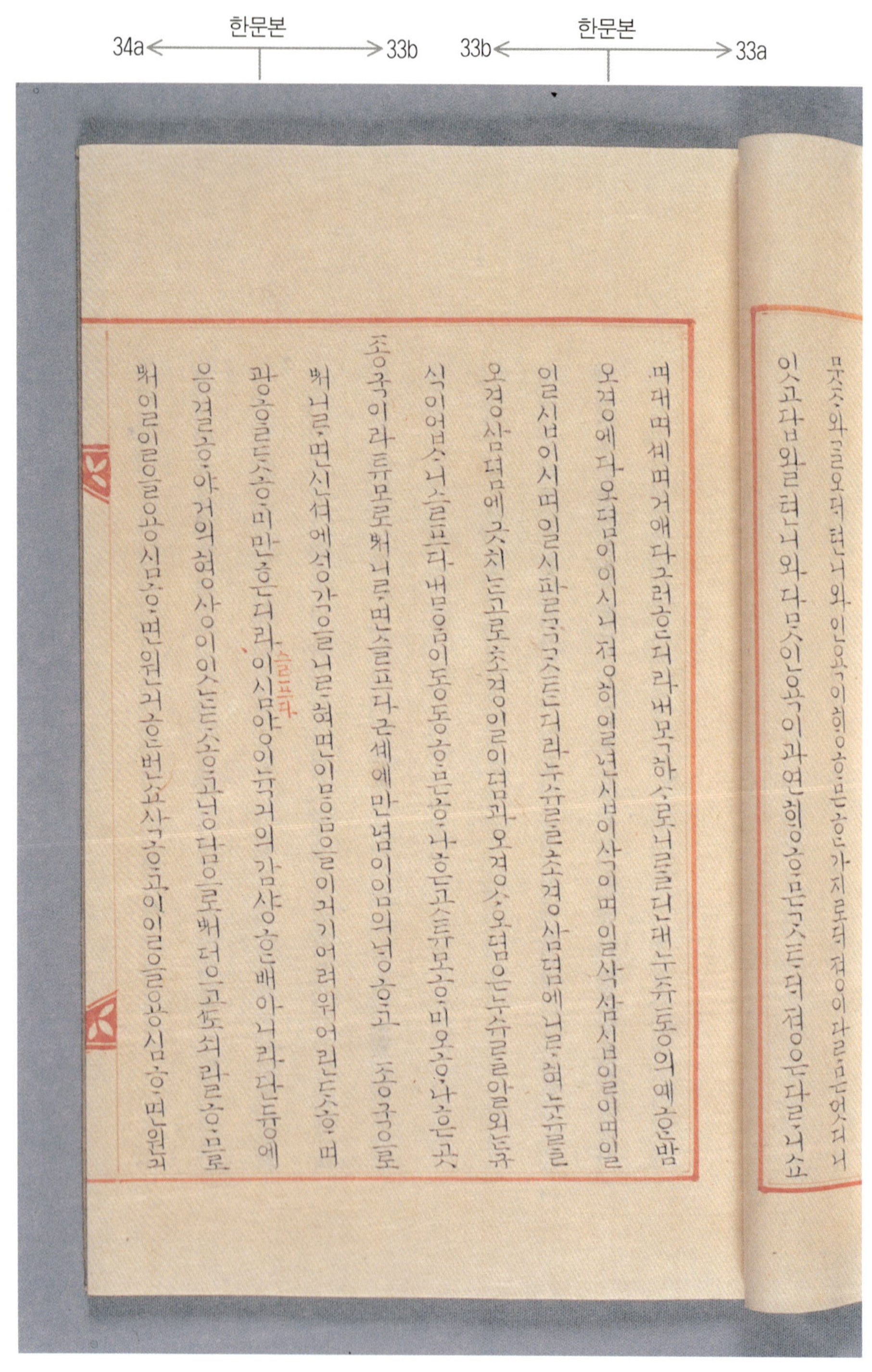


어제경세문답(언해) 29a

한문본
33a ← → 32b

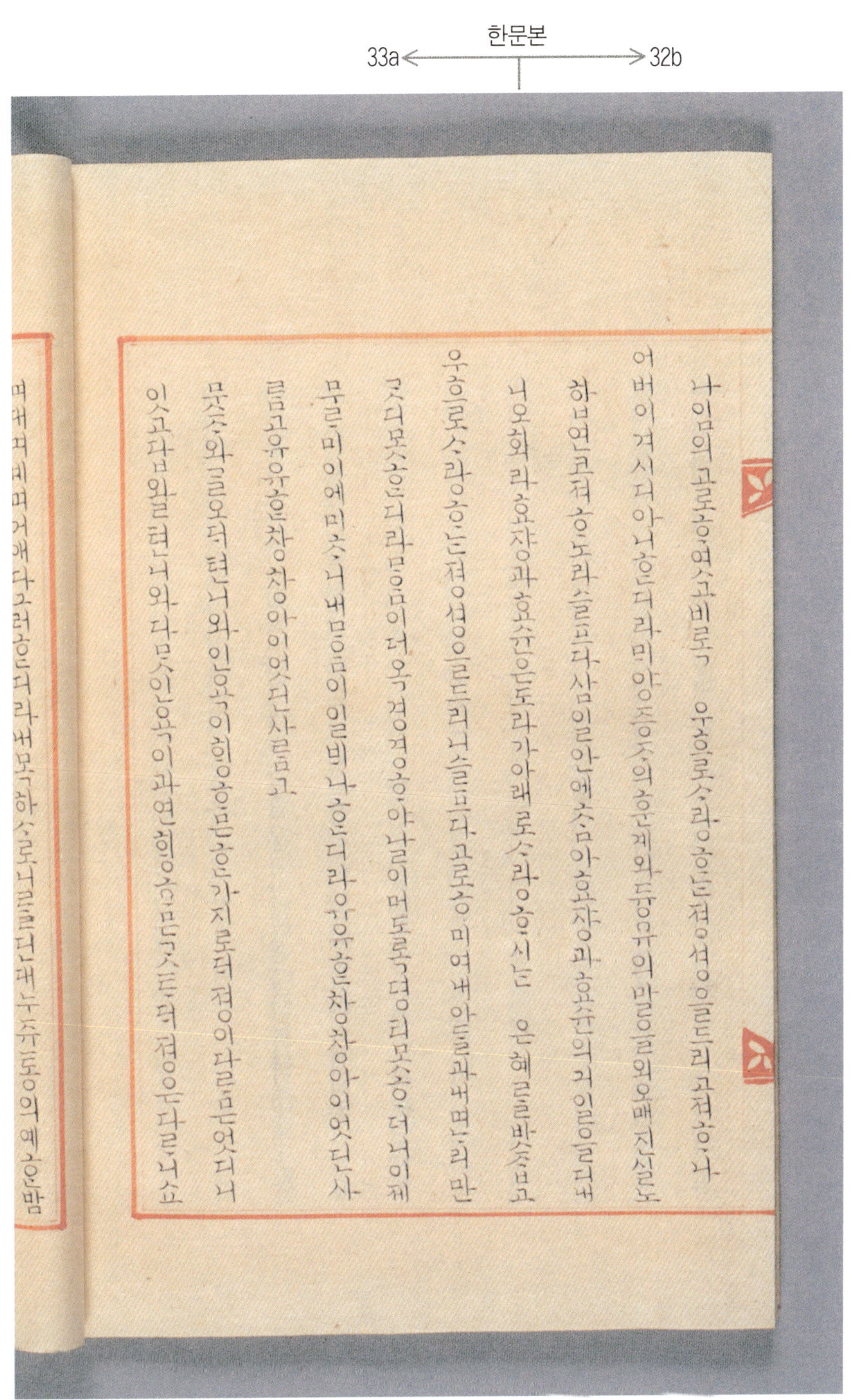

어제경세문답(언해) 28b

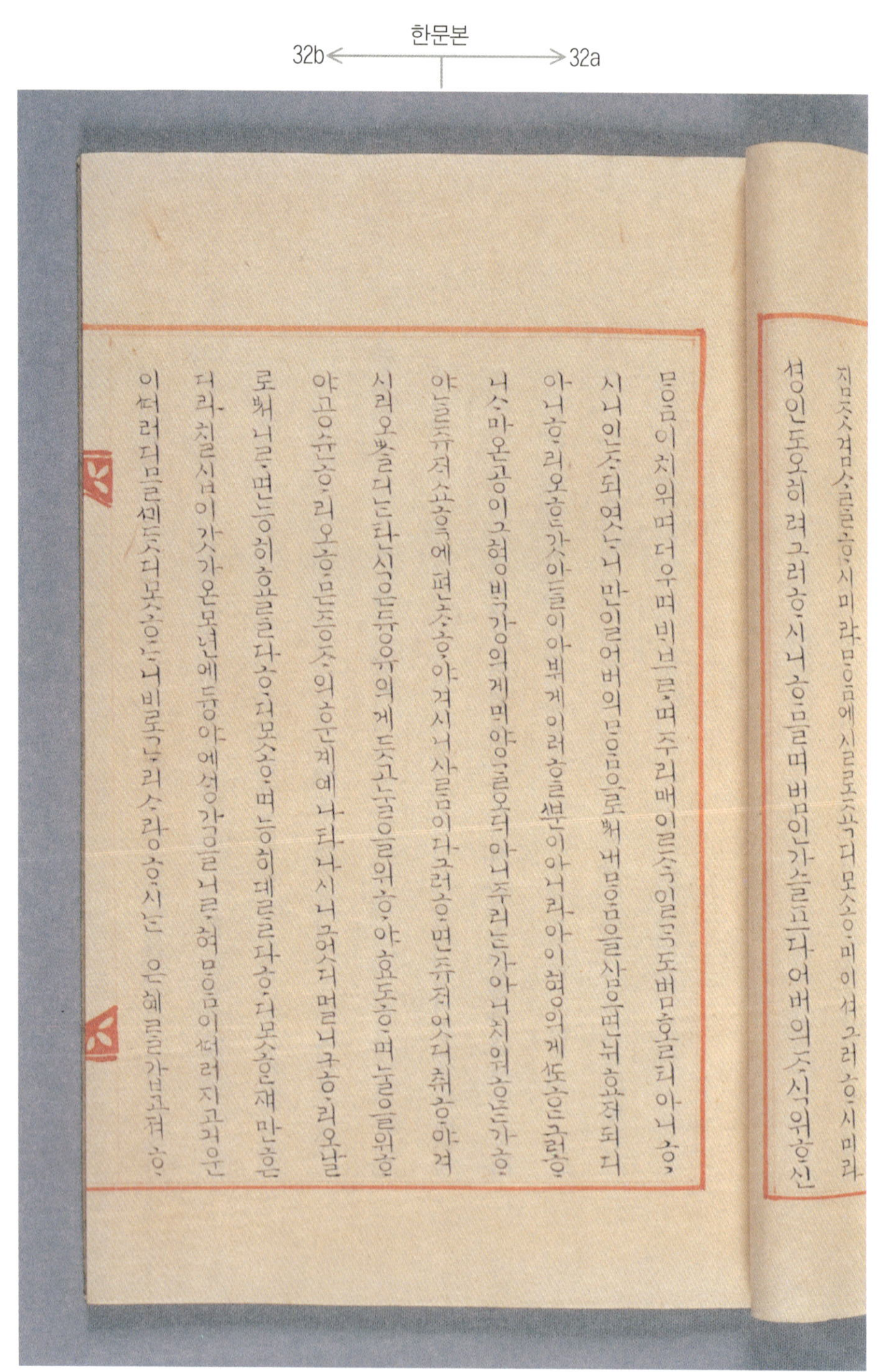


짐ᄌᆞᆺ겸손ᄒᆞ시미라ᄆᆞᄋᆞᆷ에실로ᄌᆞ랑티모ᄒᆞ시미이셔그러ᄒᆞ시미라
셩인도오히려그러ᄒᆞ시니ᄒᆞ믈며범인가ᄉᆞᆯ오다어버의ᄌᆞ식위ᄒᆞ신
ᄆᆞᄋᆞᆷ이치위며더우며ᄇᆡ브ᄅᆞ며주리매이ᄅᆞ히일ᄌᆞ도범홀티아니ᄒᆞ
시니인ᄌᆞ되엿ᄂᆞ니만일어버의ᄆᆞᄋᆞᆷ으로ᄡᅥ내ᄆᆞᄋᆞᆷ을삼으면뉘효ᄌᆞ되디
아니ᄒᆞ리오ᄒᆞᆫ갓아ᄃᆞᆯ이아뷔게이러ᄒᆞᆯᄲᅮᆫ이아니라아이ᄒᆞᆼ의게ᄯᅩᄒᆞᆫ그러ᄒᆞ
니ᄉᆞ마온공이그ᄒᆞᆼ빅강의게며양ᄒᆞᆯ오ᄃᆡ아니주리ᄂᆞᆫ가아니치워ᄒᆞᄂᆞᆫ가ᄒᆞ
야ᄂᆞᆯ두져ᄉᆞᆷ혀에편ᄒᆞᆫ가ᄒᆞ야겨시니사ᄅᆞᆷ이다그러ᄒᆞ면두져어ᄃᆡ취ᄒᆞ야겨
시리오ᄲᅮᆯ이ᄂᆞᆫ단시ᄉᆞᆼ으ᄂᆞᆫ뉘의게드고ᄂᆞᆫ골을위ᄒᆞ야효도ᄒᆞ며ᄂᆞᆯ을위ᄒᆞ
야고ᄋᆞ순ᄒᆞ리오ᄒᆞ믈며도ᄋᆞᆺ의ᄒᆞᆫ계예나타나시니그어ᄃᆡ머ᄅᆞ니ᄀᆞᄒᆞ리오날
로ᄡᅥ니ᄅᆞ면ᄂᆞᆼ히ᄒᆞ요ᄅᆞᆯ다ᄒᆞ니모ᄉᆞᄒᆞ며ᄂᆞᆼ히뎌ᄅᆞᆯ다ᄒᆞ니모ᄉᆞᄒᆞᆫ재만ᄒᆞᆫ
더러칠십이가ᄉᆞ가온모년에뒤아에ᄉᆡᆼ각을니ᄅᆞ혀ᄆᆞᄋᆞᆷ이ᄯᅥ러지고귀운
이ᄯᅥ러디믈ᄭᅵ닷디모ᄒᆞᄂᆞ니비로ᄉᆞ니리ᄉᆞ랑ᄒᆞ시ᄂᆞᆫ 은혜ᄅᆞᆯ갑고져ᄒᆞ

어제경세문답(언해) 28a

한문본

32a ← → 31b

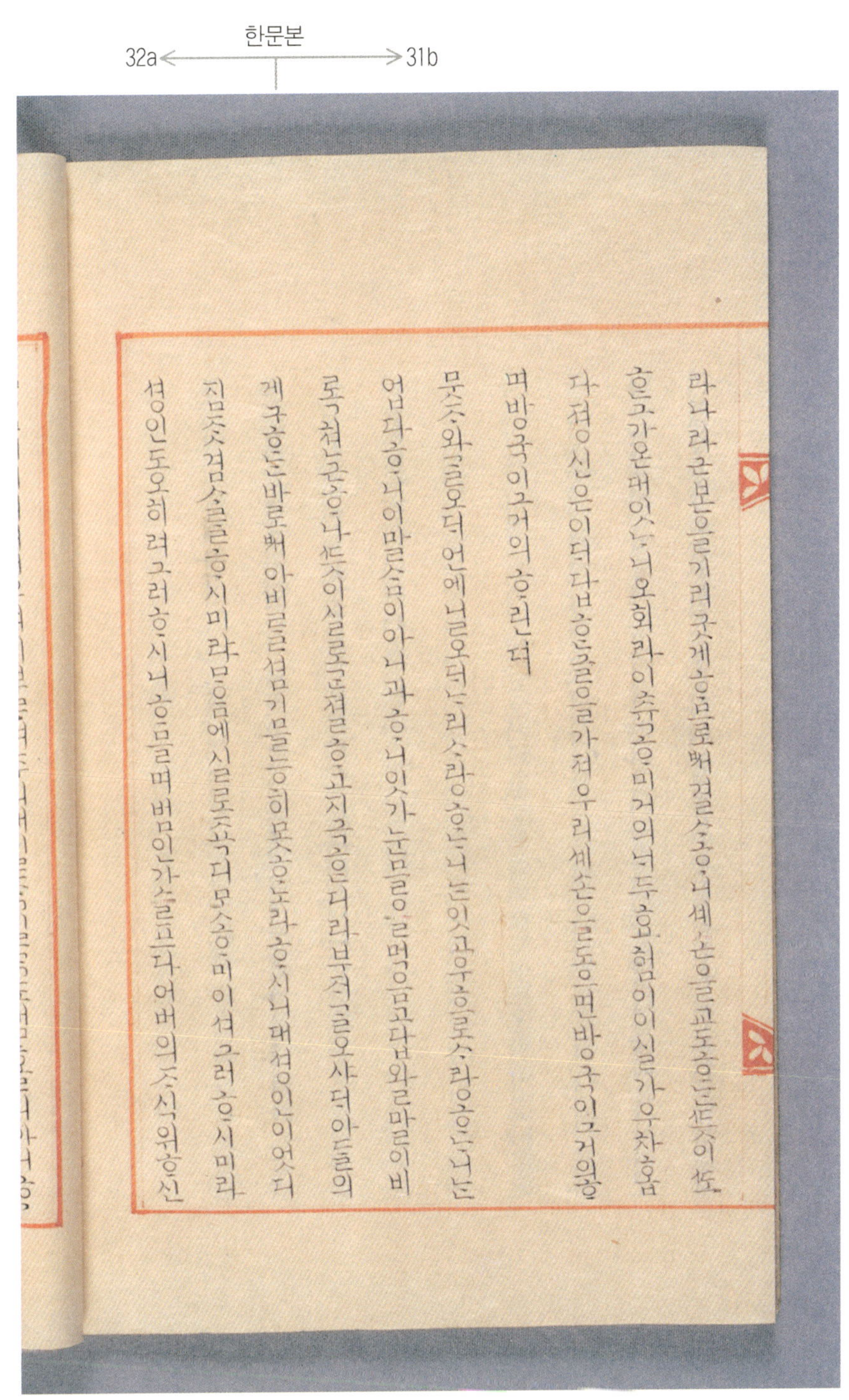

라나라근본을기리굿게ᄒᆞ므로ᄡᅥ결ᄉᆞᆼᄒᆞ니세ᄉᆞᆫ을교도ᄒᆞᄂᆞᆫᄯᅳᆺ이ᄯᅩ
ᄒᆞᆫ가지온대잇ᄂᆞ니오회라이ᄌᆞᆨᄒᆞ미거의너두ᄒᆞᆯ혐이이실가우차ᄒᆞ옴
다져ᄒᆞᆼ신은이더다브ᄒᆞᆫ글을가져우리세ᄉᆞᆫ을ᄃᆞᆼ이면방국이그거의ᄒᆞᆼ
며방국이그거의ᄒᆞ린뎌
묻ᄌᆞ와ᄀᆞᆯ오ᄃᆡ언에닐오ᄃᆡᄂᆞ리ᄉᆞ랑ᄒᆞᄂᆞ니ᄂᆞᆫ잇고우ᄒᆞ로ᄉᆞ랑ᄒᆞᄂᆞ니ᄂᆞᆫ
업다ᄒᆞ니이말ᄉᆞᆷ이아니과ᄒᆞ니잇가ᄂᆞᆫ믈을ᄆᆞᆯ먹음고담와ᄅᆞᆫ말이비
록쳔군ᄒᆞ나ᄯᅳᆺ이실로ᄌᆞ져ᄅᆞᆯᄒᆞ고지극ᄒᆞᆫ디라부자ᄀᆞᆯ오샤ᄃᆡ아ᄃᆞᆯ의
게국ᄒᆞᄂᆞᆫ바로ᄡᅥ아비ᄅᆞᆯ셤기믈ᄂᆞᆼ히모ᄒᆞ노라ᄒᆞ시니대셩인이어ᄃᆡ
짐즛겸ᄉᆞᆫᄒᆞ시미라ᄆᆞ음에실로ᄌᆞᆨ디모ᄒᆞ미이셔그러ᄒᆞ시미라
셩인도오히려그러ᄒᆞ시니ᄒᆞ믈며범인가ᄉᆞᆯ피디어버의ᄌᆞ식위ᄒᆞ신

어제경세문답(언해) 27b

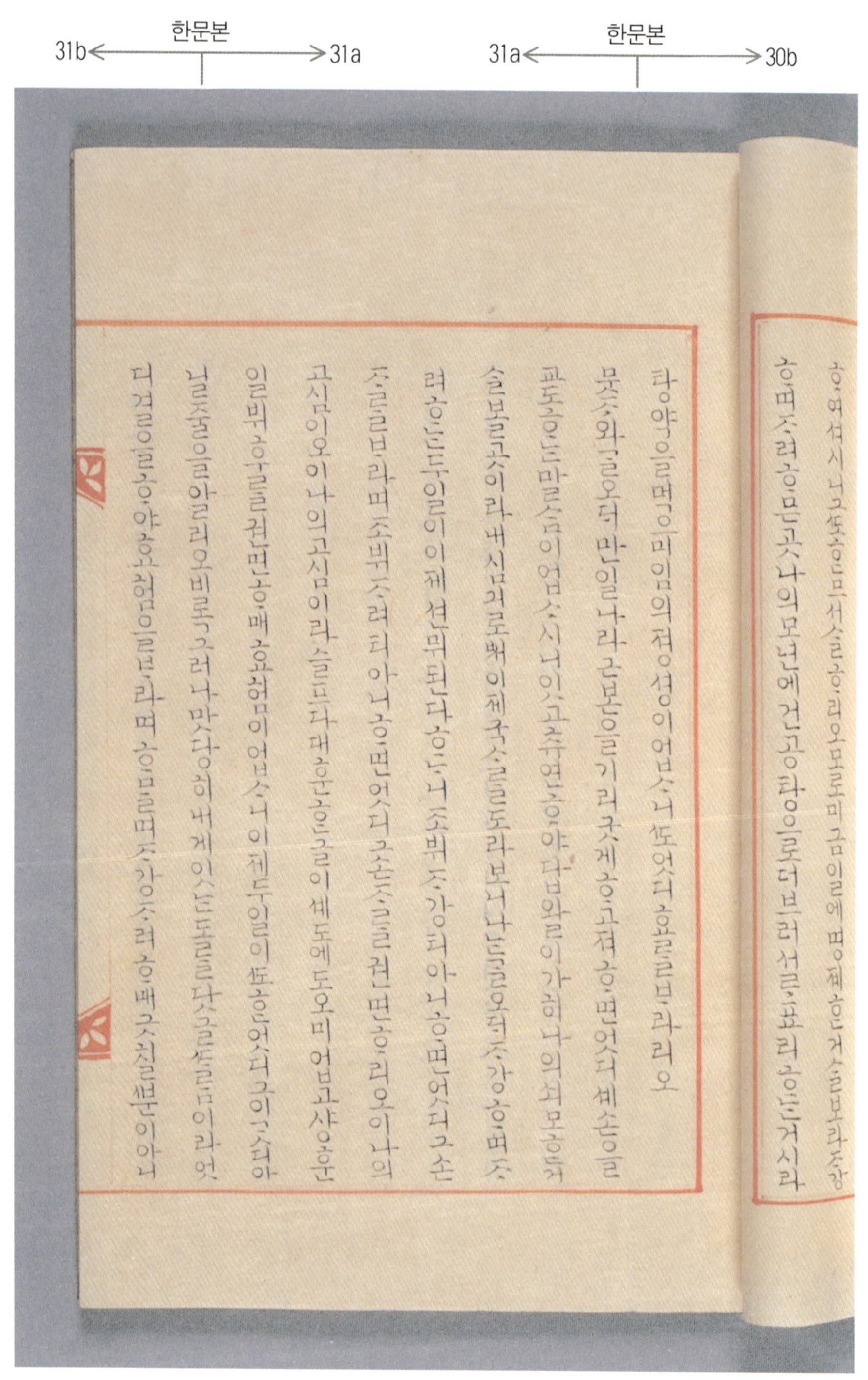


ᄒᆞ여셔시니고ᄯᅩᄒᆞᄂᆞᆫ미셔ᄉᆞᆯᄒᆞ리오모로미 ᄀᆞᆷ일에 ᄯᅢᄒᆞᆫ거ᄉᆞᆯ보라ᄌᆞ강
ᄒᆞ며ᄌᆞ려ᄒᆞ믄곳나의모년에건공탕으로더브러서ᄅᆞᆯ표리ᄒᆞᄂᆞᆫ거시라

탕약을머금의미임의졍셩이업ᄉᆞ니ᄯᅩ엇디효ᄅᆞᆯᄇᆞ라리오
뭇ᄌᆞ와ᄀᆞᆯ오ᄃᆡ 만일나라 근본을기리굿게ᄒᆞ고져ᄒᆞ면엇디셰손을
교도ᄒᆞᄂᆞᆫ말ᄉᆞᆷ이업ᄉᆞ시니잇고수연ᄒᆞ야ᄃᆡ답와ᄅᆞᆯ이가ᄒᆞ나의죄모ᄒᆞ거
ᄉᆞᆯ보ᄅᆞᆯ곳이라 내심거로ᄡᅥ이졔ᄌᆞᄉᆞᄅᆞᆯ도라보니나ᄂᆞᆫᄀᆞᆯ오ᄃᆡᄌᆞ강ᄒᆞ며ᄌᆞ
려ᄒᆞᄂᆞᆫ두일이이졔 션무된다ᄒᆞᄂᆞ니ᄌᆞ뷔ᄌᆞ강티아니ᄒᆞ면엇디그손
ᄌᆞᄅᆞᆯᄇᆞ라며 ᄌᆞ뷔ᄌᆞ려티아니ᄒᆞ면엇디그손ᄌᆞᄅᆞᆯ권면ᄒᆞ리오이나의
고심이오이나의고심이라슬프다대훈ᄒᆞᆫ글이셰도에도오미업고샹훈
일뷔ᄒᆞ글ᄅᆞᆯ권면ᄒᆞ매효험이업ᄉᆞ니이졔두일이ᄯᅩᄒᆞᆫ엇디그이ᄀᆞᆺ더아
닐ᄌᆞᆯ을알리오비록그러나맛당히내게잇ᄂᆞᆫ도ᄅᆞᆯ닷글ᄯᆞᄅᆞᆷ이라엇
디겨ᄅᆞᆯ이ᄅᆞᆯᄒᆞ야효험을ᄇᆞ라며ᄒᆞᄆᆞᆯ며ᄌᆞ강ᄌᆞ려ᄒᆞ매그치ᄅᆞᆯᄲᅮᆫ이아니

어제경세문답(언해) 27a

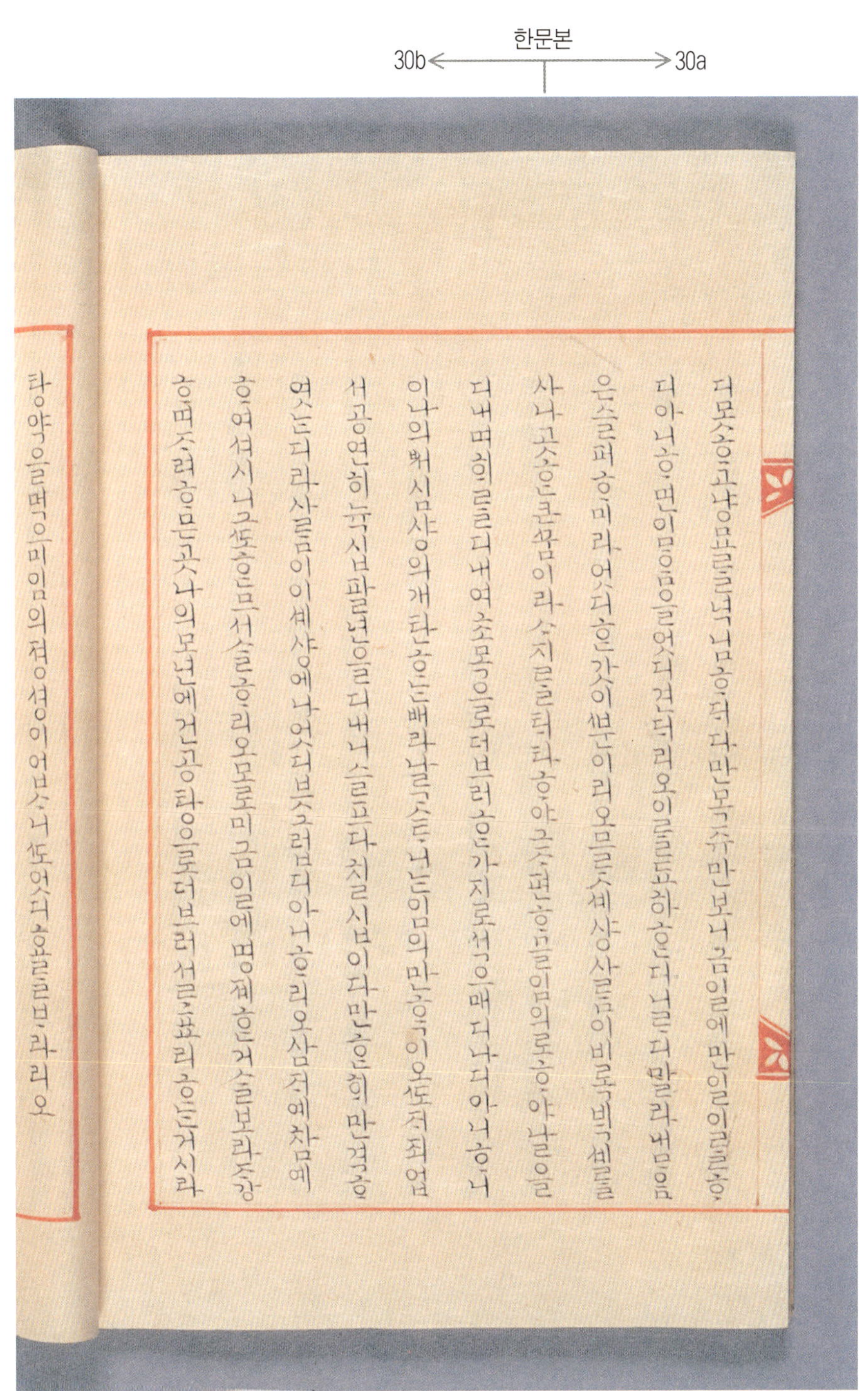


디모ᄉᆞᆼᄒᆞ고냥ᄆᆞᆷᄋᆞᆯ너ᄀᆞᆫ니ᄆᆞᄒᆞ뎌다만목슈만보니금일에만일이ᄀᆞᆯᄅᆞᆼᄒᆞ
디아니ᄒᆞ면임ᄆᆞᆷᄋᆞᆯ엇디견ᄃᆡ리오이ᄅᆞᆯ표하ᄒᆞ온디고ᄅᆞᆫ디말라범음
은ᄉᆞᆯ펴ᄒᆞ미라엇디ᄒᆞᆫ가ᄉᆡ이뿐이리오므ᄅᆞᆺ셰상사ᄅᆞᆷ이비록빅셰ᄅᆞᆯ
사나고ᄉᆞᆼ은ᄌᆞᆫ꿈이라ᄉᆞᆺ지ᄅᆞᆯ티라ᄒᆞ야ᄀᆞᆺ편ᄒᆞ믈임의로ᄒᆞ야날을
디내며히ᄅᆞᆯ디내여초목으로더브러ᄒᆞᆫ가지로석으매디나디아니ᄒᆞ니
이나의뻐심샹의개탄ᄒᆞ는배라날ᄀᆞᄐᆞᆫ니ᄂᆞᆫ임의만ᄒᆞ야이오또ᄌᆞ죄업
서공연히뉵십팔년을디내고슬피디칠십이다만ᄒᆞᆫ희만견ᄒᆞ
여ᄉᆞᆺ디라사ᄅᆞᆷ이이셰샹에나어디븟ᄭᅳ럽디아니ᄒᆞ리오삼ᄌᆞ에참예
ᄒᆞ여셔시니ᄀᆞᆺ또ᄒᆞᆫᄆᆞᆷ서슬ᄒᆞ리오모로미금일에쪵졔ᄒᆞᆫ거ᄉᆞᆯ보라ᄌᆞ강
ᄒᆞ며ᄉᆞ려ᄒᆞᄆᆞᆫ곳나의모년에건공탕으로더브러서ᄅᆞᆯ표리ᄒᆞ는거시라

탕약을먹으미임의졍셩이업ᄉᆞ니또엇디ᄒᆞᆷᄅᆞᆯ브라리오

어제경세문답(언해) 26b

한문본
30a ← → 29b

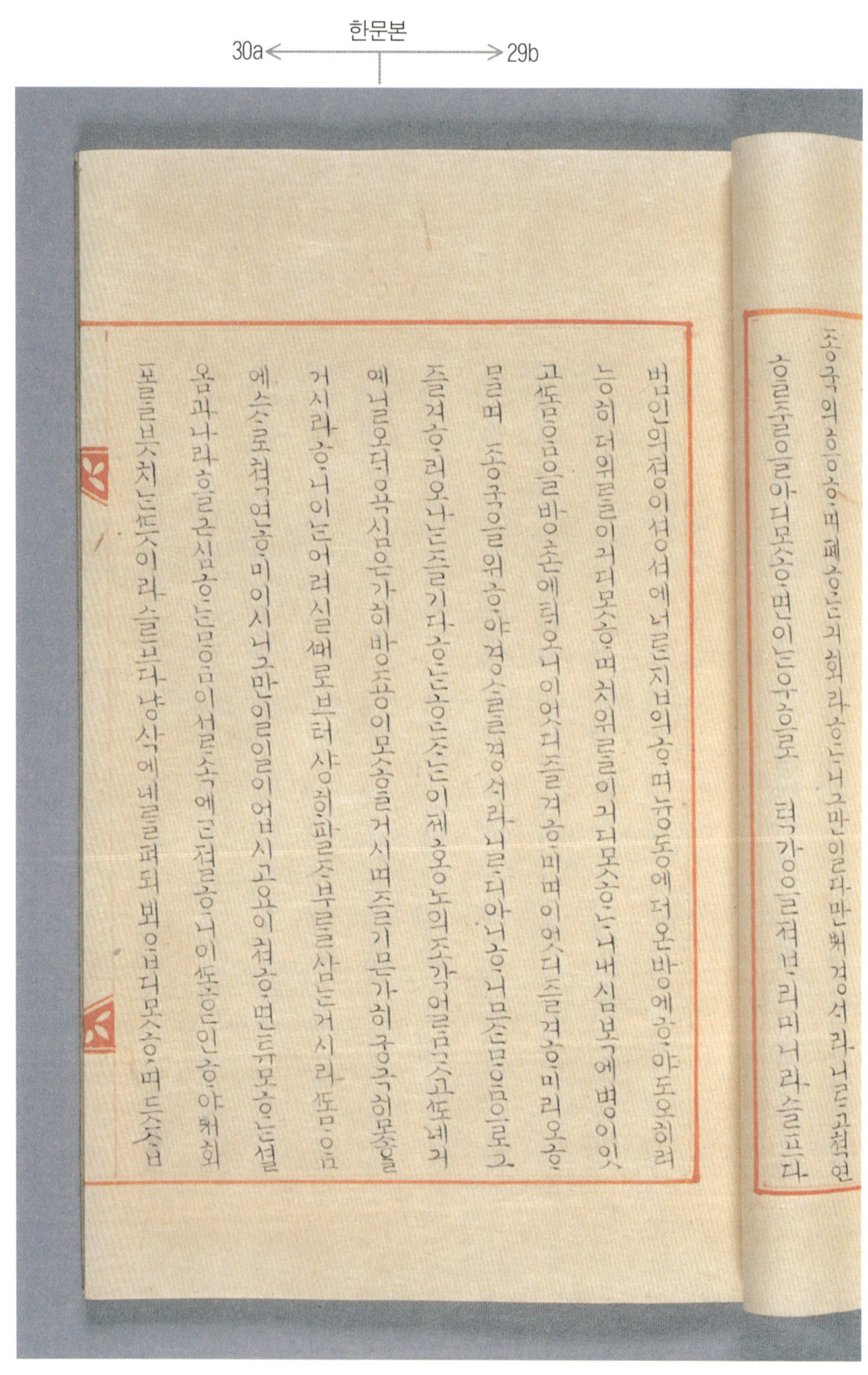

ᄌᆞᆼ국의ᄒᆡᆼᄒᆞ며폐ᄒᆞᄂᆞᆫ거ᄎᆔ라ᄒᆞ니그만일다만ᄡᅥ경셔라니ᄅᆞᆫ고쳐연
ᄒᆞ올ᄉᆞᆯ이ᄅᆞᆯ아디못ᄒᆞ면이ᄂᆞᆫ아ᄒᆞᄅᆞᆯ 벽강이ᄅᆞᆯ져ᄇᆞ리미니라슬프다

범인의졍이셩셔에너ᄅᆞᆫ지븨ᄒᆞ며뉴동에더온방에ᄒᆞ야도오쥐려
ᄂᆞᆫ쥐더위ᄅᆞᆯ이긔디못ᄒᆞ며치위ᄅᆞᆯ이긔디못ᄒᆞᄂᆞ니내심보ᄀᆡ에병이잇
고ᄯᅩᄆᆞᄋᆞᆷ을방촌에ᄃᆞ오니이엇디즐겨ᄒᆞ미며이엇디즐겨ᄒᆞ미리오ᄒᆞ
ᄆᆞᆯ며 ᄌᆞᆼ국을위ᄒᆞ야경ᄉᆞᆯ경셔라니ᄅᆞ디아니ᄒᆞ니ᄆᆞᆫ민ᄆᆞᄋᆞᆷ으로그
즐겨ᄒᆞ리오나ᄂᆞᆫ즐기디ᄒᆞᄂᆞᆫᄒᆞᆫᄉᆞᆫ이제오오노의조각어ᄅᆞᆷ고ᄯᅩ녜거
예니ᄅᆞ오디오곡심ᄋᆞᆫ가히방ᄌᆞᆼ이모ᄉᆞᆷᄋᆞᆯ거시며즐기ᄆᆞᆫ가히ᄌᆞᆼ국ᄒᆞ모ᄉᆞᆷ을
거시라ᄒᆞ니이ᄂᆞᆫ어려실ᄢᅢ로브터샹ᄒᆡ팔ᄌᆞ부ᄅᆞᆯ삼ᄂᆞᆫ거시라ᄯᅩᄆᆞᄋᆞᆷ
에ᄉᆞ오쳐ᄀᆞ연ᄒᆞ미이시니그만일일이업시고요이져ᄒᆞ면ᄃᆞ모ᄒᆞᆫᄂᆞᆫ셜
옴과나라ᄒᆞᆯ근심ᄒᆞᄂᆞᆫᄆᆞᄋᆞᆷ이셔ᄅᆞᆫ속에ᄃᆞ졀ᄒᆞ니이ᄯᅩᄒᆞᆫ인ᄒᆞ야ᄡᅧ회
모ᄅᆞᆯ브ᄉᆞ치ᄂᆞᆫᄯᅳᆺ이라슬프다낭삭에네ᄅᆞᆯ펴되뵈ᄋᆞᆸ디못ᄒᆞ며ᄃᆞᆺᄌᆞᆸ

어제경세문답(언해) 26a

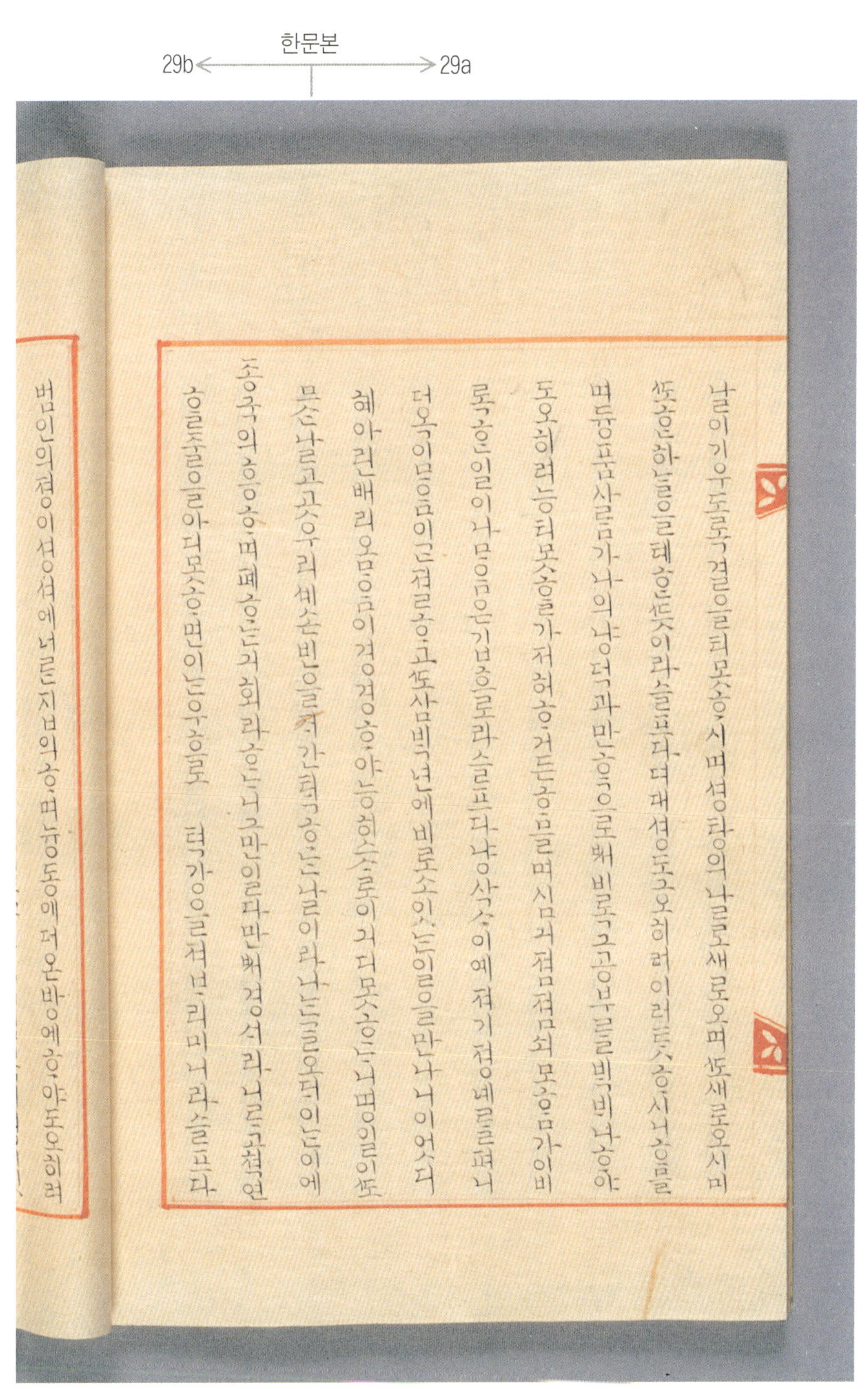


날이기우도록결을티못ᄒᆞ시며셩탕의날로새로오며또새로오시미
또ᄒᆞᆫ하ᄂᆞᆯ을ᄃᆡᄒᆞᆫ뜻이라슬프다ᄃᆡ대셩으로오히려이러틋ᄒᆞ시니ᄒᆞ믈
며듕품사ᄅᆞᆷ가나의냥덕과만ᄒᆞᆫ이로써비록고공부를빅비나ᄒᆞ야
도오히려능티못ᄒᆞᆯ가저허ᄒᆞ거든ᄒᆞ믈며심거졈졈쇠모ᄒᆞᆷ가이비
록ᄒᆞᆫ일이나ᄆᆞᄋᆞᆷ은기ᄇᆞᆷ으로라슬프다냥삭ᄉᆞ이에져기졍녜ᄅᆞᆯ펴니
더옥이ᄆᆞᄋᆞᆷ이ᄀᆞ졀ᄒᆞ고또삼빅년에비로소잇ᄂᆞᆫ일을만나니이어ᄃᆡ
혜아린배리오ᄆᆞᄋᆞᆷ이경경ᄒᆞ야능히ᄉᆞ롬이거ᄃᆡ못ᄒᆞᄂᆞ니ᄯᅢ일이또
므ᄉᆞᆫ날고곳우리세ᄉᆞᆫ빈을간택ᄒᆞᄂᆞᆫ날이라나ᄂᆞᆫ글오ᄃᆡ이ᄂᆞᆫ이에
종국의ᄒᆞᆼᄒᆞ며폐ᄒᆞᄂᆞᆫ거회라ᄒᆞᄂᆞ니그만일ᄃᆡ만뻐경서라날ᄂᆞᆫ고쳐연
ᄒᆞᆯ줄을아디못ᄒᆞ면이ᄂᆞᆫ우ᄒᆞ로 텩강을져ᄇᆞ리미니라슬프다

범인의졍이셩셔에너ᄅᆞᆫ지ᄇᆡ의ᄒᆞ며뉴동에더온방에ᄒᆞ야도오히려

어제경세문답(언해) 25b

한문본
29a ← → 28b

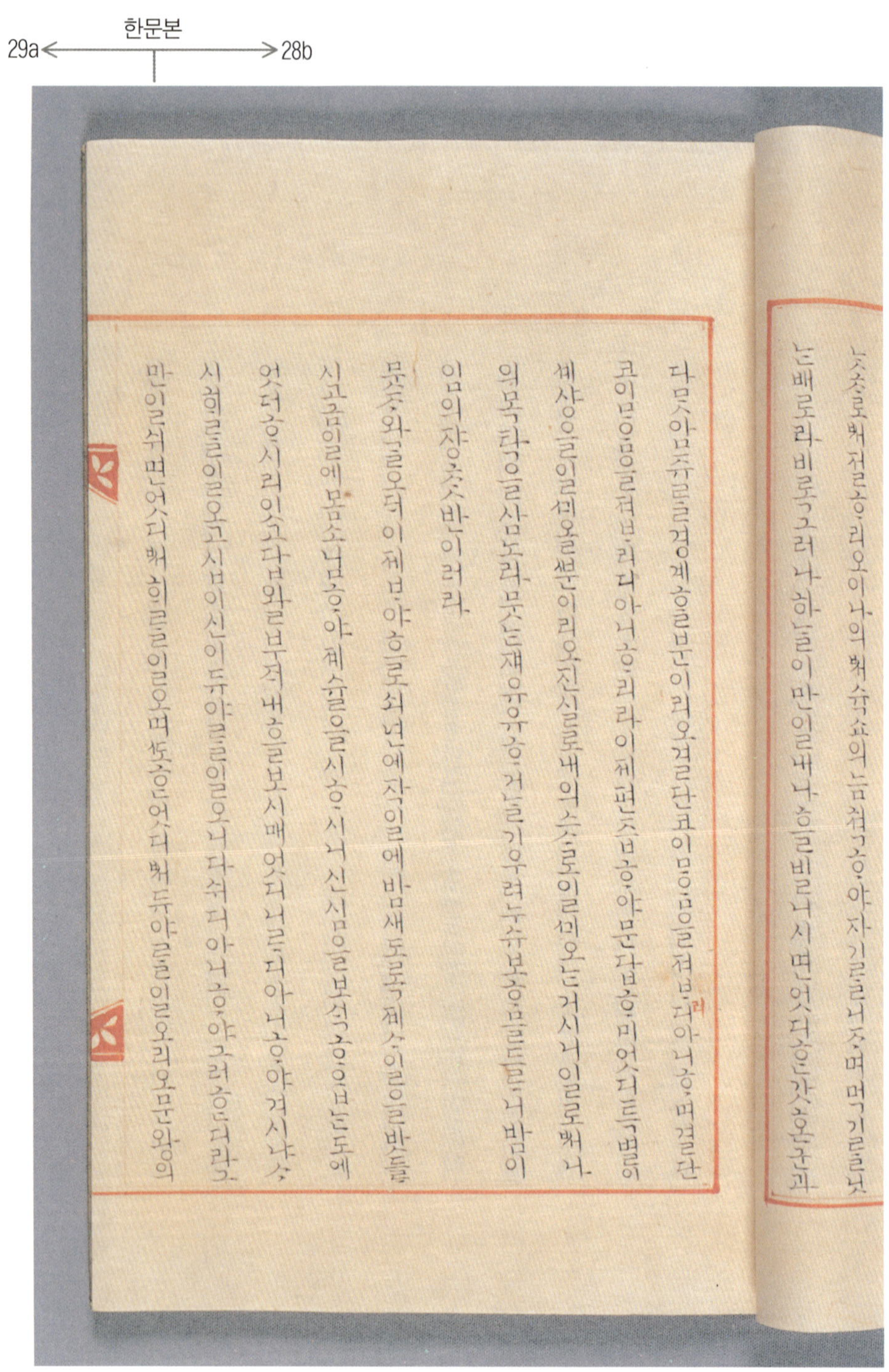
ᄂᆞᆺᄎᆞ로ᄡᅥ져ᄅᆞᆯᄒᆞ리오이나의ᄡᅥ슈쇼의늠졀ᄒᆞ야자기ᄅᆞᆯ니ᄌᆞ며머기ᄅᆞᆯ닛
ᄂᆞᆫ배로라비록그러나하ᄂᆞᆯ이만일내나ᄒᆞᆯ빌니시면어ᄃᆡᄒᆞᆫ갓ᄉᆞ온군과

다ᄆᆞᄉᆞ암쥬ᄅᆞᆯ경계ᄒᆞᄂᆞᆫ이라오걸단코이ᄆᆞᄋᆞᆷ을져ᄇᆞ리다아니ᄒᆞ며결단
코이ᄆᆞᄋᆞᆷ을져ᄇᆞ리다아니ᄒᆞ리라이제편ᄌᆞᆸᄒᆞ야문답ᄒᆞ미어ᄯᅥ트별이
세상을일ᄭᅢ올ᄲᅮᆫ이리오진실로내의ᄉᆞᄉᆞ로일ᄭᅢ오ᄂᆞᆫ거시니일로ᄡᅥ나
의목탁을삼노라묻ᄂᆞᆫ재유유ᄒᆞ거ᄂᆞᆯ기우려누쥬보ᄒᆞ믈드ᄅᆞ니밤이
임의장ᄎᆞᆺᄉᆞ반이러라
묻ᄌᆞ와ᄀᆞᆯ오ᄃᆡ이제ᄇᆞ야흐로쇠년에작일에밤새도록졔ᄉᆞ일을받들
시고금일에몸소님ᄒᆞ야졔ᄉᆞᆯ을시ᄒᆞ시니신심을보셕ᄒᆞᄋᆞᆸᄂᆞᆫ도에
엇더ᄒᆞ시리잇고답왈부젹버ᄒᆞᆯ보시매엇디너ᄅᆞ디아니ᄒᆞ야겨시냐ᄉᆞ
시허ᄅᆞᆯ일오고시ᄇᆞ이신이두야ᄅᆞᆯ일오니다쉬디아니ᄒᆞ야그러ᄒᆞᆫ다라
만일쉬면어ᄃᆡᄡᅥ히ᄅᆞᆯ일오며ᄯᅩᄒᆞᆫ어ᄃᆡᄡᅥ두야ᄅᆞᆯ일오리오문왕의

어제경세문답(언해) 25a

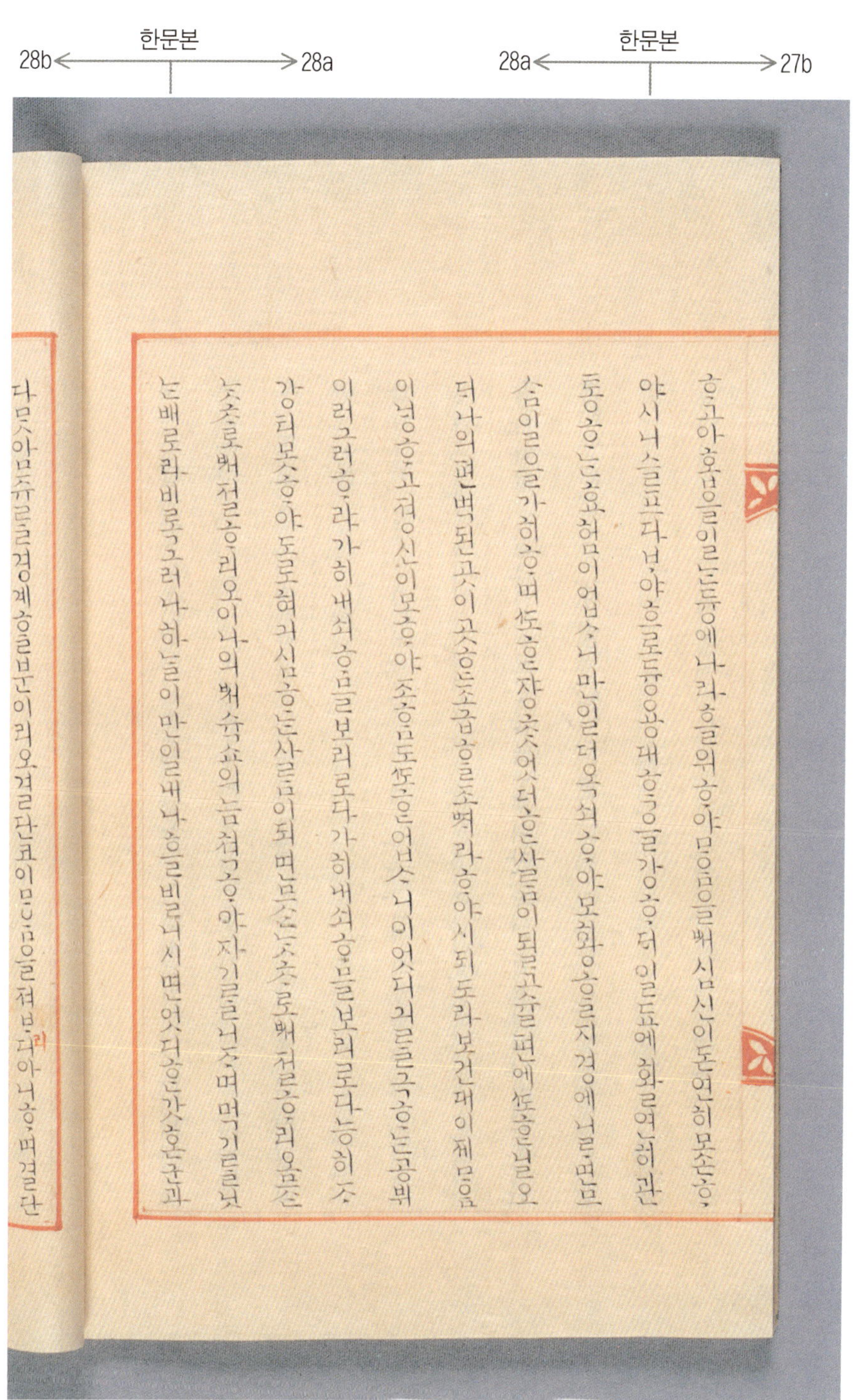


어제경세문답(언해) 24b

한문본
27b ← → 27a

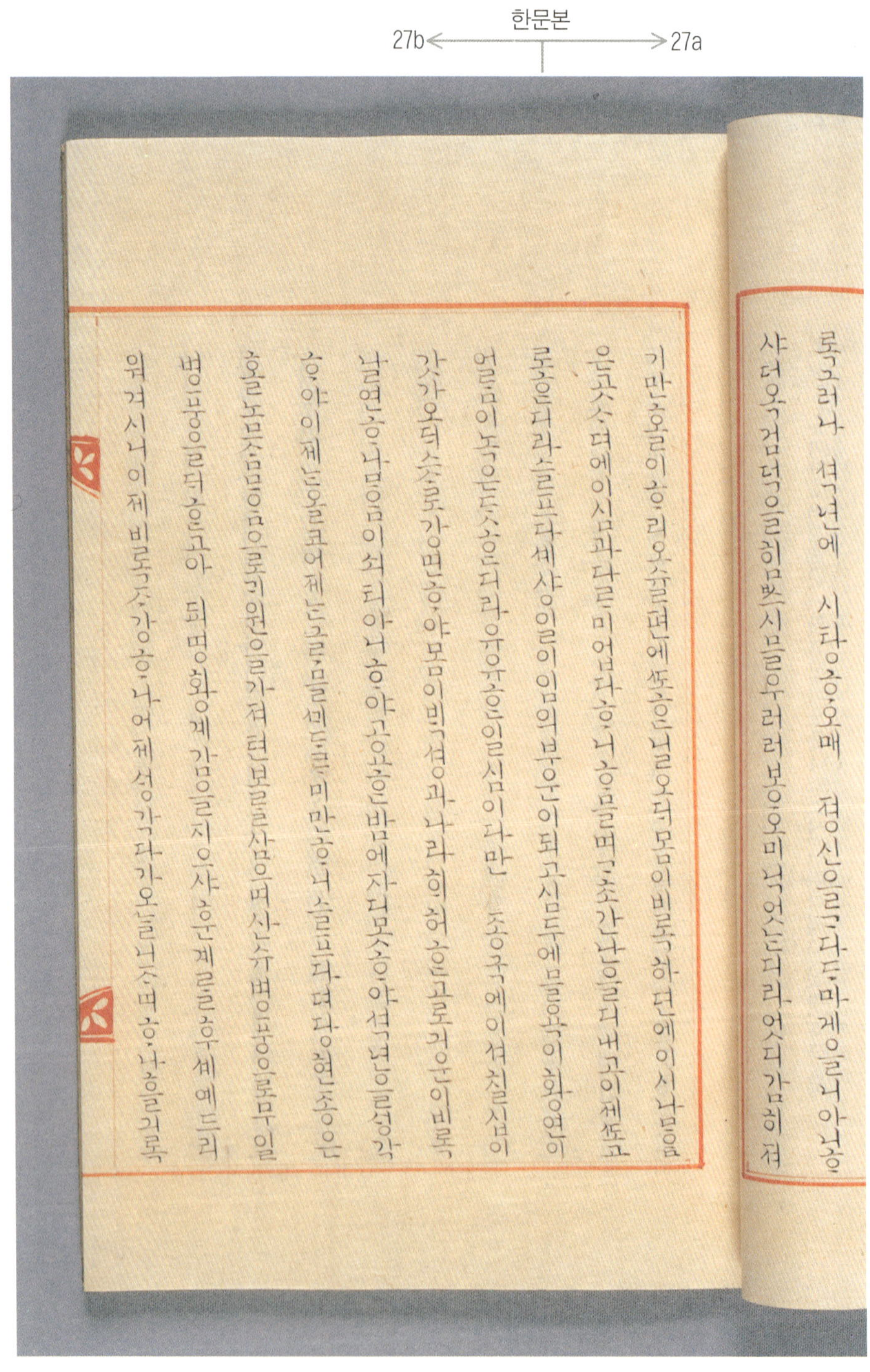

록그러나 셕년에 시탕ᄒᆞ오매 졍신을ᄀᆞ다ᄃᆞ마게을니아니ᄒᆞ
샤더욱검덕을힘ᄡᅳ시믈우러러보ᄋᆞ오미나어ᄉᆞᆫ디라어디감히져

기만ᄒᆞᆯ이ᄒᆞ리오ᄉᆞᆯ편에ᄯᅩᄒᆞᆫ닐오ᄃᆡ몸이비록하뎐에이시나ᄆᆞᄋᆞᆷ
은곳ᄉᆞ뎌에이심과다ᄅᆞ미업다ᄒᆞ니ᄒᆞ믈며ᄀᆞ초간난을디내고이졔ᄯᅩ고
로온디라슬프다세샹일이임의부운이되고심두에믈욕이화연이
업ᄉᆞᆷ이녹ᄋᆞᆫᄃᆞᆺᄒᆞᆫ디라유유ᄒᆞᆫ일심이다만 죵국에이셔칠십이
갓가오ᄃᆡᄉᆞ로강면ᄒᆞ야몸이ᄇᆡᆨ셩과나라히허ᄒᆞᆫ고로거운이비록
날연ᄒᆞ나ᄆᆞᄋᆞᆷ이쇠티아니ᄒᆞ야고요ᄒᆞᆫ밤에자나모ᄒᆞ야셕년을ᄉᆡᆼ각
ᄒᆞ야이제ᄂᆞᆫ올코어제ᄂᆞᆫ글ᄅᆞ믈ᄭᆡᄃᆞᄅᆞ미만ᄒᆞ나슬프다ᄃᆡ당현종은
ᄒᆞᆯ노ᄆᆞᄋᆞᆷ으로구원을가져편보ᄅᆞᆯ삼으며산슈병풍으로무일
병풍을ᄃᆡᄒᆞᆫ고아 ᄃᆡ명황졔감을지으샤훈계ᄅᆞᆯ후셰예드리
워겨시니이졔비록ᄉᆞ강ᄒᆞ나어제ᄉᆡᆼ각다가오ᄂᆞᆯ니ᄉᆞ며ᄒᆞ나ᄒᆞᆯ거록

어제경세문답(언해) 24a

한문본

27a ← → 26b

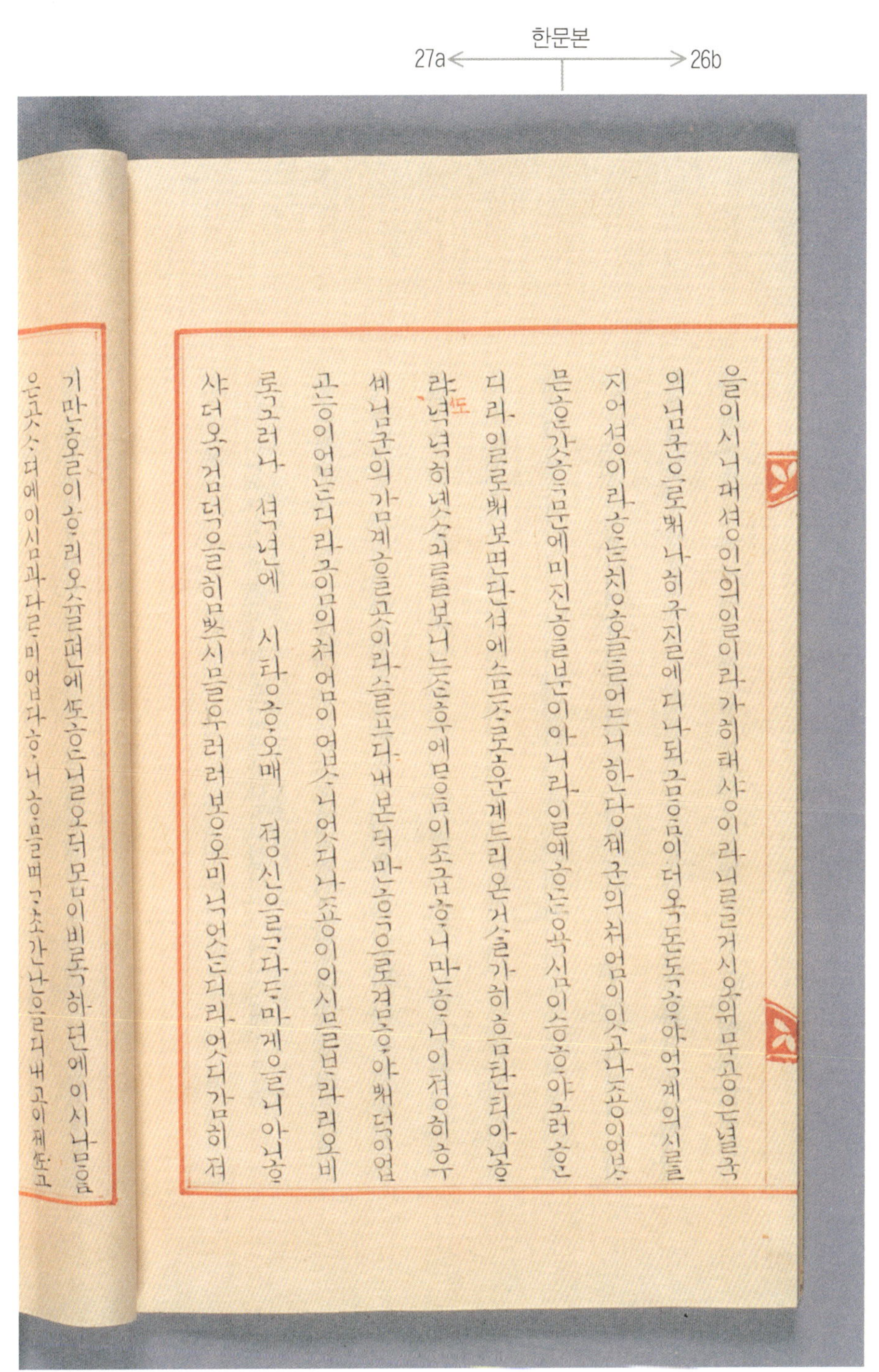

을이시니태셩인의일이라가히태샹이라니ᄅᆞᆯ거시오유무공은녈국
의님군으로ᄡᅥ나히구질에디나되ᄆᆞᄋᆞᆷ이더옥돈독ᄒᆞ야어계의실ᄅᆞᆯ
지어셩이라ᄒᆞᄂᆞᆫ칭호ᄅᆞᆯ어드니한당졔군의처엄이잇고나죵이업ᄉᆞ
믄ᄒᆞᆫ가ᄉᆞᄒᆞᆨ문에미진ᄒᆞᆯ분이아니라일에ᄒᆞᄂᆞᆫ욕심이승ᄒᆞ야그러ᄒᆞᆫ
디라일로ᄡᅥ보면단셔에ᄉᆞᆷ가ᄅᆞ로온계드리온거ᄉᆞᆯ가히ᄒᆞᆷ탄티아닐ᄒᆞ
라 ᄯᅩ 녁녁히녯ᄉᆞ긔ᄅᆞᆯ보니ᄂᆞᆫᄌᆞᆫ후에ᄆᆞᄋᆞᆷ이조굼ᄒᆞ니만ᄒᆞ니이졍히ᄒᆞ우
셰님군의감계ᄒᆞᆯ곳이라슬프다내본디만ᄒᆞᆫ으로겸ᄒᆞ야ᄡᅥ덕이업
고ᄒᆞᆼ이업ᄂᆞᆫ디라ᄀᆞᆷ의처엄이업ᄉᆞ니어ᄃᆡ나죵이이심을ᄇᆞ라리오비
록그러나 셕년에 시탕ᄒᆞ오매 졍신을ᄀᆞ다ᄃᆞᆷ마게을니아닐ᄒᆞ
샤더옥검덕을힘ᄡᅳ시믈우러러보ᄋᆞ오미나어ᄉᆞᄂᆞᆫ디라어ᄃᆡ감히져
기만ᄒᆞ올이ᄒᆞ리오ᄉᆞᆯ편에ᄯᅩᄒᆞᆫ닐오ᄃᆡ몸이비록하뎐에이시나ᄆᆞᄋᆞᆷ
은곳ᄉᆞ뎌에이심과다ᄅᆞᆷ미업다ᄒᆞ니ᄒᆞ믈며ᄀᆞ초간난을디내고이졔ᄯᅩ고

어제경세문답(언해) 23b

한문본

26b ← → 26a

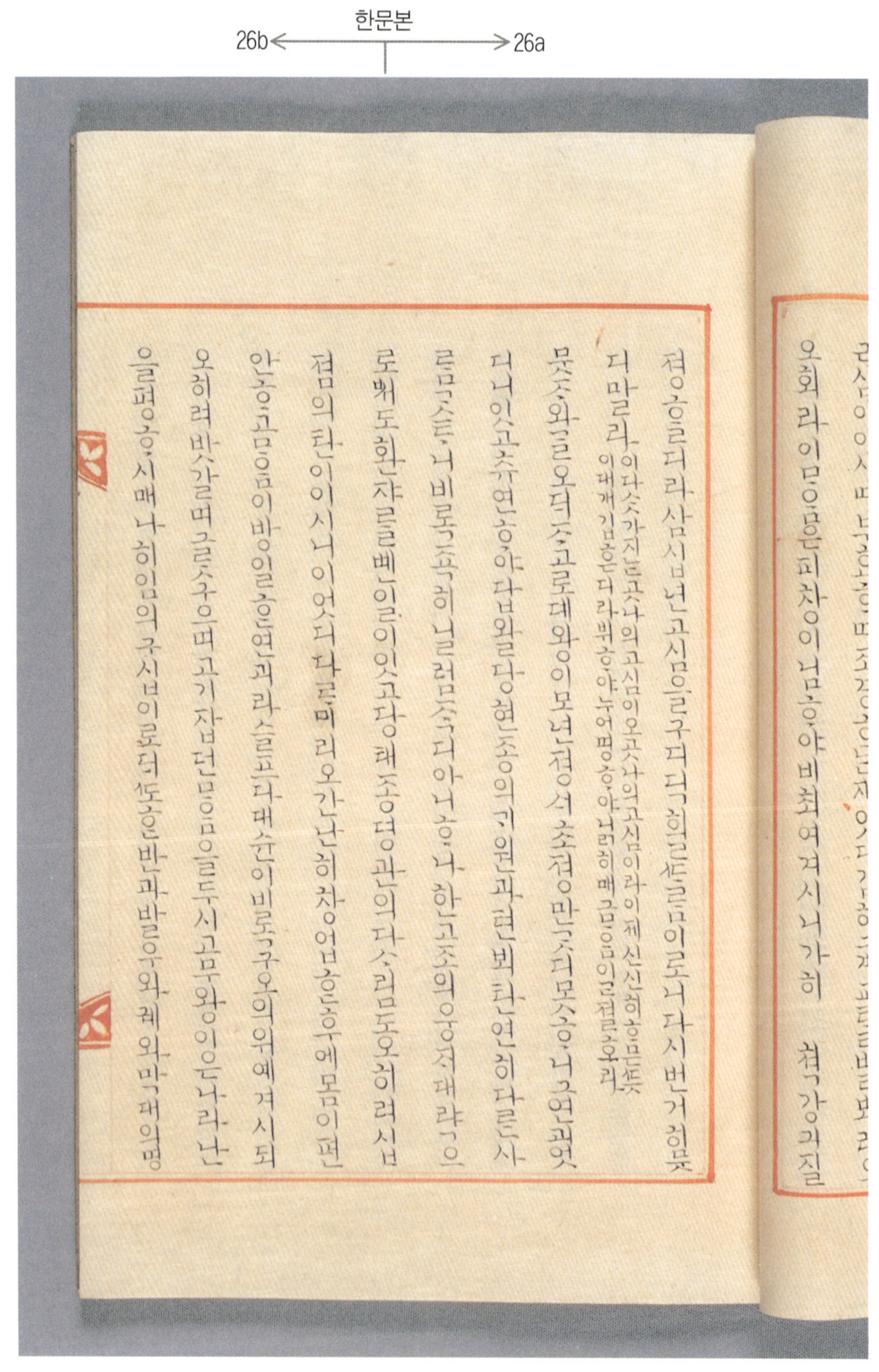

어제경세문답(언해) 23a

한문본 26a ← → 25b　　한문본 25b ← → 25a

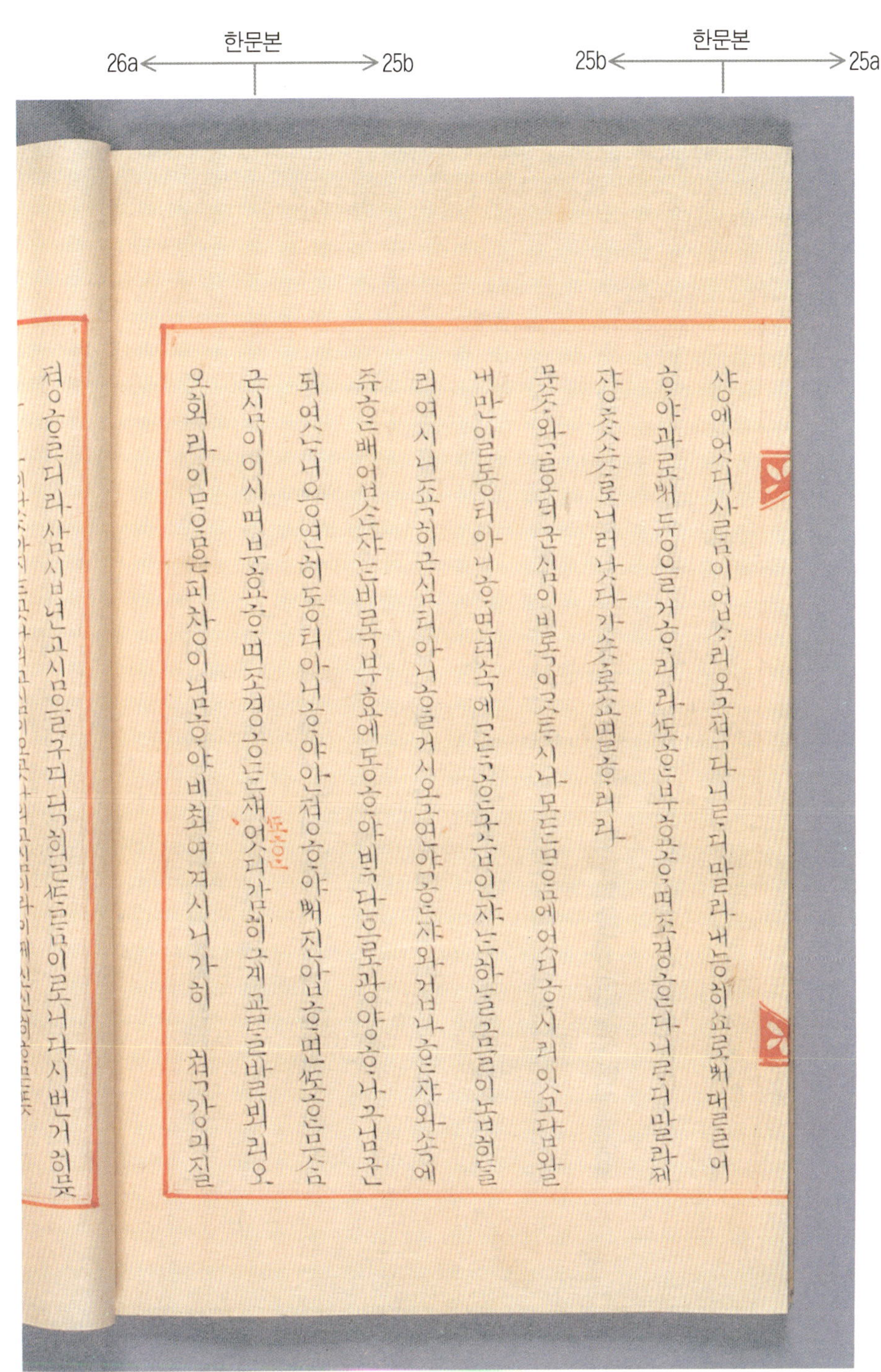

샹에 어ᄃᆡ 사ᄅᆞᆷ이 업ᄉᆞ리오 ᄀᆞ져 ᄃᆞ니ᄅᆞᆫ 다 말라 ᄂᆡ 능히 ᄒᆞ로써 대ᄅᆞᆯ 어
ᄒᆞ야 과로써 듕을 거ᄒᆞ리라 ᄯᅩᄒᆞᆫ 부효ᄒᆞ며 조졍ᄒᆞᆫ 다 니ᄅᆞᆫ 다 말라 졔
쟝ᄎᆞᆺ ᄉᆞᄉᆞ로 니러나ᄂᆞᆫ 다가 ᄉᆞᄉᆞ로 쇼멸ᄒᆞ리라
믓ᄌᆞ와 ᄀᆞᆯ오ᄃᆡ 군심이 비록 이ᄀᆞᄐᆞ시나 모ᄃᆞᆫ ᄆᆞᄋᆞᆷ에 어ᄃᆡ ᄒᆞ시려 이ᄉᆞ고 답왈
ᄂᆡ 만일 동티 아니ᄒᆞ면 ᄃᆡ 속에 ᄀᆞᄃᆞᆨᄒᆞᆫ 구습인 자ᄂᆞᆫ 하ᄂᆞᆯ 그믈이 노ᄇᆞ희
리여시니 조ᄎᆞᆨ히 근심티 아니ᄒᆞ올 거시오 구연 야ᄀᆞᄒᆞᆫ 자와 겁나ᄒᆞᆫ 자와 ᄉᆞ에
쥬ᄒᆞᆫ 배 업ᄉᆞᆫ 자ᄂᆞᆫ 비록 부효에 동ᄒᆞ야 빅 단으로 광양ᄒᆞ나 그 ᄂᆞᆷ군
되여ᄉᆞᆫ 니ᄋᆞ 연히 동티 아니ᄒᆞ야 안졍ᄒᆞ야 ᄲᅧ 진 압ᄒᆞ면 ᄯᅩᄒᆞᆫ 므ᄉᆞᆷ
근심이 이시며 부효ᄒᆞ며 조경ᄒᆞᄂᆞᆫ 재 어ᄃᆡ 감히 ᄀᆞ게 교ᄅᆞᆯ 발뵈리오
오회라 이 ᄆᆞᄋᆞᆷ은 피차이 ᄂᆞᆷ ᄒᆞ야 비최여 겨시니 가히　쳑강 과 질

져ᄒᆞᄂᆞᆫ 다라 삼십년 고심을 구ᄃᆡ 덕히ᄂᆞᆫ ᄯᅩᄒᆞᆫ 이로 나다시 번거 허믓

어제경세문답(언해) 22b

한문본
25a ← → 24b

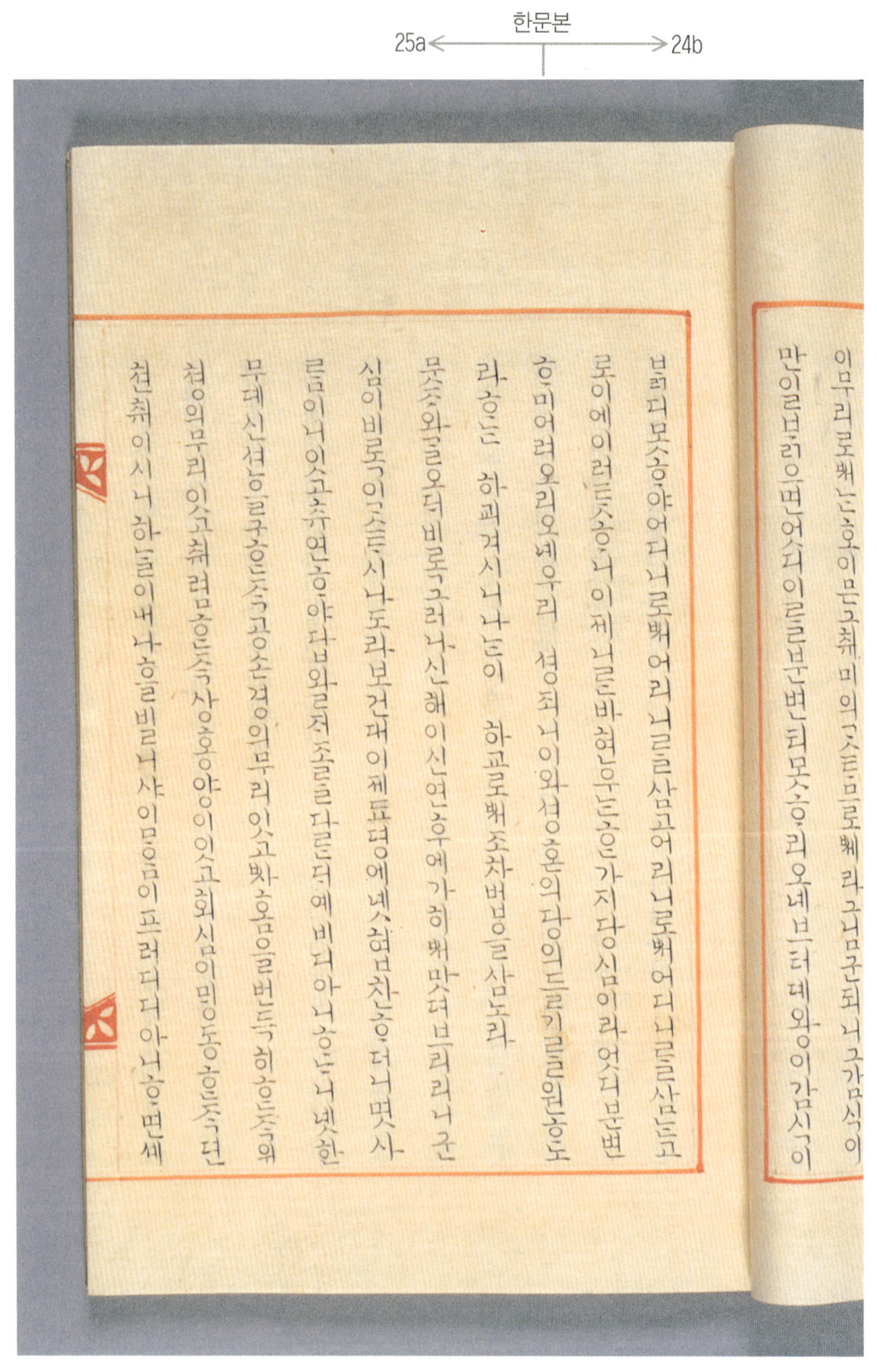
이무리로ᄡᅥᄂᆞᆫᄒᆞ이믄ᄀᆞ쥐미의ᄀᆞᄐᆞ미로ᄢᅦ라그님군되니그가ᄆᆞ식이
만일ᄇᆞ리ᄋᆞ면어ᄃᆡ이ᄅᆞᆯ분변되모ᄉᆞᄋᆞ리오네ᄇᆞ터뎨왕이감시ᄀᆞ이

ᄇᆞᆰ디모ᄉᆞᄒᆞ야어디니로ᄡᅥ어리니ᄅᆞᆯ삼고어리니로ᄡᅥ어디니ᄅᆞᆯ삼ᄂᆞᆫ고
로이에이러ᄐᆞᆺᄒᆞ니이제니ᄅᆞᆫ바현우ᄂᆞᆫᄒᆞᆫ가지당심이라어디분변
ᄒᆞ미어려오리오네우리 셩되니이와셩ᄒᆞ온의당의ᄃᆞᆯ기ᄅᆞᆯ원ᄒᆞ노
라ᄒᆞᄂᆞᆫ 하괴겨시니나ᄂᆞᆫ이 하교로ᄡᅥ조차법으ᄅᆞᆯ삼노라
뭇ᄌᆞ와ᄀᆞᆯ오ᄃᆡ비록그러나신해이신연ᄒᆞ우에가히ᄡᅥ맛뎌ᄇᆞ리리니군
심이비록이ᄀᆞᄐᆞ시나도라보건대이제됴뎡에녯ᄉᆡᆼ각찬ᄒᆞ더니몃사
ᄅᆞᆷ이니잇고츄연ᄒᆞ야ᄃᆡ답ᄒᆞ와ᄀᆞᆯ온쟈조ᄅᆞᆯ다ᄅᆞᆫ데예비디아니ᄒᆞᄂᆞ니녯한
무데신션을구ᄒᆞᆫᄌᆞᄀᆞᆼ손경의무리잇고ᄡᅡᄒᆞ옴을번득히ᄒᆞᆫᄌᆞ위
쳥의무리잇고쥐렴ᄒᆞᆫᄌᆞ상ᄒᆞᆼ양이잇고회심이명동ᄒᆞᆫᄌᆞ뎐
쳔쥐이시니하ᄂᆞᆯ이내나ᄒᆞᆯ빌니샤이ᄆᆞᄋᆞᆷ이ᄑᆞ러디디아니ᄒᆞ면세

어제경세문답(언해) 22a

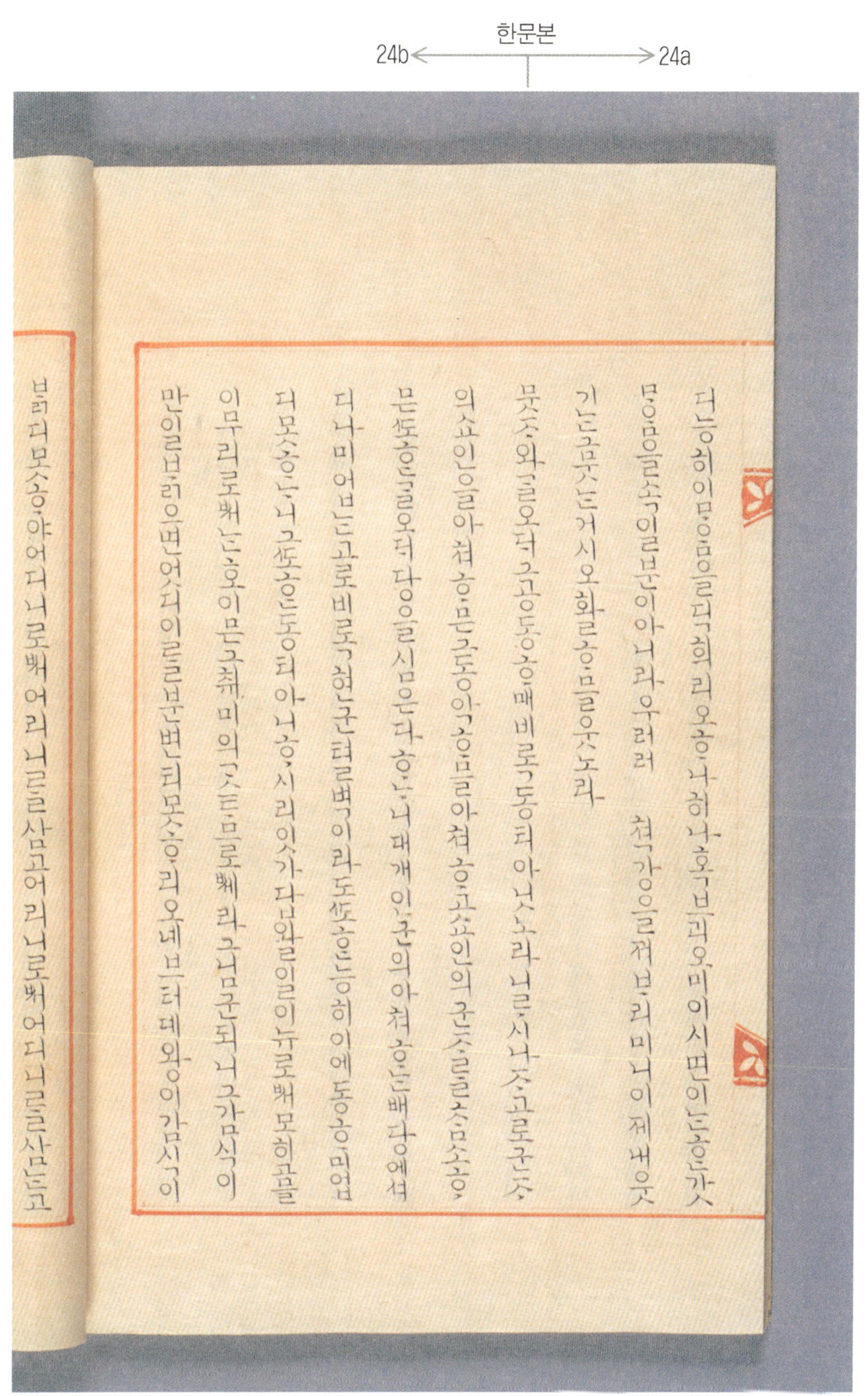


더능히이ᄆᆞᄋᆞᆷ을다ᄉᆞ리리오ᄒᆞ나허나혹ᄇᆞ리오미이시면이ᄂᆞᆫᄒᆞᆫ갓
ᄆᆞᄋᆞᆷ을ᄉᆞᆨ일ᄲᅮᆫ이아니라우러러 쳔강을져ᄇᆞ리미니이제써웃
기ᄂᆞᆫ곰웃ᄂᆞᆫ거시오화ᄅᆞᆯᄒᆞ믈웃노라
뭇ᄌᆞ와ᄀᆞᆯ오ᄃᆡ궁공동ᄒᆞ매비록동티아닌노라ᄂᆞᆫ시나ᄌᆞ고로군ᄌᆞ
의쇼인을아쳐ᄒᆞ믄군동아ᄒᆞ믈아쳐ᄒᆞ고쇼인의군ᄌᆞᄅᆞᆯᄉᆞᆷᄉᆞᆷᄒᆞ
믄ᄯᅩᄒᆞᆫᄀᆞᆯ오ᄃᆡ당을심은다ᄒᆞᄂᆞ니대개인군의아쳐ᄒᆞᄂᆞᆫ배당에셔
디나미업ᄂᆞᆫ고로비록현군텨벽이라도ᄯᅩᄒᆞᆫ능히이에동ᄒᆞ미업
디못ᄒᆞᄂᆞ니ᄀᆞᆺᄯᅩᄒᆞᆫ동티아니ᄒᆞ시리잇가다ᄇᆞᆫ왈일이뉴로ᄡᅥ모히곰믈
이무리로ᄡᅥᄂᆞᆫ호이믄구쥐미의ᄀᆞᄉᆞᆫ므로ᄡᅦ라그넘군되니그가ᄆᆞ식이
만일ᄇᆞ리오면어ᄃᆡ이ᄅᆞᆯᄇᆞᆫ변티못ᄒᆞ리오네ᄇᆞ터데왕이감식이

ᄇᆞᆰ디못ᄒᆞ야어디니로ᄡᅥ어리니ᄅᆞᆯ삼고어리니로ᄡᅥ어디니ᄅᆞᆯ삼ᄂᆞᆫ고

어제경세문답(언해) 21b

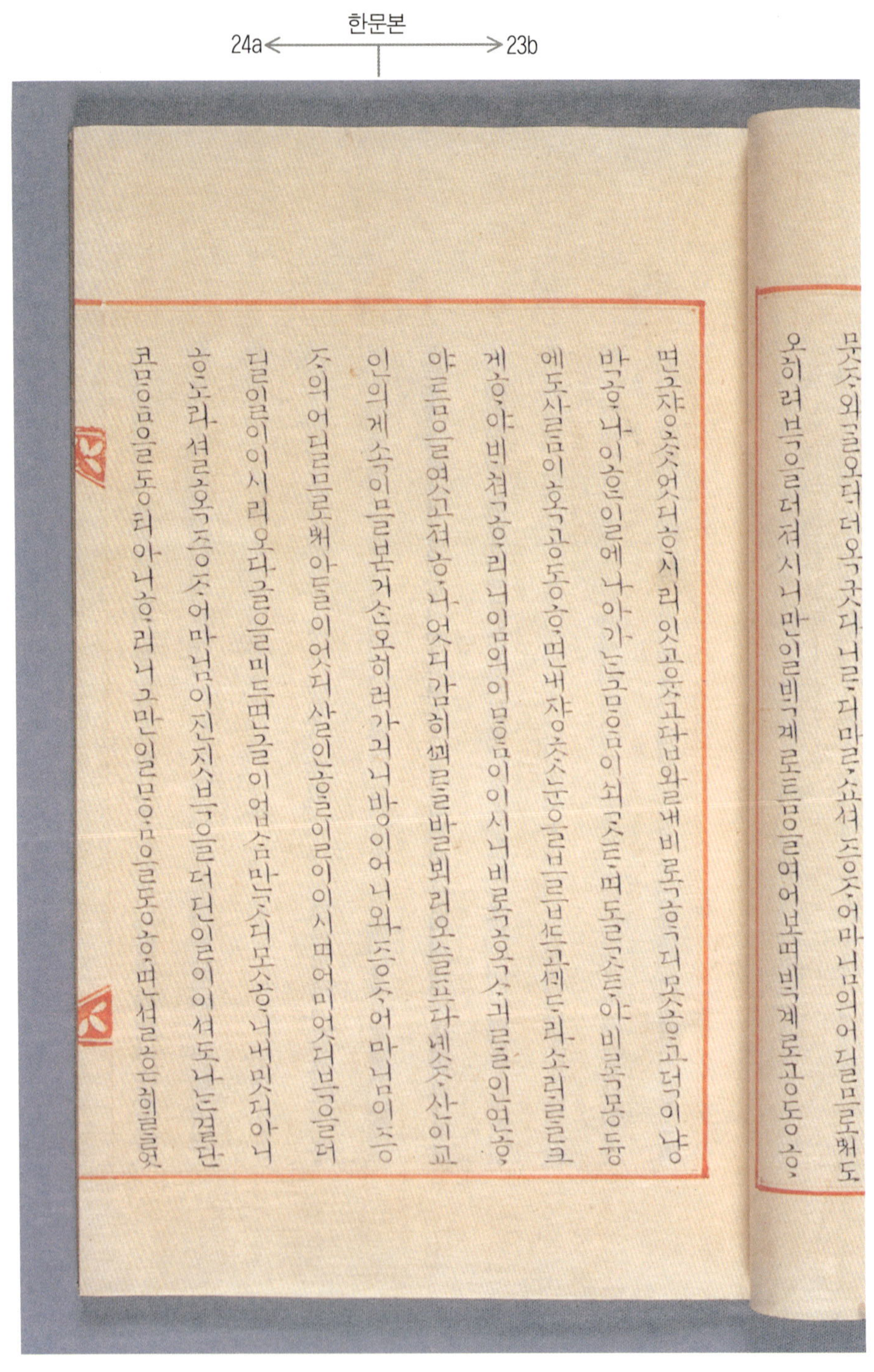


어제경세문답(언해) 21a

한문본
23b ← → 23a

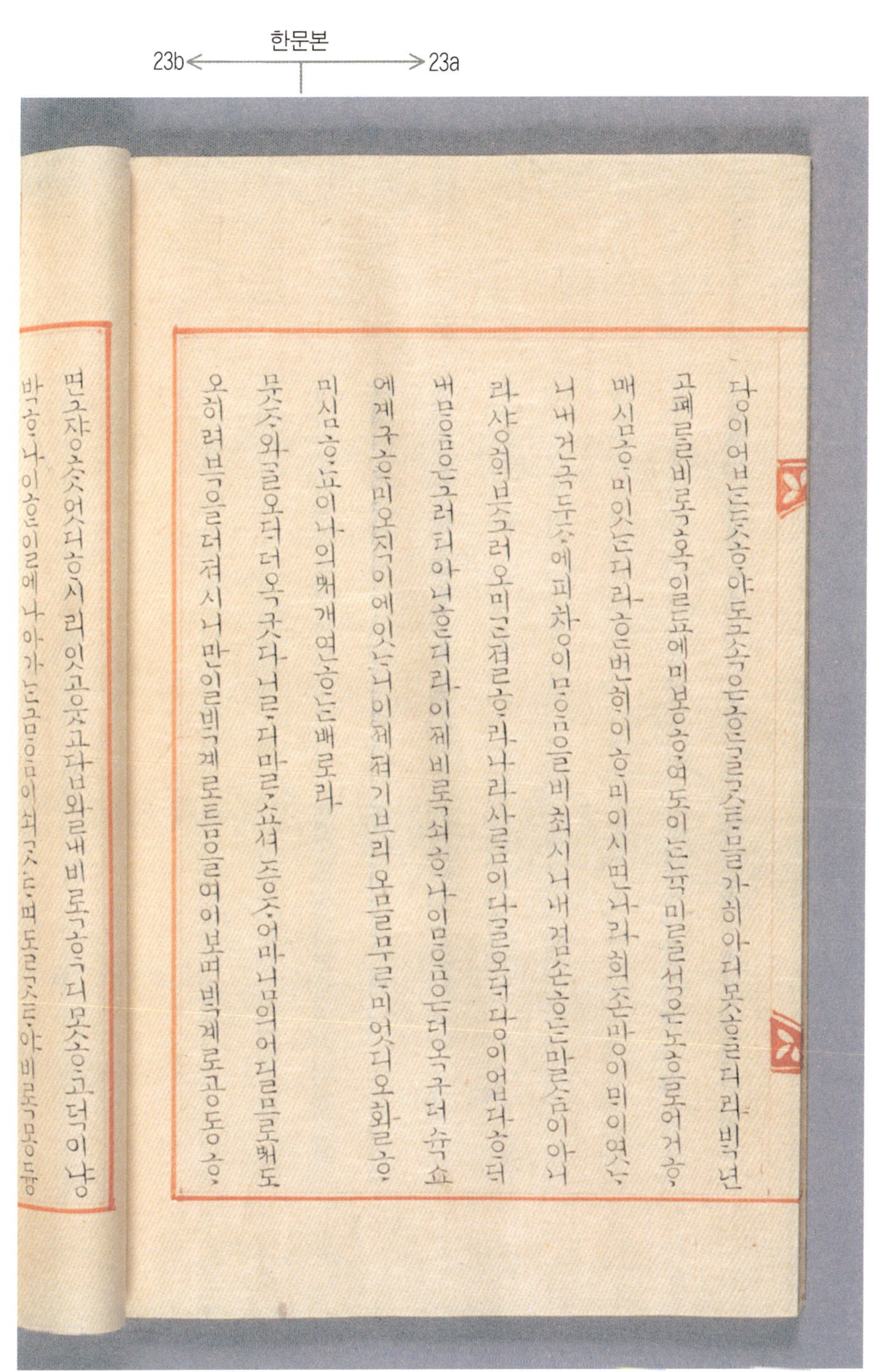

어제경세문답(언해) 20b

한문본
23a ← → 22b

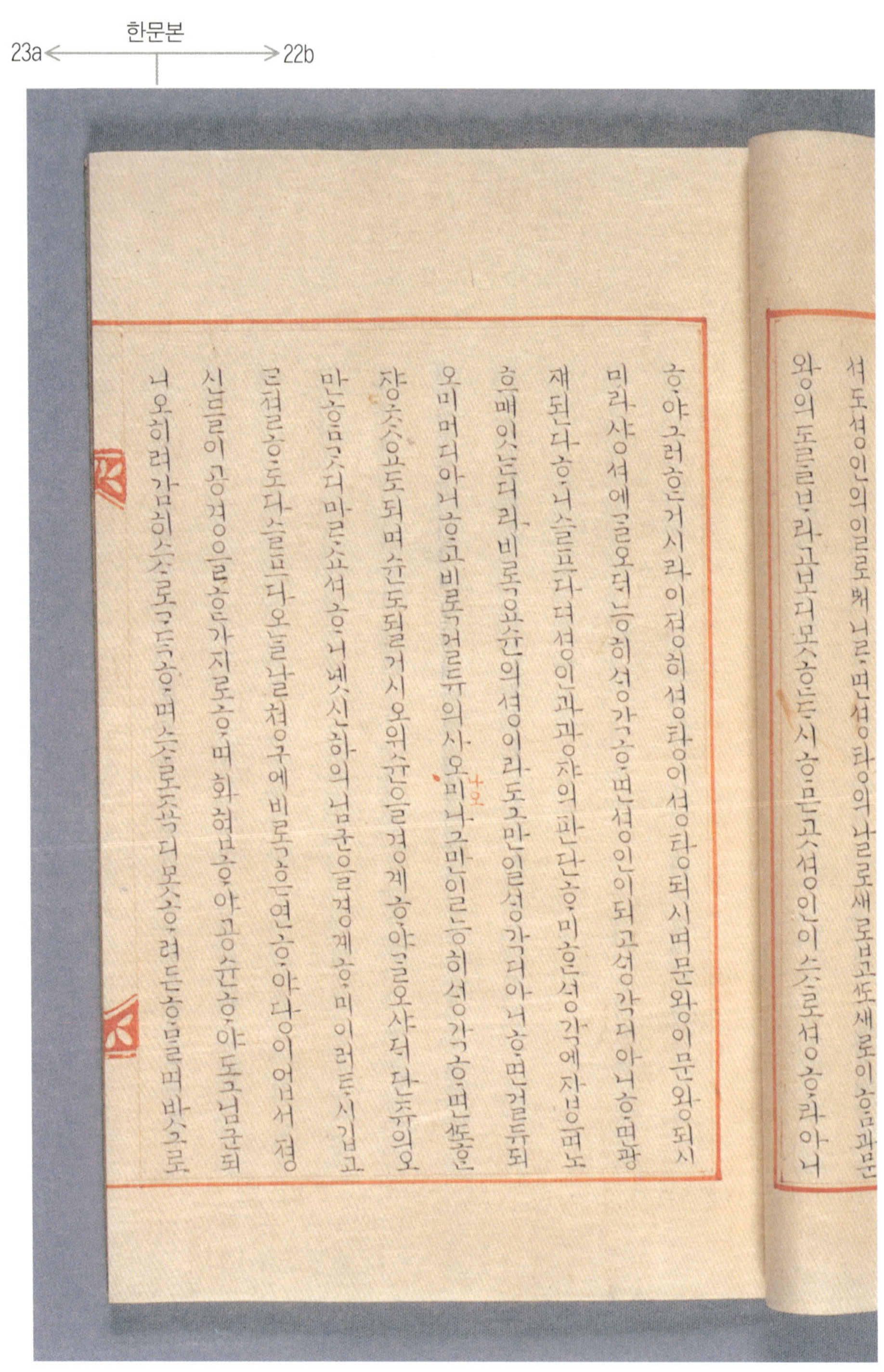

어제경세문답(언해) 20a

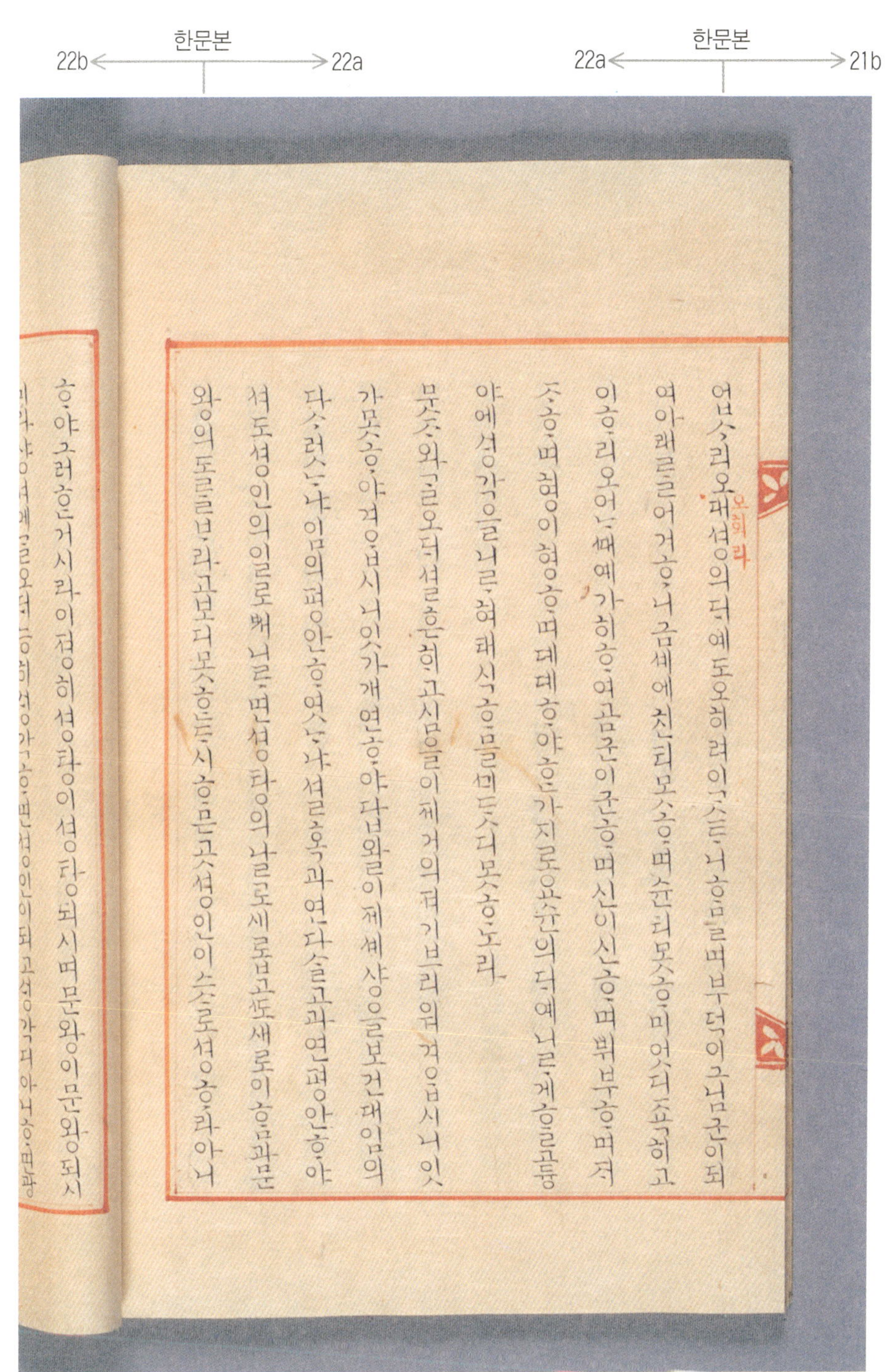


어제경세문답(언해) 19b

한문본

21b ← → 21a

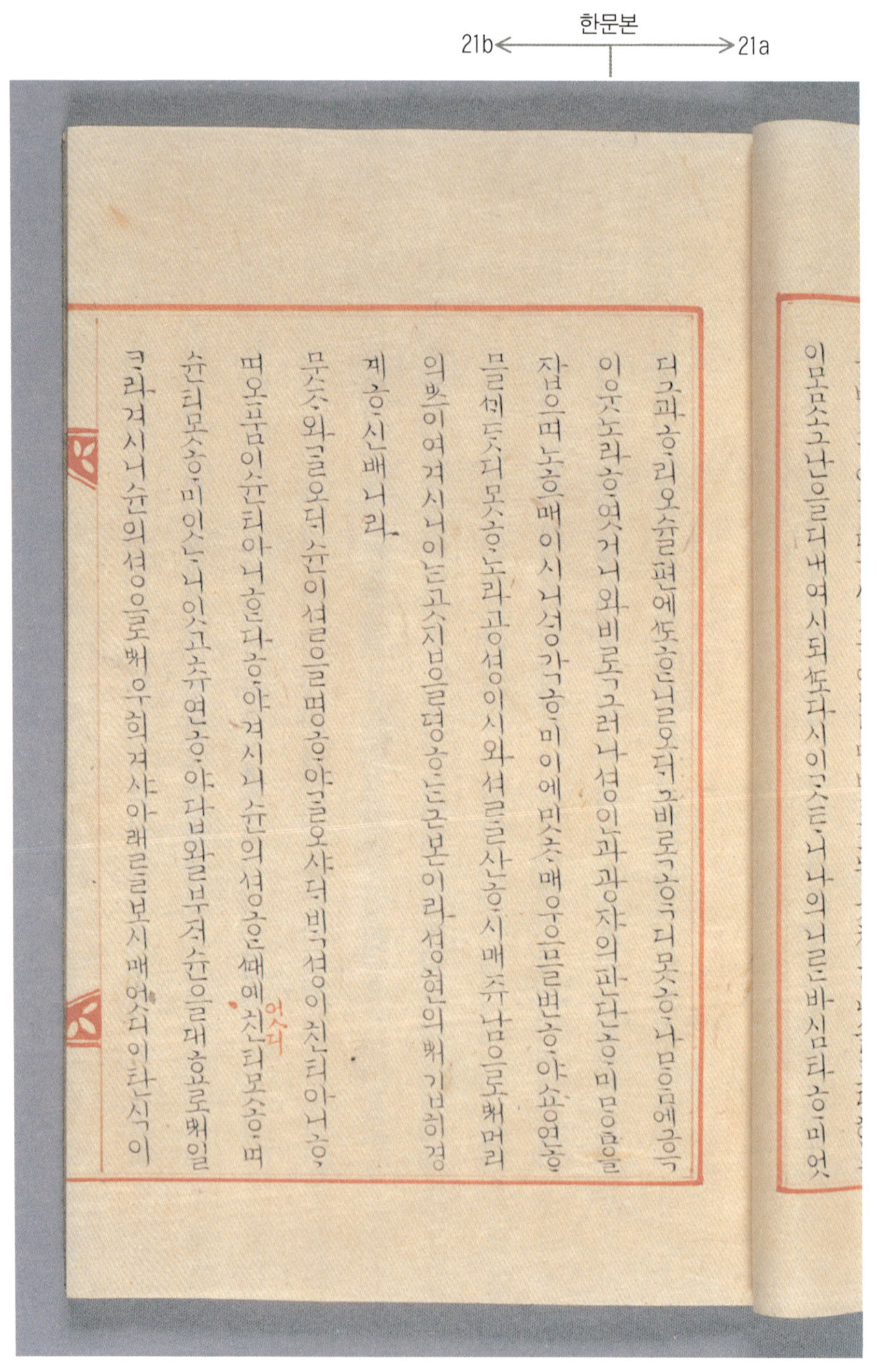
디고과ᄒᆞ리오술편에ᄯᅩᄒᆞᆫ닐오ᄃᆡ고비록ᄒᆞᄂᆞ니못ᄒᆞ나ᄆᆞᄋᆞᆷ에ᄒᆞᄂᆞ
이웃노라ᄒᆞ엿거니와비록그러나셩인과광쟈의판단ᄒᆞ미ᄆᆞᄋᆞᆷ을
잡으며노ᄒᆞ매이시니셩각ᄒᆞ미이에미ᄎᆞ매우음믈변ᄒᆞ야쇼연ᄒᆞ
믈며ᄯᅳ디못ᄒᆞ노라공셩이시와셔ᄅᆞᆯ산ᄒᆞ시매쥬남으로ᄡᅧ머리
의ᄡᅳ이여겨시니이는고ᄉᆞ집을뎡ᄒᆞ는근본이라셩현의ᄡᅧ기브허경
계ᄒᆞ신배니라
무ᄉᆞ와글오ᄃᆡ슌이셜을뎡ᄒᆞ야글오샤ᄃᆡ빅셩이친티아니ᄒᆞ
며오품이슌티아니ᄒᆞᆫ다ᄒᆞ야겨시니슌의셩ᄒᆞᆫ대에(어ᄉᆞᄃᆡ)친티못ᄒᆞ며
슌티못ᄒᆞ미잇ᄂᆞ니잇고슈연ᄒᆞ야답와ᄅᆞᆯ부져슌을대효로ᄡᅧ일
ᄏᆞ라겨시니슌의셩으로ᄡᅧ우희겨샤아래ᄅᆞᆯ보시매어ᄉᆞ디이란식이

어제경세문답(언해) 19a

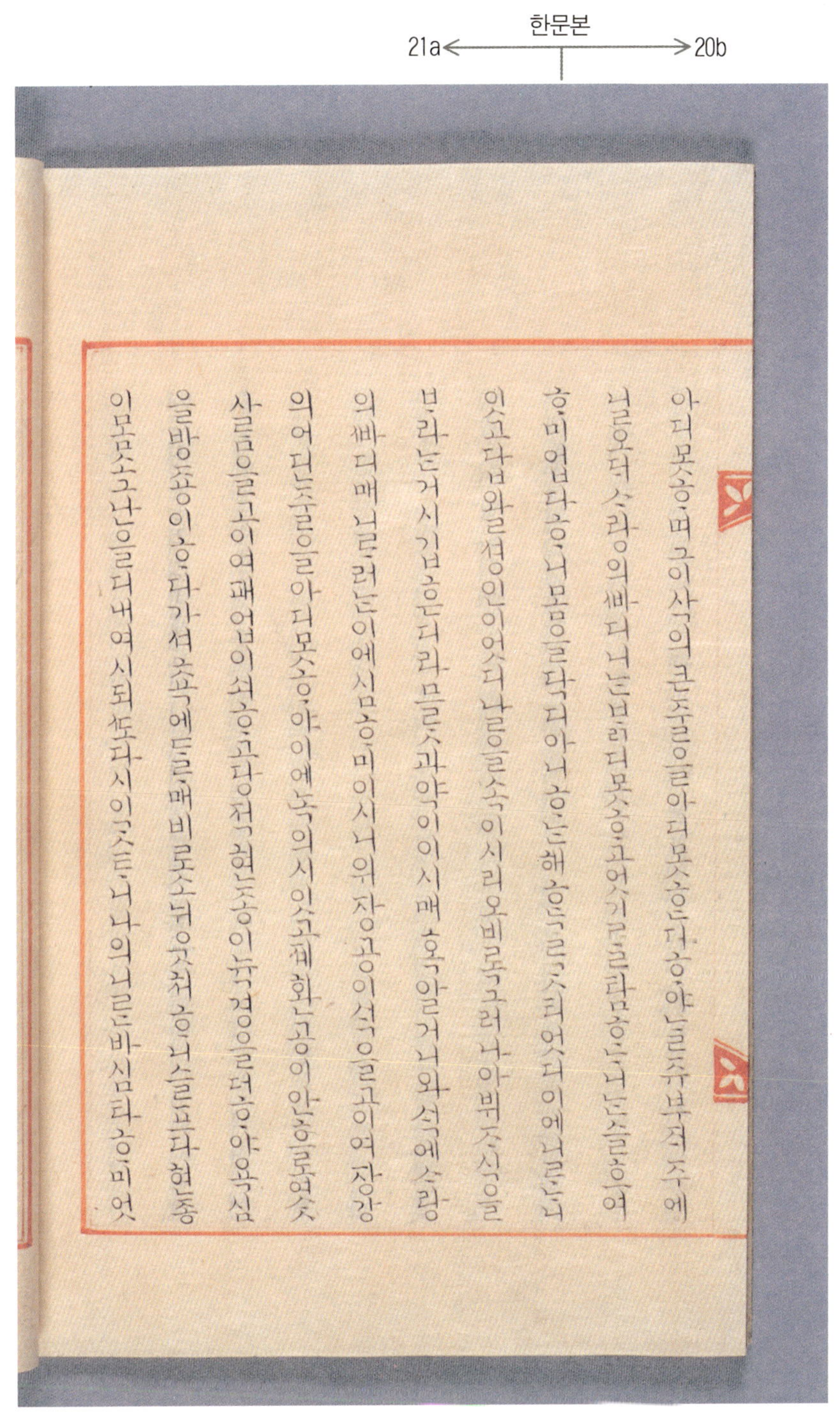


아ᄃᆡ못ᄒᆞ며ᄀᆞ이사ᄋᆡ큰ᄌᆞᆯ을아ᄃᆡ못ᄒᆞᆫ다ᄒᆞ야ᄂᆞᆯ슈부젹ᄌᆞ에
ᄂᆞᆯ오ᄃᆡᄉᆞ랑의ᄢᅡ디ᄂᆞᆫᄇᆞ러디못ᄒᆞ고어ᄉᆞ기ᄅᆞᆯ탐ᄒᆞᄂᆞ니ᄂᆞᆫ슬ᄒᆞ여
ᄒᆞ미업다ᄒᆞ니몸을닥디아니ᄒᆞᄂᆞᆫ해ᄒᆞᄂᆞᆫ로ᄉᆡ어ᄃᆡ이에니ᄅᆞᄂᆞ니
잇고다ᄇᆞ왈셩인이어ᄃᆡ날을ᄉᆞ이시리오비록그러나아뷔ᄌᆞ식을
ᄇᆞ라ᄂᆞᆫ거시깁ᄒᆞᆫ디라믈ᄉᆞ과약이이시매ᄒᆞ와알거니와셕에ᄉᆞ랑
의ᄢᅡ디매니ᄅᆞ러ᄂᆞᆫ이에심ᄒᆞ미이시니위장공이셕을고이여장강
의어딘줄을아디못ᄒᆞ야이에녹의시잇고졔환공이안ᄒᆞ로엿ᄉᆞ
살ᄅᆞᆷ을고이여패업이쇠ᄒᆞ고당젹현죵이뉵경을더ᄒᆞ야욕심
을방죵이ᄒᆞ다가셔ᄎᆞᆨ에ᄃᆞᄅᆞᆯ매비로소뉘웃쳐ᄒᆞ니슬프다현죵
이몸소고난을디내여시되ᄯᅩ다시이ᄀᆞᆺᄐᆞᆫ니나의니ᄅᆞᆫ바심타ᄒᆞ미엇

어제경세문답(언해) 18b

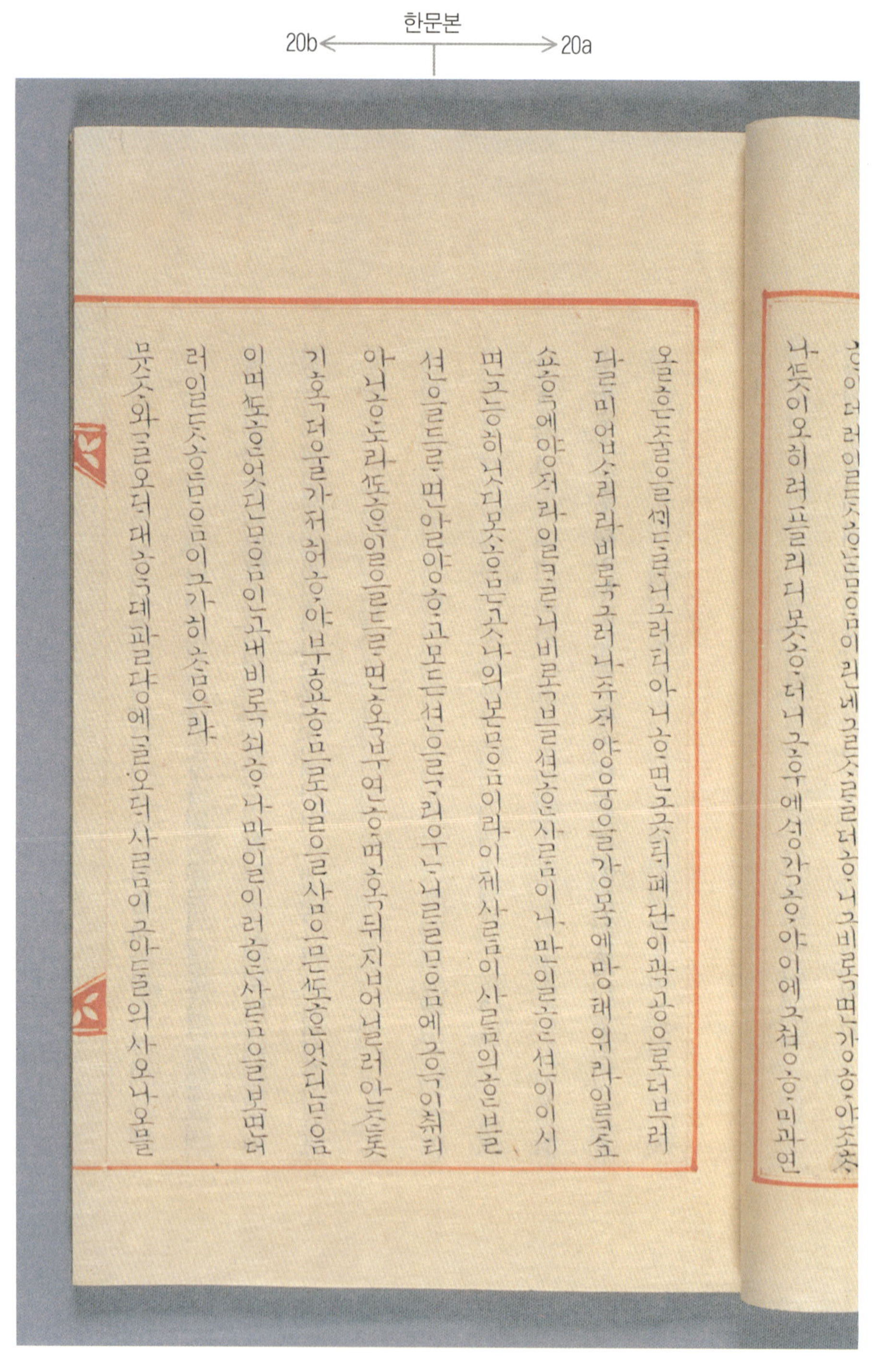


어제경세문답(언해) 18a

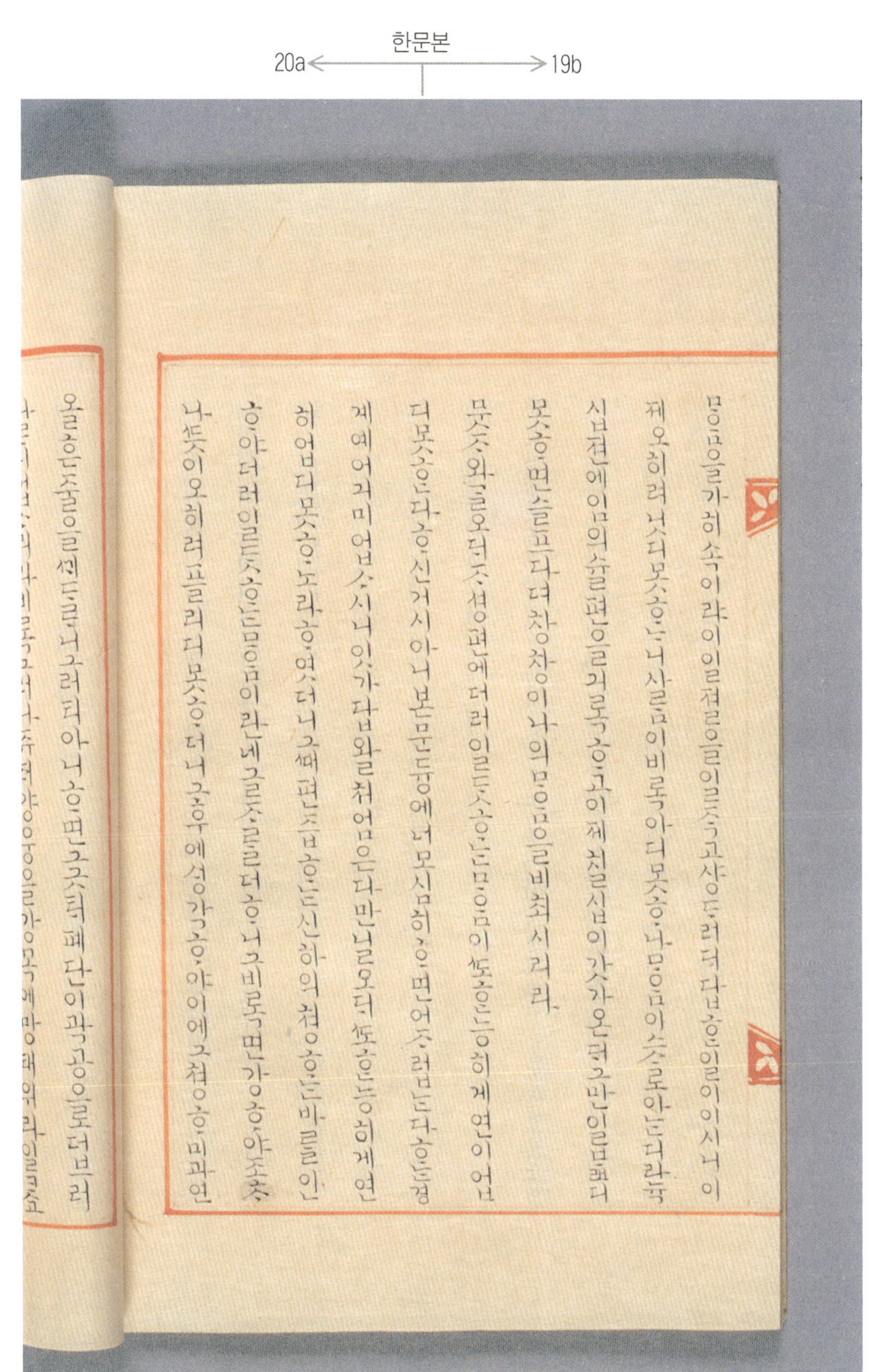


어제경세문답(언해) 17b

한문본
19b ← → 19a

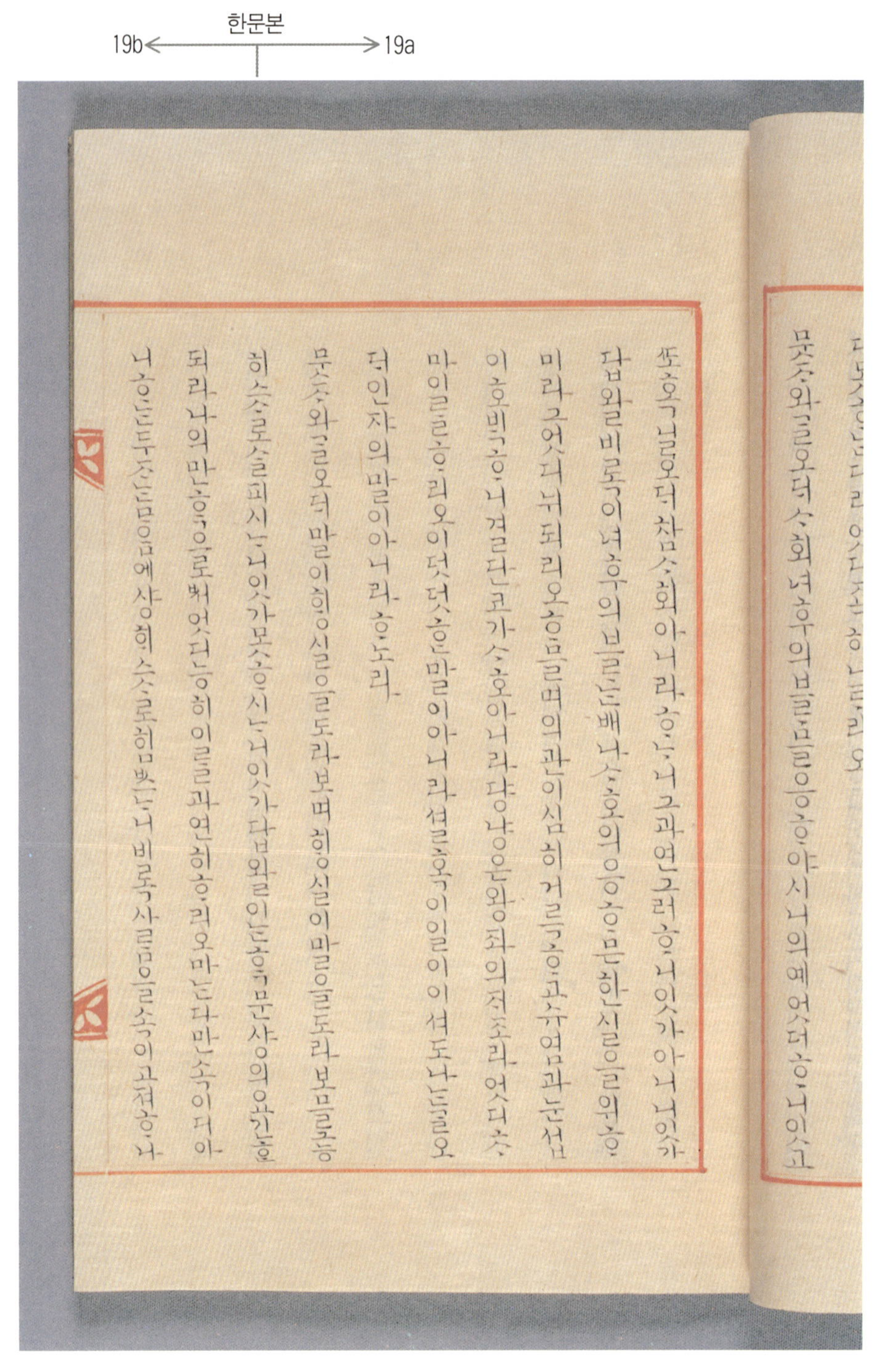

묻ᄌᆞ와 ᄀᆞᆯ오ᄃᆡ ᄉᆞ회 녀ᄌᆞ의 ᄇᆞᄅᆞᆷ으로 ᄒᆞ야 시니의게 어더 ᄒᆞᄂᆞ니잇고

또혹 닐오ᄃᆡ 참ᄉᆞ회 아니라 ᄒᆞᄂᆞ니 그 과연 그러ᄒᆞ니잇가 아니니잇가
답왈 비록 이 녀ᄌᆞ의 ᄇᆞᄅᆞᆫ 배나 ᄉᆞᄒᆞ의 응ᄒᆞ믄 ᄒᆞᆫ 시ᄅᆞᆯ 위ᄒᆞ
미라 그 엇디 뉘 되리오 ᄒᆞ믈며 의관이 심히 거ᄅᆞᆨᄒᆞ고 수염과 눈섭
이 호비ᄒᆞ니 결단코 가ᄉᆞ호 아니라 당낭은 왕좌의 져ᄌᆞ라 엇디 ᄎᆞ
마 이ᄅᆞᆯ ᄒᆞ리오 이 덧덧ᄒᆞᆫ 말이 아니라 셜혹 이 일이 이셔도 나ᄂᆞᆫ 오
더인자의 말이 아니라 ᄒᆞ노라
묻ᄌᆞ와 ᄀᆞᆯ오ᄃᆡ 말이 ᄒᆡᆼ실을 도라보며 ᄒᆡᆼ실이 말을 도라보믈 로능
히 ᄉᆞᄉᆞ로 ᄉᆞᆯ피시ᄂᆞ니잇가 모ᄒᆞ시ᄂᆞ니잇가 답왈 이ᄂᆞᆫ 곡문샹의 요긴ᄒᆞᆫ
되라 나의 만ᄒᆞᆫ으로써 엇디 능히 이ᄅᆞᆯ 과연 ᄒᆞ리오마ᄂᆞᆫ 다만 ᄉᆞᆨ이 더 아
니ᄒᆞᄂᆞᆫ 두 ᄌᆞ 모음에 샹히 ᄉᆞᄉᆞ로 힘ᄡᅳᄂᆞ니 비록 사ᄅᆞᆷ을 속이고져 ᄒᆞ나

어제경세문답(언해) 17a

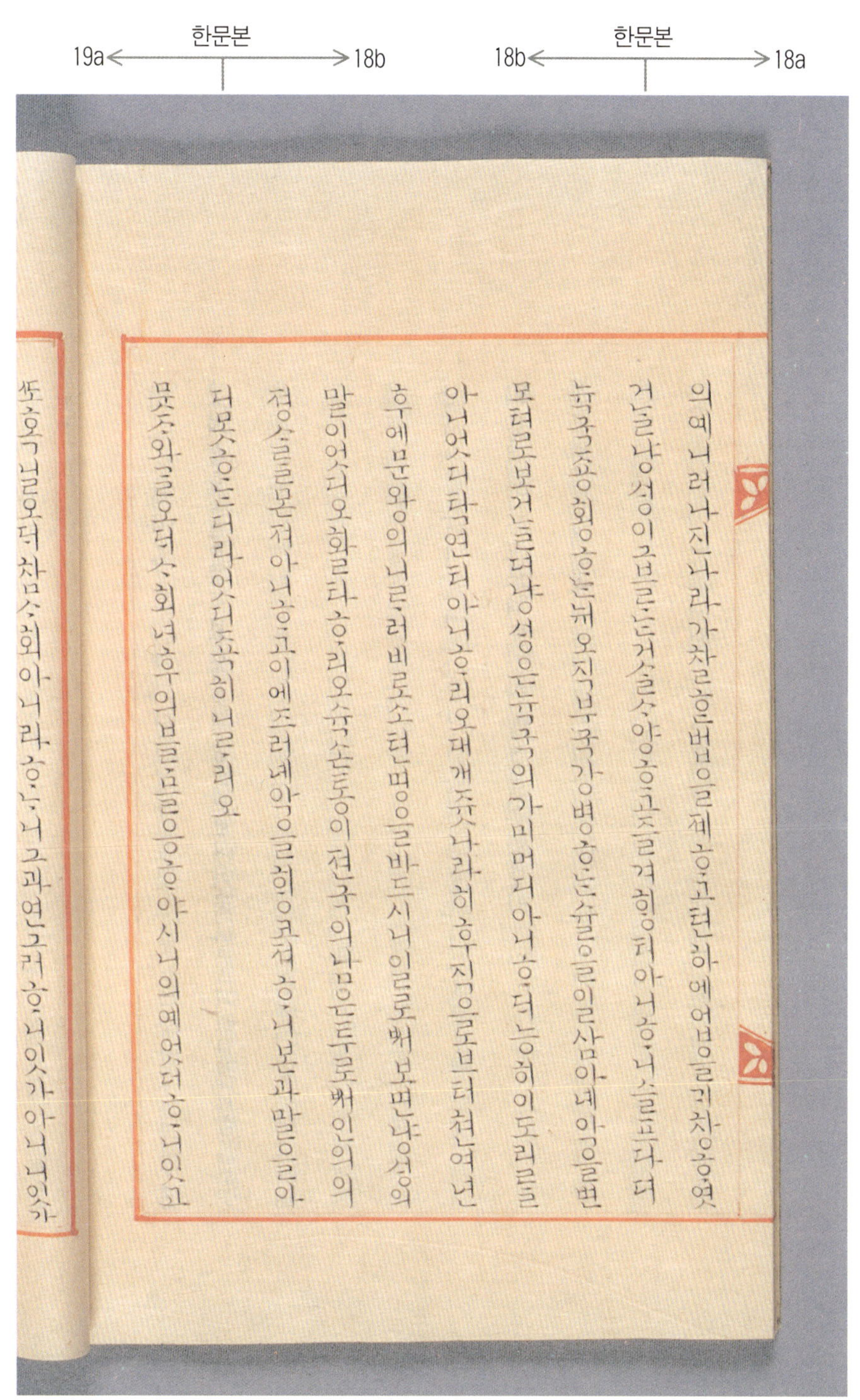


의예니러나진나라가찰ᄒᆞᆫ법을졔ᄒᆞ고텬하에어블을귀찬ᄒᆞ엿
거ᄂᆞᆯ낭셩이검블ᄒᆞᆫ거ᄉᆞᆯᄉᆞ양ᄒᆞ고즐겨힝치아니ᄒᆞ니슬프다뎌
뉵국죵회ᄒᆞᄂᆞᆫ뉴오직부국강병ᄒᆞᄂᆞᆫ슐을일삼아녜악을변
모텨로보거ᄂᆞᆯ뎌낭셩은뉵국의가미머더아니ᄒᆞ더능히이도리ᄅᆞᆯ
아니언디다연ᄒᆞ디아니ᄒᆞ리오대개쥬ᄉᆞ나라히후직으로브터텬여년
후에문왕의니ᄅᆞ러비로소텬명을받ᄃᆞ시니일로ᄡᅥ보면낭셩의
말이어ᄃᆡ오활타ᄒᆞ리오슉ᄉᆞᆫ동이뎐국의남은두로ᄡᅥ인의의
졍ᄉᆞᆯᄅᆞᆯ몬져아니ᄒᆞ고이에조러녜악을ᄒᆞ고져ᄒᆞ니본과말을아
디못ᄒᆞᄂᆞᆫ디라어ᄃᆡ죡히니ᄅᆞ리오
뭇ᄌᆞ와ᄀᆞᆯ오ᄃᆡ슉ᄉᆞᆫ회녀후의브ᄅᆞᆷ믈ᄅᆞᆷ을ᄒᆞ야시니의예어ᄃᆡᄒᆞ니잇고

또ᄒᆞ오ᄀᆞᆯ오ᄃᆡ참ᄉᆞ회아니라ᄒᆞᄂᆞ니그과연그러ᄒᆞ니잇가아니니잇가

어제경세문답(언해) 16b

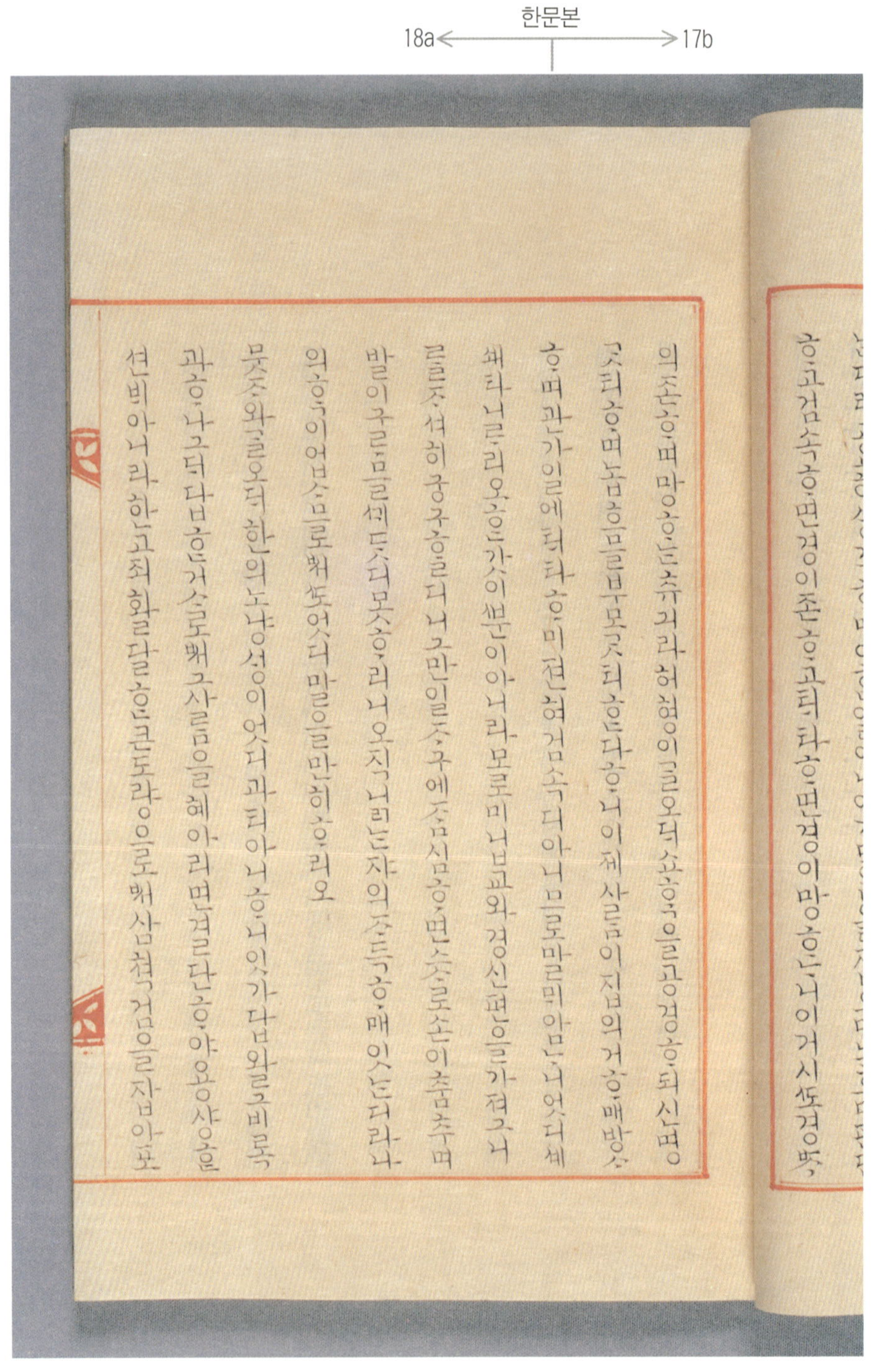

ᄒᆞ고검소ᄒᆞ면경이존ᄒᆞ고ᄐᆡ타ᄒᆞ면경이망ᄒᆞᄂᆞ니이거시ᄯᅩ경ᄇᆡᆨ

의존ᄒᆞ며망ᄒᆞᄂᆞᆫ쥬귀라허셤이ᄀᆞᆯ오ᄃᆡ쇼ᄒᆞᆨ을고경ᄒᆞ되신명
ᄀᆞᆺ티ᄒᆞ며놈ᄒᆞᆷ을부모ᄀᆞᆺ티ᄒᆞᆫ다ᄒᆞ니이제사ᄅᆞᆷ이집의거ᄒᆞ매방ᄉᆞ
ᄒᆞ며관가일에ᄃᆡ타ᄒᆞ미젼혀검소ᄒᆞᆫ디아니ᄆᆞ로마ᄅᆞᆷ이암ᄆᆞᆫᄂᆞ니엇디쇄
쇄타니ᄅᆞ리오ᄒᆞᆫ갓이ᄲᅮᆫ이아니라모로미니ᄇᆞ교와경신편을가져ᄀᆞ니
ᄅᆞᆯᄌᆞ셔히강구ᄒᆞᆯ디니그만일ᄉᆞ구에ᄌᆞᆷ심ᄒᆞ면ᄌᆞᄌᆞ로손이ᄎᆞᆷ추며
발이구ᄅᆞᆷ을셰ᄃᆞᆺ디못ᄒᆞ리니오직니ᄅᆞᆫ자의ᄌᆞᄃᆞᆨᄒᆞ매잇ᄂᆞᆫ디라나
의ᄒᆞᆨ이업ᄉᆞᆷ으로ᄡᅥᄯᅩ엇디말을만히ᄒᆞ리오
뭇ᄌᆞ와ᄀᆞᆯ오ᄃᆡ한의노냥셩이엇디과티아니ᄒᆞ니잇가답ᄋᆞᆯ비록
과ᄒᆞ나그ᄃᆡ답ᄒᆞᆫ거ᄉᆞ로ᄡᅥ그사ᄅᆞᆷ을헤아리면결단ᄒᆞ야용샹ᄒᆞᆫ
션비아니라ᄒᆞᆫ고죄활달ᄒᆞᆫ큰도량으로ᄡᅥ삼쳑검을잡아ᄭᅩ

어제경세문답(언해) 16a

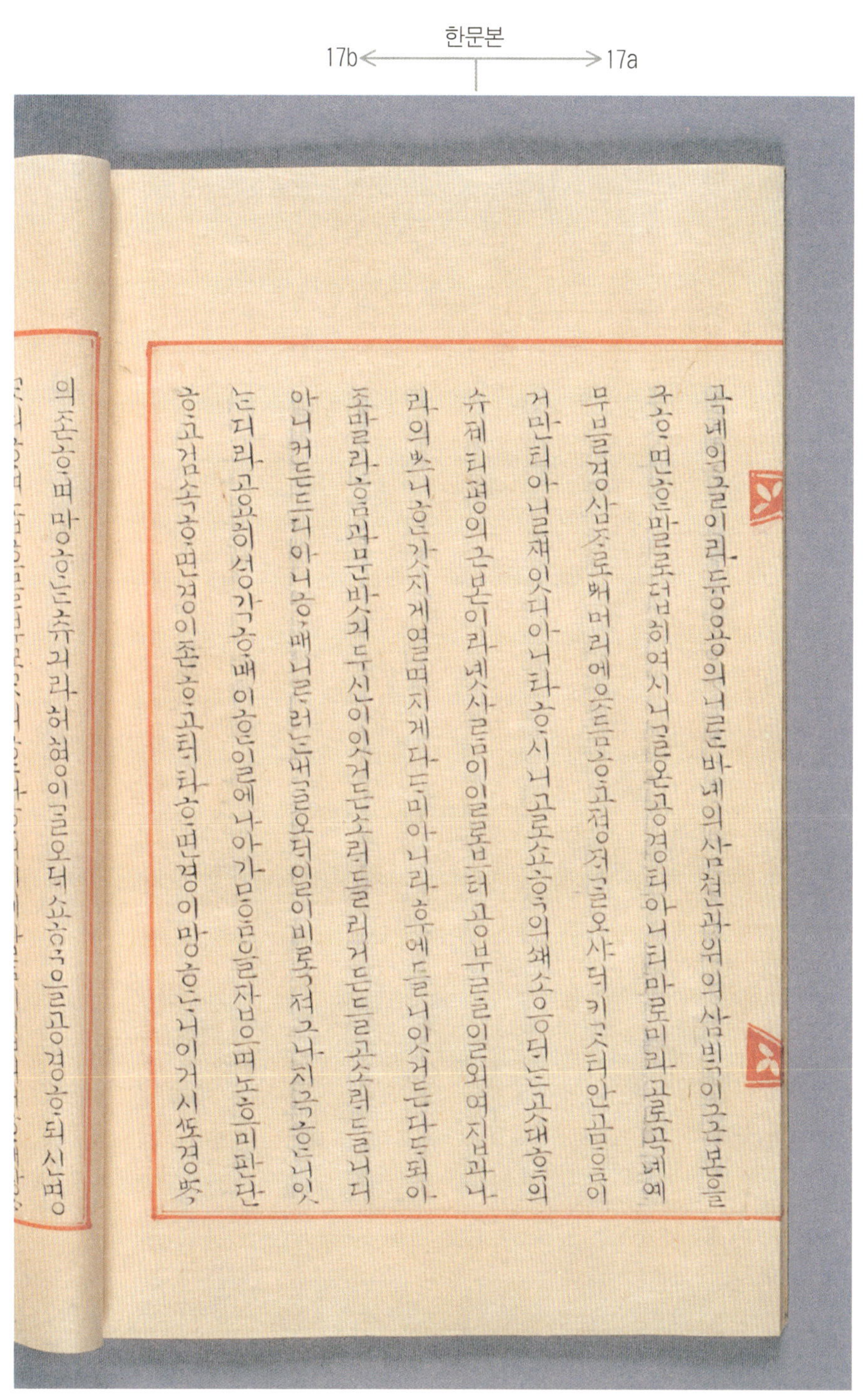


곡녜의ᄀᆞᆯ이ᄅᆞᄃᆡ ᄆᆞᆼ의니ᄅᆞᆫ바녜의삼쳔과위의삼ᄇᆡᆨ이그근본을
ᄀᆞᆼᄒᆞ면ᄒᆞᆫ말로덥허여시니ᄀᆞᆯ온공경티아니티마ᄅᆞ미라ᄒᆞ고로곡녜예
무블경삼ᄌᆞ로ᄡᅥ머리에ᄋᆞᄃᆞᆷᄒᆞ고졍ᄌᆞᄅᆞᆯ오샤ᄃᆡ키ᄀᆞ티안곰ᄋᆞᆷ이
거만티아닐재잇ᄃᆞ아니ᄒᆞ시니ᄀᆞᆯ오ᄉᆞ오ᄃᆡᄒᆞ의쇄소ᄋᆡᆼ대ᄂᆞᆫ고ᄉᆡᄒᆞᄋᆞ의
슈졔티평의근본이라녯사ᄅᆞᆷ이일로ᄇᆞ터공부ᄅᆞᆯ일외여집과나
라의ᄡᅳ니ᄒᆞᆫ가지게엳ᄆᆞ지게다ᄃᆞ미아니라후에ᄃᆞᆯ니앗거ᄃᆞᆫ다ᄃᆞ되이
ᄌᆞᆷ말라ᄒᆞᆷ과문밧긔두신이잇거ᄃᆞᆫ소ᄅᆡᄃᆞᆯ리거ᄃᆞᆫᄃᆞᆯ고소ᄅᆡᄃᆞᆯ니디
아니커ᄃᆞᆫᄃᆞ디아니ᄒᆞ매니ᄅᆞ러ᄂᆞᆫ버ᄅᆞᆯ오ᄃᆡ일이비록져그나지극ᄒᆞᆫ니잇
ᄂᆞᆫ디라공요히ᄉᆡᆼ각ᄒᆞ매이ᄒᆞᆫ일에나아감ᄋᆞᆷᄋᆞᆯ잡ᄋᆞᆯᄯᅢ노ᄒᆞ미판단
ᄒᆞ고검속ᄒᆞ면경이존ᄒᆞ고ᄐᆡ타ᄒᆞ면경이망ᄒᆞᄂᆞ니이거시ᄯᅩ경ᄇᆞᆨ

어제경세문답(언해) 15b

한문본

17a ← → 16b

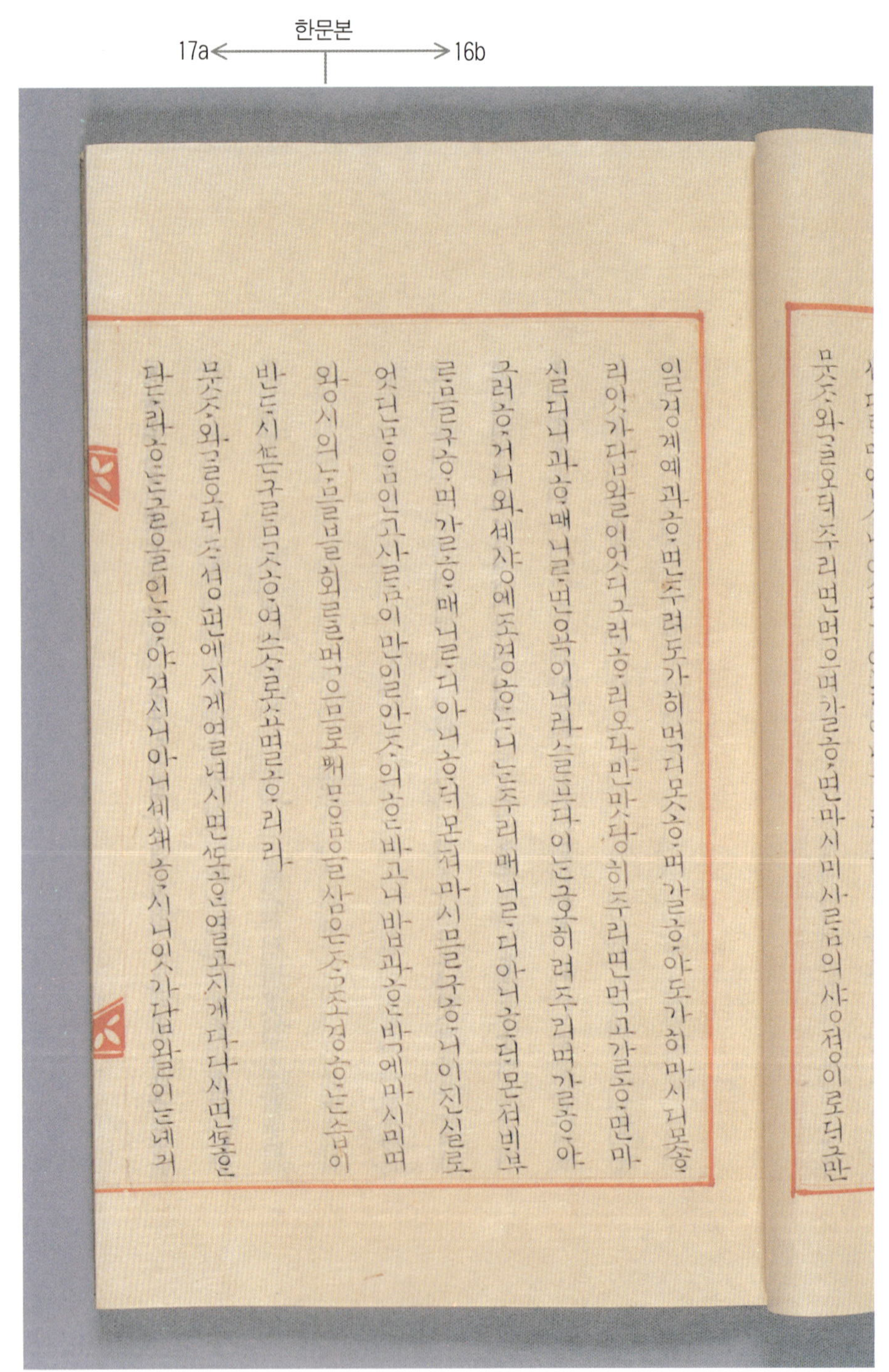

묻ᄌᆞ와ᄀᆞᆯ오ᄃᆡ주리면먹으며갈ᄒᆞ면마시미사ᄅᆞᆷ의샹졍이로ᄃᆡ그만

일경계예과ᄒᆞ면ᄎᆞ려도가히먹디못ᄒᆞ며갈ᄒᆞ야도가히마시디못ᄒᆞ
리잇가답왈이엇디그러ᄒᆞ리오다만맛당히주리면먹고갈ᄒᆞ면마
실디니과ᄒᆞ매니ᄅᆞ면욕이니라슬프다이ᄂᆞᆫ구오히려주리며갈ᄒᆞ야
그러ᄒᆞ거니와세상에조경ᄒᆞᄂᆞ니ᄂᆞᆫ주리매니ᄅᆞ디아니ᄒᆞ야몬져비부
ᄅᆞᆷ을구ᄒᆞ며갈ᄒᆞ매니ᄅᆞ디아니ᄒᆞ야몬져마시믈구ᄒᆞᄂᆞ니이진실로
엇던ᄆᆞᄋᆞᆷ인고사ᄅᆞᆷ이만일안ᄌᆞ의ᄒᆞᆫ바고니밥과ᄒᆞᆫ박에마시미며
왕시의ᄂᆞᄆᆞᆯ불휘ᄅᆞᆯ먹음으로ᄡᅥᄆᆞᄋᆞᆷ을삼은ᄌᆞ조경ᄒᆞᄂᆞᆫ습이
반ᄃᆞ시ᄠᅳᆺ구ᄅᆞᆷᄀᆞᆺᄒᆞ여ᄉᆞᄉᆞ로못ᄉᆞ며ᄅᆞᆯᄒᆞ리라
뭇ᄌᆞ와ᄀᆞᆯ오ᄃᆡᄌᆞ셩편에지게열녀시면ᄯᅩᄒᆞᆫ열고지게다다시면ᄯᅩᄒᆞᆫ
닫ᄂᆞᆫ다ᄒᆞᆫᄂᆞᆫ글을인ᄒᆞ야겨시니아니셰쇄ᄒᆞ시니잇가답왈이ᄂᆞᆫ네거

어제경세문답(언해) 15a

한문본

16b ← → 16a

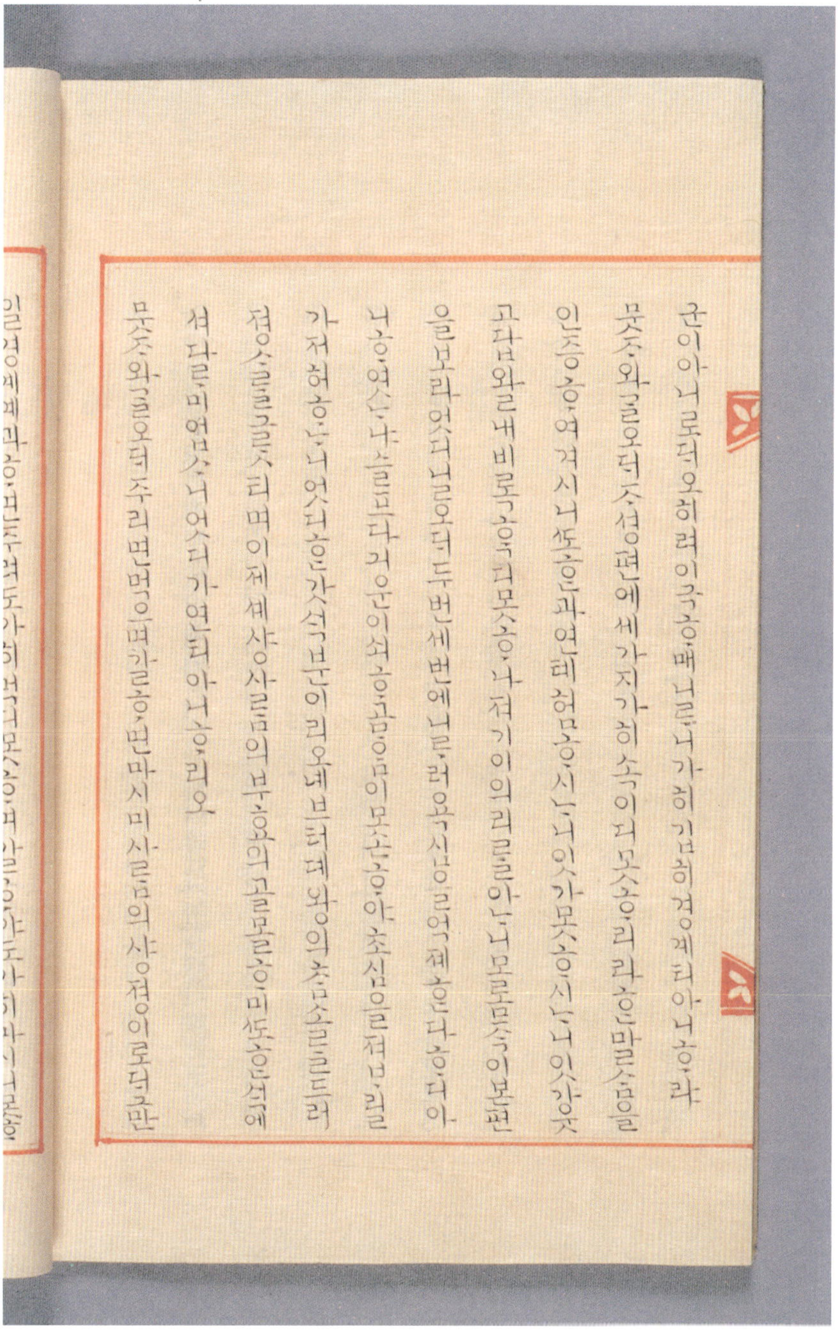
군이아니로ᄃᆡ오히려이굿ᄒᆞ매니ᄅᆞ니가히깁히경계티아니ᄒᆞ랴
믓ᄌᆞ와ᄀᆞᆯ오ᄃᆡᄉᆞ셩편에세가지가히속이디못ᄒᆞ리라ᄒᆞᆫ말ᄉᆞᆷ을
인ᄌᆞᆼᄒᆞ여겨시니ᄯᅩᄒᆞᆫ과연뎌험ᄒᆞ시ᄂᆞ니잇가못ᄒᆞ시ᄂᆞ니잇가앗
고답왈내비록ᄒᆞᆨ디못ᄒᆞ나져기이의리ᄅᆞᆯ아ᄂᆞ니모롬ᄌᆞᆨ이본편
을보라엇디니ᄅᆞ오ᄃᆡ두번세번에니ᄅᆞ러욕심을억졔ᄒᆞᆫ다ᄒᆞ니이
나ᄒᆞ엿ᄉᆞᄂᆞ냐슬프다거운이쇠ᄒᆞ고ᄆᆞᄋᆞᆷ이모손ᄒᆞ야초심을져ᄇᆞ릴
가저허ᄒᆞᄂᆞ니엇디ᄒᆞᆫ가셕분이리오네브터뎨왕의참소ᄅᆞᆯ드러
졍ᄉᆞᄅᆞᆯ그ᄅᆞᆺ티며이제세상사ᄅᆞᆷ의부ᄒᆞ요의골몰ᄒᆞ미ᄯᅩᄒᆞᆫ셕에
셔달미업ᄉᆞ니엇디가연티아니ᄒᆞ리오
믓ᄌᆞ와ᄀᆞᆯ오ᄃᆡ주리면먹으며갈ᄒᆞ면마시미사ᄅᆞᆷ의샹졍이로ᄃᆡ고만
일경세ᄆᆡ라ᄒᆞ며두러도아히버디못ᄒᆞ며살ᄒᆞ야도아히마시디못ᄒᆞ

어제경세문답(언해) 14b

한문본
16a ← → 15b

한문본
15b ← → 15a

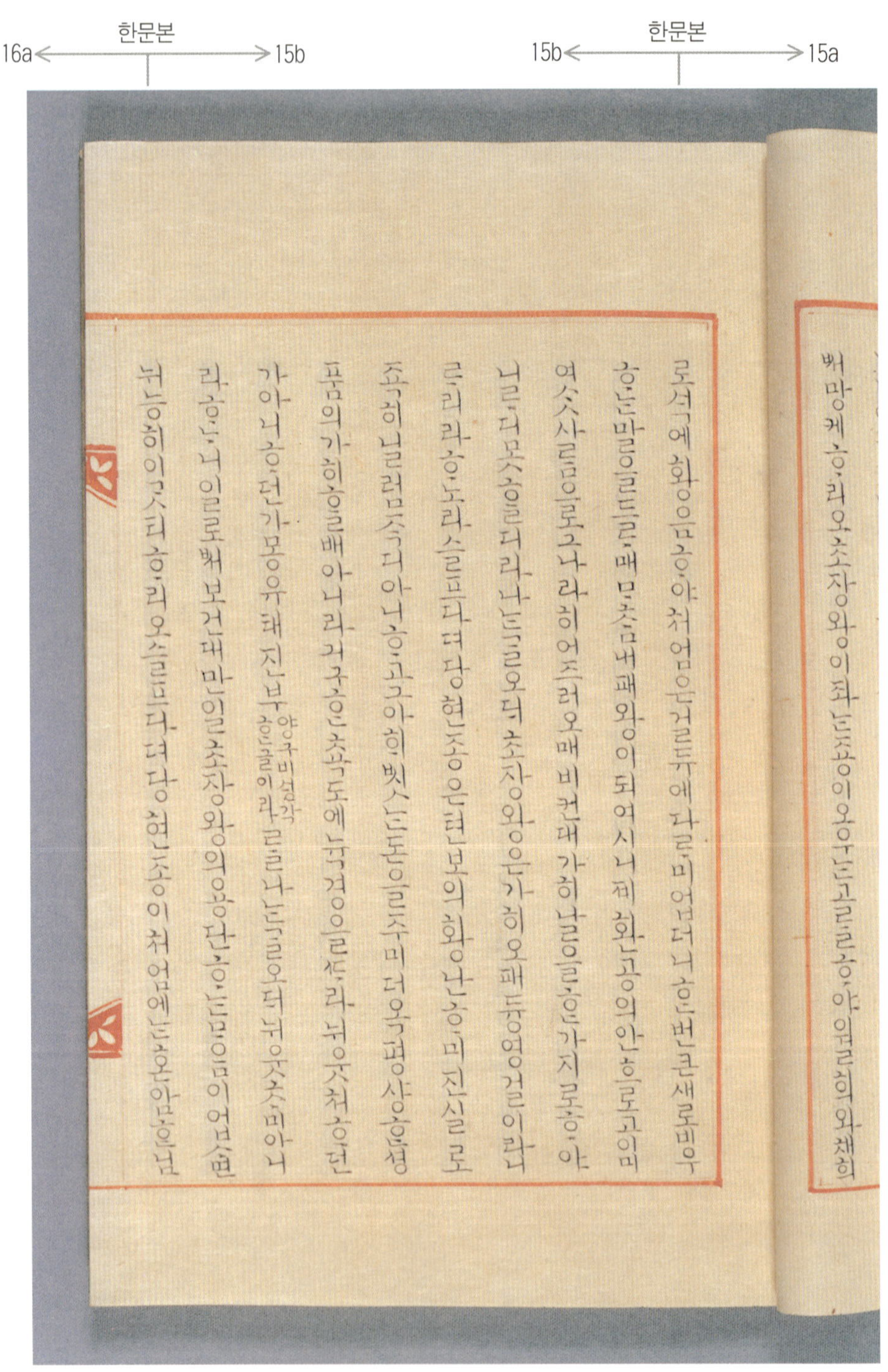

ᄲᅧ망케ᄒᆞ리오초장왕이죄ᄂᆞᆫ공이오ᄋᆞᄂᆞᆫ고ᄅᆞᆯᄒᆞ야ᄋᆞᆷ을쉬와채히

로셕에화왕이음ᄒᆞ야처엄은거ᄅᆞ두에나ᄆᆞᆯ미업더니ᄒᆞᆫ번큰새로ᄆᆡ우
ᄒᆞᄂᆞᆫ말이ᄃᆞᆯᄂᆞᆫ매ᄆᆞᄎᆞᆷ내패왕이되여시니졔환공의안ᄒᆞᆫ이로고이미
여ᄉᆞᆺ사ᄅᆞᆷ으로그나라히어즈러오매비컨대가히날ᄅᆞᆯᄒᆞᆫ가지로ᄒᆞ야
니ᄅᆞᆫ디못ᄒᆞᆯ디라나ᄂᆞᆫᄀᆞᆯ오ᄃᆡ초장왕은가히오패듕영걸이라니
ᄅᆞ리라ᄒᆞ노라ᄉᆞᆯᄋᆞᆸᄂᆞ니더당현종은편보의화난ᄒᆞ미진실로
조ᄀᆞ히닐럼ᄌᆞᆨ디아니ᄒᆞ고ᄀᆞ장히빗ᄂᆞᆫ동을ᄉᆞ미더옥평샹ᄒᆞᆫ셩
품의가히ᄒᆞᆯ배아니라거ᄌᆞᆫ초ᄀᆞ도에뉘ᄀᆞ겨이ᄅᆞᆯ뉘라뉘웃처ᄒᆞ던
가아니ᄒᆞ던가몽유태진부(양구비셩각ᄒᆞᆫ글이라)ᄅᆞᆯ닐ᄂᆞᆫᄀᆞᆯ오ᄃᆡ뉘웃ᄎᆞ미아니
라ᄒᆞᄂᆞ니일로ᄡᅥ보건대만일초장왕의왕단ᄒᆞᄂᆞᆫᄆᆞᄋᆞᆷ이업ᄉᆞ면
뉘능히이ᄀᆞᆺ디ᄒᆞ리오ᄉᆞᆯᄋᆞᆸᄂᆞ니더당현종이처엄에ᄂᆞᆫ온암은넘

어제경세문답(언해) 14a

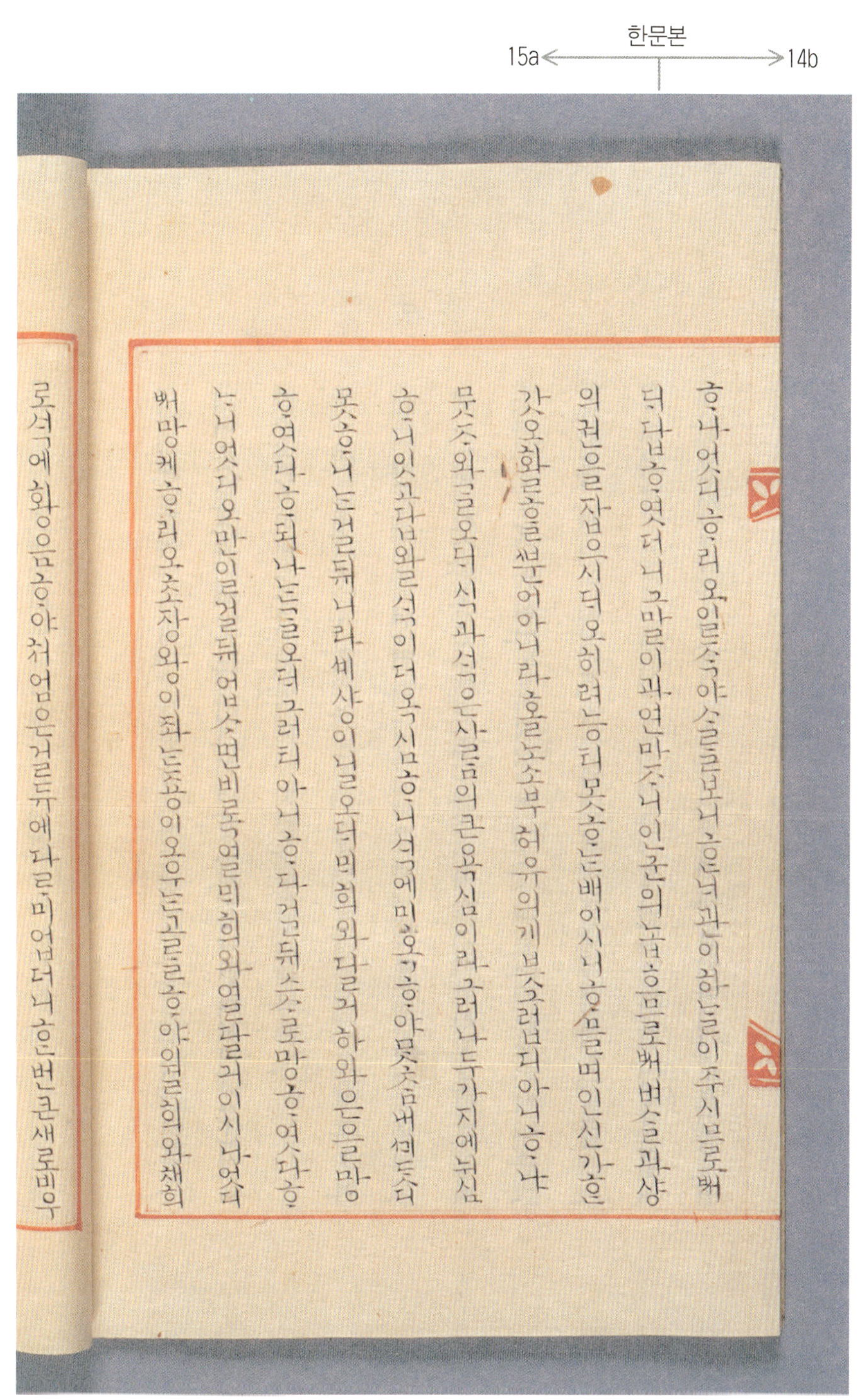


ᄒᆞ나 엇디 ᄒᆞ리오 일ᄅᆞᆯ ᄉᆞ야 ᄉᆞᆯ로보니 ᄒᆞᄂᆞᆫ 관이 하ᄂᆞᆯ이 주시므로ᄡᅥ
ᄃᆡ 다ᄇᆞᆸᄒᆞ엿더니 그 말이 과연 마ᄌᆞ니 인군의 ᄂᆞᆸᄒᆞ므로ᄡᅥ 벼ᄉᆞᆯ과 샹
의 권을 잡으시ᄃᆡ 오히려 능히 못ᄒᆞᄂᆞᆫ 배 이시니 ᄒᆞ믈며 인신 가ᄐᆞᆫ
갓오 화ᄅᆞᆯ 중을 ᄲᅮᆫ 어아니라 ᄒᆞ올노 소부 허우의게 ᄇᆞᆺ그럽디 아니ᄒᆞ냐
뭇ᄌᆞ와 ᄀᆞᄅᆞ오ᄃᆡ 식과 셕은 사ᄅᆞᆷ의 큰 욕심이라 그러나 두 가지에 뉘 심
ᄒᆞ니 잇고 답ᄒᆞ와 ᄀᆞᆯ 셕이 더 오ᄉᆞ심ᄒᆞ니 셕에 미ᄒᆞ와ᄒᆞ야 ᄆᆞᆺᄎᆞᆷ내 면티
못ᄒᆞᄂᆞ니 ᄂᆞᆫ 거ᄅᆞᆯ 뒤 니라 세샹이 닐오ᄃᆡ 미희와 ᄃᆞᆯ기 하와 ᄋᆞᆫ을 망
ᄒᆞ엿다 ᄒᆞ되 나ᄂᆞᆫ ᄀᆞᄅᆞ오ᄃᆡ 그러티 아니ᄒᆞ다 걸뒤 스ᄉᆞ로 망ᄒᆞ엿다 ᄒᆞ
ᄂᆞ니 엇디오 만일 걸뒤 업ᄉᆞ면 비록 ᄆᆞᆯ 미희와 ᄆᆞᆯ 달긔 이시나 엇디
ᄡᅥ 망케 ᄒᆞ리오 ᄌᆞ조 장왕이 죄 ᄂᆞᆫ ᄃᆞᆺ공이오 우ᄂᆞᆫ 고ᄅᆞᆯ ᄒᆞ야 원ᄅᆞᆯ 희와 채희
로 셕에 화ᄒᆞ왕 임ᄒᆞ야 처엄은 거ᄅᆞᆯ 뒤에 다ᄅᆞ미 업더니 ᄒᆞᆫ 번 ᄅᆞᆫ새로 배우

어제경세문답(언해) 13b

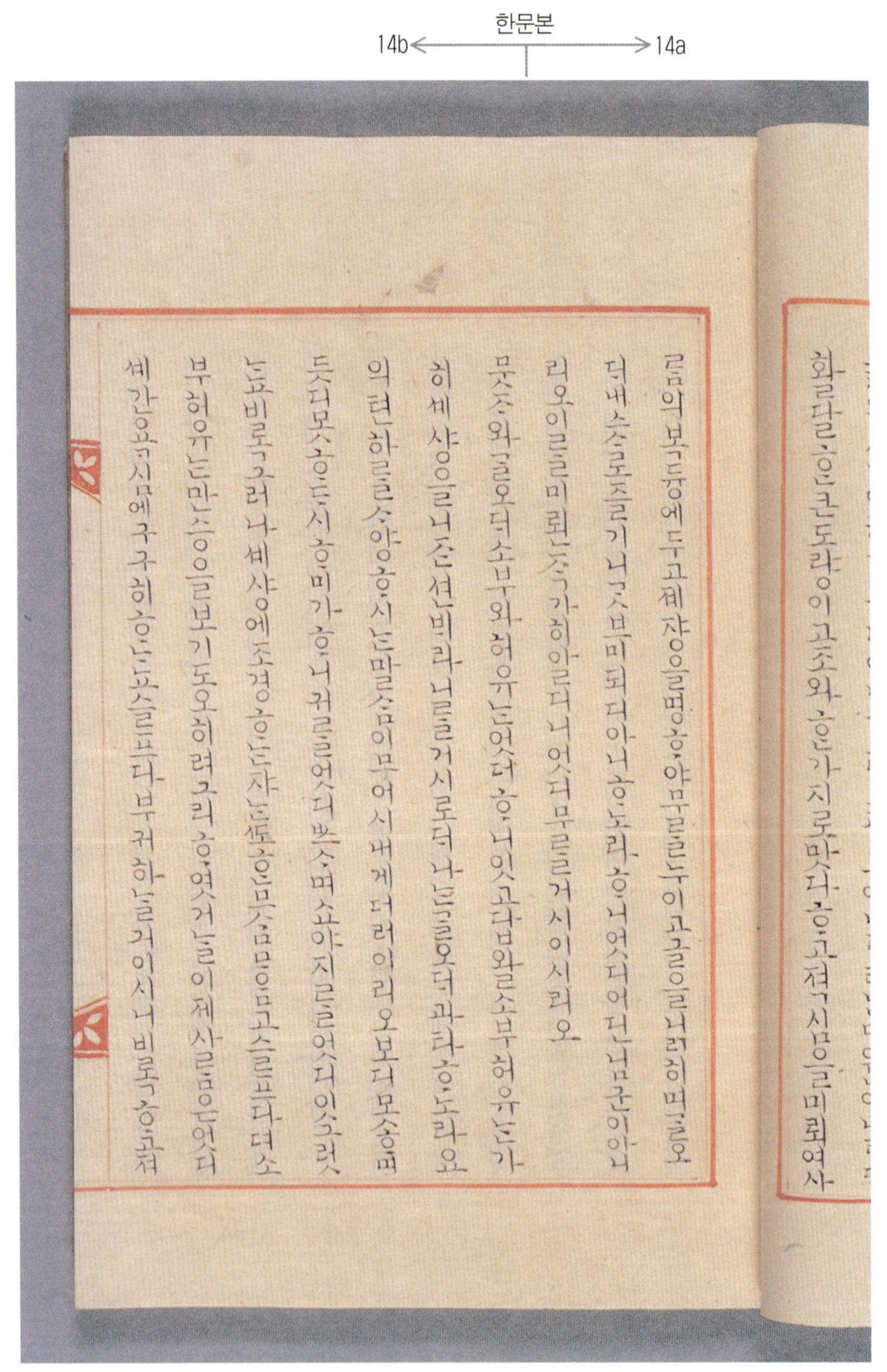


ᄆᆞᆷ의복ᄃᆞᆼ에두고졔쟝을ᄆᆡᆼᄒᆞ야ᄆᆞᄅᆞᆯ사이ᄃᆞ골을ᄂᆡ려ᄒᆞ며ᄆᆞᆷ오
ᄃᆡ내ᄉᆞᄉᆞ로ᄌᆞᆯ기니ᄀᆞᆺᄇᆞ미되디아니ᄒᆞ노라ᄒᆞ니엇디어딘님군이아니
리오이ᄅᆞᆯ미뤼ᄂᆞᆫᄉᆞ가히알니엇디무ᄅᆞᆯ거시이시리오
뭇ᄌᆞ와ᄀᆞᆯ오ᄃᆡ소부와허유ᄂᆞᆫ엇더ᄒᆞ니잇고답왈소부허유ᄂᆞᆫ가
히세샹을니ᄌᆞᆫ션비라니ᄅᆞᆯ거시로ᄃᆡ나ᄂᆞᆫᄀᆞᆯ오ᄃᆡ과라ᄒᆞ노라요
의텬하ᄅᆞᆯᄉᆞ양ᄒᆞ시ᄂᆞᆫ말ᄉᆞᆷ이무어시내게더러이리오보ᄃᆡ모ᄉᆞᆸ며
듯ᄃᆡ못ᄒᆞᄃᆞ시ᄒᆞ미가ᄒᆞ니귀ᄅᆞᆯ엇디ᄡᆞᄉᆞ며쇼야지ᄅᆞᆯ엇디잇ᄀᆞ럿
ᄂᆞᆫ뇨비록그러나세샹에조경ᄒᆞᄂᆞᆫ쟈ᄂᆞᆫ또ᄒᆞᆫᄆᆞᄋᆞᆷ고ᄉᆞᆯᄂᆞ디더소
부허유ᄂᆞᆫ만ᄉᆞᆼ을보기도오히려그리ᄒᆞ엿거ᄂᆞᆯ이제사ᄅᆞᆷ은엇디
셰간와ᄀᆞᆼ시ᄆᆞᆷ에구구ᄒᆞᄂᆞᆫ뇨ᄉᆞᆯᄂᆞ디부귀하ᄂᆞᆯ거이시니비록ᄒᆞ고져

활달ᄒᆞ신ᄃᆞ도라양이고조와ᄒᆞᆫ가지로마ᄉᆞ디ᄒᆞ고젼ᄉᆞ심을미뤼여사

어제경세문답(언해) 13a

한문본

14a ⟵ ⟶ 13b

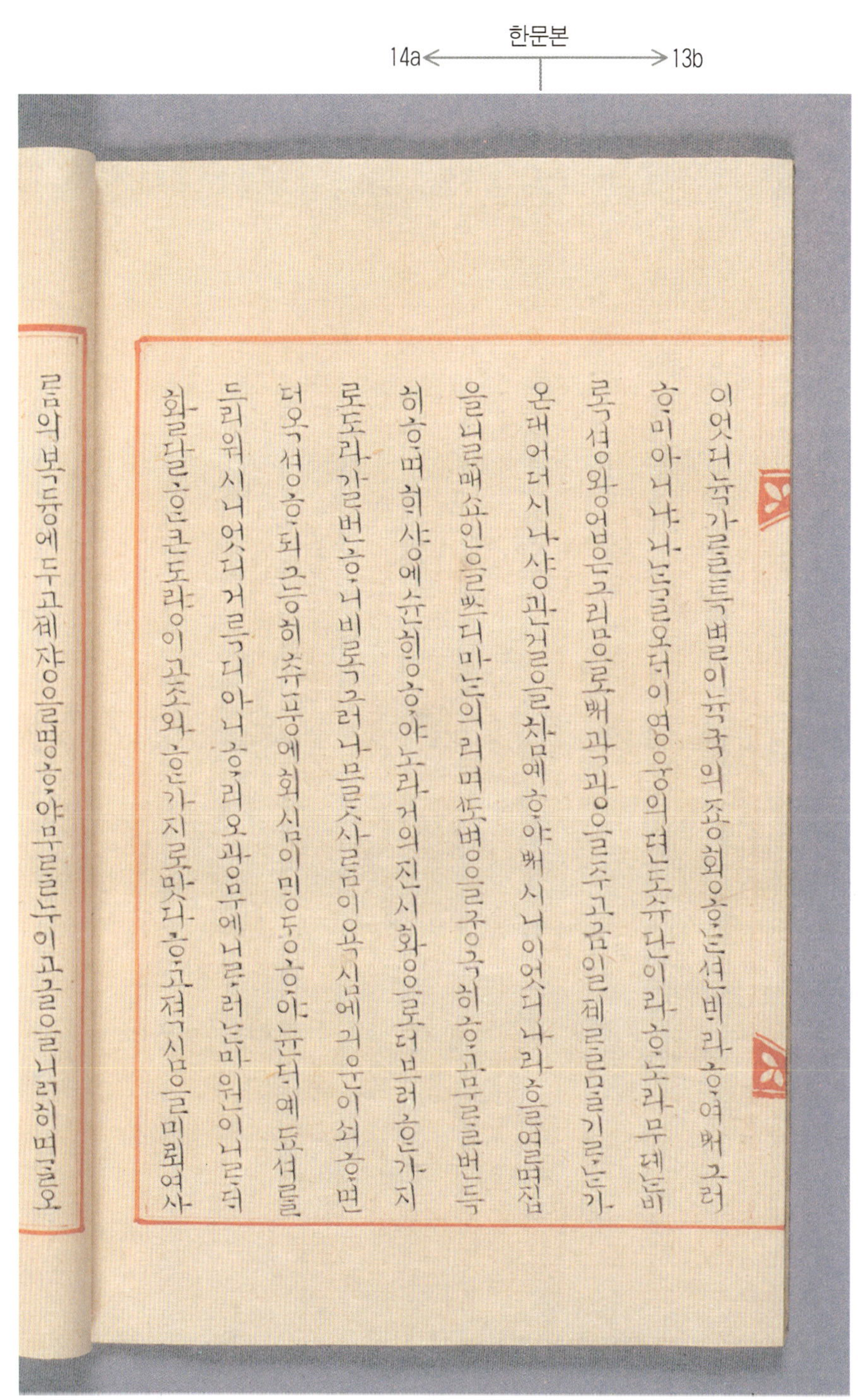
이엇디ᄂᆞᆷ가ᄅᆞᆯ특별이ᄂᆞᆷ국의죵죄오ᄒᆞᄂᆞᆫ션비라ᄒᆞ여ᄡᅥ구러
ᄒᆞ미아니냐나ᄂᆞᆫ오ᄃᆡ이명ᄋᆞᆼ의뎐도슈단이라ᄒᆞ노라무뎨ᄂᆞᆫ
록션왕업은그림으로ᄡᅥ과광ᄋᆞᆯ수고감일졔ᄆᆞᄅᆞᆯ기ᄅᆞᄂᆞᆫ가
온대어더시나상관ᄀᆞᄅᆞᆯ참예ᄒᆞ야ᄡᅥ시니이엇디나라ᄒᆞᆯ얻며집
을니ᄅᆞᆫ매쇼인을ᄡᅳ디마ᄂᆞᆫ의리며ᄯᅩ병을주욕히ᄒᆞ고무ᄅᆞᆯ번득
히ᄒᆞ며히상에슌ᄒᆡᆼᄒᆞ야노라거의진시화ᄋᆞ로더브러ᄒᆞᆫ가지
로도라갈번ᄒᆞ니비록그러나므ᄅᆞᆺ사ᄅᆞᆷ이욕심에ᄀᆞ온이쇠ᄒᆞ면
더옥션ᄒᆞ되근능히슈ᄆᆞᆼ에회심이믄득ᄒᆞ야뉸ᄃᆞ예ᄯᅩ셔ᄅᆞᆯ
드리워시니어엇디거ᄅᆞ디아니ᄒᆞ리오과ᄆᆞᆷ마에니ᄅᆞ러ᄂᆞᆫ마원이니ᄅᆞ되
화ᄅᆞᆯ당ᄒᆞᆫ큰도라ᄋᆞᆼ이고조와ᄒᆞᆫ가지로ᄆᆞᆺ다ᄒᆞ고졉ᄉᆡᆨ심을미뢰여사
ᄅᆞᆷ의복댱에두고졔쟝을명ᄒᆞ야므ᄅᆞᆫ누이고길을니러히며ᄅᆞᆯ오

어제경세문답(언해) 12b

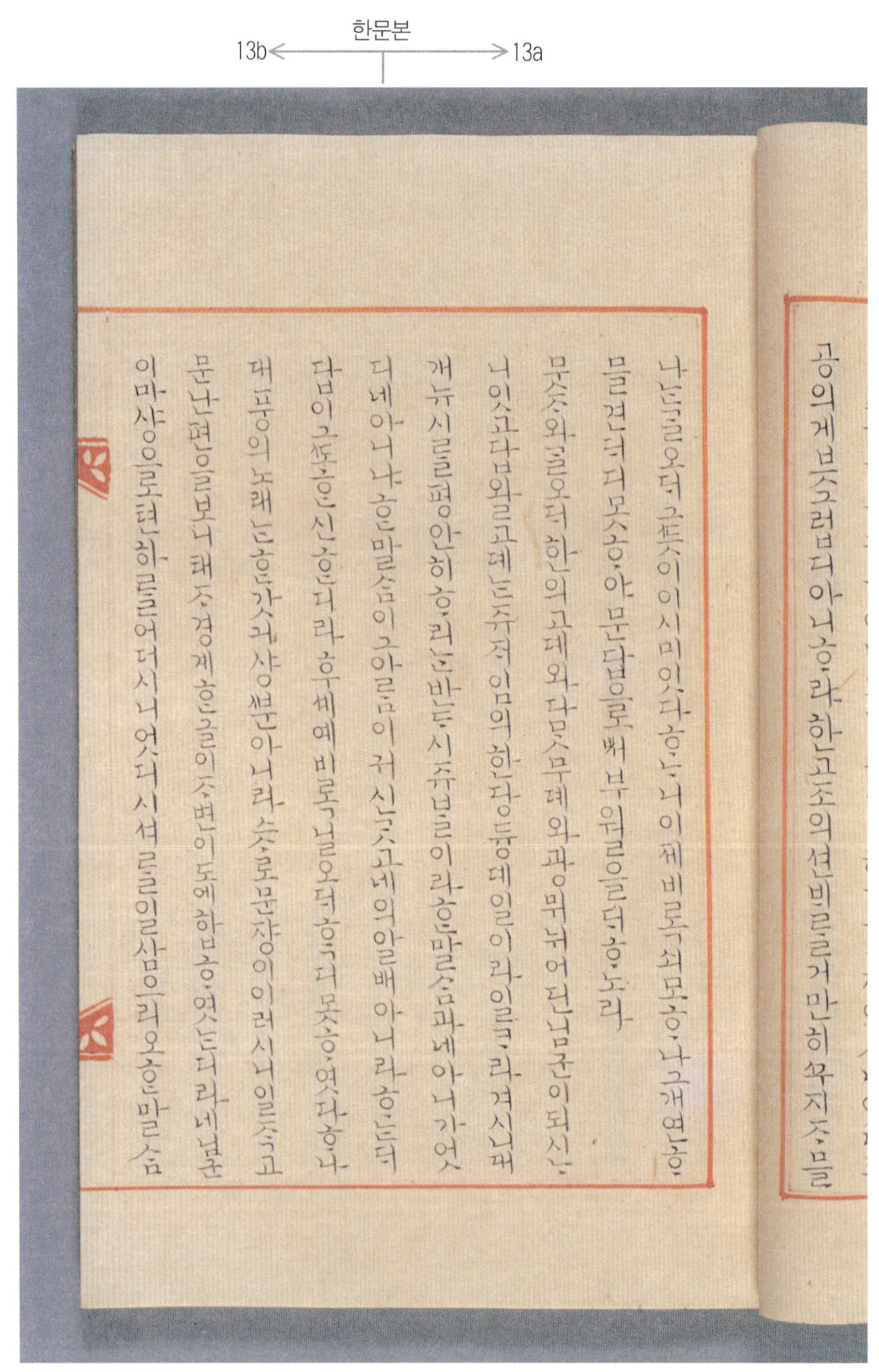

공의게브ᄉᆞ럽디아니ᄒᆞ라 한고조의션비ᄅᆞᆯ거만히ᄡᅮ지ᄉᆞ믈

나ᄂᆞᆫ골오ᄃᆡ 군ᄌᆞ이이시미잇다ᄒᆞᄂᆞ니이제비록쇠모ᄒᆞ나고개연ᄒᆞ
믈견ᄃᆡ디못ᄒᆞ야 문답으로ᄡᅥ부워ᄅᆞᆯ을ᄃᆡᄒᆞ노라
무ᄉᆞ와골오ᄃᆡ 한의고뎨와당ᄉᆞ무뎨와광무뉘어딘님군이되신
니잇고답왈고뎨ᄂᆞᆫ쥬적임의한당ᄒᆞᆫ데일이라일ᄏᆞᄅᆞ겨시니ᄯᅢ
개뉴시ᄅᆞᆯ평안히ᄒᆞ리ᄂᆞᆫ반ᄃᆞ시쥬브ᄅᆞᆯ이라ᄒᆞᆫ말ᄉᆞᆷ과네아니가엇
디네아니냐ᄒᆞᆫ말ᄉᆞᆷ이ᄀᆞ아ᄅᆞᆷ이 귀신ᄀᆞᆺ고네의알배아니라ᄒᆞᄂᆞᆫᄃᆡ
답이ᄀᆞᆺ초ᄒᆞᆫ신ᄒᆞᆫ디라 후세예비록닐오ᄃᆡᄒᆞᆫ디못ᄒᆞ엿다ᄒᆞ나
대풍의노래ᄂᆞᆫᄒᆞᆫ갓과샹뿐아니라 ᄉᆞ소로문장이이러시니일ᄅᆞᆺ고
문난편을보니태조ᄭᅴ경계ᄒᆞᆫ글이ᄉᆞ번이도에합ᄒᆞ엿ᄂᆞᆫ디라네님군
이마샹으로텬하ᄅᆞᆯ어더시나 엇디시셔ᄅᆞᆯ일삼으리오ᄒᆞᆫ말ᄉᆞᆷ

어제경세문답(언해) 12a

한문본
13a ← → 12b

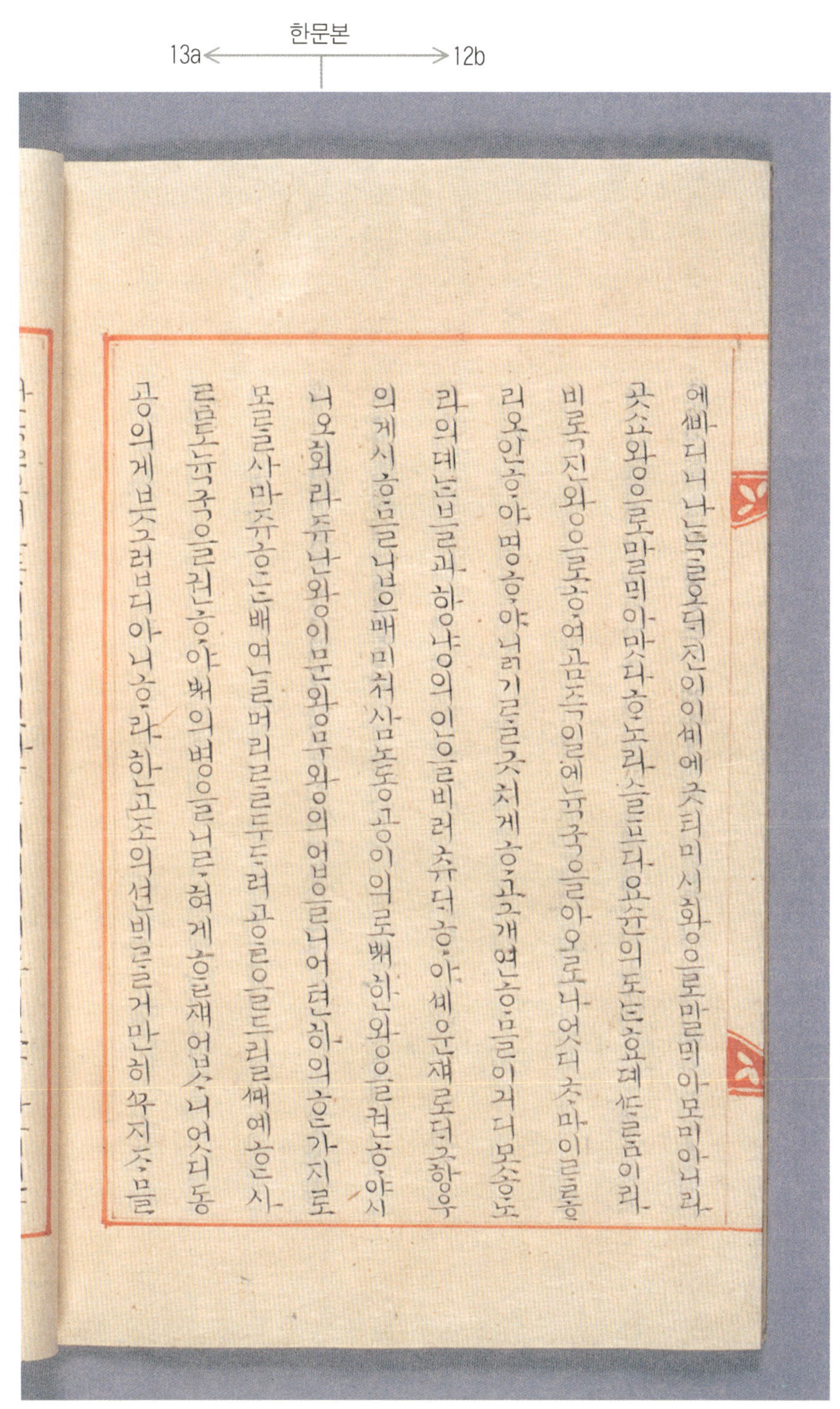
에ᄲᅡ디니나ᄂᆞᆫ오ᄃᆡ진이이세에ᄀᆞᆺ되미시황ᄋᆞ로말ᄆᆡ아모미아니라
곳쇼왕ᄋᆞ로말미아맛다ᄒᆞ노라ᄉᆞᆲ다요슌의도ᄅᆞᆯᄒᆞ요대ᄯᆞᄅᆞᆷ이라
비록진왕ᄋᆞ로ᄒᆞ여곰ᄌᆞᆨ일에ᄂᆞᆨ주ᄅᆞᆯ아오로나어디ᄎᆞ마이ᄅᆞᆯᄒᆞ
리오인ᄒᆞ야명ᄒᆞ야ᄂᆞ러기ᄅᆞᆯᄀᆞᆺ치게ᄒᆞ고ᄀᆞ개연ᄒᆞ믈이거디모ᄉᆞᆷᄒᆞ노
라의데ᄂᆞᆫ비ᄅᆞᆯ과항냥의인을비러ᄎᆔ다ᄒᆞ야세운재로다ᄀᆞ항우
의게서ᄒᆞ믈니ᄇᆞ매미쳐삼노동공이의로ᄲᅧ한왕을권ᄒᆞ야시
니오회라슈난왕이문왕무왕의업을니어던하의ᄒᆞᆫ가지로
모ᄅᆞᆯ사마쥬ᄒᆞᆫᄂᆞᆫ배여ᄂᆞᆫ머리ᄅᆞᆯ두ᄃᆞ려공ᄅᆞᆯ이ᄅᆞᆯ리ᄅᆞᆯᄯᅢ예ᄒᆞᆫ시
ᄅᆞᆯ도ᄂᆞᆨ주ᄅᆞᆯ권ᄒᆞ야ᄲᅧ의병을니ᄅᆞ혀게ᄒᆞᆯ재업ᄉᆞ니어ᄃᆡ동
공의게ᄇᆞᆺ그러ᄇᆞ디아니ᄒᆞ리라ᄒᆞᆫ고소의션비ᄅᆞᆯ거만히ᄡᅮ지ᄉᆞ믈

어제경세문답(언해) 11b

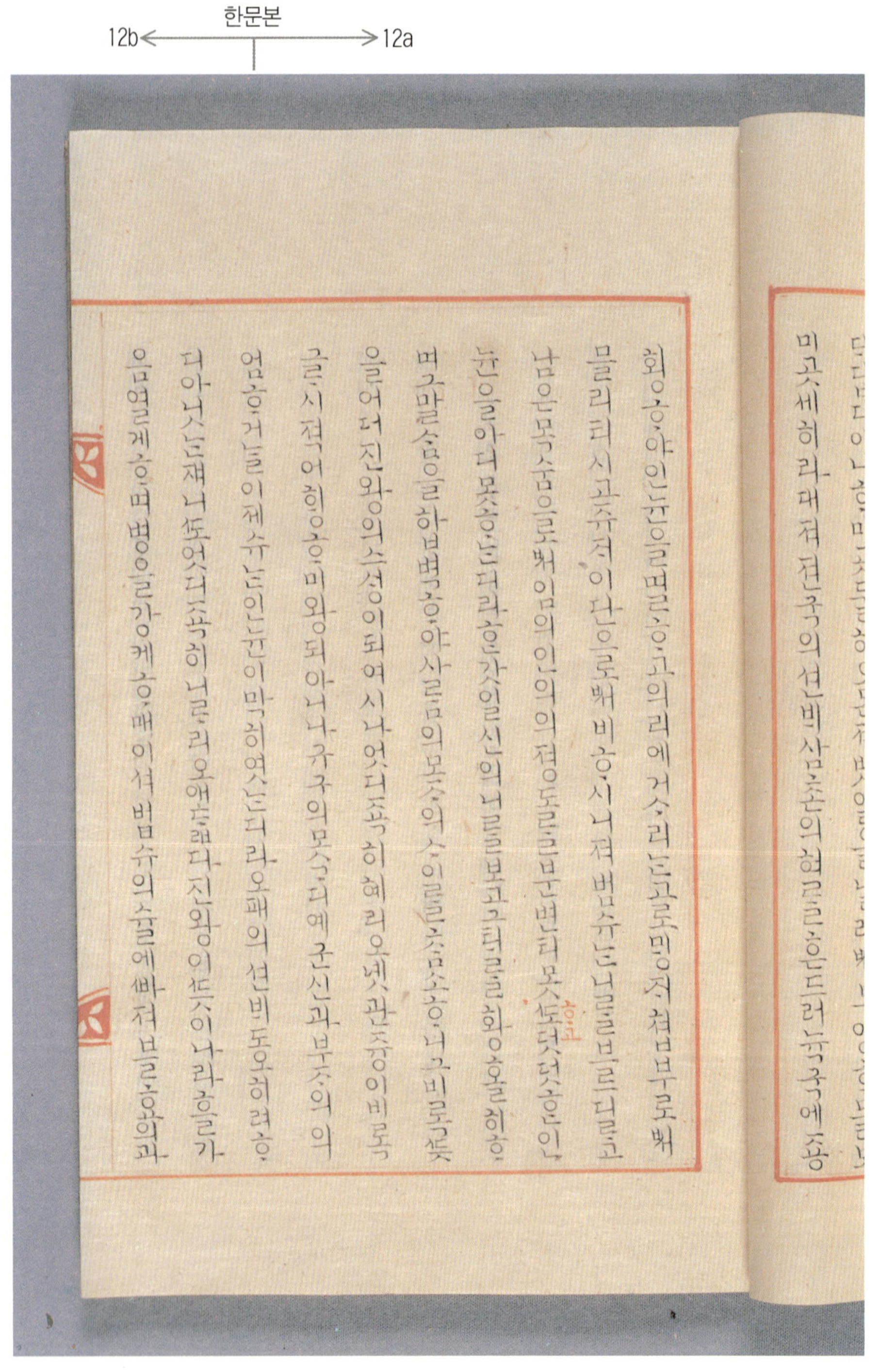


어제경세문답(언해) 11a

한문본 12a ← → 11b　　　한문본 11b ← → 11a

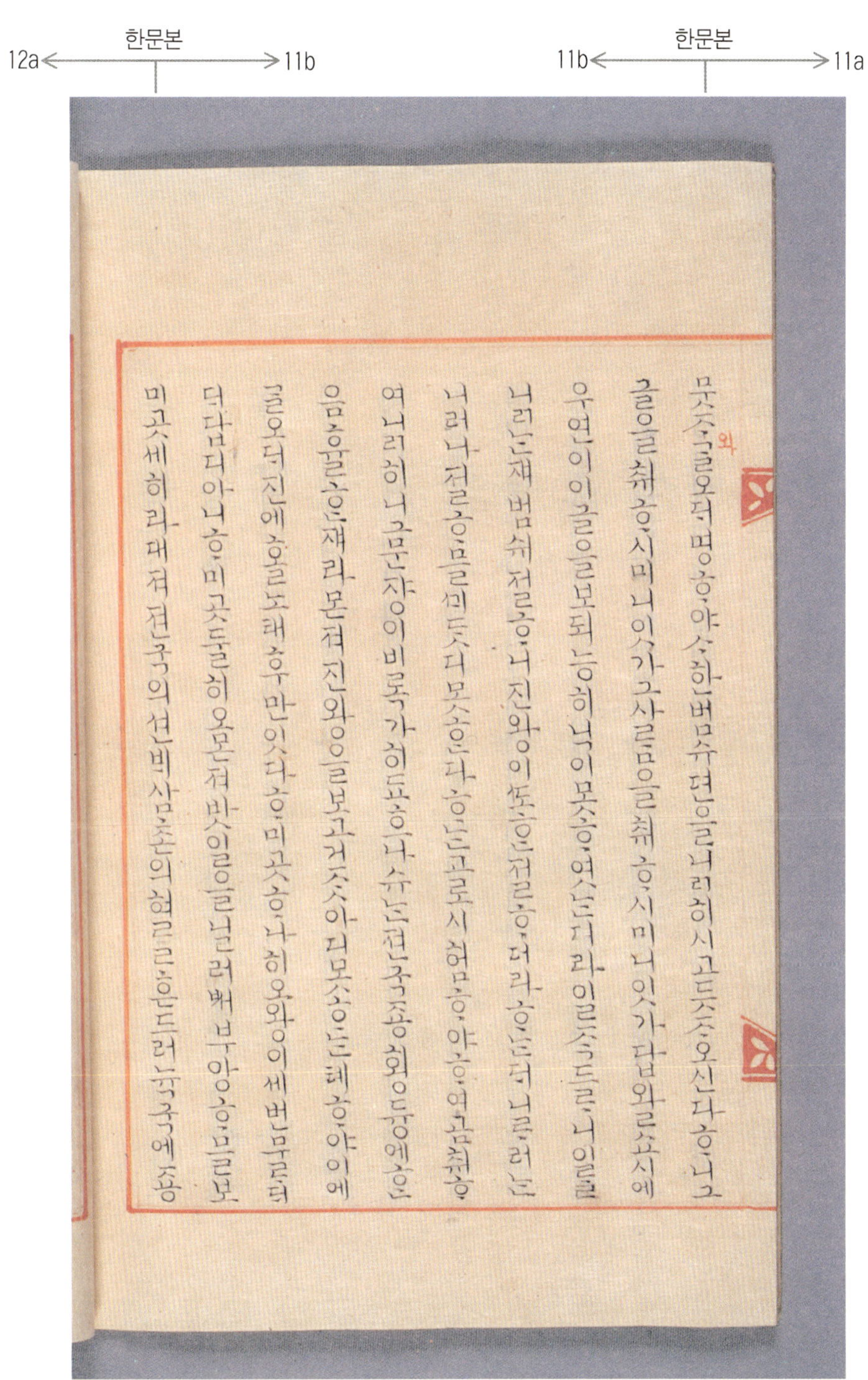
무ᄉᆞᆷ글오ᄃᆡ병ᄒᆞ야ᄉᆞ한범수ᄐᆞᆫ을ᄂᆞ리오시고ᄃᆞᆺᄉᆞ오신다ᄒᆞ니그
글을ᄎᆔᄒᆞ시미니잇가사ᄅᆞᆷ을ᄎᆔᄒᆞ시미니잇가답왈쇼시에
우연이이글을보되능히ᄂᆞ이못ᄒᆞ엿ᄂᆞ니라이ᄅᆞᆺ도ᄅᆞᆫ니이ᄅᆞᆯ
ᄂᆞ리ᄂᆞᆫ재범슈졀ᄒᆞ니진왕이ᄯᅩᄒᆞᆫ졀ᄒᆞ여더라ᄒᆞᄂᆞᆫ디ᄂᆞ리러ᄂᆞᆫ
ᄂᆞ러나졀ᄒᆞ믈미ᄃᆞᆺ디모ᄉᆞ온다ᄒᆞᄂᆞᆫ고로시험ᄒᆞ야ᄒᆞ여곰ᄎᆔᄒᆞ
여ᄂᆞ리히니금문쟝이비록가히묘ᄒᆞ나슈ᄂᆞᆫ편쥬죵쇠으ᄆᆞᆼ에ᄒᆞᆫ
음ᄒᆞ얏ᄂᆞᆫ재라몬져진왕을보고거ᄉᆞ아ᄃᆡ모ᄉᆞᄂᆞᆫ데ᄒᆞ야이에
글오ᄃᆡ진에ᄒᆞᆯ노래ᄒᆞ우만잇다ᄒᆞ미곳ᄒᆞ나히오와이세번무ᄅᆞᆫᄃᆡ
다답디아니ᄒᆞ미곳ᄃᆞᆯ히오몬져밧일을ᄂᆞᆫ러뻐부앙ᄒᆞ믈보
미곳세히라대져편쥬의션비삼ᄌᆞᆫ의졉ᄆᆞᆯᄒᆞᆫᄃᆡ러ᄂᆞᆫ쥬에죵

어제경세문답(언해) 10b

한문본

11a ← → 10b

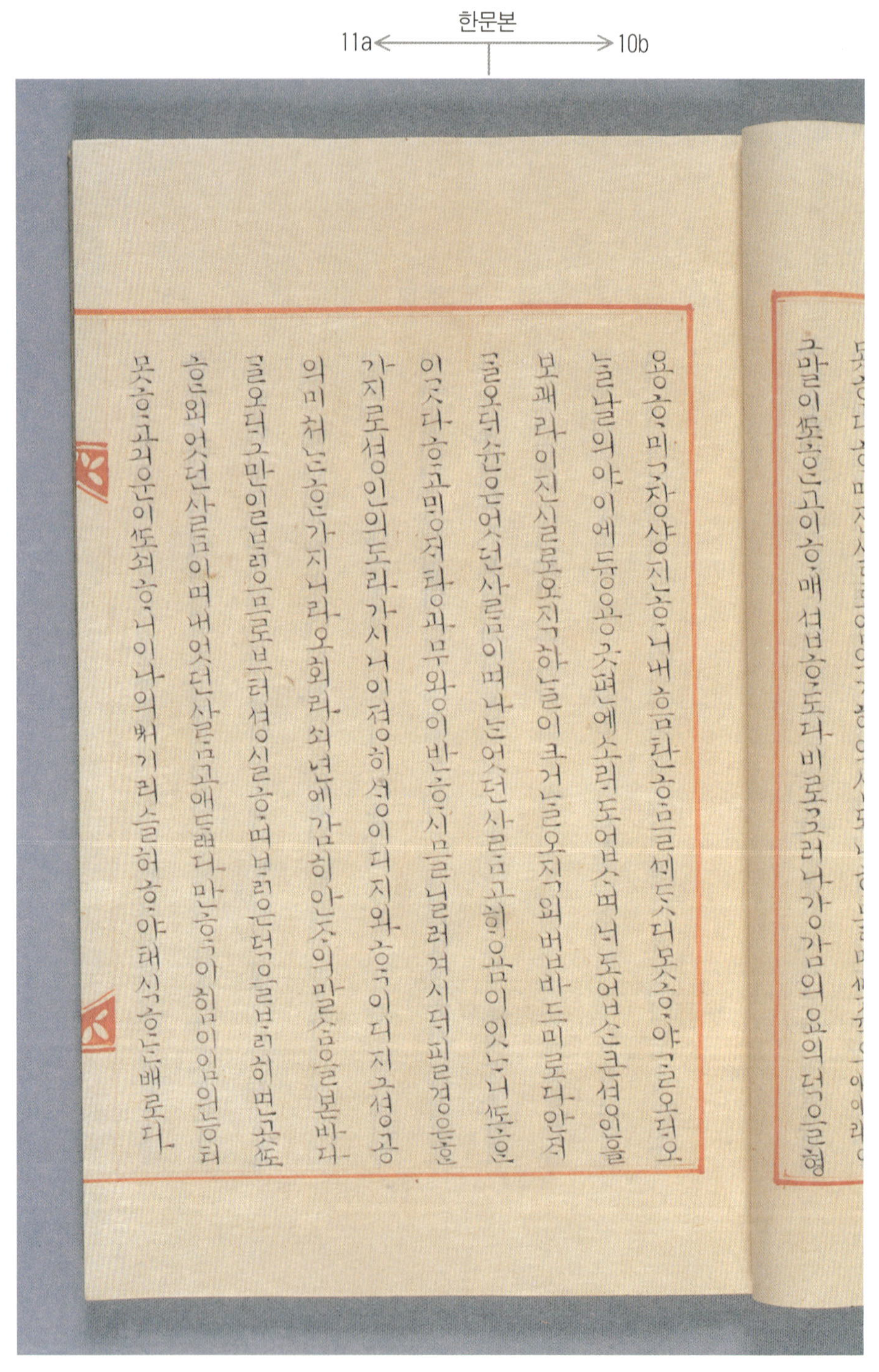
ᄀᆞ말이ᄯᅩᄒᆞᆫ고이ᄒᆞ매셤ᄇᆞᆫᄒᆞ도다비로소그러나가감의요의덕을형

욕ᄒᆞ미ᄀᆞ장상진ᄒᆞ니내흠탄ᄒᆞ믈세ᄃᆞᆺ디못ᄒᆞ야ᄀᆞᆯ오ᄃᆡ오
ᄂᆞᆯ날의아이에둥ᄋᆞᆷᄒᆞᆫ것편에소ᄅᆡ도업ᄉᆞ며내도업ᄉᆞᆫ큰셩인을
보괘라이진실로오직하ᄂᆞᆯ이크거ᄂᆞᆯ오직뫼버바드미로다안져
ᄀᆞᆯ오ᄃᆡ슌은어ᄯᅥᆫ사ᄅᆞᆷ이며나ᄂᆞᆫ어ᄯᅥᆫ사ᄅᆞᆷ고ᄒᆞ욤이잇ᄂᆞ니ᄯᅩᄒᆞᆫ
이ᄀᆞᆺ다ᄒᆞ고미ᄋᆞ져탕과무왕이반ᄒᆞ시믈닐러겨시ᄃᆡ필경은ᄒᆞᆫ
가지로셩인의도리라가시니이졍히셩이다지와ᄒᆞ야이다지고셩공
의미쳐ᄂᆞᆫᄒᆞᆫ가지니라오회라쇠년에감히안ᄌᆞ의말ᄉᆞᆷ을본바다
ᄀᆞᆯ오ᄃᆡᄀᆞ만일ᄇᆞ림으로브터셩실ᄒᆞ며ᄇᆞ림은덕을ᄇᆞ리쉬면ᄀᆞᆫ도
ᄒᆞᆫ뫼어ᄯᅥᆫ사ᄅᆞᆷ이며내어ᄯᅥᆫ사ᄅᆞᆷ고애ᄃᆞᆲ다만ᄒᆞᆫ이ᄒᆞᆷ이임의ᄂᆞᆯᄭᅴ
못ᄒᆞ고ᄀᆞ운이ᄯᅩ쇠ᄒᆞ니이나의ᄲᅧ기리슬허ᄒᆞ야태식ᄒᆞᄂᆞᆫ배로다

어제경세문답(언해) 10a

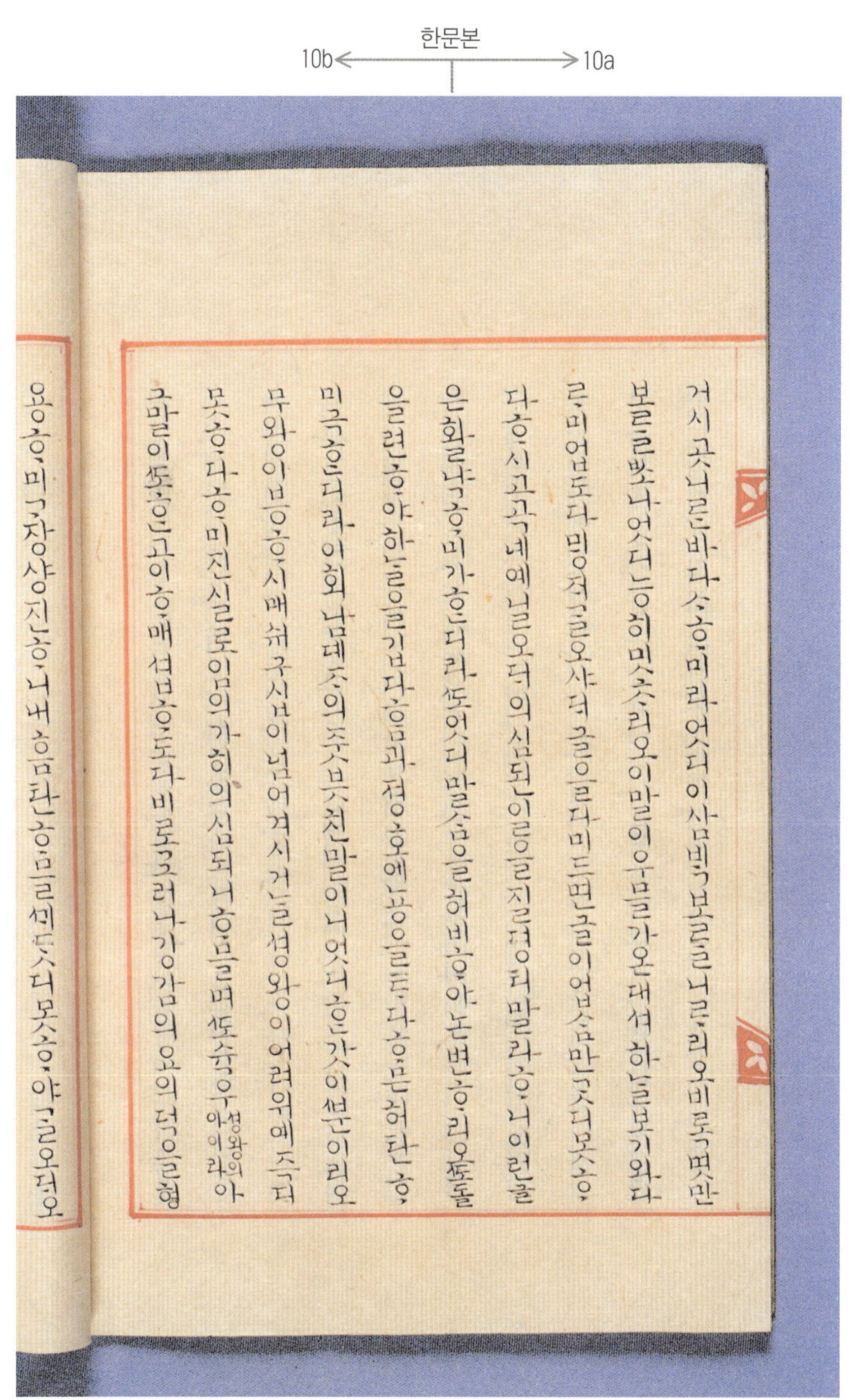


거시곳니ᄅᆞᆫ바다ᄉᆞᄒᆞ미라엇디이삼ᄇᆡᆨ보ᄅᆞᆯ니ᄅᆞ리오비록ᄠᅥᆺ만
보ᄅᆞᆯᄲᅡ나엇디능히미ᄎᆞ리오이말이우므ᄅᆞᆯ가온대셔하ᄂᆞᆯ보기와다
ᄅᆞ미업도다밍ᄌᆡᄀᆞᆯ오샤ᄃᆡ글을다미드면글이업ᄉᆞᆷ만ᄀᆞᆺ디못ᄒᆞ
다ᄒᆞ시고곡네에니ᄅᆞ오ᄃᆡ의심된일ᄋᆞᆯ지ᄅᆞᆯ디말라ᄒᆞ니이런줄
은훤ᄒᆞᆯ낙ᄒᆞ미가ᄒᆞᆫ디라ᄯᅩ엇디말ᄉᆞᆷ을허비ᄒᆞ야논변ᄒᆞ리오ᄯᅩ돌
을련ᄒᆞ야하ᄂᆞᆯ을깁다ᄒᆞᆷ과졍ᄒᆞ오에ᄂᆞᆷ을ᄅᆞᆫ다ᄒᆞᆷ은허탄ᄒᆞ
미극ᄒᆞᆫ디라이회남뎨ᄌᆞ의ᄌᆞᆺ부친말이니엇디ᄒᆞᆫ갓이ᄲᅮᆫ이리오
무왕이븡ᄒᆞ시매쥬구셥이넘어겨시거ᄂᆞᆯ셩왕이어려워예ᄌᆞᆨ디
못ᄒᆞ다ᄒᆞ미진실로임의가히의심되니ᄒᆞᄆᆞᆯ며ᄯᅩ슉우[성왕의아이라]아
ᄀᆞ말이ᄯᅩᄒᆞᆫ고이ᄒᆞ매셥ᄒᆞ도다비록그러나가감의요의덕으로협

용ᄒᆞ미ᄀᆞ장상진ᄒᆞ니ᄇᆡ음탄ᄒᆞᄆᆞᆯ셰ᄃᆞ시못ᄒᆞ야ᄀᆞᆯ오ᄃᆡ오

어제경세문답(언해) 9b

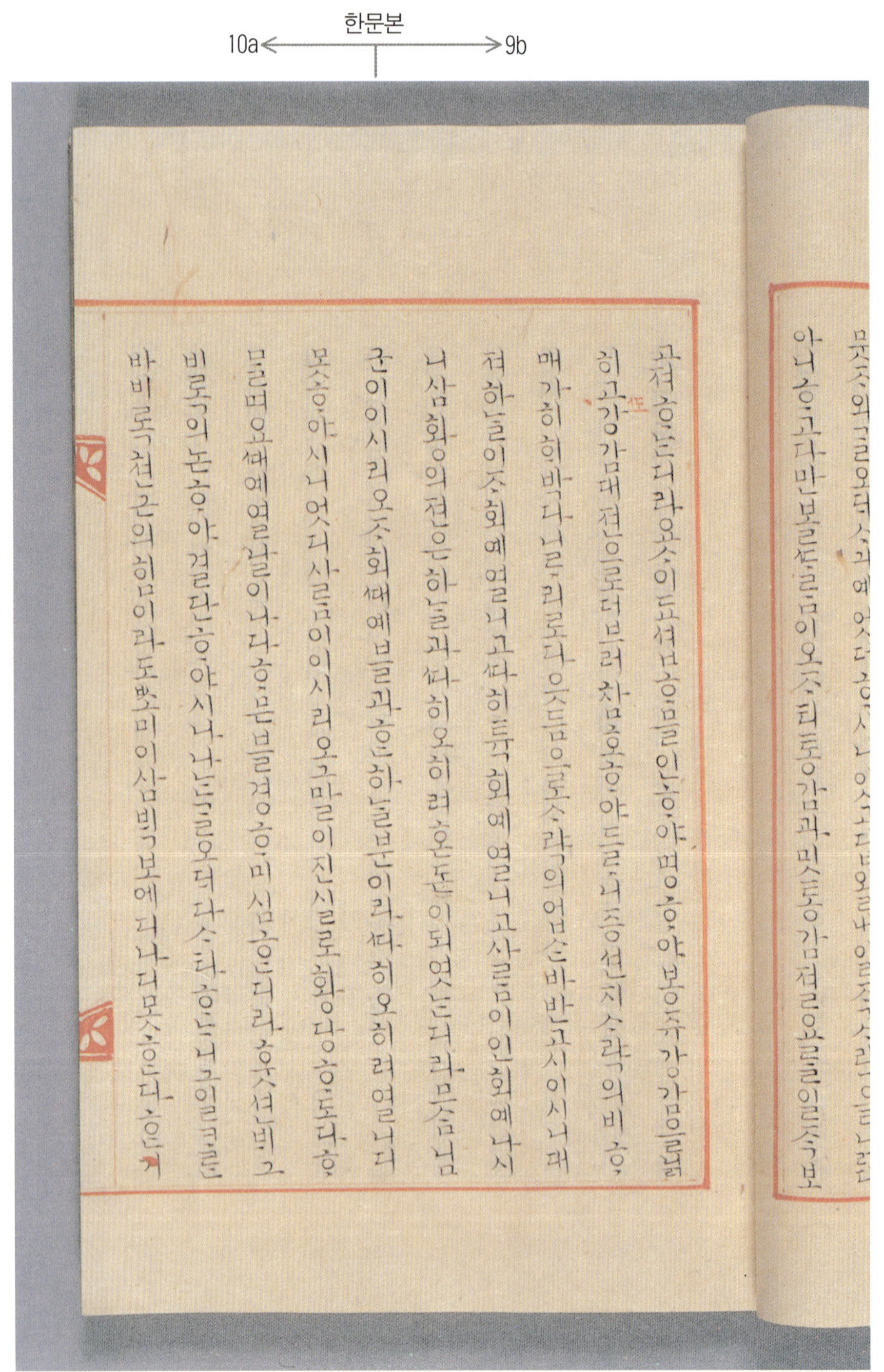


고셔ᄒᆞᄂᆞᆫ디라오ᄉᆞ이도셔ᄇᆞᆸᄒᆞ옴믈인ᄒᆞ야ᄇᆞᆷᄒᆞ야봉ᄌᆔ강감을닶
히고강감대젼으로더브러참호ᄒᆞ야ᄃᆞᆯ나ᄌᆞᆼ션지ᄉᆞ략의비ᄒᆞ
매가히ᄒᆡᆨ박다ᄂᆞᆯ리로다으ᄃᆞᆷ으로ᄉᆞ략의업ᄉᆞᆫ바반고시이시니대
져하ᄂᆞᆯ이ᄌᆞ회예열니고ᄯᅡ히튝회예열니고사ᄅᆞᆷ이인회예나시
니삼황의젼은하ᄂᆞᆯ과ᄯᅡ히오히려혼돈이되엿ᄂᆞᆫ디라므ᄉᆞᆷ님
군이이시리오ᄌᆞ회ᄯᅢ예ᄇᆞᆯ과ᄒᆞᆫ하ᄂᆞᆯ뿐이라ᄯᅡ히오히려열니디
못ᄒᆞ야시니엇디사ᄅᆞᆷ이이시리오그말이진실로황당ᄒᆞ도다ᄒᆞ
ᄆᆞᆯ며요ᄯᅢ예열날이나다ᄒᆞ믄블경ᄒᆞ미심ᄒᆞᆫ디라ᄒᆞ우ᄉᆞ션비ᄂᆞᆫ그
비록의논ᄒᆞ야결단ᄒᆞ야시나나ᄂᆞᆫᄀᆞᆯ오ᄃᆡ다ᄉᆞ탑ᄒᆞᄂᆞ니그입ᄀᆞᆯᄋᆞᆫ
바비록쳔곤의혐이라도ᄲᅩᆺ미이심벽보에디나디못ᄒᆞᆫ디ᄒᆞᆫ가

어제경세문답(언해) 9a

한문본

9b ← → 9a

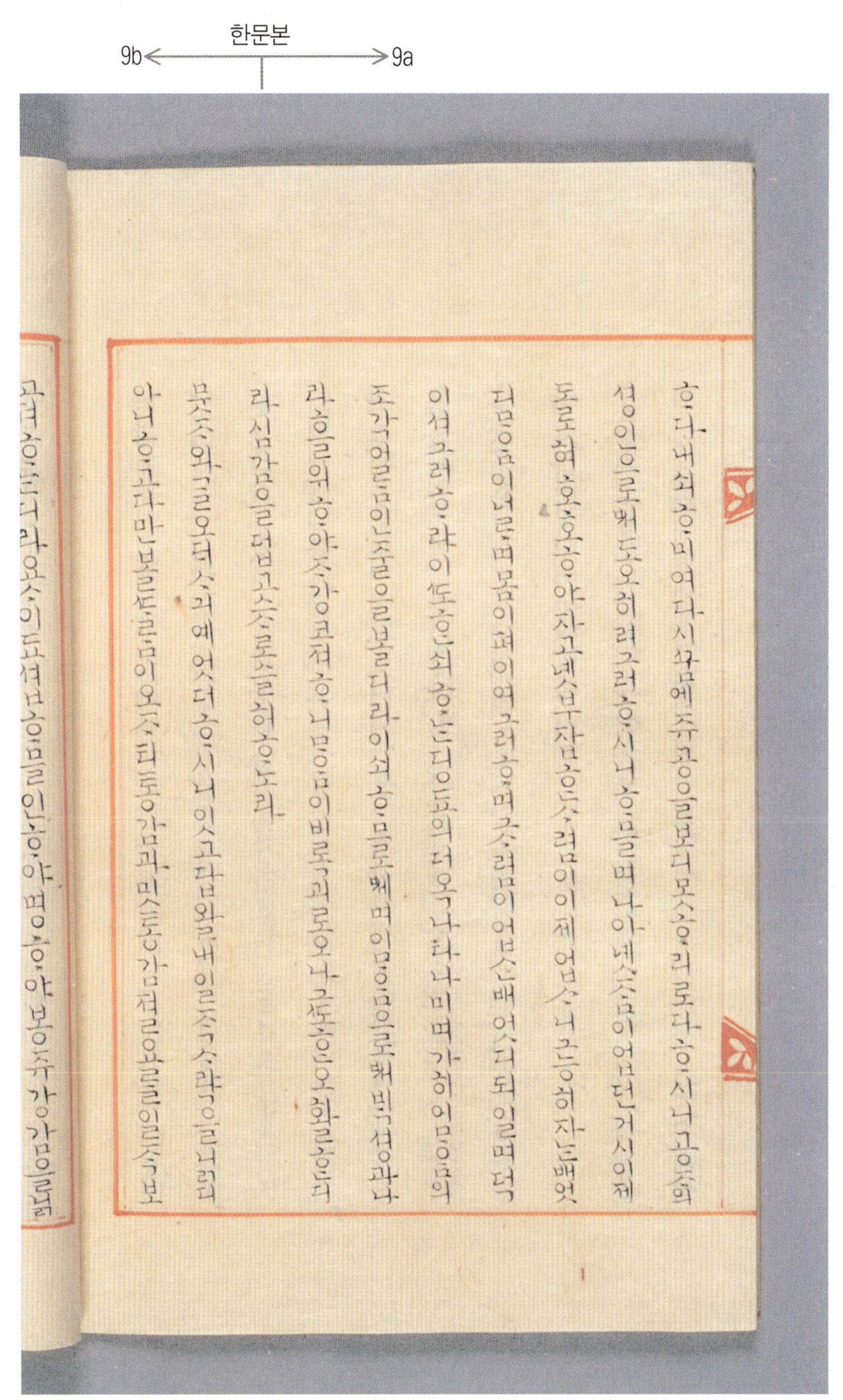

어제경세문답(언해) 8b

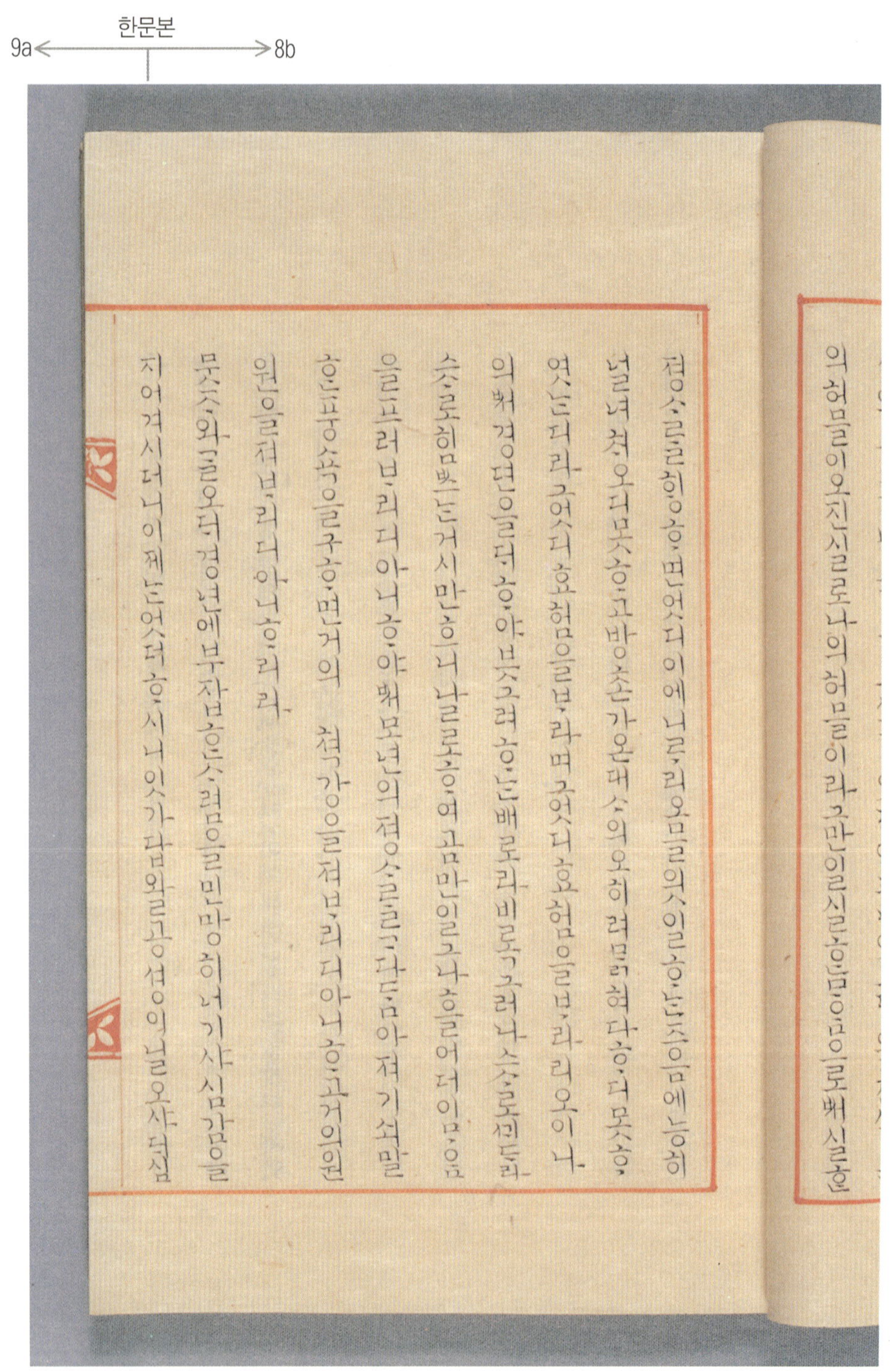


의허믈이오진실로나의허믈이라ᄒᆞ만일실노ᄒᆞᆷ으로ᄡᅥ실ᄒᆞᆫ

졍ᄉᆞᄅᆞᆯ힝ᄒᆞ면어ᄃᆡ이에니ᄅᆞ리오ᄆᆞᄋᆞᆷ의ᄉᆞ이ᄅᆞᆯᄒᆞᄂᆞᆫ즈음에능히
널녀쳐오ᄃᆡ못ᄒᆞ고방촌가온대ᄉᆞ의오히려ᄆᆞᆰ혀다ᄒᆞᄃᆡ못ᄒᆞ
엿ᄂᆞᆫᄃᆡ라ᄀᆞ엇ᄃᆡ효험을ᄇᆞ라며ᄀᆞ엇ᄃᆡ효험을ᄇᆞ라리오이나
의ᄡᅥ경뎐을다ᄒᆞ야ᄇᆞᆺ고려ᄒᆞᄂᆞᆫ배로리비록ᄀᆞ려나ᄉᆞᄉᆞ로ᄆᆡ도라
ᄉᆞᄉᆞ로힘ᄡᅳᄂᆞᆫ거시만ᄒᆞ니날로ᄒᆞ여곰만일ᄀᆞ나ᄒᆞᆯ어ᄃᆡ이ᄆᆞ옴
을고러ᄇᆞ리ᄃᆡ아니ᄒᆞ야ᄡᅧ모년의졍ᄉᆞᄅᆞᆯᄀᆞ다ᄃᆞᆷ아져기셔말
ᄒᆞᆫ풍쇽을구ᄒᆞ면거의 쳑강을져ᄇᆞ리ᄃᆡ아니ᄒᆞ고거의원
원을져ᄇᆞ리ᄃᆡ아니ᄒᆞ리라

믓ᄌᆞ와ᄀᆞᆯ오ᄃᆡ경뎐에부잡ᄒᆞᆫᄉᆞ렴을민망히너기샤심감을
지어겨시더니이제ᄂᆞᆫ어ᄯᅥᄒᆞ시니잇가답ᄒᆞ와ᄀᆞᆯ공셩이날오샤ᄃᆡ심

어제경세문답(언해) 8a

한문본

8b ← → 8a

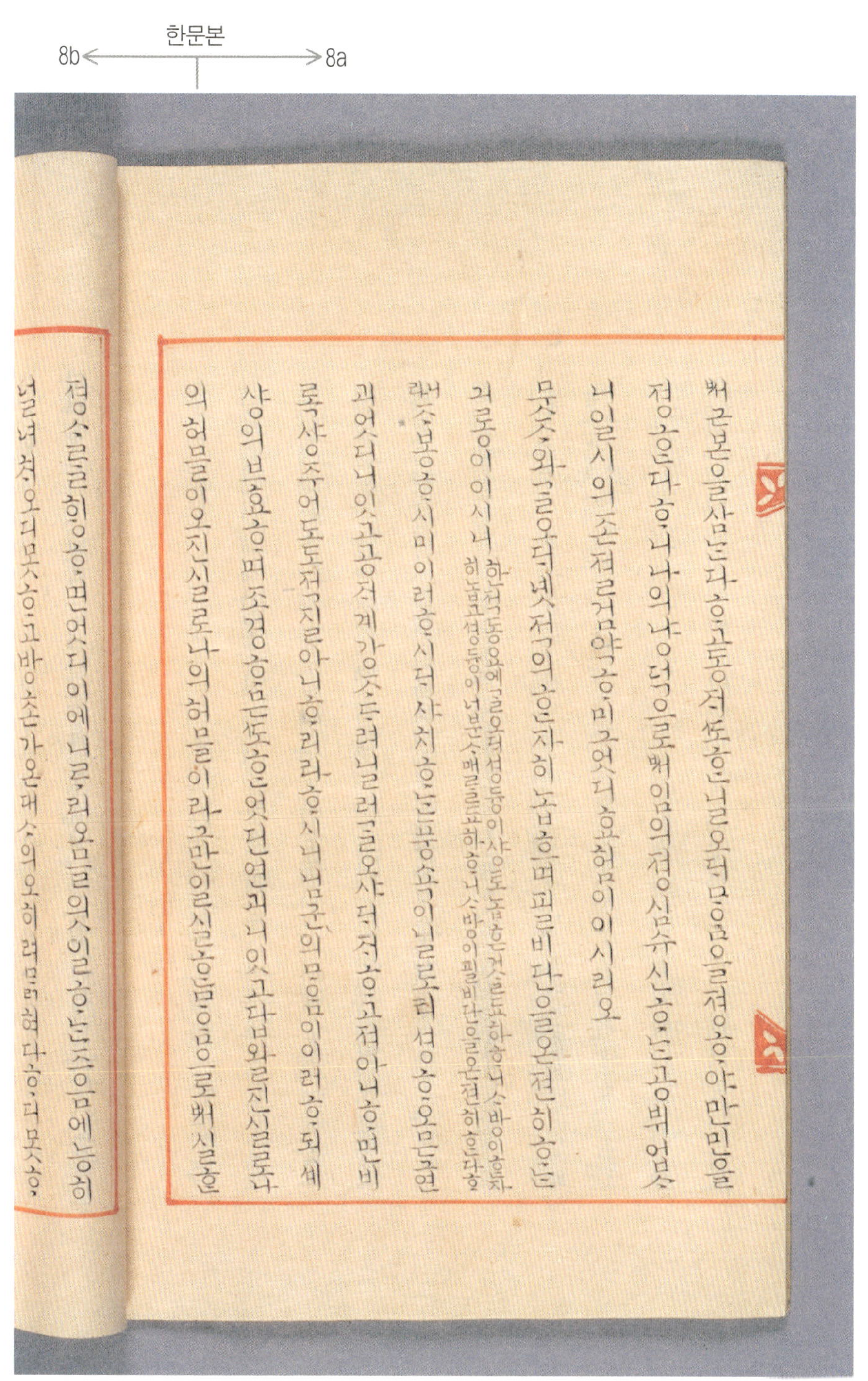
뻐근본을삼ᄂᆞᆫ다ᄒᆞ고동져ᄯᅩᄒᆞᆫ닐오ᄃᆡᄆᆞᄋᆞᆷ을졍ᄒᆞ야만민을
졍ᄒᆞᆫ다ᄒᆞ니나의냥덕으로뻐임의졍심슈신ᄒᆞᄂᆞᆫ공뷔업ᄉᆞ
니일시의존져ᄅᆞᆯ거ᄆᆞᆯ약ᄒᆞ미ᄀᆞᆺ디효험이이시리오
무ᄉᆞ와ᄀᆞᆯ오ᄃᆡ녯젹의ᄒᆞᆫ자히놉ᄒᆞ며피ᄅᆞᆯ비단을온젼히ᄒᆞᄂᆞᆫ
거롱이이시니 한셔동와에ᄀᆞᆯ오ᄃᆡ셩듕이샹으로놉ᄒᆞᆫ것ᄉᆞᆯ됴히ᄒᆞ니ᄉᆞ방이ᄒᆞᆫ자히놉고셩듕이너븐ᄉᆞ매ᄅᆞᆯ됴히ᄒᆞ니ᄉᆞ방이필비단을온젼히ᄒᆞᆫ다ᄒᆞ
랴ᄂᆞᆫᄉᆞ본ᄇᆞᆼᄒᆞ시미이러ᄒᆞ시ᄃᆡ샤치ᄒᆞᄂᆞᆫ풍속이날로더셩ᄒᆞ오믄엇뎐
괴어ᄉᆞᆸ니잇고공져계가ᄋᆞᆺᄉᆞ두려닐러ᄀᆞᆯ오샤ᄃᆡ젹ᄒᆞ고져아니ᄒᆞ면비
록샹주어도도젹질아니ᄒᆞ리라ᄒᆞ시니님군의ᄆᆞᄋᆞᆷ이이러ᄒᆞ되세
샹의비효ᄒᆞ며조경ᄒᆞᆷ은ᄯᅩᄒᆞᆫ엇던연괴니잇고답ᄒᆞ와ᄀᆞᆯ오ᄃᆡ진실로나
의허믈이오진실로나의허믈이라ᄀᆞ만일실ᄒᆞᆷ이ᄆᆞᄋᆞᆷ으로뻐실ᄒᆞᆫ
졍ᄉᆞᄅᆞᆯ힝ᄒᆞ면엇디이에니ᄅᆞ리오ᄆᆞᆯ의ᄉᆞ일ᄒᆞᄂᆞᆫᄉᆞᄋᆞᆷ에능히
널녀젹오디못ᄒᆞ고방촌가온대ᄉᆞ의오히려ᄆᆞᆯ허다ᄒᆞ되못ᄒᆞ

어제경세문답(언해) 7b

8a←한문본→7b　　7b←한문본→7a

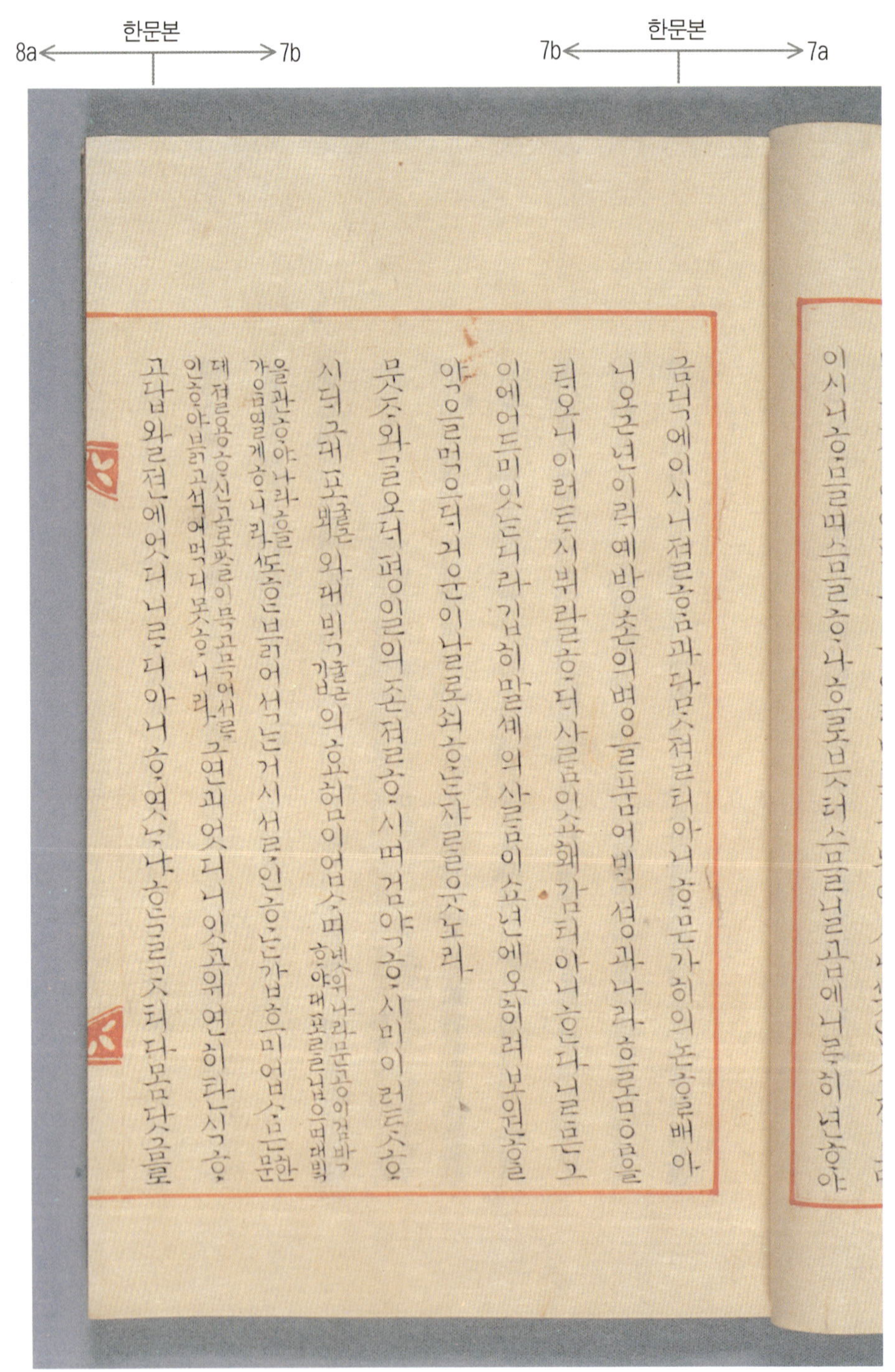

이시니ᄒᆞ믈며ᄉᆞᆷ을ᄒᆞ나ᄒᆞ로브터ᄉᆞᆷ을낫곰에니ᄅᆞ히편ᄒᆞ야

금ᄃᆡ에이시니져ᄅᆞᆫᄒᆞᆷ과ᄃᆞᆫᄉᆞ져ᄅᆞᆫ티아니ᄒᆞ믄가히의논ᄒᆞᆯ배아
니오ᄂᆞᆫ년이라예방ᄎᆞᆫ의병ᄋᆞᆯ무ᄅᆞᆷ어ᄇᆡᆨ셩과나라ᄒᆞᆯ로ᄒᆞᆫᄆᆞᄋᆞᆷ을
ᄐᆡ오니이러ᄐᆞ시ᄇᆡ라ᄅᆞᆯᄒᆞᄃᆡ사ᄅᆞᆷ이ᄉᆞ홰감티아니ᄒᆞᆫ다니ᄅᆞ믄고
이에어드미잇ᄉᆞᆫ디라깁히말세의사ᄅᆞᆷ이ᄉᆞ션에오히려보원ᄒᆞᆯ
약을먹으ᄃᆡ거운이날로쇠ᄒᆞᄂᆞᆫ자ᄅᆞᆯ웃노라
무ᄉᆞ와ᄀᆞᆯ오ᄃᆡ평일의존졀ᄒᆞ시며검약ᄒᆞ시미이러ᄐᆞᆺᄒᆞ
시ᄃᆡ구태포[뵈로ᄆᆞᆫᄃᆞᆫ]와대ᄇᆡᆨ[깁으로ᄆᆞᆫᄃᆞᆫ]의효험이업ᄉᆞ며[녜위나라문공이검박ᄒᆞ야대포로닙으며대ᄇᆡᆨ
을관ᄒᆞ야나라ᄒᆞᆯ가ᄋᆞᆷ열게ᄒᆞ니라]ᄯᅩᄒᆞᆫ브러어셔ᄂᆞᆫ거시셔ᄅᆞᆯ인ᄒᆞᄂᆞᆫ갑ᄒᆞ미업ᄉᆞ므[문한
대졀용ᄒᆞ신고로ᄡᆞᆯ이묵고무거셔ᄅᆞᆯ인ᄒᆞ야브리고석어먹디못ᄒᆞ니라]그연과어ᄃᆡ니잇고위연히탄식ᄒᆞ
고답와ᄅᆞᆯ전에어ᄃᆡ니ᄅᆞᄃᆡ아니ᄒᆞ엿ᄉᆞ냐ᄒᆞᆫ그ᄅᆞᆺ틔다ᄆᆞᆷ다ᄉᆞᆷ을로

어제경세문답(언해) 7a

한문본
7a ⟵ ⟶ 6b

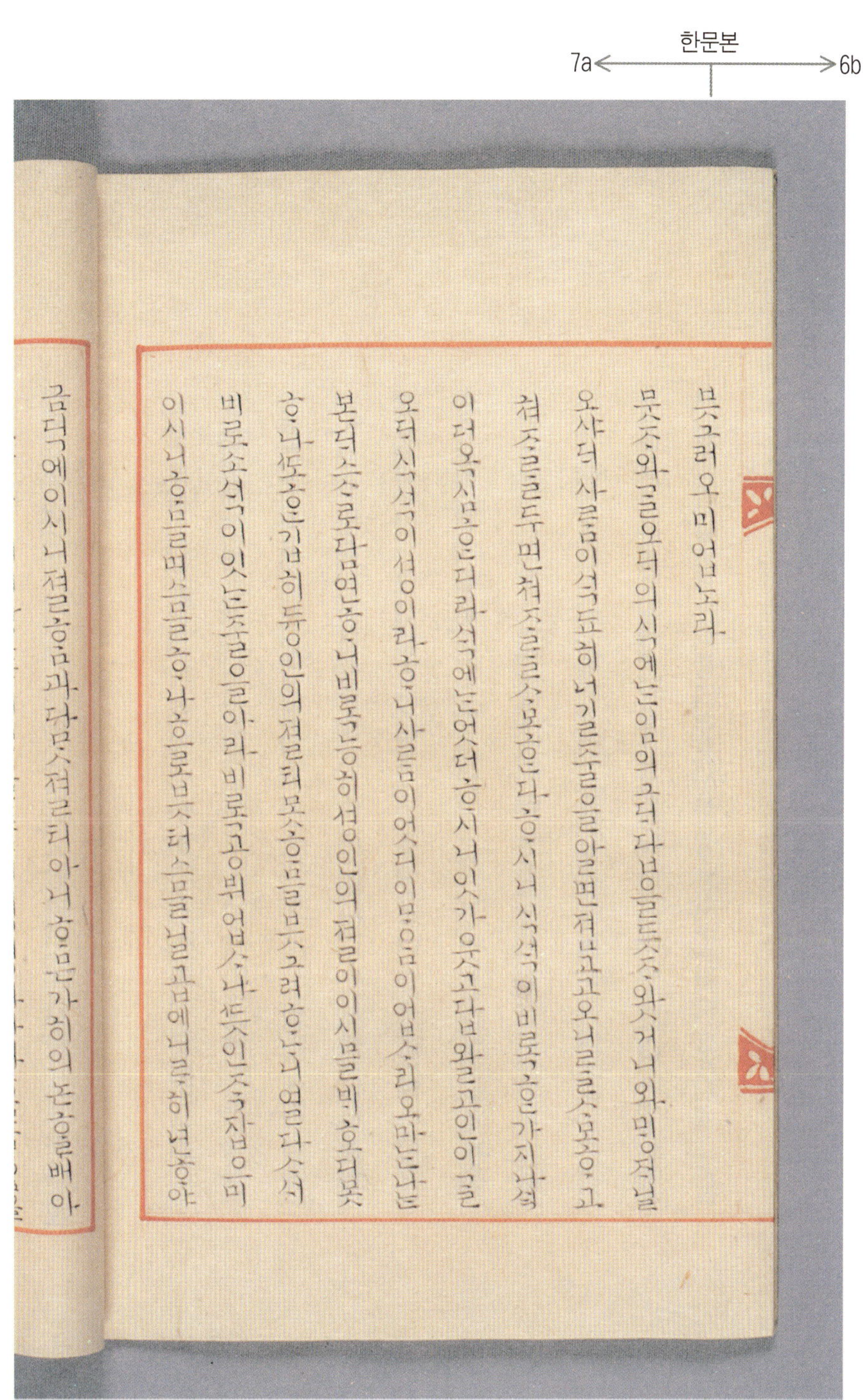

븟그러오미업노라
묻ᄌᆞ와ᄀᆞᆯ오ᄃᆡ의식에ᄂᆞᆫ임의ᄀᆞᄃᆡ다ᄇᆞᆷ을ᄃᆞᆺᄌᆞ와거니와밍ᄌᆞ졀
오샤ᄃᆡ사ᄅᆞᆷ이셩ᄂᆞᆯ효히너기ᄂᆞᆫᄌᆞᆯ을알면져ᄇᆞ고오ᄂᆞᆯᄂᆞᆯᄉᆞ모ᄒᆞ고
쳐ᄌᆞᄅᆞᆯ두면쳐ᄌᆞᄅᆞᆯᄉᆞ모ᄒᆞᆫ다ᄒᆞ시니식셕이비록ᄒᆞᆫ가지나셕
이더옥심ᄒᆞᆫ디라셕에ᄂᆞᆫ엇더ᄒᆞ시니잇가웃ᄌᆞ고답왈고인이ᄀᆞᆯ
오ᄃᆡ식셕이셩이라ᄒᆞ니사ᄅᆞᆷ이엇디이ᄆᆞᄋᆞᆷ이업ᄉᆞ리오마ᄂᆞᆫ나ᄂᆞᆫ
본ᄃᆡᄉᆞᄉᆞ로담연ᄒᆞ니비록ᄂᆞᆼ쳐셩인의졀ᄅᆞᆯ이시믈ᄇᆞ라디못
ᄒᆞ나또ᄒᆞᆫ김허듀인의졀ᄅᆞᆯ뫼ᄉᆞᆸ디못ᄒᆞᆷ을ᄇᆞᆺ그려ᄒᆞᄂᆞ니엷다ᄉᆞ셔
비록소셕이잇ᄂᆞᆫᄌᆞᆯ이라비록공부업ᄉᆞ나ᄯᅳᆺ인ᄌᆞ잡으미
이시나ᄒᆞᆷ을며ᄉᆞᆷᄀᆞᆯᄒᆞ나ᄒᆞ일ᄅᆞᆺ보ᄉᆞ터ᄉᆞᆷᄀᆞᆯ네곱에니르히보ᄂᆞᆯᄒᆞ야

금덕에이시나져ᄅᆞᆯᄒᆞᆷ과담ᄉᆞ져ᄅᆞᆯ티아니ᄒᆞᆷ은가히의논ᄒᆞᆯ배아

어제경세문답(언해) 6b

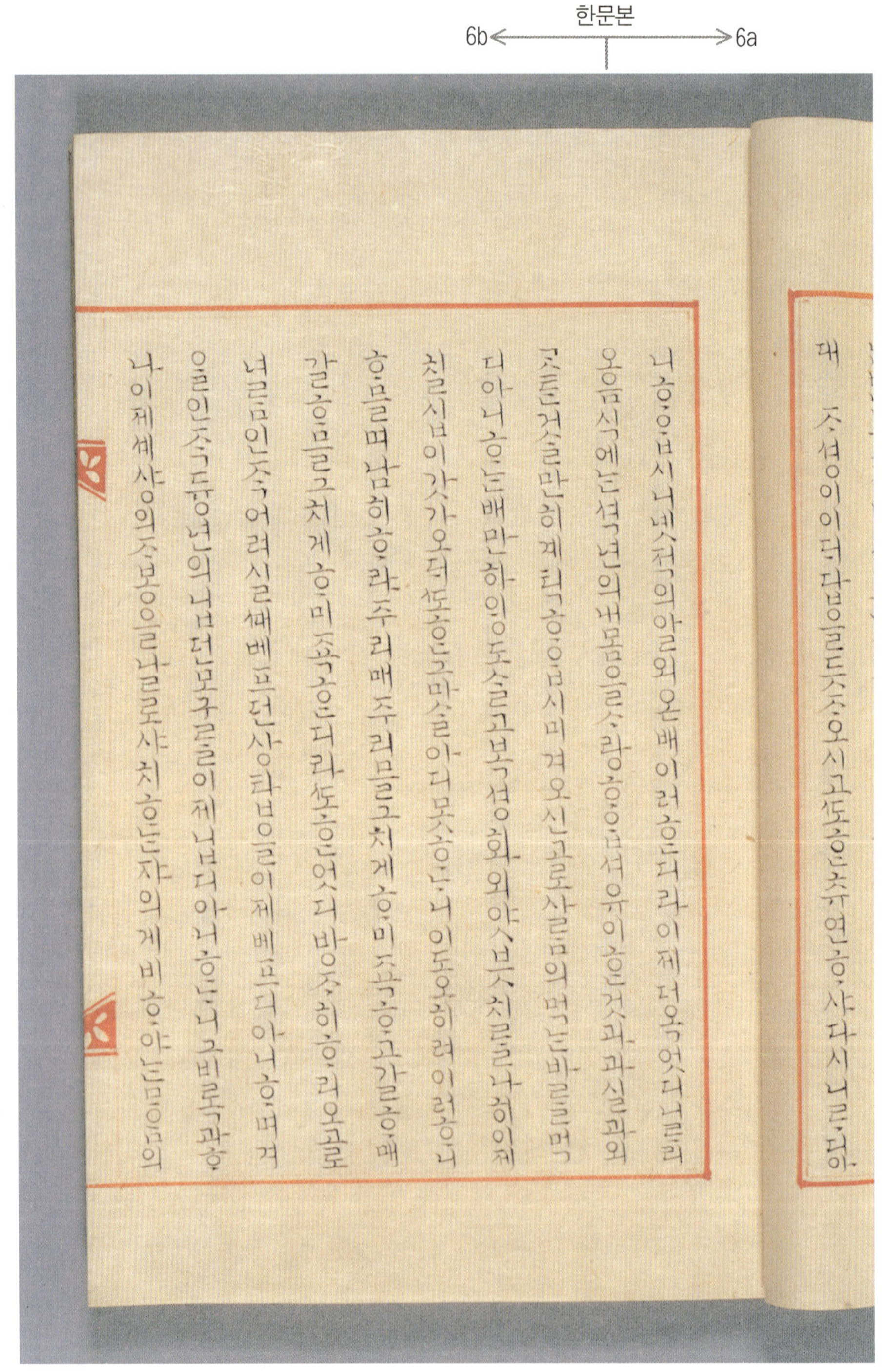


대 ᄉᆞ셩이 이ᄃᆡ 답ᄒᆞᆸ을 듯ᄌᆞ오시고 또ᄒᆞᆫ 츄연ᄒᆞ샤 다시 니ᄅᆞᆸ샤

니ᄒᆞᆸ시니 네ᄉᆞ젹의 알외온 배 이러ᄒᆞᆫ디라 이제 더옥 엇디 니ᄅᆞ리
오 음식에는 셕년의 내 몸을 ᄉᆞ랑ᄒᆞᆸ셔 유이ᄒᆞ온 것과 과실과 외
ᄀᆞᄐᆞᆫ 것ᄉᆞᆯ 만히 계ᄐᆡᆨᄒᆞᆸ시며 겨오신 고로 사ᄅᆞᆷ의 먹는 바ᄅᆞᆯ 먹
디 아니ᄒᆞᄂᆞᆫ 배 만하 임ᄋᆞ로 ᄉᆞᆯ고 복셩화와 외얏 ᄇᆞᆺ치ᄅᆞᆯ 나 ᄒᆞ이제
칠십이 갓가오ᄃᆡ 또ᄒᆞᆫ 그 마ᄉᆞᆯ 아디 못ᄒᆞᄂᆞ니 이 또 오히려 이러ᄒᆞ니
ᄒᆞ믈며 남히 ᄒᆞ라 주리매 주리믈 그치게 ᄒᆞ미 ᄌᆞᆨᄒᆞ고 갈ᄒᆞᆫ매
갈ᄒᆞ믈 그치게 ᄒᆞ미 ᄌᆞᆨᄒᆞᆫ디라 또ᄒᆞᆫ 엇디 방ᄌᆞ히 ᄒᆞ리오 고로
녀ᄅᆞᆷ인즉 어려실 때 베프던 샹탸ᄇᆞᆯ 이제 베프디 아니ᄒᆞ며 겨
울인즉 닥년의 닙던 모구ᄅᆞᆯ 이제 닙디 아니ᄒᆞᄂᆞ니 그 비록 과ᄒᆞ
나 이제 셰샹의 ᄉᆞ봉ᄋᆞᆯ 날로 사치ᄒᆞᄂᆞᆫ 자의게 비ᄒᆞ야 ᄂᆞᆷ으ᄆᆞᆷ의

어제경세문답(언해) 6a

한문본

6a ← → 5b

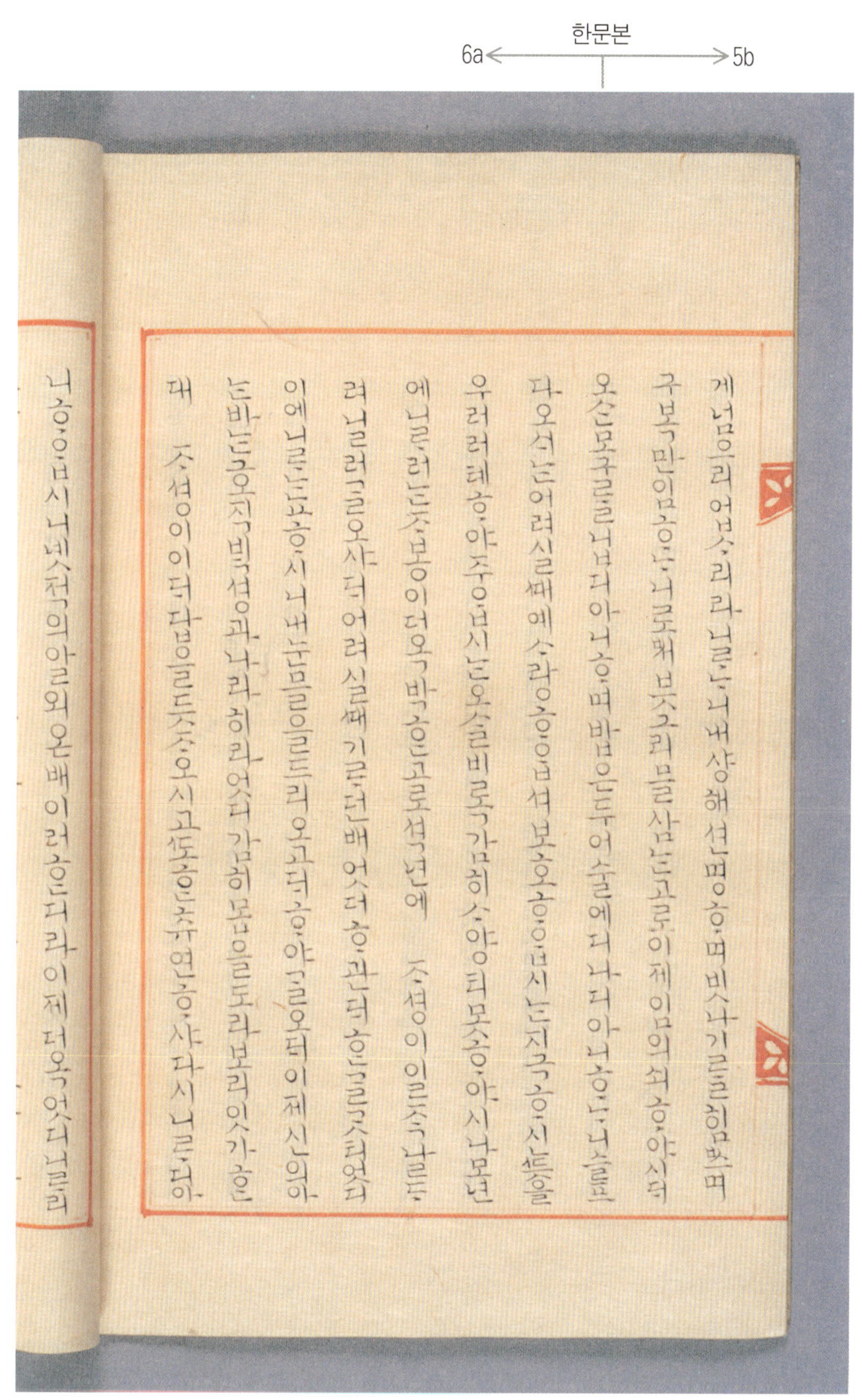

게넘으리업ᄉᆞ리라니ᄅᆞ니내상해션몽ᄒᆞ며비ᄉᆞ나기ᄅᆞ힘ᄡᅳ며
구복만임ᄒᆞᄂᆞ니굿ᄭᅢ븟그러믈삼ᄂᆞᆫ고로이제임의쇠ᄒᆞ야시ᄃᆡ
오ᄉᆞᆫ모ᄌᆞ로ᄂᆞ니ᄇᆞᄃᆡ아니ᄒᆞ며밥은두어술에디나디아니ᄒᆞᄂᆞ니ᄉᆞᆯ펴
다오션ᄂᆞᆫ어려실ᄯᅢ에ᄉᆞ랑ᄒᆞᅌᆸ셔보호ᄒᆞᅌᆸ시ᄂᆞᆫ지극ᄒᆞ신ᄯᅳᄃᆞᆯ
우러러톄ᄒᆞ야주ᅌᆸ시ᄂᆞᆫ오ᄉᆞᆯ비록감히ᄉᆞ양티못ᄒᆞ야시나몬뎌
에니ᄅᆞ러ᄂᆞᆫᄉᆞ봉이더옥박ᄒᆞᆫ고로져년에 ᄌᆞ셩이이ᄅᆞᄉᆞᆸ나ᄅᆞᄃᆡ
려니러글오샤ᄃᆡ어려실ᄯᅢ기ᄅᆞ던배어ᄃᆡᄒᆞ관ᄃᆡᄒᆞᆫ고ᄅᆞᆺ시엿ᄃᆡ
이에니ᄅᆞᄂᆞᆫ뇨ᄒᆞ시니내눈믈을ᄠᅳ리오고ᄃᆡᄒᆞ야글오ᄃᆡ이제신의아
ᄂᆞᆫ바ᄂᆞᆫ오직빅셩과나라히라엇디감히몸을도라보리잇가ᄒᆞᆫ
대 ᄌᆞ셩이이ᄃᆡ답을드ᄅᆞ오시고도ᄒᆞᆫ츄연ᄒᆞ샤다시니ᄅᆞᄃᆡ아

니ᄒᆞᅌᆸ시니내셰ᄌᆞ적의알외온배이러ᄒᆞᆫ디라이제더옥엇디니ᄅᆞ리

어제경세문답(언해) 5b

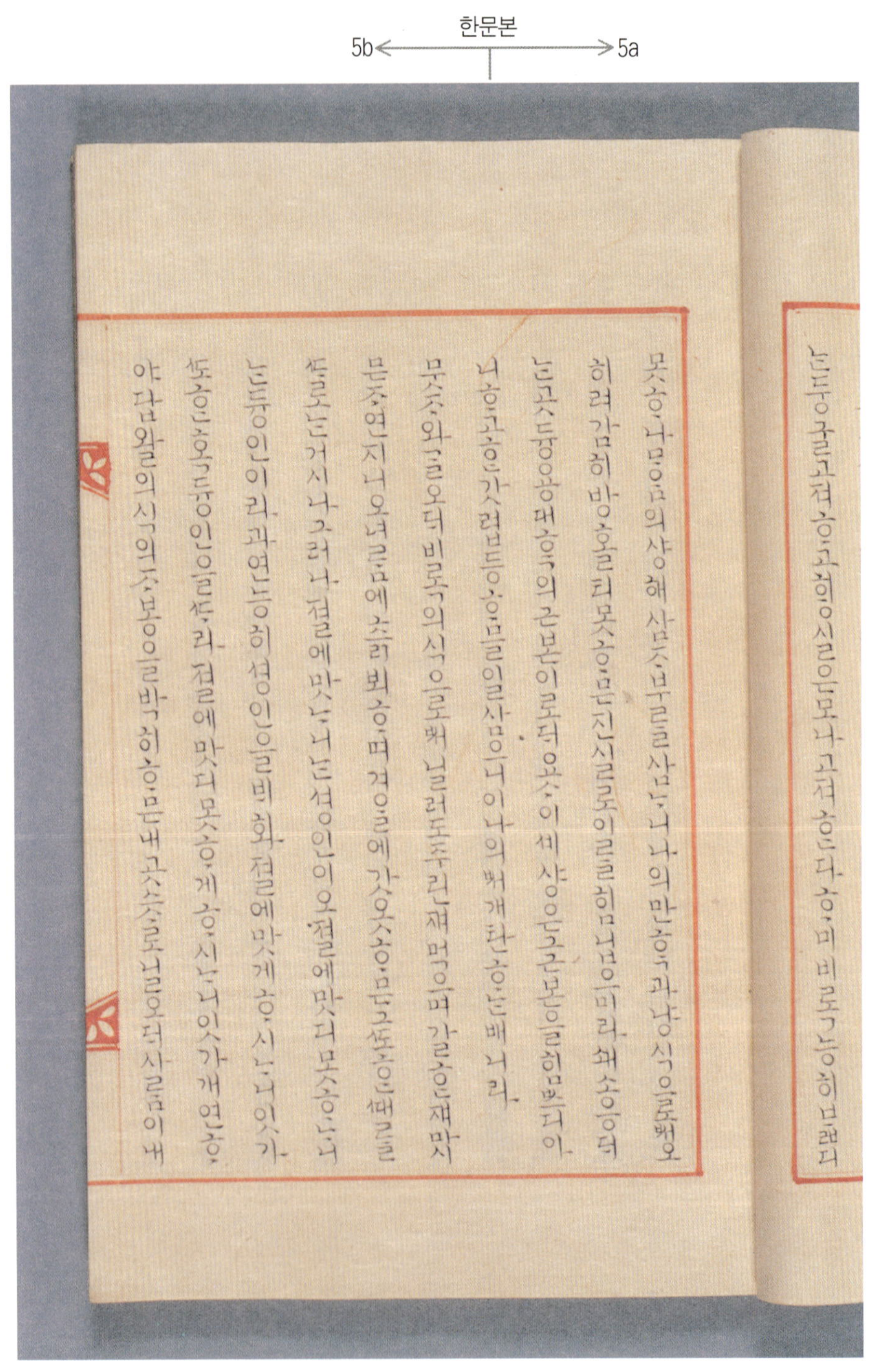


어제경세문답(언해) 5a

한문본

5a ← → 4b

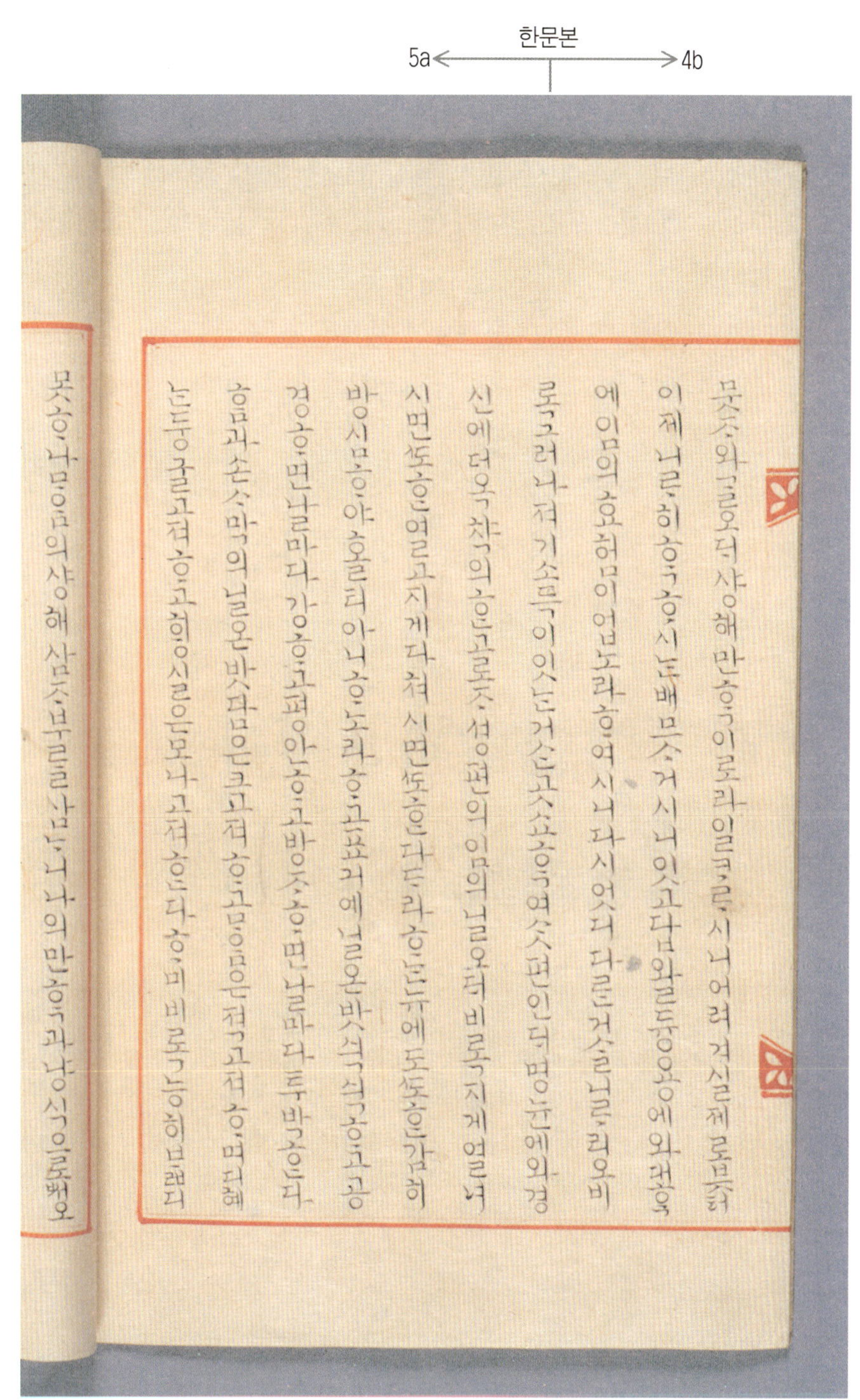

묻ᄌᆞ와 ᄀᆞᆯ오ᄃᆡ 샹해 만ᄒᆞ이로라 일ᄏᆞᄅᆞ시니 어려 겨실제로브터
이제 니ᄅᆞ히 ᄒᆞᄋᆞ시ᄂᆞᆫ 배 므ᄉᆞ 거시니잇고 답왈 ᄃᆞᆼᄋᆞᆼ에 와ᄯᆡ옵
에 임의 효험이 업노라 ᄒᆞ여시니 다시 어디 다른 거ᄉᆞᆯ 니ᄅᆞ리오 비
록 그러나 져기 소ᄆᆞ이 잇ᄂᆞᆫ 거ᄉᆞᆫ 고ᄉᆞ쇼ᄒᆞ여 ᄉᆞ편인ᄃᆡ 명슌에 와 경
신에 더옥 착의ᄒᆞᆫ 고로 ᄉᆞ 셩편의 임의 닐오ᄃᆡ 비록 지게 업ᄂᆞ녀
시면 또ᄒᆞᆫ 업ᄂᆞᆫ고 지게 다져 시면 또ᄒᆞᆫ 다ᄅᆞ라 ᄒᆞᄂᆞᆫ 뉴에 도 또ᄒᆞᆫ 감히
방심ᄒᆞ야 ᄒᆞᆯ 리 아니ᄒᆞ노라 ᄒᆞ고 표거에 닐온 밧ᄉᆞ ᄉᆞᆨᄉᆞᆨᄒᆞ고 공
경ᄒᆞ면 날마다 강ᄒᆞ고 편안ᄒᆞ고 방ᄉᆞᄒᆞ면 날마다 투박ᄒᆞᆫ다
ᄒᆞᆷ과 손ᄉᆞ마의 닐온 밧ᄯᅳᆺ은 크고져 ᄒᆞ고 ᄆᆞᄋᆞᆷ은 져고져 ᄒᆞ며 ᄯᅩ 해
ᄂᆞᆫ 둥글고져 ᄒᆞ고 ᄒᆡᆼ실은 모나고져 ᄒᆞᆫ다 ᄒᆞ며 비록 능히 브ᄅᆞ디

못ᄒᆞ나 ᄆᆞᄋᆞᆷ의 샹해 삼ᄉᆞ 부ᄅᆞᆯ 삼ᄂᆞ니 나의 만ᄒᆞ과 낭ᄉᆡᆨ이로ᄯᅥ오

어제경세문답(언해) 4b

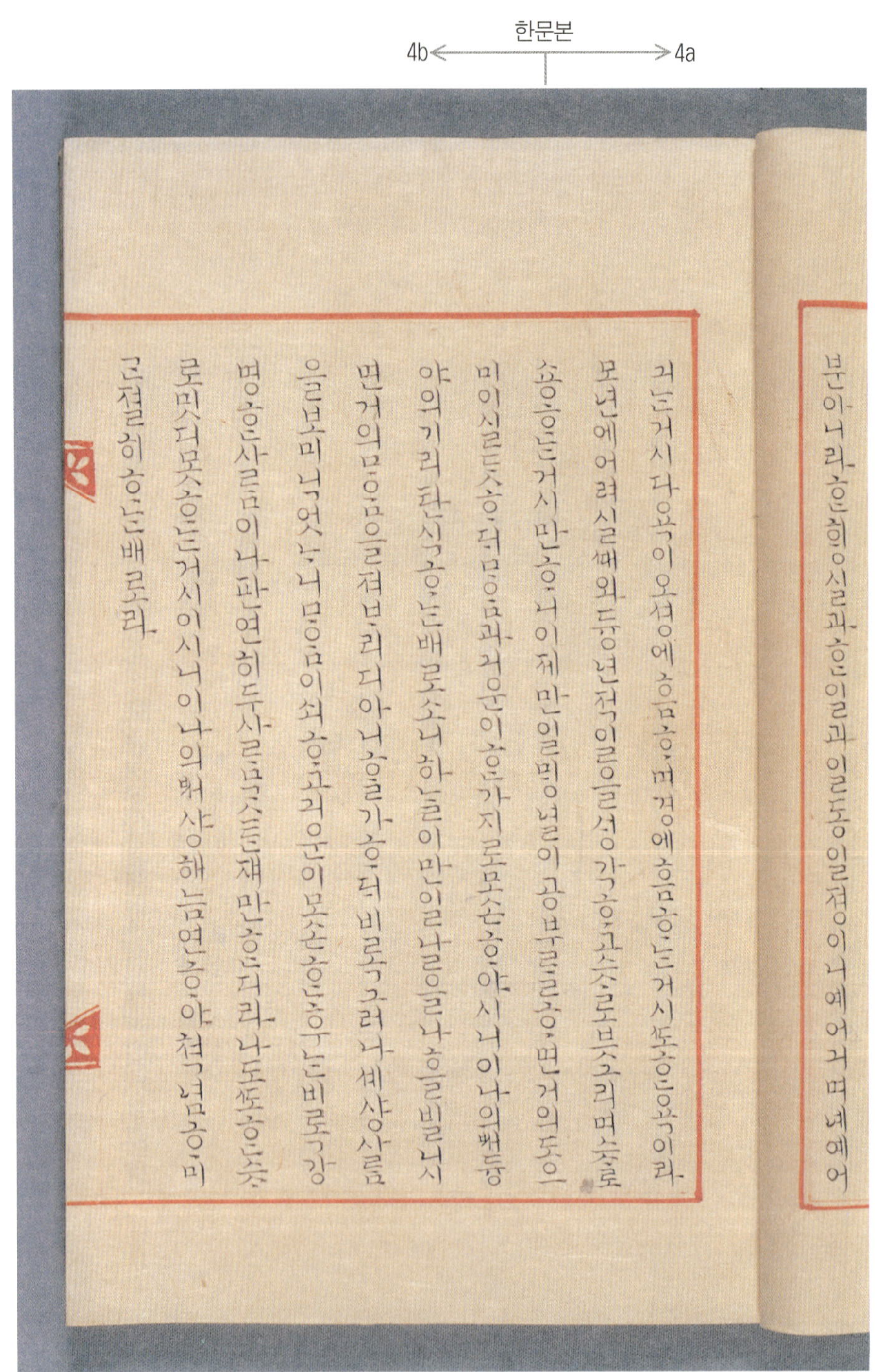


분이니라ᄒᆞ신ᄯᅳᆺ이실과ᄒᆞ신일과 일노ᄒᆞ일졍이니예어거며녜예어

거ᄂᆞᆫ거시다욕이오셩에ᄒᆞᆷᄒᆞ며경에ᄒᆞᆷᄒᆞᄂᆞᆫ거시ᄯᅩᄒᆞᆫ욕이라
모년에어려실ᄯᅢ와ᄃᆞᆼ년적이ᄅᆞᆯ셩각ᄒᆞ고ᄉᆞᆼ로보ᄉᆞ고리며ᄉᆞᆷ로
숑ᄒᆞᄂᆞᆫ거시만ᄒᆞ니이제만일ᄆᆡᆼ녈이공부ᄅᆞᆯ로ᄒᆞ며먼거의동의
미이실ᄯᅳᆺᄒᆞ며ᄯᅩᄆᆞᄋᆞᆷ과긔운이ᄒᆞᆫ가지로모손ᄒᆞ야시니이나의ᄭᅡᄃᆞᆰ
야의기리탄식ᄒᆞᄂᆞᆫ배로소니하ᄂᆞᆯ이만일날ᄋᆞᆯ나ᄒᆞᆯ빌니시
면거의ᄆᆞᄋᆞᆷ을져ᄇᆞ리디아니ᄒᆞᆯ가ᄒᆞ더비로소그러나세상사ᄅᆞᆷ
을보며나엇ᄂᆞ니ᄆᆞᄋᆞᆷ이쇠ᄒᆞ고긔운이모손ᄒᆞᆫ후ᄂᆞᆫ비로소강
명ᄒᆞᆫ사ᄅᆞᆷ이나판연히두사ᄅᆞᆷ으시ᄂᆞᆫ재만ᄒᆞᆫ디라나도ᄯᅩᄒᆞᆫᄂᆞ죵
로미ᄉᆞ디모ᄉᆞᄒᆞᄂᆞᆫ거시이시니이나의ᄲᅥ상해늠연ᄒᆞ야쳑념ᄒᆞ미
ᄀᆞᆫ졀히ᄒᆞᄂᆞᆫ배로라

어제경세문답(언해) 4a

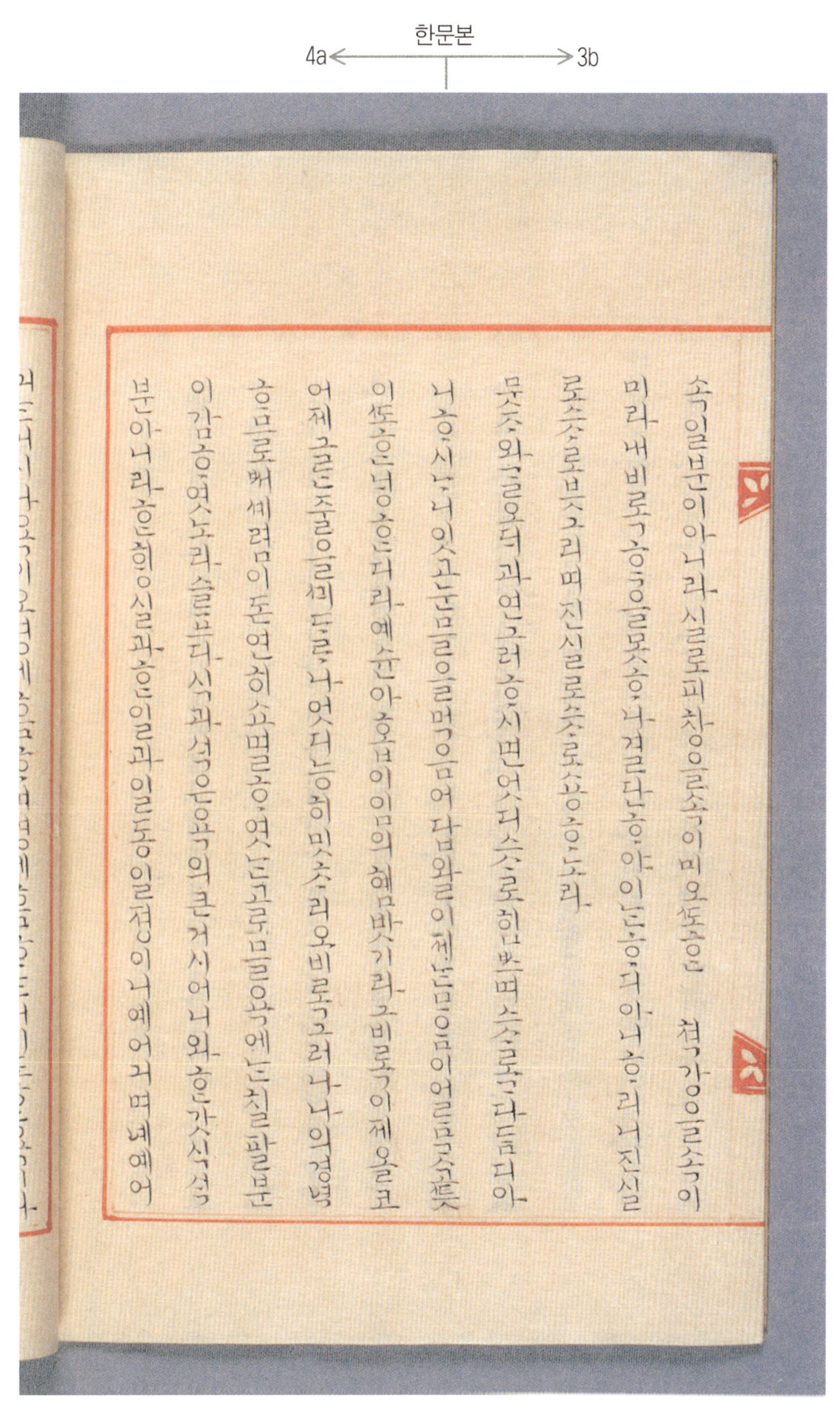


속일분이아니라실로피창ᄋᆞᆯ속이미오ᄯᅩᄒᆞᆫ 젹ᄌᆞᄅᆞᆯ속이
미라세비록ᄒᆞᄀᆞᆯ을못ᄒᆞ나결단ᄒᆞ야이ᄂᆞᆫᄒᆞ디아니ᄒᆞ리니진실
로ᄡᅥ스ᄉᆞ로ᄇᆞᆺ그리며진실로ᄡᅥ스ᄉᆞ로ᄉᆞᆲᄒᆞᄂᆞ니라
뭇ᄌᆞ와ᄀᆞᆯᄋᆞᄃᆡ과연그러ᄒᆞ시면엇디ᄡᅥ스ᄉᆞ로힘ᄡᅳ며스ᄉᆞ로ᄆᆞᄃᆞᆷ디아
니ᄒᆞ시ᄂᆞ니잇고ᄂᆞᆫ믈을머금어답왈이제ᄂᆞᆷ음이어렵다ᄒᆞᄂᆞᆫᄯᅳᆺ
이ᄯᅩᄒᆞᆫ넘ᄉᆞᆫ디라예슌아ᄒᆞᆸ이임의ᄒᆡ답ᄇᆞᆺ기라ᄀᆞ비록이제올코
어제ᄀᆞᆯᄋᆞᄃᆡ쥬ᄅᆞᆯ일리ᄃᆞᆯ나어ᄃᆡᄂᆞᆫᄒᆡ미ᄎᆞ리오비록그러나나의경녁
ᄒᆞ므로ᄡᅥ셰럼이돈연히쇠멸ᄒᆞ엿ᄂᆞᆫ고로ᄆᆞ믈약에ᄂᆞᆫ칠팔분
이감ᄒᆞ엿ᄂᆞ니라슬프다시과셔ᄋᆞᆫ약의큰거시어니와ᄒᆞᆫ가ᄉᆞ셕
분이니라ᄒᆞᆫ혀실과ᄒᆞᆫ일과일ᄂᆞᆼ일졀이니예어거며녜에어

어제경세문답(언해) 3b

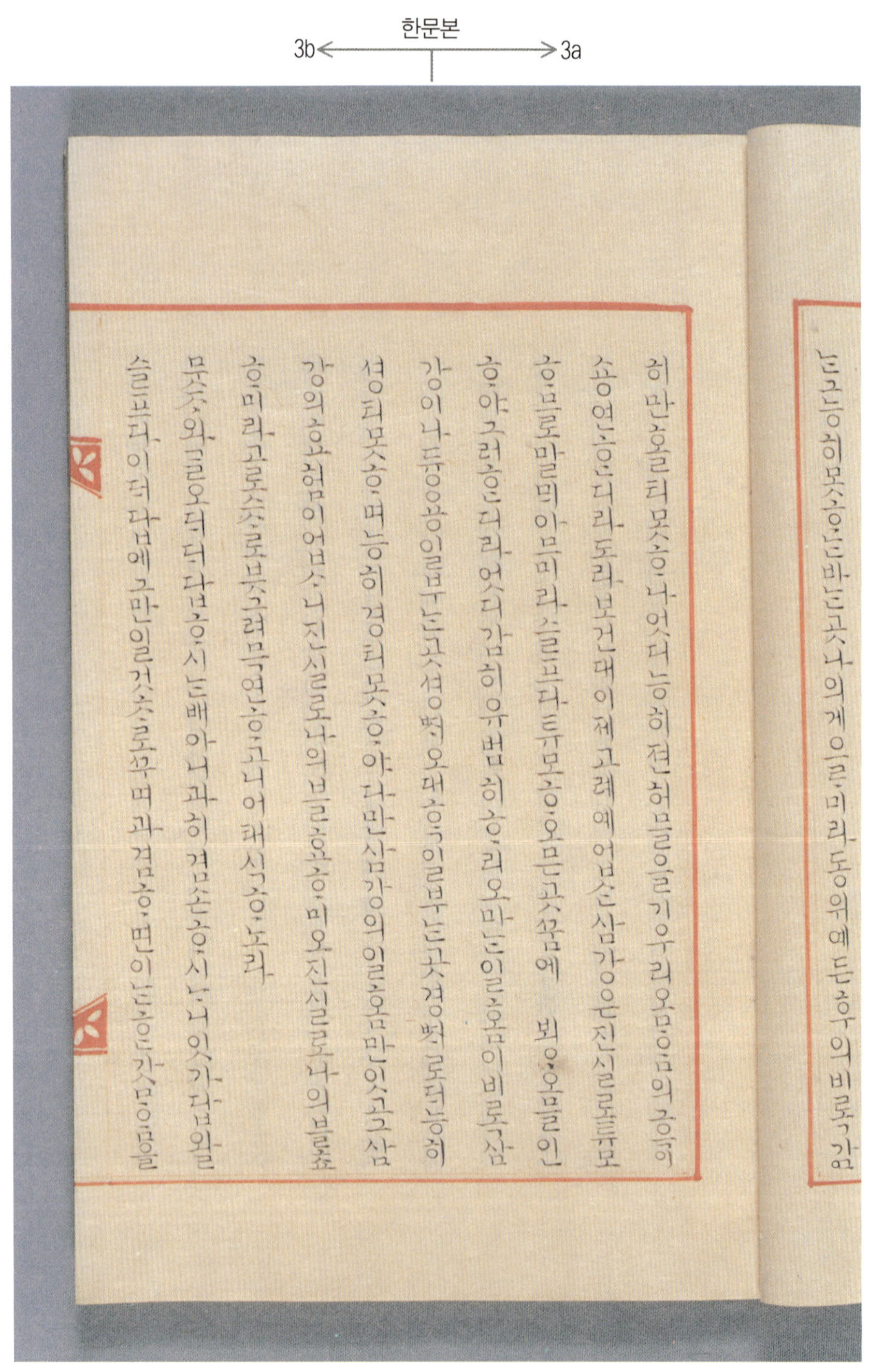


어제경세문답(언해) 3a

한문본

3a ← → 2b

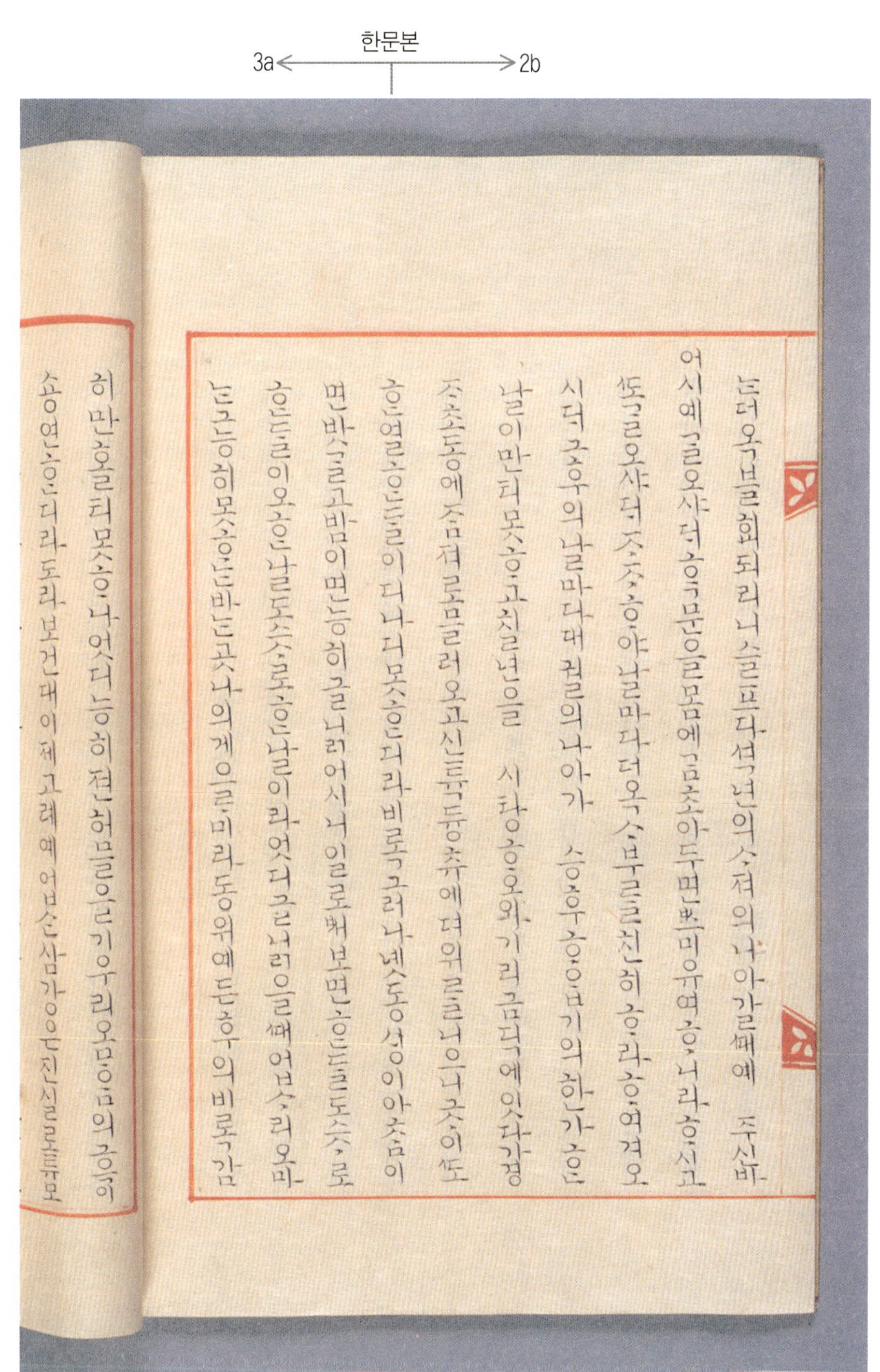

히만올티모ᄉᆞᄒᆞ나어디능히젼허믈을기우리오ᄆᆞᄋᆞᆷ의ᄀᆞᆨ이
ᄉᆞᆼ연ᄒᆞᆫ디라도라보건대이제고례예어ᄇᆞᆺ삼가ᄋᆞᆫ진실로유모

는더옥블쵀되리니슬프다셕년의ᄉᆞ져의나아갈때예 주신바
어시예ᄀᆞᆯ오샤뎌ᄒᆞ우문을몸에ᄀᆞᆷ초아두면ᄡᅳ미유여ᄒᆞ니라ᄒᆞ시고
또ᄀᆞᆯ오샤ᄃᆡ ᄌᆞᄌᆞᆺᄒᆞ야날마다더옥ᄉᆞ부ᄅᆞᆯ친히ᄒᆞ라ᄒᆞ여겨오
시ᄃᆡ ᄌᆞ우의날마다대궐의나아가 승우ᄒᆞ으ᄇᆞ기의ᄒᆞᆫ가ᄒᆞᆫ
날이만티못ᄒᆞ고칠년을 시탕ᄒᆞ오와기리ᄀᆞᆷ뎌ᄀᆞᆨ에잇다가경
ᄌᆞ초동에ᄌᆞᆷ뎌로ᄆᆞᆯ러오고신튝등츄에뎌위ᄅᆞᆯ니으니곳이또
ᄒᆞᆫ열ᄒᆞᆫᄃᆞᆯ이디나디못ᄒᆞᆫ디라비록그러나네ᄉᆞ동셩이아ᄎᆞᆷ이
면밧ᄉᆞᆯ고밤이면능히글니러어시니일로ᄡᅥ보면ᄒᆞᆫᄃᆞᆯ도ᄉᆞᆺ로
ᄒᆞᆫᄃᆞᆯ이오ᄒᆞᆫ날도ᄉᆞᆺ로ᄒᆞᆫ날이라엇디글니러을때어ᄇᆞᆺ리오마
는그능히모ᄉᆞᄒᆞᆫ바는곳나의게이르미라동위예든후의비록감

어제경세문답(언해) 2b

한문본
2b ← → 2a

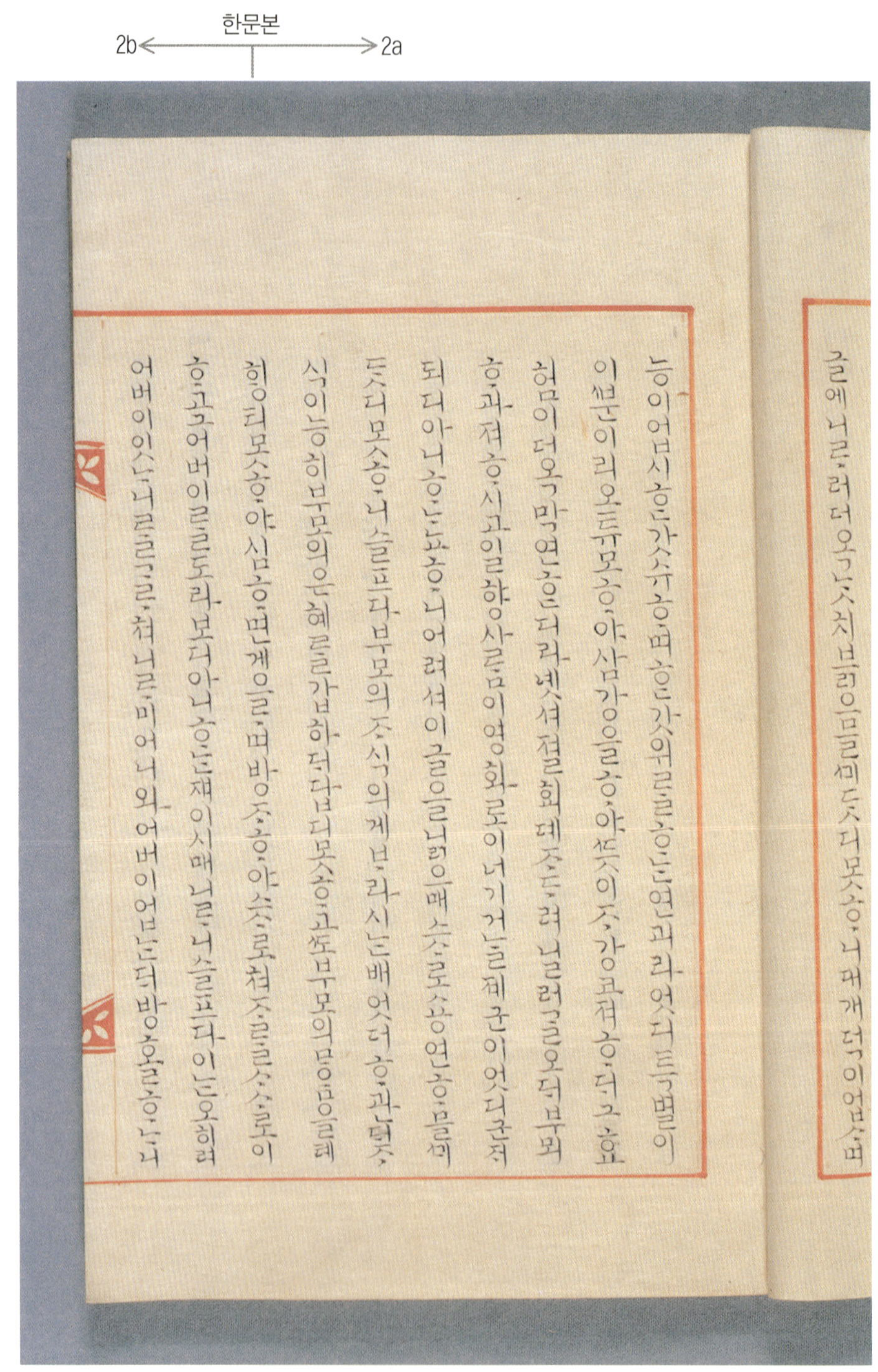

글에나ᄅᆞ러더옥ᄀᆞᆺ치ᄇᆞᆰ히믈미ᄃᆞᆺ디못ᄒᆞ니ᄯᅢ개덕이업ᄉᆞ며

능이업시ᄒᆞᆫ가ᄉᆔᄒᆞ며ᄒᆞᆫ가위ᄅᆞᆯᄒᆞᄂᆞᆫ연괴라어디드ᄃᆡ여별이

이ᄲᅮᆫ이리오드ᄃᆡ모ᄒᆞ야삼가ᄋᆞᆯᄒᆞ야ᄯᅳᆺ이ᄌᆞ강코져ᄒᆞ더니효

험ᄆᆞ이더옥막연ᄒᆞᆫ디라녯셔졀회ᄃᆡ죠ᄒᆞ려나ᄅᆞᆯᄀᆞᆯ오ᄃᆡ부뫼

ᄒᆞ과져ᄒᆞ시고일향사ᄅᆞᆷ이영화로이너기거ᄂᆞᆯ제군이어디군져

되디아니ᄒᆞᄂᆞᆫ뇨ᄒᆞ니어려셔이글을니ᄅᆞ매ᄉᆞᄉᆞ로상연ᄒᆞ믈며

ᄃᆞᆺ디못ᄒᆞ니슬프다부모의ᄌᆞ식의게ᄇᆞ라시ᄂᆞᆫ배엇더ᄒᆞ관ᄃᆡ

식이능히부모의은혜ᄅᆞᆯ갑하더답디못ᄒᆞ고ᄯᅩ부모의ᄆᆞᄋᆞᆷ을ᄯᅦ

히디못ᄒᆞ야심ᄒᆞ면게을니며방ᄌᆞᄒᆞ야ᄉᆞᄉᆞ로쳔ᄌᆞᄅᆞᆯᄉᆞᄉᆞ로이

ᄒᆞ고어버이ᄅᆞᆯ도라보디아니ᄒᆞᄂᆞᆫ재이시매나ᄅᆞᆯ니슬프다이ᄂᆞᆫ오히려

어버이이시니나ᄅᆞᆯ구ᄅᆞ쳐나ᄅᆞᆯ미어니와어버이업ᄂᆞᆫ다방ᄌᆞᄒᆞ오ᄅᆞᆯᄒᆞ나니

어제경세문답(언해) 2a

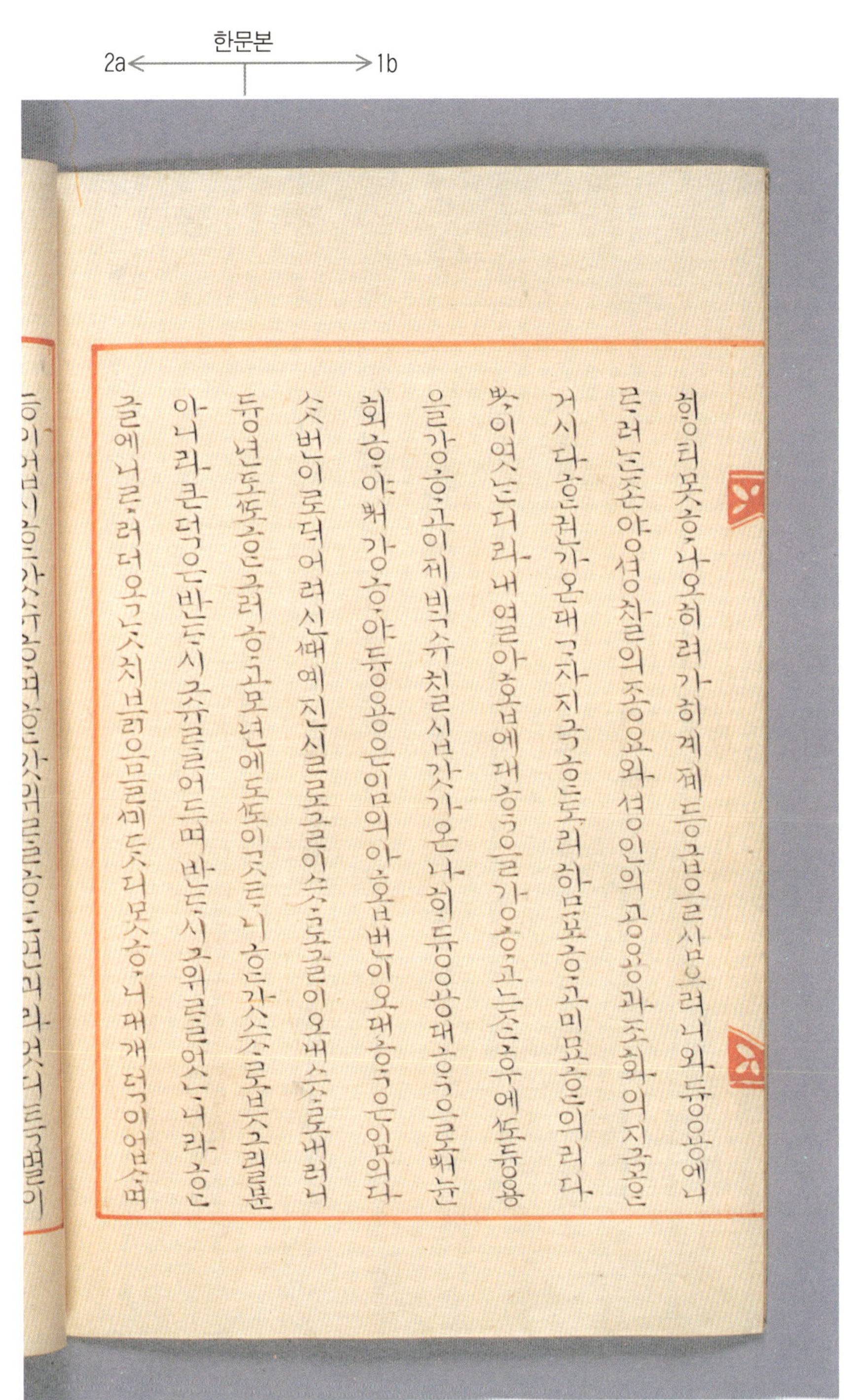


ᄒᆡᆼ티못ᄒᆞ나오히려가히계졔등급으로삼으려니와등용에니
ᄅᆞ러는존양셩찰의죵요와셩인의공용과조화의지극ᄒᆞᆫ
거시다ᄒᆞᆫ권가온대ᄀᆞ자지극ᄒᆞᆫ도리함포ᄒᆞ고미묘ᄒᆞᆫ의리다
ᄲᆡ이엿ᄉᆞᆫ디라내엳아홉에대ᄒᆞ야을가ᄒᆞ고ᄂᆞᆫ손ᄒᆞ후에ᄯᅩ등용
을강ᄒᆞ고이제ᄇᆡᆨ수칠십갓가온나히등용대ᄒᆞ야ᄋᆞ로ᄡᅥ눈
회ᄒᆞ야ᄡᅥ강ᄒᆞ야등용은임의아홉번이오대ᄒᆞᆫ은임의다
ᄉᆞᆺ번이로ᄃᆡ어려신ᄣᅢ예진실로글이ᄉᆞᆺ로글이오ᄃᆡᄉᆞᆺ로내려니
등편도ᄯᅩᄒᆞ온글러ᄒᆞ고모편에도ᄯᅩ이ᄀᆞᆺᄐᆞ니ᄒᆞᆫ갓ᄉᆞᆺ로브ᄉᆞ그림분
아니라큰덕은반ᄃᆞ시그록을어ᄃᆞ며반ᄃᆞ시그위를엇ᄂᆞ니라ᄒᆞ신
글에니ᄅᆞ러더옥ᄀᆞᆺ치브리임을ᄭᆡᄃᆞᆺ디못ᄒᆞ니ᄯᅥ개ᄃᆞ이업ᄉᆞᆷ

어제경세문답(언해) 1b

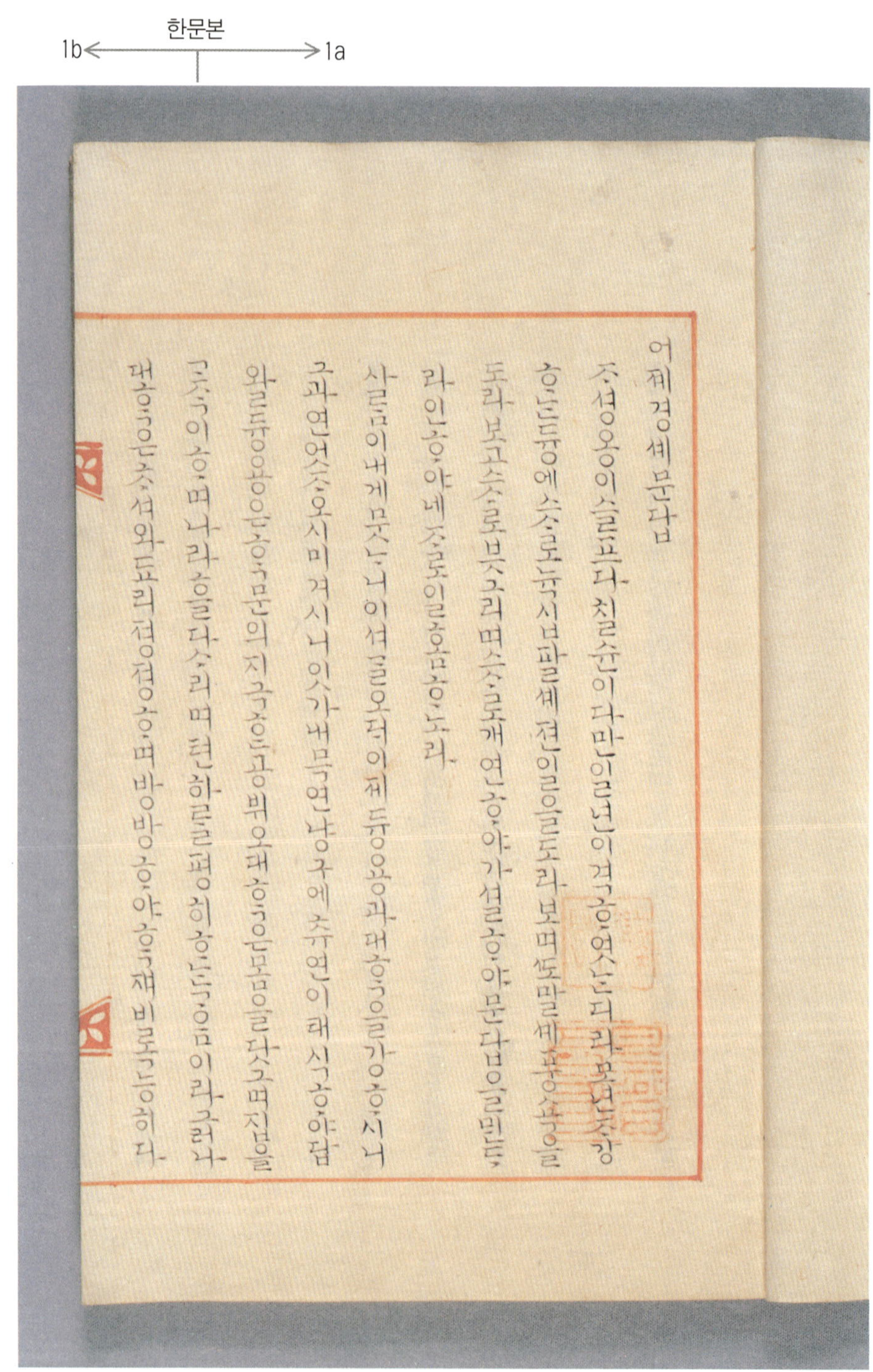


어제경셰문답
ᄌᆞ셩옹이 슬프다 칠슌이 다만 일년이 격ᄒᆞ엿ᄂᆞᆫ디라 모년 츈강
ᄒᆞᄂᆞᆫ ᄃᆞᆼ에 ᄉᆞᄉᆞ로 ᄂᆞᆨ시 팔셰 젼 일을 도라보며 또 말셰 ᄒᆞᆯ ᄉᆞ업을
도라보고 ᄉᆞᄉᆞ로 부ᄭᅳ리며 ᄉᆞᄉᆞ로 개연ᄒᆞ야 가셜ᄒᆞ야 문답을 ᄆᆡᄃᆞ
라 인ᄒᆞ야 네 ᄌᆞ로 일홈ᄒᆞ노라
사ᄅᆞᆷ이 내게 뭇ᄂᆞ니 이셔 ᄀᆞᆯ오ᄃᆡ 이제 듕용과 대ᄒᆞᆨ을 강ᄒᆞ시니
ᄀᆞ과 연어ᄉᆞ오시미 겨시니 잇가 내 ᄆᆞ연 ᄂᆞᆼ주에 ᄎᆔ연이 대식ᄒᆞ야 답
왈 듕용은 ᄒᆞᆫ 문의 지극ᄒᆞᆫ 공뷔오 대ᄒᆞᆨ은 몸을 닷그며 집을
ᄀᆞᆺ초ᄒᆞ며 나라ᄒᆞᆯ 다ᄉᆞ리며 텬하ᄅᆞᆯ 평히 ᄒᆞᄂᆞᆫ ᄀᆞ옴이라 그러나
대ᄒᆞᆨ은 ᄌᆞ셔와 ᄃᆞ리 졍졍ᄒᆞ며 방방ᄒᆞ야 ᄒᆞᆨ재 비롯ᄂᆞᆫ 하다

어제경세문답(언해) 1a

어제경세문답(언해) (空隔紙 b)

어제경세문답(언해) (空隔紙 a)

어제경세문답(언해) (隔紙)

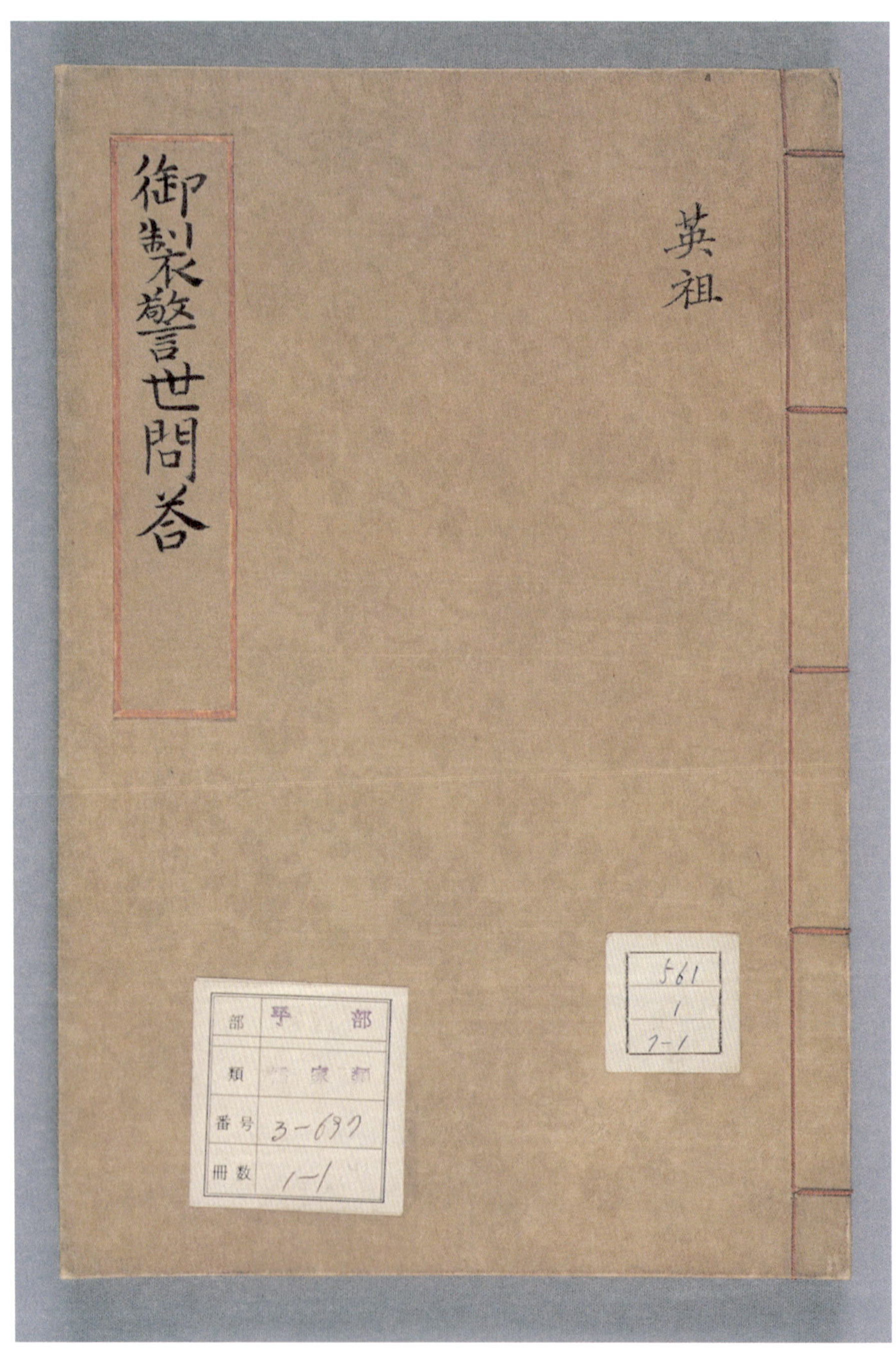


어제경세문답(언해) 외표지(앞)

# 어제경세문답(언해)

한글필사본 영인

# 자 료 편

여기서부터 영인본을 인쇄한 부분입니다. 이 부분부터 보시기 바랍니다.